W0344923

Informiert reisen

Informiert reisen

NORD-GRIECHENLAND

von

Gudrun Raether

1991

Hayit Verlag, Köln

TIRANA
JUGOSLAWIEN
BULGARIEN
N
ALBANIEN
Kavála
Thessaloníki
Lárissa
Vólos
TÜRKEI
Ägäisches Meer
Izmir
Pátras
ATHEN
Pelóponnes
Mittelmeer
Kréta
Iráklio
GRIECHENLAND

NORDGRIECHENLAND
BULGARIEN
JUGOSLAWIEN
ALBANIEN
THRAKIEN
MAKEDONIEN
THESSALIEN
EPIRUS
Dráma
Xánthi
Komotiní
Serrés
Kavála
Kilkís
Edessa
Keramotí
Alexandroúpoli
Thássos
Flórina
Thessaloníki
Chalkidikí
Samothráki
Véria
Kastoriá
Kozáni
Kateríni
Polígiros
Berg Athos
Kariés
Grevená
Olýmp
Sithónia
Límnos
Píndos
Kassándra
Tríkala
Lárissa
Kórfu
Ioánnina
Igoumenítsa
Kórfu
Gebirge
Vólos
Kardítsa
Pílion
Lésbos
Páxi
Ägäisches
Nördliche
Arta
Ionische
Préveza
Skópelos
Sporáden
Skýros
Léfkas
Léfkas
Meer
Inseln
N
0
100 km
Pátras
Staatsgrenze
Provinzgrenze

Kartenverzeichnis:

Übersichtskarte Griechenland 2
Übersichtskarte Nordgriechenland 3
Thessálien 73
Pílion / Skíathos 81
Skópelos / Alónissos 116
Skýros 125
Makedónien 153
Thessaloníki 160
Chalkidikí 180
Kavála 221
Thássos 229
Thrákien 243
Samothráki 253
Límnos 260
Epirus 268
Kórfu 290
Kórfu (Stadt) 297
Paxi / Antípaxi 316
Léfkas 324

CIP-Titelaufnahme der Deutschen Bibliothek
Raether, Gudrun:
Nordgriechenland / von Gudrun Raether. - Köln : Hayit, 1991
(Informiert reisen)
ISBN 3-89210-258-9

1. Auflage 1991
ISBN 3-89210-258-9

Autorin: Gudrun Raether
Satz: Hayit Verlag GmbH, Köln
Druck: Mateu Cromo, Madrid
Fotos: Gudrun Raether; TV Becker, Ertay Hayit, Peter Kanzler, Franl Lietzau, C. U. Merten, Lutz Ritter
Zeichnungen: Veronika Richter
Karten: Ralf Tito

1,2/04.1/Hb

Printed in Spain

Inhalt

Vorwort 11

Das Wichtigste über Land und Leute 13
Geographie 13
Fauna und Flora 13
Klima / Reisezeit 14
Geschichte 14
Das antike Griechenland 14
Vom Byzantinischen Reich zur osmanischen Herrschaft 19
Griechenland im 20. Jahrhundert . 23
Politik 26
Griechisch-türkische Beziehungen 27
Wirtschaft 29
Kunst und Architektur des griechischen Altertums 30
Griechenland — Wiege der Philosophie 34
Musik und Volkstanz 36
Bevölkerung 38
Religion 38
Gastfreundschaft 39
Mentalität 40
Feiertage und Feste 40

Anreise 43
Mit dem Flugzeug 43
Mit dem Auto 43
Mit der Bahn 44
Mit dem Bus 44
Mit der Fähre 45

Reisevorbereitungen 46
Einreisebestimmungen 46
Gesundheitsvorsorge 47
Ausrüstung 47

Reisen im Land 48
Mit dem Flugzeug 48
Mit dem Schiff 48
Mit dem Bus 49
Mit dem Zug 50
Mit dem Auto 50
Mit dem Taxi 51

Praktische Informationen von A-Z . 52
Ärztliche Versorgung 52
Apotheken 52
Aids 52
Alkohol 52
Archäologische Sehenswürdigkeiten / Museen 53
Auskünfte / Information 54
Autovermietungen 54
Babynahrung 55
Baden 55
Banken 55
Benzin 55
Botschaften und Konsulate 56
Devisen 56
Diebstahl 58
Essen und Trinken 58
FKK 59
Fotografieren / Filmen 60
Geld 61
Geschäftszeiten 61
Handeln 61
Haustiere 62
Hotels / Pensionen / Ferienhäuser .. 62
Hupen 62
Hygiene 63
Impfungen 63
Kafénion 63
Kiosk 63
Literatur 63
Notruf 64
Pannenhilfe 64
Parken 64
Polizei 64
Post 65
Preise 65
Privatzimmer 65
Sport 66
Sprache 67

Stromspannung 68
Telefonieren 68
Toiletten 69
Trinkgeld 69
Uhrzeit 69
Verhalten 69
Verhütungsmittel 70
Verkehr 70
Währung 70
Wasser 70
Wein 71
Zeitungen 71

Thessálien 72
Von Athén zum Pílion 72
Amaliápolis 72
Néa Aghíalos 74
Vólos 75
Die Argonautensage 76
Der Pílion 80
Der Pílion — Heimat der Zentauren . 82
Agriá 82
Káto Lehónia 83
Maláki 83
Miliés 83
Afétes 85
Argalastí 85
Hórton 86
Milína 86
Trikéri 87
Plataniá 87
Tsangaráda 90
Kissós 91
Aghíos Dimítrios (Aghíos Ioánnis) 91
Zagorá 92
Horeftó 94
Hánia 95
Makrinítsa 95
Die Sporáden 98
Skíathos 98
Wer war Aléxandros Papadiamántis? 102
Skíathos/Ort (Chóra) 103
Skópelos 107
Skópelos/Ort 110
Agnóntas 114
Glóssa 114
Loutráki 115
Alónissos 116
Die kleinen Inseln um Alónissos ... 119
Patitíri 120
Skýros 123
Mythologie 126
Skýros/Ort (Chório) 127
Linariá 128

Thessálien 129
Lárissa 129
Hippokrátes 130
Tríkala 131
Kalambáka 134
Kastráki 136
Die Meteóra-Klöster 138
Wer war der Maler Theophánis? 143
Ambeláki 144
Das Témbi-Tal 146
Stómio 147
Karítsa 147
Kókkino Neró 148

Makedónien 149
Makedónien / Südwesten
Der Olymp 150
Lithohóro 151
Platamónas 152
Díon 152
Kateríni 154
Pídna 155
Methóni 156
Thessaloníki 156
Pélla 167
Edessa 167
Flórina 169
Kastoriá 171
Véria 172
Vergína 173
Die Enge von Tripótamos 174
Kozáni 174
Chalkidikí 177

Die Giganten 177
Der Norden Chalkidikís 180
Aghías TríAs 180
Néa Mihaniónia 181
Epanomí 181
Petrálona 182
Néa Kalikrátia 182
Néa Moudánia 183
Olinthos 183
Polígiros 184
Arnéa 185
Megáli Panagía 186
Stágira 186
Aristoteles 188
Ierissós 188
Trípiti 189
Amouliáni 189
Ouranópolis 189
Kassandra 190
Néa Potidäa 191
Afitos 192
Kalithéa 194
Palioúri/Hroússou 196
Loutrá 197
Néa Skióni 197
Kalándra 198
Possídi 199
Sivíri 199
Kassándria 199
Sithónia 199
Metamorfóssi 199
Nikítas (Nikíti) 200
Néos Mármaras 203
Pórto Carrás 204
Toróni 205
Pórto Koufós 206
Die Südspitze Sithónias 206
Kalamítsi 207
Linaráka Beach 207
Sikía 208
Sárti 209
Vourvoúrou 211
Ormos Panagías 211
Aghíos Nikoláos 211
Athos 213
Makedonien / Nordosten 217
Stavrós 217
Asproválta 218
Der Golf von Orfánou 218
Amfípoli 219
Kavála 219
Philíppi 225
Dráma 226
Serrés 227
Thássos 228
Mythologie 231
Liménas 231
Makrýammos 234
Panagía 234
Chrýssi Ammoúdia 235
Potámia 235
Skála Potámia 235
Kinýra 237
Alíki 237
Das Kloster Archagálos 237
Astris 238
Pótos 238
Theológos 239
Limenária 239
Prínos 240
Skála Prínos 240

Thrákien 242
Xánthi 243
Pórto Lágos 245
Komotiní 246
Die Sage von Odysseus und Polyphem 247
Alexandroúpoli 248
Samothráki 251
Kamariótisa 254
Káto Kariótis 256
Thérma/Loútra 256
Samothráki/Ort (Chóra) 258
Alónia 258
Lakóma 258
Profítis Ilías 259
Pachía Ammos 259
Límnos 259

Die Sage von Philoktetes auf Límnos 261
Die Sage von den Argonauten auf Límnos ... 262
Mírina ... 263
Die Amazonen ... 263
Káspakas ... 265
Platí ... 265
Thános ... 265
Moúdros ... 265
Kamínia ... 265
Tsimándria ... 266
Pláka ... 266
Die Bucht von Pourniás ... 266
Livadohóri ... 266
Aghíos Dimítrios ... 266

Epirus ... 267
Ioánnina ... 267
Das Orakel ... 270
Der nördliche Teil von Epirus ... 272
Métsovo ... 272
Kalpáki ... 273
Die Zagória-Dörfer ... 273
Der Víkou-Aoou-Nationalpark ... 274
Der südliche Teil von Epirus ... 275
Dodóna (Dodóni) ... 275
Igoumenítsa ... 275
Párga ... 276
Kassópe ... 280
Nikópolis ... 280
Prevéza ... 282
Arta ... 283

Die Ionischen Inseln ... 285
Kórfu ... 286
Mythologie ... 289
Der Dichter Dionysios Solomos ... 291
Kórfu/Stadt ... 296
Kanóni ... 303
Gastoúri ... 304
Benítses ... 305
Messóngi ... 306
Xlómos ... 306
Petréti ... 306
Lefkími ... 307
Alíkes ... 307
Kávos ... 307
Aghíos Geórgios ... 308
Aghíos Matthéos ... 308
Pelékas ... 308
Paleokastrítsa ... 310
Aghíos Geórgios ... 311
Sidári ... 311
Róda ... 313
Kassiópi ... 313
Nissáki ... 313
Die Bucht von Ipsos (Pírgi) ... 314
Dassiá ... 314
Kondokáli ... 315
Páxi ... 316
Gaíos ... 317
Longós ... 318
Lákka ... 318
Antípaxi ... 319
Léfkas ... 319
Odysseus ... 322
Léfkas/Ort ... 323
Nikiána ... 326
Nídri ... 327
Aristóteles Onássis oder die Legende vom Tellerwäscher, der Millionär wurde ... 328
Vlihó ... 328
Póros ... 328
Mikró Gialós ... 328
Die Höhle des Odysseus ... 331
Aghíos Pétros ... 332
Der Lefkádische Felsen ... 332
Kalamítsi ... 332
Der Strand von Káthisma ... 333
Aghíos Nikítas ... 334

Ein Querschnitt durch die griechische Speisekarte ... 335

Kleiner Sprachführer ... 337

Register ... 344

Vorwort

„Drei Monate dauerte meine Pilgerfahrt durch Griechenland, Berge, Inseln, Dörfer, Klöster, Küste umfassend, und jetzt noch, nach so vielen Jahren, klopft mein Herz, wenn ich daran zurückdenke, vor Glück und Erregung. Griechenland zu sehen ist eine Freude und ein Martyrium zugleich.“

So schrieb einst der schon zu Lebzeiten zur Legende gewordene kretische Schriftsteller Níkos Kazantzákis, und er fügte hinzu, die griechische Landschaft sei

„vom Geist durchdrungen, der jeweils durch einen Tempel, einen Mythos, einen Helden ihr den ihr zugehörigen Ausdruck verliehen hat.“
(Kazantzákis Níkos: Im Zauber der griechischen Landschaft, München 1980).

Egal, wo man sich in Griechenland bewegt, überall stößt man auf die Spuren einer großen Vergangenheit, auf Tempelruinen oder Stätten, an denen die großen Philosophen, Dichter, Künstler und Staatsmänner wirkten. Die historischen und mythischen Gestalten sind auf eine eigenartige Weise „unsterblich“.
Doch noch andere Dinge sind es, die immer wieder eine große Faszination auf Reisende ausüben: die Liebenswürdigkeit und Gastfreundschaft der Griechen, die wunderbare und abwechslungsreiche Landschaft und natürlich das helle, flirrende, unvergleichliche Licht der ägäischen Inselwelt, von dem Kazantráki einmal schrieb:

„Was die Berge, die Dörfer, die Erde Griechenlands schwerelos und durchsichtig erscheinen läßt, ist das Licht. (...)
Das Licht in Griechenland ist voller Geist; solches Licht half dem Menschen, klar zu sehen, Ordnung in das Chaos zu bringen, es zum Kosmos zu gestalten. Und Kosmos, Welt, heißt Harmonie ...“
(Kazantzákis, Nikos. Im Zauber der griechischen Landschaft, München 1980).

Griechenland ist nicht zuletzt deshalb eines der beliebtesten Ferienziele Europas, weil es noch über Regionen mit weitgehend unverfälschter Natur verfügt, über wunderschöne Sandstrände und rauhe Felsküsten, über wilde Gebirgslandschaften und sanfte Täler, über bewaldete Küstenregionen und karge Inseln.
Der vorliegende Reiseführer erhebt den Anspruch, Sie bei einer Reise durch den Norden Griechenlands zu begleiten, die schönsten und interessantesten Städte, Dörfer, Badeorte und Sehenswürdigkeiten zu beschreiben und viele wertvolle Tips zu geben. Die Geschichte und jeweilige mythologische Bedeutung der einzelnen Orte und Gegenden werden ebenso beschrieben wie schöne Unterkunftsmöglichkeiten und landestypische Restaurants. Dabei

wurde bei den letztgenannten Adressen allgemein auf gepflegte Atmosphäre und griechisches Ambiente Wert gelegt.
Alle angegebenen Preise können sich natürlich ändern und sollten nur als Richtwerte für die zu erwartenden Preiskategorien verstanden werden.
Vielleicht aber, so hoffe ich, spüren auch Sie ein wenig von der Faszination, die das Land der Hellenen einst auf den Dichter Níkos Kazantzákis ausübte.

In diesem Sinne, kaló taxídi, gute Reise,

Aachen 1991 Gudrun Raether

Mein ganz besonderer Dank für das Zustandekommen dieses Buches gilt **Johannes Klünker,** der mich nicht nur auf meinen Reisen begleitet, sondern auch bei der Recherche vor Ort tatkräftig unterstützt hat und dem ich zahlreiche Tips und Anregungen zu verdanken habe. Mein besonderer Dank gilt auch **Kiriákos Pistofídis,** der mich geduldig in die Geheimnisse der griechischen Sprache einweihte und damit ebenfalls ganz wesentlich zur Entstehung dieses Buches beigetragen hat. Des weiteren danke ich **Geórgos Kassápis** und **Dimítris Hásikos,** die stets bereit waren, über bestimmte Fragen zu diskutieren und mir zahlreiche Informationen, Hinweise und Tips gaben, sowie **Winfried Pasligh, Birgit Goksch** und **Silke Hennig** für verschiedene Detailinformationen.

Das Wichtigste über Land und Leute

Geographie

Griechenland liegt im Süden der Balkanhalbinsel und verfügt über eine Gesamtfläche von 131 990 qkm, wovon alleine über 25 000 qkm auf die Inseln entfallen. Griechenland grenzt im Westen an Albanien, im Nordwesten an Jugoslawien, im Norden an Bulgarien und im Osten an die Türkei. Das Ägäische Meer verbindet Europa mit Afrika und Vorderasien. Griechenland ist unterteilt in das Festland und die Inseln, von denen es weit über 20 000 gibt, die meisten sind allerdings unbewohnt. Die Gesamtküstenlänge Griechenlands beträgt etwa 15 000 Kilometer, und die Küste ist recht unterschiedlich gestaltet. Es wechseln sich flache Küstenabschnitte mit Steilküsten, weit ausholende Sandbuchten mit engen zerklüfteten Felsküsten ab. Griechenland ist ausgesprochen gebirgig; zu den größten Erhebungen zählen das Píndos-Gebirge, der Taýgetos (Peloponnes), die Rhodópen und der Olýmp.
Nordgriechenland umfaßt die Präfekturen Makedónien, Thessálien, Epirus und Thrákien. Hinzu kommen die Inseln der Nördlichen Sporáden und ein Teil der Ionischen Inseln.

Fauna und Flora

Die Vegetation in Griechenland ist geprägt durch die lang andauernden Trockenzeiten. Prinzipiell muß man jedoch unterscheiden zwischen Regionen, die das ganze Jahr über grün sind (bestimmte Küsten und Täler), Waldgebieten, Gebirgen und den zum Teil sehr kargen Inseln und Landstrichen.

Sehr häufig trifft man in Griechenland auf die Macchie, jene Buschgewächse, zu denen zum Beispiel der Mastixstrauch, Myrte, Oleander, Ginster etc. zählen. Auch niedrigere Strauchgewächse wie Thymian, Wacholder, Wolfsmilchstauden etc. gehören zur heimischen Fauna. In den etwas grüneren Regionen findet man häufig Zypressen, Kiefern, Eukalyptusbäume, Pappeln und Platanen. In den Gebirgsregionen trifft man häufig auf Mischwald. In den niedrigeren Zonen wachsen Laubbäume (Eiche, Kastanie, Buche ...), in den höher gelegenen Zonen vor allem Nadelbäume. Die Kultivierung großer Gebiete hat natürlich auch die ursprünglich weit artenreichere Tierwelt nicht unbeeinflußt gelassen. In freier Wildbahn, meist in den griechischen Gebirgen, leben noch Bären, Wölfe und Füchse. Hin und wieder soll auch einmal ein Schakal gesichtet werden. Häufiger dagegen trifft man in solchen Gegenden auf Wildschweine, Steinböcke, Hasen und Rehe.
Deutlich zurückgegangen ist auch die Zahl der Eidechsen. Noch immer leben zahlreiche, zum Teil gefährliche Schlangen in Griechenland. Auch kommt es nicht selten vor, daß Schildkröten die Straße kreuzen. Im Nordosten Griechenlands gibt es einige Gebiete, in denen Störche nisten. Die Fischbestände sind durch Überfischung und Dynamitfischerei ebenfalls stark zurückgegangen. Zu den wichtigsten Meerestieren zählen jedoch immer noch Tintenfisch, Thunfisch, Hummer, Muscheln, Languste, Sardine und Barsch. Im Ägäischen Meer tummeln sich darüber hinaus Delphine und Haifische.

Klima/Reisezeit

In Griechenland herrscht das sogenannte Etesienklima, das gekennzeichnet ist durch sehr heiße Sommer und milde Winter. Unter Etesien versteht man die Nord- bzw. Nordwest-Winde, die zwischen Mai und Oktober das Mittelmeer überziehen.

Eine Einteilung in die für unsere Breitengrade üblichen vier Jahreszeiten ist den griechischen Verhältnissen nicht angemessen. Hier unterscheidet man zwischen zwei, allenfalls drei Perioden: der Trockenzeit, die etwa von Juni bis Oktober reicht, der Regenzeit, die im Oktober beginnt und bis März anhält und dem eigentlichen Frühling, zwischen März und Mai.

In den Monaten Juli/August erreicht Griechenland die höchsten Temperaturen. In Athén, Thessaloníki und Lárissa werden teilweise Temperaturen bis zu 45 Grad Celsius gemessen. Aufgrund der relativ niedrigen Luftfeuchtigkeit ist die Hitze jedoch recht gut zu ertragen. Auch bläst im Sommer nicht selten der Meltémi, jener Nordwest- oder Nordostwind, der angenehme Kühle mit sich bringt. Auch fällt in den Sommermonaten bisweilen Niederschlag. Meist handelt es sich um wolkenbruchartige Regengüsse oder Gewitter, die oft nur von kurzer Dauer sind.

Die schönste Reisezeit sind zweifellos die Monate Mai und September. Allerdings muß man dann den ein oder anderen kühlen Tag einkalkulieren.

Geschichte

Das antike Griechenland

Die minoische Kultur: Interessante Bauwerke zeugen noch heute von der ersten bedeutsamen Hochkultur in Griechenland, der minoischen Kultur auf Kréta, deren Beginn auf das 3./2. Jahrtausend v. Chr. datiert wird und die etwa 1700 v. Chr. ein abruptes Ende findet, aller Wahrscheinlichkeit nach durch ein Erdbeben bedingt, ein Jahrhundert später jedoch eine neue Blütezeit erlebt. Archäologen zufolge, soll es sich bei den Minóern — benannt nach dem kretischen König Mínos — um ein hoch entwickeltes Volk gehandelt haben. Diese These beruht auf der Interpretation und Verarbeitung zahlreicher archäologischer Funde, wie zum Beispiel interessanter Häuserkonstruktionen und Wasserleitungssysteme. Rekonstruieren läßt sich auch, daß die Minóer farbenprächtige Kleidungsstücke bevorzugten, wertvolle Schmuck- und Kunstgegenstände hervorbrachten und vielfältigen Unterhaltungsformen nachgingen. Ein Exempel für die Blüte der minoischen Kultur ist der Palast von Knóssos auf Kréta.

Die mykenische Kultur: Nach der Einwanderung indogermanischer Stämme nach Griechenland entsteht auf der Peloponnes die mykenische Kultur. Noch heute erinnern die Ruinen von Mykéne und Tiryns an jene Zeit, die den bislang vorherrschenden minoischen Einfluß verdrängt und ein kriegerisches Zeitalter einleitet. Nicht Lebensgenuß, sondern Vorbereitung auf Kriegszüge, Piraterie und Straßenräuberei machen das Wesen dieser Epoche aus. Der Geist dieser Zeit prägt die Bauweise. Es entstehen burgähnliche Monumentalbauten mit zum Teil drei Meter dicken Mauern. Bekannt ist das Löwentor von Mykéne, das der Legende nach von Zyklopen errichtet worden sein soll. Doch nicht nur auf dem Gebiet des Kriegshandwerks, sondern auch in der Kunst erreicht die mykenische Kultur eine herausragende Stellung. Bei den archäologischen Grabungen entdeckte *Heinrich Schliemann* Totenmasken, Schmuckstücke und Schwerter aus Gold und Silber.

Als es um 1400 v. Chr. erneut zur Zerstörung der minoischen Kultur kommt (vermutet wird, daß der Vulkanausbruch auf der Insel Santorín zum Untergang der minoischen Kul-

tur geführt hat), breiten sich die Mykéner in Griechenland aus. Sie erobern Kréta, Rhódos und die kleinasiatische Stadt Milet.
Mit den nun folgenden Völkerwanderungen im Mittelmeerraum, vor allem mit der **Dorischen Wanderung** um 1200 v. Chr. ist der Untergang der mykenischen Kultur aufs engste verknüpft. Die aus dem Norden einfallenden Dorer erobern die mykenischen Städte und Paläste und tragen entscheidend zu ihrem Untergang bei. Diese Zeit, die nahezu 450 Jahre dauert, wird häufig als das *dunkle Mittelalter* Griechenlands bezeichnet.
Die Übergangszeit: Die Zeit zwischen 1100 und 800 v. Chr. markiert eine gewisse Übergangszeit, in die aber wichtige kulturelle Errungenschaften, wie zum Beispiel die Erfindung der Buchstabenschrift, fallen. Im 9. Jahrhundert v. Chr. entwickeln die Griechen das Alphabet. Es ist zudem die Zeit **Homérs,** der in seinem Epos *Ilias* die **Zerstörung Trojas** schildert und die *Odyssee* verfaßt. Zwar wird die Wissenschaftlichkeit der homerischen Berichte angezweifelt, doch gilt Homér als Begründer der europäischen Literatur.
In die Zeit des 8. vorchristlichen Jahrhunderts fällt die zunehmende Kolonialisierung, vor allem des Vorderen Orients. Es ist aber auch die Zeit des Aufstiegs der Stadtstaaten. Die Stadt, **Pólis,** wird zum Mittelpunkt des gesellschaftlichen Lebens. Von hier aus werden Regierungsgeschäfte getätigt und wird Handel getrieben, in der Pólis werden Waren produziert und die Angelegenheiten des öffentlichen Lebens beratschlagt.
In dieser Zeit entsteht auch der Stadtstaat **Spárta,** der bald zur entscheidenden Macht unter den griechischen Stadtstaaten wird. In Spárta werden Jungen bereits ab dem zarten Alter von sieben Jahren zu zähen Kriegern ausgebildet. Voraussetzung ist ein Leben geprägt von Disziplin, Strapazen und Entbehrungen (spartanische Lebensweise). Bereits im 8. Jahrhundert v. Chr. erlangt das **Orakel zu Délphi** eine enorme Bedeutung. Aus weiten Teilen Griechenlands pilgern Abgesandte nach Délphi, um dort den Spruch der weisen Seherin Pýthia zu empfangen. Ebenfalls auf das 8. Jahrhundert v. Chr. geht die Entstehung der **Olympischen Spiele** zurück, die von da an alle vier Jahre in Olýmpia stattfinden; während dieser Zeiten wurden sämtliche Kriegs- und Kampfhandlungen ausgesetzt.
Um 750 v. Chr. setzt eine erneute Phase der Kolonialisierung des Mittelmeerraumes, jetzt vornehmlich des westlichen Mittelmeers, ein. Sizilien und Unteritalien gehören von nun ab zu Griechenland. Es ist aber auch eine Zeit des politischen Umbruchs. In Athén wird das königliche Erbrecht ersetzt durch das zuerst alle zehn Jahre, später jährlich wechselnde **Archontenamt.** Auch beginnt die allmähliche schriftliche Fixierung des geltenden Rechts, das bisher allein auf mündlicher Überlieferung beruht hatte. Unter **Drákon** wird das Strafmaß für bestimmte Delikte festgelegt *(drakonische Strafen),* die Blutrache offiziell abgeschafft.
Herrschaft der Tyrannen: Die sozialen Spannungen zwischen Armen und Reichen, zwischen Bauern und Aristokraten, führt in der Folgezeit nicht selten zur Handlungsunfähigkeit der Regierung, was dann wiederum dem Aufstieg der **Tyrannen** Tür und Tor öffnet. Unter der zum Teil grausamen Herrschaft der Tyrannen erlangen die Stadtstaaten jedoch eine relative Einigkeit und Festigung nach innen. Um 594 v. Chr. gelingt es **Sólon,** die krassen Ständeordnungen zu erweichen, das Sklaventum abzuschaffen und den Grundsatz durchzusetzen, daß Gemeinnutz vor Eigennutz geht. Ein Prozeß der Demokratisierung setzt ein, nicht zuletzt dadurch, daß Sólon den **Rat der 400** ins Leben ruft und damit ein Gegengewicht zur alleinigen Adelsherrschaft schafft. Ihm folgt **Peisístra-**

tos auf dem Thron, der zu einer weiteren Liberalisierung beiträgt.

Die Perserkriege (490-449 v. Chr.): Die in Kleinasien lebenden Hellenen fühlen sich durch die Machtentfaltung der Perser bedroht, was 500 v. Chr. zum **Ionischen Aufstand** führt, dem eigentlichen Auslöser der Perserkriege. Die persische Flotte erringt 495 v. Chr. vor Milet einen entscheidenden Sieg — die Stadt wird in Schutt und Asche gelegt. 492 v. Chr. bricht der Perserkönig **Darius** auf, um das griechische Festland einzunehmen. Doch die Flotte erleidet bei der Umsegelung des Berges Athos Schiffbruch und kehrt zurück. Zwei Jahre später erfolgt der nächste Feldzug des Darius. Doch die griechischen Truppen unter **Militiádes** schlagen die Perser bei **Márathon** vernichtend. Ein Läufer, dazu auserwählt, die Botschaft nach Athén zu bringen, läuft die Strecke von 42 Kilometern und bricht tot zusammen, nachdem er die Botschaft „Wir haben gesiegt" überbracht hatte.

Périkles

480 v. Chr. bricht **Xerxes,** der Sohn des Darius, erneut auf, um Griechenland zu erobern. Bei der Schlacht an den **Thermopýlen** werden die Griechen durch Verrat aus dem eigenen Lage, vernichtend geschlagen. Xerxes marschiert in Richtung Athén, das in Windeseile evakuiert wird. Doch die Taktik des **Themístokles,** die Perser bei Sálamis in die Flucht zu treiben, gelingt. Geschlagen kehren Xerxes und seine Truppen nach Persien zurück. Themístokles läßt in der Folge Athén mit starken Befestigungsmauern versehen.

Der Attisch-Delische Seebund: 478 v. Chr. wird der Attisch-Delische Seebund mit dem Ziel gegründet, den Krieg gegen die Perser fortzusetzen, bis auch die Städte Kleinasiens zurückerobert sind. Diesem Bund, in dem sich die äolischen, ionischen und die Inselstädte zusammengeschlossen hatten, verweigert alleine Spárta seine Mitgliedschaft. Und so entwickelt sich der Attische Seebund zu einer wirkungsvollen Gegenmacht des Peloponnesischen Bundes mit Spárta an der Führungsspitze.

Der von Themístokles angeregte **Athéner Mauerbau** wird zu einem entscheidenden Streitpunkt. Athén kann seine Vormachtstellung deutlich ausbauen, wird jedoch bald zur alleinigen Führungskraft in dem neu entstandenen Bund, mischt sich in die inneren Angelegenheiten der Bündnispartner ein und begegnet separatistischen Bewegungen mit Gewalt.

Die Herrschaft des Périkles: Das 5. Jahrhundert v. Chr. gilt zu Recht als das **Goldene Zeitalter** Griechenlands, was ganz wesentlich den Bemühungen des **Périkles** zu verdanken ist. Périkles, ein überzeugter Demokrat und begnadeter Redner, fördert nicht nur den Gedanken der Einheit der griechi-

Skopelos: von der glanzvollen Geschichte sind vielerorts in Griechenland nur Trümmer geblieben

schen Staaten, sondern auch die Bereiche Kunst, Dichtung und Medizin. Sein Bemühen gilt einer Demonstration der Größe, was unter anderem in dem Wiederaufbau und der Gestaltung der Athéner Akrópolis seinen sichtbaren Ausdruck findet. Herodot und der Baumeister Phídias gehören zu den engeren Vertrauten des Périkles, und so entwickelt sich Athén zu einem Zentrum für Wissenschaftler, Dichter und Künstler. Zu den größten Dichtern der Antike gehören Äschylus, Sóphokles und Eurípides, die alle im 5. Jahrhundert v. Chr. geboren werden.
Doch diese Zeit hat auch ihre Schattenseiten. Mit der Machtentfaltung Athéns geht die Furcht der anderen Staaten einher, von Athén unterworfen zu werden.
Der Peloponnesische Krieg: Nachdem die Spannungen zwischen Athén und Spárta dramatisch zugenommen hatten, kommt es 431 v. Chr. zum Peloponnesischen Krieg. In dieser Auseinandersetzung zwischen den beiden ungleichen Bündnissen — Athén zeigte demokratische Tendenzen, Spárta hingegen hielt an konservativen Traditionen fest — gelingt es Spárta, die Vormachtstellung Athéns zu beseitigen. Während der ersten Kriegsphase erkrankt Périkles an Typhus und stirbt. Zehn Jahre später wird ein Friedensvertrag zwischen den Kriegsparteien geschlossen, doch 419 v. Chr. erfolgt ein neuer Vorstoß Athéns — diesmal unter Alkibiádes — gegen Spárta. Schließlich unterliegt Athén den Angriffen der Spartaner unter Lysánder, die sich als die geschickteren Kriegsherren herausstellen. Die Flotte der Athéner wird vor der thrákischen Küste restlos zerstört. Athén tritt in ein Zwangsbündnis mit Spárta ein.
Die Zeit nach Beendingung des Peloponnesischen Krieges ist eine Zeit der Erneuerung. Nach dem **Tod Sókrates'** werden Pláton und Aristóteles die führenden Philosophen Athéns. Zugleich bemühen sich Athén und Spárta erfolglos, das erstarkende Thében an der Erringung der Vormachtstellung zu hindern.
Die Zeit Phillips II. von Makedónien: Im Jahre 359 v. Chr. besteigt ein Mann den Thron, der die Geschichte Griechenlands nachhaltig bestimmen sollte: Phillip II. von Makedónien. Seine vorrangigen Ziele bestehen zum einen in der Ausdehnung seiner Machtsphäre und zum anderen in der Einigung Griechenlands. Beides sollte ihm gelingen. Phillip II. sparte genügend Geld an, bevor er ein riesiges Berufsheer schuf, das er in der sogenannten Phálanx ausbildet. Es handelt sich dabei um eine Kampfformation, an deren Front schwerbewaffnete Soldaten kämpfen, geschützt durch Reiter und Leichtbewaffnete an den Flanken. Nach seinem entscheidenden Sieg bei Chaironäa in Böotien, übt Makedónien die Vorherrschaft über ganz Griechenland aus. Phillip II. gründet den **Korínthischen Bund.** Nachdem er Griechenland (mit Ausnahme Spártas) geeinigt hat, zielt sein nächstes Vorhaben auf die Eroberung Persiens ab. Doch dazu kommt es nicht mehr. Bei der Hochzeitsfeier seiner Tochter wird er ermordet, möglicherweise von einem Agenten der Perser.
Alexander der Große: War das vorrangige Ziel Phillips II. die Ausdehnung seines Herrschaftsbereiches in Griechenland gewesen, träumt sein Sohn Alexander, der ihm auf den Thron gefolgt war, von einer Weltmachtposition. Geschickt in der Kriegsführung, dehnt Alexander der Große alsbald sein Herrschaftsgebiet nach Norden und Westen aus, bevor er in **Persien** einmarschiert. In den Schlachten bei Issos (333 v. Chr.) und Gaugamela (331 v. Chr.) gelingt ihm der entscheidende Sieg. Er erobert Susa und Persepolis und wird Großkönig von Persien. Alexanders Eroberungszüge richten sich nun gegen Ägypten und Indien, wo er König Poros besiegt. Ein anstrengender Rückzug durch Wüstengebiete beginnt, und mit letzter Kraft er-

reichen die Truppen Babylon. Dort stirbt Alexander der Große 323 v. Chr. am Fieber, im Alter von 32 Jahren.
Nach seinem Tod zerfällt das gerade eroberte Reich Alexanders des Großen wieder. Indien fällt wieder an seine ehemaligen Herrscher zurück, der Korínthische Bund löst sich auf.
Mit dem Tod Alexanders des Großen verliert Griechenland an Bedeutung. Den Glanz und Ruhm, den es einst besaß, wird das Reich am Mittelmeer nie mehr erlangen.
Die Römische Herrschaft: Nach dem Tod Alexanders des Großen kommt es in Griechenland zu heftigen Auseinandersetzungen um die Nachfolge. 215 v. Chr. dringen römische Truppen in Makedónien ein, doch erst 168 v. Chr. gelingt ihnen der Sieg. Makedónien wird in vier römische Provinzen unterteilt, 146 v. Chr. fällt es ganz an das Römische Reich. Im Jahre 27 v. Chr. wird der südliche Teil Griechenlands als **Provinz Achäa** dem Römischen Reich eingegliedert.
124 n. Chr. kommt der römische Kaiser **Hadrian** nach Athén, auf seine Initiative hin werden zahlreiche neue Bauwerke errichtet. Um 391 n. Chr. wird das Christentum die Staatsreligion und löst somit alle heidnischen Bräuche ab. Verbunden damit ist auch das Verbot der Olympischen Spiele, die 393 n. Chr. zum letzten Mal stattfinden. Nach der Teilung des Römischen Reiches 395 wird Griechenland dem Oströmischen Reich zugesprochen. Hauptstadt ist Konstantinopel.

Vom Byzantinischen Reich zur osmanischen Herrschaft

Das Byzantinische Reich: Mit der Ernennung Konstantinopels zur Hauptstadt des Römischen Reiches im Jahre 330 n. Chr. wird das Zentrum des riesigen Imperiums in den Osten verlegt. In Konstantinopel (ehemals Byzanz) vermischen sich griechische Kultur und Sprache, christliche Glaubenslehre und

Alexander der Große

römisches Recht, so daß die griechische Kultur in Teilen fortbesteht. Bedeutende geschichtliche Ereignisse sind in dieser Zeit nicht zu verzeichnen.
Allerdings lassen zahlreiche Angriffe und Eroberungszüge keine langen Friedenszeiten einkehren. Erst sind es die Westgoten, die in Makedónien und Thrákien einfallen, im 7. Jahrhundert erobern dann die Araber die Insel Kréta, die erst rund 150 Jahre später wieder an das Byzantinische Reich zurückfällt.
Das Ende des Byzantinischen Reiches fällt in die Zeit der Kreuzzüge. Die Türken hatten 1055 Jerusalem erobert, was im Westen mit Bestürzung zur Kenntnis genommen wurde. Unter Papst Innozenz III. wird zum *Heiligen Krieg* aufgerufen, angeblich zu dem Zweck, um die moslemische Vorherrschaft zu bekämpfen. Insgesamt sieben **Kreuzzüge** werden geführt, zum Teil unter Beteiligung von

Im Mai beginnt in Griechenland die Blütezeit, die Zeit der intensiven Farben

Kindern. Doch vor allem die Geldgeber haben noch etwas anderes im Hinterkopf, und zwar den Wunsch, Konstantinopel zu zerstören und dadurch das eigene Reich im Westen zu stärken. Das Resultat ist, daß die Venezianer auf vielen Inseln Griechenlands, aber auch auf dem Festland ihre Herrschaft festigen können. Venedig avanciert zu einer wichtigen Handelsmacht im Mittelmeerraum. Der innere Kampf zwischen Weströmischem und Oströmischem Reich hat aber vor allem eine folgenschwere Konsequenz: es schwächt Konstantinopel erheblich, so daß es 1453 den **Osmanen** gelingt, die Herrschaft zu übernehmen, die sie dann über 400 Jahre innehaben sollten.

Das Osmanische Reich: Mit der Eroberung Konstantinopels im Jahre 1453 beginnt die Zeit der Osmanischen Herrschaft, wenngleich sich schon Jahre zuvor Türken in Griechenland niedergelassen hatten. Nun aber dehnen sie ihre Herrschaft im Mittelmeergebiet schrittweise systematisch aus. Die türkische Besetzung beginnt mit Plünderung und Brandstiftung. Bauern werden enteignet, Schulen geschlossen, Bewohner versklavt, getötet, Dörfer dem Erdboden gleichgemacht. Lediglich in einigen wenigen Regionen Griechenlands herrscht relative Autonomie (z. B. auf dem Pílion). So ist es auch zu erklären, daß trotz der über 400jährigen Fremdherrschaft die griechische Kultur überleben konnte.

Natürlich kommt es ebenfalls zu heftigen Kämpfen der Osmanen gegen die Venezianer. Als 1687 der Venezianer Franceso Morosini versucht, Athén zu erobern, kommt es zu einem Schußwechsel an der Akrópolis, wobei der Párthenon, den die Türken als Pulverlager verwendet hatten, explodiert.

Die Zeit des Niedergangs des Osmanischen Reiches geht einher mit Emanzipationsbestrebungen in Europa. Die Ideen der Aufklärung und das Freiheitsstreben der europäischen Völker läßt auch die Situation in Griechenland nicht unbeeinflußt. 1821 kommt es dann zu dem blutigen Freiheitskampf, der von Albanien, Bulgarien und dem Westen unterstützt wird. Ein Jahr später wird Griechenland für unabhängig erklärt. Doch ist der Weg zur völligen Souveränität Griechenlands noch weit. 1827, in der Seeschlacht von **Navarino,** werden die Türken von der russischen, französischen und englischen Flotte geschlagen. Nach und nach erlangen die einzelnen Städte und Inseln die Unabhängigkeit.

Manchmal liegen einem die schönsten Motive zu Füßen ...

Griechenland wird Monarchie

Mit dem **Londoner Protokoll** von 1930 wird die völlige Unabhängigkeit Griechenlands besiegelt. Von dem neuen Staat ausgeschlossen bleiben jedoch Kréta, die Ionischen Inseln, ein Teil Thessáliens, Makedónien, Thrákien sowie die östlichen Ägäisinseln. Hauptstadt wird Naúplia (auf der Peloponnes). Erster griechischer Staatschef wird **Ioánnes Antonios Graf Kapodístrias** (1776-1831). Kapodístrias entwickelt sich jedoch bald zum „absoluten Herrscher", was die Griechen dank ihrer gerade errungenen „Souveränität" nicht so einfach hinnehmen. 1831 wird er in Nauplia ermordet.

Daß Griechenland von der so heiß ersehnten Selbstbestimmung zu dieser Zeit noch weit entfernt war, wird dadurch ganz deutlich, daß die Großmächte nach der Ermordung Kapodístrias' kurzerhand den bayrischen Prinzen **Otto** zum griechischen König ernennen. Sitz der Hauptstadt ist inzwischen wieder Athén. Die Bevölkerung steht dieser absoluten Monarchie jedoch feindlich gegenüber. Auch die Verfassung von 1844, die die uneingeschränkte Herrschaftsgewalt Ottos beenden sollte, ändert nicht viel an den Zuständen. 1862 wird der bayrische König abgesetzt. An seine Stelle tritt ein Jahr später **Prinz Wilhelm Georg von Dänemark.** Großbritannien gliedert 1864 die Ionischen Inseln dem griechischen Mutterland ein.

Im selben Jahr wird eine neue Verfassung verabschiedet, die den Griechen weiterreichende demokratische Rechte einräumt und zur Grundlage für das parlamentarische Regierungsystem wird. Die Außenpolitik Griechenlands ist geprägt von der **Mégali Idéa,** von dem Bestreben, wieder ein großgriechisches Reich herzustellen. 1881 erhält Griechenland einen Teil Thessáliens sowie das südliche Gebiet von Epirus zurück. 1882 wird **Chariláos Trikoúpis** zum Ministerpräsidenten gewählt, erleidet jedoch bei den Parlamentswahlen 1895 eine Niederlage. Ein Jahr später stirbt er.

Gegen Ende des 19. Jahrhunderts beginnt ein Prozeß rascher ökonomischer Entwicklung, der zwar nicht zur Industrialisierung Griechenlands führt, aber einen Modernisierungsprozeß einleitet.

Die Zeit um die Jahrhundertwende ist eine Zeit der Krisen, angefangen mit dem griechisch-türkischen Krieg von 1897. Auch wachsen auf Kréta, das noch immer nicht den Anschluß an Griechenland vollzogen hat, die inneren Spannungen. Hinzu kommen wirtschaftliche Probleme, die Auslandsschulden wachsen an, über das Land wird eine internationale Finanzkontrolle verhängt. Auch unter König Georg erreicht Griechenland keine bedeutende Verbesserung der politischen und wirtschaftlichen Verhältnisse. Nach seiner Ermordung besteigt sein Sohn Kónstantin den Thron.

1910 betritt dann ein Mann die Bühne der großen Politik, der die griechische Geschichte maßgeblich bestimmen sollte: der Kreter **Eleftheríos Venizélos.** Zuvor Außen- und Justizminister, wird er 1910 Ministerpräsident von Griechenland. Seine außenpolitischen Erfolge bestehen vor allem in einer erheblichen Gebietserweiterung (durch die Balkankriege 1912/1913) und in der Angliederung Krétas an das Mutterland.

Nach seinem erzwungenen Rücktritt 1915 ruft Venizélos in Thessaloníki eine provisorische Regierung aus und erreicht 1917 die vorübergehende Entmachtung König Kónstantins. Erst 1920 kehrt der König nach Griechenland zurück. Nach dem verlorenen Krieg gegen die Türkei kommt es zu einem großen Flüchtlingsstrom. In Kleinasien ansässige Griechen kehren zu Tausenden nach Griechenland zurück.

Nach der Abdankung Kónstantins wird zwei Jahre später (1924) die **Republik** ausgerufen. Erst 1935 gelingt unter Georg II. die vorübergehende monarchistische Restauration.

Griechenland im 20. Jahrhundert

Die Diktatur unter General Metaxás: Unter dem Vorwand, der zunehmenden kommunistischen Agitation entgegenwirken zu müssen, und nach zahlreichen Aufständen errichtet **General Ioánnis Metaxás** 1936 mit dem Einverständnis der Krone eine Diktatur in Griechenland. Er setzt die Verfassung außer Kraft und löst das Parlament auf, Oppositionelle werden gnadenlos verfolgt.

Als Metaxás das von Mussolini an ihn gestellte Ultimatum, verschiedene militärische Stützpunkt in Griechenland zu errichten, am 28. Oktober 1940 mit einem deutlichen *Oxi* (Nein) beantwortet, schlägt die Stimmung bei einem Teil der Bevölkerung um, Metaxás gilt heute bei vielen Griechen als Symbol des griechischen Widerstands. Der **Oxi-Tag** wird zum griechischen Nationalfeiertag. Metaxás stirbt am 29. Januar 1941 in Athén.

Der Zweite Weltkrieg: Mit der Ablehnung des Ultimatums beginnt Griechenlands Einbeziehung in den Zweiten Weltkrieg. Lange zuvor schon hatte Mussolini die Besetzung Griechenlands vorbereitet, jedoch nicht mit einem derart massiven Widerstand gerechnet. Von Oktober 1940 bis April 1941 liefern sich italienische und griechische Truppen harte Gefechte, bevor es den Griechen gelingt, die italienischen Truppen nach Albanien zurückzuwerfen und einen Teil Albaniens einzunehmen.

Am 6. April 1941 marschieren deutsche Truppen in Griechenland ein, hissen auf der Akrópolis die Hakenkreuz-Fahne und nehmen nach und nach die Peloponnes, die Inseln und schließlich auch Kréta ein. Unter der Zivilbevölkerung werden grausame Massaker angerichtet, die jüdische Bevölkerung wird in die Vernichtungslager abtransportiert. Griechenland wird in drei Zonen eingeteilt, die von italienischen, deutschen und bulgarischen Truppen besetzt werden. Überall bilden sich Widerstandsgruppen, die die feindlichen Besatzer mit allen Mitteln bekämpfen. Zu den führenden Widerstandsorganisationen gehören die *EAM* (Ethnikon Apeleftherótikon Métopon) und die Nationale Volksbefreiungsarmee *ELAS*, beide unter kommunistischer Führung. 1944 ziehen die fremden Besatzer ab und hinterlassen ein geschundenes Land.

Der Bürgerkrieg: Nach der Befreiung Griechenlands entladen sich die innenpolitischen Spannungen um die künftige Gestaltung des Landes. Griechenland ist in zwei Lager gespalten: die Linke, der sich die Mitglieder der inzwischen verbotenen Kommunistischen Partei Griechenlands (die Kommunistische Partei war die einzige maßgebliche Kraft, die die Diktatur Metaxás bekämpft hatte) anschließen, und die die Rechte, zu der unter anderem die Nationalradikale Union und die Zentrums-Union gehören. Die kommunistischen Widerstandsgruppen und die konservativen monarchistischen Kräfte liefern sich erbitterte Kämpfe, die im **Dezemberaufstand** von 1944 ihren Höhepunkt finden; beide Gruppierungen finden dabei Unterstützung durch Staaten des Auslandes. Den Kommunisten gelingt es jedoch nicht, ihre Positionen durchzusetzen. Vielmehr gewinnen die Monarchisten den politischen Richtungskampf, nach einer Volksabstimmung nimmt Georg II. seinen Platz auf dem Thron wieder ein. Die Kommunisten rüsten sich daraufhin zum bewaffneten Kampf, Partisanenkämpfer werden ausgebildet. Erklärtes Ziel ist die Schaffung eines wahrlich freien griechischen Staates. 1947 stirbt König Georg II., ihm folgt sein Bruder Paul auf den Thron. In dieser Phase macht sich bereits der Einfluß der USA in Griechenland bemerkbar. Der „Bruderkrieg", der über drei Jahre dauert, kostet rund 158 000 Opfer.

Immer wieder aufs neue faszinierend, lockt das griechische Küstenpanorama

Zwischen 1944 und 1952 erlebt Griechenland 25 Regierungen, mehr als Deutschland zur Zeit der Weimarer Republik.

Bei den Wahlen im November 1952 übernimmt die **Griechische Sammlung** unter Ministerpräsident Marschall Aléxandros Papágos die Regierungsverantwortung. Nach dem Tod Papágos' im Oktober 1955 bestimmt der König gegen den Parlamentsbeschluß Konstantínos Karamanlís zu seinem Nachfolger. 1958 tritt die Regierung zurück, nachdem es zu Konflikten innerhalb des Kabinetts um die Reform des Wahlgesetzes gekommen ist, übernimmt jedoch bereits im Mai des Jahres wieder die Regierungsverantwortung. Unter Karamanlís erfährt die Position des Parlaments gegenüber der Krone und dem Militär eine erhebliche Stärkung, was zu erneuten Spannungen führt. Es entsteht jedoch eine Phase des Mißtrauens, in dem die Wahlergebnisse angezweifelt werden, die Gunst der Bevölkerung gegenüber Karamanlís zerbröckelt. 1963 muß Karamanlís seinen Rücktritt bekannt geben.

Geórgios Papandréou (der Vater von Andréas Papandréou) war inzwischen zur bedeutenden Figur im Kampf gegen die konservative Regierung Karamanlís geworden. 1963 wird in Thessaloníki der Führer der Linken, **Lambrákis,** ermordet, eine Tat, die bis heute nicht letztendlich aufgeklärt ist, in die jedoch die damalige Führung verstrickt gewesen sein soll (die Geschichte ist von Cóstas Gávras unter dem Titel „Z" verfilmt worden).

In die Regierungszeit Karamanlís' fällt der Beitritt zur NATO 1954 sowie das Assoziierungsabkommen mit der Europäischen Wirtschaftsgemeinschaft im Jahre 1962.

Aus den Parlamentswahlen von 1964 geht der liberale Zentrumspolitiker Geórgos Papandréou gestärkt hervor. In der Folge kommt es jedoch zu innenpolitischen Spannungen, vor allem mit der neu erstarkenden Linken, die von seinem Sohn Andréas Papandréou geleitet wird.

Die Auseinandersetzungen finden ihr vorläufiges Ende mit der Machtübernahme der Obristen am 21. April 1967.

Die Zeit der Militärjunta: Mit einem Staatsstreich gelangen 1967 die Obristen an die Macht. An der Spitze der Militärdiktatur stehen Offiziere. Der König flieht ins Ausland, Präsident wird **Geórgos Papadópoulos.** Von nun an sind Unterdrückung und Verfolgung Oppositioneller, Folterungen und Säuberungen an der Tagesordnung (diese Zeit wird eindrucksvoll geschildert in dem Roman „Ein Mann" von Oriana Fallaci). 1973 kommt es zu Protesten seitens der Studenten in Athén, die gegen das Militärregime und für die Einführung demokratischer Verhältnisse kämpfen. Der Aufstand wird von Papadópoulos blutig niedergeschlagen. In der Nacht zum 17. November 1973 rollen die Panzer in

Richtung Polytechnikum. Das Massaker vor der Athéner Universität fordert zahlreiche Opfer. In Griechenland gilt ab sofort der Belagerungszustand. Die Ereignisse am Polytechnikum führen auch innerhalb der Junta zu Querelen, der gefürchtete Chef der Militärpolizei, **Ioannídis,** übernimmt — hinter den Kulissen — die Macht. Die sozialen und politischen Spannungen verschärfen sich, nicht zuletzt durch die **Zypern-Krise.**

Mit dem Staatsstreich gegen Erzbischof Makários am 15. Juli 1974 auf Zypern und der darauf folgenden Invasion der Türkei endet die Militärdiktatur in Griechenland. Dem war der gescheiterte Versuch der Junta vorausgegangen, die **Enosis,** d. h. den Zusammenschluß Zyperns mit Griechenland, militärisch zu vollziehen. Die Obristen sehen sich durch die drohende Gefahr eines Krieges gezwungen, einen politischen Kompromiß einzugehen. Konstantínos Karamanlís wird aus dem Exil zurückgeholt und am 24. Juli 1974 zum griechischen Ministerpräsidenten ernannt.

Der demokratische Neubeginn: Mit Wiederinkraftsetzung der Verfassung von 1952 wird am 1. August 1974 das Ende der Diktatur besiegelt. Am 17. November erfolgen Parlamentswahlen, aus denen die neugegründete *Néa Demokratía,* die Partei des Konservativen Karamanlís, mit 54,37 % als stärkste Partei hervorgeht. Zweitstärkste Partei wird die *Vereinigte Partei Zentrumsunion — Neue Kräfte,* drittstärkste Partei die am 3. September 1974 gegründete *PASOK* (Panhellenische Sozialistische Bewegung) unter Andréas Papandréou. Die Vereinigte Linke, zu der sich sowohl die moskautreuen Kommunisten, die Eurokommunisten sowie die Demokratische Linke zusammengeschlossen hatten, erreichen 9,5 %.

Am 21. November 1974 nimmt die konservative Regierung ihre Arbeit auf, Karamanlís wird als Ministerpräsident vereidigt. Mit einer Mehrheit von 69,18 % wird bei einer Volksabstimmung am 8. Dezember 1974 der Beschluß gefaßt, daß die Republik die künftige Staatsform in Griechenland sein wird, die Monarchisten kommen auf nur 30,82 %. Außenpolitisch betrachtet, sind es vor allem der Beitritt Griechenlands in die EG sowie die Beziehungen zur Türkei, die in den ersten Jahren nach der Diktatur eine bedeutende Rolle spielen. Am 28. Mai 1979 wird der Vertrag über den Beitritt Griechenlands zur EG unterzeichnet, ab 1981 ist Griechenland Vollmitglied der EG.

Schneeweiße Mauern, strahlend blauer Himmel — das findet man auf den Sporáden

Die Regierungsübernahme der PASOK: Im Laufe der Jahre gelingt es der PASOK, einen erheblichen Stimmenzuwachs bei den Wahlen zu erlangen, was zu einem beträchtlichen Maße damit zusammenhängt, daß es Papandréou gelingt, auch Teile des bürgerlichen Lagers für sich zu gewinnen. Mit 48 % geht die Partei 1981 als stärkste Fraktion aus den Parlamentswahlen hervor. Doch die versprochene Umgestaltung des Landes soll auch dem Populisten Papandréou nicht gelingen, der mehr durch sein Charisma als durch politische Maßnahmen besticht. Korruption und Finanzskandale, Fälle von Erpressung und Bestechung erschüttern das Land, schließlich wird die Affäre und spätere Heirat Papandréous mit dem Sexidol Mimi zu einem weiteren Meilenstein seines politischen Untergangs.

Ende Oktober 1988 kommt es in Griechenland zu einem Bestechungsskandal. Nach Aussage des Bankiers und Verlegers Geórgos Koskótas sollen der Premierminister und seine Regierung Bestechungsgelder von Koskótas angenommen haben. Die Néa Demokratía stellt einen Mißtrauensantrag, der jedoch abgelehnt wird. Am 16. März 1989 tritt das Kabinett zurück. Einen Tag später wird eine neue Regierung unter Papandréou vereidigt. Doch bei den am 18. Juni 1989 stattfindenden vorgezogenen Parlamentswahlen erleidet die PASOK eine empfindliche Niederlage. Aber auch die Néa Demokratía, die 44,4 % der Stimmen auf sich vereinigt, ist nicht regierungsfähig. Es kommt zu einem Bündnis zwischen Linken und Rechten, die bis zu den Neuwahlen eine Übergangsregierung stellen und damit beauftragt werden, die Vorwürfe gegen die Partei Papandréous zu untersuchen. Es folgen mehrere Wahlgänge, die die entscheidenden Mehrheitsverhältnisse nicht hervorbringen.

Am 8. April 1990 gelingt dann der Néa Demokratía unter Konstantínos Mitsotákis der — wenn auch sehr knappe — Wahlsieg. Die Partei erreicht 46,9 % der Stimmen und erhält 151 von 300 Parlamentssitzen. Präsident Griechenlands wird Konstantínos Karamanlís. Die Mehrheit für die Konservativen ist knapp ausgefallen, und die Aufgaben, die zu bewältigen sie sich vorgenommen haben, sind schwer. Griechenland ist nahezu bankrott, Inflationsrate und Arbeitslosigkeit steigen, Streiks erschüttern das öffentliche Leben. Nun wird sich herausstellen müssen, ob die Néa Demokratía in der Lage ist, stabile Verhältnisse in Griechenland zu schaffen.

Politik

Das politische System Griechenlands

Griechenland ist gemäß der Verfassung vom 11. Juni 1975 eine parlamentarische Republik. Eine besondere Stellung kommt dem Präsidenten zu, der vom Parlament für einen Zeitraum von fünf Jahren gewählt wird. Der Präsident ist zugleich Oberbefehlshaber der Streitkräfte, hat das Recht, das Parlament aufzulösen bzw. für maximal 30 Tage zu suspendieren, kann ein aufschiebendes Veto gegen Gesetzesbeschlüsse einlegen und eine Volksabstimmung verfügen. Die Exekutivgewalt verteilt sich auf die Regierung und den Präsidenten.

Alle vier Jahre finden in Griechenland Parlamentswahlen statt. Die stärkste aus den Wahlen hervorgegangene Partei wird mit der Regierungsbildung beauftragt. Die Regierung setzt sich zusammen aus dem Ministerpräsidenten und den Ministern (Ministerrat). In der Vergangenheit herrschte in Griechenland eine Mixtur aus Mehrheits- und Verhältniswahlrecht, inzwischen gilt das verstärkte Verhältniswahlrecht. Die Rolle des Parlaments in der Gesetzgebung und der Machtkontrolle ist entgegen ihrer eigentlichen Funktion recht beschränkt. Die wichtigen Beschlüsse werden außerhalb des Parlamentes getroffen.

In Griechenland besteht ein Mehrparteiensystem, wobei die beiden Volksparteien Néa Demokratía und PASOK eine dominierende Rolle spielen. Das Parteienspektrum weist darüber hinaus noch die Kommunistische Partei KKE, die Partei des Demokratischen Zentrums EDIK, die Partei des Demokratischen Sozialismus KODISO und einige weitere Splitterparteien auf.

In Griechenland gibt es über 3000 Gewerkschaften, die in mehr als 57 Verbänden organisiert sind.

Griechisch-türkische Beziehungen

Die jahrhundertelange Feindschaft: Das Verhältnis zwischen Griechenland und der Türkei bleibt auch im 20. Jahrhundert ein ausgesprochen schwieriges. Die mehr als vier Jahrhunderte andauernde türkische Besatzung (15.-19. Jahrhundert) hat in der griechischen Bevölkerung Narben hinterlassen. Und so ist das Verhältnis der beiden Staaten zueinander selbst nach dem Untergang des Osmanischen Reiches und der Entstehung der griechischen und türkischen Nationalstaaten spannungsgeladen. Die Erinnerungen an die blutigen Auseinandersetzungen, an Vertreibungen, Mißhandlungen und Massaker sind bei beiden Völkern lebendig geblieben und ein Nährboden für Vorurteile und Feindbilder, die selbst bei der jungen Generation zu finden sind. Schon in der Schule lernen griechische und türkische Kinder gleichermaßen, wer ihr „Feind" sei, die Schulbüchern vermitteln ein eindeutiges Feindbild. Glorifizierung der eigenen geschichtlichen Vergangenheit und Verteufelung der jeweils anderen, das sind die gängigen Klischees, mit denen die Kinder groß werden. So sprechen die meisten Griechen bis heute von Konstantinopel, wenn es um Istanbul geht. Die Ressentiments bleiben also bestehen, auf politischer wie auf gesellschaftlicher Ebene.

Allenfalls einige wenige, in erster Linie Intellektuelle, versuchen zum Abbau der Feindbilder beizutragen. Ein Zeichen setzen wollten zum Beispiel der griechische Komponist Míkis Theodorákis und der türkische Musiker Livaneli, als sie ein gemeinsames Konzert in Istanbul gaben.

Der Ägäis-Konflikt: Zu Beginn der 70er Jahre kommt es erneut zu einem Konflikt zwi-

Das Leben hat seine Spuren hinterlassen ...

schen Griechenland und der Türkei, diesmal stehen handfeste wirtschaftliche Interessen im Vordergrund: Es geht um Öl. Die griechische Regierung hatte seit Jahren in der Ägäis nach Öl bohren lassen. 1973 stieß man in der Nähe der Insel Thássos tatsächlich auf Öl und ging vorschnell und fälschlicherweise davon aus, es handele sich um riesige Ölfelder. Angesichts der Ölkrise weckten die Funde ungeahnte Hoffnungen. Die Türkei, die bislang nur Festlandsbohrungen hatte vornehmen lassen, erklärte nun, ebenfalls Erdölexplorationen am ägäischen Festlandssockel durchführen zu lassen. Dies wurde zum Auslöser des Konflikts. Denn: ungeklärt waren bis dato die nationalen Ansprüche hinsichtlich der Hoheitsgebiete in der Ägäis. Auch im Vertrag von Lausanne (1923) ist die Frage der Souveränitätsrechte nicht eindeutig geklärt worden. Die Türkei zog sich auf den Stand-

punkt zurück, die Inseln hätten keinen eigenen Festlandssockel und folglich habe die Türkei ein Anrecht, Bohrungen durchzuführen. Die Position Griechenlands hingegen lautete, daß gemäß Art. 1 der Genfer Schelf-Konvention jede Insel ihren eigenen Kontinentalsockel besäße. Zwar einigte man sich auf Verhandlungen, stärkte jedoch zugleich die Truppenpräsenz im Konfliktgebiet.
Mit dem Zypern-Konflikt gerät die Auseinandersetzung um die Rechte in der Ägäis zwar vorläufig ins Hintertreffen, flammt jedoch zwei Jahre später wieder auf, als von türkischer Seite erneut Forschungsschiffe ausgesandt werden. Die griechischen Streitkräfte werden in Alarmbereitschaft versetzt. Zwar kehren die Konfliktparteien wieder an den Verhandlungstisch zurück, kommen jedoch zu keinem befriedigenden Ergebnis. Zu einer erneuten Spannung kommt es im Jahre 1987.

Da wird man neugierig, wie es wohl hinter der Tür aussieht ...

Der Zypern-Konflikt: Der Konflikt um den Inselstaat Zypern steht stellvertretend für die schwierigen griechisch-türkischen Beziehungen.
Bereits 1571 wird Zypern dem Osmanischen Reich einverleibt. Mit der Ausbreitung des Ideenguts der Französischen Revolution entsteht im osmanisch besetzten Griechenland der Wunsch nach Wiederherstellung des Byzantinischen Reiches (Mégali Idéa) und der Kampf um die Unabhängigkeit. In der Folge kommt es zur Entstehung des griechischen und des türkischen Nationalstaates. 1914 annektiert Großbritannien Zypern, nachdem die Türkei an der Seite der Mittelmächte Großbritannien den Krieg erklärt hatte. Die Erwartungen der griechischen Bevölkerungsmehrheit auf eine baldige Enosis, d. h. einen Anschluß an das griechische Mutterland, werden jedoch enttäuscht. Es kommt zu blutigen Auseinandersetzungen mit der britischen Kolonialmacht. Auf die von der Türkei und Großbritannien angestrebte Teilung der Insel in einen griechischen und einen türkischen Teil reagieren die Verantwortlichen, unter ihnen der Erzbischof Makários, mit einer veränderten Haltung. Nicht mehr die Enosis, sondern die Unabhängigkeit Zyperns wird von nun an zum politischen Ziel. Am 16. August 1960 erhält Zypern den Status einer unabhängigen Republik.
1963 schlägt der zypriotische Präsident Makários Verfassungsänderungen vor, die darauf ausgerichtet sind, die weitgehenden türkisch-zypriotischen Rechte auf einen Minoritätenstatus herabzusetzen. Daraufhin kommt es zu gewaltsamen Auseinandersetzungen zwischen der türkischen und der griechischen Bevölkerung. Die UNO entsendet einen Beobachter nach Zypern.
1974 kommt es zu einer weiteren Krise auf Zypern. Mit der Machtübernahme der Obristen in Athén lebt auch der Gedanke eines Anschlusses Zyperns an Griechenland erneut

auf. Erzbischof Makários, Verfechter der Unabhängigkeit der Inselrepublik, wird somit zum politischen Gegner der Obristen, die in ihm einen Verräter sehen. Nachdem Makários die griechische Regierung aufgefordert hatte, ihre Nationalgarde abzuziehen, kommt es am 15. Juli 1974 zu dem schon lange von den Obristen geplanten Putsch auf Zypern. Makários wird gestürzt und flieht nach England. Für eine Woche amtiert Níkos Sampson als neuer Präsident auf Zypern.

Fünf Tage später, am 20. Juli 1974, beginnt die Invasion türkischer Truppen auf Zypern. Die Türkei befürchtet durch den Putsch den endgültigen Anschluß Zyperns an Griechenland. Trotz der Einleitung von Verhandlungen gehen die Kämpfe weiter. Zypern wird an der sogenannten „Attila-Linie" in zwei Teile geteilt. Der nördliche Teil Zyperns, der etwa 38 % des Territoriums umfaßt, wird in der Folge von der türkischen Minderheit verwaltet (18 % aller Zyprioten), im südlichen, griechischen Teil Zyperns leben 82 % aller Zyprioten. Die Kämpfe fordern zahlreiche Todesopfer, Flüchtlingsströme entstehen, zahlreiche Menschen müssen ihre Häuser verlassen.

Nach zähen und erfolglosen Verhandlungen wird am 15. November 1983 die Republik Nordzypern ausgerufen. Vorausgegangen war die Forderung der Griechen nach einem sofortigen Abzug aller türkischen Besatzungsstreitkräfte aus Zypern. Eine befriedigende Lösung des Zypern-Konflikts ist bis heute nicht erreicht worden, wenngleich es Annäherungen der beiden verfeindeten Parteien gibt. 1988 treffen sich die Staatsoberhäupter Griechenlands und der Türkei zu Verhandlungen in Davos, ein halbes Jahr später besucht Turgot Özal Athén.

Wirtschaft

Trotz mannigfaltiger Bemühungen ist es bislang nicht gelungen, in Griechenland stabile wirtschaftliche Verhältnisse zu schaffen. Die Inflationsrate und die Arbeitlosenzahlen steigen, der Lebensstandard der Bevölkerung ist — verglichen mit unserem — ausgesprochen niedrig. Griechenland gehört noch immer zu den Schwellenländern.

Der wichtigste Wirtschaftszweig ist nach wie vor die Landwirtschaft. Im Vergleich zu den anderen EG-Staaten ist der Anteil der Beschäftigten in der Landwirtschaft relativ hoch. Bedingt dadurch, daß es sich überwiegend um kleine Familienbetriebe handelt, ist die Produktivität allerdings sehr gering. Veraltete Anbaumethoden und das Fehlen von Maschinen tragen erheblich zu dieser Situation bei. Angebaut werden vor allem Getreide und Wein, aber auch Oliven, Baumwolle, Tabak und Obst. Auch der Viehzucht (Schaf- und Ziegenhaltung) kommt eine gewisse Bedeutung zu.

Nach wie vor ist der Fischfang eine wichtige Erwerbsquelle für viele Griechen

Während in der ersten Hälfte des 20. Jahrhunderts die Wirtschaftsaktivitäten vor allem auf das Inland beschränkt blieben, bemüht sich Griechenland seit den 60er Jahren um eine bessere Stellung im Welthandel, was zu nicht unerheblichen Zahlungsbilanzdefiziten geführt hat, da die Importrate bei weitem die Exportrate überstieg. Auch mit dem Beitritt Griechenlands zur Europäischen Gemeinschaft, wodurch vor allem der schwierigen Konkurrenzsituation griechischer Produkte auf dem Markt begegnet werden sollte und wovon man sich einen forcierten wirtschaftlichen Aufbau des Landes, Wirtschaftswachstum und einen Anstieg der Beschäftigtenzahlen versprach, scheinen die Probleme bei weitem nicht gelöst. Wichtigster Handelspartner ist die Bundesrepublik Deutschland, gefolgt von Italien und Frankreich. Doch trotz der zunehmenden Exporte in die Länder der Europäischen Gemeinschaft importiert Griechenland immer noch wesentlich mehr als es exportiert, so daß eine unausgeglichene Zahlungsbilanz besteht.

Die Industrialisierung Griechenlands ist nur mühsam vorangeschritten. Dominierend sind nach wie vor kleinere Betriebe, vor allem in der Textil-, Nahrungsmittel- und Möbelindustrie. Die meisten elektrischen Geräte werden importiert, was zur Folge hat, daß Elektrogeräte und Luxusartikel oft unerschwinglich teuer sind. Es fehlt in Griechenland vor allem an Maschinen, Investoren und am entsprechenden Know-how. Während Griechenland vor allem Oliven und Korinthen exportiert, ist es jedoch darauf angewiesen, teure Maschinen, Autos, technische Geräte etc. zu importieren.

Dabei ist Griechenland ausgesprochen reich an Bodenschätzen. Es verfügt unter anderem über Lignit, Bauxit, Magnesit, Eisenpyrit, Chrom-, Nickel-, und Manganerz und Marmor. Der Bergbau spielt jedoch ungeachtet dieser Tatsache eine untergeordnete Rolle.

Zu einer der wichtigsten Einnahmequellen ist der Tourismus geworden. Um die neun Millionen Urlauber besuchen jährlich Griechenland und tragen entscheidend dazu bei, daß Devisen ins Land fließen. Auch sind durch die steigenden Touristenzahlen zusätzliche Arbeitsplätze geschaffen worden. Allerdings bleiben diese häufig saisonabhängig. Doch verschließen die Griechen die Augen davor, daß auch nachhaltige Probleme durch den Tourismus entstehen, die die Wirtschaft in absehbarer Zeit nicht gering belasten werden, man erinnere nur an die Umweltschäden. Es ist aber auch aus dem Grund eine Gefahr, ganz auf das Geld der Urlauber zu setzen, weil durch unvorhersehbare politische Entwicklungen der Tourismus innerhalb kürzester Zeit rapide zurückgehen kann. Man denke nur an aktuelle Beispiele, wie die Intifida, die dazu geführt hat, daß der Tourismus in Israel schlagartig zurückgegangen ist oder aber an den Golf-Krieg, der vor allem der Türkei, aber deutlich auch Griechenland entscheidende Einbußen beschert hat.

Kunst und Architektur des griechischen Altertums

Im Laufe des 18. Jahrhunderts kommt es in Europa zu einem verstärkten Interesse an der Kunst und Architektur des Altertums und der Antike. Die Bauwerke und Plastiken der Antike werden zum Sinnbild einer großen Vergangenheit. Die Forschung bemüht sich seitdem, Strukturmerkmale und Entwicklungsphasen der griechischen Kunst und Architektur aufzuzeigen und in Beziehung zu der jeweiligen kulturellen und politischen Situation Griechenlands zu setzen. Die wichtigsten Wesensmerkmale und Phasen sollen hier kurz aufgezeigt werden.

Bronzezeit (2500-1100 v. Chr.)

Während der frühen Bronzezeit entsteht die Kykládenkultur, gekennzeichnet durch kleine Marmorfiguren, sogenannte Idole. Zugleich entwickelt sich auf Kréta die minoische Kultur. Bereits zu Beginn der frühen Bronzezeit soll es auf Kréta stattliche Wohnhäuser und interessante Kunstgegenstände gegeben haben („Vorpalastzeit"). Während der mittelminoischen Epoche entstehen die Paläste von Knóssos, Phaístos und Malliá („Palastzeit"). Es folgt die eigentliche Blütezeit der minoischen Kultur. Die Palastanlagen werden mit ausgeklügelten sanitären Einrichtungen, Treppenanlagen und Labyrinthen ausgestattet. Anhand von Wandgemälden läßt sich das Leben im Palast rekonstruieren. In dieser Zeit entstehen wertvolle Vasen, Schmuckstücke aus Gold, Silber und Elfenbein, Terrakotta-Figuren ... Eingang in die damalige Kunst finden vor allem Themen aus der Pflanzen- und Tierwelt.

Nach der Einwanderung indogermaischer Stämme nach Griechenland entsteht die mykenische Kultur. Zwar läßt sich hier eine deutliche Anlehnung an die minoische Kultur ausmachen, doch kommt es zur Ausprägung eines eigenständigen Stils. In der Architektur manifestiert dieser sich in der Schaffung von burgähnlichen Palastanlagen mit dicken Umfassungsmauern. Herausragendes Exempel sind der Palast von Mykéne, das Löwentor und die Burganlage von Tiryns. Was die bildende Kunst anbetrifft, lassen sich deutliche Parallelen zur minoischen Kunst ausmachen, ein eigener Kunststil entwickelt sich nicht.

Geometrische Epoche (1100-800 v. Chr.)

Die bis dato übliche naturalistische Darstellung von Pflanzen und Tieren wird in der geometrischen Epoche abgelöst durch die Einführung von Ornamenten (Mäander), die von nun an Vasen und andere Gegenstände zieren. Tiere und Menschen erfahren eine schematisierte Darstellung. Es wird gleichzeitig ein relativ exaktes Kompositionsschema für Vasen und andere Gefäße entwickelt.

Archaische Zeit (700-600 v. Chr.)

Die Epoche des Archaikum ist gekennzeichnet durch eine zunehmende Formalisierung der Stilelemente. Es entstehen zahlreiche Tempelanlagen mit immer wiederkehrender gleicher Anordnung der Säulen, mit kunstvoll gearbeiteten Giebeln und Metopen. Von nun an wird Stein statt Holz zum bevorzugten Baumaterial. Beispiele archaischer Tempelarchitektur sind die Anlagen in Délphi und Kórfu.

In die archaische Zeit fällt auch die Entstehung und Entwicklung der Monumentalplastik. Grundmodell ist der stehende Jüngling. Der anfänglich strenge Aufbau wird

Attische Vasenformen

Amphora

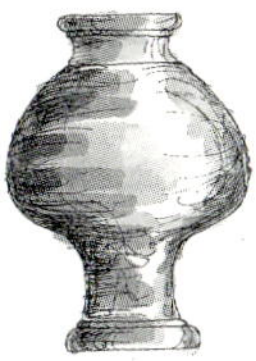
Psykter

Glockenkrater

Pelike

Kelchkrater

Lekythos

Lebes

Oinochoe

fußlose Schale

Luthrophoros

im Laufe der Jahre abgelöst durch eine wesentlich plastischere Gestaltung, Einzelheiten des Körpers werden herausgearbeitet und am Ende sogar Bewegungsabläufe gestaltet. Solche Entwicklungen lassen sich sehr schön nachweisen an der Gegenüberstellung des *Kuros von Sunion* (Athén, Nationalmuseum), des *Kalbträgers* (Athén, Akrópolis-Museum) und der Szene *Athena und Gigant* (Athén, Akrópolis-Museum).

In der Malerei überwiegen Darstellungen aus der Mythologie. Verwendet werden vor allem die Farben Schwarz, Rot, Orange und Weiß.

Frühklassik (480-450 v. Chr.)

Zu den bedeutendsten Bauwerken der Frühklassik zählen der Zeustempel auf Sizilien und in Olýmpia. Ersterer weist statt der bis dahin üblichen offenen Ringhallen eine geschlossene Wand auf. Auffällig sind ebenfalls die Karyatiden (Säulenfiguren) von kolossaler Mächtigkeit.

Im Bereich der Großplastik kommt es zum verstärkten Versuch der Darstellung von Gefühlen und Handlungen. Diese Entwicklung ist nicht losgelöst zu betrachten von dem veränderten Menschenbild. Innere Regungen, Angst, Freude, Furcht und Schmerz werden von nun an zu bestimmenden Faktoren in der griechischen Großplastik. Ähnliches soll auch für die Malerei dieser Zeit gelten, wenngleich keine Objekte erhalten sind und sich diese Vermutung lediglich auf überlieferte Quellen stützt. Die Vasenmalerei erfährt in dieser Zeit einen nicht unerheblichen Aufschwung. Die perspektivische Darstellung wird zum vorrangigen Bemühen der Künstler.

Hochklassik (450-380 v. Chr.)

Die Hochklassik ist zugleich die Blütezeit, ja das Goldene Zeitalter Griechenlands. Die Stadt wird als eine Art Gesamtkunstwerk betrachtet und dementsprechend gestaltet. In Athén entsteht der Párthenon, die größte dorische Tempelanlage, die auf dem griechischen Festland jemals erbaut wurde. Der aus weißem Marmor erbaute Tempel — Baubeginn war etwa 447-446 v. Chr. — weist eine große Harmonie in der Gestaltung und den Proportionen auf. Erhalten geblieben sind viele Teile des ehemaligen Tempelschmucks, Giebelfiguren, Friese ... In der gleichen Phase entsteht auch der Poseidon-Tempel am Kap Sunion, ebenfalls aus weißem Marmor erbaut.

In die Zeit der regen Bautätigkeit fällt auch die Weiterentwicklung der Großplastik. Schon allein an der Gestaltung der Giebel des Párthenon erkennt man die verstärkte künstlerische Gestaltung von Bewegungsabläufen und szenischen Darstellungen. Häufiges Motiv sind Kampf- und Opferszenen. Es wird eine hohe Plastizität der Reliefdarstellungen erreicht. Der führende Bildhauer dieser Zeit ist Phídias, unter dessen Leitung der Skulpturenschmuck des Párthenon entsteht. Zu seinen wichtigsten Werken gehört zweifellos die Schaffung der Athéna-Statue, die einst zwischen dem Párthenon und dem Erechtheion stand. Die von Phídias geschaffenen Gestalten fallen durch ihren erhabenen Ausdruck und ihre ruhige Haltung auf.

Ein weiterer wichtiger Bildhauer dieser Zeit ist Polyklét aus Argos. Ihm gelingt eine bis dahin unerreichte naturalistische Gestaltung seiner Figuren.

In die Zeit der Hochklassik fällt zudem die künstlerische Ausgestaltung von Grabstelen. Man denke nur an die berühmte Stele der Hegeso (Athén, Nationalmuseum).

Obwohl auch der Malerei in dieser Phase ein nicht unerheblicher Stellenwert zukommt, sind Originale aus dieser Zeit nicht mehr vorhanden. Lediglich anhand der aus dieser

Samothráki: Nur noch Ruinen zeugen — wenn auch eindrucksvoll — von der hohen Kultur der Antike

Epoche stammenden Vasen kann man den Stellenwert der Malerei im 5. Jahrhundert v. Chr. ablesen. Der bedeutendste Maler dieser Zeit ist Polygnót von Thásos.

Spätklassik (380-330 v. Chr.)

Während der Spätklassik entstehen nicht nur weitere berühmte Tempelanlagen, wie zum Beispiel das Asklepios-Heiligtum in Epidaúrus oder der Apollon-Tempel in Délphi, sondern auch an verschiedenen Orten Theater. Eines davon, vielleicht sogar das berühmteste, ist das von Polyklét dem Jüngeren erbaute Theater von Epidaúrus. Zumindest ist es das am besten erhaltene Theater Griechenlands. Es bietet Platz für rund 12 000 Zuschauer.

Hellenistische Zeit (330-30 v. Chr.)

Die Baufreudigkeit nimmt in Hellenistischer Zeit ein jähes Ende. Nach den Feldzügen Alexanders des Großen verlagert sich die Bautätigkeit vornehmlich auf die Städte Kleinasiens. Umgekehrt wird die Architektur in Griechenland entscheidend von östlichen Traditionen beeinflußt.

Die Bildhauerei dieser Phase zeichnet sich aus durch eine verstärkte Hinwendung zum Realismus. Bei der Gestaltung der Figuren wird entscheidender Wert auf den Ausdruck des Gefühls, die Bewegungen sowie auf eine möglichst realistische Darstellung der Gewänder gelegt. Auch erweitert sich der Themenkreis. Gegenstand der bildhauerischen Schöpfung werden schlafende Kinder, Marktfrauen, Reiter, Fischer etc.

Die Spätantike (30 v. Chr. bis 530 n. Chr.)

Die schöpferische Periode griechischer Kunst gehört um die Jahrtausendwende bereits der Vergangenheit an. Zwar entstehen im 2. Jahrhundert n. Chr. in Athén zahlreiche Bauwerke, doch unterliegen diese bereits dem Einfluß Roms. Vor allem der römische Kaiser Hadrian ist es, der zahlreiche Bauten errichten läßt und sich am griechischen Vorbild orientiert. Aus dieser Zeit stammen der Hadrians-Bogen, das Olympieion und schließlich das Theater des Herodes Atticus zu Füßen der Akrópolis.

Die griechische Kunst hat im Verlauf ihrer Geschichte nie wieder zu der Bedeutung gefunden, die sie einmal innehatte.

Griechenland — Wiege der Philosophie

Der Beitrag der Griechen zur Entwicklung der abendländischen Philosophie ist unbestritten. Getrieben von dem Wunsch nach Welterkenntnis, bemühten sich bereits im 6. vorchristlichen Jahrhundert die Griechen um ein Verständnis der Naturvorgänge. Ziel war die Entwicklung eines rationalen Weltbildes, mit dem die Vorgänge in der Natur erklärt und gedeutet werden konnten. So verwundert es nicht, daß die Philosophie in ihren Ursprüngen aus reiner Naturbeobachtung bestand. Einer der ersten Naturphilosophen war **Tháles von Milet,** der versuchte, die Naturphänomene mit Hilfe der Logik zu erklären. Er gilt als Begründer der **Ionischen Schule.** Vorrangig war die Frage nach dem Urstoff der Dinge, die man im Wasser und in der Luft, also bereits in der Materie, zu erkennen glaubte. Die ionischen Naturphilosophen beschäftigten sich auch mit astronomischen und geometrischen Fragen.

Die ebenfalls aus Ionien stammenden Pythagoräer konzentrierten sich auf die Welt der Zahlen und sahen darin die Grundprinzipien der Welt. Sie lieferten damit eine wichtige Grundlage für die Entwicklung mathematischer Überlegungen. Einer ihrer berühmtesten Vertreter ist Pythágoras.

Im 5. Jahrhundert v. Chr. wurde Athén zum geistigen Zentrum Griechenlands. Es entwickelte sich ein intensives gesellschaftliches Leben, wobei vor allem Fragen der Politik sowie der Rhetorik ein hoher Stellenwert beigemessen wurde. Den neuen Fragen der

Ethik und Politik nehmen sich als erste die **Sophisten** an, deren bedeutendster Vertreter **Protágoras** war. Die Sophisten wandten sich der Erforschung gesellschaftlicher Verhältnisse, des Rechts, der Ethik und des Menschen zu, kamen dabei jedoch zum Teil zu subjektivistischen und relativistischen Anschauungen.

Sókrates (470-399 v. Chr.) wollte diesen Relativismus durch gesicherte Erkenntnisse ersetzen, da allein diese sittliches Verhalten erzeugen könnten. Rationalität wurde bei Sókrates zum bestimmenden Prinzip. Da er

Sokrates

nach Meinung der Herrschenden die Jugend verführte und die Existenz der Götter leugnete, wurde Sókrates zum Tode durch den Schirlingsbecher verurteilt. Seine Philosophie ist vor allem durch seine Schüler Pláton und Xénophon übermittelt.

Einer der bedeutendsten Schüler Sókrates' war **Pláton (427-347 v. Chr.)**. Seine Philosophie beruhte auf der Ideenlehre, die seine Staatstheorie und Ethik durchdrang. Pláton zufolge sind die Ideen unveränderliche Wesenheiten, wohingegen die materialistisch erfaßbare Wirklichkeit Veränderungen unter-

Platon

worfen ist. Pláton gründete 386 v. Chr. in Athén eine philosophische Schule. Zu seinen bedeutendsten Schülern gehörte Aristóteles, der sich jedoch von der Philosophie Plátons zunehmend abwandte.

Aristóteles (384-322 v. Chr.) wurde zum Begründer der Logik, die er als Erkenntnismethode verstand. Seiner eher als materialistisch zu bezeichnenden Weltauffassung entsprach eine Philosophie, die alle Einzelwissenschaften in die Betrachtungen einbezog und ansatzweise von dialektischem Denken gekennzeichnet war.

Zu den nacharistotelischen Philosphien gehören die Schule der **Epikureer,** die **Stoiker** und der **Skeptizismus.**

Aristoteles

Ξημερώνει — Ximeroni

Es wird hell

Die Wolke brachte Regen und wir blieben allein,
Der Regen wurde zum Hagel, was macht das schon.

Was hat der Arme schon zu fürchten, sein Haus ist der Himmel,
wo immer er steht. Seine ganze Habe auf der Schulter, für unterwegs.

Auf geht's, wir setzen die Segel, wir fahren zum Traum und zum
Vergessen. Das Leben trocknet die Tränen, es wird hell.

Text: Nikos Gatsos Musik: Manos Chatzidakis
Platte: Ta tragûdhia tis Alîkis, Lyra 3262

aus: „So singt Griechenland" von Klaus Eckhardt, Romisini Verlag 1983, Köln

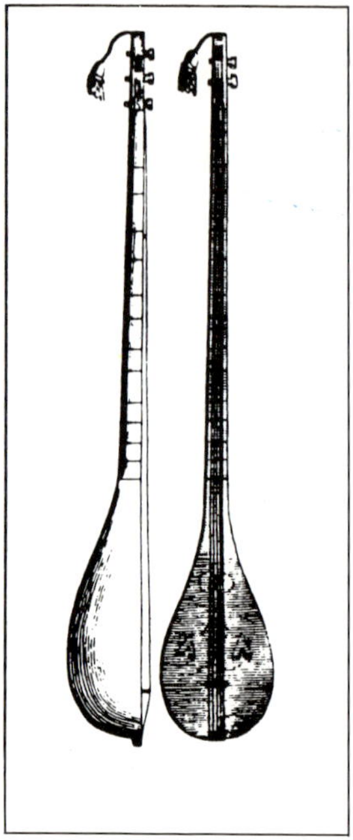

Ilias Petropulos: Rembetika tragudhia, Kredos, Athen 1979

Musik und Volkstanz

Die Griechen haben traditionell eine ausgesprochen tiefe und innige Beziehung zu ihrer Volksmusik, und das gilt nicht nur für die ältere Generation. Auch für die meisten jungen Griechen ist die Volksmusik ein wesentlicher Bestandteil ihrer nationalen Identität. Eine der hervorragendsten Vertreterinnen der griechischen Volksmusik, Damna Samiou, beklagt hingegen, daß sich dies immer mehr ändert: Das Interesse an der eigenen Musik läßt stark nach, westliche Musik ist gefragt, vor allem bei der Jugend. Prinzipiell unterscheidet man zwei Arten von Volksmusik: die ländliche, vor dem griechischen Befreiungskampf im 19. Jahrhundert entstandene Volksmusik und die neuere, städtische Volksmusik, deren Ursprung vor allem im Rembétiko zu suchen ist. Themen wie der Befreiungskampf, Liebe, Leid, Alltag, Hunger und Tod haben in vielfältiger Form und Variation Eingang in die griechische Musik gefunden. Abgesehen von einigen wenigen Ausnahmen sind griechische Lieder und Gesänge einstimmig. Häufig verwendete Instrumente sind Saiteninstrumente wie das Bouzoúki, die Laute, Fiedel und Lyra sowie das Santuri. Auch finden Blasinstrumente wie die Klarinette und die Panflöte häufig Verwendung. Zu den bevorzugten Schlaginstrumenten gehören das Tamburin, die Tontrommel und das Daúli.

Man unterscheidet zwischen Musik mit relativ freier Rhythmik, wie sie häufig bei Festen und Hochzeiten gespielt wird, und solcher mit einem ständig sich wiederholenden Rhythmus.

Die Art der Volksmusik ist je nach Region recht unterschiedlich.

Manchmal entsteht aus einer flüchtigen Begegnung ein bleibender Eindruck, z. B. ein Bild unbefangener Lebensfreude

Die neuere Volksmusik, wie sie etwa **Míkis Theodorákis** verkörpert, wird von den Griechen als „Kallitechniko Laiko", als Kunst-Volksmusik bezeichnet. Es handelt sich um eine Musik, die zwar von einzelnen Komponisten verfaßt wurde, aber inzwischen so sehr in der Griechen Herz und Ohr ist, daß sie zu einer Art „Pseudo-Volksmusik" geworden ist. Die „Kallitechniko Laiko" basiert ganz wesentlich auf dem Rembétiko, jener Musik, die ihren Ursprung aller Wahrscheinlichkeit nach in der byzantinischen Kirchenmusik hat und später von den aus Kleinasien stammenden griechischen Emigranten weiterentwickelt wurde. Bevorzugte Themen waren Vertreibung, Heimat, Krieg, Armut, Drogen und Gefängnisse. Die häufig damit verbundene Kritik an der bestehenden Gesellschaft führte in ihrer letzten Konsequenz zum zeitweisen Verbot des Rembétiko.

Der Volkstanz hat in Griechenland einen hohen gesellschaftlichen Stellenwert, und — anders als bei uns — haben die Griechen eine ungebrochene Beziehung zum Tanz. Nicht selten erlebt man am Abend in einer Taverne, daß ein Grieche sich erhebt und zu tanzen beginnt. Eine Scheu, wie sie bei uns üblich ist, kennt man in Griechenland nicht. Der Tanz war in Griechenland bereits in der Antike ein fester Bestandteil der Erziehung. Er ist zugleich ein tiefer Ausdruck innerer Gefühle, und man wird erstaunt sein über die Ausdruckskraft griechischer Tänzer. Oft bleibt der Oberkörper starr, wodurch Würde und Stolz symbolisiert werden. Man unterscheidet zwischen Tänzen, die überall in Griechenland getanzt werden und solchen, die lokalen Ursprungs sind. Zu den bekanntesten gesamtgriechischen Tänzen gehören der Kalamatianós, der Sirtós und der Tsámikos.

Die griechisch-orthodoxe Kirche ist ein nach wie vor bestimmender Faktor im alltäglichen Leben

Bevölkerung

Griechenland hat rund 9,8 Mio. Einwohner, wovon knapp ein Drittel in Athén lebt. Die Bevölkerung verteilt sich wie folgt:
Athén: ca. 3 000 000 Einwohner
Mittelgriechenland: ca. 1 000 000 Einwohner
Peloponnes: ca. 1 000 000 Einwohner
Thessálien: ca. 700 000 Einwohner
Makedónien: ca. 2 100 000 Einwohner
Thrákien: ca. 350 000 Einwohner
Epirus: ca. 330 000 Einwohner
Ionische Inseln: ca. 180 000 Einwohner
Ägäische Inseln: ca. 430 000 Einwohner
Kréta: ca. 500 000 Einwohner
Infolge steigender Landflucht ist es in den vergangenen Jahren zu einem gewaltigen Anwachsen der Städte, vor allem Athéns und Thessaloníkis, gekommen. In erster Linie junge Leute sind von ihren Heimatdörfern in die Großstädte gezogen, auf der Suche nach Arbeit und geeigneten Ausbildungmöglichkeiten.
Rund 96 % der Bevölkerung gehören dem griechisch-orthodoxen Glauben an, der Rest setzt sich zusammen aus Moslems, Juden, Protestanten und Katholiken.
Die Zahl der Analphabeten ist in den ländlichen Regionen Griechenlands noch relativ hoch, vor allem unter den Frauen. Trotz der auch in Griechenland zu verzeichnenden Emanzipationsbewegung hat die Frau — vor allem auf dem Lande — noch immer eine untergeordnete Stellung inne. Sie führt traditionsgemäß den Haushalt und zieht die Kinder groß. Nur in einigen Berufszweigen (Banken, Einzelhandel, Krankenschwesterberufen etc.) haben Frauen aufgeholt, doch noch immer sind sie in der Minderzahl, was den Besuch von Universitäten und anderen Bildungseinrichtungen anbetrifft.
In Griechenland ist ein leichter Frauenüberschuß zu verzeichnen.

Religion

96 % aller Griechen gehören der griechisch-orthodoxen Kirche an, die folglich die herrschende Religion in Griechenland ist. Die orthodoxe Lehre ist konservativ und basiert auf strengen Glaubensvorschriften. So gilt etwa die Kunst — abgesehen von der Ikonenmalerei — als unnötiger Zeitvertreib.
Progressiv, im Vergleich zum Katholizismus, ist die griechisch-orthodoxe Lehre allenfalls darin, daß sie Priestern die Heirat erlaubt. Ausgenommen davon sind lediglich die höheren „Kirchenfürsten". Es ist in Griechenland durchaus kein seltenes Bild, wenn ein Pope samt Familie einem Fest beiwohnt und mitunter sogar das Tanzbein schwingt.
Ein wesentliches Verdienst der orthodoxen Kirche, das ihr sehr hohes Ansehen beschert hat, besteht darin, daß es ihr gelungen ist,

die griechische Sprache durch die Jahrhunderte der türkischen Besatzungszeit zu retten. Gerne auch nimmt die Kirche für sich in Anspruch, eine führende Rolle im Widerstand gegen die türkische Besatzung innegehabt und so erheblich zur Befreiung Griechenlands beigetragen zu haben. Wieviel davon Mythos, wieviel Realität ist, bleibt dahingestellt.
Laut der griechischen Verfassung ist die orthodoxe Kirche die vorherrschende Religion, was aber nicht den Rückschluß zuläßt, daß es sich um eine Staatskirche handelt. Die Religionsfreiheit ist laut Verfassung gewährleistet, es besteht allerdings eine enge Verknüpfung von Staat und Religion, was seinen Ausdruck zum Beispiel darin findet, daß Kriegsdienstverweigerung nicht erlaubt ist. Die Begründung lautet, daß religiöses Gewissen nicht von den Staatspflichten entbindet.

Gastfreundschaft

Die Griechen kennen für die Begriffe *Fremder* und *Gast* nur ein Wort: *ó xénos*. Die griechische Gastfreundschaft kann mitunter beschämend wirken. Ist man in einer griechischen Familie eingeladen, dann wird aufgetischt, was im Hause ist. Und wer nur ein spärlicher Esser ist, der hat einen schweren Stand. Denn das „Nein Danke" wird ignoriert. Es gilt in Griechenland als Beleidigung, etwas abzulehnen, selbst dann, wenn man hoffnungslos gesättigt ist. Wird man eingeladen, die Nacht im Hause der Familie zu verbringen, dann kann es durchaus vorkommen, daß man die elterlichen Betten zugewiesen bekommt.
Die Gastfreundschaft der Griechen macht sich jedoch auch in kleinen Gesten bemerkbar. Nicht selten bietet einem auf der Straße jemand eine Zigarette an, läßt in einer Taverne das Glas Wein wandern oder drückt einem *stafília* (Weintrauben) in die Hand. Auch ist die Hilfsbereitschaft der Griechen im

Freundlich und aufgeschlossen: So begegnet man in Griechenland dem Fremden

allgemeinen groß. Wer in eine schwierige Situation gerät, beispielsweise eine Autopanne hat, der kann damit rechnen, daß ihm wie selbstverständlich geholfen wird.
Natürlich hat sich das Verhältnis zwischen Einheimischen und Touristen im Zeitalter des Massentourimus stark verändert, und mitunter erfährt man schroffe Ablehnung. Kein Wunder! Zu tief sitzt die Enttäuschung über das Verhalten vieler Ausländer, die sich kurzerhand über die Sitten und Gebräuche des Gastlandes hinwegsetzen, die Gastfreundschaft der Griechen ausnutzen, Diebstähle begehen, die Hotelrechnung nicht bezahlen oder sich ganz einfach unhöflich benehmen. Die Liste ließe sich beliebig erweitern.
Um die Gastfreundschaft nicht zu verletzen, sollte man folgende Regeln einhalten: man sollte Einladungen annehmen, jedoch nicht provozieren; man sollte im Falle einer Einla-

dung eine kleine Aufmerksamkeit mitnehmen, da dies in Griechenland üblich ist; man sollte das Essen auf jeden Fall loben, auch wenn es einem nicht so hundertprozentig geschmeckt hat; man sollte nicht ablehnen, wenn man etwas angeboten bekommt, sich allerdings nicht selber auftischen. Meist wird eine Flasche Wein oder Oúzo auf den Tisch gestellt. Mittrinken gehört zum guten Ton, allerdings in Maßen — Betrunkenheit wird in Griechenland nicht gern gesehen.

Mentalität

Die Griechen, sofern man überhaupt verallgemeinern kann, legen eine für uns ungewohnte Ruhe an der Tag. Alles geht einen wesentlich gemächlicheren Gang als bei uns, nicht selten nach dem Motto *Kommst du heut' nicht, kommst du morgen.* Daß dann nicht immer alles so klappt wie geplant, stört die Griechen meist nicht sonderlich. Solange die Sonne scheint, ist die Welt in Ordnung. Sigá, sigá (langsam, langsam) ist eine der Lebensweisheiten, die die Griechen beherzigen. Damit soll allerdings keinesfalls dem Vorurteil Vorschub gegeben werden, die Südländer seien von Grund auf faul. Sie haben lediglich eine etwas andere Einstellung zum Leben, nicht zuletzt auch durch die klimatischen Verhältnisse bedingt. Die Griechen sind in der Regel weniger zukunftsorientiert als vielmehr gegenwartsbezogen. Jahrelanges Sparen, um in fortgeschrittenem Alter etwas zu haben, gehört nicht zu ihren Lebensmaximen. Wichtiger scheint es zu sein, sich Tag für Tag das Leben so angenehm wie möglich zu gestalten, abends gemeinsam mit der Familie und Bekannten in die Taverne zu gehen etc.

Die Griechen sind prinzipiell ein sehr lebensfrohes Völkchen, was sich vor allem bei Feierlichkeiten zeigt. Doch die Griechen haben auch schwermütige Züge an sich, eine Wesensart, die ihren Niederschlag in vielen Volksliedern gefunden hat.

Feiertage und Feste

Die Griechen sind in der Regel ausgesprochen traditionsverbunden. Folglich kommt den Festen und Feiertagen ein hoher Stellenwert im griechischen Leben zu. Kaum jemand, der freiwillig darauf verzichten würde, an einem Fest teilzunehmen. Im Gegenteil: die Feste bilden nicht selten den Mittelpunkt des kulturellen Lebens, an dem jung und alt gleichermaßen teilhaben.

Man unterscheidet grundsätzlich zwischen nationalen, religiösen, regionalen und natürlich familiären Feiertagen.

Hier die wichtigsten **offiziellen Feiertage:**

1. Januar:	Neujahr
6. Januar:	Dreikönigstag
Februar:	Karneval
25. März:	Gedenktag an den Beginn des Aufstandes gegen die Türken 1821
1. Mai:	Tag der Arbeit
15. August:	Mariä Himmelfahrt. Es finden zahlreiche Prozessionen statt.
28. Oktober:	Ochi-Tag. Am 28. Oktober 1940 hatte Metaxás das italienische Ultimatum zum Einmarsch der Truppen in Griechenland abgelehnt.
25./26. Dezember:	Weihnachten

Hinzu kommen zahlreiche lokale Feste, die vor allem zu Ehren bestimmter Heiliger, zur Weinernte oder aber aufgrund bestimmter geschichtlicher Ereignisse (z. B. der Zusammenschluß der Ionischen Inseln mit dem Griechischen Mutterland am 21. Mai) begangen werden.

Entdeckungen, wie sie der Zufall beschert: Blick in eine kleine Kapelle am Wegrand

Den Ablauf eines lokalen Kirchenfestes muß man sich folgendermaßen vorstellen: das Fest beginnt mit einer feierlichen Messe, die meist halb in der Kapelle, halb draußen stattfindet. Kinder tollen und spielen zwischen den Betenden, was aber niemanden im geringsten zu stören scheint.

Im Anschluß an die Messe sind alle eingeladen, an einem Festessen teilzunehmen, das jedes Jahr von einer anderen Familie zubereitet wird. Es wird gegessen und getrunken (meist schubweise, da nicht für alle gleichzeitig Platz ist), bevor die Musiker kommen. Auf dem Dorfplatz wird dann Musik gemacht, getanzt, gelacht und getrunken bis in die frühen Morgenstunden.

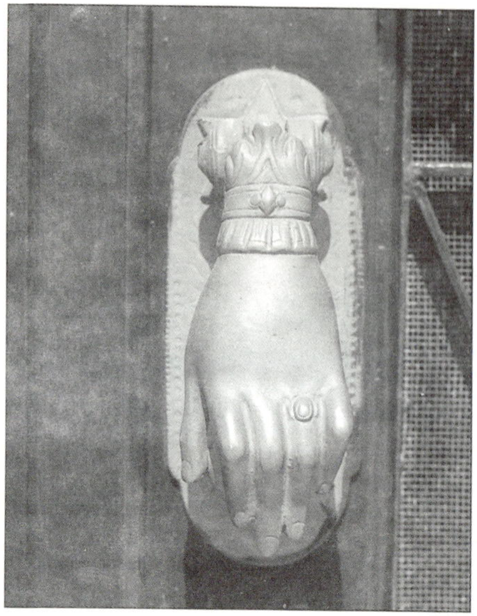

▲ *Ein kunstvoll gearbeiteter Türklopfer: Um solche Schätze bewundern zu können, braucht man schon den Blick fürs Detail*

▼ *Mit großem Ernst bei der Sache: Tavli-Spieler — ein Bild, wie man es überall in Griechenland antreffen kann*

Anreise

Die Anreise nach Griechenland erfolgt in der Regel mit dem Flugzeug, was zweifellos auch die am wenigsten beschwerliche Anreisemöglichkeit ist. Viele Individualtouristen fahren jedoch nach wie vor mit dem eigenen Wagen nach Griechenland, was vor allem dann von Vorteil ist, wenn man unabhängig sein möchte. Weiter bietet sich die Möglichkeit, mit dem Zug, dem Bus oder per Schiff nach Griechenland zu reisen bzw. die Anreisemittel zu kombinieren.

Mit dem Flugzeug

Die meisten Touristen reisen mit dem Flugzeug nach Griechenland. Das ist sicherlich die angenehmste Art des Reisens, vorausgesetzt, die griechischen Fluglotsen befinden sich nicht im Streik, was vor allem beim Rückflug zu erheblichen Verzögerungen führt.
Man hat die Möglichkeit, einen Linien- oder aber einen wesentlich günstigeren Charterflug zu buchen. Der normale Linienflug von Düsseldorf nach Athén — um nur ein Beispiel zu nennen — kostet rund 2300 DM, von Düsseldorf nach Thessaloníki etwa 2230 DM. Darüber hinaus bietet die Lufthansa den *flieg & spar-Tarif* an. Man zahlt für dieselben Flüge 1068 DM (Düsseldorf — Athén) und 1031 DM (Düsseldorf — Thessaloníki). Für Studenten bis zum 26. Lebensjahr gilt ein Jugendtarif von 666 DM (für beide Strecken). Die Lufthansa fliegt ausschließlich Athén und Thessaloníki im Direktflug von Deutschland aus an, die griechische Fluggesellschaft Olympic Airways darüber hinaus noch die Insel Kórfu.

Mittlerweile gibt es auch ein breites Angebot an Charterflügen, zum Teil zu ausgesprochen günstigen Preisen. Einige Chartergesellschaften fliegen außerdem noch verschiedene Inseln, so zum Beispiel die Sporáden-Insel Skíathos an. Man bekommt einen Charterflug in der Regel schon für 600 bis 700 DM, einige Reisebüros bieten zusätzliche Billigflüge an. Man sollte sich deshalb vorher ausreichend informieren. Einen Charterflug zu buchen bedeutet nicht, daß man einen Pauschalurlaub in einem Hotel verbringen muß. Vielmehr bieten viele Reisebüros sogenannte **Camping-Flüge** an. Man erhält pro forma die Reservierung für einen Campingplatz oder ein Zimmer, kann sich dann aber selbst um eine Unterkunft bemühen.
Flugverbindungen bestehen von den folgenden deutschen Flughäfen: Düsseldorf, Frankfurt, Köln, Hamburg, Hannover, Berlin, Stuttgart, Nürnberg und München.

Mit dem Auto

Wer mit dem eigenen Wagen nach Griechenland reist, hat sicherlich den Vorteil, daß er im Land unabhängiger ist. Doch kostet die Anreise sehr viel Zeit, und man muß sich auf eine anstrengende Fahrerei einstellen. Die Strecke von Frankfurt nach Thessaloníki beträgt etwa 2100 Kilometer, nach Athén rund 2600 Kilometer.
Man erreicht Griechenland entweder über Österreich und Jugoslawien oder über Italien, von wo man dann mit dem Schiff übersetzen muß. Wer die Route über Jugoslawien

wählt, muß sich auf viel Verkehr einstellen. Wenn auch die Situation sich mittlerweile um einiges entschärft hat, ist die Fahrt auf dem berüchtigten **Autoput** doch nach wie vor anstrengend, und die Unfallgefahr ist groß. Tag für Tag donnern Tausende von Lkws und Pkws über diese streckenweise sehr schlecht ausgebaute Straße in Richtung Griechenland. Unfälle sind an der Tagesordnung. Üblicherweise erreicht man Griechenland über den Grenzübergang Gevgeli/Evzóni. Man kann aber auch bei Stobi abbiegen und die Grenze bei Bitola/Níki überqueren.

Wer den Autoput umgehen möchte, der hat die Möglichkeit, die jugoslawische Küstenstraße zu befahren, was wiederum sehr viel Zeit kostet, und dann von Dubrovnik aus nach Igoumenítsa, die Insel Kórfu oder nach Pátras (Peloponnes) überzusetzen. Es bestehen überdies Fährverbindungen von Split und Rijeka aus.

Wer sich für den Weg über Italien entscheidet, der kann von Venedig, Brindisi, Bari, Ancona und Otranto mit der Autofähre nach Griechenland übersetzen. Dabei existieren folgende Routen: Venedig — Pátras, Venedig — Piräus — Heráklion (Kréta), Ankona — Pátras, Brindisi — Kórfu, Bari — Kórfu und Otranto — Kórfu — Igoumenítsa.

Die gängigste Route nach Italien ist die über Innsbruck und dann weiter nach Bozen und Verona. Dort hat man die Möglichkeit, nach Venedig oder nach Ancona weiterzufahren.

Mit der Bahn

Die Anreise mit dem Zug dauert zwei bis drei Tage und ist ausgesprochen anstrengend, zumal die Züge während der Hochsaison häufig überfüllt sind. Es gibt täglich Zugverbindungen von der Bundesrepublik Deutschland aus über Jugoslawien nach Athén und Thessaloníki. Eine Platzreservierung ist unbedingt erforderlich. Auch sollte man sich frühzeitig darum kümmern, um sicher zu gehen, daß nicht schon alle Plätze ausgebucht sind. Es seien folgende Preisbeispiele (Hin- und Rückfahrt) genannt: eine Fahrt München — Athen (2. Klasse) kostet 346 DM (Fahrtzeit etwa 38 Stunden), München — Thessaloníki 297 DM, für eine Fahrt Köln — Athen (2. Klasse) zahlt man 646 DM, Köln — Thessaloníki 577 DM und für eine Fahrt Hamburg — Athén (2. Klasse) 726 DM, Hamburg — Tessaloníki 857 DM. Die Strecke Frankfurt — Athén kostet 644 DM, Frankfurt — Thessaloníki 595 DM. Bucht man 1. Klasse, erhöht sich der Fahrpreis um jeweils 50 %. Genaue Auskünfte über Abfahrtszeiten, Kosten, Spartarife (z.B. Interrail-, Transalpino- oder Twentour-Tickets) und Autoreisezüge erhält man bei der Deutschen Bundesbahn und bei den Reisebüros.

Es gibt außerdem die Möglichkeit, mit dem Zug bis Italien zu fahren und dort mit der Fähre von Venedig, Ancona, Brindisi, Bari oder Otranto überzusetzen (→dazu *Mit dem Auto*). Wer es ganz bequem haben möchte, der kann mit dem Autoreisezug von Düsseldorf, Köln, Neu Isenburg, Hamburg, Hannover und München nach Italien fahren und dann mit dem Schiff nach Griechenland übersetzen.

Mit dem Bus

Dreimal wöchentlich verkehren **Touring-Busse** von Frankfurt und München nach Athén und Thessaloníki. Die Fahrt dauert drei Tage und ist noch anstrengender als die Fahrt mit dem Zug. Dafür ist die Anreise mit dem Bus sicherlich die billigste Variante, nach Griechenland zu kommen. Buchungen sollten rechtzeitig vorgenommen werden. Die Hin- und Rückfahrt München/Athén/München kostet 273 DM, Frankfurt/Athén/Frankfurt kostet 336 DM. Auskünfte erteilt die Deutsche Touring Gesellschaft in 6000 Frankfurt, Am Römerhof 17, Tel. 0 69/7 90 30.

Mit der Fähre

Die Anreise mit dem Fährschiff ist wie das Fliegen sicherlich eine sehr angenehme und schöne Variante. Es besteht die Möglichkeit, von Jugoslawien (Rijeka, Split und Dubrovnik) oder von Italien (Venedig, Ancona, Brindisi, Bari oder Otranto) mit der Fähre nach Griechenland überzusetzen. Die Preise und die Fahrtdauer richten sich nach der jeweiligen Route und die Kosten natürlich zusätzlich danach, ob man eine Kabine mietet oder nicht. Für die Überfahrt von Venedig nach Piräus (Athén) muß man zwei Tage rechnen, die Fahrt von Otranto nach Igoumenítsa dauert nur etwa zehn Stunden. Im Hochsommer sind die Schiffe zum Teil recht voll, so daß man auf jeden Fall vorher einen Platz reservieren sollte. Auch hier seien nur einige Preisbeispiele genannt: eine einfache Überfahrt (Deckpassage) mit der *Minoan Lines* von Ancona nach Igoumenítsa, Kórfu, Kephallonía oder Pátras (die Fähre verkehrt montags und donnerstags) kostet 102 DM, die Rückfahrt 92 DM. Bucht man eine Luxuskabine, so zahlt man für die Hinfahrt 408 DM, für die Rückfahrt 366 DM. Für eine Doppelkabine mit Dusche und WC gelten folgende Preise: 362 DM (Hinfahrt), 324 DM (Rückfahrt). Nimmt man einen Pkw mit (mittlerer Kleinwagen), so zahlt man hin und zurück 364 DM. Für Ancona-Piräus gelten folgende Tarife: einfache Deckpassage (hin und zurück) 218 DM, Luxuskabine (hin und zurück) 844 DM, Doppelkabine mit Dusche und WC (hin und zurück) 730 DM, Überfahrt mit Pkw (hin und zurück) 414 DM. Hinzu kommt jeweils eine Hafentaxe von 15 DM, bei Hin- und Rückfahrt 30 DM. Für die Strecke Brindisi — Pátras gelten folgende Tarife: einfache Fahrt (nur eine Fahrt/Deckpassage) 74 DM, mit dem Pkw zwischen 80 und 100 DM. Die Strecke Brindisi — Igoumenítsa ist geringfügig preiswerter. Von Bari nach Pátras muß man mit einem Fährpreis für eine einfache Überfahrt (Deckpassage) von 65 DM, für eine Luxuskabine von 210 DM rechnen. Nimmt man seinen Pkw mit, so zahlt man zwischen 95 und 120 DM. Teurer ist es natürlich, wenn man mit dem Wohnmobil oder einem Campingwagen übersetzt. Die Schiffsgesellschaften bieten besondere Billigtarife für Studenten an.

Von Dubrovnik nach Pátras zahlt man für eine einfache Überfahrt (nur eine Fahrt/Deckpassage) etwa 55 DM, für einen Wagen zwischen 90 und 120 DM. Billiger wird es, wenn man sofort die Hin- und Rückfahrt bucht. Die genannten Preise sollten nur als Richtwerte angesehen werden, da sie sich kurzfristig ändern können. Genauere Informationen erhält man bei den Reisebüros. Am besten erkundigt man sich bei Italien- oder Jugoslawien-Spezialisten.

Für Urlauber ein ganz besonderes Erlebnis: die Fahrt mit einem Fischerboot

Reisevorbereitungen

Einreisebestimmungen

Dokumente

Für die Einreise nach Griechenland reicht ein gültiger Personalausweis oder ein Reisepaß. Wer jedoch mit dem Auto durch Jugoslawien anreist, benötigt unbedingt einen Reisepaß. Kinder ab 10 Jahren müssen einen Kinderausweis mit sich führen. Die Aufenthaltsdauer ist auf drei Monate begrenzt. Wer länger in Griechenland bleiben möchte, muß spätestens 20 Tage vor Ablauf dieser Frist einen Antrag auf Verlängerung stellen. Man wende sich dazu an die Direktion der Ausländerpolizei in Athén, Odos Leofóros Aléxandras 173, Tel. 01/7 70 57 11, oder eine andere Polizeidienststelle.

Urlauber, die Griechenland mit dem Auto bereisen, müssen ihren Führerschein mit sich führen. Die grüne Versicherungskarte ist nicht mehr notwendig. Allerdings benötigt man diese für die Durchreise durch Jugoslawien.

Zollbestimmungen

Es dürfen zollfrei eingeführt werden: fabrikneue Waren, die zum persönlichen Gebrauch oder als Geschenke bestimmt sind, und diese nur bis zu einem Wert von 70 500 Dr. (rund 700 DM). Für Kinder unter 15 Jahren gilt eine Beschränkung bis 18 000 Dr. (rund 180 DM). Man sollte auch darauf achten, daß der Wert jedes Artikels die Höhe von 56 000 Dr. (ca. 560 DM) nicht überschreitet.

Zu den zollfrei einzuführenden Gegenständen, die im Reisepaß eingetragen werden müssen und nicht verkauft werden dürfen, gehören: ein Fotoapparat, eine Filmkamera mit Projektor, eine tragbare Videokamera, ein Fernglas, ein Radio, ein Schallplattenspieler mit 20 Schallplatten, ein Tonbandgerät, eine Reiseschreibmaschine, eine komplette Campingausrüstung, Ski, ein Surfbrett, ein Fahrrad, eine Gaspistole, ein oder zwei Jagdgewehre (mit 20 Patronen), eine Signal- und eine Leuchtpistole.

Des weiteren dürfen zollfrei eingeführt werden:

Tabakwaren: 300 Zigaretten, 400 g Tabak, 150 Zigarillos oder 75 Zigarren.

Spirituosen: 4 Liter Alkohol (unter 22 %) oder 1,5 Liter Alkohol über 22 %.

Kaffee/Tee: 1000 g Kaffee bzw. 375 g Pulverkaffee, 200 g Tee oder 75 g Tee-Extrakt.

Süßigkeiten/Teigwaren: bis zu 10 kg.

Parfüm: bis zu 75 g.

Verboten ist die Einfuhr von Pflanzen und Funkgeräten sowie die Benutzung fest installierter Funkgeräte.

Zollfrei ausgeführt werden dürfen Reiseandenken im Wert von maximal 150 US-$ sowie Reiseproviant im Wert von höchstens 50 US $.

Haustiere

Wer seinen Hund oder seine Katze mit nach Griechenland nehmen möchte, der muß für das Tier einen internationalen Impfpaß oder ein in englischer oder französischer Sprache verfaßtes Gesundheitsattest, das von einem Amtstierarzt ausgestellt wurde, vorlegen. Daraus muß unmißverständlich hervorgehen, daß das Tier im Laufe der letzten zwölf Monate, spätestens 15 Tage vor der Einreise, geimpft wurde.

Gesundheitsvorsorge

Impfungen sind für Personen, die aus europäischen Ländern kommen, nicht vorgeschrieben. Es empfiehlt sich aber, gegen Tetanus geimpft zu sein *(→Impfungen)*.
Die griechischen Apotheken sind mittlerweile auf die üblichen Touristenkrankheiten vorbereitet und halten recht gute Präparate bereit. Wer jedoch lieber seine eigene Reiseapotheke zusammenstellen möchte, der sollte vor allem folgende Dinge nicht vergessen: Pflaster, Jod, eine Creme gegen Insektenstiche, Kohletabletten oder sonstige Mittel gegen Magen-Darm-Erkrankungen sowie ausreichend Sonnenschutzmittel.
Noch ein persönlicher Tip: Wenn sich eine Magenerkrankung anmeldet, schlucken Sie nicht sofort Tabletten. Ein doppelstöckiger Oúzo hilft manchmal schon. Diese Empfehlung stammt im übrigen von einem griechischen Arzt. Sie hat gewirkt!

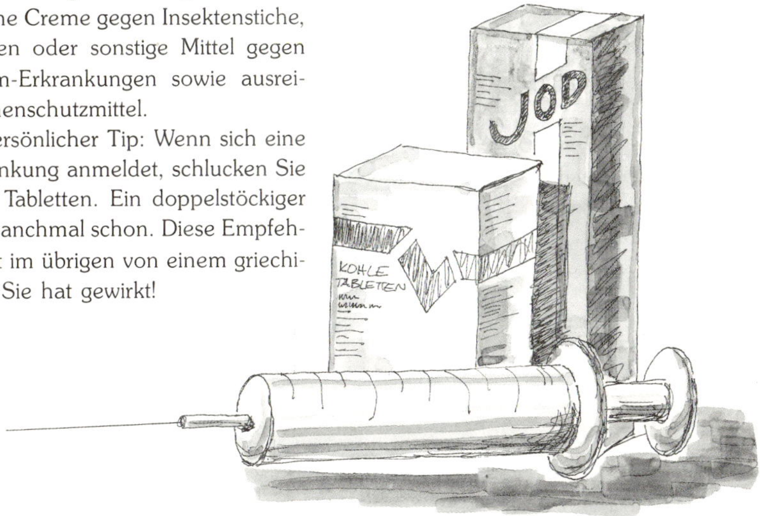

Ausrüstung

Die Sommer in Griechenland sind heiß, so daß sich grundsätzlich leichte und luftige Kleidung empfiehlt. Auf keinen Fall fehlen sollten jedoch ein warmer Pullover und eine Windjacke, denn selbst im Hochsommer kann es an manchen Abenden empfindlich kühl werden, vor allem wenn der Meltémi weht. Auch für längere Schiffstouren sind ein warmer Pullover und eine Windjacke vonnöten, und außerdem regnet es selbst in Griechenland hin und wieder.
Für längere Wanderungen durch zum Teil dorniges Gestrüpp oder entlang der Felsküsten empfiehlt sich auch auf jeden Fall festes Schuhwerk.
Um dem berühmten Sonnenstich sowie einem Sonnenbrand vorzubeugen, sollte man auf jeden Fall eine Kopfbedeckung und ausreichend Sonnenöl bei sich haben.
Da nicht alle griechischen Steckdosen für bei uns übliche elektrische Geräte, wie beispielsweise Rasierapparate und Haartrockner, ausgelegt sind, empfiehlt es sich, einen Adapter mitzunehmen.
Sinnvoll ist auch die Mitnahme einer Taschenlampe.

Reisen im Land

Mit dem Flugzeug

Das Netz der innergriechischen Flugverbindungen ist ausgesprochen gut, und stellt man Vergleiche zu den Schiffslinien an, so wird man feststellen, daß die Flüge häufig kaum teurer sind. Kurzfristige Flüge sind allerdings kaum zu bekommen, so daß es ratsam ist, bereits zu Hause einen Flug zu buchen.
Folgende Flughäfen in Nordgriechenland werden von der Olympic Airways angeflogen: Alexandroúpoli, Kórfu, Ioánnina, Kavála, Kozáni, Lárissa, Límnos, Prevéza, Skíathos, Skýros, Thessaloníki und Vólos.

Vertretungen der Olympic Airways

In der Bundesrepublik Deutschland:

Köln: Minoritenstr. 7, 5000 Köln, Tel. 02 21/23 61 38

Düsseldorf: Graf-Adolf-Straße 12, 4000 Düsseldorf, Tel. 02 11/8 49 41

Frankfurt: Neue Mainzer Straße 22, 6000 Frankfurt/M., Tel. 0 69/7 95 09 44

Hamburg: Mönckebergstraße 31, 2000 Hamburg 1, Tel. 0 40/33 88 13

Hannover: Luisenstraße 10, 3000 Hannover, Tel. 05 11/36 37 55

München: Maximiliansplatz 12a, 8000 München, Tel. 0 89/22 41 48

Stuttgart: Olgastr. 83, 7000 Stuttgart, Tel. 07 11/24 74 89

In der Schweiz:

Genf: Tour de l'Ile, 1204 Genf, Tel. 0 22/21 96 21

Zürich: Talstraße 66, 8058 Zürich, Tel. 01/2 11 37 37

In Österreich:

Wien Opernring 9, Wien 1010, Tel. 02 22/58 77 62 30

Die Vertretungen in Griechenland → bei den jeweiligen Städten.

Mit dem Schiff

Die Schiffsverbindungen zu den griechischen Inseln sind im großen und ganzen recht gut. Während der Hochsaison werden die meisten Inseln täglich angelaufen, abgesehen von den Inseln Skýros und Límnos. Wer allerdings einen Wagen mitnehmen möchte, muß unter Umständen mit Wartezeiten rechnen, da die Stellplätze meist sehr schnell ausgebucht sind. Wo möglich, sollte man einen Platz reservieren. Allerdings ist das nicht an allen Häfen möglich.
Die Griechische Fremdenverkehrszentrale gibt jährlich eine Broschüre mit den aktuellen Schiffsverbindungen heraus, die kostenlos zu beziehen ist. Doch Vorsicht: Es interessiert die griechischen Schiffahrtsgesellschaften oft herzlich wenig, was schwarz auf weiß auf dem Papier steht. Schiffsverbindungen werden nicht selten kurzerhand eingestellt oder geändert. Gewißheit darüber, ob das jeweilige Schiff wirklich fährt, erhält man erst an Ort und Stelle. Auf solche Situationen sollte man vorbereitet sein und sich nicht ärgern — Unpünktlichkeit und auch ein wenig Unzuverlässigkeit sind in Griechenland eben gang und gäbe. Dafür sind die Schiffsfahrten in Griechenland immer noch sehr preiswert.

Busfahren in Griechenland: ein preiswertes und geselliges Erlebnis — solch grimmige Blicke sind eher die Ausnahme

Neben den Linienschiffen verkehren seit einiger Zeit auch verstärkt Tragflügelboote, die Flying Dolphins, zwischen einigen Inseln (→*Die Sporáden*).

Mit dem Bus

Das Bussystem in Griechenland ist vorbildlich. Die Überlandbusse zwischen den größeren Städten verkehren mehrmals täglich, und auch zu den kleineren Dörfern gibt es ständige Verbindungen. Obwohl die Busse häufig überfüllt sind, bemüht man sich, jeden mitzunehmen, der gerade noch hineinpaßt. Die Busse halten in der Regel auf Handzeichen, so daß es nicht immer nötig ist, sich zu einer regulären Busstation zu begeben. Bezahlt wird im Bus. Bei Überlandfahrten ist es jedoch ratsam, rechtzeitig ein Ticket zu kaufen und einen Platz im Bus zu reservieren.

Busfahrten in Griechenland sind ausgesprochen preiswert, das Gepäck wird allerdings extra berechnet.

Die Griechische Zentrale für Fremdenverkehr informiert über die aktuellen Abfahrtszeiten. Wer seine Reise von **Athén** aus beginnt, der sollte wissen, daß es dort zwei Busstationen gibt, von denen aus die Überlandbusse losfahren:

Odos Kifissou 100: Von hier starten die Busse nach Igoumenítsa, Prevéza, Ioánnina, Kórfu, Léfkas, Kozáni, Kavála, Kastoriá, Komotiní, Thessaloníki, Edessa, Dráma, Grevéna, Flórina, Véria, Serrés und Arta.

Man gelangt dorthin mit der Buslinie 0 51 ab Ecke Odos Vilará/Odos Menandroú (Nähe Omónia-Platz).

Odos Liossion 260: Von hier starten die Busse nach Kými, Lárissa, Tríkala und zu den Meteóra-Klöstern. Man erreicht den Busbahnhof mit der Linie 0 24 ab der Haltestelle Amalías (Nähe Sýntagma-Platz).

Mit dem Zug

Das Eisenbahnnetz in Griechenland ist recht gut ausgebaut. Von Athén aus verkehren regelmäßig Züge (meist mehrmals täglich) nach Thessaloníki, Lárissa, Vólos, Tríkala, Kalambáka, Kateríni, Serrés, Dráma, Xanthí, Komotiní und Alexandroúpolis.

Die Preise sind sehr niedrig. Für eine einfache Fahrt Athén — Thessaloníki zahlt man etwa 19 DM (2. Klasse), für eine Fahrt Athén — Vólos etwa 13 DM. Kinder bis vier Jahre fahren kostenlos mit, Kinder bis zwölf Jahre zahlen nur die Hälfte. Wer eine Hin- und Rückfahrkarte löst, spart etwa 20 % des Fahrpreises. Genauere Auskünfte erteilt die O.S.E., die Organisation Griechischer Eisenbahnen in Athén, Odos Karólou 1-3, Tel. 01/5 22 24 91, Odos Sína 6, Tel. 01/3 62 44 02-6 und Odos Filellínon 15, Tel. 01/3 23 67 47.

Die Züge sind allerdings sehr langsam und brauchen meist erheblich länger als der Bus. Häufig sind die Züge überfüllt, es kann passieren, daß man stehen muß. Dafür herrscht oft eine sehr heitere Stimmung, und man kommt schnell in Kontakt mit den Einheimischen.

Allerdings bemüht man sich auch in Griechenland darum, den Komfort zu verbessern. Alte, ausrangierte Züge aus der Bundesrepublik sollen z. B. demnächst im griechischen Schienenverkehr eingesetzt werden.

Mit dem Auto

Griechenland verfügt über ein recht gut ausgebautes Straßennetz. Die großen Nationalstraßen sind in recht gutem Zustand, auf kleineren Nebenstraßen muß man jedoch ständig mit Schlaglöchern rechnen. Auf einigen Autobahnabschnitten wird eine Mautgebühr verlangt (Lárissa — Kateríni 1 DM). Die Autobahnen sind zweispurig, wobei die rechte Spur kurzzeitig die Ausfahrtsspur ist. Deshalb sollte man vor Ausfahrten auf die linke Seite wechseln.

Die Griechen fahren im allgemeinen nicht, wie hierzulande üblich, nebeneinander her, sondern meist mittig über dem weißen Mittelstreifen.

Grundsätzlich gelten die europäischen Verkehrsvorschriften. Innerhalb geschlossener Ortschaften beträgt die Höchstgeschwindigkeit 50 km/h, auf Landstraßen 80 km/h und auf Autobahnen 100 km/h.

Tankstellen sind in ausreichender Zahl vorhanden, doch bekommt man nicht überall problemlos bleifreies Benzin. Vor allem in abgelegeneren Gebieten kann man Schwierigkeiten haben, eine Tankstelle zu finden, die bleifreies Benzin anbietet. Beim ADAC und bei der Griechischen Zentrale für Fremdenverkehr erhält man ein Verzeichnis der Bleifrei-Tankstellen.

Bei Pannen wendet man sich an den ELPA-Service *(→Pannenhilfe).*

Parkplatzprobleme gibt es in den griechischen Großstädten. Auf dem Lande parkt jeder, wo es ihm beliebt. Wer also nach Athén oder Thessaloníki fährt, der sollte in Betracht ziehen, ein Parkhaus aufzusuchen. Wer im Parkverbot steht, muß mit einer hohen Geldstrafe rechnen.

Mit dem Taxi

In den Großstädten wimmelt es nur so von Taxis. Da noch lange nicht jede griechische Familie über ein eigenes Fahrzeug verfügt, stehen die Taxis hoch im Kurs. Und Taxifahrten sind vergleichsweise billig — vorausgesetzt, man gerät nicht an den Falschen. Die griechischen Taxifahrer stehen in dem Ruf, daß sie ihre Kunden gerne übers Ohr hauen, den Taxameter nicht einschalten oder absichtlich Umwege fahren. Darum sollte man grundsätzlich vorher den Fahrpreis erfragen und, falls nötig, handeln.

Gundsätzlich gelten folgende Tarife: Grundgebühr 25 Pfennig, Kilometergebühr 34 Pfennig, Kilometergebühr bei Fahrten außerhalb der Stadtzonen 58 Pfennig, Gebühr pro Stunde Wartezeit 4,20 DM, Zusatzgebühr für Fahrten von und zu Flughäfen, Bus-, Bahn- und Schiffshäfen 40 Pfennig, für Nachtfahrten 60 Pfennig pro Kilometer, für Gepäck über zehn Kilo Gewicht 20 Pfennig Zuschlag pro Kilometer.

Wird der Fahrpreis vorher ausgemacht, schaltet der Taxifahrer das Taxometer natürlich ab.

In den Städten und größeren Orten ist es meist nicht notwendig, sich telefonisch ein Taxi zu bestellen. Man stellt sich einfach an den Straßenrand und winkt ein Fahrzeug heran.

Praktische Informationen von A-Z

Ärztliche Versorgung

Wenngleich sich die ärztliche Versorgung in den letzten Jahren sehr verbessert hat, kann man dennoch den Standard der griechischen Krankenhäuser und Arztpraxen in der Regel nicht mit dem hiesigen vergleichen. Vor allen Dingen in abgelegenen Gebieten oder auf manchen Inseln ist eine schnelle ärztliche Versorgung nicht immer gewährleistet.

Man sollte sich vor der Reise auf jeden Fall von der zuständigen Krankenkasse einen internationalen Krankenschein ausstellen lassen. Dieser Krankenschein berechtigt zwar zur ärztlichen Behandlung, jedoch nicht zur kostenlosen Behandlung. Voraussetzung für eine kostenlose ärztliche Behandlung, die in einem internationalen Abkommen geregelt ist, ist der Besitz einer sogenannten ,,Anspruchsbescheinigung nach Vordruck E 111" (das E steht für Europa), den man bei der IKA, der griechischen Sozialversicherungsanstalt, erhält. Dieser Schein berechtigt zur kostenlosen ärztlichen Hilfe durch Vertreter der griechischen Sozialversicherungsanstalt. Hat man diesen Schein nicht, so muß man in der Regel die Behandlungskosten bar bezahlen, erhält gegen die (detaillierten) Quittungen jedoch das Geld von der Krankenkasse am Heimatort zurück.

Bei Problemen wende man sich an die ,,Hilfeleistungsstelle" des I.K.A. in Athén (Tel. 01/6 46 78 11, 6 46 78 19) oder Thessaloníki (Tel. 0 31/52 25 83, 52 25 85).

→*Apotheken, Impfungen*

Aids

Seit Ausbreitung der tödlichen Immunschwäche-Krankheit Aids hat sich das Verhalten der griechischen *kamákis,* jener ,,Aufreißer", für die die Sommermonate aus einem einzigen Liebesabenteuer bestanden, drastisch geändert. Man gibt sich den weiblichen Touristinnen gegenüber wesentlich zurückhaltender und verschlossener als früher. Die Gefahr einer Aids-Infizierung in Griechenland kann bei Bluttransfusionen bestehen, da eine Untersuchung des Spenderblutes auf den HIV nicht unbedingt gegeben ist.

Alkohol

Griechenland ist ein Land des Weines, der sich ja mittlerweile auch bei uns großer Beliebtheit erfreut. Bei Festlichkeiten wird stets ein guter Tropfen ausgeschenkt. Und am Abend treffen sich die Männer meist auf einen Oúzo, den bekannten Anisschnaps (eine stärkere Variante ist der Tsíporo) in einer Ouzerí oder einem Kafénion. Und natürlich gehört zu einem Griechenlandurlaub der Genuß des heimischen Weines dazu. Allerdings sollte man den Spruch ,,Alles mit Maß" beherzigen, denn Betrunkene sind in Griechenland nicht gut gelitten. Und so wird man selber — außer im Hafenbereich der Großstädte — wohl kaum jemals einen volltrunkenen Griechen antreffen, selbst bei Festen, die bis zum nächsten Morgen dauern, nicht.

Für Autofahrer gilt die *0,5-Promille-Grenze.* Man muß damit rechnen, daß die Polizei sehr unnachsichtig reagiert, wenn diese Grenze überschritten ist.

Apotheken

Die griechischen Apotheken sind häufig besser als ihr Ruf. Vor allem für die typischen Touristenkrankheiten wie Magen-Darm-Infektionen, Sonnenbrand und Mückenstiche stehen mittlerweile recht wirksame Mittel bereit. Apotheken, auf griechisch „Pharmakíon", befinden sich zum Teil sogar in recht kleinen Orten.

In der Regel bezahlt man die Medikamente in bar, auch wenn sie zuvor von einem Arzt verschrieben wurden. Man bekommt das Geld allerdings zurückerstattet, deshalb sollte man sich unbedingt Quittungen geben lassen und diese aufbewahren. Die jeweilige Krankenkasse am Heimatort oder das IKA, die griechische Gesundheitsbehörde, erstattet gegen Vorlage eines internationalen Krankenscheines das Geld zurück.

Archäologische Sehenswürdigkeiten / Museen

Der Beitrag, den die Griechen zur Entstehung und Entfaltung der abendländischen Kultur geleistet haben, ist unbestritten. Wie kaum ein anderes Volk, brachten sie bedeutende Philosophen und Wissenschaftler hervor, auf deren Denken noch heute ganze Wissenschaftszweige basieren, man denke nur an Gelehrte wie Aristóteles, Pláton oder Pythágoras. Griechenland war bereits in der Antike ein kulturell hochentwickeltes Land, was sich unter anderem in der Kunst und Architektur jener Zeit ausdrückt.

Viele der einst bedeutenden Tempelanlagen und Städte des antiken Griechenland sind bis heute in Teilen erhalten geblieben. Neben den herrlichen Badestränden sind es vor allem die antiken Sehenswürdigkeiten, die

Die Geschichte hat hat in Griechenland überall ihre Spuren hinterlassen. Eindrucksvoll sind z. B. noch die Kritsiana-Ruinen bei Epanoní (Chalkidikí)

Griechenland zu einem der interessantesten Reiseziele Europas machen. Und egal, welches Gebiet Griechenlands man bereist, man stößt unweigerlich auf bedeutende Stätten der Vergangenheit. Zum Teil sind die Ruinen und die meist dazugehörigen Museen gut aufbereitet, zum Teil trifft man jedoch auf verwilderte Anlagen, um die sich der griechische Staat — mangels finanzieller Möglichkeiten — nicht sonderlich verdient macht.
Auch sind die archäologischen Ausgrabungsarbeiten noch lange nicht abgeschlossen, und von Zeit zu Zeit werden bedeutende Funde gemacht.
Die Öffnungszeiten sowie die Eintrittspreise der ärchäologischen Stätten und Museen sind nicht einheitlich geregelt. Übrigens ist der Eintritt für Griechen grundsätzlich frei. Diese staatliche Regelung wurde beschlossen, um das kulturelle Interesse der Bevölkerung zu fördern.

Auskünfte/Information

Auskünfte (z.B. über Schiffsverbindungen, Hotels, Preise, Veranstaltungen ...) erteilt die *Griechische Zentrale für Fremdenverkehr (G.Z.F.).* Obwohl man sich bei der G.Z.F. redlich bemüht, alle Informationen auf dem aktuellsten Stand zu halten, kann es trotzdem passieren, daß sie bereits nicht mehr zutreffen, wenn man in Griechenland ist. Stellen Sie sich also darauf ein, daß sich z.B. Schiffsverbindungen, -routen und Abfahrtszeiten plötzlich ändern können, auch wenn nicht immer ersichtlich wird, warum.

G.Z.F.-Vertretungen in der Bundesrepublik Deutschland

Frankfurt: Neue Mainzer Straße 22, 6000 Frankfurt/M., Tel. 0 69/23 65 61

München: Pacellistraße 2, 8000 München 2, Tel. 0 89/22 20 35

Hamburg: Abteistraße 33, 2000 Hamburg 13, Tel. 0 40/45 44 98

... in Nordgriechenland

Kórfu: Platía Eleftherías 1, Tel. 06 61/3 75 20, 3 76 38

Igoumenítsa: am Hafen, Tel. 06 65/2 22 27

Ioánnina: Odos Nap. Zerva, Tel. 06 51/2 50 86

Kavála: Odos Filellínon 5, Tel. 0 51/22 24 25

Lárissa: Odos Koumoundoúrou 16, Tel. 0 41/2 50 19

Prevéza: Odos El. Venizélou, Tel. 06 82/2 75 53

Thessaloníki: Platía Aristotélous 8, Tel. 0 31/27 18 88

Vólos: Platía Ríga Feréou, Tel. 04 21/2 35 00

An den Orten, an denen sich kein Sitz der G.Z.F. befindet, wende man sich an die örtlichen Tourismus-Büros oder an die Touristen-Polizei (Adressen →jeweils bei den Ortsbeschreibungen).

Autovermietungen

In vielen Orten Griechenlands, vorwiegend natürlich in den Haupttouristenzentren, haben die großen Autovermietungsfirmen wie *Hertz, Avis, interRent/Europcar* und *Sixt/Budget* einen Sitz. Darüber hinaus bieten auch griechische Firmen Leihwagen an, so etwa *Hellascars.*
In der Regel gelten folgende Bestimmungen: Das Mindestalter beträgt 21 Jahre, mietet man einen teureren Wagen, wird es hinaufgesetzt auf 23 oder 25 Jahre, je nach Firma. Der Fahrer muß seit mindestens einem Jahr im Besitz des Führerscheins sein.
Man mietet ein Fahrzeug für mindestens einen Tag.
Versichert ist der Fahrer gegen Feuer, Diebstahl, Tod und Körperverletzung gegenüber Dritten. Bei Unfallschäden trägt der Mieter des Fahrzeugs eine Eigenbeteiligung. Es wird

dem Mieter angeboten, eine Insassenunfallversicherung abzuschließen.
Auf die Preise werden jeweils 18 % Mehrwertsteuer veranschlagt.
Benzin zahlt der Fahrer.
Es ist eine zusätzliche Kilometerpauschale zu entrichten.

Babynahrung

In griechischen Supermärkten erhält man einen Großteil der auch bei uns üblichen Nahrungsmittel, so auch für Babys und Kleinkinder. Gläschen z.B von Hipp und Alete gehören auch zum griechischem Baby-Alltag. Wenn jedoch im Supermarkt derartige Nahrungsmittel nicht erhältlich sind, dann sollte man es in der Apotheke versuchen.

Baden

Angesichts der vielfältigen Küstenlandschaften und der Inseln hat sich Griechenland in den letzten Jahren zu einem bevorzugten Reiseziel für Badeurlauber entwickelt. Griechenland verfügt sowohl über lange weiße Sandstrände und Felsküsten als auch über kleine idyllische Badebuchten mit sauberem Kiesstrand (→bei den jeweiligen Ortsbeschreibungen).

Banken

In allen größeren Orten befinden sich Banken. Die regulären Öffnungszeiten sind werktags von 8-14 Uhr. In den Hochburgen des Tourismus haben die Banken zum Teil länger geöffnet. Überdies besteht die Möglichkeit, Geld (auch Traveller- und Euroschecks) bei Wechselstuben und Postämtern zu tauschen. Auch hier gelten die offiziellen Wechselkurse. Auch gibt es mittlerweile viele Reisebüros und Informations-Stellen, die Geld tauschen. Meist ist das Schild mit der Aufschrift ,,Exchange" nicht zu übersehen. Euroschecks dürfen bis zu einer Höhe von 25 000 Dr. ausgestellt werden. Angesichts der steigenden Inflation tauschen auch Privatpersonen gerne Geld. Achten Sie auf den aktuellen Wechselkurs, der in den Tageszeitungen angegeben ist.
Der Umtauschkurs ist in Griechenland günstiger als in Deutschland. Deshalb sollte man erst nach der Ankunft wechseln. Die Banken an den Flughäfen und Grenzübergängen haben dementsprechend länger (meist zwischen 8 und 22 Uhr oder 23 Uhr) geöffnet.

Benzin

Die Benzin-Preise in Griechenland liegen deutlich über unseren. Genaue Preisangaben können hier nicht gemacht werden, schon allein weil durch den Golfkrieg die Preisentwicklung nicht absehbar ist. Benzin-Gutscheine gibt es nicht.
Auch auf den steigenden Bedarf an Bleifrei-Benzin hat man sich inzwischen eingestellt. An den Hauptverkehrsstraßen kann man problemlos Bleifrei tanken, und auch in abgelegeneren Gebieten findet man zunehmend Tankstellen mit bleifreiem Benzin. Man erkennt sie an dem grünen Schild mit der Aufschrift *,,unleaded".* Dennoch kann es durchaus passieren, daß man Schwierigkeiten bekommt. So gibt es beispielsweise auf dem Pílion nur sehr wenige Bleifrei-Tankstellen, und diese haben am Wochenende geschlossen. Ebenso kann es passieren, daß der einzigen Tankstelle, die weit und breit Bleifrei-Benzin anbietet, der Vorrat ausgegangen ist oder die Zapfsäule defekt ist. Deshalb sei dringend angeraten, bei Reisen auf den Pílion oder auf die Inseln entweder einen gefüllten Kanister bei sich zu führen (was allerdings wegen der großen Hitze wiederum nicht ganz ungefährlich ist) oder aber bei jeder Gelegenheit den Wagen vollzutanken. Beim ADAC kann man ein (nicht vollständi-

ges) Verzeichnis der Bleifrei-Tankstellen in Griechenland bekommen, das aber insofern nicht allzuviel nützt, als dort lediglich die Tankstellen an den Hauptrouten eingezeichnet sind, wo das Tanken ohnehin kein Problem ist.

Botschaften/Konsulate

Bundesrepublik Deutschland

Athén: Odos Vass. Sofías 10, 1 51 24 Amaroússion, Athén, Tel. 01/3 69 41 (Botschaft)

Komotiní: Odos Agíou Geórgiou 1, Tel. 05 31/2 93 25, 2 60 39 (Konsulat)

Kórfu: Odos L. Aléxandras 11, Tel. 06 61/3 14 53 (Konsulat)

Thessaloníki Odos Karólou Diehl 4a, Tel. 0 31/23 63 16 (Konsulat)

Vólos: Odos Leofóros Dimitriádos 251, Tel. 04 21/2 53 79, 2 84 41 (Konsulat)

Österreich

Athén: Odos Aléxandros 26, Tel. 01/8 21 68 00, 8 82 75 20, 8 22 30 67 (Botschaft)

Thessaloníki: Odos Miaoul 7, Tel. 0 31/22 81 84, 23 65 00 (Generalkonsulat)

Schweiz

Athén: Odos Iasíou 2, Tel. 01/7 23 03 64, 7 24 91 30 (Botschaft)

Devisen

Es besteht keine Beschränkung der Deviseneinfuhr, sei es in Form von Bargeld oder von Schecks. Führt man allerdings pro Person mehr als 1000 US-$ ein, muß man dies auf einem Formblatt angeben, um das nicht benötigte Geld wieder ausführen zu können. Die Einfuhr griechischer Währung ist auf 100 000 Dr. (in Scheinen) pro Person beschränkt, die Ausfuhr darf 20 000 Dr. (ebenfalls in Scheinen) nicht überschreiten.

→*Währung*

Saftig-grüne Wiesen: das erlebt man in Griechenland nur im Frühjahr

Diebstahl

Diebstahl ist in Griechenland fast noch ein Fremdwort. Überhaupt ist die Kriminalitätsrate ausgespochen gering, und lediglich in den Großstadtzentren und in Hafennähe treiben sich Langfinger herum, die es auf den einen oder anderen Wertgegenstand abgesehen haben.

Es kommt nicht selten vor, daß Gegenstände (auch gefüllte Portemonnaies), die als gestohlen oder verloren gegangen betrachtet wurden, wohlbehütet in einem Laden oder einem Restaurant auf den Eigentümer warten.

Leider wird zunehmend von dem umgekehrten Fall berichtet. Touristen entwenden sakrale Gegenstände aus Kirchen und Kapellen (was dazu geführt hat, daß viele Kirchen mittlerweile verschlossen sind), zerstören wertvolle Fresken, bezahlen ihre Zimmerrechnung nicht (vielerorts wurde bislang kein Personalausweis verlangt) oder begehen Ladendiebstahl. Eine traurige Bilanz, zumal die Griechen traditionell ein ausgesprochen gastfreundliches, offenherziges Volk sind, für die der Fremde (der Xénos) zugleich der Gast ist. Sollte Ihnen aber dennoch etwas abhanden kommen, so können Sie davon ausgehen, daß hier aller Wahrscheinlichkeit nach Touristen ihre Finger im Spiel hatten. Speziell in den Ferienhochburgen, so wurde uns von örtlichen Polizeidienststellen berichtet, steigt im Hochsommer die Diebstahlrate sprunghaft an, und nicht selten werden Urlauber als die Übeltäter erwischt.

Aus diesem Grund sollte man gut auf sein Gepäck achtgeben, Wertsachen stets bei sich führen und auch beim Baden die Sachen immer im Auge behalten. Es empfiehlt sich, Travellerschecks statt Bargeld mitzunehmen und eventuell eine Reisegepäck-Versicherung abzuschließen.

Im Falle eines Diebstahls wende man sich sofort an die örtliche Polizeidienststelle.

Essen und Trinken

Üppige Gastmähler, bei denen stundenlang gegessen, getrunken und philosophiert wurde, gehören in Griechenland der Vergangenheit an. Zwar essen die Griechen noch immer gerne in geselliger Runde, vor allen Dingen an Festtagen, doch ist die griechische Küche in der Regel einfach.

Sie ist aus diesem Grund auch viel kritisiert worden, zum Teil zu Recht. Die Auswahl der Gerichte ist nicht immer groß, und häufig werden die Mahlzeiten lauwarm oder sogar kalt serviert. Bevor man sich jedoch über letzteres mokiert, sollte man wissen, daß das lauwarme Essen in Griechenland eine gewisse Tradition hat. Da in der Vergangenheit nicht jede Familie über einen eigenen Backofen verfügte, war es üblich, die Speisen vorzubereiten und dann in den Ort zu tragen, wo oftmals nur ein einziger Gemeinschaftsofen existierte, in dem das Gericht dann gebacken wurde. Bis man es zu Hause servieren konnte, war es häufig bereits abgekühlt. Dieser Tradition des lauwarmen Essens sind die Griechen treu geblieben, wenngleich heute auch andere Gründe dafür existieren mögen. Viele Gerichte werden bereits am Morgen vorbereitet und können nicht den ganzen Tag über warm gehalten werden.

Auch wird man sich erst an das karge Frühstück gewöhnen müssen. Die meisten Griechen verzichten ganz aufs Frühstück und nehmen ihre erste Mahlzeit am Mittag ein. Zwar hat man sich auf die Bedürfnisse der Touristen eingestellt, doch in der Regel besteht ein Frühstück nur aus mehreren Scheiben Weißbrot, einem Päckchen Butter, Marmelade und Nescafé. Ein Frühstücksei muß man extra bestellen. Viele Cafés bieten unterdessen auch ein englisches Frühstück mit gebratenem Schinken und Ei oder aber ein sogenanntes europäisches Frühstück an, das zuweilen ein Glas Orangensaft, ein Stück Kuchen und auch hin und wieder Käse zusätzlich beinhaltet.

Man unterscheidet in Griechenland drei Formen von Eßlokalen: das **Estiatório,** ein Restaurant mit reichlicher Auswahl, eine **Psistária,** in der es hauptsächliches Gegrilltes gibt, und natürlich die **Taverne,** das typischste griechische Restaurant. Hält man nach einer landestypischen Taverne Ausschau, so muß man darauf achten, daß die Einrichtung spärlich, die Stühle hart und die Wände grün oder blau gestrichen sind. Offenbaren sich beim Blick in die Kochtöpfe dann verschiedene Gemüsegerichte, Moussaká, Pastítsio, Auberginen und Bohnen, dann kann man davon ausgehen, daß man das Richtige gefunden hat. Traditionsgemäß geht man in Griechenland in die Küche, schaut dort in die Töpfe und gibt dann seine Bestellung auf. Doch mit dem Tourismus ist diese Sitte vielerorts verschwunden, und man findet Speisekarten vor. Aber selbst dann kann man fragen, ob man erst in die Küche gehen und schauen kann. Prinzipiell bekommt man zu jedem Essen Brot. Während es jedoch bis vor einigen Jahren in Griechenland üblich war, daß das *psomí* (Brot) kostenlos gereicht wurde, werden dafür heute stets einige Drachmen extra berechnet.

In der Regel trinkt man zum Essen Wein, der, wenn es sich um eine wirklich landestypische Taverne handelt, in Wassergläsern ausgeschenkt wird. Die Griechen bevorzugen zum Essen den geharzten Retsína oder einen hausgemachten trockenen Wein. Nicht selten lassen sie sich jedoch ein Bier servieren. Nach dem Mahl ist es in Griechenland üblich, in einem **Kafénion** noch einen Oúzo oder einen griechischen Kaffee zu sich zu nehmen. Die Griechen lieben ihn meist süß

Einladend stehen die Stühle vor der Tür — der Gast ist willkommen

(glikó), man bekommt ihn jedoch auch ohne Zucker (skéto) oder nur ein wenig gesüßt (métrio). Selbstverständlich kann man in einem Kafénion auch Erfrischungsgetränke und Spirituosen zu sich nehmen. Nicht überall gibt es jedoch Wein.

Die Griechen lieben Süßigkeiten. Ein Blick in die Auslagen einer **Zacharoplasteío** (Süßwarengeschäft) wird überraschen. Es gibt köstliche Pralinen, Kuchen- und Gebäckstücke, Pudding und Kekse.

FKK

Das Nacktbaden ist in Griechenland generell untersagt. Zwar hat die hartnäckige Nichtbeachtung dieser Vorschriften vielerorts dazu geführt, daß man nachsichtig mit den hüllenlosen Badenixen umgeht, doch ist das nichtsdestoweniger ein fauler Kompromiß. Das „Oben-ohne-Baden" wird stillschweigend geduldet, ist aber keinesfalls erwünscht. Spezielle FKK-Strände haben wir in Nordgriechenland nicht entdecken können. Wer also unbedingt mit nahtloser Bräune nach Hause kommen möchte, der sollte sich eine Badestelle suchen, an der er gänzlich unbeobachtet ist.

Fotografieren/Filmen

Wer gerne fotografiert, dem wird es in Griechenland an schönen Motiven nicht mangeln. Das Fotografieren ist grundsätzlich überall erlaubt, ausgenommen bei militärischen Anlagen. Dort sind unmißverständliche Verbotsschilder angebracht.

Zwar bekommt man überall problemlos Filme, doch ist es ratsam, diese schon von zu Hause mitzubringen, da es nicht selten vorkommt, daß die Filme veraltet sind oder wochenlang in der prallen Sonne in einem Schaufenster gelegen haben. Auch sind sie immer noch ein wenig teurer als bei uns, wenngleich sich die Preise langsam angleichen und nicht mehr wesentlich divergieren. Fotofans sollten auch in Griechenland folgenden Grundsatz nicht außer acht lassen: Wer gerne Menschen fotografiert, der sollte diese vorher um Erlaubnis fragen; und wenn man zu Hause einen Abzug des Fotos macht und der entsprechenden Person oder Familie zusendet, dann kann man damit eine große Freude machen.

Fotografieren und Filmen in Museen ist dann kostenlos erlaubt, wenn man ohne Stativ und Blitzlicht arbeitet. Sofern man darauf nicht verzichten möchte, benötigt man eine Sondergenehmigung. Diese erhält man auf An-

Ob sanfte, landwirtschaftlich genutzte Hügellandschaften ...

trag entweder direkt bei den Museen oder in Athén beim Nationalen Archäologischen Museum, Odos Tosítsa 1, Tel. 01/8 21 77 17, oder beim Byzantinischen Museum, Odos Vass. Sofías 22, Tel. 01/7 21 10 27. Die Gebühr liegt zwischen 7 und 15 DM, je nachdem, um welches Objekt es sich handelt, ob Vitrinen verrückt werden müssen etc. Die zu entrichtende Gebühr zahlt man dann bei der „Bank of Greece" auf das Konto der Archäologischen Gewerbe- und Enteignungskasse ein.

Geld

→*Devisen, Währung*

Geschäftszeiten

Generell gelten in Griechenland folgende Geschäftszeiten: Mo.-Fr. 8.30-14.30 Uhr und 17-20 Uhr. Dies gilt allerdings nur für Warenhäuser, Boutiquen usw. in den Großstädten. Wer zum erstenmal in Griechenland ist, der wird überrascht sein, wenn er am Ferienort noch um 22 Uhr oder 23 Uhr einkaufen kann, wenn zu dieser Stunde in der Apotheke oder dem Supermarkt noch reger Betrieb herrscht. Denn zur griechischen Lebensweise und Mentalität gehört es einfach, den Laden nach Lust und Laune zu öffnen und zu schließen. Daß die Geschäftszeiten peinlich genau eingehalten werden, gilt allenfalls für die Großstädte. In der Mittagszeit ist allerdings überall geschlossen. Da wird, wie in den meisten südlichen Ländern, eine ausgiebige Siesta gehalten.

Handeln

Handeln ist in Griechenland in der Regel nicht üblich. Doch Ausnahmen bestätigen die

... oder idyllische Küstenregionen: Griechenlands Natur bietet jedem etwas

Verwinkelte, romantische Gassen ... ein solches Ambiente vermitteln vielfach Privatquartiere

Regel. So kann man in der Nachsaison bei Privatzimmern häufig einen Preisnachlaß erzielen, wenn man handelt. Auch sollte man auf speziellen Touristenmärkten, wie etwa in der Pláka von Athén, von Fall zu Fall um die Preise feilschen, die nicht selten überteuert sind.

Haustiere

→*Einreisebestimmungen*

Hotels/Pensionen/Ferienhäuser

Obwohl das Angebot an Hotels und Pensionen in Griechenland riesig ist, kann es an manchen Orten während der Hochsaison zu Engpässen kommen. Generell sind die Hotels, entsprechend ihrer Ausstattung, in sechs Kategorien eingeteilt. In diesem Buch werden diese Kategorien jedoch bewußt außer acht gelassen, da sie mehr verwirren als Aufschluß über das jeweilige Hotel geben. Denn: Von einem Hotel mit der Kategorie A oder B erwartet man logischerweise ein besseres, komfortableres und saubereres Hotel als vergleichsweise von einem der Kategorie C, D oder E. Dies, so hat sich bei der Überprüfung herausgestellt, ist häufig nicht der Fall. Der Grund dafür ist ganz einfach: Das neu erbaute Hotel erhält eine Kategorie, die sich danach richtet, ob es über ein Restaurant, einen Frühstücksraum und ähnliche Dinge verfügt. Ist dies der Fall, kann es die Kategorie A bekommen, die es dann immer behält, selbst wenn sich das Hotel nach Jahren in einem miserablen Zustand befindet. Dagegen kann ein Hotel der Kategorie E, das dieser Kategorie zugeordnet wurde, weil es nicht über einen Speisesaal verfügt, ein ausgesprochen schönes, komfortables und edel eingerichtetes Hotel sein.

Die Preise für das jeweilige Zimmer werden von der Touristenpolizei Jahr für Jahr festgesetzt und müssen von der Griechischen Zentrale für Fremdenverkehr genehmigt werden. Eine Preisliste muß sich in jedem Zimmer befinden.

Folgende Mindestpreise (in Drachmen) gelten für das Jahr 1991:

Kategorie	Einzelz.	Doppelz.
A	3240	4500
B	3280	2900
C	1590	2340

Zudem können Zuschläge verlangt werden, so etwa für ein Zustellbett (bis 20 %) oder eine Dusche.

In der Vor- und Nachsaison dürfen Nachlässe bis zu 40 % gewährt werden.

Wer ein privates Ferienhaus vorzieht, der sollte entweder auf Anzeigen in den Zeitungen (z. B. in der „Zeit") achten oder sich an die Griechische Zentrale für Fremdenverkehr wenden. Diese vermittelt restaurierte alte Herrenhäuser oder einzelne Ferienhäuser.

Zudem vermitteln manche Agenturen am Ferienort schöne Ferienhäuser.
→bei den jeweiligen Ortschaften, →*Privatzimmer*

Hupen

Griechische Autofahrer haben stets eine Hand an der Hupe. Man gewöhnt sich mit der Zeit an die allerorts üblichen Hupkonzerte. Während sie in der Stadt als recht überflüssiges Spektakel bewertet werden kann, hat die Huperei auf dem Land durchaus ihre Berechtigung. Vor allem auf kurven- oder serpentinenreichen Strecken ist es sinnvoll, vor einer Kurve kurz auf sich aufmerksam zu machen.

Hygiene

Während die griechischen Haushalte in der Regel blitzsauber und die Griechen allgemein dafür bekannt sind, daß sie nur mit gewienerten Schuhen und blütenweißen Hemden auf die Straße gehen, lassen vielerorts die hygienischen Verhältnisse in öffentlichen Toiletten oder in denen mancher Tavernen einiges zu wünschen übrig *(→Toiletten)*.

Impfungen

Für EG-Bürger sind bei der Einreise nach Griechenland keine Impfungen vorgeschrieben, es sei denn, im Heimatland grassiert eine Epidemie. Man sollte sich allerdings vorsichtshalber eine Tetanus-Impfung geben lassen, denn es kann schnell passieren, daß man sich eine Wunde zuzieht. Wird diese dann verunreinigt, kann das zu einer Infektion (Wundstarrkrampf) führen.

Kafénion

Das Kafénion ist seit jeher ein wichtiger Bestandteil des gesellschaftlichen Lebens in Griechenland, dabei ist es ausschließlich den Männern vorbehalten. Eine Frau hat nach wie vor nichts in einem Kafénion zu suchen (bei Touristinnen wird das allerdings anders gesehen). Nicht selten ist das Kafénion bereits am frühen Morgen gut besucht. Hier trifft man sich, um zu diskutieren, Meinungen auszutauschen, Karten oder Tavli zu spielen oder aber, um das öffentliche Geschehen zu beobachten.

Kiosk

Der Kiosk ist aus dem griechischen Leben nicht wegzudenken, erfüllt er doch zugleich mehrere Funktionen. Zum einen ist er ein Warenhaus en miniature, in dem man auch spät am Abend noch das Notwendigste (zum Beispiel eine Flasche Wasser) bekommt. Zu anderen fungiert er als Telefonzentrale. Von fast allen Kiosken aus kann man Telefonate (von den meisten auch Auslandsgespräche) führen. Und drittens hat er einen gewissen gesellschaftlichen Stellenwert. Der Kiosk ist nicht selten auch Kommunikationszentrale, an der man sich ein Stelldichein gibt und die Neuigkeiten des Tages bespricht.

Kriminalität →*Diebstahl*

Literatur

Wer sich ein wenig mit Griechenland auseinandersetzen möchte, dem seien folgende Bücher empfohlen:
Oriana Fallaci: Ein Mann. München 1980 (Deutsche Erstausgabe)
Vassílis Vassílikos: Z. (Kiepenheuer & Witsch)
Vassílis Vassílikos: Griechische Trilogie. Erzählungen (Die Arche)
Henry Miller: Der Koloß von Maroussi. Reinbek bei Hamburg 1980 (Deutsche Erstausgabe 1965)

Níkos Kazantzákis: Alexis Sorbas. Reinbek bei Hamburg 1983 (Dt. Erstausgabe 1955)

Níkos Kazantzákis: Griechische Passion. Reinbek bei Hamburg 1983 (Dt. Erstausgabe 1977)

Níkos Kazantzákis: Freiheit oder Tod. Reinbek bei Hamburg 1984 (Dt. Erstausgabe 1975)

Níkos Kazantzákis: Rechenschaft vor El Greco. Reinbek bei Hamburg 1980 (Dt. Erstausgabe 1967)

Níkos Kazantzákis: Brudermörder. München 1974

Níkos Kazantzákis: Im Zauber der griechischen Landschaft. München 1980

Erhard Kästner: Griechische Inseln. Frankfurt/M. 1975

Erhard Kästner: Ölberge, Weinberge. Frankfurt/M. 1974 (Erstauflage 1953)

Odysseas Elytis: Lieder der Liebe. Frankfurt/M. 1981

Gustav Schwab: Die schönsten Sagen des klassischen Altertums. Bayreuth 1981 (Erstausgabe 1974)

Notruf

In Notfällen wählt man folgende Telefonnummern:

Polizei: 1 00

Feuerwehr: 1 99

Feuerwehr bei Waldbränden: 1 91

Pannenhilfe: 1 04 (entsprechende Ortsvorwahl wählen). Allerdings gibt es nicht an jedem Ort einen ELPA-Service.

Pannenhilfe

Bei einer Autopanne hilft der ELPA-Service, das griechische Gegenstück zum ADAC. Man erreicht den ELPA-Service unter der Rufnummer 1 04 bei entsprechender Städtevorwahl. Folgende Städte Nordgriechenlands haben einen ELPA-Service, der rund um die Uhr arbeitet: Kavála, Komotiní, Thessaloníki, Alexandroúpolis, Arta, Dráma, Edessa, Ioánnina, Kateríni, Kozáni, Lárissa, Prevéza, Serrés, Tríkala, Véria, Vólos, Xanthí, Flórina und Igoumenítsa. Natürlich gibt es den Dienst auch in Athén.

Außerdem hat der ADAC gemeinsam mit der ELPA einen Notrufdienst in Athén (Tel. 01/7 77 56 44) und Thessaloníki (Tel. 0 31/41 22 90) eingerichtet.

Die gelben OVELPA-Fahrzeuge tragen die Aufschrift „Assistance Routiere". Um im Falle einer Panne auf sich aufmerksam zu machen, sollte man entweder die Motorhaube öffnen oder ein gelbes Tuch sichtbar am Wagen befestigen.

Ist man in einen Unfall verwickelt, so kann man bei der ELPA eine Liste mit den Namen und Adressen von Rechtsanwälten erhalten, die Rechtsauskünfte geben. Außerdem kann man sich in diesem Fall an das Motor-Insurences-Büro in Athén wenden. Es befindet sich an der Odos Xenofóntos 10, Tel. 01/3 23 67 33.

Parken

In den griechischen Großstädten herrschen ähnliche Parkplatzprobleme wie bei uns. In den Innenstadtbereichen ist das Parken größtenteils verboten, so daß man auf die zur Verfügung stehenden Parkhäuser ausweichen sollte. Falschparker müssen mit sehr hohen Geldstrafen und außerdem damit rechnen, daß die Polizei kurzerhand die Nummernschilder abschraubt. In einigen Städten ist neuerdings ein Parksystem eingeführt worden, bei dem man an einem Kiosk einen Parkschein kauft und die voraussichtliche Parkdauer darauf kenntlich macht. Dieser wird vorne in die Windschutzscheibe gelegt. Die Gebühren sind ausgesprochen niedrig. In ländlichen Gebieten und auf den Inseln hält man sich an keine Regeln. Dort wird meist nach typisch griechischer Art geparkt, nämlich dort, wo gerade etwas frei ist.

Polizei

Die Notruf-Nummer der Polizei ist in jedem Ort die 1 00. Darüber hinaus kann man Tag und Nacht die Touristenpolizei in Athén erreichen. Die Telefonnummer lautet: 01/1 71.

Post

In nahezu allen, selbst kleineren Ortschaften gibt es eine Post (*Tachidromíon*, was übersetzt „schnelle Straße" bedeutet). Während die Postämter in den großen Städten ausgesprochen modern sind, findet man auf dem Lande häufig noch nostalgisch anmutende Schreibstuben, die als Postämter fungieren. Da die Briefmarkenproduktion mit der raschen Inflation nicht Schritt halten kann, kommt es vor, daß man eine Postkarte statt mit einer mit drei Briefmarken frankieren muß.

Wer keine feste Adresse hat, sich aber gerne Post zuschicken lassen möchte, der muß diese mit der Aufschrift „Poste Restante" versehen und an das Postamt des jeweiligen Ortes senden lassen. Dort wird die Post eine gewisse Zeitlang aufbewahrt. Vergißt man das „Poste Restante", ist nicht gesagt, daß der Brief nicht dennoch in die richtigen Hände kommt.

Die Postämter wechseln auch Geld. Auch Schecks werden in der Regel akzeptiert.

Die Öffnungszeiten der Postämter sind unterschiedlich (→bei den jeweiligen Ortschaften). Falls die Post während der angeschlagenen Öffnungszeiten noch verschlossen ist, befinden sich die Angestellten höchstwahrscheinlich — wie nicht selten in Griechenland — im Streik oder aber im nächsten Kafénion.

Preise

Noch vor wenigen Jahren galt Griechenland als ein Billigreise-Land. Diese Zeiten sind vorbei. Vor allem infolge der Mitgliedschaft in der Europäischen Gemeinschaft findet ein langsamer Preisangleich statt, der sich insbesondere in den erhöhten Preisen für Lebensmittel ausdrückt.

Während man noch vor einigen Jahren für eine Mahlzeit inklusive einer Flasche Wein pro Kopf nicht mehr als 7 DM bezahlte (ausgenommen Fischgerichte, die waren immer teuer), so muß man heute mit mindestens 12 bis 15 DM rechnen. Eine Zwei-Liter-Flasche Wasser (neró) kostet etwa 1,20 DM, für eine Flasche griechischen Wein zahlt man manchmal mehr als bei uns.

Dennoch gibt es enorme Preisunterschiede, je nach Region. In den Haupttouristenzentren sind die Preise logischerweise sehr hoch, in touristisch weniger erschlossenen Gebieten sind Essen und Unterkünfte häufig wesentlich preiswerter.

Generelle Preisangaben lassen sich nicht machen, zudem die Preisentwicklung rasch voranschreitet. So bitten wir darum, die in diesem Reiseführer angegebenen Preise nur als Richtwerte zu betrachten. Die Preise für Schiffs- und Flugreisen, für Unterkünfte und Mahlzeiten ändern sich mitunter recht schnell.

Privatzimmer

In den letzten Jahren hat sich das Angebot an Privatzimmern erheblich vergrößert. Manche Familien räumen in den Sommermonaten sogar ihre eigenen Zimmer und vermieten sie. Kommt man mit dem Schiff auf eine Insel, wird man meist von einer Menschentraube bestürmt — jeder preist seine „rooms" an. Häufig verrichten auch Kinder diese Aufgabe.

An vielen Häusern sind Schilder angebracht mit der Aufschrift „Rooms for rent" oder „Rooms to let". Die Qualität der Privatzimmer ist von Fall zu Fall sehr unterschiedlich.

Wenn man Glück hat, findet man durchaus hübsch eingerichtete Zimmer mit eigenem Bad, wenn man Pech hat, muß man mit einer Absteige ohne Dusche und warmem Wasser auskommen. Die Preise haben in den letzten Jahren erheblich angezogen. Selbst in der Nachsaison findet man kaum noch ein Privatzimmer unter 30 DM. Handeln ist allerdings möglich. Man sollte sich das Zimmer aber unbedingt vorher ansehen.
In einigen Orten gibt es in der Saison Zimmervermittlungen, die einem bei der Suche helfen und telefonisch Reservierungen vornehmen.

Sport

Die sportlichen Aktivitäten der Griechenland-Urlauber konzentrieren sich in der Regel auf den Wassersport. Doch auch Wanderer, Bergsteiger und Skiläufer entdecken zunehmend Griechenland als Urlaubsziel.
Angeln: Das Angeln in Flüssen und Seen ist zwischen April und Juni verboten (die genauen Daten erfährt man bei der jeweiligen Präfektur). Grundsätzlich verboten ist das Fischen mit Netzen.
Wer sich über das Angeln im Meer informieren möchte, der wende sich an den Verband der Sportfischer in Piräus, Akti Motsopoúlou, Tel. 01/4 51 57 31.
Bergsteigen: Bevorzugte Bergsteiger-Gebiete in Nordgriechenland sind der Olýmp, das Píndos-Gebirge und der Pílion. Es stehen Berghütten zur Verfügung, in denen man übernachten kann. Genaue Informationen erteilen die Büros des Griechischen Bergsteiger- und Skiverbandes E.O.S (Adressen →jeweils bei den Ortschaften). Dort erhält man auch Karten. Die Zentrale der E.O.S. befindet sich in Athén, Odos Karageórgi Servías 7, Tel. 01/3 23 45 55, 3 23 76 66.
Drachenfliegen/Paraglyding: An einigen wenigen Stellen besteht die Möglichkeit, die griechische Landschaft aus der Vogelperspektive zu genießen. Informationen zum Drachenfliegen erteilt der Nationale Aeroclub Griechenlands in Athén, Akademías 27, Tel. 01/3 61 72 49, und in Thessaloníki, Tel. 0 31/76 04 12. Auch wird zunehmend die Möglichkeit zum Paraglyding geboten, so zum Beispiel auf Kórfu und in einigen Orten auf Chalkidikí.
Golf: Das Golfspielen gehört noch zu den wenig populären Sportarten in Griechenland. In Nordgriechenland gibt es bislang nur zwei Golfplätze, und zwar auf der Insel Kórfu (Tel. 06 61/9 42 20) und in Chalkidikí, in der Hotelanlage von Pórto Carrás (Tel. 03 75/7 13 81, 7 12 21).
Reiten: Es gibt nur wenige Reitvereine in Griechenland. Anzunehmen ist, daß sich schon aufgrund der klimatischen Bedingungen das Reiten nicht zu einer Massensportart entwickelt hat. Wer sich aber auch im Urlaub Pferdegeruch um die Nase wehen lassen möchte, der hat in Thessaloníki (Tel. 0 31/41 68 95), auf Kórfu (Afra, Tel. 06 61/5 21 43) und auf der Insel Skíathos die Möglichkeit dazu.
Skilaufen: Auch wenn man es kaum für möglich hält: im Winter verwandeln sich einige Gegenden Nordgriechenlands in eine weiße Winterlandschaft mit meterhohem Schnee. Die Hauptwintersportzentren befinden sich auf dem Pílion, im Píndos-Gebirge und nördlich von Dráma. Grundsätzlich kann man davon ausgehen, daß bis zum März Schnee liegt. Wer sich genauer informieren möchte, der wende sich an den Griechischen Skifahrerverband in Athén, Odos Aghíou Konstantínou 34, Tel. 01/5 24 00 57.
Tennis: Zahlreiche Hotelanlagen, vor allem in den Touristenzentren, verfügen über Tennisplätze. Wer im Urlaub auf diesen Sport nicht verzichten möchte, der sollte bereits bei der Buchung des Hotels darauf achten, ob ein Tennisplatz angeschlossen ist oder nicht.

Wandern: Eine Möglichkeit, Nordgriechenland auf ganz aktive Weise kennenzulernen, besteht sicherlich darin, die Region zu erwandern. Vor allem der Pílion, das Píndos-Gebirge und das Olýmp-Massiv sind bevorzugte Wandergebiete. Grundsätzlich besteht die Möglichkeit, sich einen Führer zu mieten. Seit kurzem gibt es auch einen offiziellen Fernwanderweg, E4, der verschiedene Routen umfaßt. Die Nordgriechenland-Route beginnt in den Pyrenäen, führt dann über den Grenzübergang Níki, weiter nach Flórina, zum Olýmp, dann zu den Meteóra-Klöstern und weiter bis nach Délphi. Wer sich näher informieren möchte, kann sich von der Griechischen Zentrale für Fremdenverkehr den entsprechenden Prospekt zusenden lassen.

Wassersport

Segeln: Wer mit einer Segeljacht durch das Ägäische Meer kreuzen möchte, der sollte am besten von zu Hause aus ein Boot chartern. Zahlreiche Reiseunternehmen bieten derartige Möglichkeiten an. Auch besteht an manchen Touristenorten die Möglichkeit, Segelboote zu chartern. Auskünfte erteilen der Griechische Jachtbesitzerverband in Piräus, Odos Freattýdos 43, Tel. 01/4 52 63 35, oder der Verband der Boots-Vermittler in Athén, Odos Alkyónis 36, Tel. 01/9 81 65 82, 9 82 71 07.

Surfen: In den meisten Küstenorten gibt es mittlerweile einen Surfbrett-Verleih.

Tauchen: Prinzipiell ist das Tauchen mit Atemgeräten im Meer, in den Seen und Flüssen Griechenlands verboten. Einige Regionen sind davon ausgenommen, doch darf hier nur zu ausschließlich sportlichen Zwecken getaucht werden. Es gilt folgendes zu beachten:

— Atem- und Preßluftgeräte müssen bei der Einfuhr deklariert werden.

— Mit Atemgeräten darf nur zwischen Sonnenauf- und Sonnenuntergang getaucht werden.

— Geräte zur Suche von Antiquitäten, das Fotografieren oder gar Bergen solcher Fundstücke ist strengstens untersagt.

In Nordgriechenland darf an folgenden Stellen getaucht werden: an der Ostküste von Sithónia (zwischen Kap Armenísti und Kap Drepáno), an der Küste von Kórfu (zwischen Kap Róda und Kap Drástis, zwischen Paleokastrítsa und Kap Arkoudoúla und zwischen Kap Kountoúri und Kap Agni) und schließlich an der Küste von Páxi (zwischen Kap Koukoútsa und Lithária, zwischen Kap Geromónachos und Trípitos, zwischen Kap Poúnta und Kap Loutoú, zwischen Kap Lákka und Erimítis und in der Region Voútsi).

Wasserski: In vielen Küstenregionen und auf den Inseln besteht die Möglichkeit, Wasserski zu laufen.

Sonstiges: Das Angebot an Wassersportmöglichkeiten ist relativ hoch. An den belebteren Küstenorten kann man Tret- und Ruderboote mieten oder sich auf den neuesten Kreationen wie den „Banana-Boots" oder den Ringen durchs Wasser ziehen lassen.

Sprache

„Neugriechisch ist gar nicht so schwer" — so zumindest lautet der Titel eines durchaus empfehlenswerten Arbeitsbuches von Hans und Niki Eideneier. Doch so ganz scheint das nicht zu stimmen. Neugriechisch ist eine relativ schwierige Sprache, und es kostet viel Zeit und Mühe, diese zu lernen. Dabei ist das Erlernen der kyrillischen Buchstaben, wie man vielleicht vermuten würde, keineswegs das Schwierigste, sondern vielmehr ist es die neugriechische Grammatik, die so manchem Anfänger zu schaffen macht.

Für einen Urlaub ist es sicherlich nicht notwendig, vorher monatelang Sprachkurse zu absolvieren, zumal die meisten Griechen recht gut Englisch sprechen und viele Nordgriechen auch des Deutschen mächtig sind.

Dennoch sollte man auf jeden Fall die wichtigsten Worte und Grundbegriffe sowie natürlich die Begrüßungsformeln kennen (→*Kleiner Sprachführer*). Das erleichtert den Aufenthalt nicht nur in praktischer Hinsicht, sondern wird von der Bevölkerung hoch anerkannt, dokumentiert man doch so sein Interesse an der griechischen Kultur und an den Menschen. Auch ist es natürlich die beste Methode, um mit der Bevölkerung in Kontakt zu kommen. Und davon ganz abgesehen: Bei uns erwartet man ja auch, daß Fremde uns auf Deutsch und nicht in ihrer jeweiligen Landessprache anreden.

Einen Einstieg ins Neugriechische gibt das Buch von Hans und Niki Eidener: „Neugriechisch ist gar nicht so schwer", Wiesbaden, Dr. Ludwig Reichert Verlag.

Sprachkurse

Wer gerne Neugriechisch lernen möchte, der sollte sich zuerst an den Volkshochschulen oder den Universitäten erkundigen, ob entsprechende Kurse angeboten werden. Ist dies nicht der Fall, gibt es die Möglichkeit, anhand von speziellen Büchern die Grundkenntnisse zu erwerben.

Nach wie vor lernt man jedoch eine Sprache am besten im jeweiligen Land. Und so gibt es auch in Griechenland Jahr für Jahr Sprachkurse für Ausländer. Wer sich dafür interessiert, kann sich an folgende Adressen wenden:

Institut for Balkan Studies: International Summer School, Odos Simíski 45, 5 46 23 Thessaloníki, Tel. 0 31/22 53 65

School of Modern Greek Language: Aristoteles University, Thessaloníki, Tel. 0 31/9 91 23 80

Ionisches Zentrum: Odos Lyssíon 11, 1 05 56 Athén, Tel. 01/3 64 44 48

Hellenic Language School: 1 06 78 Athén, Odos Zalógou 4, Tel. 01/3 62 75 60

Goethe-Institut: Níkis Boulevard 15, Thessaloníki

Stromspannung

Die Stromspannung beträgt in der Regel 220 Volt Wechselstrom, auf Schiffen nur 110 Volt. Zum Teil benötigt man für Elektrogeräte wie Haarfône oder Rasierapparate einen Adapter.

Taxi →*Reisen im Land*

Telefonieren

Auslandsgespräche können von Griechenland aus relativ problemlos geführt werden. Lediglich zu den Stoßzeiten in der Hochsaison sind die Leitungen manchmal überlastet, und man wählt stundenlang vergeblich. Von den Postämtern aus kann man keine Telefongespräche führen. Folgende Möglichkeiten bestehen:

Das OTE: Am günstigsten telefoniert man vom OTE, dem griechischen Telefonamt, aus. Darin befinden sich abgeschlossene Zellen. Die Einheiten werden in einem Zähler, der sich in jeder Telefonzelle befindet, erfaßt und hinterher am Schalter in Drachmen umgerechnet und bezahlt. Die OTE-Zentralen haben in der Regel am Vormittag und dann wieder zwischen 17 und 20 Uhr geöffnet, in den Großstädten sind sie zum Teil rund um die Uhr geöffnet. Während der Hochsaison bilden sich nicht selten lange Warteschlangen.

Der Kiosk: In den meisten griechischen Kiosken steht ein Telefon, allerdings kann man nicht von jedem Kiosk aus ins Ausland, *exoterikó,* telefonieren. Die Gespräche sind nur unwesentlich teurer. Oft ist jedoch der Geräuschpegel so groß, daß man sein eigenes Wort kaum versteht.

Telefonzellen: Nur selten findet man in Griechenland Telefonzellen. Auslandsgespräche führt man aus den orangefarbenen Zellen, Inlandsgespräche aus den blauen Telefonzellen. Da der Wert der griechischen Drachme

in den letzten Jahren stark gesunken ist, benötigt man sehr viel Kleingeld und muß pausenlos Münzen nachwerfen. Es empfiehlt sich also, Telefonate vom OTE aus zu führen.
Vorwahlnummern: Für Telefonate von Griechenland aus gelten folgende Vorwahlnummern:
Deutschland: 00 49
Österreich: 00 43
Schweiz: 00 41
Griechenland hat die Vorwahl 00 30.

Toiletten

Sich mit den griechischen Toiletten zu arrangieren, bedarf einer gewissen Gewöhnungsphase. In ländlichen Gebieten trifft man noch häufig auf die französischen Steh-Klos, die meist allerdings sauberer als die Sitz-Klos sind. Oft sind die Toiletten arg verschmutzt oder verstopft, der Wasserabzug funktioniert nicht, die Türen lassen sich nicht schließen oder es ist kein Licht vorhanden.
Allerdings muß zugute gehalten werden, daß sich die Situation insgesamt in den letzten Jahren wesentlich gebessert hat. Während es noch vor einigen Jahren undenkbar war, auf einer Toilette Papier vorzufinden, gehört das mittlerweile zum Standard (Nehmen Sie aber dennoch vorsichtshalber immer etwas mit!). Auch haben manche Tavernenbesitzer untereinander einen regelrechten Wettbewerb entfacht, wer die sauberste Toilette hat.
Grundsätzlich wird das benutzte Toilettenpapier in einen nebenstehenden Behälter geworfen, da es ansonsten im Nu zu einer Rohrverstopfung kommt.

Trinkgeld

In Restaurants und Cafés ist es inzwischen durchaus üblich, ein kleines Trinkgeld zu entrichten. Man sollte allerdings darauf achten, daß es den Maßstab nicht sprengt. Beträgt zum Beispiel die gesamte Rechnung nur 12 DM und man gibt 2 DM Trinkgeld, so ist das unangebracht und kann als Beleidigung aufgefaßt werden.

Uhrzeit

Die Zeitverschiebung zwischen Griechenland und Deutschland beträgt eine Stunde. Im Gegensatz zur Mitteleuropäischen Zeit bei uns gilt in Griechenland die Osteuropäische Zeit. Das heißt, daß die Uhren in Griechenland um eine Stunde vorgestellt werden müssen. Wie bei uns, gibt es auch in Griechenland die Sommerzeit.

Unfälle →*Pannenhilfe*

Unterkunft →*Hotels/Pensionen/Ferienhäuser, Privatzimmer*

Verhalten

Die Reise in ein fremdes Land erfordert eine gewisse Vorbereitung auf das, was einen erwartet. Denn: fremde Länder, fremde Sitte, so ein altes Sprichwort. Nun ist Griechenland ein europäisches Land und die griechische Kultur nicht so völlig verschieden von unserer eigenen. Aber dennoch sind manche Lebensgewohnheiten andere, und diese sollte man als Gast auch respektieren, egal, ob man sie gut und richtig findet oder nicht.
Wir wollen hier nur auf einige wichtige Verhaltensweisen aufmerksam machen, die man in Griechenland beachten sollte.
Für den Besuch von Kirchen, Kapellen und Klöster gilt grundsätzlich, daß Frauen Klei-

der oder Röcke tragen und die Schultern bedeckt halten sollten. Auch Männer in Shorts werden häufig nicht geduldet.
Nacktbaden ist offiziell verboten *(→FKK)*. Besonders auf ältere Menschen wirkt das Nacktbaden als Provokation.
Aus der häufig anzutreffenden Gastfreundschaft sollte man nicht ableiten, daß man sich in Griechenland prinzipiell selbst bedienen kann. Die Griechen sind ausgesprochen freigiebig und schenken gerne. Doch wer auf die Idee kommt, sich kiloweise die Weintrauben selber vom Feld zu holen, der wird dazu beitragen, daß die Gastfreundschaft der Griechen Schaden leidet.
Wer gerne feiert, der befindet sich in Griechenland in bester Gesellschaft. Doch sollte man dem Alkohol nicht bis zur Betrunkenheit zusprechen; das ist in Griechenland verpönt und weckt Ressentiments.
Es fällt nicht schwer, die wichtigsten griechischen Grußformeln zu lernen, die Griechen freuen sich aber sehr über diese Geste.

Verhütungsmittel

Kondome bekommt man in Apotheken, hin und wieder auch in Geschäften. Verlangen Sie *profiláktika*.

Verkehr

Wer mit dem Wagen durch Griechenland reist, der braucht vor allem zwei Dinge: starke Nerven und einen guten Beifahrer. Wenngleich es natürlich offizielle Verkehrsregeln gibt (dieselben, die auch bei uns gelten), lassen sich viele Griechen von derartigen Vorschriften und Verordnungen wenig beeindrucken. Jeder fährt, wie es ihm paßt, und auf zweispurigen Fahrbahnen wird nicht selten vierspurig gefahren. Dies gilt allerdings in erster Linie für die Großstädte.
Auf den Autobahnen geht es in der Regel disziplinierter zu. Auf zwei Dinge sollte man vorbereitet sein: Die Autofahrer halten nicht die Spur ein, sondern fahren genau über die weiße Linie, d.h. zur Hälfte auf der rechten Spur, zur Hälfte auf der ,,Standspur". Beim Überholvorgang lernt man die Vorzüge dieser Fahrweise kennen.
Bei Abfahrten wird die Fahrbahn einspurig, d.h., die rechte Fahrspur wird zur Ausfahrt (große weiße Pfeile auf der Fahrbahn markieren die Abfahrt).
Es gelten folgende Geschwindigkeitsbeschränkungen für Autos und Motorräder:
innerhalb geschlossener Ortschaften: 50 km/h bzw. 40 km/h
auf Landstraßen: 80 km/h bzw. 70 km/h
auf Autobahnen und Nationalstraßen: 100 km/h bzw. 70 km/h

Währung

In Griechenland zahlt man mit Drachmen. Eine Drachme sind 100 Leptá. Im Verkehr sind Banknoten im Wert von 50, 100, 1000 und 5000 Drachmen sowie Münzgeld im Wert von 1, 2, 5, 10 und 50 Drachmen.
Die griechische Drachme gehört zu den sehr instabilen Währungseinheiten. Zuletzt betrug der Umtauschkurs (in der Bundesrepublik Deutschland): 1,12 DM = 100 Dr (Stand: Frühjahr 1991). Günstiger tauscht man in Griechenland.
→Devisen

Wasser

Das griechische Trinkwasser erreicht in der Regel nicht dieselbe Qualität wie bei uns. Deshalb sollte man es grundsätzlich vermeiden, Leitungswasser zu trinken. Übertrieben ist es allerdings, sich mit Mineralwasser die Zähne zu putzen oder auf den Verzehr von Obst zu verzichten, weil man Angst vor dem Abspülwasser hat.

Ein Schild, auf dem ein mit roter Farbe durchgestrichener Wasserhahn dargestellt ist, bedeutet: Es handelt sich nicht um Trinkwasser. Es sei noch auf folgendes hingewiesen: Die Wasservorräte in manchen Gebieten Griechenlands, vor allem auf einigen Inseln, sind begrenzt. Nicht selten kommt es vor, daß die Wasserhähne trocken bleiben und auch die Toilettenspülung nicht mehr funktioniert. Deshalb werden Urlauber gebeten, so sparsam wie möglich mit Ihrem Wasserverbrauch zu sein.

Wein

Griechenland verfügt über eine jahrtausendealte Weinkultur, die während der türkischen Besatzungszeit jedoch an Bedeutung verlor. Erst seit Mitte des 20. Jahrhunderts wird der Weinanbau in Griechenland wieder forciert. Zu den auch bei uns recht bekannten Weinen gehören der Deméstica und der geharzte Retsína.

Zu den wichtigsten Weinanbaugebieten Griechenlands zählen:

Náoussa: aus der Region Náoussa stammt der gleichnamige, trockene Rotwein.

Goumeníssa: aus der makedónischen Region Goumeníssa kommt der feine, sehr delikate Rotwein.

Páros: der trockene Rotwein stammt von der Kykládeninsel Páros und ist auch bei uns erhältlich.

Zítsa: in Epirus wächst dieser erfrischende Weißwein.

Kántza: der Kántza stammt aus der Nähe von Athén und ist ein ausgesprochen feiner Weißwein.

Sámos: der Sámos ist ein sehr süßer Likörwein, der von der gleichnamigen Insel stammt.

Mavrodáphne Pátras: es handelt sich um einen recht süßen und schweren Wein.

Man sollte stets nach einem lokalen Wein fragen, der erst gar nicht in Flaschen abgefüllt, sondern direkt aus dem Faß kommt. Häufig sind das die besten Weine.

Zeitungen

In den Touristenorten erhält man die meisten deutschsprachigen und englischen Zeitungen und Zeitschriften. In der Regel sind sie erst einen Tag alt, lediglich auf den Inseln kann es zu Verzögerungen kommen. Die Preise sind etwa doppelt so hoch wie im Heimatland.

Zollbestimmungen →*Reisevorbereitungen/Einreisebestimmungen*

Thessálien

Thessálien / Von Athén zum Pílion

Die Region Thessálien grenzt im Norden an Makedónien, im Westen an Epirus und im Süden an Zentralgriechenland. Thessálien ist gekennzeichnet durch ein sehr abwechslungsreiches Landschaftsbild, das von fruchtbaren Tälern und hohen Gebirgszügen bestimmt wird. Der im Píndos-Gebirge entspringende Fluß Pínios durchfließt die Region Thessá-

lien und mündet nahe dem Témbi-Tal im Meer. Angebaut werden vornehmlich Getreide, Wein und Melonen, darüber hinaus wird Viehzucht betrieben. Im Westen geht die thessalische Tiefebene in das Píndos-Gebirge über, im Nordosten liegt der sagenumwobene Berg Olýmp, der Mythologie zufolge Sitz der griechischen Götter. Zu Thessálien gehört auch der Pílion, jene Halbinsel, die sich südlich der Hafenstadt Vólos erstreckt. Der Pílion, heute ein beliebtes Reiseziel für viele Touristen aus dem In- und Ausland, galt in der griechischen Mythologie als Sitz der Zentauren.

Die wichtigsten Industriestädte Thessáliens sind Vólos und Lárissa.

Der Tourismus in Thessálien konzentriert sich vor allem auf die Inseln der nördlichen Sporáden, den Pílion sowie die berühmten Meteóra-Klöster.

Amaliápolis

Amaliápolis ist ein kleiner Küstenort, 57 km südlich von Vólos und etwas unterhalb des Kaps von Almiroú gelegen. Man erreicht Amaliápolis, wenn man bei Soírpi die Autobahn Athén — Lárissa verläßt und einer sechzehn Kilometer langen Landstraße folgt. Die Fahrt geht vorbei an Olivenhainen und Weinfeldern. Der etwa 450 Einwohner zählende Ort, der sich reizvoll an einen Hang schmiegt, ist vom Tourismus noch weitgehend unberührt, wenngleich einige Athéner und Thessalonikier hier mittlerweile ihre Ferien verbringen. Trotz der betonierten Kaimauer wirkt der Hafen recht gemütlich. Eine breite steinerne Treppe führt steil vom Meer weg in den eigentlichen Ort. Die zahlreichen Blumen, welche die Häuser und Gassen schmücken, verleihen dem Ort eine besondere Liebenswürdigkeit. Zwar hat Amaliápolis keine Sehenswürdigkeiten zu bieten, aber wer ein wenig Ruhe sucht, der kann hier sicherlich einige Tage verweilen.

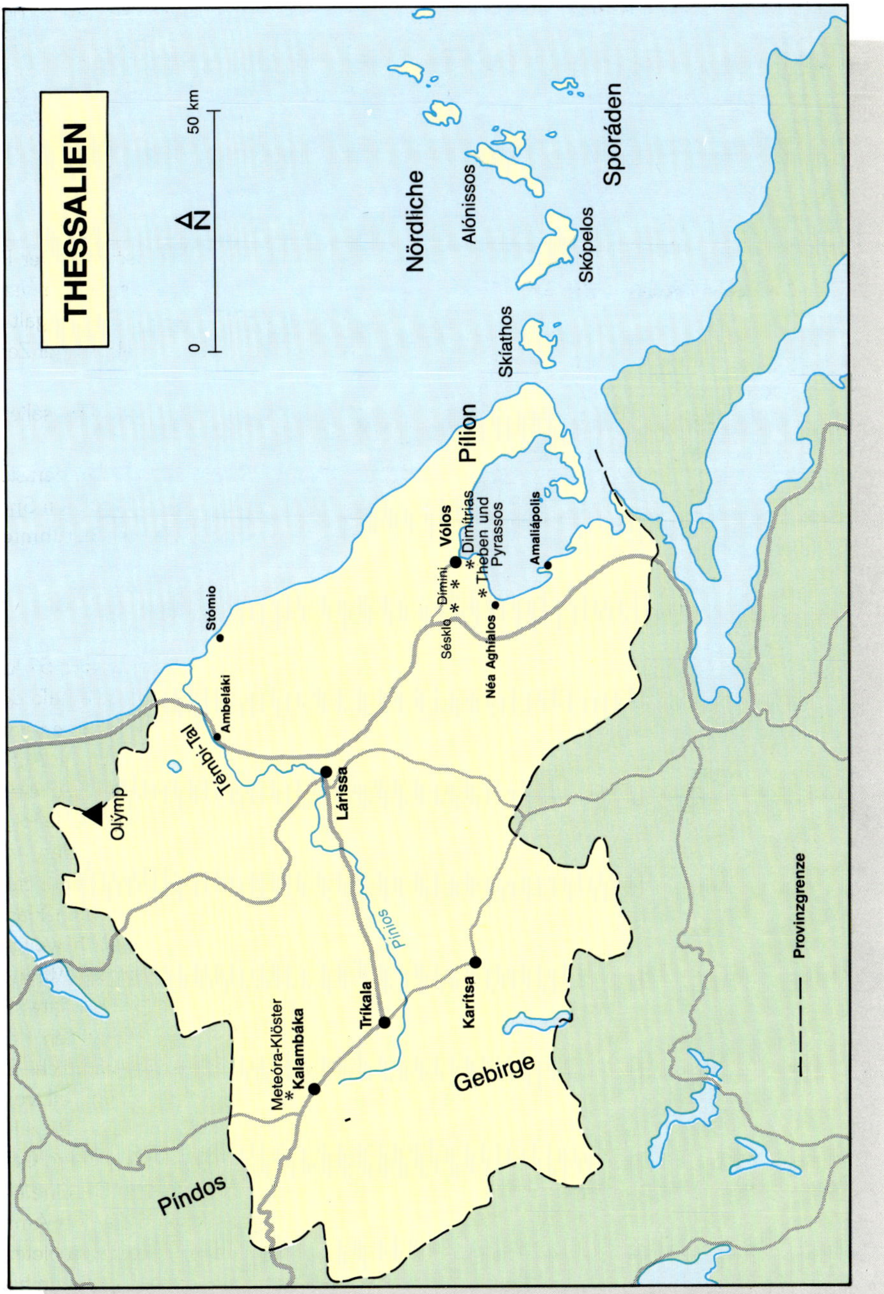

THESSALIEN
0
50 km
N
Nördliche
Sporáden
Alónissos
Skópelos
Skíathos
Pílion
Vólos
Dimítrias
Theben und
Pyrassos
Sésklo
Dimini
Amaliápolis
Néa Aghíalos
Stómio
Ambeláki
Témbi-Tal
Olýmp
Lárissa
Piníos
Tríkala
Karítsa
Meteóra-Klöster
Kalambáka
Gebirge
Píndos
Provinzgrenze

Praktische Informationen / Amaliápolis

Ärztliche Versorgung

Einen Arzt gibt es in Amaliápolis nicht. Einmal wöchentlich (freitags) kommt jedoch ein Arzt aus der nächstgrößeren Stadt Almirós. Auch eine Apotheke gibt es hier bislang noch nicht. Die nächste Apotheke befindet sich in Soírpi.

Baden

Strandliebhaber kommen in Amaliápolis nicht so ganz auf ihre Kosten, da die Küste vorwiegend aus Felsen besteht. Lediglich in Hafennähe befindet sich ein kleiner Sandstrand.

Einkaufen

Der Ort hat zwei Supermärkte, in denen man die wichtigsten Lebensmittel bekommt.

Essen und Trinken

Entlang der Hafenmauer liegen einige Restaurants und Tavernen, in denen man vor allem frischen Fisch bekommt. Am besten geht man in die Küche und läßt sich die Auswahl an Meerestieren zeigen. Besonders einladend ist das Restaurant „Kóstas", direkt am Hafenplatz. Hier kann man im Schatten der alten Bäume speisen und hat dabei einen schönen Blick auf die Hafenbucht. Auch das benachbarte Restaurant „Amaliápolis" lädt zum Verweilen ein. Ein durchschnittliches Essen kostet hier etwa 12 DM.

Sportmöglichkeiten

Man kann sowohl Wasserski als auch Surfbretter leihen. Darüber hinaus besteht die Möglichkeit, Fahrräder zu mieten.

Telefonieren

Telefonate ins In- und Ausland können vom Kiosk am Hafenplatz aus geführt werden.

Unterkünfte

Amaliápolis verfügt über vier Hotels, vier Pensionen und einige Privatunterkünfte.

Hotels:

„Nancy": 18 Zi., 31 Betten; 1 Appartement mit Bad kostet in der HS etwa 63 DM; Tel. 04 22/9 12 27.

„Alfa": 12 Zi., 21 Betten; 1 Appartement mit Bad kostet in der HS ca. 43 DM; Tel. 04 22/9 12 71.

„Amália": 12 Zi., 24 Betten; 1 DZ mit Bad kostet etwa 33 DM; Tel. 04 22/9 12 64.

„Oasis": 7 Zi., 14 Betten; 1 DZ mit Bad kostet in der HS um 35 DM; Tel. 04 22/9 12 97.

Verkehrsverbindungen

Dreimal täglich bestehen Busverbindung nach Almirós. Es werden zudem in der Hochsaison täglich Bootstouren zu einigen Stränden auf Skíathos und Skópelos angeboten.

Abwechslungsreich und fruchtbar: die Landschaft Thessáliens

Néa Aghíalos

Néa Aghíalos ist eine kleine, an der Westküste des Pagasitischen Golfs gelegene Hafenstadt mit etwa 4000 Einwohnern. Néa Aghíalos ist 18 Kilometer von Vólos entfernt und über die Nationalstraße Vólos — Athén zu erreichen. Der Hafenort hat sich vor allem bei vielen Griechen zu einem beliebten Urlaubsdomizil entwickelt. Wenngleich Néa Aghíalos ein wenig an Gemütlichkeit vermissen läßt, so ist doch die kleine, enge Hafenbucht sehr sehenswert.

Geschichte

An der Stelle der heutigen Stadt Néa Aghíalos sollen sich die antiken Städte Pýrassos und Thében befunden haben. Pýrassos wurde Thében, einst die wichtigste Handelsstadt am Pagasítischen Golf, im 4. Jahrhundert v. Chr. einverleibt. Wenig außerhalb von

Pýrassos befand sich in der Antike ein Demeter-Heiligtum. Die Geschichte der Stadt Thében endet im 8. Jahrhundert n. Chr., als aller Wahrscheinlichkeit nach eine Brandkatastrophe die Stadt zerstörte.
Erst 1907 siedelten Flüchtlinge aus der Gegend des Schwarzen Meeres sich hier wieder an. Die Stadt trägt seitdem den Namen Néa Aghíalos.

Sehenswürdigkeiten

An der Durchfahrtsstraße nach Vólos befindet sich ein *archäologischer Park,* in dem die noch vorhandenen Ruinen, unter anderem zwei Säulen, an die Existenz der ehemaligen Hafenstadt Thében erinnern. Die Stätte ist täglich durchgehend geöffnet, Tel. 04 21/ 7 64 68 oder 2 74 68.

Praktische Informationen

Ärztliche Versorgung

Es befinden sich im Ort zwei Ärzte, ein Zahnarzt sowie zwei Apotheken. Bei dringenden Fällen sollte man jedoch das Krankenhaus in Vólos aufsuchen, Tel. 04 21/ 2 75 31.

Baden

Direkt am Hafen beginnt der ca. 20 Meter breite und 300 Meter lange dunkle Kieselstrand, der im Hochsommer recht belebt ist.

Banken

Es gibt zwei Banken am Ort. Geld wechseln ist ansonsten auch bei der Post und in Hotels möglich.

Essen und Trinken

Am Hafen befindet sich ein Restaurant neben dem anderen. Man serviert vor allem Fisch, der allerdings nicht ganz billig ist.

Feste

Jedes Jahr im August findet das traditionelle *Weinfest* statt, das dann ganz im Mittelpunkt des örtlichen Geschehens steht. Auch Fremde sind herzlich eingeladen, den lokalen Wein aus der Umgebung von Néa Aghíalos zu kosten.

Sportmöglichkeiten

Am Strand können Surfbretter und Wasserski entliehen werden.

Unterkünfte

Hotels:

„Apollo": 30 Zi., 68 Betten; alle Zimmer mit Bad und Balkon. Restaurant und Café vorhanden. Von hier schöner Blick übers Meer. Sehr freundliche Eigentümer. Ein DZ kostet in der HS zwischen 55 und 64 DM; Tel. 04 21/ 7 75 77 oder 04 21/7 60 80.

„Protessialos": 37 Zi., 72 Betten; ein DZ mit Bad kostet zwischen Juli und September etwa 43 DM; Tel. 04 21/ 7 63 10.

„Pyrassos": 18 Zi., 35 Betten; das Hotel befindet sich am Ende der Hafenstraße. Zwischen Meer und Hotel erstreckt sich eine Parkanlage; ein DZ mit Bad kostet ab Juli etwa 35 DM.

Verkehrsverbindungen

Neunmal täglich bestehen Busverbindungen nach Athén, Vólos und Kalambáka.

Vólos

Am nördlichsten Punkt des Pagasitischen Golfs gelegen, ist Vólos mit seinen 71 000 Einwohnern nicht nur die Hauptstadt der Präfektur Magnésia, sondern durch seinen großen Ausfuhrhafen zugleich ein bedeutender Umschlagplatz für Industrie- und Handelsgüter. Hier befindet sich sowohl das Zentrum für Tabakverarbeitung als auch das der Baumwoll- und Textilindustrie. Zugleich haben sich eine Reihe metallverarbeitender Betriebe sowie Zementwerke in Vólos niedergelassen. Von Vólos aus werden nicht nur die wichtigsten Häfen des Mittelmeeres angelaufen, sondern auch der Mittlere Osten.
Wenngleich die Stadt dem üblichen Bild griechischer Großstädte entspricht und nicht zum Verweilen einlädt, so bietet sich Vólos jedoch als idealer Ausgangspunkt für Fahrten auf den Pílion oder die nördlichen Sporáden an. Über die Entstehung des Namens Vólos gibt es verschiedene Theorien. Am wahrscheinlichsten ist die Annahme, daß es sich um eine Ableitung von *Iólkos* handelt, dem Namen derjenigen Stadt, die in der Antike an der Stelle des heutigen Vólos lag und die Hauptstadt Thessáliens war.
Homér zufolge haben die Einwohner von Iólkos am Trojanischen Krieg teilgenommen. Der griechischen Mythologie *(Argonautensage)* zufolge, ist von hier Jáson von Pélias aufgebrochen, um das Goldene Vlies des Äetes zu erobern.

Die Argonautensage

Jáson, Sohn des Äson, wurde, nachdem Äsons Bruder Pélias diesem die Herrschaft über die Stadt und das Königreich Iólkos streitig gemacht hatte, bei dem Zentauren Chíron versteckt und erzogen. Der Jüngling zog alsdann aus, um seinen Anspruch auf den Thron zu erwirken. Pélias versprach, Jáson den Thron zu überlassen, knüpfte an dieses Versprechen jedoch eine Bedingung: Jáson sollte den begehrten Schatz des Königs Äetes von Kólchis, das Vlies des goldenen Widders herbeischaffen. Sodann seien seine Forderungen erfüllt.

Folgendes hat es mit dem goldenen Vlies auf sich: Die Gattin des böotischen Königs Athamas entführte ihren eigenen Sohn vor den Nachstellungen der Nebengattin ihres Mannes. Sie setzte Phríxos und seine Schwester auf einen geflügelten Widder mit einem goldenen Fell. Phríxos erreichte gesund das Land der Kólcher und wurde von König Äetes freundlich aufgenommen. Aus Dankbarkeit vermachte Phríxos dem König das goldene Vlies, der es dem Ares weihte und es in einem Hain festnagelte. Ein gefährlicher Drachen bewachte das in aller Welt begehrte kostbare Geschenk.

Jáson, der nun mit seiner Mannschaft auf dem Schiff Argo (darum Argonautensage) auszog, das Vlies zu erobern, mußte erst eine ganze Reihe gefährlicher Abenteuer bestehen, bevor er in Kólchis landete. Dort gelang es ihm, unter Beihilfe Medéas, der Tochter des Königs Äetes, die Jáson in stiller Liebe zugeneigt war, die an die Herausgabe des Vlieses gebundenen Forderungen zu erfüllen: Durch ein Zaubermittel unverletzlich geworden, bestand Jáson den Kampf mit den wilden Stieren. Als sich Äetes, überzeugt davon, daß Jason übernatürliche Kräfte zu Hilfe genommen hatte, deshalb dennoch weigerte, das Vlies herauszugeben, stahlen Jáson und Medéa das Vlies und kehrten nach einer abenteuerlichen Heimfahrt nach Iólkos zurück. Dort gelangte allerdings nicht Jáson, sondern Akástos, Sohn des Pélias, auf den versprochenen Thron.

Geschichte

An der Stelle des heutigen Vólos gab es bereits in der frühen Bronzezeit eine Siedlung, die in den homérischen Versen den Namen Iólkos trägt. Während der mykenischen Epoche erfuhr die antike Stadt eine gewisse Bedeutung im Bereich des Seehandels. Doch der Hafen verlandete, und der Ort verlor rasch wieder an Bedeutung.

Erst im 19. Jahrhundert erbaut, wurde das heutige Vólos im Jahre 1955 Opfer eines schweren Erdbebens, das fast die gesamte Stadt zerstörte. Von den schwersten Verwüstungen ausgenommen blieb lediglich der Stadtteil Ano Vólos, der sich den Hang hinaufzieht und von wo aus man einen schönen Blick über die ganze Stadt hat. Von hier aus erkennt man auch ganz deutlich die geometrische Anordnung der neu entstandenen Straßen- und Häuserzüge. Ein besonderes Erlebnis ist es, wenn man nach Sonnenuntergang vom Gebirge her, etwa aus Hánia kommt und plötzlich das gigantische Lichtermeer von Vólos unter sich liegen sieht.

Sehenswürdigkeiten

Die archäologische Stätte des antiken Iólkos

Es sind noch einige wenige Ruinen der ehemaligen Stadt Iólkos vorhanden. Zwar wurden die Fundamente des in mykenischer Zeit entstandenen Palastes freigelegt, nachdem man verschiedene Funde ins Museum abtransportiert hatte, wurden die Mauern jedoch wieder zugeschüttet. Das Ausgrabungsgebiet befindet sich an der Ecke Odos Féron/Odos Kréonos.

Das Archäologisches Museum

Das Museum beherbergt zahlreiche Gegenstände aus der prähistorischen Epoche, Keramiken aus dem 8. Jahrhundert v. Chr. sowie Skulpturen aus dem 5. und 6. Jahrhundert v. Chr.

◀ *Ziegen am Straßenrand: dieses Bild ist typisch für Thessálien*

▲ *Siestazeit: Nur während der heißen Mittagsstunden bleiben die Stühle leer*

Zu den beeindruckendsten Zeugnissen antiker griechischer Kunst gehören sicherlich die bemalten Grabstelen aus dem 3. Jahrhundert v. Chr. Kennzeichnend für die griechische Malerei des 4. und 3. Jahrhunderts v. Chr. war das Bemühen um perspektivisch genaue Wiedergabe. Durch gezielte Farbgebung und Schattengestaltung wurde versucht, den Objekten größere Körperhaftigkeit teilwerden zu lassen. Kurz: den Malern dieser Zeit war an möglichst realistischer Darstellung ihrer künstlerischen Thematik gelegen. Eine der eindrucksvollsten Gegenstände ist sicherlich die *Stele der Hedíste.*

Das Museum befindet sich an der Odos Athanasáki 1, Tel. 04 21/2 52 85. Öffnungszeiten: Di.-Sa. 8.45-15.30 Uhr; sonn- und feiertags 9.30-14.30 Uhr (montags geschlossen); Eintritt: 2 DM, für Studenten 1 DM.

Städtische Pinakothek:

Die Galerie beinhaltet Werke neugriechischer *Bildhauer* und *Maler.*

Die Pinakothek befindet sich im Rathaus in der Platía Ríga Feréou, Tel. 04 21/2 57 60.

Wohnhaus des Volkskundlers Kítsos Mákris: Neben Bildern des naiven Malers Theóphilos sowie des Christópoulos können hier Holzschnitzarbeiten, Keramiken und byzantinische Ikonen bewundert werden: Odos Afentoúli 26; Tel. 04 21/2 37 78.

Sehenswertes in der näheren Umgebung

Für Kulturinteressierte ist ein Besuch der Ausgrabungsstätten Demétrias, Dímini und Sésklo sicherlich lohnenswert.

Demétrias: Die Überreste der 293 v. Chr. gegründeten, einst bedeutsamen hellenistischen Stadt beinhalten Teile eines Tempels, einer Palastanlage sowie eines Theaters, das über eine sehr gute Akustik verfügt. Die bemalten Grabstelen, die heute im Museum von Vólos stehen, sind bei Arbeiten hier entdeckt worden. Demétrias liegt 4 Kilometer südwestlich von Vólos und ist über die Küstenstraße zu erreichen.

Dímini: Dímini ist eine prähistorische Siedlung, etwa 6 Kilometer von Vólos entfernt. Hier befinden sich noch Überbleibsel der ehemaligen Stadtmauern sowie der Akrópolis und zudem zwei mykenische Kuppelgräber aus der Zeit zwischen 4000 und 1200 v. Chr.

Sésklo: Von der ehemals recht bedeutenden Siedlung Sésklo, die etwa 14 Kilometer vor Vólos liegt, sind noch Reste einer der ältesten Akrópolis Griechenlands (6000 v. Chr.) vorhanden. Zu sehen sind weiterhin Teile der Grundmauern von Wohnhäusern und Palästen.

Theóphilos-Museum: Vier Kilometer außerhalb von Vólos, im Ort Anakassiá, befindet sich das Theóphilos-Museum. Es beinhaltet Wandmalereien des Theóphilos, einem Vertreter der naiven Malerei (→*auch Makrinítsa*).

Praktische Informationen

Ärztliche Versorgung

Krankenhaus: Tel. 04 21/2 75 31

IKA: Tel. 04 21/2 51 36

Eine deutschsprechende Zahnärztin ist zu erreichen unter der Telefonnummer 04 21/3 70 34; ein weiterer deutschsprechender Zahnarzt befindet sich an der „Polixron. Topali 42", Tel. 04 21/3 46 44; Apotheken befinden sich in ausreichender Zahl an den Hauptstraßen.

Auskunft

Das Büro der Griechischen Zentrale für Fremdenverkehr (E.O.T.) liegt direkt gegenüber dem Hafen, an der Platía Ríga Feréou, vor dem Theater. Das Personal ist ausgesprochen hilfsbereit. Öffnungszeiten: Mo.-Fr. 7.30-14.30 Uhr, Tel. 04 21/2 35 00; wer am Wochenende Informationen benötigt, wende sich an die Touristenpolizei: Stichstraße der Odos 28 Októvriou, Tel. 04 21/2 36 52 oder 2 70 94.

Auto-/Motorradvermietung

Auto-, Motorräder- sowie Motorbootverleih bei „Theofanidis Hellas", Odos Iassónos 137, Tel. 04 21/3 23 60, 3 62 38 oder 3 86 09, Telex: 28 22 45.

Baden

In der Bucht von Vólos ist das Baden sicherlich nicht zu empfehlen. Man sollte stattdessen auf den Pílion fahren und sich dort einen geeigneten Badeplatz suchen.

Botschaften/Konsulate

Das Konsulat der Bundesrepublik Deutschland befindet sich an der Odos Leofóros Dimitriádos 251, Tel. 04 21/ 2 53 79, 2 84 41.

Essen und Trinken

Das Angebot an Tavernen und Restaurants ist vor allem im Hafenbereich recht groß. Man bekommt frischen Fisch, Souvláki und Brisola, seltener hingegen Gemüsegerichte.

Kulturelle Veranstaltungen

Neben den zahlreichen *panigieris* (den Kirchenfesten) findet jedes Jahr in der zweiten Augusthälfte im Rahmen der *Balkanausstellung des Handwerks* im Stadttheater ein Fest statt. Geboten werden Musik und Tanzvorführungen der ausstellenden Balkanländer.

Pannenhilfe

Bei Pannen hilft der ELPA-Service, Tel. 04 21/2 50 01 oder 3 83 34. In Vólos gibt es unzählige Autowerkstätten für nahezu alle Autotypen. Es seien nur einige herausgegriffen: VW- und Audi-Werkstatt: Odos Lárisis 100, Tel. 04 21/6 34 35; Opel-Werkstatt: Odos Agía Anargíri, Tel. 04 21/6 29 58; BMW-Werkstatt: Odos Lárisis 107, Tel. 04 21/6 41 85 oder 6 34 64; Wartburg-Trabant: Tel. 04 21/6 31 61.

Unterkünfte

Vólos verfügt über zahlreiche Hotels, Pensionen und Privatzimmer. Bei der Suche hilft die E.O.T. weiter (→*Auskunft*). Es seien hier nur exemplarisch einige Hotels genannt:

„Aégli": 36 Zi., 68 Betten; von Anfang Mai bis Ende September kostet ein DZ mit Bad etwa 58 DM; Tel. 04 21/2 56 91

„Aléxandros": 78 Zi., 134 Betten; ein DZ mit Bad kostet etwa 61 DM; Tel. 04 21/3 12 21-4.

„Admítos": 31 Zi., 53 Betten; ein DZ mit Bad kostet etwa 33 DM; Tel. 04 21/2 11 17-9.

„Filoxénia: 17 Zi., 34 Betten; ein DZ mit Bad kostet 36 DM; Tel. 04 21/9 83 36.

„Iólkos": 15 Zi., 25 Betten; ein DZ mit Bad kostet 27 DM; Tel. 04 21/2 34 16.

„Kallóni": 30 Zi., 60 Betten; ein DZ mit Bad kostet 35 DM; Tel. 04 21/9 82 40.

Verkehrsverbindungen

Mit dem Bus: In der Hochsaison (Juli und August) wird jedes Píliondorf mehrmals täglich angefahren. Da der Pílion sehr gebirgig ist, muß man sich trotz teils geringer Entfernungen auf lange Fahrtzeiten einstellen. Weiterhin bestehen mehrmals täglich Verbindungen nach Athén, Thessaloníki, Kardítsa, Tríkala, Kalambáka, Lámia, Pátras, Kateríni und Platamónas. Auskünfte: Tel. 04 21/2 55 73 sowie 04 21/2 46 29 und 04 21/2 40 56. Die Busstation befindet sich am Frachthafen.

Mit dem Zug: Zugverbindungen bestehen nach Athén, Thessaloníki, Lárissa und Kalambáka.

Fährverbindungen: Täglich bestehen mehrmals Fährverbindungen zu den nördlichen Sporádeninseln Skíathos, Skópelos und Alónissos. Eine einfache Fahrt nach Skíathos kostet etwa 12 DM, mit einem Auto zwischen 50 und 70 DM. Für eine Überfahrt nach Skópelos zahlt man pro

Frischer Tintenfisch im Angebot: Taverne am Hafen von Vólos

Person 15 DM, für ein Auto 65 bis 94 DM. Für Alónissos gelten folgende Preise: Für eine Person 17 DM, für einen Wagen 65 bis 94 DM. Seit einiger Zeit verkehren täglich mehrere Flying Dolphins zwischen den Sporáden und dem Festland. Wenngleich die Fahrten wesentlich teurer und keineswegs so schön sind und man überdies natürlich kein Auto mitnehmen kann, haben diese „fliegenden" Luftkissenboote den Vorteil, fast doppelt so schnell wie die üblichen Fähren zu sein.

Flugverbindungen: Die Olympic Airways fliegt dreimal wöchentlich von Athén aus Vólos an. Informationen erteilt das Büro in Vólos an der Odos Argonáfton, Tel. 04 21/2 49 19, 2 09 10.

Wichtige Adressen und Telefonnummern

ELPA-Service: Odos Grigóriou Lambráki, Tel. 04 21/2 50 01, 2 20 01

Griechischer Alpenverein: Tel. 04 21/2 56 96, 2 55 68

Hafenamt: Tel. 04 21/2 88 88

Krankenhaus: Tel. 04 21/2 75 31

Olympic Airways: Tel. 04 21/2 09 10

OTE: Odos Eleftheríou Venizélou

Post: Odos Koutarélia

Taxi: Tel. 04 21/6 82 21, 6 82 25

Touristeninformation (E.O.T.), Platía Ríga Feréou, Tel. 04 21/2 35 00

Touristenpolizei: Tel. 04 21/2 36 52

Der Pílion

Der Pílion ist eine sehr waldreiche Gebirgslandschaft, die sich im Nordosten von Vólos auf der Magnesischen Halbinsel mit einer Gesamtlänge von etwa 70 km erstreckt. Landschaftlich gesehen ist der Pílion sicherlich eine der reizvollsten Gegenden Griechenlands, bedingt nicht zuletzt durch seinen für große Teile Griechenlands ungewöhnlichen Wasserreichtum. Das ganze Jahr über ist der Pílion grün, und selbst im Hochsommer versiegen nicht alle Quellen. Neben Ölbäumen und Apfelplantagen bestimmen Kastanien und Buchen das Landschaftsbild wesentlich mit. Der höchste Gipfel, der Pliassídi im Norden, erreicht eine Höhe von 1548 Metern. Hier kann es durchaus vorkommen, daß der Wanderer auf Füchse trifft.

Die Ostküste unterscheidet sich landschaftlich stark von der Westküste. Ebenfalls bewaldet, tut sich einem eine wesentlich schroffere, wildere Landschaft mit tief eingeschnittenen Tälern und einer stärker zergliederten Küste auf, als dies vergleichsweise an der Westküste der Fall ist. Da diese Küstenseite zum Teil unzugänglich ist, haben sich auch wesentlich weniger Badeorte entwickeln können als an der Westküste mit ihren sanften Hängen und den kleinen Buchten. Daß die Ostküste, an der vornehmlich Obstanbau — und zwar in erster Linie Apfelplantagen — betrieben wird, so fruchtbar ist, hat sie in erster Linie dem enormen Wasserreichtum zu verdanken. Auch im Sommer fällt es nicht schwer, sich vorzustellen, wie sich bei starkem Regenguß im Winter an manchen Stellen reißende Bäche entwickeln. Durch Erdrutsche sind im übrigen einige Teile der Küstenstraße abgerissen, so daß man an manchen Stellen sehr langsam fahren und stets auf die Straße achtgeben muß.

Besonders sehenswert sind die zahlreichen Bergdörfer mit ihrer typischen Pílion-Architektur. Die charakteristische Bauweise besteht aus ornamentverzierten massiven Steinhäusern mit Holzverstrebungen, schmalen Holzfenstern und schiefergedeckten Dächern. Typisch ist auch die Gestaltung des Hauptplatzes mit Pflaster- bzw. Felssteinen, einer kleinen flachen Kirche (besonders anschaulich zu sehen in Makrinítsa) und der stets anzutreffenden Platane, die ihre Äste wie ein Dach über den Platz neigt. An Dörfern wie Makrinítsa wird deutlich, welchen Wert die Pílion-Bewohner darauf legen, dieses kulturelle Erbe zu pflegen. Bestimmend für die hohe kulturelle und wirtschaftliche Entwicklung dieser Region war neben dem bereits erwähnten Wasserreichtum die „Insellage".

Lange Zeit unbewohnt, wurde der Pílion während der Herrschaftsausweitung der Osmanen (ca. 1300 bis 1461 n. Chr.) zu einem wichtigen Rückzugsgebiet für Flüchtlinge. Schon bald entwickelten sich zahlreiche Handwerksbetriebe; zu dem bedeutendsten Handwerkszweigen avancierten neben der Gewinnung und Verarbeitung von Seide die Holzverarbeitung sowie die Erzeugung von Lederwaren. Die relativ ungestörte wirtschaftliche und kulturelle Entwicklung hängt entscheidend mit der Tatsache zusammen, daß die Píliondörfer während der türkischen Besatzungszeit weitgehende Privilegien genossen und sich somit ein reges Geistesleben entwickeln konnte. Doch erst seit 1881, also 60 Jahre nach dem Befreiungskampf, gehört Thessálien, und damit auch der Pílion, wieder zu Griechenland.

PILION UND SKIATHOS
0
N
10 km
Badestrand
Flying Dolphin
Fährverbindung
Horeftó
Zagorá
Pliassídi
Aghíos Dimítrios
Kissós
Hánia
Makrinítsa
Tsangaráda
Milopótamos
PILION
Lambinoú
Kalamáki
Miliés
Agriá
Káto Lehónia
Afétes
Xinóvrissi
Argalastí
Aghíos Nikoláos
Hórton
Milína
Plataniá
Trikéri
nach Vólos
Tripía Pétra
Kástro
Galazía Spiliá
Skótini Spiliá
Kloster Evangelístra
Skíathos
Mandráki
Kloster Kounístra
Koukounariés
Troúlos
SKIATHOS
nach Aghios Konstantínos
nach Skýros
nach Néa Moudaniá
Thessaloníki

Der Pílion — Heimat der Zentauren

Der griechischen Mythologie zufolge ist der Pílion die Heimat der Zentauren, jener Fabelwesen, die halb Mensch, halb Pferd waren. Sie galten als heimtückisch; eine Ausnahme bildete der weise Zentaure Cheíron, der nicht nur ein Meister der Heilkunde, des Leierspiels sowie der Jagdkunst, sondern darüber hinaus der Erzieher vieler Helden, so etwa des Jáson, war.

Agriá

Agriá ist ein etwa acht Kilometer südöstlich von Vólos gelegener Vorort der Hafenstadt. Agría ist Geburtsort und Heimatstadt des Pianisten und Komponisten Vangélis Papathanasíou, der sich vor allem in den USA einen Namen gemacht hat. Papathanasíou gründete in den 60er Jahren zusammen mit Démis Roússos die Gruppe „Aphrodite's Child". Bekannt ist der Musiker heute bei uns als Mitwirkender der Gruppe „Jon und Vangelis". Nicht zuletzt hat er sich dadurch einen Namen gemacht, daß er verschiedene Filmmelodien schrieb.

Durch seinen Sandstrand ist Agriá zu einem bevorzugten Ausflugs- und Reiseziel für griechische Städter geworden. Dem Ort mit seinem langgezogenen Hafenbecken mangelt es allerdings an Gemütlichkeit, was noch dadurch verstärkt wird, daß man von einigen Punkten aus auf den riesigen Kalksteinbruch am Hang sowie das benachbarte Werksgelände schaut. Im Hochsommer geht es hier recht lebhaft zu, vor allem am Abend, wenn die Hafenstraße für den Autoverkehr gesperrt ist. Dann kann man von einer der gut gefüllten Tavernen aus das berühmte *páme káto* beobachten, das allabendliche gemächliche Flanieren der Griechen.

Sehenswürdigkeiten

Besondere Kulturgüter kann Agriá nicht vorweisen. Sehenswert ist allein die Kapelle *Timíos Stavrós* mit der holzgeschnitzten Chorwand, auf der Szenen des täglichen Lebens dargestellt sind. Auffällig ist das Mosaik über dem Eingangsportal der erst 1968 erbauten großen Kirche *Aghíos Geórgios* in Hafennähe. Dieses 1973 angebrachte Kunstwerk stellt den Heiligen Geórgios beim Töten eines Drachens dar.

Praktische Informationen

Ärztliche Versorgung

Eine Arztpraxis befindet sich an der Uferpromenade, direkt neben der Apotheke. Bei dringenden Fällen sei jedoch auf das Krankenhaus in Vólos verwiesen *(→ Vólos)*. In Agriá gibt es insgesamt drei Apotheken. Eine davon liegt an der Uferpromenade. Öffnungszeiten: montags bis freitags 9-13 Uhr und 17-20 Uhr.

Banken

An der Uferpromenade befindet sich die „Bank of Crete". Öffnungszeiten: 9-14 Uhr.

Baden

Agriá verfügt zwar über einen Sandstrand, der im Sommer recht gut gefüllt ist. Allerdings ist das Wasser hier aufgrund der Hafennähe zu Vólos nicht allzu sauber. Fährt man die Pílionküste weiter in Richtung Süden, werden die Bademöglichkeiten immer besser.

Essen und Trinken

Am Hafen befindet sich ein Restaurant neben dem anderen. Fast ausnahmslos gibt es Fisch- und Fleischgerichte, während die sonst in Griechenland üblichen Aufläufe oder Gemüsegerichte auf den Speisekarten nicht vertreten sind. Für ein komplettes Fischgericht muß man schon mal 60 DM auf den Tisch legen. Preiswerter, aber sehr empfehlenswert, sind die sogenannten *samídi,* das sind kleine, sardinenartige Fische. Ein ganzes Kilo bekommt man für umgerechnet etwa 20 DM.

Kulturelle Veranstaltungen

An jedem Wochenende im Juli finden die traditionellen Kulturfesttage statt. Geboten werden Tanz- und Theatervorführungen sowie Musikveranstaltungen unter freiem Himmel. Kaum ein Bewohner, der diesem Ereignis nicht beiwohnt. Gleichzeitig wird alljährlich vom 6. bis Ende Juli in Aghía Sofía, etwa zwei Kilometer außerhalb Agriás, ein internationales Musikseminar angeboten, an dem junge Musiker aus der ganzen Welt teilnehmen. Einer alten Tradition gemäß, begehen die Bewohner Agriás jedes Jahr Ende Juli das sogenannte „Fischfest", bei dem das Beste, was an Meeresfrüchten vorhanden ist, auf den Tisch kommt.

Unterkünfte

In Agriá gibt es fünf Hotels sowie einige Pensionen und Privatzimmer.

Hotels:

Zu empfehlen ist das Hotel „Bállas":

„Bállas": 12 Zi.; sehr ruhige Lage am Südrand von Agriá. Die Zimmer sind einfach, aber sehr sauber, alle mit Balkon. Sehr freundliche Inhaber. Ein DZ kostet in der HS etwa 45 DM.

„Barbara": 9 Zi., 16 Betten; ein DZ mit Bad kostet in der HS etwa 55 DM; Tel. 04 21/9 23 67.

„Delkis": 11 Appartements, 17 Betten; Preis: zwischen 46 und 63 DM.

„Foúla Beach": 33 Appartments, 60 Betten; das Hotel liegt unmittelbar am Meer. Eine Übernachtung für vier Personen kostet etwa 57 DM.

Verkehrsverbindungen

Jede halbe Stunde bestehen Busverbindungen nach Vólos. Zudem gibt es Busverbindungen in alle Orte des Pílion. Außerdem bestehen Bahnverbindungen nach Vólos.

Wichtige Adressen und Telefonnummern

OTE: an der Durchgangsstraße Vólos — Pílion; Öffnungszeiten: 7.30-14 Uhr

Polizei: hinter der Kirche Aghíos Georgios, am Hafen

Post: an der Durchgangsstraße Vólos — Pílion; Öffnungszeiten: 7.30-14 Uhr

Káto Lehónia

Fährt man von Agriá aus weiter die Küstenstraße in Richtung Süden, so kommt man durch den etwas abseits des Meeres gelegenen Ort Káto Lehónia. Von hier aus führt eine Straße zum Meer. Zwar sind Bademöglichkeiten vorhanden, jedoch nur auf einem kleinen, schmalen Sandstrand. Am Hafen befinden sich einige Fischrestaurants, am schönsten sitzt man vielleicht bei „Alpaki". Ein Kilo Fisch kostet hier umgerechnet etwa 40 DM. Alle 30 Minuten gibt es eine Busverbindung nach Agriá. Von Káto Lehónia aus kann man auf sehr kurvenreichen Strecken die kleinen Bergdörfer **Drákia** und **Aghios Lavréntios** erreichen.

Für Autofahrer sei noch angemerkt, daß sich am Ortsausgang des benachbarten Ortes **Ano Lehónia** eine Tankstelle mit bleifreiem Benzin befindet, die allerdings sonntags geschlossen ist.

Maláki

Folgt man weiter der Küstenstraße in Richtung Süden, so erreicht man nach etwa drei Kilometern die winzige Ortschaft Maláki. Die Straße führt direkt an dem etwa 10 Meter breiten, 200 Meter langen, etwas kieseligen Sandstrand vorbei. Beileibe kein Ort zum Verweilen. Außer einigen Tavernen und Fischrestaurants ist hier nichts Erwähnenswertes vorhanden. In Richtung Süden wird die Küstenlandschaft zunehmend schöner. Bei **Káto Gatzéa** liegt auf einer Landzunge der sehr schöne Campingplatz „Marina".

Miliés

Wer den Pílion bereist, sollte auf jeden Fall einen Abstecher in das kleine Bergdorf Miliés einplanen. Hinter **Kalá Nerá** geht eine sechs Kilometer lange, sehr kurvenreiche Straße in Richtung Miliés ab. Obwohl der Ort dem Besucher einiges zu bieten hat, ist er auch im Hochsommer nicht überlaufen. Man sollte sich durchaus Zeit nehmen, bei einem griechischen Kaffee die phantastische Aussicht bis auf den Golf von Vólos oder auf die umliegenden Gebirgszüge zu genießen.

Geschichte

Gegen Ende des 16. Jahrhunderts gegründet, entwickelte sich Miliés rasch zu einem landwirtschaftlichen Zentrum, das vor allem Olivenöl und Früchte produzierte, aber auch für die Erzeugung von Seide bekannt war. Während der türkischen Besatzung spielte Miliés eine nicht unerhebliche Rolle für die intellektuelle und kulturelle Entwicklung Griechenlands, nicht zuletzt dadurch, daß die bekannte *Schule von Miliés* hier ihren Sitz hatte. 1815 gegründet, erlangte sie bald hohes Ansehen, da bedeutende griechische Wissenschaftler hier unterrichteten. Miliés wurde alsbald ein geistiges Zentrum, in dem vor allem naturwissenschaftliche Studien betrieben wurden.

Die meisten Bürger von Miliés nahmen aktiv an den Befreiungskämpfen gegen die türkische Vorherrschaft teil. Das Banner, das am 7. Mai 1821 an der Hauptkirche gehißt wurde, ist erhalten geblieben und in der Bibliothek zu besichtigen. Erst im Jahre 1881 allerdings erlangte Miliés seine Unabhängigkeit von den Türken. Einige Jahre später wurde eine Eisenbahnbahnstrecke eingerichtet, die Miliés mit Vólos verband, woraufhin ein reger Handel zwischen den Städten einsetzte und Miliés seine ehemalige Bedeutung als Wirtschaftszentrum zum Teil wiedererlangte. Die alte Dampflokomotive, die bis 1971 ständig zwischen Volos und Milés verkehrte, ist mittlerweile wieder auf einem Teilstück im Einsatz. 1943 fiel der Ort einem Brand und 1955 einem Erdbeben zum Opfer, wurde jedoch jedesmal rasch wiederaufgebaut.

Sehenswürdigkeiten

Die Bibliotkek

Gegenüber der Hauptkirche befindet sich die Bibliothek, gegründet von dem Dorfpopen Geórgos Konstántas. Einzusehen sind alte Handschriften, deren Ursprung bis ins 15. Jahrhundert zurückgeht. In einer Vitrine ist die Flagge ausgestellt, die beim Befreiungskampf gegen die Türken im Jahre 1821 gehißt wurde. Öffnungszeiten: Mo.-Sa. 8-14 Uhr und 17-19 Uhr.

Das Museum

Das 1982 eingerichtete, kleine Heimatmuseum befindet sich etwa 100 Meter vom Hauptplatz entfernt an der Odos Konstántas. Es zeigt Fotografien, die einen Einblick in das tägliche Leben und die Arbeit der Dorfbewohner geben, die reiche Innenausstattung der Kirchen dokumentieren oder aber typische Pílionhäuser abbilden. Eine anschauliche Darstellung ist dem in der Nähe gelegenen ehemaligen *Apollon-Tempel bei Korópe* gewidmet. Darstellungen von Hochzeiten, Taufen und anderen Festlichkeiten geben einen Einblick in die traditionellen Lebensweisen der Bewohner. Ebensowenig fehlen Gegenstände des täglichen Lebens sowie typische Trachten. Öffnungszeiten: täglich 10-14 Uhr und 18.30-20.30 Uhr.

Handwerksbetriebe

In Miliés kann man Handwerkern, etwa Sattlern, Kesselflickern oder Tischlern, bei der Verrichtung ihrer traditionellen Handwerksarbeiten über die Schultern schauen. Um die Betriebe zu finden, ist eine Karte angefertigt worden, die man im Museum erhält.

Praktische Informationen

Ärztliche Versorgung

Einen Arzt gibt es in Miliés nicht. Bei dringenden Fällen sollte man besser nach Vólos (26 Kilometer) fahren und das Krankenhaus aufsuchen, Tel. 04 21/2 75 31.

Essen und Trinken

Miliés ist nicht gerade reich an Tavernen. An der Platía, direkt hinter der Kirche, befindet sich ein Restaurant, von dem aus man einen sehr schönen Blick auf die angrenzenden Berge sowie bis zum Meer hat. Auffallend auch der riesige Ahornbaum ist in der Mitte der Terrasse. Ebenfalls sehr schön, unter einem dichten Laubdach, ist die Snackbar „Tó Stéki" auf der anderen Seite der Kirche.

Telefonieren

Das OTE sowie die Post liegen in Nähe der Bibliothek, an der Odos Miliés Vizítsa.

Unterkünfte

Es gibt nur wenige Übernachtungsmöglichkeiten. Miliés verfügt über etwa 35 Fremdenbetten.

Pensionen:

„Despína": 4 Zi., 9 Betten; ein DZ mit Bad kostet etwa 45 DM; Tel. 04 23/8 63 61.

„Paliós Stathmós": 8 Zi., 16 Betten; ein DZ mit Bad kostet um die 50 DM; Tel. 04 23/8 64 25.

Die schönste Möglichkeit ist jedoch, in einem traditionellen Pílionhaus unterzukommen. In der HS zahlt man für ein DZ mit Bad etwa 55 DM. Reservierungen: Tel. 04 23/8 63 73 oder 8 67 14.

Verkehrsverbindungen

Etwa sechsmal täglich bestehen Busverbindungen nach Vólos, zweimal täglich ans Meer.

Afétes

Auf der Weiterfahrt in Richtung Argalastí kommt man durch das kleine Bergdorf Afétes, ca. sieben Kilometer im Landesinneren gelegen.
Es ist ein kleiner, ruhiger Ort, vom Tourismus völlig unberührt. Am Ortseingang befindet sich eine kleine Taverne.

Argalastí

Argalastí ist ein kleiner Ort mit etwa 2000 Einwohnern im Südwesten des Pílion. Von hier aus sind es etwa fünf Kilometer zur Westküste und zwölf Kilometer zur Ostküste. Sehr hübsch ist der abseits der Hauptstraße und etwas höher gelegene Dorfplatz. Unter schattenspendenden Bäumen laden zahlreiche Kafenía, Ouzeríes sowie einige Tavernen zum Verweilen ein. In der Mittagshitze strahlt der Platz eine angenehme Ruhe aus. Allenfalls eine Katze rekelt sich genüßlich im Schatten. Abends, wenn der Dorfplatz gut gefüllt ist, geht es wesentlich lebendiger zu. Man hat das Gefühl, der ganze Ort sei auf den Beinen und treffe sich hier auf ein Schwätzchen oder einen Oúzo. Die Kinder tollen, wie in Griechenland üblich, bis spät in die Nacht hinein über den Platz.

Praktische Informationen / Argalastí

Ärztliche Versorgung
Am nördlichen Ortseingang befindet sich ein „Health Center", in dem Erste Hilfe geleistet wird und kleinere Eingriffe vorgenommen werden. Eine Zahnarztpraxis sowie eine Apotheke befinden sich unmittelbar am Dorfplatz.

Auto-/Motorradvermietung
Eine Autovermietung gibt es hier nicht. Allerdings können am südlichen Ortsausgang Fahrräder und Motorräder ausgeliehen werden. Ein Fahrrad kostet pro Tag 5 DM, ein Motorrad 24 DM.

Baden
Von Argalastí aus fährt man bis **Xinóvrissi** (ausgeschildert). Von dort sind es noch ca. fünf Kilometer bis zu dem recht schönen Sandstrand **Egéo,** der deshalb so reizvoller wirkt, weil er durch einen Felsvorsprung zweigeteilt ist. Tavernen und Campingmöglichkeiten sind vorhanden.

Banken
Eine Bank gibt es in Argalastí nicht. Geld tauschen kann man jedoch in der Post, die hinter dem Hauptplatz liegt. Öffnungszeiten: Mo.-Fr. 7.30-14.30 Uhr.

Einkaufsmöglichkeiten
Um die Platía herum befinden sich zahlreiche Geschäfte (Obst- und Gemüseläden, ein Metzger, Lebensmittelläden, ein Friseur etc.).

Essen und Trinken
Empfehlen kann man das Gartenrestaurant „O Papagiánis", in dem man zum Teil unter Weintraubenranken sitzt. Es liegt etwas abseits der Platía. Man geht über den Hauptplatz und biegt beim Metzger rechts ab. Nach etwa 60 Metern liegt das Restaurant auf der linken Seite. Nicht zu empfehlen ist das Restaurant an der Hautstraße, direkt an der Kreuzung nach Xinóvrissi. Die Preise sind überhöht, und man sitzt direkt an der Straße. In den Kafenía und Ouzeríes an der Platía bekommt man zum Oúzo noch traditionsgemäß die abwechslungsreichen Mezéplatten serviert. Wenn man Glück hat, werden einem die schmackhaften Sardinen aufgetischt.

Feste
Am 29. Juni findet das Kirchenfest *Aghios Apóstoli* und am 20. Juli ein Fest zu Ehren des *Propheten Ilías* statt.

Pannenhilfe
Den ELPA-Service erreicht man unter den Telefonnummern 04 23/5 43 30, 5 45 50.

Telefonieren
Das OTE befindet sich hinter der Platía, neben der Post. Öffnungszeiten: Mo.-Fr. 7.30 Uhr-14.30 Uhr.

Taxi
Ein Taxi erreicht man unter der Telefonnummer 02 43/5 42 78, 5 42 80 (Büro) oder unter 02 43/5 42 45, 5 46 71 (privat).

Unterkünfte
Es gibt nur relativ wenige Unterkünfte, darunter eine Pension und mehrere Privatzimmer.
„Krikéli" (Pension): 16 Zi., 30 Betten; ein DZ mit Bad kostet etwa 48 DM; Tel. 04 23/5 42 10.
Auch die Privatzimmer haben ihren Preis. Für ein DZ ohne Bad und WC muß man umgerechnet etwa 30 DM zahlen. Weitere Unterkünfte befinden sich an den Stränden der Westküste, in Kálamos und Hórto.

Verkehrsverbindungen
Fünfmal täglich bestehen Busverbindungen nach Vólos und nach Plataniá.

Werkstätten
An der Durchgangsstraße liegt eine Autowerkstatt.

Hórton

Auf der Fahrt von Argalastí nach Milína liegt auf halber Strecke, direkt am Meer, der Ort Hórton. In diesem kleinen, recht hübschen Ort werden fast in jedem Haus Zimmer vermietet. Hórton verfügt über gute Bademöglichkeiten. In einer kleinen Bucht befindet sich ein Sandstrand, der im Hochsommer jedoch recht gut belegt ist.

Internationales Publikum erhält der Ort aber in erster Linie durch etwas anderes: Erst jüngst wurde hier ein kleines Freilichttheater gebaut, das etwas abseits der Durchgangsstraße (ausgeschildert) in einem wunderschönen Garten liegt. Es verfügt über etwa 100 Sitzplätze und eine sehr kleine Spielfläche. Jedes Jahr im Juli soll hier ein internationales Theater- und Musikfestival stattfinden. In jedem Jahr wird eine andere Nationalität Theaterstücke ihres Heimatlandes (in der Landessprache oder auf Englisch) aufführen. Die Initiative für dieses Projekt ging von einer Gruppe engagierter junger griechischer Künstler aus, mit dem Ziel, die interkulturelle Zusammenarbeit auf diesem Sektor zu fördern. Bei dem Festival, das im Sommer 1990 erstmals stattgefunden hat, waren Inder, Portugiesen und Griechen die Akteure. Es ist in der Tat ein Erlebnis, in dieser traumhaften Atmosphäre einem klassischen Konzert zu lauschen oder die Interpretation eines berühmten dramatischen Werkes zu verfolgen.

Milína

Auf der Weiterfahrt von Hórton nach Milína liegen rechter Hand zahlreiche kleine Badebuchten, die größtenteils recht gut zugänglich sind. Milína ist ein kleiner Ort mit etwa 750 Einwohnern an der Westküste des Pílion, 50 Kilometer von Vólos entfernt. Im Sommer verbringen hier vorwiegend griechische Touristen ihren Urlaub. Angeboten werden Ausflugsfahrten zu der vorgelagerten Insel **Alatás,** auf der sich ein unbewohntes Kloster befindet. In der angrenzenden Bucht **Valtoúdi** kann man zuschauen, wie in einer kleinen Werft die *kaikis,* die kleinen Fischerboote, entstehen.

Praktische Informationen / Milína

Ärztliche Versorgung

Einen Arzt gibt es in Milína nicht. Allerdings kommt dreimal wöchentlich ein Arzt aus einem benachbarten Ort.

Ausflüge

Angeboten werden Bootstouren zu einsamen Sandstränden. Abfahrt täglich um 8 Uhr, Rückkehr zwischen 16 Uhr und 18 Uhr. In die Tagestour eingeschlossen ist ein Mittagessen mit Wein. Kostenpunkt: etwa 50 DM. Angeboten wird darüber hinaus eine Bootsfahrt mit traditionellem griechischem Fischerabend. Es wird frischer Fisch serviert, und bei Mondschein geht es wieder zurück nach Milína. Abfahrt 19.30 Uhr, Rückfahrt 23 Uhr. Die Tour kostet etwa 45 DM. Informationen bei „Les Hirondelles", Tel. 04 23/6 50 31.

Baden

Milína verfügt über zum Teil Sand- und zum Teil Kieselstrand, der flach ins Meer abfällt.

Banken

Eine Bank gibt es in Milína nicht. Geld wechseln kann man in der Post, die sich in der Odos Ethnikis Antistássis befindet.

Essen und Trinken

Am Meer finden sich einige schattige Tavernen und Restaurants, in denen man recht gut ißt. Mit englischer Musik locken die Pubs, die mittlerweile Einzug gehalten haben.

Sportmöglichkeiten

Neben Surfbrettern und Wasserskiern kann man Motorboote mieten. Je nach Typ kostet ein solches Boot pro Tag zwischen 50 und 60 DM. Informationen bei „Les Hirondelles", Tel. 04 23/6 50 31.

Taxi

Ein Taxi ist unter der Telefonnummer 04 23/6 52 19 zu erreichen.

Unterkünfte

Es gibt mehrere Hotels am Ort sowie einige Pensionen und Privatzimmer. Empfehlen möchten wir das Hotel „Háris". „Háris": 19 Zi., 32 Betten; es handelt sich um Appartements mit Küche und Bad. Das erst vor drei Jahren erbaute Hotel liegt etwas abseits des Hafens in einer wunderschönen Gartenanlage mit zahlreichen Orangenbäumen. Ein Appartement für 2 Personen (inkl. Beistellbett) kostet in der HS etwa 75 DM; Tel. 04 23/6 54 28.

„Blue Bay": 25 Zi., ein DZ mit Bad kostet in der HS 48 DM; Tel. 04 23/6 53 27; dieses neu erbaute Hotel liegt am Ortsausgang in Richtung Trikóri, direkt am Meer.

„Milina Beach": 14 Zi., 26 Betten; ein 5-Bett-Zimmer kostet in der HS etwa 57 DM; Tel. 04 23/6 55 27.

Verkehrsverbindungen

Fünfmal täglich bestehen Busverbindungen nach Vólos, zweimal täglich nach Plataniá und Trikéri.

Trikéri

An der Südspitze des Pílion liegt das kleine Bergdörfchen Trikéri, das nicht zuletzt deshalb, weil es so schwierig zu erreichen ist, vom Tourismus noch verschont geblieben ist. Vor noch nicht allzu langer Zeit nur per Schiff zu erreichen, führt mittlerweile eine ungeteerte, sehr holprige Straße von Milína nach Trikéri.

Schön ist ein Spaziergang durch die kleinen Gäßchen, wobei man nicht selten von den Einheimischen, die vor ihren Häusern sitzen, freundlich begrüßt und angesprochen wird. Man sollte es sich dann in einer der hübschen Tavernen an der Platía gemütlich machen. Etwa fünf Kilometer entfernt liegt **Agía Kyriakí,** der wunderhübsche Hafen von Trikéri. Auch hier laden einige Fischtavernen zum Bleiben ein.

Plataniá

Ganz im Süden des Pílion liegt das Fischerdörfchen Plataniá. Von Milína aus fährt man über Láfkos und folgt dann einer neun Kilometer langen, kurvenreichen Straße durch völlig unbebautes, dicht bewaldetes Gebiet. Während im Winter nicht mehr als 200 Menschen in Plataniá leben, lockt im Sommer der Sandstrand zahlreiche Feriengäste an. Entsprechend groß ist die Anzahl an Tavernen, Cafés, Snackbars und Pubs, die sich um das Hafenbecken verteilen. Auffallend häufig werben Schilder mit der Aufschrift „Wir sprechen Deutsch". Auf den ersten Eindruck wirkt der Ort nicht sehr verlockend, zumal es hier auch tagsüber recht lebhaft zugeht. Um so schöner jedoch sind die zahlreichen kleinen Buchten, die sich zu beiden Seiten an den Hafen anschließen. Treue Plataniá-Fans sprechen von einem Badeparadies.

Ein typisches Archontika, eines jener stilvollen Häuser, deren Architektur typisch für den Pílion ist

Praktische Informationen / Plataniá

Ärztliche Versorgung

Einen Arzt gibt es in Plataniá nicht. Wer ärztliche Hilfe benötigt, sollte das „Health Center" in Argalastí aufsuchen *(→Argalastí)*.

Ausflüge

Angeboten werden Tagesausflüge auf die Insel **Skíathos** zu dem begehrten Strand *Koukounariés* (Abfahrt gegen 9.30 Uhr, Rückkehr zwischen 17 Uhr und 18 Uhr). Eine solche Tagestour kostet etwa 18 DM.

Baden

Die Bademöglichkeiten in Plataniá sind ausgesprochen gut. An der westlichen Hafenseite liegen zwei sehr schöne Sandstrände, die durch einen Felsvorsprung voneinander getrennt sind und deshalb besonders reizvoll erscheinen. Nach beiden Richtungen hin erstrecken sich weitere kleine idyllische Badebuchten, die allerdings nur durch einen Fußmarsch oder aber per Boot zu erreichen sind. Darin mag gerade das Geheimnis der noch sehr schönen und halbwegs sauberen Strände liegen.

Banken

Eine Bank gibt es in Plataniá nicht. Geld wechseln kann man im Informationsbüro der Flying Dolphins. Öffnungszeiten: täglich 8-13.30 Uhr und 17-21.30 Uhr.

Essen und Trinken

An Tavernen und Restaurants gibt es im Hafenbereich keinen Mangel. Die „Kenner" essen im Restaurant „Jalína". Es ist gleich die erste Taverne auf der linken Hafenseite, wenn man von Milína aus nach Plataniá kommt.

Telefonieren

Ein OTE existiert hier nicht. Telefongespräche führt man entweder von den Hotels aus oder in dem Informationsbüro der Flying Dolphins. Öffnungszeiten: täglich 8-13.30 Uhr und 17-21.30 Uhr.

Unterkünfte

Neben zahlreichen Pensionen und Privatzimmern stehen einige Hotels zur Verfügung. Diese liegen fast ausschließlich an der abends recht belebten Uferpromenade.

Hotels:

„Archóntiko": 16 Zimmer, 28 Betten; ein Appartement für zwei Personen, mit Küche, Bad und Balkon kostet während der HS etwa 45 DM; Tel. 04 23/6 54 92.

„Dróssero Akroyáli": 33 Zi., 66 Betten; ein DZ mit Bad kostet zwischen Anfang Juli und Ende August etwa 34 DM; Tel. 04 23/6 55 52.

„Kyma": 7 Zi., 14 Betten; ein DZ mit Bad kostet in der HS etwa 36 DM. Die Zimmer sind klein, aber sehr sauber. An das Hotel angeschlossen sind eine Taverne und ein Keramikladen.

Für ein Privatzimmer bezahlt man etwa 25 DM.

Verkehrsverbindungen

Dreimal täglich bestehen Busverbindungen nach Vólos. Zudem gibt es von Mitte Juni bis Anfang September tägliche Verbindungen mit Flying Dolphins nach Skópelos, Skíathos und Alónissos. Abfahrtszeit: 9 Uhr (bitte nochmal vor Ort erkundigen, da sich die Abfahrtszeiten ändern können). Preise: Ein Ticket nach Skíathos kostet etwa 13 DM, nach Skópelos und Alónissos etwa 20 DM.

Der Pílion hat viele Gesichter: z. B. die schroffe, wilde Ostküste (unten) oder die Westküste mit ihren weiten Buchten (rechts)

Tsangaráda

Kommt man von Süden, so erreicht man Tsangaráda über eine sehr kurvenreiche, von Lambinoú an fast alpine Strecke. Die Straße ist teilweise völlig unbefestigt, so daß es an einigen Stellen unmittelbar 100 Meter in die Tiefe geht. Zwischen **Lambinoú** und **Xoríthi** führen hin und wieder ungeteerte und unbefestigte, kurvenreiche Straßen zu abgelegenen kleinen Badebuchten hinunter. Tsangaráda, was soviel bedeutet wie „Herrscherin des Berges", ist ein kleiner Ort mit etwa 600 Einwohnern an der Ostküste des Pílion. Tsangaráda liegt 500 Meter über dem Meer und ist acht Kilometer von der Küste entfernt. Zahlreiche Bäume spenden angenehmen Schatten. Zudem weht hier oben meist ein kühler und erfrischender Wind. Überall befinden sich kleine Brunnen, aus denen kühles Wasser plätschert und an denen man sich zusätzlich erfrischen kann. Eingebettet in üppiges Grün, sind die Häuser des Ortes terrassenförmig in den Hang gebaut. Unter den recht verstreut liegenden Gebäuden befinden sich auch einige alte Patrizierhäuser.

Geschichte

Die Gründung Tsangarádas geht auf das 15. Jahrhundert zurück. Während der türkischen Besatzungszeit erreichte die Gemeinde größten Wohlstand, da sie das Recht auf Selbstverwaltung besaß, wie übrigens alle Gemeinden des Pílion. In Tsangaráda wurde vor allem Obstanbau, Seidenraupenzucht und Holzverarbeitung betrieben. In einigen Gebäuden des Ortes ist diese Blütezeit noch lebendig geblieben, was sich an der kunstvollen Gestaltung der Häuser zeigt *(→Zagora)*.

Sehenswürdigkeiten

Die vielleicht bemerkenswerteste Sehenswürdigkeit Tsangarádas ist die etwa 1000 Jahre alte *Platane* am Kirchplatz, an der Platía Taxiárchon. Die Einwohner legen gerne mit einem stolzen Lächeln noch 200 Jahre drauf. In unmittelbarer Nähe befindet sich die aus dem 18. Jahrhundert stammende *Holy Church of Demétrias* mit ihren reichen Verzierungen und zahlreichen Ikonen.

Praktische Informationen

Baden

Etwa sieben Kilometer außerhalb Tsangarádas befindet sich der berühmte weiße *Sandstrand von Milopótamos* mit seiner beachtlichen Brandungskehle. Der traumhafte Badestrand, der über eine steile Treppe erreicht werden kann, ist im Sommer allerdings dicht belegt. Neben Duschen befindet sich auch eine Bar am Strand. Eingerahmt ist die Bucht von bizarren Felsenformationen, an denen die Zahl der Badegäste niedriger ist. Es besteht zweimal täglich eine Busverbindung von Tsangaráda nach Milopótamos.

Essen und Trinken

An der Straße liegen einige wenige Tavernen. Empfehlen möchten wir jedoch das Restaurant „Janotopoúlou" an der Platía. Einen schöneren Platz, um sein Essen zu genießen, wird man kaum finden. Die Taverne ist zwar einfach, aber sehr gut und bietet typisch griechische Gerichte an. Hier kann man, mit Blick auf das Meer, unter der alten Platane sitzen und in Ruhe diese friedliche Atmosphäre auf sich wirken lassen.

Polizei

Die Polizei erreicht man unter der Telefon-Nr. 04 23/4 92 22.

Unterkünfte

Es gibt neun Hotels sowie zahlreiche Pensionen und Privatzimmer in Tsangaráda.

Sehr empfehlen möchten wir die 1987 fertiggestellte Bungalow-Siedlung „Christos Marina", auf halber Strecke zwischen Tsangaráda und Milopótamos gelegen.

„Christos Marina": Die Bungalow-Siedlung verfügt über 30 Zi. und 55 Betten. Alle Bungalows verfügen über Balkon, Kamin und Bad. Die Anlage hat einen wunderschönen Swimming-Pool, ein Restaurant und eine Bar. In der HS kostet ein DZ mit Halbpension (obligatorisch) 110 DM; Tel. 04 23/4 94 00.

„Kentavros": 24 Zi., 46 Betten; das Hotel liegt am südlichen Ortseingang. Sehr schön ist der mit Weintrauben zugerankte Garten, in dem man recht gut essen kann. In der HS kostet ein DZ inkl. Frühstück etwa 63 DM; Tel. 04 23/4 92 33, 4 92 34.

„Konaki": 20 Zi., 37 Betten; in der HS kostet ein DZ mit Bad etwa 45 DM; Tel. 04 23/4 95 51.

Verkehrsverbindungen

Zweimal täglich bestehen Busverbindungen nach Milopótamos sowie dreimal täglich nach Vólos.

Kissós

Bei der Weiterfahrt in Richtung Kissós kann man kurz hinter Tsangaráda einen Abstecher in den kleinen, völlig verschlafen wirkenden Ort **Mourési** machen, in dem man vom Kirchplatz aus einen traumhaften Blick aufs Meer hat. Weiter nördlich, erfolgt nach etwa acht Kilometern der Abzweig nach Kissós. 550 Meter hoch über dem Meeresspiegel gelegen, ist Kissós mit seinen 500 Einwohnern eines der am höchsten gelegenen Bergdörfer des östlichen Pílion. Phantastisch ist die Aussicht vom Dorfplatz aus auf das tintenblaue Wasser. Kissós ist noch immer ein ruhiger und behaglicher Ort, wenngleich mittlerweile zahlreiche Zimmer zu vermieten sind und man sich auch hier ganz langsam auf den Tourismus einstellt.

Sehenswürdigkeiten

Besucher werden vor allem durch die wunderschöne Kirche *Agía Marína* mit dem liebenswerten Holzdach angelockt. 1745 ganz im charakteristischen Pílion-Stil erbaut, beherbergt sie nicht nur Arbeiten des griechischen Malers *Jánnis Pagónis,* sondern auch wertvolle Goldarbeiten sowie ein holzgeschnitztes Altargeländer. Wunderschöne byzantinische Ikonen sind in der Kirche zu besichtigen. Jedes Jahr am 17. Juli wird zu Ehren der Schutzpatronin ein Fest gefeiert.

Praktische Informationen

Essen und Trinken

Im Ort befinden sich drei Restaurants, von denen wir das Grillrestaurant „Garoufaliá", direkt neben der Kirche, empfehlen wollen. Man hat von hier aus einen traumhaften Ausblick. Vielleicht bietet Ihnen ja der freundliche Inhaber den selbstgemachten, recht fruchtigen Rotwein an, der in der Umgebung von Kissós wächst.

Unterkünfte

Zur Verfügung stehen einige Privatunterkünfte und eine Pension.

„Kissós": 8 Zi., 20 Betten; die einfache, aber gemütliche Pension gehört zum Grillrestaurant „Garoufaliá". Ein DZ mit Bad und Balkon kostet in der HS 32 DM. Ansonsten ist der Preis Verhandlungssache; Tel. 04 26/3 12 14.

Verkehrsverbindungen

Dreimal täglich bestehen Busverbindungen nach Vólos.

Sonstiges: Der Taxis-Ruf lautet: 3 12 02.

Aghíos Dimítrios (Aghíos Ioánnis)

An der Ostküste des Pílion liegt Aghíos Dimítrios mit dem dazugehörigen Badeort Aghíos Ioánnis, der über einen langen Sandstrand verfügt, wo es allerdings so gut wie keinen Schatten gibt. Hier ist man völlig auf den Tourismus eingestellt, und im Sommer ist der Trubel besonders groß. An der Uferstraße liegt ein Souvenirladen neben dem anderen. Zahlreiche Diskotheken und Pubs sorgen für ein geselliges Nachtleben, und so wird im Sommer nicht selten die Nacht zum Tag gemacht. Früher wurde am Strand von Aghíos Ioánnis das Obst aus der Umgebung verschifft, mit dem zunehmenden Einsatz von Lkws verlor der ,,Hafen" jedoch seine wirtschaftliche Bedeutung.

Praktische Informationen

Auskünfte

Auskünfte erteilt die Agentur „Les Hirondelles" an der Uferstraße. Hier kann man auch Appartements reservieren, Geld wechseln und telefonieren.

Auto-/Motorradvermietung

Eine Autovermietung gibt es bislang noch nicht. Es können aber Motorräder geliehen werden. Der Tagesmietpreis beläuft sich auf etwa 35 DM.

Baden

Der Sand- bzw. teilweise auch Kiesel-Strand zieht sich entlang der gesamten Uferstraße. Schöner werden die Bademöglichkeiten in südlicher Richtung, da hier kein Autoverkehr mehr besteht.

Essen und Trinken

Die gesamte Uferstraße ist gesäumt von Tavernen, Pizzerien, Snackbars, Fast-Food-Läden, Cafés etc.

Sportmöglichkeiten

Am Strand besteht die Möglichkeit, Motor- und Speedboote zu leihen. Pro Tag kostet ein Motorboot 94 DM.

Unterkünfte

Es gibt allein in Aghíos Ioánnis 18 Hotels sowie unzählige Pensionen und Privatzimmer.

Hotels: „Aloe": 44 Zi., 84 Betten; in der HS zahlt man hier für ein DZ mit Bad 65 DM, für eine Suite 91 DM; Tel. 04 26/3 12 41; das Hotel liegt direkt an der Uferstraße.

„Maro": 47 Zi., 88 Betten; ein DZ mit Bad kostet in der HS um 64 DM; Tel. 04 26/3 12 82.
„Kelly": 14 Zi., 28 Betten; ein DZ mit Bad kostet in der HS 54 DM, eine Suite etwa 110 DM; Tel. 04 26/3 12 31.
„Marina": 22 Zi., 42 Betten; ein DZ mit Bad kostet im Juli und August 37 DM; Tel. 04 26/3 12 39. Dieses Hotel liegt ein wenig abseits der Uferstraße.

Verkehrsverbindungen

Es gibt täglich drei Busverbindungen nach Vólos.

Zagorá

In 480 Meter Höhe liegt im Bergland der Ostküste das größte Pílion-Dorf, Zagorá, das in direkter Verbindung zu seinem zehn Kilometer entfernten Hafen **Horeftó** steht. Zagorá, ehemals Metropole der Tuchweber, ist heute zum Zentrum des Obstanbaus geworden, wobei vorwiegend Apfelplantagen betrieben werden. Die Häuser liegen relativ verstreut, über den gesamten Hang verteilt. Kommt man von Süden, wirkt der Bergort wesentlich kleiner, als er tatsächlich ist. Erst bei der Durchfahrt in Richtung Vólos wird einem die relative Größe Zagorás bewußt. Man sollte den Ort keineswegs nur durchfahren, sondern eine Rast einlegen, sich in eine der schattigen Tavernen am Dorfplatz setzen und in aller Ruhe das geschäftige Leben und Treiben beobachten.

Geschichte

Auf welches Jahr die Gründung Zagorás zurückgeht, ist nicht mehr eindeutig feststellbar. Zagorá teilt jedoch das Schicksal der meisten Pílion-Dörfer. Vom Druck der türkischen Besatzung weitestgehend verschont geblieben, konnten sich auch hier die ansässigen Handwerksbetriebe, vor allem Textilmanufakturen, frei und unabhängig entwickeln. Hinzu kam die Ausweitung des Handels auf den gesamten europäischen Raum im 18. Jahrhundert, was dazu führte, daß eine kleine Schicht relativ reicher Kaufleute entstand. Noch heute vermitteln die sogenannten *archóntika,* die Herrenhäuser, etwas von dem Glanz jener Zeit. Die eindrucksvollen Wohnhäuser, die man außerdem in **Makrinítsa** und **Miliés** bewundern kann, sind in ihrer architektonischen Gestaltung mit den Vorbauten und den Holzverstrebungen einmalig für die Architektur Griechenlands.

Erwähnenswert ist auch, daß einige Intellektuelle sowie geistige Väter der späteren Revolution gegen die türkische Vorherrschaft in Zagorá ihre schulische Bildung erhielten. Dazu zählt etwa der Freiheitsheld *Rígas Ferréos.* Er gehörte zu den führenden Köpfen der griechischen Freiheitsbewegung und war ein Mitbegründer der Untergrundorganisation „Fíliki Itería", die die Aufstände zum großen Teil vom Ausland aus organisierte. Ferréos reiste unter anderem nach Wien, um dort wichtige Vorbereitungen zu treffen.

Aber auch der Historiker *Jánnis Kordátos* sowie der Dichter *Geórgos Drossínis* (1859-1951) ließen sich hier nieder. Inspiriert von der Landschaft zwischen Zagorá und Horéfto, lebte und arbeitete hier der Lyriker, der zu den wichtigsten Dichtern des 19. bzw. 20 Jahrhunderts wurde. Mit der Lyrik Drossínis' wird die Wende von den romantischen Formen dichterischer Gestaltung hin zu realitätsbezogenerer Gegenwartsverarbeitung vollzogen.

Sehenswürdigkeiten

Zu besichtigen ist die *Schule der „Freiheitshelden",* an der Straße in Richtung Horeftó gelegen. Wer sich für alte Handschriften interessiert, sollte die *Historische Bibliothek* aufsuchen, in der sich wertvolle alte Bücher sowie Handschriften befinden. Öffnungszeiten: Mo.-Fr. 9-13 Uhr.

Einen Besuch lohnt die Kirche *Aghíos Geórgos* mit ihren wertvollen Ikonen (die älteste Ikone stammt aus dem 18. Jahrhundert) sowie die Kirche *Aghía Kiriakí* mit den wundervollen Chorschranken. Lassen Sie sich von einem Einheimischen die in den Kirchen untergebrachten Beutestücke früherer Schiffsfahrten zeigen.

Sehenswert sind außerdem die bereits erwähnten Herrenhäuser, die *archóntika.*

Wer Interesse hat, kann in einer der ansässigen *Teppichknüpfereien* bei der Arbeit zuschauen.

Praktische Informationen

Ärztliche Versorgung

In Zagorá befindet sich ein „Health Center" mit sechs Ärzten, darunter ein Zahnarzt. Es liegt am Ortsausgang, Tel. 04 26/2 22 22. Hier wird Erste Hilfe geleistet und werden kleinere Eingriffe vorgenommen. Bei schwierigeren Fällen sollte man sich an das Krankenhaus in Vólos wenden (*→Vólos*). Es befinden sich außerdem drei Apotheken im Ort.

Auto-/Motorradvermietung

Autos und Motorräder werden hier nicht vermietet. Nach Auskunft eines Einheimischen wagt angesichts der steilen und kurvenreichen Strecken niemand, ein solches Unternehmen aufzumachen.

Banken

Die Bank liegt an der Durchfahrtsstraße und ist geöffnet von Montag bis Freitag, 8-13.30 Uhr, Tel. 04 26/2 26 81.

Essen und Trinken

An der Platía und an der Durchgangsstraße befinden sich einige Tavernen.

Polizei

Die Polizei ist zu erreichen unter der Telefonnummer 04 26/2 25 29.

Post

Die Post ist an der Durchfahrtsstraße gelegen. Hier ist ebenfalls möglich, Geld zu wechseln.

Telefonieren

An der Durchgangsstraße befindet sich ein OTE.

Unterkünfte

In Zagorá gibt es kaum Übernachtungsmöglichkeiten. Die meisten Hotels und Pensionen befinden sich in und um Horeftó.

Zur Verfügung steht das Hotel „Charavgi".

„Charavgi": 10 Zi., 21 Betten; ein DZ mit Bad kostet zwischen Mai und Oktober 35 DM; Tel. 04 26/2 25 50.

Verkehrsverbindungen

Fünfmal täglich bestehen Busverbindungen nach Vólos, einmal täglich fährt ein Bus nach Tsangaráda und Miliés.

Traumhaft ist es, mit dem Boot die griechische Küste abzufahren: Immer wieder locken kleine idyllische Buchten zum Ankern

Besonders bei Zágora, Makrinítsa und Miliés kann man die Archontika bewundern, jene eindrucksvollen Herrenhäuser, die noch etwas vom Glanz des 18. Jahrhunderts widerspiegeln

Horeftó

Horeftó, das an der Ostküste des Pílion unterhalb Zagorás gelegene Strandbad, ist kein Ort im eigentlichen Sinne. Im Winter leben hier nicht mehr als acht Menschen, im Sommer ist der Küstenort jedoch sehr gut besucht. Von Zagorá aus erreicht man Horeftó über eine zehn Kilometer lange, serpentinenreiche Straße, die durch zahlreiche Apfelplantagen führt. Horeftó ist ein ausgesprochener Badeort, der vor allem von Surfern besucht wird, da hier nicht selten ein beachtlicher Wind weht.

Praktische Informationen

Ausflüge

Sehr schön ist ein Bootsausflug zu den in der Nähe gelegenen Grotten, die man nur vom Wasser aus besichtigen kann. Pro Person kostet eine solche Tour 20 DM. Angeboten werden außerdem Tagestouren zum schönen Strand von *Milopótamos (→Tsangaráda)*. Kostenpunkt: etwa 20 DM. Auch der Strand *Aghíos Ioánnis* wird angelaufen. Eine solche Tour kostet pro Person 15 DM. Informationen und Buchungen bei der Tourismusinformation am Hafen.

Auskünfte

Eine Touristeninformation, in der man zugleich telefonieren und Geld wechseln kann, befindet sich direkt am Hafen. Hier kann man des weiteren seine Post abgeben sowie Flüge, Schiffsfahrten und kleine Bootsexkursionen buchen. Wird ein Taxi benötigt, so wende man sich ebenfalls an das Büro; Tel. 04 26/2 22 87.

Baden

Direkt neben dem langen Sandstrand führt die Straße her. Empfehlenswerter sind deshalb die sich in nördlicher und südlicher Richtung anschließenden Badebuchten, die man allerdings nur zu Fuß erreichen kann. Hier gelingt es hin und wieder auch in der Hochsaison, ein Plätzchen ganz für sich alleine zu finden. Allerdings: ab kommenden Jahr wird eine dieser Buchten mit dem Auto zu erreichen sein.

Einkaufen

Im Hafen befinden sich zwei Supermärkte, ein Obstgeschäft sowie Souvenirläden in ausreichender Zahl.

Essen und Trinken

Die gesamte Uferstraße ist gesäumt von Restaurants und Cafés, wo zweifellos für jeden Geschmack etwas dabei ist.

Feste

Wer im Juli oder August hier seine Ferien verbringt, wird sicherlich die Gelegenheit haben, an einem der traditionellen Kirchenfeste teilzunehmen. Sehr beeindruckend ist am 29. August das Fest *Aghíos Ioánnis.* Nach der kirchlichen Zeremonie erklingt griechische Musik, und die Bewohner von Horeftó und Zagorá geben eindrucksvolle Darbietungen ihrer lokalen Tänze. Die übrigen Feste finden am 7. und 26. Juli sowie am 6. und 16. August statt.

Nachtleben

Wer gerne die Nacht zum Tage macht, kann sich in der Diskothek am Hafen oder in einem der Pubs vergnügen. Im Hochsommer ist hier einiges los, und Kontakte sind schnell geknüpft.

Unterkünfte

Es gibt etwa zehn Hotels, 75 registrierte Privatzimmer sowie eine weitere Anzahl unregistrierter Zimmer.

Sehr zu empfehlen ist das Hotel „Aiolos".

„Aiolos": 8 Appartements; dieses Hotel, das in typischer Pílion-Architektur errichtet ist, befindet sich in einer ausgesprochen ruhigen Lage und verfügt über einen Swimming-Pool. Ein Appartement kostet zwischen 60 und 90 DM; Tel. 04 26/2 29 1.

„Erato": 12 Zi., 23 Betten; ein DZ mit Bad kostet im Juli und August etwa 38 DM; Tel. 04 26/2 24 45.

„Dimítrios": 38 Zi., 60 Betten; es handelt sich um Appartements direkt am Hafen, die in der HS zwischen 50 und 80 DM kosten.

Verkehrsverbindungen

Fünfmal täglich bestehen Busverbindungen nach Vólos und zweimal täglich nach Tsangaráda und Miliés.

Hánia

Bei der Weiterfahrt in Richtung Makrinítsa kommt man durch den sehr hoch gelegenen Bergort Hánia. Aus nicht mehr als 50 Häusern bestehend, fallen die unzähligen Souvenirläden an der Durchgangsstraße auf. Hánia hat sich zu einem wichtigen Wintersportzentrum entwickelt. Schnee fällt in dieser Region zwischen Dezember und April, und das zumeist reichlich. Nur 27 Kilometer von Vólos entfernt, erreicht das Gebirge hier eine Höhe von 1500 Metern. Es gibt zwei Skilifte. Für Anfänger bietet die Skischule Kurse an (Tel. 04 21/9 91 54). Weiterhin steht eine Herberge mit einer Aufnahmekapazität von 80 Personen zur Verfügung. Im Sommer werden Gebirgswanderungen bis hin zu der höchsten Erhebung, dem Pliassídi (1548 m) unternommen. Auskünfte erteilt der Bergsteigerverein (E.O.S.) in Hánia (Tel. 04 21/2 46 47) sowie der Skiverband (E.O.H.) in Hánia (Tel. 04 21/9 91 36, 9 91 54). In Hánia selbst bestehen mehrere Übernachtungsmöglichkeiten.

Makrinítsa

Auf gar keinen Fall versäumen sollte man einen Ausflug in das Bergdorf Makrinítsa, 17 Kilometer von Vólos entfernt. 850 Meter über dem Meer gelegen, gehört Makrinítsa mit seinen etwa 500 Einwohnern heute zu den meistbesuchten Píliondörfern — kein Wunder. Wenngleich der Ort ein wenig herausgeputzt wirkt und man von dem mittlerweile recht touristischen Flair und den zahlreichen Souvenirläden absehen muß, so kann man dennoch nicht umhin zuzugeben: Makrinítsa ist etwas Besonderes. Die in das Halbrund der Berge eingelagerten Häuser, die kleinen, geschlängelten Pflasterwege, der eindrucksvolle Dorfplatz mit seinem kleinen Kirchlein, der 800 Jahre alten Platane und dem atemberaubenden Ausblick über die Bucht von Vólos — alles das übt eine ungeheure Faszination aus.

Auch der Maler *Theóphilos,* ein Vertreter der naiven Kunst, konnte sich dem Bann dieses Bergortes nicht entziehen und ließ sich hier nieder. Ein Beispiel seiner Arbeit ist noch heute im Ort zu bewundern.

Besonders schön sind die zahlreichen *archóntika,* die alten Herrenhäuser mit ihren Vorbauten und Holzverstrebungen. Dank der liebevollen Restaurierung, sind die schönen Wandmalereien und -verzierungen noch zu sehen. Seit einiger Zeit ist es möglich, sich in einem alten Herrenhaus einzuquartieren. Wohltuend ist auch, daß in Makrinítsa der Autoverkehr nicht durch den Ort verläuft. Was im Sommer kaum vorstellbar ist, wird im Winter für die Dorfbewohner harte Realität: Dann fällt so hoher Schnee, daß Fortbewegung nur mittels spezieller Schneeschuhe möglich ist, und auch die alten Menschen kommen nicht darum herum, sich die großen quadratischen Bretter unter die Füße zu schnallen. Trotz aller Vorkehrungen — der Abstieg, die steilen Gassen hinunter, gleicht dann einem kleinen Abenteuer.

Ein Ort mit besonderer Atmosphäre: Makrinítsa

Geschichte

Makrinítsa entstand in Anlehnung an das zu Anfang des 13. Jahrhunderts erbaute Kloster *Makrinítissa.* Bekannt ist, daß während der türkischen Besatzungszeit der Ort als Zufluchtsstätte für Griechen diente, was entscheidend damit zusammenhing, daß das hochgelegene Makrinítsa recht unzugänglich war. Zeitweilig war Makrinítsa Bischofssitz.

Sehenswürdigkeiten

Der Dorfplatz

Die größte Sehenswürdigkeit ist der Ort selber. Die alten *Herrenhäuser* vermitteln einen vagen Eindruck von der einstigen Blüte dieses Dorfes. An der Platía befindet sich eine *alte Platane* (etwa 800 Jahre alt), deren Stamm völlig ausgehöhlt ist. Die Glocken der direkt daneben befindlichen kleinen *Kirche Aghíos Ioánnis* sind an einem Ast der knorrigen alten Platane befestigt. Die Kirche selber, die erst im 18. Jahrhundert gebaut wurde, ist so klein, daß gerade ein Dutzend Menschen darin Platz findet. Von der Platía führt eine kleine Brücke zu einem alten, leider verfallenen Haus.

Die Wandmalereien des Theóphilos

Sehr sehenswert sind auch die *Wandmalereien* des naiven Bauernmalers Theóphilos (geb. vermutlich 1868, gest. 1934) in der kleinen Ouzeri, direkt hinter der Kirche. Das 1818 entstandene Bild beinhaltet die Darstellung eines griechischen Festes. Erst in den 20er Jahren wurde die Fachwelt auf diesen Maler aufmerksam, der zuvor jahrelang hausierend durch Griechenland gezogen war und Geschäfte, Cafés und Privathäuser ausgemalt hatte.

Das Folkloremuseum

Etwas unterhalb des Platzes ist in einem sehr alten Gebäude das *Folklore-Museum* untergebracht. Zu sehen sind Gegenstände des täglichen Lebens, typische Píliontrachten, ein bemerkenswerter alter Leierkasten und vieles mehr. Aufgrund der Baufälligkeit des Gebäudes ist das Museum allerdings zur Zeit geschlossen. Geplant ist aber, die Restaurationsarbeiten 1991 abzuschließen.

Praktische Informationen

Essen und Trinken

An der Platía sowie in der Hauptgasse in Richtung Platía liegen einige Restaurants. Recht gut, aber auch nicht billig, ist das Restaurant „Pántheon" an der Platía. Von hier aus hat man einen traumhaften Blick über die Berge, bis auf die Bucht von Vólos. Preiswerter, aber ebenfalls recht gut, ist das Restaurant „Jalini" am Dorfplatz. Es liegt etwas erhöht, hinter dem Brunnen. Auffallend viele Griechen essen hier — stets ein gutes Zeichen. Ein typisches Gericht dieser Gegend ist übrigens „Spetzofai". Es handelt sich um gebratenes Schweinefleisch mit einer dunklen Soße, die mit Paprika, viel Knoblauch und Tomaten zubereitet wird. Gut gewürzt, ist „Spetzofai" ein ausgesprochen kräftiges und schmackhaftes Essen. Wer hinterher einen Oúzo benötigt, kann in der Ouzerí an der schmalen Gasse hinter der Kirche (mit den Wandmalereien) einkehren.

Feste

Am 15. August findet jährlich auf der Platía das Kirchenfest zu Ehren des Aghíos Ioánnis statt. Sicherlich einer der schönsten Plätze, um ein Fest zu feiern. Alt und jung sind dann versammelt, und selbst die ältesten Dorfbewohner lassen es sich nicht nehmen, diesem Ereignis beizuwohnen. Nach Beendigung der Messe holen die Musiker ihre Instrumente hervor, und bald ist der ganze Platz von den Klängen der mal heiteren, mal schwermütigen Musik erfüllt. Bereits nach den ersten Klängen der Musik erhebt sich jemand zum Tanz und verleiht dadurch seinem Gefühl Ausdruck. Am 15. September findet ein weiteres Fest, und zwar zu Ehren des Aghíos Gerássimos, statt. Im Anschluß daran wird allerdings nicht mit Musik und Tanz weitergefeiert.

Telefonieren

Telefongespräche führt man vom Kiosk oder vom Hotel aus.

Unterkünfte

Es gibt ungefähr zehn Hotels bzw. Pensionen. Wenn man sich rechtzeitig darum bemüht, kann man in einem der alten Herrenhäuser, der *archóntika,* unterkommen. Die Griechische Zentrale für Fremdenverkehr hat einige dieser Wohnhäuser renovieren lassen und zu Pensionen ausgebaut. Das Besondere ist nicht nur die Architektur, sondern auch die Inneneinrichtung dieser Häuser. Die engen und verwinkelten Räume und Flure mit ihren Holzdielen sind mit uralten Gegenständen des täglichen Lebens geschmückt (Gürtel, alte Teppiche, Gewehre usw.). Eine ausgesprochen warme und gemütliche Atmosphäre herrscht in diesen Quartieren, die zudem noch nicht einmal sehr teuer sind. Die im folgenden genannten Übernachtungsmöglichkeiten sind ausgesprochen empfehlenswert.

Souvenirläden sind auch aus den meisten Bergdörfern des Pílion nicht mehr wegzudenken

„Archóntiko Móusli": 8 Zi., 15 Betten; ein DZ mit Bad kostet in der HS 66 DM; Tel. 04 21/9 92 28.

„Archóntiko Diomídis": 12 Zi., 26 Betten; ein DZ mit Bad (manche haben einen Balkon) kostet in der HS 45 DM, ein Drei-Bett-Zimmer 50 DM. Das Herrenhaus liegt 30 Meter oberhalb des Kirchplatzes, in einer sehr ruhigen Lage. In einem gemütlichen Garten wird Frühstück angeboten. Tel. 04 21/9 94 30; man sollte spätestens zehn Tage vorher reservieren (Anzahlung erforderlich).

„Archóntiko Roútsos": 12 DZ; ein DZ mit Bad kostet etwa 45 DM; Tel. 04 21/9 90 90; von hier hat man einen phantastischen Blick in das Tal. Im Sommer ist auch ein Restaurant angeschlossen.

Hotel „Piliorítiko Spíti": 8 Zi., 16 Betten; ein DZ mit Bad kostet in der HS etwa 50 DM; Tel. 04 21/9 91 94, 9 94 32; das Hotel ist einfach, aber sehr sauber. Von hier hat man einen schönen Blick auf die Gebirgslandschaft.

Verkehrsverbindungen

Zehnmal täglich bestehen Busverbindungen nach Vólos.

Sonstiges

An der Straße von Makrinítsa nach Vólos befindet sich eine Tankstelle mit bleifreiem Benzin.

Die Sporáden

Die Sporáden — das ist jene Inselgruppe vor Euböa und den Küsten Thessáliens, die insgesamt etwa 80, größtenteils unbewohnte Inseln zusammenfaßt. Der Begriff Sporáden leitet sich von dem griechischen Wort ,,sporá" ab, was übersetzt ,,Aussaat" und im übertragenen Sinne soviel wie ,,die Zerstreuten" bedeutet. Man unterteilt noch einmal in die nördlichen und südlichen ,,Sporáden". Ziele für Touristen bilden in erster Linie die vier größeren Inseln **Skíathos, Skópelos, Alónissos** und das weiter südlich gelegene **Skýros.** Aufgrund häufiger Regenfälle im Herbst und Winter sind die Sporáden, mit Ausnahme von Skýros, sehr dicht bewaldet und fruchtbar. Im Sommer werden die Inseln häufig von dem Meltémi, jenem Nordwind heimgesucht, der angenehme Kühle mit sich bringt. Zugleich gehört dieses Gebiet zu den fischreichsten Gegenden Griechenlands. Traumhafte Sandstrände, bizarre Felsküsten, die bewaldeten Hügel und Täler, die liebenswürdigen Dörfer und nicht zuletzt das tintenblaue Meer locken jedes Jahr unzählige Besucher auf die Sporáden.

Interessant ist dabei, welch unterschiedliches Schicksal die einzelnen Inseln trifft. Während Skíathos an einsamer Spitze steht, was die touristische Erschließung der Sporáden angeht, hat sich auf Alónissos ein eher zaghafter Tourismus breitgemacht. Noch fehlt es an entsprechender Infrastruktur, um Besucherströme anzulocken.

Geschichte der Sporáden

Zahlreiche Hinweise legen die Annahme nahe, daß die Sporáden schon recht früh besiedelt waren. Als erste Siedler gelten die Pelásger, im 16. Jahrhundert v. Chr. lassen sich dann die Minoer, rund 600 Jahre später Griechen aus Mykéne und von den Ionischen Inseln hier nieder. Im 5. Jh. v. Chr. werden die Inseln von Athén vereinnahmt, woraus sich eine lang andauernde kulturelle Bindung zu Athén entwickelt. Die Bewohner der Sporáden-Inseln kämpfen auf der Seite Athéns gegen die Spartaner.

Im 4. Jahrhundert v. Chr. erobert König Phillip II. von Makedónien die Inseln, sein Sohn Alexander der Große verleibt sie seinem Imperium ein. Es folgt eine wechselvolle Geschichte. Unterstanden die Inseln eine Zeitlang Spárta, so sind es später die Venezianer, Byzantiner und im 15. Jahrhundert die Osmanen, welche die Sporáden für sich vereinnahmen. Der Widerstand seitens der Bevölkerung ist jedoch derart groß, daß ein blutiger Kampf entfacht wird, der weiten Teilen der Bevölkerung das Leben kostet und die Inseln zu einem großen Teil verwüstet.

Ähnlich wie der Pílion, bewahren sich die Sporáden jedoch während der türkischen Besatzung eine weitgehende Unabhängigkeit und werden häufig zur Zufluchtsstätte griechischer Freiheitskämpfer. Erst 1830 werden die Inseln Teil des unabhängigen Griechenland. Während des Zweiten Weltkrieges werden die Inseln sowohl von deutschen und italienischen als auch von bulgarischen Truppen besetzt.

Skíathos

Skíathos, oftmals als Perle der Ägäis bezeichnet, gehört in der Tat landschaftlich zu den schönsten Inseln Griechenlands. Auf einer Fläche von 61 qkm erstrecken sich nicht nur zahlreiche Olivenhaine, sondern ebenso Kiefern- und Pinienwälder, Pappelalleen und Eichen. Die überall vertreut anzutreffenden Zypressen verleihen der Landschaft ihren besonderen mediterranen Reiz. Die Landschaft prägte, wie vielerorts, auch den Namen der Insel. Aller Wahrscheinlichkeit nach leitet sich die Bezeichnung ,,Skíathos" von dem griechischem Wort ,,skiá", was soviel wie ,,Schatten" bedeutet, ab. Samt der Endung ,,thós", die übersetzt ,,Menge" heißt, bedeutet ,,Skíathos" dann also ,,viel Schatten", eine Bezeichnung, die ihre Wurzel in dem üppigen Kiefernbewuchs der Insel hat. 436 m beträgt die höchste Erhebung der Insel, der *Karaflitzanáka,* der ein beliebtes Ziel für wanderlustige Feriengäste darstellt.

Verwaltungsmäßig gehört Skíathos zur Provinz Magnésia, und die Fährverbindungen zum Hafenort Vólos sind ausgesprochen gut. Wer sich ein wenig in der griechischen Literatur auskennt, der wird wissen, daß die Insel einen der berühmtesten griechischen Schriftsteller hervorbrachte: *Aléxandros Papadiamántis* (1851-1911). Auch der Novellenschreiber *Aléxandros Moraitídis,* ein Vetter von Papadiamántis, stammt von Skíathos. In den 20er Jahren wurde in der Nähe der Insel auf dem Meeresgrund die Statue des Poseidon gefunden, welche heute im Nationalmuseum in Athén zu bewundern ist.

Felsige Küstenstriche, schneeweiße Sandstrände, zahlreiche Wassersportmöglichkeiten sowie Unterhaltungsangebote bis in die frühen Morgenstunden locken jedes Jahr Tausende von Urlaubern an. Ohne Umschweife: Im Hochsommer ist die Insel hoffnungslos überfüllt. Wenngleich es vor allem die über 60 Strände sind, die Skíathos zu einem so begehrten Reiseziel machen, ist die Insel prädestiniert für Wanderungen. Da das Straßennetz eher dürftig ist (es gibt auf der gesamten Insel nur etwa 20 km asphaltierte Straße), ist man sogar häufig auf Schusters Rappen angewiesen. Wer sich von dem Gedränge, das im Hochsommer in den Gassen des Hauptortes, der sogenannten *Chóra,* herrscht, nicht abschrecken läßt, der wird bei seinen Erkundigungen aber feststellen, daß auf Skíathos eine eigentümliche Mischung aus quirligem und mondänem Urlaubsleben und ruhiger, abgeschiedener Idylle vorherrscht.

Zentrum des Tourismus ist natürlich der malerische Hauptort Skíathos (Chóra), der auch etwa 3000 der insgesamt 4000 Inselbewohner beherbergt. Ein wichtiger Grund für den jährlichen Besucherandrang liegt darin, daß die Insel über einen Flughafen verfügt und im Direktflug von einigen europäischen Flughäfen aus angesteuert wird. Zu den üblichen Zerstörungserscheinungen, die der Massentourismus mit sich bringt, gesellt sich in Skíathos ein in Griechenland eher unbekanntes Problem hinzu: Im Hochsommer steigt die Zahl der Diebstähle rapide an. Abgesehen haben es die (vorwiegend ausländischen) Langfinger dabei vornehmlich auf Autoradios.

Geschichte

Skíathos blickt auf eine wechselhafte Geschichte zurück. Nach den Karern, den ersten Bewohnern der Insel, siedeln sich die Thessalier an, bevor im 8. Jahrhundert v. Chr. die Einwohner Chalkidikís auf Skíathos eine Kolonie gründen. Während der Perserkriege (490-449 v. Chr.), an denen Skíathos aktiv teilnimmt, wird die Insel von Xerxes und seinen Truppen vorübergehend besetzt. Mehrere Tage dauert die Schlacht zwischen den Persern und der Bevölkerung. Nachdem der Versuch Xerxes, ganz Griechenland zu erobern, fehlgeschlagen war, verlassen die fremden Truppen alsbald die Insel wieder.

Kurze Zeit später schließt sich Skíathos dem Attischen Seebund an. Zu dieser Vereinigung, die nach den Perserkriegen auf die Errichtung eines Seereiches abzielte, hatten sich griechische Staaten mit dem gemeinsamen Ziel der Sicherung Griechenlands vor äußeren Feinden zusammengeschlossen. Später erobern die Makedonier Skíathos. Die Insel wird daraufhin zeitweise Schlupfwinkel von Piraten. Erst im 2. Jahrhundert n. Chr. erlangt Skíathos seine Autonomie.

Die Wohlhabenheit dieser Zeit äußert sich unter anderem darin, daß auf Skíathos ein

eigenes Münzsystem geschaffen wird. Während der Frankenherrschaft, die als besonders grausame Epoche überliefert ist, wird aus der Insel Sitz einer Baronie. Im 15. Jahrhundert erobern die Venezier die Insel und können sie bis zur Besetzung durch die Türken im Jahre 1538 halten. Während des 1821 beginnenden Freiheitskampfes gegen die türkische Vorherrschaft fliehen viele Festlandbewohner nach Skíathos und suchen hier Schutz. Die ehemalige Hauptstadt *Paleókasto*, deren Ruinen heute noch zu sehen sind, wird in den Auseinandersetzungen zerstört. 1829 verlassen die letzten Bewohner den Ort und errichten die heutige Hauptstadt Chóra. Die bis dahin übliche Inseltracht (die Männer trugen Pluderhosen und einen Fes) wird nach der Befreiung abgelegt. Viele der Frauentrachten sind bis heute erhalten geblieben. Auch vom Zweiten Weltkrieg bleibt die Insel nicht verschont. Italienische und deutsche Truppen richten enorme Verwüstungen an. Nachdem Mitglieder der griechischen Widerstandsorganisation ein deutsches Schiff in ihre Gewalt gebracht und einen deutschen Offizier gefangen genommen hatten, wird die Inselhauptstadt als Vergeltungsmaßnahme von deutschen Truppen beschossen.

In den 60er Jahren wird Skíathos dann für einige betuchte Griechen aus Athén und Thessaloníki zum bevorzugten Urlaubsziel, bevor 1964 die Griechische Touristenorganisation den Entschluß faßt, die Insel völlig für den Tourismus zu erschließen.

Wer war Aléxandros Papadiamántis?

Der aus einer Seefahrer- und Priesterfamilie stammende Aléxandros Papadiamántis wurde am 4. März 1851 auf Skíathos geboren. Hier verbrachte er seine Jugend und besuchte die Volksschule. Der spätere Prosaist, der zeitlebens Einsamkeit und Ruhe suchte, begab sich 1872 zu dem heiligen Berg Athos, um zu meditieren. Zwei Jahre später begann Papadiamántis mit seinen philosophischen Studien. Er arbeitete zeitweise als Journalist und Übersetzer von religiösen Texten, bevor er sich ganz seiner schriftstellerischen Laufbahn widmete. Fast 100 Novellen und zahlreiche Erzählungen verfaßte er in seinem Leben. Die bekanntesten sind sicherlich „Die Mörderin", „Der Emigrant" und „Zigeunerkinder". Im Alter von 60 Jahren starb Papadiamántis am 2. Januar 1911 an den Folgeerscheinungen einer Lungenentzündung.

Sehenswürdigkeiten

Das Geburtshaus des Schriftstellers Papadimántis

Wenngleich Skíathos nicht über antike Stätten verfügt, so hat die Insel dennoch einiges zu bieten. Es empfiehlt sich ein Besuch des Geburtshauses des bedeutenden Schriftstellers Aléxandros Papadiamántis in der Chora. Das Wohnhaus, in dem heute ein Museum mit den persönlichen Gegenständen des Poeten untergebracht ist, befindet sich am Anfang der nach ihm benannten Odos Papadiamántis. Es ist täglich von 9.30-13 Uhr und von 17.30-20 Uhr geöffnet. Der Eintritt ist frei.

Kástro

Einen Besuch wert sind sicherlich auch die Reste der zerstörten ehemaligen Inselhauptstadt, des alten *Kástro* (Paleókastro), an der Nordseite der Insel. Von dem im 14. Jahrhundert erbauten Ort, der seinen Einwohnern vor allem Schutz gegen Angriffe von Piraten geben sollte und in dem sich ehemals über 30 Kirchen, eine Moschee sowie etwa 300 Häuser befanden, sind lediglich einige Kirchen erhalten geblieben. Die alte Anlage befindet sich auf der Spitze eines Felsens. Man erreicht Kástro von der Chóra aus in einem dreistündigen Fußmarsch.

Die Klöster

Auf der Insel befindet sich eine Reihe sehenswerter Klöster, von denen nur die wichtigsten hier genannt sind.

Kloster Evangelístria:
Das Kloster Evangelístria liegt unterhalb des Karaflytzanáka, der höchsten Erhebung der Insel. 1807 wurde hier erstmals die griechische Fahne gehißt, auf welche die Führer des Befreiungskampfes schworen, das griechische Vaterland von der türkischen Besatzung zu befreien, unter ihnen war der Freiheitsheld *Kolokotrónis.* Zu besichtigen ist auch die Zelle, in welcher der Philosoph Theóphilos Kaíris, der bei den Aufständen von 1821 gefangen genommen wurde, eingesperrt war. Zu sehen sind weiterhin wertvolle Ikonen, alte Bücher und Handschriften sowie interessante Porzellangegenstände. Am 15. August wird die Grablegung der Mutter Gottes zelebriert. Von Chóra aus erreicht man das Kloster nach etwa einer Stunde Fußmarsch.
Kloster Kechriás:
Im 15. Jahrhundert erbaut, gilt das Kloster Kechriás als das älteste Kloster der Insel. Die Bauweise der Basilika mit ihrem Kuppeldach ist mit der Architektur der Klosterbauten auf dem *Heiligen Berg Athos* sehr verwandt. Besonders eindrucksvoll sind die 1745 geschaffenen Fresken an den Seitenwänden und unter der Kuppel. Am einfachsten erreicht man das Kloster auf dem Fußweg von dem gleichnamigen Strand an der Nordwestseite der Insel aus.
Kloster Kounístra:
Das ehemalige Nonnenkloster aus dem 17. Jahrhundert erreicht man entweder über eine Schotterstraße vom Strand Troúllos oder von Aselinós aus. Der Legende nach hat ein Mönch an dieser Stelle eine Ikone der Heiligen Mutter Maria gefunden, woraufhin das Kloster errichtet wurde, das lange Zeit den Namen Panagía Ikonístra trug. Sehenswert sind die Wandfresken aus dem Jahre 1741 sowie die Deckenfresken aus dem Jahre 1805. Viele Insulaner legen auch heute noch Wert darauf, daß ihre Kinder hier getauft werden.

Skíathos/Ort (Chóra)

Die schönste Anreise nach Skíathos ist sicherlich die mit dem Schiff. Eindrucksvoll ist das Bild des Ortes mit seinen auffallend gut gepflegten schneeweißen Häusern, wenn man sich ihm vom Meer her nähert. Die roten Dächer verleihen dem Ort, in dem 3000 der insgesamt 4000 Inselbewohner leben, einen besonders malerischen Aspekt. Idyllisch gestalten sich die beiden kleinen Häfen mit der vorgelagerten Halbinsel *Boúrtzi.* Der Ort mit seinen zahlreichen verwinkelten Gassen ist ausgesprochen reizvoll. Allerdings findet man im Zentrum kaum ein Gebäude, in dem nicht ein Souvenirladen, ein Pub, ein Geschäft, eine Diskothek oder ähnliches untergebracht ist. Ruhe kehrt hier in den Sommermonaten nicht ein. Tagsüber sowie abends sind die Gassen derart überfüllt, daß ein Durchkommen kaum möglich ist. Etwas mehr Ruhe, zumindest tagsüber, findet man in dem etwas höher gelegenen Ortsteil auf der rechten Hafenseite. Allerdings dringt nachts die Musik aus den Diskotheken, die sich im Ort verteilen, auch bis hier herauf.

Architektur der Sporáden: Schönheit offenbart sich oft erst in Detail

Praktische Informationen / Skíathos

Ärztliche Versorgung

An der Odos Papadiamánti befindet sich ein kleines Krankenhaus, Tel. 2 22 22, 2 20 40, 2 12 01, 2 12 02. Ebenfalls an der Odos Papadiamánti, zwei Häuser neben dem OTE, gibt es eine Zahnarztpraxis.

Apotheken sind in ausreichender Zahl vorhanden. Eine davon befindet sich in der Odos Papadiamánti, schräg gegenüber der Post. Eine andere ist in der Odos Níkis Mintzélou gelegen, Tel. 4 20 31.

Ausflüge

Täglich werden von Skíathos/Ort aus Bootsfahrten zu den einzelnen Stränden angeboten sowie Inselrundfahrten und Tagesausflüge nach Skópelos und Alónissos. Auch kann man die Fischer auf ihren Touren begleiten. Die örtlichen Reiseveranstalter bieten darüber hinaus eine Palette von Ausflügen, darunter auch Touren ans Festland, an. Hier seien nur einige genannt: jeweils eine eintägige Fahrt zu den berühmten Metéora-Klöstern, zum Orakel von Délphi, nach Athén, Thessaloníki oder eine Piratenkreuzfahrt auf den Pílion.

Alle Touren beinhalten eine deutschsprachige Führung. Darüber hinaus werden organisiert: Eselritte zum Kloster Evangelístra, Jachtpartys bei Sonnenuntergang sowie Griechische Abende mit Bouzoúki-Musik und griechischem Tanz. Organisiert werden solche Ausflüge zum Beispiel von der „Miltos Travel Agentur", Tel. 04 27/2 29 55. Preise bitte vor Ort erfragen.

Auskunft

Eine Touristen-Information befindet sich an der Fähr-Anlegestelle. Im Sommer ist das Büro bis spät in den Abend hinein geöffnet.

Auto-/Motorradvermietung

Am Hafen befinden sich genügend Büros der großen Autovermietungsgesellschaften, so etwa von interRent oder Europcar.

Letztere sind zu erreichen unter der Telefonnummer 04 27/2 11 24; die Mietpreise variieren je nach Wagentyp, Leihdauer sowie Saison. Als Beispiel sei angeführt, daß man für einen Kleinwagen (Fiat Panda) in der Hochsaison pro Tag etwa 30 DM bezahlt.

Moped- und Motorradverleiher sind in ausreichender Zahl vorhanden.

Baden

→auch *Praktische Informationen/FKK*

Die Bademöglichkeiten in Hafennähe sind nicht sehr empfehlenswert. Skíathos ist so reich gesegnet mit Sandstränden und schönen Buchten, daß man nicht unbedingt im Hafen seine Badematte ausrollen sollte. Allerdings sind die Klippen rund um die Halbinsel Boúrtzi im Sommer recht gut belegt. Es ist nicht möglich, an dieser Stelle alle Strände der Insel zu beschreiben, und so soll im folgenden lediglich eine Auswahl vorgestellt worden.

Troúlos:

Der Strand von Troúlos liegt an der Südseite der Insel. Es handelt sich um einen langen Sandstrand, zum Teil pinienbewachsen. Vorgelagert ist eine kleine Insel, die von besonders geübten Sportlern bisweilen angeschwommen wird. Leider gehört Troúlos nicht mehr zu den saubersten Stränden. In Wassernähe befindet sich, die Taverne „Troúlos", wo unter anderem leckerer Fisch angeboten wird. Eine Portion Fisch mit einem Getränk kostet zwischen 12 und 15 DM.

Koukounariés:

Dieser Strand an der südwestlichen Inselseite ist häufig als der schönste Sandstrand Griechenlands gepriesen worden. Der sehr breite und lange weiße Sandstrand, der im Sommer dicht belegt ist, wird durch einen Pinien- und Kiefernwald begrenzt, der zum Teil sehr angenehmen Schatten spendet. Das Wasser ist hier ausgesprochen klar. Der Strand ist besonders geeignet für Familien mit kleinen Kindern. Etwas abseits des Strandes befinden sich eine Dusche und ein WC, allerdings läßt die Hygiene zu wünschen übrig. Folgende Wassersportmöglichkeiten stehen zur Verfügung: Wasserski (15 DM für zehn Minuten), Tretboot (10 DM für eine Stunde), Kanu (10 DM für eine Stunde), Surfen (15 DM pro Stunde), Banana-Boot (10 DM für zehn Minuten), Ringe (10 DM für zehn Minuten). Darüber hinaus können Sonnenschirme und Liegestühle für einen Betrag von 8 DM gemietet werden.

Die ehemals am Strand befindliche Taverne ist abgebrannt und lediglich durch einen Kiosk ersetzt worden; hier werden Kleinigkeiten angeboten. Die nächste Taverne („Geórgios") liegt liegt etwa 60 m vom Strand entfernt, an der Straße. Das Essen ist recht teuer und nicht sonderlich gut. Alle 20 Minuten fährt ein Bus von Chóra nach Koukounariés (Fahrpreis: 1,50 DM), wo im übrigen auch die Straße endet. Zu erreichen ist der Strand darüber hinaus mit einem kleinen Boot vom Hafen aus (Fahrpreis: 2 DM).

Mandráki:

Diese Bucht liegt an der nördlichen Westküste und ist von der Bushaltestelle „Mandráki" aus über einen Pfad zu erreichen oder aber mit einem kleinen Boot, das die Bucht allerdings nicht täglich anläuft. Der ausgesprochen schöne Sandstrand, der allerdings kaum Schatten bietet, ist nicht so stark frequentiert wie etwa Koukounariés und darum noch relativ ruhig.

Lalária:

Von Chóra aus fahren Boote zu dem zauberhaft schönen Strand Lalária an der Nordküste. Die Fahrt führt

Auch bei der besten Ausrüstung gilt: die Netze müssen von Hand geflickt werden

vorbei an der Blauen Grotte (Galazía Spiliá) sowie an der Dunklen Grotte (Skótini Spiliá). Man sollte unbedingt einen Stop einlegen und dieses Naturschauspiel auf sich wirken lassen. Was den Kieselstrand Lalária so reizvoll macht, sind die bis auf den Strand hinunter reichenden zerklüfteten Felsen, und die größte Attraktion ist der ausgehöhlte Felsen *Tripía Pétra,* den man durchschwimmen kann.

Banken

In Chóra gibt es mehrere Banken, wovon einige in der Odos Papadiamánti liegen. Z.B. die „National Bank of Greece", Tel. 2 24 00; Öffnungszeiten: Mo.-Do. 8-14 Uhr und 19-21 Uhr, Fr. 8-13.30 Uhr und 19-21 Uhr, So. 9-12 Uhr, samstags geschlossen.

Einkaufen

Das Angebot an Geschäften und Einkaufsmöglichkeiten ist ungemein breit gefächert. Chóra entspricht weniger einer 3000-Seelen-Gemeinde als einer modernen Einkaufsstadt mit großstädtischem Flair. Modeboutiquen, Schuh- und Sportgeschäfte, Lederwarenhandlungen und vieles mehr gibt es in ausreichender Zahl.

Essen und Trinken

Im Hafen gibt es eine unübersehbare Anzahl von Restaurants, Tavernen, Pizzerien, Cafés, Bars, Imbißbuden und ähnlichem. Angesichts der Fülle des Angebots fällt es schwer, Empfehlungen auszusprechen. Es sei aber darauf hingewiesen, daß viele der Restaurants einen ausgesprochen hohen Standard haben, was sich deutlich in den Preisen niederschlägt. Zahlreiche Restaurants, so etwa das „Limanákia", bieten eine vielfältige Auswahl an frischem Fisch an. Der Kilopreis liegt zwischen 60 und 120 DM. Selbst in der Nachsaison ist es noch so voll, daß man sich rechtzeitig einen Tisch in dem auserwählten Restaurant sichern sollte, da es einem ansonsten schnell passieren kann, daß man mit der nächstbesten Taverne vorlieb nehmen muß. Sehr gut frühstücken kann man im Café „Portofíno" direkt am Hafen, neben dem interRent-Büro und der Reise-Agentur. Das Frühstück, das zusätzlich Croissants und ein Stück Kuchen beinhaltet, kostet 5 DM. (Qualität und Preise können sich natürlich ändern.)

FKK

Nacktbaden ist bislang einzig am *Krássa Beach,* der sich an den Strand Koukounariés anschließt, erlaubt.

Fundbüros

Falls etwas verloren geht, melde man den Verlust bei der Polizei *(→Polizei).*

Nachtleben

Man hat die Qual der Wahl: Wer sich abends und nachts vergnügen will, dem stehen Diskotheken, Bars, Pubs, ein Kino und vieles mehr zur Verfügung. Da die Geschmäcker sehr verschieden sind und auch das Angebot von Jahr zu Jahr wechselt, wollen wir lieber keine Empfehlungen abgeben. Etwas Besonderes ist aber sicherlich das Tanzcafé auf der Halbinsel „Boúrtzi".

Notfalladressen

Krankenhaus: Tel. 2 22 22, 2 20 40, 2 12 01, 2 12 02

Polizei

Die Polizeistation befindet sich am Ende der Odos Papadiamánti, Tel. 2 11 11, 2 17 40, 4 20 05; die Hafenpolizei ist zu erreichen unter Tel. 2 20 17.

Post

Die Post befindet sich in der Odos Papadiamánti. Öffnungszeiten: Mo.-Fr. 7.30-14 Uhr, Sa. 7.30-14.15 Uhr, So. 9-13.30 Uhr.

Reinigung

Es gibt im Ort mehrere Reinigungen, die alle recht teuer sind.

Souvenirs

Wer Muße hat, sollte einmal versuchen, sie zu zählen, die schier unzählbaren Souvenirläden, die nicht nur die Odos Papadiamánti, sondern auch die letzten Winkel und Gassen des Ortes erobert haben. Zum Sortiment gehören nicht nur Postkarten, Keramiken, Imitationen antiker Figuren und Kunstgegenstände, sondern auch Modeschmuck und Kleiderwaren.

Sportmöglichkeiten

Das Sportangebot auf der Insel ist recht groß. Wer also aktiv werden möchte, hat die Wahl zwischen Tennis, Wasserski, Tauchen, Surfen, Segeln, Reiten, Schnorcheln und ähnlichem. Es ist sogar der Bau eines Golfplatzes geplant.

Taxi

Tag und Nacht stehen am Hafen Taxis bereit. Der Taxi-Ruf ist: Tel. 4 22 79, 4 23 55, 4 20 63.

Telefonieren

Das OTE befindet sich in der Odos Papadiamánti. Öffnungszeiten: Mo.-Sa. 7.30-24 Uhr und So. 8.30-23.30 Uhr. Von fast jedem Kiosk aus können internationale Gespräche geführt werden.

Unterkünfte

Es gibt auf Skíathos weit über 100 Hotels sowie unzählige Pensionen und Privatzimmer, und die Zahl der Betten wächst ständig. Dennoch kann es passieren, daß man im Hochsommer lange suchen muß, um ein Quartier zu finden, zumal sich viele Hotels auf Pauschalurlauber eingerichtet haben und somit schon vor Beginn der Saison für den gesamten Sommer ausgebucht sind. Welches Hotel man sucht, hängt natürlich ganz von den Bedürfnissen ab. Möchte man sich abends in den Trubel der Hauptstadt stürzen und vor dem Morgengrauen nicht ins Bett gehen, so sollte man auf jeden Fall in Chóra ein Zimmer buchen. Wer es lieber etwas ruhiger hat, sei auf die in Strände in Richtung Koukounariés verwiesen. Die gesamte Straße ist gesäumt von Übernachtungsmöglichkeiten.

Hotels in Skíathos/Ort:

„Alkyon": 80 Zi., 160 Betten; ein DZ mit Bad kostet in der HS zwischen 90 und 120 DM; Tel. 04 27/2 29 81, 2 26 53.

„Máto": 8 Zi., 21 Betten; in der HS kostet ein DZ mit Bad etwa 90 DM, eine Suite etwa 130 DM; Tel. 04 27/2 21 86.

„Meltémi": 18 Zi., 32 Betten; in der HS kostet ein DZ mit Bad 58 DM; Tel. 04 27/2 24 93.

„Mórfo": 17 Zi., 35 Betten; in der HS zahlt man für ein DZ mit Bad etwa 80 DM; Tel. 04 27/2 17 37.

„Boúrtzi": 23 Zi., 44 Betten; in der HS zahlt man für ein DZ mit Bad etwa 72 DM; Tel. 04 72/2 13 04, 2 26 94, 2 23 21.

Hotels in Koukounariés:

„Mandraki" (Bungalows): 29 Zi., 55 Betten; ein Bungalow für zwei Personen kostet in der HS etwa 97 DM; Tel. 04 27/2 11 70, 4 93 01.

„Limni": 10 Zi., 19 Betten, ein DZ mit Bad kostet etwa 30 DM.

„Skiathos Palace": große Hotelanlage mit 223 Zi. und 500 Betten; sehr luxuriös mit Swimming-Pool, Tennisanlage, Massage, Diskothek etc.: in der HS kostet eine Übernachtung in einem DZ mit Bad etwa 120 DM, Suiten kosten 220 DM; Tel. 04 27/2 22 42, 2 25 44.

Hotels in Troúlos:

„Korali" (Appartements): 50 Zi., 87 Betten; im Juli und August kostet eine Suite zwischen 80 und 90 DM; das Hotel liegt direkt am Meer; Tel. 04 27/4 92 12, 4 92 84.

Noch ein besonderer Tip: Für diejenigen, die ganz ungestört Urlaub machen möchten, bietet sich die Möglichkeit, eine Villa zu mieten. Es stehen Häuser am Meer und in den Bergen zur Verfügung. Die Villen sind vollständig eingerichtet. Ein Preisbeispiel: Für eine Villa für vier Personen zahlt man in der HS 150 DM, für sechs Personen 250 DM. Wer Interesse hat, kann Informationen beziehen und Buchungen vornehmen bei der „Mathinos Travel Agentur" direkt am Hafen in Skíathos/Ort, Odos Papadiamánti, Tel. 04 27/2 29 26, 2 17 29, 2 20 25.

Verkehrsverbindungen

Mit dem Flugzeug: Da Skíathos über einen Flughafen verfügt, kann man die Insel von Deutschland aus direkt oder aber von einem der griechischen Flughäfen mit innerländischen Maschinen (Olympic Airways) anfliegen. Der Flughafen befindet sich nur zwei Kilometer vom Hauptort entfernt. Ein Bus pendelt ständig zwischen Flughafen und Skíathos/Ort. Das Büro der Olympic Airways befindet sich in der Odos Papadiamánti, Tel. 04 27/2 22 29, 2 22 00. Den Flughafen erreicht man unter Tel. 04 27/2 20 49.

Mit der Fähre: Täglich gibt es mehrere Schiffsverbindungen nach Aghíos Konstantínos, nach Vólos und auf die Sporádeninseln Skópelos und Alónissos, ein bis zweimal wöchentlich nach Kými. Einige Preisbeispiele: Vólos — Skíathos: 12 DM, mit Auto 50 bis 73 DM; Aghíos Konstantínos — Skíathos: 16 DM, mit Auto 54 bis 73 DM; Kými — Skíathos 25 DM, mit Auto 55 bis 70 DM. Genaue Auskünfte über Fährverbindungen und -preise erhalten Sie bei den Griechischen Fremdenverkehrszentralen.

Mit dem Flying Dolphin: In der Hochsaison bestehen täglich Verbindungen nach Vólos, Aghíos Konstantínos, Skópelos, Trikéri sowie mehrmals wöchentlich nach Plataniá, Thessaloníki, Skýros, Alónissos, Mármaras, und Néa Moudaniá. Diese Anreisemöglichkeit spart Zeit, ist dafür aber fast doppelt so teuer wie die Schiffsfahrten.

Verkehrsverbindungen auf der Insel:

Alle 20 Minuten bestehen Busverbindungen nach Koukounariés (1,50 DM); ansonsten stehen Taxis am Hafen. Es empfiehlt sich, den Fahrpreis vorher festzulegen.

Werkstätten

An der Ortsumgehungsstraße in der Nähe des Abzweiges zum Profétis Ilías befindet sich eine Autowerkstatt.

Zeitungen

Am Hafen gibt es genügend Möglichkeiten, internationale Zeitungen zu erstehen.

Sonstiges

Ein Kopiergerät befindet sich im Büro der „Mare Nostrum Holidays" an der Odos Papadiamánti. Die Benutzung ist sehr teuer!

Schlicht, aber harmonisch: die Architektur auf den Sporáden erinnert oft an die der Kykladen

Skópelos

Eine Insel wie im Bilderbuch — diese Beurteilung von Skópelos, der größten Insel der nördlichen Sporáden, ist sicher nicht übertrieben. Harmonisch fügen sich die schneeweißen Häuser in die fruchtbare Landschaft ein, die neben Fichten- und Olivenhainen vor allem Pflaumen-, Mandel- und Nußbäume, aber auch Zitrusbäume und Weinfelder hervorbringt. Den Namen „Skópelos", was wörtlich übersetzt „Klippe" bedeutet, verdankt die Insel der sehr schroffen und felsigen Küstenlandschaft, vor allem im Norden der Insel. Ganz anders dagegen der südliche Küstenstrich mit seinen hübschen Sandstränden und malerischen Badebuchten. Nordwestlich des Hauptortes liegt die höchste Erhebung der etwa 95 qkm großen Insel, der Berg Délfi (662 m).

Die meisten der insgesamt 5500 Insulaner leben im Hauptort Skópelos, der einen Glanzpunkt der Insel darstellt. Stundenlang kann man durch die malerischen weißen Gassen streifen und wird nicht müde, die liebevoll gepflegten Häuschen mit den vielen bunten Blumen zu bewundern. Gegen Abend, wenn sich die Hitze des Tages gelegt hat, sitzen die Bewohner vor ihren Haustüren. Die Frauen sind mit einer Handarbeit beschäftigt, und die Männer debattieren über die großen Ereignisse der Politik sowie die Ortsneuigkeiten. Skópelos bietet all das, was man sich von einer griechischen Insel erträumt: schneeweiße Dörfer und kleine Kapellen (350 an der Zahl), einsame Buchten, schöne Strände und relativ unberührte Landstriche im Inselinneren, die man zu Fuß erkunden kann. Und auch der ständig wachsende Tourismus hat es noch nicht vermocht, den Charakter der Insel so nachhaltig zu verändern, wie dies vergleichsweise auf Skíathos der Fall ist. Aber dennoch: In der Hochsaison ist ziemlich viel

Der Hafen von Skópelos/Stadt: die weißen Häuser geben eine schöne Kulisse für die bunten Fischerboote

los, vor allem im Hauptort, der sich mehr und mehr auf die Besucherscharen einstellt. Der Reiz dieser Insel mit ihrer eigentlich eher für die Kykláden charakteristischen Architektur hat dazu geführt, daß viele Ausländer, vor allem Deutsche, ein Haus auf Skópelos erstanden haben und ihre Ferien regelmäßig hier verleben. Auch viel Prominenz ist unter den Gästen aus dem In- und Ausland. So hat angeblich auch Ivan Rebroff hier ein Haus, in dem er jedes Jahr seinen Urlaub verbringt.

Geschichte

Der kretische König *Stáfylos* war es, der in der Antike die Insel als erster besiedelte und ihr den Namen *Pepárethos* gab. Heute erinnert noch der Name einer kleinen Bucht an der Südküste an den ehemaligen Herrscher. Hier wurde 1927 sein Grab mit der Inschrift seines Namens entdeckt. Neben der goldenen Krone, einem Schwert und einem Zepter beinhaltete es weitere wertvolle Grabbeigaben, die heute im Museum in Vólos zu besichtigen sind. Drei Orte befanden sich in der Antike auf Skópelos: *Pepárethos,* dort wo heute Skópelos/Ort liegt, *Pánormos* an der Südküste sowie *Selinoús,* unterhalb des heutigen Glóssa.

Skópelos blickt auf eine bewegte Vergangenheit zurück. Bedingt durch die strategisch günstige Lage, wird die Insel nacheinander von verschiedenen Mächten erobert und jeweils zu militärischen Stützpunkten gemacht. So kommt es im 4. Jahrhundert v. Chr. zu heftigen Auseinandersetzungen mit den Truppen Phillips II. von Makedónien, als dieser die Insel besetzt. Die Gefechte haben zur Folge, daß Pepárethos verwüstet wird und seine politische Autonomie verliert. Die Geschichte der nun folgenden Jahrhunderte ist weitgehend im Dunkeln geblieben.

Ebenfalls noch im 4. Jahrhundert wird Skópelos unter Bischof Regínos, dem heutigen Schutzheiligen der Insel, zum *Bischofssitz.* Man kann das Kloster, in dem der Geistliche 362 enthauptet wurde, besichtigen. Es liegt etwa zwei Kilometer außerhalb der Chóra, der Hauptstadt. Während der byzantinischen Herrschaft dient die Insel als *Verbannungsort.* 1204, mit der Eroberung der Franken, geht die Insel an das Herzogtum von Náxos über, bevor sie kurze Zeit später den Venezianern zufällt. Eines der düstersten Kapitel der Inselgeschichte beginnt dann mit dem Einfall des türkischen Admirals Haireddin Barbarossa im Jahre 1538, der die Insel völlig zerstört und die Einwohnerschaft restlos liquidiert. Bis zum 16. Jahrhundert bleibt die Insel dann unbewohnt.

Auch nach der erneuten Besiedlung ist Skópelos immer wieder den Überfällen von Seeräubern ausgesetzt. Noch heute erinnern sich die Inselbewohner gerne an die wichtige Rolle, die Skópelos bei den Aufständen gegen die Türken 1821 spielte. Ging doch einer der berühmtesten Freiheitshelden der griechischen Geschichte aus ihrem Kreise hervor: der *Freiheitskämpfer Nikotsarás.* Nach ihm wurden später zahlreiche Dörfer in Griechenland benannt.

Sehenswürdigkeiten

Bedeutende archäologische Funde hat die Insel nicht zu bieten, sieht man von einigen alten Mauerresten sowie den Ruinen der ehemaligen venezianischen Festung im nördlichen Teil der Chóra ab. Sehenswert aber sind die vielen Klöster und Kirchen der Insel. Von den insgesamt 360 Kapellen, Kirchen und Klöstern auf Skópelos befinden sich allein 123 in Chóra. Das Goethe-Institut, das hier jährlich Sprachkurse anbietet, organisiert Wanderungen zu den Klöstern; zwar sind diese nur für Kursteilnehmer bestimmt, aber vielleicht wird ja einmal eine Ausnahme gemacht?! Ausgesprochen sehenswert ist das al-

Liebevoll gepflegte Gassen und eine farbenprächtige Blütenpracht sind Kennzeichen von Skópelos

ler Wahrscheinlichkeit nach im 18. Jahrhundert erbaute *Kloster Evangelístra,* das auf der der Festung gegenüberliegenden Hafenseite hoch oben in den Bergen liegt. Abgesehen von dem schönen Blick auf die Hafenbucht und den Ort, den man von hier aus genießen kann, kann man den holzgeschnitzten Altargang, die prächtigen Ikonen, wertvolle Stickereien sowie bedeutende ekklesiale Gefäße bewundern. Bei derselben Wanderung kommt man auch am *Kloster Panagía Livadiótissa* vorbei und kann ebenfalls die noch weiter nördlich gelegenen Klöster *Panagías, Prodrómou* und *Varváras* besuchen. Startet man von Chóra aus in südliche Richtung, so erreicht man das *Kloster Regínos.* An der alten Brücke wurde der ehemalige Bischof enthauptet.

Wer eine Bergwanderung nicht scheut, kann den Berg Délfi erklimmen und die antiken, in den Berg eingehauenen *Gräber* besichtigen. Zu empfehlen ist weiterhin eine Bootsfahrt zur *Höhle Trípiti,* nördlich von Chóra gelegen. Eine der eindrucksvollsten Gegebenheiten auf Skópelos sind ferner die drei auf der Steilküste übereinanderliegenden, blendend weißen Kirchlein im nördlichen Teil des Hafens.

Skópelos/Ort

Es ist sicherlich kein Zufall, daß die meisten Besucher im Hauptort der Insel bleiben. Mit seinen schneeweißen Häusern und engen Gäßchen lädt Skópelos/Ort geradezu zum Verweilen ein. Und es ist sicherlich falsch, daß man den Ort an einem Tag ausgiebig kennenlernen kann. Immer wieder entdeckt man neue Ecken und romantische Gäßchen. Es lohnt sich, sich Zeit zu nehmen und die Schönheiten des Ortes auf sich wirken zu lassen. Nicht zu vergessen ist natürlich, daß sich das Leben der Insel vorwiegend hier abspielt, daß das Unterhaltungsangebot hier am größten ist. Stundenlang kann man am Hafen sitzen, dem bunten Treiben zuschauen, wenn ein Schiff eingelaufen ist, oder sich in einem der Pubs vergnügen. Tradition ist es, sich nach durchzechten Nächten gegen 5 oder 6 Uhr beim Bäcker zusammenzufinden, um dort ein Katerfrühstück einzunehmen.

Praktische Informationen

Ärztliche Versorgung

Am Ortsausgang in Richtung Glóssa/Loutráki befindet sich ein „Health Center", Tel. 2 22 20. Im Ort selber sind einige Apotheken. Eine davon befindet sich direkt am Hafenbecken.

Ausflüge

Es besteht die Möglichkeit, Bootstouren zu verschiedenen Stränden zu unternehmen. Auch wird eine Tagesfahrt einmal um die gesamte Insel, und damit an Strände, die man nicht per Bus erreichen kann, angeboten. Eine solcher Tour kostet etwa 25 DM. Ebenfalls angeboten werden Tagesfahrten nach Alónissos.

Auskunft

Eine Touristen-Information befindet sich am Ende des Hafenbeckens in einem sehenswerten Gebäude. Das Büro übernimmt die Vermittlung von 80 Zimmern und Appartements. Zudem kann man von hier aus auch Telefongespräche führen. Öffnungszeiten: 9-13 Uhr und 17-21 Uhr.

Auto-/Motoradvermietung

Die Auto- und Motorrad-Vermietung „ALKYON TRAVEL" befindet sich direkt am Hafen. In der Hochsaison muß man für einen Fiat eine Mietgebür zwischen 100 und 140 DM, in der Nebensaison zwischen 70 und 100 DM täglich bezahlen; Tel. 04 24/2 29 22, 2 23 12.

Eine weitere Motorrad-Vermietung in Häfennähe ist „Níkos" (in der Gasse gegenüber der Souvláki-Bude), Tel. 2 21 98, 2 27 84. Ein Motorrad kostet je nach Maschine am Tag zwischen 18 und 25 DM. Mietet man es für eine Woche, so zahlt man zwischen 100 und 150 DM. Der Motorrad-Verleih „Stérgios" befindet sich in der linken Hafenhälfte, Richtung Ortsausgang, in der Nähe der Taverne „Stérgios".

Baden

Am Hafen gibt es zwar einen Sandstrand, dieser ist jedoch sehr schmutzig und darum nicht zu empfehlen. Es gibt auf Skópelos genügend schöne Badestrände, die man auf jeden Fall vorziehen sollte. Gut erreichbar sind lediglich die Strände auf der Südseite der Insel, wohingegen man die Buchten an der Nordküste meist nur zu Fuß oder per Boot erreichen kann.

Stáfilos/Velánio: Dieser wunderbare Sandstrand im Süden der Insel ist selbst in der Nachsaison noch sehr belebt. Durch das ausgesprochen saubere Wasser sind die Bademöglichkeiten hier besonders schön. An einem kleinen Stand erhält man Erfrischungen. Überdies besteht die Möglichkeit, Sonnenschirme sowie Surfbretter und Tretboote zu leihen.

Etwas weniger los ist in der angrenzenden Bucht *Velánio,* die man über einen Fußpfad erreicht. Eine empfehlenswerte Übernachtungsmöglichkeit besteht im Hotel „Ariádne" (Tel. 04 24/2 27 72). Darüber hinaus gibt es einige private Unterkünfte.

Agnóntas/Limonári: Kurz hinter Agnóntas führt eine schmale Schotterstraße zum Strand *Limonári* hinunter. In einer relativ engen Bucht, die durch eine stelle Felswand abgeschlossen ist, liegt dieser zauberhaft schöne Strand, teils aus Sand, teils aus Kieselsteinen.

Panórmos: Fährt man die Straße in Richtung Glóssa weiter, so kommt man zu dem langen Kieselstrand Panórmos. Auch hier ist es im Hochsommer recht belebt. Man hat einen wunderbaren Blick auf die weiter südlich gelegene Bucht, die von vielen Segelbooten angelaufen wird. Am Strand befindet sich eine Taverne. Es besteht zudem die Möglichkeit, Tretboote und Surfbretter zu leihen.

Hóvolo: Ausgesprochen schön und ruhig sind die Sand- und Kiesstrände um Hóvolo. Einige wilde Camper haben die Buchten für sich entdeckt und ihre Zelte hier aufgeschlagen, was allerdings scheinbar niemanden stört und geduldet wird.

Elios/Loutráki: Nicht sehr empfehlenswert ist der Strand nahe dem neu erbauten Örtchen *Elios,* das nichts Anziehendes an sich hat.

Bademöglichkeiten bestehen ebenfalls in *Loutráki* (→dort).

Banken

Direkt am Hafen, neben der Taverne „Spíros", befindet sich eine Bank. Öffnungszeiten: Mo.-Do. 8-14 Uhr, Fr. 8-13.30 Uhr. Vom 1. Juni bis zum 30. September sind zusätzliche Wechselzeiten von 18-20 Uhr eingerichtet. „National Bank of Greece": Tel. 2 22 24, 2 26 91; „Commercial Bank of Greece": Tel. 2 20 15, 2 27 00.

Einkaufen

Im Ort sind einige Supermärkte sowie zahlreiche Schmuckgeschäfte und Boutiquen. Wer sich für Keramiken interessiert, der sollte die Werkstatt des Töpfers „Ródios" besuchen und dem Künstler bei der Arbeit zuschauen.

Essen und Trinken

Am Hafen sind zahlreiche Tavernen, Restaurants, Cafés, Ouzeríes sowie einige Souvláki- und Imbißstuben vorhanden. Empfehlenswert sind folgende Restaurants:

„Vráchos": Es handelt sich um ein sehr gutes Grillrestaurant, etwas oberhalb des Ortes gelegen, in der Nähe der Fährstelle. Man sitzt unter alten Bäumen, direkt neben einer kleinen Kapelle. Von hier aus hat man einen phantastischen Blick auf die Hafenbucht. Wenngleich ein wenig schwierig zu finden, so lohnt es sich, sich zu dieser Adresse durchzufragen. Nicht abschrecken lassen: Von der Vorderfront her sieht die Taverne aus wie eine Imbißstube. Man muß erst seitlich vorbei gehen, um in die eigentliche Taverne zu gelangen.

„Finikás": Dieses Restaurant, oberhalb des OTE gelegen, hat eine ausgesprochen gute Küche, und man sitzt hier sehr schön. Der Weg dorthin ist ausgeschildert.

„Platanós": Es handelt sich hierbei um ein sehr schön gelegenes Restaurant unter einem alten knorrigen Baum. Ein Souvláki kostet hier etwa 6 DM. Man findet das Restaurant, wenn man gegenüber der Souvláki-Bude in den Ort hineingeht.

„Tarsánas": In der linken Hafenhälfte befindet sich dieses Restaurant mit seinem ausgesprochen griechischen Ambiente.

„Siréne": Das „Siréne" ist ein gutes Restaurant am Hafen, allerdings recht teuer.

Als besonderer Tip sei noch die Ouzerí „Anatóli" genannt, deren Besitzer der berühmt gewordene *Sänger Xintáris* ist, der bereits goldene Schallplatten ersungen hat. Hier wird jeden Abend Live-Musik (Rembétika) gespielt. Man gelangt dorthin, indem man an der linken Hafenseite an den drei Kirchlein vorbei die Treppen hinaufgeht. Am Ende liegt die Ouzerí.

Sicherlich einzigartig ist auch das Café „Sófos", direkt über der Handelsbank. Es ist nicht nur bekannt für seine guten Sandwiches, sondern auch für seinen Besitzer „Sófos", der jeden Abend um 22 Uhr das Licht löscht, die Musik ausschaltet und einen Urschrei ausstößt.

Zu den besonderen Spezialitäten der Insel gehören der „Katíki", der „zermatschte" Schafskäse, sowie der „Rófos Stifádo", ein äußerst schmackhafter Fisch.

Feste

Die wichtigsten Feiertage auf Skópelos sind der 15. und der 26. Juli, wenn die Feierlichkeiten zu Ehren des *Aghíos Regínos* und der *Aghía Paraskeví* stattfinden. Zu diesem Anlaß tragen die Einheimischen ihre festlichen Trachten und führen die lokalen Tänze auf. Das feierliche Kostüm der Skopelótinnen, das *mórko,* besteht aus einem Faltenrock mit Blumenstickereien und einer Samtjacke mit wertvollen Goldstickarbeiten. Noch heute wird am traditionellen Handwerk festgehalten, und nicht nur die Nonnen stellen diese ausgesprochen schönen Web- und Stickarbeiten her.

Am 6. August findet das Kirchenfest *Metaformósis toú Sotíra* statt. Darüber hinaus ist Skópelos bekannt für seinen *Karneval,* der jedes Jahr im Februar ausgiebig gefeiert wird. Unter interessanten Maskierungen verborgen, verwandeln die Bewohner den Ort in ein buntes Spektakel, dessen Höhepunkt ein Umzug und die Aufführung der lokalen *Tráta-Tänze* darstellen. Für Touristen sehr interessant ist auch das *Kulturfestival,* das jedes Jahr Anfang August stattfindet. Organisiert werden Ausstellungen, Konzerte sowie Theateraufführungen.

Kulturelle Veranstaltungen

Das Goethe-Institut in Athén und Thessaloníki veranstaltet jedes Jahr Sprachkurse auf der Insel. Deutsche haben hier Gelegenheit, in die Geheimnisse der — wirklich schwierigen — griechischen Sprache eingeweiht zu werden. Umgekehrt nehmen zahlreiche Griechen an den Kursen teil, um Kenntnisse des Deutschen zu erwerben. Begleitet wird der Unterricht von kulturellen Veranstaltungen wie Theater- und Filmvorführungen oder griechischen Konzerten. Anmelden kann man sich für dieses Projekt, das nicht nur dem Erwerb von Sprachkenntnissen, sondern auch der Völkerverständigung dient, beim Goethe-Institut in Athén, Odos Omirou 14-16.

Nachtleben

In der Hauptsaison geht es in Skópelos/Ort recht lebendig zu. Die Tavernen am Hafen sind gut gefüllt, und die Einheimischen treffen sich zum allabendlichen „páme káto", dem stundenlangen Flanieren. Wie sehr man sich auf die Bedürfnisse der Touristen eingestellt hat, beweisen die zahlreichen Bars und Pubs, die am Abend ihre Lichter anschalten. Recht gut frequentiert wird deshalb auch die Disco „Palméra" am Ortsausgang, deren besondere Attraktion der Swimming-Pool ist. Wer jedoch lieber griechische Musik hört, dem seien folgende Unterhaltungsmöglichkeiten empfohlen:

„Ouzerí Anatóli": Jeden Abend wird hier Live-Musik gespielt *(→Essen und Trinken).*

„Kástro": Hier erklingt allabendlich Bouzoúki-Musik — live, versteht sich! Allerdings sind die Preise sehr hoch. Das „Kástro" liegt etwas außerhalb von Skópelos/Ort. Man muß durch der Ort hindurchgehen. Von der „Ouzerí Anatóli" aus kann man das Lokal sehen.

„Paliá Patári": Auch in diesem Lokal spielt jeden Abend eine griechische Band. Wer gerne die Grundschritte des Sirtáki oder des Tsiftetélis beherrschen möchte, wird hier sicherlich Gelegenheit zum Üben finden. Es ist recht schwierig, für die genannten Adressen eine Wegbeschreibung zu geben; fragen Sie lieber bei Einheimischen nach dem Weg.

Polizei

Die Ruf-Nummer der Polizei lautet: 2 23 35.

Post

Am Hafen befindet sich in der Hochsaison ein mobiler Postwagen.

Taxi

Taxi-Ruf: 2 25 66, 2 32 40.

Telefonieren

Das OTE befindet sich in der Odos Skoúfa. Man gelangt dorthin, wenn man an der Taverne „Spíros" im Hafen links abbiegt. Öffnungszeiten: Mo.-Sa. 7.30-24 Uhr, So. 8.30-23.30 Uhr.

Unterkünfte

Auf Skópelos gibt es mehr als 40 Hotels und Pensionen sowie zahlreiche Privatzimmer.

„Archóntiko": 10 Zi., 22 Betten; ein DZ mit Bad kostet zwischen Juni und Ende September 37 DM; Tel. 04 24/2 20 49.

„Skópelos Village": 25 Zi., 50 Betten; eine Suite kostet zwischen Juni und Mitte September 122 DM.

„Amália": 50 Zi., 88 Betten; ein DZ mit Bad kostet in der HS inkl. Frühstück 80 DM, ein EZ 56 DM; das recht luxuriöse Hotel liegt direkt an der Hauptstraße und ist daher sehr laut.

„Eléni": 40 Zi.; ein DZ mit Bad kostet in der Hochsaison etwa 44 DM; auch dieses Hotel liegt direkt an der Straße.

„Captain": 17 Zi., 33 Betten; ein DZ mit Bad kostet in der Hauptsaison 56 DM, ein EZ 67 DM. Das Hotel befindet sich in einer ausgesprochen schönen und ruhigen Lage. Hinter dem Restaurant „Platanías" geht man noch etwa 50 m die Stufen hoch. Tierfreunde sind hier genau richtig, denn es wimmelt nur so von Katzen.

Verkehrsverbindungen

Mit dem Schiff: Tägliche Schiffsverbindungen bestehen nach Aghíos Konstantínos und Vólos sowie nach Skíathos und Alónissos. Mehrmals wöchentlich gibt es Fährverbindungen nach Kými. Preisbeispiele: Skópelos — Aghíos Konstantínos: 20 DM, mit Auto zwischen 66 und 94 DM; Skópelos — Kými: 23 DM, mit Auto zwischen 42 und 62 DM; Skópelos — Vólos: 15 DM, mit Auto zwischen 65 und 94 DM. Es bestehen ferner tägliche Verbindungen mit den Flying Dolphins nach Aghíos Konstantínos, Alónissos, Skíathos, Vólos, Trikéri sowie mehrmals wöchentlich nach Mármaras, Moudanía, Platanía und Thessaloníki. Das Büro der Flying Dolphins befindet sich am Hafen. MADRO TRAVEL, Tel. 04 24/2 21 45, 2 23 00, 2 27 67, 2 29 41. Allgemein bekommt man Auskünfte über Schiffsverbindungen unter der Telefonnummer 2 21 80.

Mit dem Bus: Fünfmal täglich bestehen Busverbindungen nach Glóssa und Loutráki vom Hafen aus.

Waschsalons

Waschen kann man in der Odos Xanthoú. Der Preis für 5 kg Wäsche, inkl. Trocknen, beträgt etwa 7 DM. Der Waschsalon liegt direkt neben dem Restaurant „Platanós". Man findet ihn, wenn man am Hafen gegenüber der Souvláki-Bude in die Gasse einbiegt.

Zeitungen

Am Hafen sind internationale Zeitungen erhältlich.

◀ *Skópelos mit seinen schneeweißen Häusern — ein Ort, für dessen Besichtigung man sich Zeit nehmen sollte*

Der malerische Hafen von Skópelos: hier starten die Ausflugsboote, aber hier haben auch die Fischerboote noch ihren Ankerplatz ▶

YAMAHA
3622 ANNA

Agnóntas

Agnóntas ist ein malerischer kleiner Fischerhafen an der Südküste der Insel und zeitweilig Anlaufhafen für die Fähren von Skíathos. In Agnóntas gibt es zwar keinen Sand-, sondern nur einen Kieselstrand, der aber angesichts des glasklaren Wassers im Hochsommer auch recht gut besucht ist. Man sollte durchaus einen Stop einlegen, es sich in einer der wenigen Tavernen gemütlich machen und eine Weile die Ansicht auf die kleine bewaldete Bucht mit den vielen bunten Fischerbooten genießen. Etwa neunmal täglich gibt es eine Busverbindung nach Skópelos/Ort und etwa sechsmal täglich nach Glóssa. Es sind Übernachtungsmöglichkeiten in einer Pension vorhanden.

Glóssa

Auf gar keinen Fall sollte man einen Besuch des Bergdorfes Glóssa versäumen. Oberhalb des Hafens Loutráki gelegen, strahlt der etwa 1500 Einwohner zählende Ort mit seinen vielen verwinkelten Gassen und Treppchen eine ungeheure Ruhe und Harmonie aus. Schon von weitem ist der Anblick dieses sich an den Hang schmiegenden Ortes, Heimatstadt des Malers Aléxandros Sidéris, überwältigend. Auffallend sind die Holzbalkone, mit denen die älteren Häuser versehen sind. An der Architektur ist der nachhaltige Einfluß der türkischen Besatzungszeit noch spürbar.

Zahlreiche Mandelbäume wachsen in der Nähe von Glóssa, und zur Erntezeit, Ende August/Anfang September, sieht man überall in den Gassen volle Mandelsäcke stehen. Man sollte bis hinauf zu der sandfarben gestrichenen Kirche *Kimísi Theotótou* wandern und den Blick auf den Jachthafen von Loutráki genießen. Auf der anderen Seite der Kirche befindet sich das kleine „Kafénion Avra", das schon am Morgen von den Dorfältesten aufgesucht wird.

Praktische Informationen

Allgemeiner Arzt: Tel. 04 24/3 35 04

Mopedverleih: Wenn man von der Durchgangsstraße in die Hauptgasse abbiegt, dann liegt nach 70 Metern auf der rechten Seite der Mopedverleih. Tel. 04 24/3 37 20; Öffnungszeiten: 9-13 Uhr, 17-20 Uhr. Ein Moped kostet pro Tag etwa 20 DM.

Post: Die Post befindet sich in der Nähe der Hauptkirche.

Polizei: Tel. 04 24/3 35 05

Taxi: Lel. 04 24/3 36 20, 3 37 14, 3 32 57

Unterkünfte: An der Hauptstraße, gegenüber der Bushaltestelle, befindet sich das sehr saubere und gepflegte „Hotel Atlantis". Momentan hat das Hotel eine Kapazität von zehn Zimmern, weitere sechs sind im Bau befindlich. Ein DZ mit Bad kostet etwa 31 DM. Tel. 04 24/3 32 23, 3 34 89. Die Inhaberin spricht perfekt Englisch.

Im Spätsommer ist in Glóssa die Zeit der Mandelernte

Loutráki

Unterhalb des Bergdorfes Glóssa liegt der kleine Hafenort Loutráki, der mit seinen rund 30 Häusern offiziell noch zu Glóssa gehört. Viele der großen Fähren, die von Vólos über Skíathos kommen, fahren zuerst Loutráki an. Mit dem Bus gelangt man dann weiter nach Skópelos/Ort. Von dem Touristenrummel, der zeitweilig in Skópelos/Ort herrscht, ist Loutráki völlig verschont geblieben. Am Hafen befinden sich einige Tavernen, die auch in der Hochsaison niemals überfüllt sind.

Praktische Informationen

Essen und Trinken

Schön ist die Taverne direkt an der Ecke, wenn man in den Hafen hineinkommt. Die riesigen alten Bäume, an denen zwei wuchtige Anker lehnen, bilden ein regelrechtes Dach, unter dem man am Abend gemütlich sitzen, frischen Fisch essen und dabei die auslaufenden Fischerboote beobachten kann.

Sehr empfehlenswert ist übrigens das zum „Hotel Avra" gehörige Restaurant. Es liegt etwas abseits an der linken Hafenseite. Vorwiegend essen hier Griechen, und es kommt nicht selten vor, daß jemand aufsteht und zu tanzen beginnt.

Sehr empfehlenswert ist auch das Restaurant „Rámia", das oberhalb von Loutráki liegt und von wo aus man einen grandiosen Blick über den Hafen und die Bucht hat. Ähnliches gilt für das Restaurant „Fáros", an dem man vorbeikommt, wenn man nach Loutráki hinunterfährt. Völlig unpassend hingegen erscheinen da der Imbißwagen und die Snackbar am Hafen.

Unterkünfte

Es gibt einige Übernachtungsmöglichkeiten in Loutráki. So etwa das erwähnte „Hotel Avra": 29 Zi., ein DZ mit Bad kostet in der HS 70 DM inkl. Frühstück; Tel. 04 24/3 35 50, 3 36 81, 3 35 26.

Direkt an der Eingangsstraße liegt das Hotel „Balentína", das unter anderem von den Niki-Lauda-Airlines gebucht wird: 18 Zi.; in der HS kostet ein DZ mit Bad etwa 46 DM, Tel. 04 24/3 36 94. Es stehen überdies Pensionen und Privatzimmer zur Verfügung.

Insgesamt 360 Klöster, Kirchen und Kapellen gibt es auf Skópelos, eine davon ist die Aghia Nikeláos

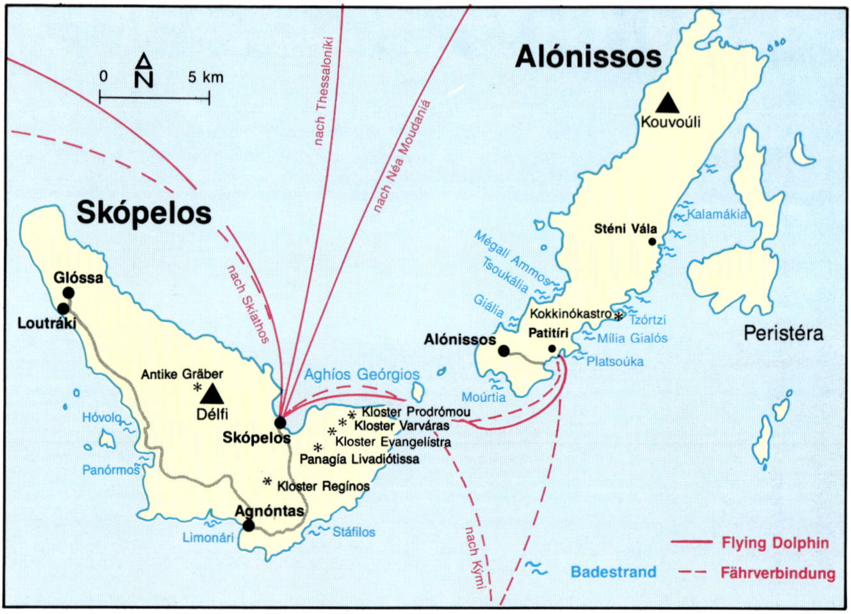

Alónissos

Mit der stürmischen touristischen Entwicklung, welche die Nachbarinseln Skíathos und Skópelos in den letzten Jahren durchgemacht haben, konnte Alónissos nicht mithalten. Wenngleich auch hier wachsende Besucherzahlen zu verzeichnen sind, so gehört die Insel noch immer zu den touristisch weniger erschlossenen Gebieten Griechenlands. Vor allem der fehlenden Infrastruktur ist es zu verdanken, daß sich nicht allzu viele Touristen auf diese etwa 1500 Einwohner zählende Insel verirren. Der bereits in der Inselkarte eingezeichnete Flughafen bleibt wohl vorerst ein Hirngespinst. Wer auch immer sich diesen Plan ausgedacht hat, die Regierung in Athén stellt keine müde Mark bereit, um das Flughafen-Projekt, und damit die touristische Erschließung der Insel, in die Tat umzusetzen.

Alónissos, 68 Seemeilen von Vólos entfernt und ganz nahe an Skópelos gelegen, hat eine Gesamtgröße von 60 qkm. Im Nordwesten liegt die höchste Erhebung, der *Kouvoúli,* mit einer Höhe von 476 Metern. Überall auf der dichtbewaldeten Insel begleitet einen der Duft der Kiefern und Pinien. Alónissos ist überdies reich an Oliven-, Mandel- und Feigenbäumen. Bekannt ist Alónissos für den Fischreichtum seiner Küstengewässer. Der größte Teil des Fischfangs wird in die EG-Länder exportiert. Ehemals wurde auf Alónissos sehr viel Wein angebaut, bis dann eine aus dem Ausland importierte Seuche den Rückgang der Weinernte bewirkte. Ein ähnliches Schicksal bewirkte übrigens auch das Ende des Pampelmusenanbaus.

Während die Nordküste sehr steil und schroff ist, erstrecken sich an der zergliederten Ostküste idyllische Badebuchten (meist Kies-

Wer auf Alónissos nicht zu Fuß laufen möchte, ist auf die kleinen Ausflugsboote angewiesen, um die einsam gelegenen, schönen Badestrände zu erreichen. Ein einstündiger Bootsausflug führt z. B. von Patitíri aus zu dem kleinen idyllischen Hafen Sténi Vála (unten)

strand). Insgesamt weist die Insel mehr als zwölf Badestrände auf, von denen die meisten allerdings schwer zu erreichen sind, da Alónissos über so gut wie gar keine Asphaltstraßen verfügt und man nur die Alternative hat, entweder zu Fuß (was recht beschwerlich ist) oder aber mit kleinen Ausflugsbooten die Buchten zu erreichen. Es ist noch gar nicht allzu lange her, da verkehrte sogar ein Inselbus zwischen dem Hafenort Patitíri und einigen Stränden. Nachdem dieser jedoch den Geist aufgegeben hatte, wurde, da es ohnehin nur wenige Fahrgäste gab, kein Ersatzbus bereitgestellt. Wer sich aber dennoch die Mühe macht, die Insel zu erkunden, der wird reich belohnt werden. Noch ist der Esel das wichtigste Transportmittel für die Inselbewohner, und so trifft man überall Bauern, die die Früchte ihrer mühseligen Feldarbeit in großen Körben auf dem Rücken der Maultiere nach Hause schaffen. Überall an der Küste findet man in nahezu unberührter Landschaft einsame Badebuchten. Die bizarre Ostküste erfährt noch einen besonderen Reiz durch die vorgelagerte Insel Peristéra. Auffällig sind die vielen Neubauten auf der Insel, sie enstanden nach einem schweren Erdbeben, das 1965 die Insel verwüstete.

Geschichte

Nicht immer trug die Insel ihren heutigen Namen. In der klassischen Epoche sprach man von *Ikos,* vom Mittelalter an bis zum Jahre 1836 hieß die Insel *Chilodrómia* und *Liadrómia.* Erst 1836 wurde die Insel in Alónissos umgetauft. Alónissos galt in der Antike als bevorzugtes Weinanbaugebiet, wodurch die Insel eine relative Wohlhabenheit erreichte.

Eine nicht bewiesene Vermutung legt nahe, daß es heftige Auseinandersetzungen zwischen dem König von Makedónien, Phillip II. und Athén um die Vorherrschaft auf der Insel gab. Phillip II., der Vater von Alexander dem Großen, hatte im Rahmen des Einigungsprozesses der griechischen Staaten im 4. Jahrhundert v. Chr. eine führende Rolle eingenommen. Ihm gelang es, mittels einer starken Militärmacht und begünstigt durch den mangelnden Widerstand seitens der betroffenen Teilstaaten, seine Vormachtstellung auf den ägäischen Raum auszuweiten. Da Athén im 4. Jahrhundert v. Chr. die Insel zu einem Seestützpunkt ausbaute, birgt die Vermutung einer militärischen Konfrontation der beiden gegnerischen Staaten eine gewisse Wahrscheinlichkeit. Allerdings ging es einer anderen Quelle zufolge dabei gar nicht um Skópelos, sondern um die angrenzende Insel Skantzoúra. Ähnlich wie Skíathos und Skópelos, diente auch Alónissos später häufig als Schlupfwinkel für Piraten. Im Mittelalter fiel die Insel unter römische Herrschaft und unterstand später der „Schwester" Skópelos. Während der türkischen Besatzungszeit versteckten sich zahlreiche Freiheitskämpfer auf der Insel. 1965 vernichtete ein Erdbeben große Teile der Insel und machte den ehemaligen Hauptort unbewohnbar. Mittlerweile hat eine ganze Reihe wohlhabender Ausländer leerstehende Häuser aufgekauft und als Ferienwohnungen eingerichtet.

Sehenswürdigkeiten

Die Bucht von Kokkinókastro

Sehr sehenswert ist die Bucht Kokkinókastro, wo sich aller Wahrscheinlichkeit nach die antike Stadt *Ikos* befand. Man sieht noch die Überreste des alten Kastells Kokkinókastro, was übersetzt soviel wie „rotes Kastell" bedeutet, abgeleitet von der auffallend roten Bodenbeschaffenheit dieser Gegend. Auf dem Meeresgrund liegen noch Überreste der versunkenen Stadt.

Die verlassene Inselhauptstadt

Lohnenswert ist auch ein Besuch der ehemaligen Inselhauptstadt Alónissos. Das verlassene Dorf, nordwestlich von Patitíri, ist so gut wie unbewohnt. Nur einige der zerfallenen Häuser sind wieder aufgebaut und bewohnbar gemacht worden. Wer ein wenig Ruhe und Einsamkeit sucht, der wird von der Ruinenstadt begeistert sein. Zu besichtigen sind auch die Ruinen eines ehemaligen venezianischen Kastells. Man genießt von hier oben aus auch einen phantastischen Blick übers Meer. Lediglich einige wenige Cafés wurden eröffnet, in denen man sich nach der strapaziösen Wanderung erfrischen kann.

Eine Sehenswürdigkeit, die bislang noch keine ist, befindet sich an der Ostküste bei Aghíos Dimitríos. Hier sind *alte Gräber* entdeckt worden, die allerdings aus finanziellen Gründen bislang nicht geborgen und präpariert werden konnten, so daß man die zugewucherten Grabstätten nicht besichtigen kann.

Die kleinen Inseln um Alónissos

Beliebte Ausflugsziele sind die um Alónissos liegenden kleinen, meist unbewohnten Inseln. Einige von ihnen (Psathoúra, Ghioúra, Pipéri, Kýra Panagiá und Skatzoúra) unterstehen einem besonderen Naturschutz. Seit vier Jahren ist das Fischen hier strengstens verboten. Lediglich in unmittelbarer Nähe der Inseln kann zu genau vorgeschriebenen Zeiten im Jahr gefischt werden. Auf der Insel **Pipéri** leben *Seehunde,* die nach Angaben von Einheimischen gar nicht selten an Land kommen. So kann es an einsamen Stränden hin und wieder vorkommen, daß man Besuch von einer Seehunddame oder einem Seehundherrn bekommt.

Seit 1990 befindet sich an der Nordspitze von Alónissos, in Gerákes, ein Institut, das sich mit der Erforschung und dem Schutz der bedrohten Tiere beschäftigt. In der Vergangenheit haben viele Fischer aus Angst, daß die Seehunde die Fischbestände wegfressen oder aber die Netze zerstören, die Tiere systematisch abgeschlachtet. Das neu gegründete Institut, das von den Niederlanden finanziert wird und in dem Holländer und Griechen gemeinsam arbeiten, hat sich nun dem Schutz dieser immer seltener werdenden Tiere verschrieben. Geschützt ist ebenfalls die auf der Insel **Gioúra** lebende Ziegenart. Manche Quellen vertreten die These, daß die Höhle auf Gioúra die berühmte *Höhle des Zyklopen Polyphém* gewesen sein soll. Andere Quellen gehen davon aus, daß diese sich in der Nähe von Alexandroúpoli befunden haben soll (→dort).

Das ist auch in Griechenland möglich: Begegnung mit einem Seehund

Vor der Insel **Peristéra,** und zwar zwischen Ormos Galária und der Nordspitze der Insel, liegen angeblich zahlreiche alte *gesunkene Schiffe,* die wertvolle Gegenstände beinhalten sollen. Viele der Kostbarkeiten sollen illegal von Deutschen und Engländern geborgen und schon außer Landes gebracht worden sein. Das Tauchen ist deshalb in Regionen, in denen man antike Überreste vermutet, untersagt. Fehlenden finanziellen Mitteln ist es zuzuschreiben, daß solche Schiffe, von denen es noch zahlreiche auf dem griechischen Meeresgrund gibt, bisher nicht geborgen werden können.

Auf Peristéra selbst, und zwar genauer gesagt in Ormos Vasilikón und Ormos Peristéri, leben nur ein paar Hirten mit ihren Schafen.

In der Mittagshitze ist jeder für einen Schattenplatz dankbar

Patitíri

Der kleine, gemütliche Hafenort Patitíri, der nach dem Erdbeben von 1965 zur Heimat der meisten Inselbewohner geworden ist, bildet den Ausgangspunkt für Fahrten über die Insel. Hier legen die Fährschiffe an, und hier befinden sich die meisten Unterkünfte. Obwohl der Ort in den Sommermonaten recht geschäftig wirkt und auch Pubs und eine Diskothek Einzug gehalten haben, läßt es sich aushalten in Patitíri.

Malerisch liegt der kleine Hafen in der engen Bucht, eingerahmt von den steilen Felshängen zu beiden Seiten. Direkt am Hafen befinden sich einige Tavernen, in denen man recht gut essen und dabei dem allabendlichen geschäftigen Treiben zuschauen kann, das immer entsteht, wenn ein Schiff in den Hafen einläuft.

Praktische Informationen

Die folgenden Angaben beziehen sich, soweit nicht anders vermerkt, auf den Hafenort Patitíri.

Ärztliche Versorgung

Die Ambulanz befindet sich in der Odos Pélasgon, Tel. 6 52 08. Hier arbeiten ständig zwei praktische Ärzte, die im Zwei-Jahres-Rhythmus wechseln. Außerdem wohnt in Patitíri der von allen Insulanern verehrte und hochgeschätzte Doktor Geórgos Athanásiou, Tel. 6 54 70. Eine Apotheke befindet sich in der Odos Ikion Dólopon, der rechten der beiden Hafenstraßen. Öffnungszeiten: Mo.-Fr. 9-13 Uhr, Sa. 9.30-13 Uhr und So. 10-12 Uhr.

Ausflüge

Angeboten werden Bootstouren einmal um die gesamte Insel, zum Beispiel mit Captain Mákis. Eingeschlossen sind ein Mittagessen und Getränke. Kostenpunkt: 30 DM; Abfahrtszeit gegen 10.30 Uhr, Rückkehr gegen 17.30 Uhr. Es werden täglich Bootstouren unternommen nach *Chríssi Mília* (5 DM), nach *Kokkinókastro* (5 DM) und nach *Sténi Vála* (8 DM).

Auskunft

Auskünfte erteilen die Reisebüros „Ikos Travel", Tel. 6 53 20 und „Laikos", Tel. 6 52 20, am Hafen. An der linken Hafenseite befindet sich zwischen Mai und September eine Hotel- und Zimmervermittlung. Öffnungszeiten: täglich 9-14 Uhr und 18-22 Uhr; Tel. 04 24/6 55 77, 3 70 05.

Auto- und Motorradverleih

Autovermietungen gibt es bislang auf der Insel nicht, dafür aber unzählige Motorrad-Vermietungen. Man sollte sich unbedingt vergewissern, ob der Tank voll ist und ob das Gefährt funktionstüchtig ist. Achten Sie bitte besonders auf die Bremsen! Ein Motorradverleih befindet sich direkt am Hafen an der Odos Pélasgon, Tel. 6 50 59; ein kleines Motorrad kostet pro Tag 15 DM, eine größere Maschine etwa 27 DM. Ein weiterer Mopedverleih befindet sich ein Stück die Odos Pélasgon hinauf, auf der rechten Seite, Tel. 6 50 10.

Baden

Alónissos ist reich beschenkt mit schönen, allerdings meist grobkiesigen Stränden. Lediglich die Strände an der Ostküste werden per Boot angelaufen.

Platsoúka: Die nördlich von Patitíri gelegene Badebucht Platsoúka besteht ausschließlich aus Felsstein.

Mília Gialós: Dieser Strand an der Ostküste zählt zu den schönsten der Insel. Mittlerweile gibt es hier eine Taverne sowie das Hotel „Alónissos Beach", Tel. 04 24/6 52 81. Ein DZ mit Bad kostet in der Hochsaison etwa 56 DM.

Kokkinókastro: Kokkinókastro ist ein ausgesprochen schöner Kieselstrand, eingerahmt von zwei bizarr geformten Landzungen. Man erreicht ihn von Patitíri aus auf einer schlecht befahrbaren, holperigen Straße. Mit dem Moped

Beschaulichkeit und urwüchsige Gemütlichkeit: was die touristische Entwicklung angeht, steckt Alónissos ganz im Schatten der „Schwester"inseln Skíathos und Skópelos

braucht man etwa 20 Minuten. Der Strand wird aber auch von den Booten angelaufen. Das Wasser ist glasklar und ideal zum Baden. Etwas oberhalb des Strandes werden in einem Imbißwagen Getränke und Kleinigkeiten zu essen angeboten. Es besteht die Möglichkeit, Sonnenschirme zu leihen. Zugleich werden Kanus vermietet. Pro Person zahlt man 3 DM, für zwei Personen 4 DM.

Ormos Tzórtzi: Es handelt sich hierbei um eine wunderschöne kleine Badebucht; keine Taverne.

Ormos Léptos Gíalos: Auch hier befindet sich ein wunderschöner Strand; keine Taverne.

Sténi Vála: Sténi Vála ist ein wunderschöner kleiner Hafen an der Ostküste. Die Boote von Patitíri aus brauchen etwa eine Stunde hierher. Mittlerweile gibt es im Ort etwa 35 Zimmer zu mieten, zum Beispiel bei „Pávlos Nafsíka Drosáki", Tel. 04 24/6 55 44, 6 54 54; die Übernachtung kostet etwa 31 DM. Ein allerdings wenig einladender Campingplatz (Camping Ikarus) befindet sich direkt an der Einfahrt in den Hafen. Zur Verfügung stehen ein Supermarkt, drei Telefone, und sogar ein Pub hat in der Hochsaison geöffnet. Die drei Tavernen am Hafen sind ausgesprochen gut. Das Angebot ist reichlich, und man schaut nach alter Tradition zuerst in die Kochtöpfe, bevor man bestellt.

Aghíos Pétros: Etwas nördlich von Sténi Vála befindet sich der Strand Aghíos Pétros, ein sehr schöner Kiesstrand. Es gibt nur wenige Übernachtungsmöglichkeiten. Lediglich eine Taverne steht zur Verfügung.

Kalamákia: Kalamákia ist ein sehr beliebter, feiner Kiesstrand. In Kalamákia gibt es ungefähr 25 Zimmer sowie einige Tavernen. Besonders das Fischrestaurant ist sehr zu empfehlen.

Vamvákies: Dieser einladende Strand im Nordosten ist noch recht wenig besucht.

Aghíos Dimítrios: Aghíos Dimítrios ist einer der schönsten Strände der Insel. Obwohl der lange Kieselstrand und das glasklare Wasser geradezu zum Baden einladen, gehört Aghíos Dimítrios noch zu den ruhigen Stränden, was natürlich mit der Entfernung nach Patitíri zusammenhängt. Man bekommt hier übrigens den traditionellen „cheese pie" (eine Art Käsepastete) der Insel.

Die Westküste von Alónissos, die ohnehin schwieriger zu erreichen ist und von den Booten nicht angefahren wird, bietet weniger Bademöglichkeiten, doch findet man in *Ormos Mégali Ammos,* in *Ormos Tsoukália* sowie in *Ormos Giália* Sandstrände.

An der Südküste liegt die Hotel- und Ferienanlage „Marpoúnta Beach". Zwar stört sich niemand daran, wenn Fremde hier baden, allerdings ist das Baden hier gar nicht sonderlich zu empfehlen. Schöner ist es vielmehr etwas westlich von „Marpoúnta Beach" bei *Ormos Vythisma* und *Ormos Moúrtia.* Von den grobkiesigen Stränden aus hat man einen wunderbaren Blick auf die vorgelagerten Inseln *Míkro* (die Kleine) und *Aghíos Geórgios.* Man erreicht die Buchten von Patitíri aus zu Fuß über einen staubigen Schotterweg, der direkt hinter der Disco „For you" beginnt.

Banken

Auf der linken Hafenseite befindet sich die „National Bank of Greece", die sage und schreibe von 5 Uhr morgens bis 22.30 Uhr geöffnet hat. Geld tauschen kann man natürlich auch in den Travel-Agenturen und in Hotels.

Einkaufen

In Patitíri gibt es einige Supermärkte, Souvenirläden, ein Obstgeschäft sowie am Hafen einen Laden, der internationale Zeitungen verkauft.

Essen und Trinken

Am Hafen gibt es einige Restaurants, die eigentlich alle recht gut sind. Die meisten Griechen essen bei „Dimítris Kyriázi", direkt am Hafen. Wer gerne Fisch ißt, sollte die „Odos Pélasgon" ein Stück hochgehen. Dort befindet sich ein ausgezeichnetes Fischrestaurant.

Feste

Bis 1965, dem Jahr des Erdbebens, sollen auf Alónissos viele Feste gefeiert worden sein. Seit diesem Zeitpunkt ist es jedoch ein wenig stiller geworden, was das ausgiebige Feiern anbetrifft. Im Winter finden traditionell die meisten Hochzeiten statt. Die Trauung wird stets in der Kirche „Aghía Paraskeví" vorgenommen. Im Anschluß daran beginnt die Hochzeitsfeier, zu der alle Inselbewohner eingeladen sind. Es wird musiziert, getanzt, gegessen und getrunken bis zum nächsten Morgen. Am 21. Mai findet das Fest zu Ehren *Aghíos Konstantínos* an der Westküste der Insel statt.

Polizei

Die Polizeistation befindet sich an der Odos Ríga Feraíou Nr. 3, gegenüber der Bäckerei, Tel. 6 52 05. Die Hafenpolizei erreicht man unter der Telefonnummer 6 54 80.

Post

Die Post befindet sich an der Odos Ikion Délopon, ziemlich weit oberhalb des Hafens. Öffnungszeiten: Mo.-Fr. 7.30-14 Uhr.

Taxi

Es gibt auf der ganzen Insel nur ein Taxi, das man unter folgenden Telefonnummern erreicht: 6 53 25, 6 50 87, 6 54 25, 6 55 73.

Telefonieren

Das OTE befindet sich in einem kleinen Bungalow auf der Hafenmole und ist nicht auf Anhieb als solches zu erkennen. Öffnungszeiten: Mo.-Fr. 7.30-22 Uhr, Sa. und So. 7.30-15 Uhr.

Unterkünfte

In Patitíri gibt es über ein Dutzend Hotels und Pensionen sowie zahlreiche Privatunterkünfte. Im Vergleich zu den anderen Sporádeninseln sind auch die Preise hier noch ein weniger niedriger. Bereits bei der Ankunft des Schiffes warten Einheimische am Hafen, die Zimmer anbieten. Am Hafen befindet sich darüber hinaus eine Hotelvermittlung (→*Auskunft*). Auf der gesamten Insel gibt es nur zwei Camping-Plätze, einen in „Sténi Vála" und einen vor „Marpoúnta Beach". Ein empfehlenswertes Hotel ist „Liadrómia".

„Liadrómia": 16 Zi., 31 Betten; dieses neu erbaute Hotel mit einer ausgesprochen typisch griechischen Atmosphäre liegt oberhalb des Hafens, so daß man von dort aus einen wunderbaren Blick auf die Bucht von Patitíri hat. Ein DZ mit Bad kostet in der HS etwa 51 DM; Tel. 04 24/6 55 21.

„Alkyon": 14 Zi., 30 Betten; das Hotel liegt direkt am Hafen; in der Hochsaison zahlt man für ein DZ mit Bad etwa 50 DM; Tel. 04 24/6 54 50.

„Alónissos Beach": 45 Zi., 90 Betten; in der HS kostet ein DZ mit Bad etwa 56 DM; Tel. 04 24/6 52 81.

„Galáxy" (Bungalows): 51 Zi., 98 Betten; ein Bungalow kostet in der HS um die 65 DM; Tel. 04 24/ 6 52 19, 6 52 51, 6 52 54.

„Paradíse": 30 Zi., 58 Betten; ein DZ mit Bad kostet in der HS 54 DM; Tel. 04 24/6 51 60.

„Marpoúnta": Bungalowanlage an der Südküste mit 104 Zimmern und insgesamt 200 Betten (unweit von Patitíri). Vorhanden sind unter anderem ein Swimming-Pool, eine Diskothek, Tennis- und Volleyballplätze, ein Kinderspielplatz sowie Boutiquen. Eine Übernachtung kostet in der HS etwa 100 DM; Tel. 04 24/6 52 19, 6 52 12 oder in Athén: Tel. 01/3 60 77 59; ein Kleinbus und ein Boot verkehren nach Patitíri. Benutzt man das Boot, so fährt man an zahlreichen Felshöhlen vorbei.

„Cávos": 16 Zi., 32 Betten; in der HS zahlt man für ein DZ mit Bad etwa 45 DM; Tel. 04 24/ 6 52 16.

Verkehrsverbindungen

Mehrmals täglich bestehen Schiffsverbindungen von und nach Vólos, Skópelos und Skíathos. Tägliche Schiffsverbindung gibt es auch von und nach Aghíos Konstantínos. Mehrmals wöchentlich besteht eine Verbindung nach Kými. Auskünfte: Tel. 04 24/6 55 11, 6 51 88. Zusätzlich verkehren die Flying Dolphins täglich mehrmals von Vólos und Aghíos Konstantínos sowie mehrmals wöchentlich von Thessaloníki aus. Außerdem gibt es eine Flying-Dolphin-Verbindung auch täglich mehrmals zu den Sporádeninseln Skíathos und Skópelos. Genauere Auskünfte erteilt die Griechische Zentrale für Fremdenverkehr.

Auf der Insel selber ist ein Fortkommen recht schwierig. Die Straßen sind bis auf ein kleines Stück um Patitíri herum nicht asphaltiert. Einen Bus gibt es nicht, so daß man entweder zu Fuß die Insel erwandern, sich ein Moped mieten, ein Taxi nehmen oder aber eines der vielen Boote benutzen muß, die täglich die kleinen Buchten an der Ostküste anlaufen.

Waschsalon

An der Odos Pélasgon gibt es einen Waschsalon.

Sonstiges

Im Hafen von Patitíri befindet sich eine Tankstelle.

Skýros

Die Insel Skýros, mit 208 qkm die größte der Sporáden-Inseln, liegt nur 25 Seemeilen von Euböa entfernt und beherbergt nur knapp 3000 Menschen. Skýros unterscheidet sich von den anderen Sporáden-Inseln durch das karge Landschaftsbild, das eher an die Kykláden als an die Sporáden erinnert. Vor allem der südliche Inselteil ist schroff und unfruchtbar, steinig und unwegsam, wohingegen der nördliche Teil weitaus mehr Vegetation aufweist und auch stellenweise landwirtschaftlich genutzt wird. Neben Wein- wird auch Obstanbau betrieben sowie ein wenig Schafzucht.

Im Vergleich zu Skíathos und Alónissos liegt Skýros — touristisch gesehen — noch im Dornröschenschlaf. Zwar entdecken immer mehr Besucher die Insel, und im Sommer knubbelt es sich schon einmal im Hauptort Skýros, doch konnte der ursprüngliche Charakter der Insel noch weitgehend bewahrt bleiben. Nicht selten trifft man auf Bewohner in traditioneller Kleidung: Pluderhosen und Lederstiefel. Ein weiteres Merkmal für die Unberührtheit der Insel und gleichzeitig eine ihrer Hauptattraktionen sind die halb wild lebenden Ponys, deren Anzahl allerdings in den letzten Jahren wesentlich zurückgegangen ist. Diese Nachfahren einer jahrhundertealten Rasse, die früher vorwiegend von den Bauern zum Dreschen eingesetzt wurden, leben im Winter in der Nähe des Hafenörtchens Linariá auf einer umzäunten Weide; im Sommer läßt man sie frei auf der Insel laufen. Sie ähneln den Shetland-Pferden.

Natürlich fehlen auch wunderschöne Sandstrände und einsame Badebuchten nicht. Skýros hat eine sehr abwechslungsreiche Küstenlandschaft, die teils sehr schroff ist und teils idyllische kleine Buchten mit feinem Sandstrand aufweist. Von blendender Schönheit aber ist der Hauptort der Insel, Skýros/Ort, auch Chório genannt. Die schneeweißen, würfelförmigen Häuser im kubischen Baustil sind in den Hang hinein angelegt und bilden ein unentwirrbares Geflecht von Gassen und Winkeln. Stundenlang kann man durch den Ort schlendern, der dank der engen Gäßchen vollkommen frei von Autoverkehr ist, doch man wird immer wieder neue Ecken entdecken und sich wohl nie sattsehen können an der Schönheit dieser Architektur. Am schönsten ist der Blick von den Mauerresten des ehemaligen vene-

Autos haben hier keine Chance

zianischen Kastells aus, das ganz oben auf dem Akrópolis-Hügel liegt, auf die Dächer dieses einzigartigen architektonischen „Bauwerks". Hier kann man schon eine Weile ausharren und den Blick schweifen lassen.

Lebendig geblieben ist auf Skýros auch das traditionelle Handwerk: die Stickerei. Nicht nur im Museum sind die künstlerischen Arbeiten zu bewundern. Hat man einmal Gelegenheit, ein Wohnhaus zu betreten, so ist man erstaunt über das wertvolle und wunderbare Interieur: handgearbeitete Möbelstücke mit hübschen Verzierungen, wertvolle Stickereien und Teppiche, Ton- und Kupferkrüge und vieles mehr gehören zur Standardausstattung jedes Haushaltes.

Der Norden der Insel ist militärisches Sperrgebiet. Man darf zwar mit dem Auto durchfahren, aber fotografieren ist strengstens verboten. Überall auf der Insel sieht man Militärfahrzeuge und Soldaten. Auch der Flughafen von Skýros, der zwar mittlerweile auch von der Olympic Airways angeflogen wird, dient in erster Linie als Militärflughafen.

Geschichte

Ausgrabungsfunden zufolge, bei denen man unter anderem Faustkeile entdeckte, war die Insel bereits in der Jungsteinzeit (ca. 5000 v. Chr.) bewohnt. Wie die anderen Sporáden-Inseln blickt auch Skýros auf eine wechselvolle Geschichte zurück. Die ersten nachweisbaren Einwohner sind aus Kleinasien stammende Karer, später siedeln sich hier die Pelásger und die Dolóper an. Und so trägt die Insel in der Antike auch den Namen *Pelásgia* und *Dolópia.* Im 5. Jahrhundert v. Chr. wird die Insel vom Athéner Feldherrn Kímon erobert, gelangt zeitweilig unter makedonische Herrschaft und fällt 386 v. Chr. wieder an Athén zurück. Wirtschaftlich betrachtet, war die Insel relativ unbedeutend. Lediglich Marmor (Breccienmarmor) wurde hier gebrochen und ans Festland verkauft.

Nach der Eroberung durch die Byzantiner, dient die Insel, ähnlich wie Skíathos, als Verbannungsort. Der schreckliche Barbarossa, der auch auf den anderen Sporáden gewütet hatte, nimmt die Insel im Jahre 1538 für sich ein. Von da an bis zu den Befreiungskriegen bleibt die Insel im Besitz der Osmanen. Im 17. Jahrhundert kommt es zu einer Umsiedlungsaktion der Bewohner nach Kórfu. Die heutigen Einwohner von Skýros sind zum großen Teil Nachkommen von thrakischen Einwanderern.

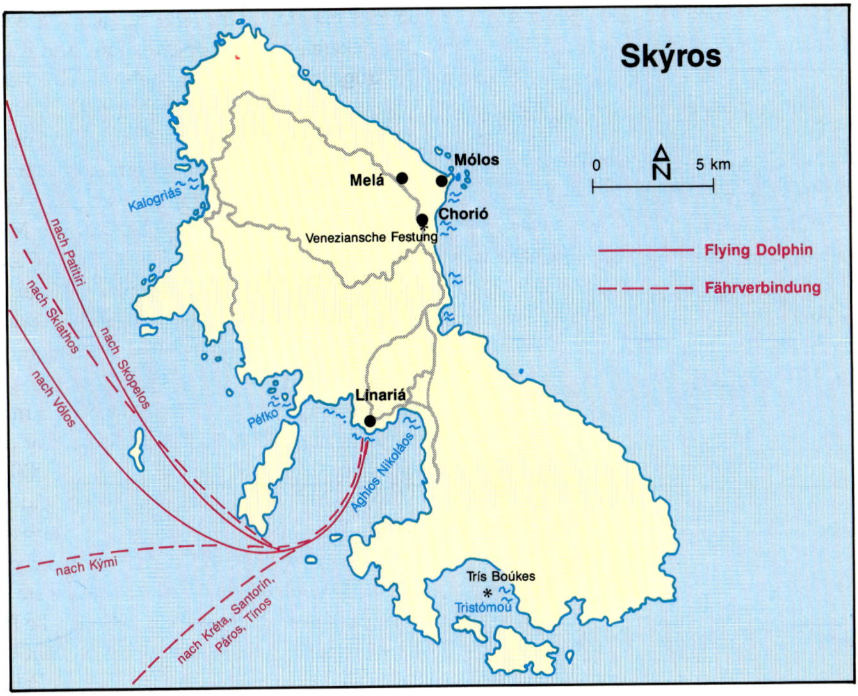

Sehenswürdigkeiten

Chório

Die größte Sehenswürdigkeit der Insel ist sicherlich der Hauptort Chório. An der Stelle der ehemaligen Akrópolis wurde im 14. Jahrhundert eine venezianische Festung errichtet, deren Überreste bis heute erhalten sind. Etwas unterhalb der Festung liegt das über 1000 Jahre alte Kloster *Aghíos Geórgios* (erbaut 962), das täglich von 7-14 Uhr und von 18-21 Uhr geöffnet ist. Sehenswert sind die recht gut erhaltenen Fresken sowie die holzgeschnitzte Altarwand. Von hier oben hat man zudem einen grandiosen Blick über den Ort bis aufs Meer hinunter. Vielleicht sollte man den späten Nachmittag für eine Wanderung zu dem Kloster und der Festung wählen.

Das Faltaits-Museum

Das Faltaits-Museum in Zentrumsnähe von Chório gilt als eines der interessantesten Volkskundemuseen der ägäischen Inselwelt. Ausgestellt sind alte Trachten, wertvolle Keramiken, holzgeschnitzte Möbel mit wunderschönen Verzierungen, Skulpturen sowie alte handgeschriebene Bücher. Öffnungszeiten: täglich von 10-13.00 Uhr und von 17.30-20 Uhr. Der Eintritt ist kostenlos.

Das Archäologische Museum

Das Archäologische Museum befindet sich ebenfalls in Chório, nicht weit vom Faltaits-Museum entfernt. Zu sehen sind Statuen, alte Schmuckstücke, Amphoren (darunter eine sehr schön bemalte Amphore aus dem Jahre 1200, auf der eine Krake und ein Schiff dargestellt sind) sowie in einem gesonderten

Raum die typische Einrichtung eines Wohnhauses auf Skýros. Öffnungszeiten: Mo.-Sa. 9-15.15 Uhr und So. 9.30-14.30 Uhr. Der Eintritt ist frei.

Das Dichter-Denkmal

Das Denkmal des englischen Lyrikers Rupert Chawner Brooke (1887-1915) befindet sich direkt hinter dem Faltaits-Museum. Brooke widmete der Insel, die er häufig besuchte, zahlreiche Verse. 1887 erlag der begeisterte Griechenland-Fahrer auf einem französischen Lazarettschiff, das im Süden der Insel vor Anker lag, dem Typhus. Der Poet, dessen berühmtestes Gedicht zweifellos „The Soldier" ist, das er 1914 verfaßte, liegt auf der Insel begraben. Seine letzte Ruhestätte befindet sich nahe dem Strand „Trís Boúkes".

Die Küste von Skýros ist z. T. schroff und steil. Vom höchsten Felsen, so die Legende, stieß einstmals König Lykomédes den Helden Théseus ins Meer

Mythologie

Der griechischen Mythologie zufolge war Skýros der Aufenthaltsort des berühmten Achílles. Achílles, dem Sohn des Péleus und der Meeresgöttin Thétis, war geweissagt worden, daß er im Krieg um Troja den Tod finden sollte. Um deshalb zu verhindern, daß er in Kämpfe verwickelt würde, steckte seine Mutter ihn in Mädchenkleider und brachte ihn auf die Insel Skýros zu König Lykomédes. Hier wuchs er unerkannt auf, bis Odýsseus, der wußte, daß ohne Achílles der Krieg nicht zu gewinnen war, ihn durch eine List entlarvte und ihm gebot, mitzuziehen.

Skýros war jedoch auch noch Schauplatz eines anderen Ereignisses. Hier stürzte Lykomédes den berühmten Nationalhelden von Athén, Théseus, vom Akrópolis-Felsen ins Meer. Théseus war es bei einem seiner zahlreichen abenteuerlichen Unternehmungen gelungen, Athén von dem Joch zu befreien, alle sieben Jahr dem König Mínos von Kréta sieben Jungen und sieben Mädchen opfern zu müssen. Er war selber nach Kréta gesegelt und hatte den fürchterlichen Minotaúrus erlegt. Théseus war es auch, der als König von Athén seine persönliche Macht einschränkte und Bürgerversammlungen ins Leben rief. Erst in späteren Jahren zog er sich, so etwa durch Frauenraube, den Unwillen des Volkes zu. Die Menge wurde so lange gegen ihn aufgewiegelt, bis Théseus sich entschloß, Athén zu verlassen. Er schiffte sich nach Skýros ein, weil er dort beträchtliche Güter geerbt hatte. Doch König Lykomédes stieß Théseus kurzerhand vom höchsten Felsen ins Meer. Einige Jahrhunderte später gebot das Orakel von Délphi, die Gebeine des Théseus nach Athén zu bringen, wo diese unter dem Jubel der Bevölkerung empfangen wurden.

Skýros/Ort (Chório)

Man sollte sich Zeit nehmen für einen Besuch Chórios, des Hauptortes der Insel, nicht etwa weil er so ungeheuer groß, sondern vielmehr weil er so ungeheuer sehenswert ist. Zweifellos ist Chório einer der schönsten Orte, die die griechische Inselwelt hervorgebracht hat. Die schneeweißen Häuser mit größtenteils Flachdächern, dazwischen immer wieder Blumen, die engen, kühlen Gassen — all dies birgt einen einzigartigen Zauber. Die Faszination, die von dieser Ortschaft ausgeht, hat dazu geführt, daß sich im Hochsommer viele Besucher einfinden und die Gassen recht belebt sind.

Praktische Informationen

Ärztliche Versorgung

Den Arzt erreicht man unter der Telefonnummer 9 12 07; am Ort befinden sich auch mehrere Apotheken.

Ausflüge

Während der Hochsaison werden täglich Bootstouren einmal um die gesamte Insel angeboten. Eine derartige Tagestour ist sehr zu empfehlen, da man die gesamte Küstenlandschaft kennenlernt und sicherlich Stellen entdeckt, die man später einmal zu Fuß erwandern kann. Außerdem hat man so die Möglichkeit, die Seegrotten zu besichtigen.

Auskunft

Ein Informationsbüro, von dem aus auch Telefonate geführt werden können, befindet sich am Hauptplatz. Öffnungszeiten: täglich 8-22 Uhr. Schiffstickets sind in den Büros an der Platía zu bekommen.

Auto-/Motorradvermietung

Es gibt zahlreiche Moped- und Mofaverleihs. Die Preise variieren je nach Größe der Maschine. Man sollte mit einem Mietpreis von etwa 15 bis 20 DM rechnen.

Baden

Die schönsten Badestrände liegen an der West- und an der Südküste, sind allerdings zum Teil nur schwer erreichbar. Recht gute Bademöglichkeiten bieten sich auch am Strand von *Mólos,* etwa vier Kilometer nördlich von Chório. Es handelt sich um einen sehr breiten und sehr langen Sandstrand, der im Sommer gut belegt ist. Nicht selten weht hier ein heftiger Wind, so daß eine sehr starke Brandung aufkommt. Der kleine Küstenort selber ist weniger sehenswert. An der Strandpromenade liegt eine Taverne neben der anderen. Es gibt zahlreiche Souvenirläden, und auch Übernachtungsmöglichkeiten sind in einer nicht geringfügigen Zahl vorhanden.

Weitere Bademöglichkeiten auf der Insel befinden sich bei:

Ormos Kalógrias: Die an der Westküste gelegenen kleinen bewaldeten Buchten mit ihrem Kieselstrand sind ausgesprochen reizvoll. Sie sind von der Hauptstraße aus sehr leicht zu erreichen. Tavernen sind vorhanden.

Ormos Péfkos: Weiter südlich an der Westküste liegt diese wunderbare Bucht, die immer mehr Besucher für sich entdecken. Das glasklare Wasser und die bewaldeten Küstenstriche laden zum Verweilen geradezu ein. Am Strand gibt es eine Taverne.

Ormos Kalamítsa: Es handelt sich hierbei um einen im Süden der Insel gelegenen, langen Kiesstrand. Tavernen sind vorhanden.

Trís Boúkes: Die kleinen Kieselstrände an der Südküste erfahren ihren besonderen Reiz durch die vorgelagerten Inseln *Platí* und *Sarakinó.* Es ist auch im Hochsommer sehr ruhig und angenehm hier. In dieser Bucht befindet sich das Grab des englischen Dichters Rupert Brook.

Ormos Rénes: Ganz im Süden der Insel gelegen sind diese Kiesstrände, die recht schwierig zu erreichen sind. Dafür ist das Wasser hier unvorstellbar klar und sauber.

Banken

„National Bank of Greece": Öffnungszeiten: Mo.-Fr. von 8-14 Uhr und von 19-21 Uhr, Sa. von 9-12 Uhr.

Einkaufen

In den Gassen findet man Geschäfte aller Art, Supermärkte, Bäcker, Obstgeschäfte, einen Metzger etc. und natürlich zahlreiche Souvenirläden. Einige Geschäfte bieten handgeschnitze Möbel, schöne Stickereien, gewebte Teppiche, Keramiken und Kupfergefäße an.

Essen und Trinken

Das Angebot an Tavernen, Restaurants, Cafés und Pizzerien ist sehr groß. Die meisten liegen an der Hauptstraße. In einigen Restaurants wird frischer Fisch angeboten, der natürlich nicht ganz billig ist. Da lange Zeit ziemlicher Raubbau betrieben wurde, sind die Fischbestände wesentlich dezimiert worden, was sich auf die Preise auswirkt. Aber dennoch: Es geht nichts über einen frischen Fisch, gut zubereitet. Übrigens: Skýros ist bekannt für hervorragende Langusten.

Feste

Mit großer Hingabe wird auf Skýros der *Karneval* gefeiert. Die Einheimischen ziehen ihre Trachten an, und ein buntes Leben und Treiben erfüllt überall die Gassen und Straßen. Spontan findet man sich zusammen, um gemeinsam Volkstänze aufzuführen. Ausgesprochen sehenswert sind auch die *Hochzeiten* auf Skýros. Viele der traditionsverbundenen Einheimischen feiern noch in ihren alten Trachten, und vor Anbruch des nächsten Tages geht keiner der Gäste nach Hause.

Weitere Feiertage sind: *Mariä Himmelfahrt* am 15. August, *Aghíos Panteleímon* am 27. Juli und *Aghíos Geórgios* am 23. April.

Traditionsgemäß finden auch jedes Jahr im Juli *Pferderennen* auf den Ponys statt. Wer dieser spannenden Unterhaltung beiwohnen möchte, sollte sich bei den Einheimischen erkundigen, wann die Rennen stattfinden. Und damit Sie verstanden werden: Pferderennen heißt übersetzt: „Ippodromía"!

Polizei

Die Polizei-Station erreicht man unter der Telefonnummer 02 22/9 12 74.

Post

Die Post befindet sich in der Nähe der Schule. Öffnungszeiten: Mo.-Fr. 7.30-14 Uhr.

Telefonieren

Das OTE liegt etwas außerhalb, an der Straße nach Linária. Es gibt im Ort aber auch öffentliche Telefonzellen. Häufig kann man auch an Kiosken telefonieren.

Unterkünfte

Es stehen überwiegend Privatzimmer und mehrere Pensionen zur Verfügung. Einige davon liegen an der Platía. Man sollte mit 30 DM für ein DZ rechnen. Nicht alle Zimmer verfügen über ein Bad oder eine Dusche. Weitere Unterkünfte gibt es am Strand.

Hotels:

„Xénia": 22 Zi., 38 Betten; ein DZ mit Bad kostet in der HS etwa 70 DM; Tel. 02 22/9 12 09.

„Hélena": 28 Zi., 22 Betten; ein DZ kostet um die 30 DM; Tel. 02 22/9 17 38, 9 12 59.

Darüber hinaus gibt es auch am Strand noch einige Privatunterkünfte.

Verkehrsverbindungen

Mit dem Schiff: Täglich gibt es zwei Schiffsverbindungen von Kými nach Skýros. Ein Ticket kostet etwa 11 DM, für ein Auto zahlt man zwischen 26 und 38 DM. Auch von Skíathos laufen Schiffe Skýros an, jedoch nicht täglich. Vereinzelt gibt es auch Verbindungen nach Kréta, Páros, Santorí, und Tínos. Mittlerweile verkehren auch die Flying Dolphins von Skýros aus. Mehrmals wöchentlich gibt es Verbindungen nach Vólos, Alónissos, Skópelos und Skíathos. In der Nachsaison verkehren allerdings deutlich weniger Dolphins.

Mit dem Flugzeug: Skýros wird täglich von Athén aus mit der Olympic Airways angeflogen. Ein einfaches Ticket kostet 100 DM. Buchungen können vorgenommen werden in Athén: Syngrou Avenue 96, Athén, Tel. 01/9 29 2-1 11; Telefax 01/92 19-9 33, oder auf Skýros: Kentríki Platía, Tel. 02 22/9 16 00, 91-12 3; der Flughafen hat die Telefonnummer 02 22/91-62 5.

Mit dem Bus: Täglich bestehen mehrere Busverbindungen vom und zum Hafen Linária sowie nach Mólos. Der Bus hält am Hauptplatz. Dort befindet sich ebenfalls der *Taxistand.* Es empfiehlt sich, vorher den Fahrpreis auszuhandeln.

Linariá

Der Hafenort Linariá an der Westküste der Insel ist Anlaufstelle für alle Schiffe und Fähren. Mit kaum mehr als 150 Einwohnern geht es in dem kleinen Ort noch recht friedlich und behaglich zu, wenngleich man sich zunehmend auf die Urlauber einstimmt. Der zwar immer noch zurückhaltende, aber dennoch merklich einsetzende Bau-Boom beweist es. Auch hier möchten die Menschen an dem Geschäft teilhaben, das in Skýros/Ort und dem angrenzenden Strand schon längst zu einer wichtigen Einnahmequelle geworden ist. Selbst im Hochsommer ist der Hafen nicht überfüllt, zumal bislang auch nur wenige Unterkünfte vorhanden sind. Man hat einen schönen Blick auf die gegenüberliegende unbewohnte Insel *Baláxa.*

Praktische Informationen

Baden

Das Baden direkt im Hafen ist nicht zu empfehlen. Schöner sind die Strände, die sich zu beiden Seiten an die Bucht anschließen. Allerdings muß man einen längeren Fußmarsch einplanen.

Banken

Geld tauschen kann man im Ort nicht, es sei denn privat. Die nächste Bank befindet sich in Skýros/Ort.

Einkaufen

Man erhält alle notwendigen Lebensmittel am Hafen.

Essen und Trinken

Am Hafen befinden sich einige Tavernen. Große Unterschiede in Qualität und Preis sind nicht auszumachen. Wenn ein Schiff erwartet wird, sind die Restaurants manchmal völlig überfüllt mit wartenden Passagieren.

Feste

Am 2. September findet in der Nähe von Linariá, in Kalíkri, das Fest *Aghíos Mámmas* statt.

Unterkünfte

Es gibt nur wenige Übernachtungsmöglichkeiten, vorwiegend in Privatzimmern. Direkt am Hafen befindet sich das neue Hotel „Likomídes".

Verkehrsverbindungen

Mehrmals täglich gibt es eine Busverbindung mit dem Hauptort.

Wichtige Telefonnummern

Das Hafenamt ist zu erreichen unter der Telefonnummer 02 22/9 14 75.

Thessálien — der nördliche Teil

Lárissa

Lárissa, die Hauptstadt Thessáliens, ist mit ihren rund 80 000 Einwohnern ein recht bedeutendes Handels- und Industriezentrum Griechenlands. Dementsprechend hat die Stadt auch touristisch wenig Anziehendes. Mit Autos verstopfte Straßen, Hupkonzerte, Abgase und Gestank — das sind typische Merkmale dieser Stadt. Ein Geschäft reiht sich ans andere, und um die Platía herum befinden sich einige Cafés, Banken und Apotheken. An den parallel verlaufenden Häuser- und Straßenzügen merkt man schnell, daß das moderne Lárissa eine recht junge Stadt ist; die ehemalige Bausubstanz ist 1941 einem Erdbeben zum Opfer gefallen. Wenn nicht unbedingt nötig, so ist es kaum empfehlenswert, sich in Lárissa länger aufzuhalten, wenngleich die Stadt noch einige kulturelle Sehenswürdigkeiten aufzuweisen hat. Archäologische Funde haben ans Tageslicht gebracht, daß die Besiedlungsgeschichte dieser Stadt, in der angeblich der große Arzt der Antike, *Hippokrátes,* gestorben sein soll, bis in die Altsteinzeit zurückgeht.

Geschichte

Aller Wahrscheinlichkeit nach ist das antike Lárissa im 7. Jahrhundert v. Chr. gegründet worden. Bekannt ist, daß es sich um eine blühende Stadt gehandelt haben muß, die berühmte Persönlichkeiten, Dichter und Geschichtsschreiber anzog. Während der makedonischen Herrschaft wird Lárissa eine der wichtigsten Städte Thessáliens. An den Feldzügen Alexanders des Großen sollen zahlreiche Bürger Lárissas teilgenommen haben. 196 v. Chr wird Lárissa Hauptstadt des Thessálischen Bundes. Pompejus richtet hier seinen Stützpunkt während des römischen Bürgerkrieges 48 v. Chr. ein. Nachdem es zu

Wo immer man durch griechische Ortschaften streift, wird man auf unscheinbare, aber malerische Gassen stoßen

zahlreichen Plünderungen und Zerstörungen kommt, wird die Stadt im 5. Jahrhundert n. Chr. von Justian mit mächtigen Befestigungsmauern versehen. Im Verlaufe der Geschichte erobern verschiedene Völker die Stadt, so zum Beispiel die Bulgaren, die wertvolle Schätze entwenden. Als die Türken 1389 Lá-

Alt und neu in unmittelbarer, wenn auch nicht unbedingt harmonischer Nachbarschaft: der Platz vor dem Archäologischen Museum in Lárissa

Hippokrátes

Geläufig ist uns der Name Hippokrátes vor allem durch den Hippokratischen Eid, jenes Gelöbnis, mit dem Mediziner schwören, bei der Behandlüng von Kranken nach ethischen Grundsätzen zu handeln. Hippokrátes wurde 460 v. Chr. auf der Insel Kos geboren und starb 370 v. Chr. in Lárissa. Auf der von ihm entwickelten Methode der Erfassung und Diagnostizierung von Krankheiten beruht die heutige Medizin. Ihm ist die Abwendung von einer magischen Krankheitsauffassung und die Hinwendung zu einem rationalen Verständnis von Krankheiten zu verdanken. Unter Einbeziehung von Umweltfaktoren, legten die Hippokratiker besonderes Gewicht auf die Vorbeugung von Krankheiten. Die besondere Bedeutung der Hippokratiker ist aber nach wie vor darin zu sehen, daß sie den Ärzten ein hohes Maß an Verantwortung und ethischer Gesinnung vorschrieben.

rissa einnehmen, wandern viele der Bewohner in andere Städte ab. Lárissa wird während der osmanischen Herrschaft vor allem zum Sammelplatz für Truppen. Erst mit dem Berliner Vertrag 1881 wird Lárissa wieder an Griechenland angegliedert. Während des Zweiten Weltkrieges bombardieren die Italiener die Stadt. Im gleichen Jahr (1941) kommt es zu einem schweren Erdbeben.

Sehenswürdigkeiten

Das Archäologische Museum

Das Archäologische Museum befindet sich an der Platía Byzantína, dem ersten begrünten Platz, wenn man von Süden nach Lárissa hinein und in Richtung Zentrum fährt. Das Museum, untergebracht in einer ehemaligen kleinen Moschee, beinhaltet neben alten Säulen und Tonscherben auch historische Werkzeuge sowie Funde aus dem Paläolithikum. Öffnungszeiten: Di.-So. 8.30-15 Uhr, montags geschlossen.

Gegenüber dem Museum liegt die Platía Láou, was übersetzt „Platz des Volkes" bedeutet. Auffallend ist die winzig kleine, mit weißen Marmorplatten versetzte Kirche, die vor der dahinter befindlichen Häuserfront wie eine Spielzeugkirche wirkt.

Die archäologischen Ausgrabungen

An der Hauptdurchfahrtsstraße befinden sich in Höhe der Odos Aléxis Papanastófiou die Ausgrabungen des antiken Theaters von Lárissa (leicht zu übersehen!). Allerdings erkennt man außer einigen Säulenfragmenten und ein paar Sitzreihen nichts mehr, auch keine Struktur des ehemaligen Theaters. Folgt man der Hauptstraße weiter, so befindet sich nach 30 Metern auf der rechten Seite ein weiteres Ausgrabungsfeld. Die Anlagen sind ausgesprochen schlecht aufbereitet, verschmutzt und zum Teil zugewuchert. Direkt hinter dem Ausgrabungsgelände schließt sich ein kleiner Park mit Restaurants und einer Pizzeria an, ein Ort, an dem man einmal kurzfristig aufatmen kann.

Praktische Informationen

Auskunft

Ein Büro der Griechischen Zentrale für Fremdenverkehr befindet sich in der Odos Koumoundoúrou 18, Tel. 0 41/ 2 50 19.

Essen und Trinken

Entgegen der sonst in griechischen Städten üblichen breiten Palette an Restaurants und Tavernen, muß man in Lárissa schon richtig suchen, um ein Restaurant zu finden. Um den Hauptplatz herum gibt es nur Cafés und einen Schnellimbiß. Geht man die Seitenstraßen hinein, so stößt man vereinzelt auf Restaurants, die jedoch außer Fisch- und Fleischgerichten nichts anzubieten haben.

Pannenhilfe

Der ELPA-Service ist zu erreichen unter der Telefonnummer 0 41/23 96 60, 23 93 20, 1 04.

Parken

Um sicher zu gehen, daß man keinen Strafzettel bekommt oder der Wagen sogar abgeschleppt wird, sollte man an den ausgewiesenen Kiosken eine Parkkarte kaufen. Die voraussichtliche Parkdauer wird dann auf der Karte vermerkt und diese auf die Ablage hinter der Windschutzscheibe gelegt. Eine Parkdauer von einer Stunde kostet noch nicht einmal 30 Pfennig.

Unterkünfte

Es gibt in „Lárissa" zahlreiche Hotels und Pensionen.

„Astória": 77 Zi., 44 Betten; ein DZ mit Bad kostet 87 DM; Odos Protopapadáki 4, Tel. 0 41/25 29 41.

„Grand Hotel": 91 Zi., 173 Betten; ein DZ mit Bad kostet 87 DM, eine Suite 105 DM; Odos Papakiriázi 16, Tel. 0 41/25 77 11.

„Achíllon": 45 Zi., 80 Betten; ein DZ mit Bad kostet 39 DM; Odos Kéndavron 10, Tel. 0 41/22 98 01.

„Atlantic": 60 Zi., 108 Betten; ein DZ mit Bad kostet etwa 31 DM; Tel. 0 41/25 02 01.

„Park": 60 Zi., 105 Betten; ein DZ mit Bad kostet in der Hochsaison 32 DM; Odos 21st Avgoústou 1, Tel. 0 41/ 25 70 71.

Verkehrsverbindungen

Mit dem Bus:

Sechsmal täglich bestehen Busverbindungen nach Athén und zu den wichtigsten Städten Thessáliens. Die Busstation liegt in der Nähe des Hauptbahnhofs.

Mit dem Zug: Es verkehren täglich Züge nach Athén, Thessaloníki und Alexandroúpolis. Auskünfte erhält man direkt am Bahnhof, Tel. 0 41/23 62 50.

Mit dem Flugzeug:

Die Olympic Airways verkehrt viermal wöchentlich zwischen Athén und Lárissa. Informationen und Buchungen: Odos Papanastásiou 70, Tel. 0 41/22 94 33, oder Odos Koumoundoúrou, Tel. 0 41/22 93 33. Der Flughafen liegt drei Kilometer außerhalb von Lárissa, Tel. 0 41/28 20 90.

Tríkala

Die Großstadt Tríkala mit ihren etwa 35 000 Einwohnern ist ein wichtiges landwirtschaftliches Zentrum im Nordwesten Thessáliens und zugleich Sitz des Erzbischofs. Von Lárissa kommend, durchfährt man die thessálische Ebene mit ihren Getreide- und Maisfeldern. Auch ist hier ein wichtiges Anbaugebiet für Tabak, Baumwolle, Melonen und Tomaten.

Schon in der Antike trug die Stadt den Namen Tríkala, was auf eine gewisse Kontinuität der geschichtlichen Entwicklung der Stadt hinweist. Die Stadt soll in der Antike berühmt gewesen sein für ihre Pferdezucht, und es wird erzählt, daß sich der Bildhauer Phídias hier die Pferde ausgesucht hat, die er als Modelle für die Gestaltung des Párthenon-Frieses an der Athener Akrópolis verwandte. Ähnlich wie Lárissa lädt auch Tríkala, das keine 20 Kilometer von den berühmten Meteóra-Klöstern entfernt ist, keineswegs zum Verweilen ein. Wenngleich ein wenig grüner, ist auch Tríkala eine geschäftige und hektische Großstadt. Wohltuend ist der Bach, ein Nebenarm des Pínios, der durch die Stadt fließt und an dessen Ufern man einen schönen Spaziergang machen kann. Mehrere Springbrunnen bringen eine angenehme Erfrischung und machen die Hitze des Tages erträglicher. Wer Tríkala aber lieber links liegen lassen möchte, kann die Stadt auf einer Umgehungsstraße umfahren.

Sehenswürdigkeiten

Die Festung Kástro

Auf dem Akrópolis-Hügel befindet sich das im 6. Jahrhundert v. Chr. erbaute, ehemalige byzantinisch-serbische Kastell, das aufgrund seiner Baufälligkeit allerdings heute nicht mehr zu besichtigen ist. Vor dem Kastell befindet sich das Restaurant „Froúrio" mit einem Café. Man sitzt unter uralten Bäumen im Schatten und hat einen wunderba-

Auch im nördlichen Thessálien gilt: In den Sommermonaten prägen Hitze und Trockenheit das Bild der Landschaft

ren Blick auf die Dächer von Tríkala. Ein idealer Platz, um von der Hektik und dem Trubel der Stadt Abstand zu nehmen. Kleine Springbrunnen bringen eine angenehme Frische.

Der Hügel des Profítis Ilías

Direkt hinter dem alten Kástro liegt der Hügel des Profítis Ilías mit der ihm geweihten Kirche, die allerdings geschlossen und daher nicht zu besichtigen ist. In unmittelbarer Nähe beginnt der Zoologische Garten. Auch hier befindet sich ein sehr schönes Restaurant mit Café.

Die Basiliken

Auffallend sind die zahlreichen Basiliken in der Altstadt, die aus der Zeit der osmanischen Herrschaft stammen.

Die Koursum Camii Moschee

Sehr sehenswert sind die Ruinen der aller Wahrscheinlichkeit nach im 16. Jahrhundert erbauten Koursum Camii Moschee am südlichen Ortsausgang. Vor einigen Jahren brannte das Gotteshaus nieder, so daß man nur noch die Trümmer sieht, die dessen ungeachtet ein imposantes Erscheinungsbild darstellen.

Praktische Informationen

Unterkünfte

In Tríkala stehen relativ wenige Hotels zur Verfügung.

„Achíllion": 73 Zi., 122 Betten, Odos Platía Vassiléos Gerórgiou 1-3, Tel. 04 31/2 81 92, 2 82 91; ein DZ mit Bad kostet etwa 75 DM.

„Diváni": 66 Zi., 121 Betten, Odos Dionissíou 13, Tel. 04 31/2 72 86, 2 76 93; eine Suite kostet etwa 150 DM.

„Dína": 57 Zi., 108 Betten, Odos Asklípiou 38, Tel. 04 31/2 72 67; ein DZ mit Bad kostet etwa 42 DM.

„Palládion": 18 Zi., 34 Betten, Odos Virónos 4, Tel. 04 31/2 80 91; ein DZ kostet etwa 36 DM.

„Lithaéon": 54 Zi., 120 Betten, Odos Othonós 10, Tel. 04 31/2 06 90; ein DZ mit Bad kostet etwa 38 DM.

„Panhellínion": 21 Zi., 44 Betten; Odos Vassílissis Olgas, Tel. 04 31/2 76 44.

Das Kloster Várlaam: Auf der Spitze unzugänglicher Felsmassive wurden die berühmten Meteóra-Klöster errichtet

Äskulap

Der griechischen Mythologie zufolge war Tríkala der Geburtsort des Heilgottes Asklépion (Äskulap), der angeblich von dem Kentauren Cheiron erzogen und später von Zeus getötet worden sein soll, da er sich auf die Kunst verstand, Tote zum Leben zu erwecken. Zeus schenkte ihm jedoch das Leben wieder.
Die Ruinen des alten Tempels im Südwesten der Stadt erinnern noch heute an das ehemalige Heilzentrum. Asklépion ist aller Wahrscheinlichkeit nach anfangs in Gestalt einer Schlange verehrt worden. Der heute noch als Symbol der Mediziner verwendete Äskulapstab, um den sich eine Schlange windet, bestärkt diese Annahme. Der Heilgott soll von Epidaúrus (Peloponnes) aus, wo sich sein eigentlicher Wirkungsbereich und somit das wichtigste Heiligtum befand, seine Lehren in Griechenland verbreitet haben.

Kalambáka

Gibt es eine andere Stadt, die vor einer derartig eindrucksvollen Kulisse liegt? Wohl kaum! Am Fuße der gewaltigen Meteóra-Felsen mit den berühmten Klöstern liegt die Stadt Kalambáka. Rund 6000 Menschen leben hier, zählt man die Dörfer der unmittelbaren Umgebung mit, kommt man auf insgesamt 10 000 Einwohner. Die Stadt ist ein vortrefflicher Ausgangspunkt für die Besichtigung der Klöster, und so hat man sich auf den Tourismus eingestellt. Auffallend viele Griechen sprechen Deutsch, was allerdings nicht ausschließlich dem Tourismus zuzuschreiben ist, sondern seine Begründung darin findet, daß viele Nordgriechen als Gastarbeiter in Deutschland gelebt haben. Ohne das überwältigende Panorama wäre Kalambáka allerdings ein wenig reizvoller Ort. Durch die sehr breit angelegten Straßenzüge strömt unaufhörlich der Autoverkehr, Geschäfte und Souvenirläden säumen die Straßen, und es ist kaum möglich, ein ruhiges schattiges Plätzchen zu finden. Dennoch bevölkern jedes Jahr unzählige Touristen aus aller Welt die Stadt, um die Klöster zu besuchen.

Geschichte

Vermutungen legen nahe, daß sich unweit des heutigen Ortes Kalambáka die *antike Stadt Aigínion* befand, die nach Berichten des römischen Geschichtsschreibers Livius um 168 v. Chr. von den Römern besetzt und ausgeplündert wurde. Es handelte sich um eine militärisch wichtige Stadt, da sie an einer strategisch günstigen Position lag, dort nämlich, wo sich die aus Epirus kommende Straße mit der aus dem Südwesten Makedóniens kommenden kreuzte. Es war dies die Zeit der Makedonischen Kriege, und im selben Jahr hatten römische Truppen bei *Pýdna,* der antiken Hafenstadt an der Westküste des Thermaischen Golfes, den letzten König Makedóniens, Pérseus, erfolgreich geschlagen. Die aus dieser Zeit stammenden Weihereliefs, Inschriftentafeln und viele weitere wertvolle Funde, die durch Ausgrabungen nach und nach ans Licht kamen, gehören heute zur Austattung der Kirchen Kalambákas.
Gegen Ende des 10. Jahrhunderts hieß das heutige Kalambáka Stági und wurde zugleich zum Bischofssitz. Zu Beginn des 13. Jahrhunderts wurde es dem Herrschaftsbereich von Epirus eingegliedert und gegen Ende des 13. Jahrhunderts vom Herzog von Neu Pátras erobert. Es folgte die Eroberung durch die Franken, bevor Stágira für kurze Zeit erneut zu Epirus gehörte. Nachdem sie daraufhin eine Zeitlang Teil des Byzantinischen Reiches war, eroberte im Jahre 1348 der Serbe Stephen Dousan die Stadt. Den Name Kalambáka erhält die Stadt erst mit der türkischen Besetzung. Überliefert ist auch, daß die Einwohner von Kalambáka am Aufstand gegen die Türken im Jahre 1854 teilnahmen.

Sehenswürdigkeiten

Natürlich sind es in erster Linie die Meteóra-Klöster, die die Besucher nach Kalambáka locken. Doch sollte man, wenn noch ein wenig Zeit übrig ist, in Kalambáka die Kirche *Kimiséos tis Theotokoú* (die Bischofskirche) besichtigen. Diese aller Wahrscheinlichkeit nach in der ersten Hälfte des 12. Jahrhunderts erbaute Basilika fällt durch die eigenartige Architektur auf. Das Dach der Basilika ragt zu beiden Seiten über das Kirchenschiff hinaus, und die Dächer der Seitenschiffe liegen wesentlich niedriger. Die aus Marmor gehauene Kanzel stammt aus frühchristlicher Zeit. Sehr sehenswert ist auch der Bischofssitz, zu dem vier Stufen emporführen. Unterhalb des Bischofssitzes, in einer großen Krypta, versteckten sich während der Christenverfolgung die Gläubigen. Heute werden hier liturgische Gegenstände aufbewahrt. Funde aus klassischer und römischer Zeit sind in die Außenmauern an der Ostseite der Kirche eingelassen, so zum Beispiel wertvolle Reliefs. Bei Ausbesserungsarbeiten am Boden der Kirche wurde vor einigen Jahren in etwa 25 cm Tiefe ein wertvolles Mosaik mit Darstellungen von Pfauen entdeckt.

Praktische Informationen

Ärztliche Versorgung

An der Straße in Richtung Ioánnina befindet sich ein „Health Center", Tel. 04 32/2 22 22. Darüber hinaus gibt es etwa zehn praktizierende Ärzte am Ort, unter anderem Doktor Liápis, Tel. 04 32/2 24 04, Doktor Mantzanás, Tel. 04 32/2 23 57 und Doktor Mákris, Tel. 04 32/2 39 71, 2 38 71.

Insgesamt elf Apotheken befinden sich in Kalambáka. Eine davon liegt an der Kreuzung im Zentrum, direkt neben dem Terrassencafé. Wenig oberhalb befinden sich zwei weitere Apotheken.

Auskunft

Auskünfte erteilt die Touristenpolizei in der Nähe der Platía. Man geht in die Odos Oikonomoú hinein und dann in die erste Straße linker Hand. Nach wenigen Metern liegt auf der linken Seite die Polizeistation, Tel. 04 32/2 21 09.

Autovermietung

Eine Autovermietung gibt es bislang noch nicht.

Banken

Direkt an der großen Kreuzung in Stadtmitte liegt die Ionische Bank. Öffnungszeiten: Mo.-Do. 8-14 Uhr, Fr. 8-13.30 Uhr.

Einkaufen

Eine Besonderheit dieser Gegend sind sie zahlreichen Kupferschmieden, deren Produkte typische Souvenirs dieser Region darstellen. Hergestellt und verkauft werden außerdem dicke Schafwollpullover, Lederwaren und Teppiche. Etwas oberhalb der Kreuzung in der Stadtmitte, an der die Straße nach Ioáninna abzweigt (schräg gegenüber dem Hotel „Aeólic Star"), befindet sich eine kleine Baumwollspinnerei. Es ist sehr interessant, eine Weile zuzuschauen, mit welcher Fingerfertigkeit das Garn gesponnen wird. Sowohl in den Klöstern als auch in vielen Geschäften werden Ikonen angeboten. Achten Sie darauf, daß sich auf der Rückseite der Ikone ein Stempel mit einem zweiköpfigen Adler befindet. Nur dann ist die Echtheit der Ikonen, die zu einem großen Teil noch von den Mönchen der Klöster hergestellt werden, garantiert.

Essen und Trinken

Im Zentrum befinden sich zahlreiche Restaurants und Tavernen, die alle mehr oder weniger durchschnittlich sind. Direkt an der Kreuzung, hinter dem Taxistand, liegt das Restaurant „Meteóra". Das Essen ist dort nicht schlecht, störend ist allerdings der Verkehr.

Pannenhilfe

Eine Niederlassung des ELPA-Service befindet sich in der Odos Sidirodrómos 6, Tel. 04 32/2 33 40, 2 27 34. In Kalambáka befinden sich fünf Autowerkstätten, von denen am Wochenende immer eine geöffnet hat.

Polizei

Die Polizeistation befindet sich in einer Stichstraße der Odos Oikonomoú, in der Nähe der Platía, Tel. 04 32/2 21 09, 2 23 80.

Post

Die Post befindet sich in der Odos Ioáninna, etwa 200 Meter vom Zentrum entfernt. Öffnungszeiten: Mo.-Fr. 7.30-14 Uhr.

Taxi

Der Taxistand ist direkt an der Platía, Tel. 04 32/22 36, 2 28 22.

Telefonieren

Das OTE befindet sich in der Odos Ioánnina 27, etwas oberhalb der Post. Samstags und sonntags ist das OTE geschlossen.

Unterkünfte

In Kalambáka gibt es annähernd 20 Hotels, Pensionen und zahlreiche Privatzimmer.

Hotels:

„Motel Diváni": 165 Zi., 315 Betten; ein DZ kostet etwa 120 DM; Tel. 04 32/2 33 30, 2 25 83.

„Edelweiss": 48 Zi., 85 Betten; eine Suite kostet im Sommer etwa 130 DM, ein DZ mit Bad etwa 71 DM; Tel. 04 32/2 38 84.

„Antoniádes": 18 Zi., 30 Betten; ein DZ mit Bad kostet zwischen April und Oktober 65 DM.

„Atlántis": 28 Zi., 50 Betten; ein DZ mit Bad kostet um 45 DM; Tel. 04 32/2 24 76, 2 29 24.
„Olýmpia": Odos Tríkalon 97; 22 Zi., 42 Betten; ein DZ mit Bad kostet etwa 36 DM; Tel. 04 32/2 27 92, 2 32 92.
„Meteóra": Odos Ploutárhou 13; 8 Zi., 15 Betten; ein DZ mit Bad kostet etwa 40 DM; Tel. 04 32/2 23 67.
„Aeólic Star": in der Nähe des Hauptplatzes; 19 Zi.; in der Hauptsaison kostet ein DZ mit Bad etwa 50 DM; die Zimmer sind sehr einfach und klein, die Besitzer sind sehr freundlich; Tel. 04 32/2 23 25.
Darüber hinaus gibt es zahlreiche Campingplätze. Allein an der Hauptstraße nach Tríkala haben wir sechs Campingplätze gezählt, von denen Camping „Rítsos" den besten Eindruck machte.

Verkehrsverbindungen

Mit dem Bus: Täglich mehrmals bestehen Busverbindungen nach Athén, Thessaloníki, Ioánnina, Vólos und Tríkala. Die Busstation befindet sich am Bahnhof, Tel. 04 32/2 24 32. Darüber hinaus fährt etwa fünfmal täglich ein Bus hoch zu den Meteóra-Klöstern.
Mit dem Zug: Täglich mehrmals bestehen Zugverbindungen nach Athén, Thessaloníki und Vólos.

Sonstiges

Am Ortsausgang in Richtung Tríkala befindet sich eine Tankstelle mit bleifreiem Benzin.

Kastráki

Ein interessanterer Ausgangspunkt für den Besuch der Meteóra- Klöster als Kalambáka ist sicherlich das kleine Örtchen Kastráki, das direkt am Fuß der mächtigen Felsen liegt. Die Atmosphäre hier hat, vor allem gegen Abend, etwas Unheimliches und manchmal Beklemmendes an sich. Manche der Häuser sind so nahe an die Felsen gebaut, daß man meint, sie berührten die mächtigen Steinwände. Auffallend ist die Architektur der im alten Ortsteil befindlichen Häuser. Sie sind aus gebrochenem Felsstein erbaut, die meisten haben einen Holzbalkon. Manche Gebäude sind in grellen Farben angemalt, so daß man meinen könnte, hier wären Kinderhände am Werk gewesen. Man hat das Gefühl, die Zeit sei an diesem Ort völlig vorübergegangen. Die Bewohner, deren Gesichter von harter Arbeit gezeichnet sind, treiben wie vor Jahrhunderten abends ihre Schafe und Ziegen zum Melken in kleine Verschläge. Überall wird man freundlich — zugleich ein wenig neugierig — begrüßt. Man freut sich noch, wenn Fremde kommen. Von dem einst blühenden Dorf ist allerdings nicht mehr viel übrig geblieben. Viele der Häuser stehen leer oder sind verfallen, die einstigen Bewohner haben ihr Dorf verlassen, um im Ausland ein erträglicheres Einkommen zu erzielen. Heute hat der Ort Kastráki etwa 1200 Einwohner.

Geschichte

Der Name des Dorfes leitet sich aller Wahrscheinlichkeit nach von der alten byzantinischen Burg (kástro) ab, die 1362 unter Kaiser Andrónikos Palaeológos gebaut wurde. Die angehängte Endung „ákis" ist eine gängige Verniedlichungsform und läßt aus der Burg also ein Bürglein werden. Angeblich waren die ersten Bewohner des Dorfes Flüchtlinge aus Epirus, die vor den Angriffen des Türken Ali Pascha hierher geflohen waren. Sie stießen dabei auf die Ruinen der alten Burg, die heute noch zu sehen sind und gründeten verschiedene Weiler, kleine ländliche Siedlungen. Zu Anfang des 19. Jahrhunderts schlossen sich die Weiler (Rouxiόri, Aghía Paraskeví, Rigílavo und Triskiáno) zu dem Dorf Kastráki zusammen.

Praktische Informationen

Essen und Trinken

An der Straße, die nach Kastráki hineinführt, befinden sich etwas oberhalb einige Tavernen, die recht einladend wirken. Zu empfehlen ist das Restaurant „Garénia" auf der linken Seite. Der sehr freundliche Wirt steht den ganzen Abend am Holzkohlengrill und ist überdies auch nicht verstimmt, wenn man nur auf einen Oúzo hereinschaut. Das Restaurant ist zugleich Treffpunkt der Männer. Hier werden Karten gespielt und auch alle Neuigkeiten schnell verbreitet. Man sitzt unter herrlichen alten Bäumen. Schräg gegenüber befindet sich ein weiteres Grillrestaurant, das den Namen „Patalopáni" trägt. Es liegt etwas tiefer, und man hat von hier aus einen phantastischen Blick auf die Bergwelt. Dafür ist das Essen eher mäßig. Ganz oben im Ort, gegenüber der Kirche, liegt das Restaurant „Siafákas".

Feste

Das wohl berühmteste Fest, das hier gefeiert wird, ist das *St.-Georgs-Fest* am 23. April. Einer alten Legende zufol-

Im Ort Kastráki spiegelt sich die bizarre, geheimnisvolle Atmosphäre der Meteóra-Region wider

ge, hatte einst ein ehrfürchtiger Gläubiger zu Ehren des Heiligen Georg eine Kapelle hoch oben in den Felsen gebaut. Als nun ein Türke am Fuße dieses Felsens Holz hackte und somit den heiligen Ort schändete, erstarrte er. Nur der Schwur, hier nie wieder Holz zu hacken, und in diesem Falle seine Frau zu entschleiern, rettete ihm das Leben. Aus Dankbarkeit erklomm er den Felsen und brachte zur Bestätigung seines Schwurs einen Schleier seiner Frau an der Kapelle an. Gemäß dieser Überlieferung bringen nun in jedem Jahr am 23. April die jungen Männer des Dorfes die Tücher ihrer Liebsten hinauf zu der besagten Stelle. Ein nicht ganz ungefährliches Unternehmen! Immer wieder kommt es zu Unfällen. Betrachtet man die glatten Felswände, so hält man ein derartiges Unternehmen ohnehin für unmöglich. Doch die bunten Tücher, die hoch oben in der Felsspalte an einer Leine flattern, beweisen die Tapferkeit der jungen Kastrákier.

Seit sechs Jahren findet jeden August (vom 24. bis 26. August) ein *Weinfest* in der Dorfschule statt. Drei Tage lang tun sich die Bewohner gütlich an dem lokalen Retsína und dem sehr guten Rotwein, der hier wächst. Zwar werden heute viele Weinfelder nicht mehr bewirtschaftet, aber dennoch: An diesen Tagen sieht man nur fröhliche Gesichter, es wird getanzt, gegessen und getrunken — und natürlich ist jung und alt auf den Beinen.

Unterkünfte

In Kastráki gibt es nur wenige Übernachtungsmöglichkeiten. Die Privatzimmer kosten in der Regel zwischen 20 und 30 DM. Übernachten kann man auch im Hotel „Kastráki": 8 Zi., 14 Betten; ein DZ kostet etwa 26 DM; Tel. 04 32/ 2 22 86. An der Haupstraße befindet sich auch das neu gebaute Hotel „France".

Verkehrsverbindungen

Jede halbe Stunde bestehen Busverbindungen nach Kalambáka.

Sonstiges

Es gibt hier oben weder Post und Polizei noch Ärzte und Apotheken. Entsprechende Adressen →*Kalambáka.*

Die Meteóra-Klöster

Die Meteóra-Klöster sind wohl ohne Übertreibung eine der imposantesten Sehenswürdigkeiten Europas. Hoch oben auf den steil in den Himmel ragenden, gewaltigen dunklen Felsen, die sich unvermittelt aus der thessálischen Tiefebene erheben, haben fromme Mönche in mühevoller Arbeit ihre Klöster gebaut. Welch ein Platz, um in völliger Weltabgeschiedenheit Gott zu dienen! Die Einsamkeit, Ruhe und Stille dieser Bergwelt waren es, die die Mönche veranlaßten, hier ihre Klöster zu errichten und Zwiesprache mit Gott zu halten. Der Name „Meteóra", den der Mönch Athanásios, Gründer des ersten Klosters, dem Kloster-Felsen gab, bedeutet soviel wie „in der Luft", „zwischen Himmel und Erde". Und in der Tat sind die Klöster in schwindelerregender Höhe erbaut. Führt man sich vor Augen, daß erst in diesem Jahrhundert eine Straße durch die Felslandschaft gebaut wurde, auf der man nun recht mühelos die Klöster erreichen kann, zuvor jedoch die Mönche jahrhundertelang durch eine Art Seilzug in Netzen und Körben zu ihren Klöstern hinaufgezogen wurden, so wird einem erst vollends die große Bedeutung dieses Ortes bewußt. Heute bezeichnet der Begriff Meteóra die gesamte Region. Von den einst 24 Klöstern sind mittlerweile die meisten verfallen. Lediglich fünf werden noch von Ordensleuten, eines davon übrigens von Nonnen, bewohnt.

Insgesamt sechs Klöster können besichtigt werden. Die Mönche, die angesichts der täglichen Besucherscharen natürlich um die Stille und Einsamkeit ihres Klosterlebens gebracht sind, haben sich mit der „unheiligen" Situation abgefunden und arrangiert. Heute werden hier oben sogar Souvenirläden und Erfrischungsstände betrieben, so daß die Klö-

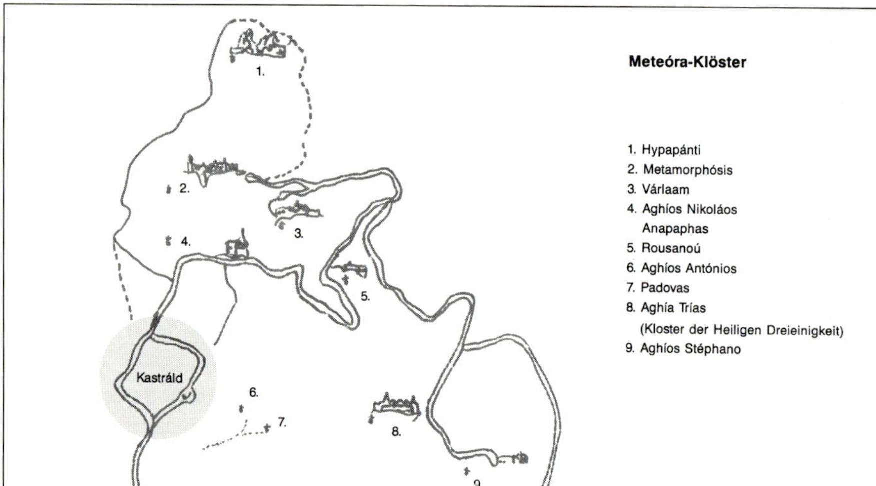

ster wenigstens einen kleinen finanziellen Nutzen haben. Man sollte übrigens frühzeitig aufbrechen, wenn man die Klöster in Ruhe besichtigen möchten, da bereits am späten Vormittag ein gewaltiger Besucherandrang herrscht, und dies nicht nur in der Hochsaison. Übrigens: Auf die Einhaltung der Kleidervorschriften wird hier strengstens geachtet. Frauen in Hosen wird kein Einlaß gewährt. Vorgeschrieben sind für Frauen Kleider oder Röcke, die Schultern müssen bedeckt sein. Männer in Shorts oder kurzen Hosen werden ebenfalls nicht eingelassen. Ausnahmen werden nicht gemacht!

Man kann die Klöster mit dem Auto anfahren. Parkplätze sind vorhanden. Von dort muß man dann noch einige Minuten zu Fuß gehen, bevor man die Klöster erreicht. Mehrmals täglich fahren auch Busse von Kalambáka hier herauf.

Zur Entstehung der Meteóra-Felsen

Nach Meinung der Wissenschaftler sind die Felsen im Tertiär, also vor mehr als 60 Millionen Jahren, entstanden. Damals war die gesamte Gegend von Wasser bedeckt, das sich erst im Laufe von Jahrtausenden einen Weg durch die Gesteinsmassen bahnte und zum Meer hin abfloß. Bei den insgesamt mehr als 1000 großen und kleinen, geschliffen aussehenden Felsen, handelt es sich um grobe Sandstein-Konglomerate, die ganz charakteristische rundliche, turmartige Verwitterungsformen aufweisen.

Geschichte der Klöster

Die Geschichte der Mönchsrepublik Meteóra beginnt lange vor der Errichtung des ersten Klosters. Bereits im 9. Jahrhundert kamen Eremiten in dieses Felsenwelt und ließen sich in Schluchten und Höhlen nieder. Lediglich an Sonntagen und zu den großen Feiertagen verließen sie ihre Höhlen und nahmen an den Messen in Doubiáni teil. Mit der Zuwanderung zahlreicher weiterer Mönche entstand im 11. Jahrhundert der Zu-

Nicht nur Lebensmittel wurden in Netzen zu den Klöstern gezogen, auch die Mönche nutzten dieses Transportmittel

fluchtsort Stági, und die Höhlen verwandelten sich in Einsiedeleien, in denen orthodoxe Mönche lebten und beteten. Genauere Kenntnisse über die Entwicklung der Mönchsgemeinschaft gibt es aber erst seit dem 14. Jahrhundert.

Der dem Kloster Athos angehörende Mönch *Athanásios Kinovítis,* häufig auch als *Meteóris* bezeichnet, gilt als der eigentliche Begründer der Klostergemeinschaft. Zwischen 1356 und 1373 errichtete er, zusammen mit 14 Mönchen, an der höchsten Stelle das erste und zugleich bedeutendste Kloster, das *Kloster Metamorphósis,* in das Frauen keinen Zutritt hatten. In den folgenden Jahrhunderten strömten immer mehr Mönche nach Meteóra, was zur Folge hatte, daß immer neue Klöster errichtet wurden. Ab 1490 unterstanden alle Köster dem Hauptkloster Metamorphósis. Aufgrund seiner vollbrachten „Wundertaten" wurde Athanásios später von der Orthodoxen Kirche heilig gesprochen.

Die Blütezeit erlebte die Gemeinschaft im 15. und 16. Jahrhundert. Die jeweiligen Herrscher und Prinzen gewährten der Gemeinschaft Sonderrechte und Spenden, so daß sich ein blühendes religiöses und kulturelles Klosterleben entwickelte und Meteóra zugleich Zentrum für orthodoxe Religion wurde. Im 17. Jahrhundert setzte der Niedergang ein, bedingt durch zahlreiche Fehden der Klöster untereinander, so etwa um den Besitz von Ländereien in der thessálischen Ebene und ähnlichem. Viele Mönche verließen Meteóra, um nach Athos überzusiedeln, die Klöster verfielen, und zum Teil sieht man heute noch die Ruinen. Mit dem Einsetzen des Massentourismus ist ein weiteres Abwandern der Mönche verbunden gewesen. Heute sind noch fünf Klöster bewohnt.

Das Klosterleben

Das Hauptstreben der Mönche gilt dem Erlangen des Heiligen Geistes, welches das vorrangige Ziel orthodoxer Christen ist. Um diesen Zustand der völligen Vergeistigung zu erreichen, werden vor allem intensive Gebete, Fastenzeiten und Nachtwachen eingehalten. Einen wichtigen Stellenwert nimmt auch die Buße ein. Für die Mönche ist die Buße eine ständige Bedingung, eine Art Wiedergeburt, Beginn des ewigen Lebens. Die ständige Vereinigung mit Gott soll die Schwächen des Mönches erkennbar machen und ihn somit zu größerer Vollkommenheit erheben. Tränen werden als notwendiges Resultat der Reue angesehen, die die Seele reinigen. Den Gottesdienst begehen die Mönche in stiller Einkehr durch stundenlange Gebete, in denen stets dieselben Psalmen wiederholt werden. Mit der Liturgie ist das Bemühen um Reinigung und Läuterung verbunden sowie das Heraustreten aus dem weltlichen Leben. Ist der angestrebte Endzustand erreicht, in dem nur noch der Geist arbeitet, dann hören die Gebete auf, dann befindet sich der Mönch im Zustand der „Verzückung". Er untersteht nun nicht mehr seinem eigenen Willen, sondern dem des Heiligen Geistes.

Wer die Klöster besucht, sollte sich stets vor Augen halten, an welch sakralem Ort er sich befindet und sich in diesem Sinne ruhig und zurückhaltend benehmen.

Wer sich darüber hinaus noch über die zahlreichen verlassenen Klöster informieren möchte, der kann sich an einem der Stände oder in einem Geschäft in Kalambáka einen „Kloster-Führer" kaufen.

Das Kloster Metamorphósis

Das älteste, zugleich größte und sicherlich auch überwältigendste Meteora-Kloster liegt am westlichen Ende der Felslandschaft. Es ist 613 Meter über dem Meeresspiegel gelegen und erhebt sich 415 Meter über dem Fluß Pínion. Man erreicht das Kloster vom Parkplatz aus über 115 in den Felsen gehauene Stufen. Bis 1922 wurden die Mönche hier mit Körben hochgezogen oder benutzten Strickleitern, um zum Kloster zu gelangen. Heute dient das Netz nur noch dem Transport von Waren. Während des Anstiegs zum Kloster sieht man linker Hand ein kleines, unter dem Felsen errichtetes Gebäude. An dieser Stelle befand sich ehemals die Einsiedelei des Gründers Athanásios.

Nach dem Betreten des Klosters gelangt man als erstes in einen Raum, der die täglichen Gebrauchsgegenstände der Mönche beherbergt: Eßteller, Hocker, Lampen, Werkzeug, Weinfässer, Heuwender und sogar Gewehre. Eine alte Holzplanke versinnbildlicht Noah, der mit seiner Arche vor der Sintflut gerettet wurde. Dies, so wurde uns erzählt, soll darauf verweisen, daß die Kirche Christi in der Lage ist, die Sünde, durch die die Sintflut hervorgerufen wurde, zu überwinden.

Die Hauptkirche, das kreuzschiffige Kathólikon, ist über und über mit phantastischen Wandmalereien versehen, die aus der Zeit um 1552 stammen. 1791 wurde die Arbeit an der holzgeschnitzen Altarwand beendet,

Das Kloster tis Metamorfoseos. Zeichnung von B. Barskij, 1745.

welche vor allem Motive aus der Tier- und Pflanzenwelt zeigt. An der Rückseite der Kirche befinden sich die Sarkophage der Klostergründer Athanásios und Ioasaph. Man sieht zwei silberne, kopfförmige Schalen, in denen ein kleines rundes Loch ist. Darunter kann man die Schädel der Toten erkennen. Übrigens ist die Kirche nicht aus dem Gestein des Umlandes gebaut worden, sondern aus einem porösen Kalkstein. Das bedeutet, daß das gesamte Baumaterial von weither hierhin geschafft wurde.

Das heutige Museum diente früher als Refektorium (erbaut 1557). Es beinhaltet Kruzifixe, darunter das Kreuz des Daniels, dessen Herstellung 14 Jahre gedauert haben soll, ein steinerner Eßtisch, an dem die Mönche früher gespeist haben, des weiteren Ikonen, Grabtücher, Meßkelche, Miniaturmalereien, Handschriften, deren Enstehung bis ins 14. Jahrhundert zurückgeht, Wandteppiche usw. Direkt hinter dem Refektorium ist die Krankenabteilung des Klosters untergebracht. Kurz vor dem Ausgang befindet sich auf der

rechten Seite eine alte Küche mit Backofen, Kesseln, Kochgefäßen, Eßbestecken und großen Amphoren.
Öffnungszeiten: täglich 9-13 Uhr und 15.20-18 Uhr, Di. geschlossen. Der Eintritt kostet 2 DM.

Das Kloster Várlaam

Etwas unterhalb des Klosters Metamorphósis befindet sich in einer Höhe von 373 Metern das Kloster Várlaam, benannt nach dem ersten Mönch, der sich im Jahre 1350 hier niederließ. Várlaam ließ die Kirche *Tríon Ierárchon* sowie einige Zellen errichten. Fast zwei Jahrhunderte später, im Jahre 1518, wurde von den Brüdern *Nektários* und *Theophánis* auf den Trümmern der ehemaligen Kirche mit dem Wiederaufbau des Gotteshauses begonnen.
Sehr sehenswert ist die kreuzschiffige Hauptkirche, das Kathólikon. 22 Jahre lang hat man angeblich das Material zur Errichtung der Kirche gesammelt. Nach einer alten Überlieferung ist die Kirche dann in nur 22 Tagen wiedererbaut worden. Theophánis, der seit zehn Monaten das Krankenbett nicht mehr verlassen hatte, soll angeblich, als er von der Fertigstellung der Kirche erfuhr, aufgestanden sein und die Kirche gesegnet haben — dann ist er gestorben. Beide, Theophánis wie auch Nektários, haben in der Kirche ihre letzte Ruhestätte gefunden. Die holzgeschnitze Altarwand ist mit Motiven aus der Pflanzen- und Tierwelt versehen. Die Thesen zeitgenössischer Kunsthistoriker gehen dahin, daß die wunderbaren Gemälde im Hauptschiff von dem berühmten, aus Athos stammenden Ikonenmaler *Fránko Katelános* stammen, der zu den wichtigsten Ikonenmalern des 16. Jahrhunderts zählte.
Das Refektorium beinhaltet Miniaturen, Gewänder von Bischöfen, alte Grabtücher und Ikonen. Auch wird hier ein handschriftliches Evangelium des Kaisers von Byzanz, *Konstantínos Porphyrogennítos,* aufbewahrt.
Anfänglich erreichte man das Kloster nur mittels einer ausgeklügelten Holzkonstruktion, bei der die Gerüste in die Felsspalten eingekeilt wurden. Später wurde diese Konstruktion durch Strickleitern ersetzt. Auch konnten sich die Mönche mit einem Netz hinaufziehen lassen. Erst 1923 wurden die insgesamt 195 Stufen in den Felsen gehauen, über welche man heute das Kloster erreicht.
Öffnungszeiten: täglich 9-13 Uhr und 15.20-18 Uhr. Freitags geschlossen. Eintritt: 2 DM.

Das Kloster Rousanou

Es ist nicht eindeutig geklärt, woher der Name des um 1288 gegründeten Rousanou-Klosters stammt. Zwei Vermutungen liegen nahe. Die erste besagt, daß der Gründer des Klosters den Namen *Rousanou* trug. Eine zweite Theorie besagt, daß der Klostervorsteher aus dem thessálischen Dorf Rosána kam. 1545 wurden die Gebäude umfassend renoviert. Gegen Ende des letzten Jahrhunderts, im Jahre 1897, wurden zwei Holzbrücken angebracht, über die man die Klöster erreichen konnte. Bis zu diesem Zeitpunkt konnte man ausschließlich auf Strickleitern zum Kloster gelangen. Mittlerweile sind die alten Holzbrücken durch neue ersetzt. Sehr schön ist die Hauptkirche mit den Wandmalereien aus dem Jahre 1560. Aller Wahrscheinlichkeit nach handelt es sich dabei um Werke der Kretischen Schule.
Öffnungszeiten: täglich 9-18 Uhr. Eintritt: 2 DM.

Das Kloster der Heiligen Dreieinigkeit

Das Kloster der Heiligen Dreieinigkeit gilt als das drittälteste der Meteóra-Klöster. Aller Wahrscheinlichkeit nach ist es zwischen 1458 und 1476 erbaut worden. Die Hauptkirche stammt, wie Inschriften beweisen, aus dem Jahre 1476.
Siebzig Jahre hatte es gedauert, bis man das für die Errichtung des Klosters benötigte Baumaterial zusammengetragen hatte. In den Klosteranlagen befinden sich zwei Kirchen,

die Hauptkirche und die Kapelle St. Johannes der Täufer. Sehr sehenswert ist die holzgeschnitzte Altarwand der Hauptkirche mit ihren goldenen Verzierungen. Auch sollte man auf die wertvollen Ikonen achten. Zum Kloster gehören darüber hinaus noch ein Refektorium, zwei Zisternen, die Mönchsklausuren und die Küche.
Öffnungszeiten: täglich 9-18 Uhr. Eintritt: 2 DM.

Das Kloster St. Stephano

1192 erbaut, wurde das Kloster St. Stephano um 1200 zum ersten Mal bewohnt. Der Vorsteher soll ein gewisser Jeremías gewesen sein. Im Gegensatz zu den anderen Klöstern war es stets einfacher zu erreichen, da seit Existenz des Klosters eine Brücke den Klosterfelsen mit dem gegenüberliegenden Berg verband. Übrigens kann man das Kloster auch zu Fuß von Kastráki aus erreichen. Der byzantinische Kaiser Andrónikos Palaeológos, der das Kloster im Jahre 1333 besuchte und in den Genuß der Gastfreundschaft kam, machte dem Kloster nicht nur wertvolle Geschenke, sondern verlieh ihm auch den Titel „königlich". Die Kirche St. Stephanos wurde 1350 erbaut, die wunderbare Hauptkirche erst im Jahre 1798. Besonders verdient machte sich das Kloster durch zwei Dinge: Mitte des vergangenen Jahrhunderts ließ St. Stephano in Kalambáka eine Schule erbauen und finanzierte zugleich den Bau der heutigen Grundschule.
Im Laufe der Zeit verließen jedoch die Mönche das Kloster. Von den 31 Ordensmännern, die noch 1888 hier lebten, verließ der letzte im Jahre 1960 das Kloster. Nachdem es kurze Zeit unbewohnt war, siedelten sich hier Nonnen an, die sich vorwiegend künstlerischen, wissenschaftlichen und sozialen Aufgaben widmen. So befaßt man sich hier intensiv mit Ikonenmalerei, Musik und Literatur — bis hin zur Schriftstellerei.
Das Kathólikon, die Hauptkirche, ähnelt sehr stark den Klosterbauten auf Athos. Zwar ist die Kirche völlig frei von Wandmalereien, dafür beinhaltet sie aber einen um so eindrucksvolleren holzgeschnitzten Altar, auf dem unter anderem eine Darstellung des Abendmahles zu sehen ist. Aus feinem Holz geschnitzt sind ebenfalls der Thron des Bischofs sowie die Schreine.
Öffnungszeiten: täglich 8-12 Uhr und 15-18 Uhr, Mo. geschlossen. Eintritt: 2 DM.

Das Kloster Aghíos Nikoláos (toú Anapáfsa)

Das Entstehungsdatum des Klosters Aghíos Nikoláos ist nicht eindeutig geklärt. Manche Quellen gehen davon aus, daß es gegen Ende des 15. Jahrhunderts auf den Ruinen eines älteren Klosters errichtet wurde. Andere Quellen setzen den Zeitpunkt im 13. und 14. Jahrhundert an. Die Besonderheit dieses

Wer war der Maler Theophánis?

Der im Jahre 1500 auf Kréta geborene Theophánis war einer der berühmtesten Vertreter der Ikonenmalerei des 16. Jahrhunderts. Zeit seines Lebens widmete er sich der Malerei mit dem Ziel, die orthodox-religiöse Wahrheit zu überliefern. Sein Werk strahlt eine ungeheure geistige Tiefe aus. Die Ausdruckskraft der von ihm geschaffenen Figuren und die Stilisierung der Umrisse gehört zu den wichtigsten Merkmalen seiner Kunst. Von einer tiefen inneren Ruhe sind die Bilder erfaßt. Den Maler interessierte nicht das weltliche Geschehen, ihn interessierte auch nicht die exakte Darstellung von Körpern. Vielmehr war er bemüht, das spirituelle und ewige Leben in seinen Bildern zu verdeutlichen. Theophánis, der vor allem in Makedónien und Thrákien, vorwiegend aber auf Athos und in Meteóra arbeitete, starb am 24. Februar 1559.

Klosters besteht darin, daß es auf verschiedenen Ebenen erbaut wurde. Resultat: Es wirkt wesentlich enger und düsterer als die anderen Klöster. Das Kathólikon, die Hauptkirche, ist dem Heiligen Nikoláos geweiht. Die Wandgemälde sind Arbeiten des berühmten kretischen Malers Theophánis.
Öffnungszeiten: täglich 9-13 Uhr und 15-18 Uhr. Eintritt: 2 DM.

Ambeláki

Fährt man die Autobahn von Lárissa in Richtung Thessaloníki, dann liegt in Höhe des berühmten *Témbi-Tals* (→ dort) der kleine, malerische Bergort Ambeláki. Man verläßt die N1 vor der Maut-Station und fährt eine nicht enden wollende, ungemein kurvenreiche, fünf Kilometer lange Straße hinauf in den kleinen Ort. Berühmt ist der Ort für seinen erstklassigen Wein, und nicht ohne Grund erhielt er den Namen Ambelákia, was übersetzt so viel wie „kleiner Weinberg" heißt. Gerade 400 Einwohner zählt das um 1600 gegründete, einst sehr wohlhabende Dorf.
Die alten Herrenhäuser, die sogenannten *archóntika,* geben noch eine Vorstellung von der einstigen Blüte dieses Dorfes, wenngleich viele der wunderbaren alten Häuser verlassen dastehen und allmählich verfallen. Berühmt war Ambeláki vor allem für seine Spinnereierzeugnisse und seine Färbereien, deren älteste auf das Jahr 1778 datiert werden. Auch, so heißt es, sei hier die Wurzel für die in der Folgezeit entstandenen Genossenschaftsbetriebe zu finden, denn gegen Ende des 18. Jahrhunderts schlossen sich erstmals Färbereibetriebe zu einer Produktionsgemeinschaft zusammen. Nach und nach kamen Produktionsgemeinschaften von Wein, Tabak, Öl, Seide etc. hinzu, die mit vielen Städ-

Ein beschwerlicher Fußweg führt zum Kloster Aghíos Nikoláos, aber der Besuch lohnt sich

ten Europas Handel trieben. Eingeführt wurde auch das System der Sozialversicherung. Von besonderer Bedeutung war in diesem Zusammenhang der Dorfbewohner *Kírios Mávros,* der nach einem Aufenthalt in Wien seinen Namen germanisierte und sich von da an *Schwarz* nannte. Sein ehemaliges Herrenhaus, das heute als Museum dient, gilt als eines der schönsten und sehenswertesten *archóntika* Griechenlands. In diesem Haus, so heißt es, habe die Genossenschaftsbewegung ihren Anfang genommen. Zu besichtigen sind, abgesehen von den Räumlichkeiten, die zahlreichen alten Handwerksgegenstände. Geöffnet hat das Museum täglich (außer montags).

Sehenswert ist auch die Kirche *Aghíos Geórgios* mit den Wandmalereien aus dem Jahre 1721.

Noch eine Besonderheit gibt es in Ambelákia: Alleinstehende Frauen können hier Urlaub unter dem Motto ,,Ferien auf dem Lande" verbringen und haben dabei die Möglichkeit, alte Kunsthandwerke wie Spinnen und Färben zu erlernen. Informationen bezüglich dieser ,,Touristikgenossenschaft der Frauen in Ambeláki" erteilen die Griechischen Fremdenverkehrsämter.

Praktische Informationen

Ärztliche Versorgung

Eine lokale Arztpraxis gibt es hier nicht. Dreimal wöchentlich kommt allerdings ein Arzt aus einem benachbarten Dorf. In dringenden Fällen sollte man das „Health Center" in Gónni, auf der anderen Bergseite, aufsuchen. Auch Apotheken gibt es hier nicht.

Banken

Im Ort befindet sich keine Bank. Geld wechseln kann man ausschließlich in den Hotels.

Essen und Trinken

An der Platía befinden sich zwei Tavernen. Allerdings sind die Kellner völlig überfordert, wenn mehr als vier Tische besetzt sind.

Feste

Jedes Jahr am 20. Juli wird das Fest zu Ehren des *Profítis Ilías* gefeiert. Im Anschluß an die feierliche Messe gibt es Musik und Folkloredarbietungen.

Unterkünfte

Es gibt ein Hotel sowie einige Privatzimmer. Das Hotel „Músses", kurz vor der Platía, ist in einem ehemaligen Archóntiko untergebracht. Es ist eines der schönsten Hotels, die wir in Griechenland gesehen haben. Die peinlich sauberen und geräumigen Zimmer sind ungemein gemütlich und geschmackvoll eingerichtet — und dies alles im Stil der alten Herrenhäuser. Der sehr freundliche Inhaber, der allerdings nur Griechisch spricht, ist gerne bereit, ausführliche Informationen über das Dorf zu geben. Übrigens: Die Übernachtungen sind gar nicht teuer. Man bezahlt für ein DZ pro Nacht nicht mehr als 35 DM; Tel. 04 95/9 34 05.

Verkehrsverbindungen

Zweimal täglich gibt es eine Busverbindung nach Lárissa.

Das Témbi-Tal

Dort, wo sich der Fluß *Témbi* zwischen dem *Káto Olýmp* und dem *Ossagebirge* seinen Weg bahnt, liegt das schon in der Antike bedeutsam gewesene Témbi-Tal. Es handelt sich um eine Schlucht (Erosionsfurche) von etwa zwölf Kilometern Länge und 500 Metern Tiefe. Unbedingt sollte man anhalten und einen Blick in die Schlucht werfen; besonders spektakulär ist der Anblick im Frühling, wenn sich der Témbi zu einem reißenden Fluß entwickelt. Die engste Stelle liegt kurz hinter dem Abzweig nach Ambeláki.

In der Antike glaubte man, daß Poseidon mit seinem Dreizack das Témbi-Tal geschaffen habe. Das Témbi-Tal war zugleich die Heimat des Lorbeerbaums. Gemäß der griechischen Mythologie soll hier einst Apollon der Nymphe Daphne nachgesetzt habe. Da sie sich seinem Werben entzog, verwandelte ihr Vater sie kurzerhand in einen Lorbeerbaum. Phoíbos, der Begründer des Orakels von Délphi, brachte einen Lorbeerzweig aus dem Témbi-Tal mit, der zum Wahrzeichen des Heiligtums in Délphi wurde. Von da an fand alle acht Jahre eine Prozession von Délphi ins Témbi-Tal statt.

Das Tal wurde zu einer der wichtigsten Durchgangsstraßen, die den Süden und den Norden Griechenlands miteinander verbanden. Der Perserkönig Xerxes führte 480 v. Chr. seine Truppen entgegen der Erwartung der Griechen um das Témbi-Tal herum, so daß diese sich zu den Thermopýlen zurückziehen mußten. Alexander der Große zog durch das Témbi-Tal, ebenso Caesar und Kaiser Hadrian. Zwischen 1881 und 1912 verlief hier die Grenze zwischen Griechenland und dem Osmanischen Reich.

Stómio

Stómio ist ein kleiner, recht junger Küstenort am Thermaischen Golf. Man erreicht ihn, wenn man die Autobahn in Richtung Omólio verläßt und dort nach Stómio abbiegt. Die Anreise führt durch ein landschaftlich stark genutztes und ausgesprochen schönes Gebiet. Links und rechts der Straße erstrecken sich Maisfelder, hin und wieder unterbrochen durch eine Pappelallee — man fühlt sich ganz entfernt an eine Niederrhein-Landschaft erinnert. Auf den Schornsteinen sieht man immer wieder Storchennester. Der Ort selber ist nicht sehr schön. Allerdings scheint der lange Sandstrand (kein Schatten!) viele Touristen anzulocken, so daß es im Sommer schon recht lebhaft hier zugeht.

Praktische Informationen

Essen und Trinken

An der Straße liegen einige Restaurants. Sehr gut ißt man im Fischrestaurant „Bei Theo".

Unterkünfte

Stómio verfügt über fünf Hotels, mehrere Pensionen und Privatzimmer sowie einen nicht sehr empfehlenswerten Camping-Platz. Auch die Hotels machen einen eher durchschnittlichen Eindruck.

„Melathron Magnavras" (Appartements): 32 Zi., 60 Betten; der Preis variiert; Tel. 04 95/9 12 10, 9 13 41.

„Panoráma" (Appartements): 13 Zi., 24 Betten; der Preis variiert; Tel. 04 95/9 13 45.

„Vlássis" (Appartements): 50 Zi., 76 Betten; der Preis variiert; Tel. 04 95/9 13 01.

„Argithéa": 9 Zi., 17 Betten; ein DZ mit Bad kostet etwa 59 DM; ein EZ 39 DM; Tel. 04 95/9 13 23.

„Drossiá": 7 Zi., 14 Betten; ein DZ mit Bad kostet etwa 40 DM; Tel. 04 95/9 13 65.

Karítsa

Etwa sechs Kilometer südlich von Stómio liegt das winzig kleine Örtchen Karítsa. Man erreicht Karítsa über eine sehr kurvenreiche Straße, die durch einen dichten Laubwald führt. Landschaftlich ein sehr schönes Gebiet. Am 14./15. August wird hier in einer feierlichen Zeremonie das Fest Mariä Himmelfahrt begangen. Ansonsten hat der Ort kaum etwas zu bieten. Übernachtungsmöglichkeiten haben wir nicht entdecken können. Am Dorfplatz befinden sich ein kleiner Mini-Markt und ein Supermarkt. Vorhanden ist auch ein Restaurant. Der Taxi-Ruf lautet: 9 22 15.

Zu fast jeder Ortschaft gehört auch ein kleiner Friedhof

Kókkino Neró

Kókkino Neró ist ein etwas unterhalb von Karítsa gelegener kleiner Ort, direkt am Meer. Man erreicht Kókkino Neró über eine neu asphaltierte Straße von Karítsa aus. Bei der Fahrt hat man einen traumhaften Blick übers Meer. Direkt hinter dem Ortseingang weist ein Schild auf die Quelle, die dem Ort ihren Namen gab. Die Quelle entwässert den mächtigen Kíssavos-Berg (Ossa-Gebirge) im Hinterland. Da das Wasser sehr eisenhaltig ist, haben die Steine im Laufe der Zeit eine rote Färbung angenommen. Kókkino Neró — das heißt so viel wie „rotes Wasser".

Das Dorf erstreckt sich entlang eines namenlosen Flußarmes, der im Sommer völlig ausgetrocknet ist. Die Vorstellung fällt allerdings nicht schwer, wie sich hier im Frühling nach der Schneeschmelze ein reißender Fluß entwickelt. Der Ort selber ist sehr grün und schattig und bietet ein für Griechenland ungewohntes Dorfbild. Bis Mitte August zieht es viele Touristen hierher, danach wird es merklich still in Kókkino Neró.

Praktische Informationen

Baden

Kókkino Neró verfügt über einen schmalen Kieselstrand, der durch große Bäume zum Teil viel Schatten bietet. An der südlichen Ortsseite, hinter dem Camping-Platz, wird der Strand schöner und ist im Sommer nicht so überfüllt.

Essen und Trinken

Direkt am Meer befinden sich einige Tavernen, Fischrestaurants und Cafés, die sich in Qualität und Preisen nicht wesentlich voneinander unterscheiden.

Unterkünfte

Es gibt einige Übernachtungsmöglichkeiten in Privatzimmern, aber keine Hotels. Die Preise liegen bei etwa 30 DM pro Übernachtung. In der Hochsaison kommt es jedoch schon einmal vor, daß alles ausgebucht ist.

Sonstiges Kókkino Neró verfügt weder über eine Post oder ein OTE noch über eine Bank.

Heiligenbilder und Ikonen spielen in der griechisch-orthodoxen Kirche eine große Rolle

Makedónien

Makedónien, die nördlichste Region Griechenlands, gehört zu den meistbesuchten Gebieten Nordgriechenlands. Makedónien grenzt im Westen an Albanien sowie die benachbarte griechische Provinz Epirus, im Norden an Jugoslawien, Bulgarien und die Provinz Thrákien. Makedónien erstreckt sich auf einer Fläche von rund 34 000 qkm und zählt knapp zwei Millionen Einwohner. Die Hauptstadt Makedóniens ist Thessaloníki. Die Region Makedónien wird landwirtschaftlich stark genutzt. In den breiten Ebenen und Tälern wird Tabak, Getreide, Wein und Obst angebaut. Die Industrie konzentriert sich vornehmlich in der Region um die Hauptstadt Thessaloníki.

Makedónien ist geprägt durch ein recht unterschiedliches Landschaftsbild. Im Südwesten beginnt das mächtige Píndos-Gebirge mit seinen dichten Wäldern, den breiten Flußläufen und den idyllischen Bergdörfern. Östlich davon liegen die Ausläufer des mächtigen Olýmp-Massivs, neben der Athener Akrópolis das bedeutendste Wahrzeichen Griechenlands. Den Hauptanziehungspunkt für Touristen bildet aber nach wie vor Chalkidikí mit den drei „Fingern" Kassándra, Sithónia und Athos. Chalkidikí wird vor allem wegen der ausgesprochen guten Bademöglichkeiten von vielen Urlaubern bevorzugt. Nicht zu vergessen ist die im Osten Makedóniens gelegene Insel Thássos, die sich zunehmender Beliebtheit erfreut.

Doch Makedónien hat noch mehr zu bieten als schöne Küstenstriche und idyllische Badebuchten. Wer sich für die Kultur und Geschichte Griechenlands interessiert, der hat die Möglichkeit, eine ganze Reihe geschichtsträchtiger Stätten zu besuchen, man denke nur an Städte wie Thessaloníki und Kavála oder an die Ausgrabungsgebiete von Vergína, Díon, Pélla und Philíppi oder den Geburtsort des großen Philosophen Aristóteles. In Europa einzigartig ist die Mönchsrepublik Athos, deren Besuch allerdings nur Männern vorbehalten ist.

Die Funde, die man in der Höhle von Petrálona *(→Petrálova)* gemacht hat, weisen darauf hin, daß es bereits zur Steinzeit menschliches Leben im Gebiet des heutigen Makedónien gegeben hat. Im Laufe der geschichtlichen Entwicklung erreichten die Städte und Dörfer Makedóniens ein erstaunliches kulturelles Niveau.

Die eigentlich bedeutende Geschichte dieser Region beginnt jedoch erst mit der Herrschaft König Phillips II. (382-336 v. Chr.), der die Machtposition Makedóniens entscheidend ausbaute und weite Teile des heutigen Griechenland unterwarf. Vorausgegangen war der Peloponnesische Krieg, aus dem sich für die verschiedenen Städte Griechenlands eine anhaltende Feindschaft entwickelte. Mit Verachtung behandelte man das Volk der Makedónier. Diese Zerwürfnisse bedeuteten eine entscheidende Schwäche für Griechenland, so daß Phillip II. sich darum bemühte, die Stadtstaaten zu einem Bund zusammenzuschließen — unter seiner Oberhoheit, versteht sich! Nach dem Tod Phillips II. folgte sein Sohn, Alexander der Große, ihm auf den Thron, der bei seinen Feldzügen Persien und Ägypten eroberte und bis nach Indien vorstieß. Nach dem Tod Alexanders des Großen büßte Makedónien seine bedeutende Vormachtstellung bald ein. König Phillip unterlag im 1. Makedonischen Krieg den Angriffen der Römer, und Makedónien wurde alsbald von Rom einverleibt.

Es folgten bewegte Jahrhunderte, in denen Makedónien ständig Angriffen feindlicher Mächte ausgesetzt war. Gegen Ende des 14. Jahrhunderts geriet die Region unter osmanische Herrschaft und gehört erst seit Beginn unseres Jahrhunderts wieder dem griechischen Mutterland an.

Der Olýmp

Der gewaltige Olýmp ist nicht nur der höchste Berg des Landes und damit Sinnbild Griechenlands, sondern war der Mythologie zufolge auch der „Sitz der Götter". An seiner höchsten Stelle, am *Mýtikas* (Pántheon), erreicht das gewaltige Massiv eine Höhe von 2917 Metern. Das Bergmassiv mit seinen steilen Schluchten und Abhängen erstreckt sich mit einer Länge von 50 und einer Breite von 42 Kilometern auf einer Gesamtfläche von insgesamt 1270 Quadratkilometern. Das Témbi-Tal (→dort), durch das der Pínios fließt, trennt den Olýmp vom Berg Kíssavos. Im Westen ertreckt sich der Olýmp bis nach Thessálien, im Norden wurzelt er in den fruchbaren Ebenen Makedóniens. Im Osten erhebt er sich nicht weit des Thermaischen Golfes.

Der Anblick dieser „Götterwelt" ist so grandios, daß man nicht umhin kann, anzuhalten und dieses einzigartige Schauspiel auf sich wirken zu lassen. Gegen Abend, wenn die Sonne hinter den Bergkuppen versinkt, ist das Massiv nicht selten in einen rötlichen Schein gehüllt. Schaf- und Ziegenherden, die am Fuß des Olýmp weiden, wirken wie winzige Tupfer, von einem impressionistischen Maler hingehaucht. Zu den höchsten Gipfeln zählen: der Skólio (2911 m), der Stefáni (2909 m), der Aghíos Antónios (2817 m), der Kalógeros (2813 m) und der Prophét Ilías (2786 m). Meistens verschwinden die Gipfel jedoch hinter Wolken, und das gesamte Gebirge ist in in einen Dunstschleier gehüllt.

Das Gebirgsmassiv besteht vor allem aus Kalkstein und Dolomiten, aber auch aus Konglomeraten. In dieser unberührten Bergwelt, die lediglich von Bergsteigern besucht wird, haben sich seltene Pflanzen und Wildblumen erhalten können. Darüber hinaus ist es die Heimat vieler seltener Vogelarten sowie die von Füchsen, Wölfen, Wildschweinen, Rehen und Steinböcken.

Während der türkischen Besatzungszeit diente der Olýmp vielen Aufständischen als Versteck. In einem alten Volkslied, das von dieser Zeit handelt, heißt es: „Auf jedem Gipfel und hinter jedem Ast war ein Aufständischer".

Auch das in der Nähe von Priónia gelegene *Diónysos Kloster,* dessen Ruinen man besichtigen kann, hatte einen zentralen Stellenwert während der Befreiungskämpfe. Es gewährte den Aufständischen Unterschlupf, dies übrigens auch während der deutschen und italienischen Besatzung, als Partisanen hier aufgenommen wurden. Das Resultat war, daß deutsche Soldaten das Kloster in die Luft sprengten.

Den Dichtern Homer und Hesiod ist es in erster Linie zu verdanken, daß die Sagen und Mythen der Götterwelt des Olýmp schriftlich niedergelegt wurden und bis heute überliefert sind. Sehr aufschlußreich ist dabei vor allem Homers Ilías. Der Sage zufolge war der Olýmp jener Ort, an dem die zwölf Götter, die sich um *Zeus* scharten, die irdischen Geschehnisse beobachteten und dementsprechend richteten. Es waren dies neben Zeus: Poseidon, Hera, Hermes, Apollo, Mars, Hephästus, Aphrodite, Artemis, Hestia, Athena und Demeter.

Der Aufstieg
Es gibt verschiedene Möglichkeiten des Aufstiegs. Üblicherweise wird der Olýmp von *Litohóro* aus bestiegen. Der griechische Bergsteigerverein (E.O.S.) ist bei allen Fragen behilflich. Auch besteht die Möglichkeit, an organisierten Bergtouren mit erfahrenen Bergführern teilzunehmen. Eine andere Möglichkeit ist, den Olýmp von *Priónia* aus zu erklimmen. Diese Strecke ist ein wenig kürzer. In Priónia befindet sich ein Restaurant, es können auch hier Führer gemietet werden. Auf einer Höhe von 990 m ist eine Hütte des E.O.S., die so gut wie das ganze Jahr hindurch Unterkunft und Verpflegung bietet. Nach einer etwa dreistündigen Wanderung von Priónia aus, erreicht man *Spílio Agapínos*. Hier besteht ebenfalls die Möglichkeit, zu übernachten (100 Betten). Nach etwa drei weiteren Stunden ist man auf dem Gipfel des Berges. Da eine Besteigung des Olýmp nicht wenige Gefahren birgt, sollte man sich vorher sehr gut informieren und eine entsprechende Ausrüstung dabei haben (Auskünfte →*Lithohóro*).

Lithohóro

Der kleine Ort Litohóro am Fuße des Olýmp ist ein beliebter Ausgangspunkt für Bergsteiger, die das Olýmp-Massiv erklimmen wollen. Etwa 20 Kilometer vor Kateríni geht von der N1 eine sechs Kilometer lange Straße ab, die nach Litohóro führt. Sehr steil winden sich hier die Straßen den Hang empor. In dem insgesamt etwa 9000 Einwohner zählenden Ort muß man gewaltige Höhenunterschiede überwinden. Während der Ort manchmal mittags wie ausgestorben wirkt, wird es hier abends recht lebhaft, wenn sich die Einheimischen auf dem großen Dorfplatz treffen, wenn einem der Geruch nach frischem Fisch oder Souvláki in die Nase steigt. Lithohóro ist ein insgesamt wunderschöner Ort, der natürlich durch die gigantische Kulisse des Olýmp seine besondere Ausstrahlung erhält. Viele Einwohner waren ehemals Gastarbeiter in der Bundesrepublik und sprechen daher Deutsch. Auffällig ist die Kirche *Aghíos Nikoláos* am Dorfplatz. Der Kirchturm steht einige Meter von der Kirche entfernt, halb auf der Straße. Außerhalb des Ortes befindet sich übrigens ein sehr großes Militärcamp.

Praktische Informationen

Ärztliche Versorgung
Den Arzt erreicht man unter der Telefonnummer 03 52/2 12 11; ein „Health Center" befindet sich außerhalb von Litohóro, in Richtung Thessaloníki, kurz vor der Auffahrt auf die N1.

Auskunft
Direkt an der Hauptstraße, unterhalb der Polizei, befindet sich eine Touristeninformation, Tel. 03 52/8 22 88. Öffnungszeiten: Mo.-Sa. 9-13 Uhr, So. 9.30-12.30 Uhr. Der Griechische Bergsteigerverband (E.O.S) erteilt Informationen zum Wandern auf dem „Olýmp". Das Büro ist nicht leicht zu finden, wenngleich der „Club Alpin" ausgeschildert ist. Am besten biegt man von der Hauptstraße in Höhe des Hotels „Mírton" in die Gasse ein und hält sich dann rechts (der Beschilderung folgen!). Öffnungszeiten: werktags täglich 10-13 Uhr und 18-20.30 Uhr, Tel. 03 52/8 19 44.
Wer sich zu Hause schon informieren möchte, sollte sich an die Griechische Zentrale für Fremdenverkehr wenden. Zwar erhalten Sie dort kein Kartenmaterial, aber eine vollständige Auflistung der Berghütten in Griechenland, samt Telefonnummern, sowie einen Prospekt mit der genauen Beschreibung des Fernwanderweges. Weitere Auskünfte erteilt die Vereinigung der Bergsteigervereine in Athén, Odos Karagiórgi Servías 7, 1 05 63, Tel. 01/3 23 45 55.

Banken
Am Hauptplatz befindet sich eine Bank. An Wochenenden kann man auch in Hotels Geld wechseln.

Essen und Trinken
Entlang der gesamten Hauptstraße befinden sich Restaurants und Cafés. Empfehlen möchten wir das Restaurant „Eráto" am Hauptplatz, an der Platía. Es ist ein geschmackvoll eingerichtetes Restaurant mit sehr guter Küche und freundlicher Bedienung. Dazu nicht mal teuer. Man bezahlt für ein Souvláki mit Salat und einem Bier umgerechnet 15 DM. Von hier aus hat man einen traumhaften Blick auf das Olýmp-Massiv.

Polizei
Die Polizeistation befindet sich an der Hauptstraße, über der Touristeninformation, Tel. 03 52/2 12 02.

Post
An der Hauptstraße befindet sich das Postgebäude.

Taxi
Die Taxi-Rufnummern lauten: 03 52/8 23 33, 8 13 11, 8 21 76.

Telefonieren
Das OTE liegt an der Hauptstraße.

Unterkünfte
Es gibt nicht allzu viele Übernachtungsmöglichkeiten in Litohóro. Empfehlenswert ist das Hotel „Mírto": 31 Zi., alle mit Bad, Balkon und Telefon. Das Hotel liegt direkt an der Hauptstraße. Ein DZ kostet etwa 36 DM, ein EZ 29 DM; Tel. 03 52/ 8 13 98, 8 14 98. Der Besitzer ist ausgesprochen freundlich.

Eine Jugendherberge befindet sich am Ende des Ortes, wenn man an der Platía der Beschilderung folgt; Tel. 03 52/8 13 11, 8 21 76.

Verkehrsverbindungen
Stündlich verkehrt ein Bus nach Kateríni, einmal täglich (mittags) nach Lárissa.

Platamónas

In unmittelbarer Nähe des Eingangs zum Témbi-Tal liegt der Küstenort Platamónas, was übersetzt so viel wie „breiter Strand" bedeutet. Und in der Tat zieht sich kilometerweit ein etwa zehn Meter breiter Sandstrand entlang der Küste.

Der Ort ist selbst in der Nachsaison noch vollkommen überfüllt. Wer ein wenig Ruhe sucht, der sollte Platamónas umfahren. Wer jedoch gerne unter Menschen ist und am Abend Abwechslung und Trubel sucht, der ist in Platamónas genau richtig. An der Hauptstraße, die direkt neben dem Sandstrand verläuft, reiht sich ein Auto ans andere. Der gesamte Küstenort scheint in erster Linie aus Hotels, Restaurants, Tavernen und Souvenirläden zu bestehen. Lediglich in Richtung Norden, also in Richtung des alten Kastells, wird die Atmosphäre ein ganz klein wenig angenehmer, machen die Restaurants einen gemütlicheren Eindruck.

Um die alte Burg zu besichtigen, muß man nicht erst die Nationalstraße verlassen. Man fährt die nächste Abfahrt hinter Platamónas, in einer scharfen Linkskurve, ab. Von hier ist ein Aufstieg zur Burg möglich.

Sehenswürdigkeiten

Das Kástro

An der Stelle des auf einem Hügel gelegenen heutigen Kastells soll sich die etwa im 5. Jahrhundert v. Chr. gegründete antike Stadt *Heráklia* befunden haben. Später war es der Frankenkönig Bonifatius Montferrat, der im Jahre 1205 auf den Überresten eines ehemaligen Kastells die heutige Burg erbauen ließ. Seit je her stellt der Eingang zum Témbi-Tal eine wichtige strategische Stelle dar, da das Tal die thessálische Ebene mit Pieriá verband. Nach dem Sieg des Herrschers von Epirus, Theodor Agelos Komnenos, über die Franken, fiel die Burg 1218 in seinen Besitz. Um 1389 waren es dann die Türken, die die Burg besetzten und von hier aus den Durchgang durch das Témbi-Tal kontrollierten. In der Festungsanlage sind noch heute die Überreste einer Moschee zu besichtigen. Die Burg bot sich auch als strategischer Punkt an, um von hier aus den Thermaischen Golf zu überwachen, und so wurden die Schutzwälle der Burg stets ausgebaut. Im Jahre 1773 nahm ein gewisser Johannes, Sohn des Hauptmanns Lázos, die Festung ein. Eine besondere Bedeutung erfuhr die Burg dann noch einmal mit der Befreiung Südgriechenlands von der türkischen Herrschaft, da sie zeitweilig an der Grenze zwischen Griechenland und dem Osmanischen Reich lag. Danach fiel sie in Bedeutungslosigkeit. Heute kann man das Kastell besichtigen und hat von hier aus einen grandiosen Blick auf die Ägäis und bis zum Olýmp.

Öffnungszeiten: Mo.-Fr. 8-13 Uhr, Sa. und So. 8.30-15 Uhr. Am Fuße des Kastells, direkt an der Straße, befindet sich ein Informationsbüro.

Díon

Einen Besuch ist sie sicherlich wert — die antike Stätte von Díon. Fährt man die N1 in Richtung Kateríni, so zweigt etwa zwei Kilo-

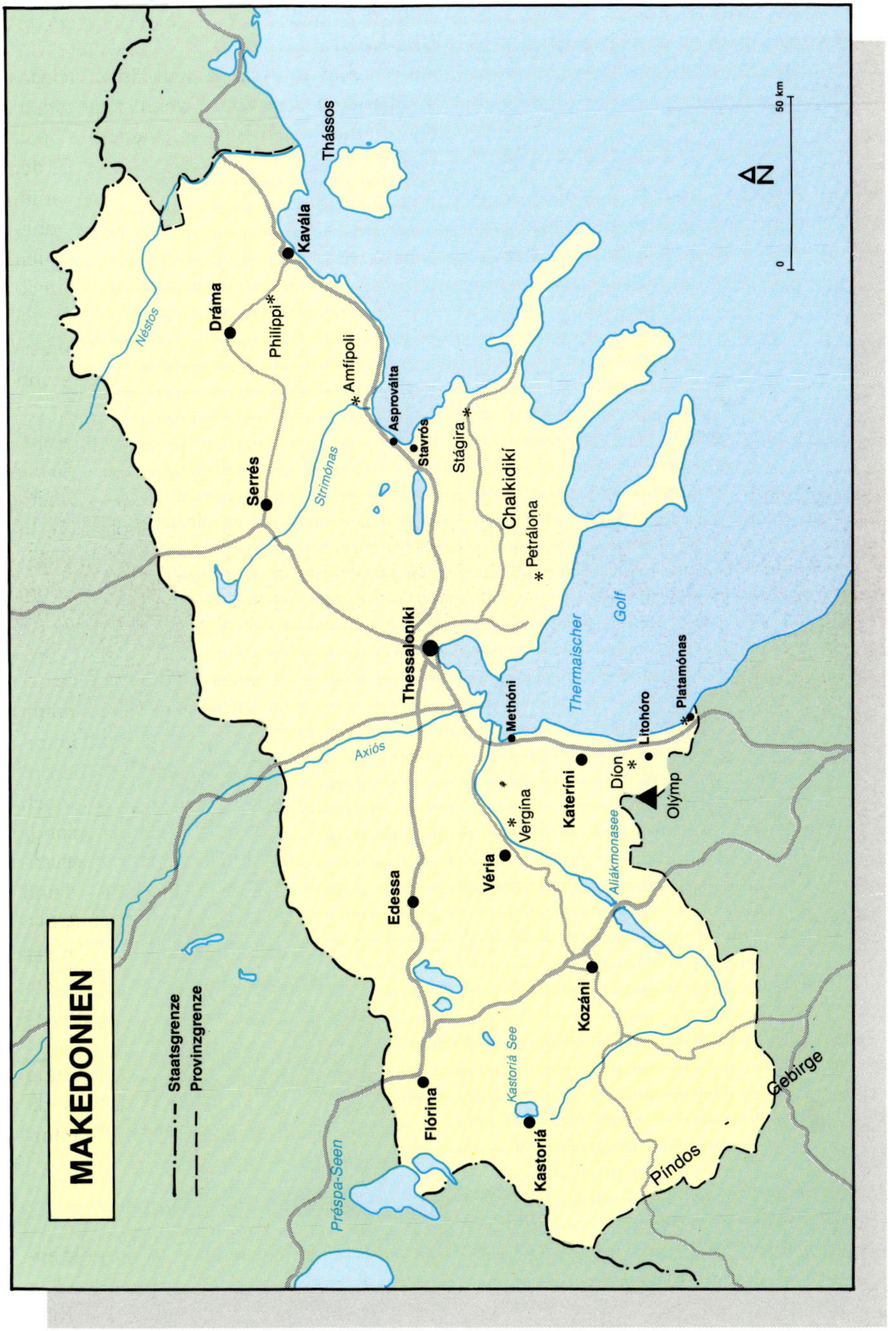
MAKEDONIEN
Staatsgrenze
Provinzgrenze
N
0
50 km
Thássos
Kavála
Dráma
Philippi
Néstos
Amfípoli
Asproválta
Stavrós
Stágira
Chalkidikí
Petrálona
Serrés
Strimónas
Thessaloníki
Thermaischer Golf
Methóni
Litohóro
Platamónas
Axiós
Kateríni
Díon
Olýmp
Vergína
Véria
Aliákmonasee
Edessa
Kozáni
Kastoriá See
Flórina
Kastoriá
Préspa-Seen
Píndos
Gebirge

meter hinter Litohóro die Straße nach Díon ab. Einst war diese Stadt ein Heiligtum der Makedónier, das Gründungsdatum ist bis heute nicht bekannt. Bekannt ist hingegen, daß von hier aus Spartas Feldherr Brásidas 424 v. Chr. zu einem Feldzug nach Chalkidikí und Amphípolis aufbrach. Gegen Ende des 5. Jahrhunderts v. Chr., unter König Archeláos (413-399 v. Chr.), erlebte die Stadt ihre Blütezeit. Sie wurde zu einem Austragungsort der Olympischen Spiele, wichtige Schätze wurden in Díon aufbewahrt, und unter Archeláos entstanden zahlreiche imposante Bauwerke. Die Stadt war berühmt für ihre jährlich stattfindenden kulturellen und religiösen Veranstaltungen. Neun Tage lang wurde gefeiert, und jeder Tag war einer Muse gewidmet. Auch der große Dichter *Eurípides,* der übrigens am Hofe des Archeláos gestorben sein soll, wohnte den Festlichkeiten bei und ließ seine Dramen aufführen. Alexander der Große brachte hier dem Zeus ein Opfer, bevor er in die Schlacht gegen die Perser zog. Nach der Schlacht ließ Alexander 25 Statuen von im Kampf gefallenen Soldaten errichten. Díon, das an einer strategisch günstigen Stelle lag, war zugleich ein wichtiger Verkehrsknotenpunkt.

Im Jahre 1928 begann die Universität von Thessaloníki mit Ausgrabungsarbeiten. Eine gewaltige Anlage wurde dabei freigelegt. Man stieß nicht nur auf Teile der alten Stadtmauer, sondern auch auf ein ausgesprochen ausgeklügeltes Kanalisationssystem, auf Wasserleitungen und öffentliche Toiletten. Erst vor 20 Jahren (1970) wurde das antike Theater von Díon entdeckt. Die Anlagen beinhalten des weiteren Reste des Demeter- und des Artemis-Tempels, alte Gräber sowie römische Bäder. Etwas außerhalb der Stadtmauern wurde außerdem ein riesiger Begräbnisplatz gefunden. Eine Basilika aus dem 4. Jahrhundert n. Chr. verdeutlicht, daß Díon eine Zeitlang Bischofssitz war.

Interessant ist sicherlich auch ein Besuch des Museums, in dem viele der Funde ausgestellt sind. Übrigens finden jedes Jahr internationale Festspiele im Theater von Díon statt, sicherlich nicht der schlechteste Ort, um in die Welt der antiken Dramen eingeführt zu werden.

Kateríni

Die etwa zehn Kilometer vom Thermaischen Golf entfernt gelegene Großstadt Kateríni hat annähernd 50 000 Einwohner. Es handelt sich um eine moderne, sehr belebte Einkaufsstadt, die fast ein wenig mondän wirkt. Die Atmosphäre ist — vergleicht man sie mit vielen anderen griechischen Großstädten — sehr angenehm. Kateríni eignet sich auch als Ausgangspunkt für Besuche des Olýmp. Anziehungspunkt für zahlreiche Besucher bildet das jährlich von Ende August bis Anfang September stattfindende Folklore-Festival. In einer Konzerthalle, dem sogenannten „Kósmiko Kéntro", werden überdies ständig Konzerte gegeben.

Praktische Informationen

Ärztliche Versorgung

Das Krankenhaus erreicht man unter der Telefonnummer 03 51/2 12 51, die Erste-Hilfe-Station unter der Telefonnummer 03 51/2 32 02.

Auskünfte

Die Touristenpolizei erteilt Auskünfte. Das Büro befindet sich an der großen Straße, die vom Hauptplatz wegführt, Tel. 03 51/2 34 40.

Essen und Trinken

In der Innenstadt gibt es einige Tavernen und Restaurants, aber auch Souvláki-Buden und Imbißstände.

Pannenhilfe

Die ELPA-Station befindet sich am Ortseingang, von Lárissa kommend; Tel. 03 51/2 75 15, 1 04.

Polizei

Die Polizei erreicht man unter der Telefonnummer 03 51/2 35 55.

Taxi

Der Taxiruf lautet: 03 51/2 98 96, 2 96 10, 2 39 84, 2 98 94, 2 45 37.

Unterkünfte
In Kateríni gibt es nicht mehr als zehn Hotels.
Hotels:
„Afrodíti" (Appartements): 8 Zi., 12 Betten; das Hotel befindet sich an der Odos Olympiáki Akti. Die Preise variieren.
„Lído": 24 Zi., 46 Betten; man bezahlt für ein DZ mit Bad in der HS etwa 50 DM; das Hotel liegt an der Odos Tsaldári 16; Tel. 03 51/2 53 00, 2 53 95.
„Olýmpion": 56 Zi., 72 Betten; ein DZ mit Bad kostet in der HS etwa 35 DM; das Hotel liegt an der Odos Vassiléos Geórgiou 15; Tel. 03 51/2 98 92.
„Park": 20 Zi., 38 Betten; ein DZ mit Bad kostet in der HS etwa 46 DM; das Hotel befindet sich an der Odos Ethniki Katerínis; Tel. 03 51/2 51 03.
„Européa: 14 Zi., 26 Betten; das Hotel befindet sich an der Odos Olympiáki Akti. Die Preise variieren.

Verkehrsverbindungen
Täglich bestehen mehrmals Busverbindungen zu den größeren Städten. Es bestehen ebenfalls täglich Zugverbindungen nach Athén und Thessaloníki.

Pídna

Die ehemals bedeutende Hafenstadt Pídna liegt 15 Kilometer nördlich von Kateríni, direkt am Meer. Bis zum 4. Jahrhundert v. Chr. galt die Stadt als uneinnehmbar. Die Bewohner wehrten sich erfolgreich gegen jegliche Versuche fremder Besatzer, den Handelshafen zu erobern. Erst 410 v. Chr. gelang es König Archeláos nach jahrelanger Belagerung, die Stadt einzunehmen. Er vertrieb die Bewohner, die sich in dem vier Kilometer entfernt gelegenen Ort Kítros ansiedelten. Es dauerte nicht lange, bis die Athener die begehrte Stadt im Jahre 364 v. Chr. eroberten. Unter Phillip II., der kurze Zeit später die Macht in Makedónien ergriff, wurde die Stadt zurückerobert, wodurch Athén einen wichtigen Seestützpunkt verlor und Phillip II. seine Machtstellung erheblich ausbauen konnte. Von Pídna aus soll übrigens der Athener Staatsmann Themístokles nach seiner Verurteilung wegen angeblichen Hochverrats und seiner darauffolgenden Flucht in Richtung Ephesus aufgebrochen sein.

Die Mutter von Alexander dem Großen, Olympiáda soll hier nach einer verlorenen

Begegnung am Straßenrand: Über Vorfahrtsregeln hat so manche Ziege ihre eigene Vorstellung

Schlacht, in der um ihre Thronnachfolge gekämpft wurde, hingerichtet und begraben worden sein.

Pídna war eine der bedeutendsten Städte Makedóniens, bis zu der entscheidenden Schlacht gegen die Römer, die Pídna den Untergang bescherte. Am 22. Juni 168 v. Chr. sollen sich 38 000 Römer und 43 000 Makedónier eine grausame Schlacht geliefert haben, bei der rund 20 000 makedonische Soldaten ihr Leben ließen und die zugunsten Roms entschieden wurde. Eine unruhige und wechselhafte Geschichte folgte. Im Jahre 1342 wurde Pídna von den Türken geplündert, wenig später, 1389, ganz von ihnen eingenommen.

Die 1970 begonnenen Ausgrabungen haben erstaunliche Funde ans Tageslicht gebracht. Zahlreiche Gräber, unter anderem aus der Zeit zwischen 1000 und 600 v. Chr., Teile einer frühchristlichen Basilika sowie Reste eines Tempels aus byzantinischer Zeit sind entdeckt worden. Ein Abstecher zu diesen alten Ausgrabungsstätten lohnt sich auf jeden Fall.

Methóni

Etwa 30 Kilometer nördlich von Kateríni liegt das auf einem Hügel errichtete Dorf Methóni. Hübsch ist die kiefernbewachsene Platía mit der Kirche. Einige Kafénions, in denen sich schon am Morgen die alten Männer des Dorfes einfinden, säumen den Platz. Direkt an der Platía befindet sich die Post, in der man auch Geld wechseln kann.

Der Badestrand schließt sich nicht unmittelbar an den Ort an, sondern befindet sich etwa einen Kilometer entfernt, etwas tiefer gelegen. Hier ist nichts mehr von der Ursprünglichkeit und Gemütlichkeit des Dorfes zu spüren. Eine Taverne schließt sich an die andere an. Bunte Glühbirnen geben dem ganzen Ort ein wenig Kirmesatmosphäre. Auffallend sind auch der Kloakengeruch, der den Ort durchzieht, und die vielen Mücken. Direkt am Hafen werden Privatzimmer vermietet, die im Schnitt etwa 25 DM pro Übernachtung kosten.

Thessaloníki

Thessaloníki, die Hauptstadt Makedóniens mit ihren etwa 750 000 Einwohnern, ist zugleich die zweitgrößte Stadt Griechenlands und wichtiges Industrie- und Handelszentrum. Zahlreiche Zementwerke — Griechenland ist in ganz Europa das zweitgröße Exportland für Zement — sind hier angesiedelt, was zu nicht unerheblichen Problemen im Umweltschutzbereich geführt hat. Ansässig sind vor allem Betriebe im Bereich der Textil- und Lederwarenherstellung sowie Stahl- und Maschinenbauwerke. Der große Frachthafen ist der Hauptumschlagplatz für landwirtschaftliche und industrielle Güter, die in viele Länder der Welt exportiert werden. Zu-

Auch in einer großen Stadt wie Thessaloníki kann man solche Szenen erleben

gleich ist Thessaloníki eine Universitätsstadt, die vor allem für ihre archäologische Fakultät bekannt ist. Darüber hinaus lockt die jeden September stattfindene internationale Industrie- und Handelsmesse zahlreiche Besucher aus dem In- und Ausland an.

Für viele Urlauber ist Thessaloníki Ausgangspunkt ihrer Reisen durch den Norden Griechenlands. Eine Stadt mit vielen Gesichtern: moderne Einkaufspassagen, die mondän wirkende Hafenpromenade, dann wieder enge verwinkelte Altstadtgassen, grüne Baumchausseen, schmutzige Fabrikgelände, schöne Villenviertel mit alten Patrizierhäusern, viel Verkehr und dazwischen wieder ruhige und friedliche Plätze — all das vereint Thessaloníki wie selbstverständlich. Nicht zu vergessen natürlich die zahlreichen Sehenswürdigkeiten, die die Stadt zu bieten hat. Vielleicht ist es gerade die Verbindung von mondänem

Großstadtleben mit viel Eleganz und Extravaganz und der nicht wegzudenkenden ursprünglichen und typischen Lebensart der Griechen — mit den kleinen Ouzerí, den Kafenía, in denen die gleiche Atmospäre herrscht wie in ländlichen Lokalen dieser Art, was Thessaloníki so anziehend und bemerkenswert macht. Dennoch, so scheint es, erkennt man die Reize dieser Stadt erst auf den zweiten Blick, bedingt nicht zuletzt durch den tosenden Verkehr, der sich unaufhörlich durch die Stadt wälzt und einen Spaziergang wesentlich beeinträchtigt. Man muß sich Zeit nehmen und die Stadt in Ruhe erkunden. Vor einem sei jedoch gewarnt: Wenn Anfang September die internationale Industrie- und Handelsmesse beginnt, dann platzt Thessaloníki förmlich aus den Nähten. Die Stadt ist restlos überfüllt, Zimmer sind selbst in den angrenzenden Ortschaften schwer zu bekommen, und es kann passieren, daß der Autoverkehr für Stunden völlig zusammenbricht. Thessaloníki bietet dem Besucher eine solche Fülle von Sehenswertem, daß man durchaus einige Tage verweilen könnte, und dann natürlich noch lange nicht alles gesehen hat.

Geschichte

Zwar blickt Thessaloníki nicht auf eine derart große Vergangenheit zurück wie vergleichsweise Athén, doch erlangte die Stadt bald nach ihrer Gründung große Bedeutung und hat eine bewegende Geschichte hinter sich.

Gegründet wird Thessaloníki um 316/317 v. Chr. von einem unter Alexander dem Großen dienenden General namens *Kassándros.* Dieser gab der Stadt, einem Zusammenschluß von 26 Dörfern, den Namen seiner Frau, *Thessaloníki,* der Schwester Alexanders des Großen.

Nach der Eroberung der Stadt durch die Römer im Jahre 168 v. Chr., entwickelt sich Thessaloníki mit ihrem strategisch bedeutsam gelegenen Hafen zu einer blühenden und wichtigen Handelsmetropole. Hinzu kommt, daß die Stadt an einer der wichtigsten Römerstraßen, der im 2. Jahrhundert v. Chr. erbauten „Via Egnatia" liegt, welche Rom mit Byzanz verbindet. Zeitweilig wird die Stadt dann zum Sitz des römischen Kaisers und zugleich die Hauptstadt der römischen Provinz Makedónien. Sie trägt den Namen „Civitas Libera", die „freie Stadt".

Der römische Philosoph und Staatsman *Cicero* (106-43 v. Chr.) lebt nach seiner Verbannung aus Rom eine Zeitlang in Thessaloníki. Berühmt wird Cicero, der entscheidend zur Verbreitung der Philosophie Griechenlands in der römischen Welt beitrug, vor allem durch die bedeutenden Schriften „De re publica" (Über den Staat) und „De legibus" (Über die Gesetze).

Ein halbes Jahrhundert nach Christus entsteht in Thessaloníki eine der frühesten christlichen Gemeinden. Der *Apostel Paulus* war auf einer seiner zahlreichen Missionsreisen auch nach Thessaloníki gekommen und hatte hier die christliche Lehre verbreitet. Berühmt sind unter anderem seine Briefe an die Gemeinde von Thessaloníki (Thessalonicherbriefe), in denen die theologischen Grundanschauungen des Christentums dargelegt sind. Im Jahre 324 legt Kónstantin der Große den Hafen an, und noch im selben Jahrhundert (380) wird mit dem Bau der Stadtmauer begonnen. Zwischen Mitte und Ende des 9. Jahrhunderts setzen die aus Thessaloníki stammenden Heiligen Brüder *Kýrillos* und *Methódios* sich für die Bekehrung der Slawen ein. Auf ihrer Missionstätigkeit, bei der sie zahlreiche biblische Texte ins Slawische übersetzten, beruht nicht nur das slawische Alphabet, sondern auch die kyrillische Schrift geht auf die beiden Brüder zurück.

Thessaloníki ist im Laufe der Jahrhunderte immer wieder feindlichen Angriffen der Slawen, Avaren, Sarazenen, Normannen und

Türken ausgesetzt, die die Stadt plündern, zum Teil zerstören und ihre Bewohner versklaven oder töten. Im 16. Jahrhundert lassen sich zahlreiche Juden aus Spanien hier nieder. Im 18. Jahrhundert erlebt Thessaloníki einen enormen wirtschaftlichen Aufschwung, was dazu führt, daß sich wieder zahlreiche Griechen ansiedeln. Auch hat die inzwischen große jüdische Gemeinde nicht unerheblich zu dem wirtschaftlichen und kulturellen Aufschwung der Stadt beigetragen. Erfolglos nehmen die Bewohner Thessaloníkis an den Aufständen gegen die türkischen Besatzer im Jahre 1821 teil. Erst 1913 wird die Stadt in die Unabhängigkeit entlassen. Im Jahre 1874 wird Thessaloníki an das Eisenbahnnetz angeschlossen, ein Jahr später erscheint die erste griechische Zeitung, „Ermis“. Der spätere türkische Staatspräsident *Kemal Atatürk* wird am 12. März 1881 in Thessaloníki geboren. Im Jahre 1897 wird mit dem Bau des künstlichen Hafenbeckens begonnen, zehn Jahre später wird die erste elektrische Straßenbahn eingeweiht. 1915 landen die Alliierten in Thessaloníki. Nur vier Jahre nach der Befreiung von der türkischen Besatzung erleidet die Stadt einen weiteren verheerenden Schlag: Ein Großbrand vernichtet 1917 weite Teile der Stadt und damit viele Kunstschätze. Im Jahre 1926 wird die Universität gegründet.

Während des Zweiten Weltkrieges halten deutsche Truppen die Stadt vier Jahre lang besetzt. Was sich in dieser Zeit ereignet, gehört zu den dunkelsten Kapiteln der griechischen Geschichte. Die rund 50 000 Juden, die zu Beginn des Zweiten Weltkrieges noch in Thessaloníki leben, werden bis auf wenige Ausnahmen 1942 nach Auschwitz deportiert und dort getötet. Die wenigen, die den Holocaust überleben und nach Thessaloníki zurückkehren, bemühen sich um den raschen Wiederaufbau ihrer jüdischen Gemeinde. Etwas nördlich von Thessaloníki, bei Stavroúpolis, befindet sich ein kleiner *jüdischer Friedhof,* der zur Gedenkstelle für die Opfer des Nazi-Regimes geworden ist.

Am 20. Juni 1978 sucht ein schweres Erdbeben die Stadt heim, bei dem insgesamt 45 Menschen zu Tode kommen, 4000 Häuser zerstört und zahlreiche Dörfer in der Umgebung in Mitleidenschaft gezogen werden. Das Erdbeben erreicht eine Stärke von 6,5 auf der Richterskala. Die wiederholt zu verzeichnenden Erdbeben haben im übrigen deutlich gemacht, daß Griechenland das seismisch aktivste Land Europas ist, was nicht zuletzt damit zu begründen ist, daß die Gebirgsbildung in Griechenland aus dem jüngsten Erdzeitalter hervorging.

Sehenswürdigkeiten

Der Weiße Turm

An der Uferpromenade befindet sich — unübersehbar — das Wahrzeichen Thessaloníkis, der Weiße Turm. Der aus dem 15. Jahrhundert stammende Turm war einst Teil der byzantinischen Stadtmauer. Während der türkischen Besatzungszeit wurde er als Gefängnis benutzt und erhielt von den Bewohnern den schrecklichen Beinamen *Blutturm,* Resultat eines grauenhaften Blutbades, das Sultan Mohammed im Jahre 1826 hier anrichtete. Er ließ die Anführer der Janitscharen, jener Elitetruppe der türkischen Sultane, nach einer Meuterei blutrünstig hinrichten. Durch den wenig später erfolgten weißen Anstrich des Turms sollten die Spuren dieses Massakers beseitigt werden.

Im Weißen Turm ist heute ein Museum untergebracht.

Die Stadtmauer

Es ist nicht allzu viel erhalten geblieben von der gegen Ende des 4. Jahrhunderts fertiggestellten, ehemals sieben Kilometer langen Stadtmauer, die einen großen Teil des heutigen Hafenbereiches umfaßte. Sie zog sich westlich des Weißen Turms am Hafenbecken entlang, zur Platía Vardári hoch und von dort etwa parallel zurück bis zu der Stelle der ehemaligen Akrópolis. Von dort führte die Stadtmauer wieder hinunter zum Weißen Turm. Überreste dieses Bauwerks findet man auf dem Akrópolis-Hügel sowie in der Nähe der Universität.

Der Galerius-Bogen

An der Via Egnatia liegt der Galerius-Bogen, jener Triumphbogen, den der römische Kaiser Galerius (250-311), ein Adoptivsohn des Diokletian, nach der erfolgreichen Schlacht gegen die Perser in Mesopotamien, im Jahre 303 hier errichten ließ. Von Galerius ist bekannt, daß er gemeinsam mit Diokletian ein Edikt gegen die Christen verfaßte, ihnen später jedoch mit seinem Toleranzedikt wieder Religionsfreiheit zugestand. Die Reliefs, die den Triumph-Bogen schmücken, erzählen von den erfolreichen Schlachten.

Der römische Markt

Fundamente des ehemaligen römischen Marktes sowie des Theaters befinden sich an der Platía Dikastírion. In der Nähe der Dimítrios-Kirche sind Überreste des ehemaligen römischen Bades gefunden worden.

Die Platía Eleftherías

An dieser Platía, direkt am Hafen, befindet sich zwar keine Sehenswürdigkeit, doch handelt es sich nichtsdestoweniger um einen historischen Platz, auf dem sich eine Tragödie von ungeheurer Tragweite abgespielt hat. An diesem Platz nämlich, der makabererweise den Namen „Platz der Freiheit" trägt, wurden während des Zweiten Weltkrieges die Juden aus Thessaloníki zusammengetrieben und zuerst zur Zwangsarbeit, später dann in die Vernichtungslager von Auschwitz-Birkenau geschickt. Steht man heute an dieser belebten Stelle, so fällt die Vorstellung nicht leicht, daß vor noch nicht ganz 50 Jahren von hier aus mehr als 40 000 Menschen in die Gaskammern transportiert wurden. Nichts erinnert mehr an die Grauen dieser Zeit und an die Opfer dieses beispiellosen Menschheitsverbrechen in der jüngeren Geschichte.

Die Altstadt

Man sollte es auf keinen Fall versäumen, das enge, verwinkelte Altstadtviertel mit den zahlreichen Gassen, Torbögen und Treppen zu besuchen, das sich oberhalb der Stadt erhebt. Man hat von hier aus stellenweise einen phantastischen Blick auf Thessaloníki und die Ägäis. Von der Hektik der Großstadtmetropole ist hier oben so gut wie nichts mehr zu spüren. Im Gegenteil: die Altstadtatmosphäre mutet fast ländlich an.

Museen

Das Archäologische Museum

Einen Besuch des Archäologischen Museums sollte man auf gar keinen Fall versäumen. Neben zahlreichen bedeutenden Funden aus dem Norden Griechenlands, sind es vor allem die Ausgrabungsstücke von Vergína, die unzählige Besucher anziehen. In Vergína waren in den 70er Jahren makedonische Gräber gefunden worden, von denen sich eines als das Grab Phillip II., des Vaters Alexanders des Großen, entpuppte. Man fand wertvolle Grabbeigaben aus Gold und Silber, die ebenso wie die Gebeine Phillip II. im Museum zu besichtigen sind. Darüber hinaus befinden sich Exponate aus prähistorischer und frühchristlicher Zeit im Museum, die einen ungefähren Eindruck von der Entwicklung Thessaloníkis geben. Weiterhin beinhaltet das Museum eine Sammlung von Funden aus der Mittleren Jungsteinzeit bis hin zur Frühen Bronzezeit. Zu sehen sind außerdem marmorne Statuen, alte Werkzeuge, Schmuckstücke und vieles mehr.

Das Archäologische Museum befindet sich am Hanth-Platz, Tel. 0 31/83 05 38.

Das Ethnologische und Volkskunde Museum

Dieses Museum beherbergt zahlreiche Gegenstände des alltäglichen Lebens. Zum Teil

THESSALONIKI
Ag. Dimitriou
Tritis
Septemvriou
Kaftantzogloú
Egnatia Odos
Egnatia
Odos
Papanatassiou
Papanastassiou
Konstandinoupoleos
Solonos
Diogenous
Marathonos
Karakassi
Messegelände
Pl. Sintrivaniou
Angelaki
Ethnikis Aminis
Tsimiski
Vas. Georgioua
Arh. Moussiou
Kallidopoúlou
28. Oktovriou
Delfon
Vassilissis
Olgas
M. Botsari
Sindika
Megalou Alexandrou
Flughafen 16km
Olimpiados
Kassandrou
Iassonidou
Svolou
Olimbou
Pl. Ag. Sofias
Pavlou Mela
Ermou
Aristotelous
El. Venizelou
I. Dragoumi
Nikis
Dodekanisson
Platia Vardari
Politehniou
26. Oktovriou
1 2 3 4 5 6 7 8 9 10 11 12 13 14 15 16 17 18 19 20 21 22 23 24 25 26 27 28 29 30 31 32 33 34

Legende

1. Griechische Zentrale für Fremdenverkehr (G.Z.F.)
2. Post
3. OTE
4. Ministerium von Nordgriechenland
5. Staatstheater / Gemäldegalerie
6. Archäologisches Museum
7. Ethnologisches Museum
8. Museum des Makedonischen Kampfes
9. Weißer Turm / Byzantinisches Museum
10. Galeriusbogen
11. Stadtmauer
12. Römischer Markt und Theater
13. Stadion
14. Bahnhof
15. Busbahnhof für Fahrten nach Chalkidikí
16. Busbahnhof für Fahrten in die Vororte
17. Konsulat der Bundesrepublik Deutschland
18. Konsulat Österreichs
19. Konsulat der Schweiz
20. Platía Eleftherías
21. Geburtshaus Kemal Atatürks
22. Messe
23. Büro der Olympic Airways
24. Goethe-Institut
25. Allgemeines Zentral-Krankenhaus
26. Allgemeines Krankenhaus Thessaloníki

Kirchen

27. Aghíi Apóstoli
28. Rotonda
29. Aghíos Dimítrios
30. Aghía Ekateríni
31. Aghía Sofía
32. Archiropiitos
33. Panaghía ton Chálkeon
34. Profítis Ilías

sind die Objekte 250 Jahre alt. Sehr schön ist die Sammlung der historischen griechischen Trachten. Darüber hinaus sieht man typische Haushaltsgeräte, Waffen, Schmuckstücke und vieles mehr. Das Museum befindet sich in der Odos Vassíllissis Olgas, in der Nähe des Jachtclubs. Der Bus mit der Nummer 5 und 33 fährt zum Museum (Haltestelle Fleming). Abfahrt ab Platía Eleftherías.

Museum im Weißen Turm

Hier sind vor allem Gegenstände aus byzantinischer Zeit ausgestellt. So zum Beispiel Vasen, alte Münzen, Grabplatten und -beigaben, Mosaike und Fragmente von Wandmalereien; Tel. 0 31/26 78 32.

Museum des Makedonischen Freiheitskampfes

Zu den Ausstellungsstücken gehören Gegenstände aus dem griechischen Freiheitskampf. Nennenswert sind: die alten Uniformen und Trachten, Waffen sowie Fotos der Freiheitskämpfer. Alle Objekte stammen aus dem Zeitraum zwischen 1887 und 1912.

Das Museum befindet sich in der Odos Proxénou Koromíla 23, Tel. 0 31/22 97 78.

Das Geburtshaus Kemal Atatürks

Die heutige Botschaft der Türkei ist im Geburtshaus Kemal Atatürks, des „Vaters der Türken“, wie es übersetzt heißt, untergebracht. Unter Atatürk (1881-1938) endete das Osmanische Reich, er rief 1923 die türkische Republik aus und bemühte sich, sein Land dem Westen zu öffnen. Atatürk starb 1939 in Istanbul, im Dolmabache Palast. In der Botschaft werden unter anderem Fotos, Manuskripte sowie Kleidungsgegenstände des türkischen Staatsmannes aufbewahrt.

Die Botschaft befindet sich an der Odos Agiou Dimítriou.

Die Gemäldegalerie

Selten hat man im Land die Gelegenheit, die Kunstwerke griechischer Maler zu studieren. In der Gemäldegalerie von Thessaloníki sind zahlreiche bedeutende Exponate ausgestellt, aber auch Objekte ausländischer Künstler. Die Gemäldegalerie befindet sich in der Odos Nikoláou Germánou 1, in den Räumlichkeiten des Staatstheaters; Tel. 0 31/23 86 01.

Kirchen

Rotonda (Aghíos Geórgios)

Eine der interessantesten Gotteshäuser ist zweifellos die Rotonda, jener aus dem 4. Jahrhundert stammende Rundbau mit den Kuppeln. Angeblich handelte es sich ursprünglich um ein Mausoleum für Galerius. Auch war das Bauwerk mit dem Galeriusbogen verbunden. In frühchristlicher Zeit wurde die Rotonda in eine Kirche umgebaut, bevor sie dann später als Moschee diente. Das Minarett zeugt noch von dieser Zeit.

Archiropiitos

Dieser Kreuzkuppelbau aus der Zeit Ende des 5. Jahrhunderts gehört, genau wie die Ossios David Kirche, zu den ältesten Kirchen Thessaloníkis, die erhalten geblieben sind. Die Kirche Archiropiitos befindet sich an der Odos Aghís Sofías 56, die Ossios David Kirche an der Odos Epimenídou.

Aghíos Dimítrios

Diese Kathedrale, gegen Ende des 4. Jahrhunderts erbaut, wurde erstmals im 7. Jahrhundert durch ein Feuer zerstört. Der Schutzheilige der Stadt, der *Heilige Dimítrios,* ist an der Stelle der heutigen Kathedrale, an der sich ehemals Badeanlagen befanden, den Tod eines Märtyrers gestorben. Im unteren Bereich des Querschiffs befindet sich die Krypta, in der Dimítrios 303 v. Chr. gefangengehalten, gefoltert und später begraben wurde. Die wunderschöne Kathedrale fiel 1917 erneut einem Brand zum Opfer, wurde jedoch 1948 wieder aufgebaut.

Die Aghíos-Dimítrios-Kirche befindet sich an der Odos Aghía Dimítriou.

Aghía Sofía

Die *Aghía Sofía* wurde im 8. Jahrhundert erbaut. Hier ist architektonisch bereits eine Abwendung von der Basilika, hin zu einem Kreuzkuppelbau erkennbar. Die Kirche befindet sich an der Platía Aghía Sofía.

Panaghía ton Chálkeon

Übersetzt bedeutet Panaghía ton Chálkeon „Muttergottes der Kupferschmiede". Einer Inschrift zufolge soll die Kirche im Jahre 1028 erbaut worden sein. Sie befindet sich in der Via Egnátia.

Aghía Ekateríni

Die Kirche *Aghía Ekateríni* stammt aus dem 13. Jahrhundert. Gut erhalten geblieben ist nicht nur das Bauwerk an sich, sondern Fresken aus dem 13. Jahrhundert, die das Innere der Kirche schmücken. Die Kirche befindet sich nahe der Odos Sahíni.

Aghíi Apóstoli

Die Apostel-Kirche aus dem 14. Jahrhundert gehört zu den interessantesten Kirchenbauwerken Thessaloníkis. An den Außenmauern befinden sich sehenswerte Ziegelornamente, und im Inneren ist die Kirche reich ausgestattet mit Mosaiken und Fresken. Die Kirche befindet sich in einer Stichstraße der Odos Aghíos Dimitrioú, in der Odos Paparigopoúlou.

Profítis Ilías

Ehemals hat sich an der Stelle der heutigen Kirche ein byzantinischer Palast befunden. Im Jahre 1360 errichtete der Mönch Makários Choúmnos die Kirche *Profítis Ilías* auf den Überesten des ehemaligen Palastes. Sie befindet sich in der Nähe der Odos Meniátou, einer Querstraße zur Odos Aghíos Dimítrios.

Sonstiges

Die Messe

Das Messegelände befindet sich etwas nördlich des Weißen Turms und ist somit völlig in die Innenstadt von Thessaloníki integriert, was für Messebereiche ansonsten eher unüblich ist. Jährlich vom 1. bis zum 20. September stellen zahlreiche internationale Industriebetriebe ihre Produkte aus. Griechische Spitzenpolitiker finden sich zu dieser Veranstaltung ein, was nicht selten Gegenkundgebungen zur Folge hat.

Die Universität

Thessaloníki verfügt über eine große Universität mit mehr als 30 000 Studenten. Die Universität, benannt nach dem großen Philosophen Aristóteles, schließt sich direkt an das Messegelände an. Die Studienzeit in Griechenland ist im Vergleich zur Bundesrepublik übrigens wesentlich kürzer. Kaum mehr als vier Jahre verbringen die Studenten an der Alma Mater. Meist haben die angehenden Studenten erst Prüfungen zu absolvieren, bevor sie in die jeweilige Fakultät aufgenommen werden.

Der Markt

Hinter der Platía Aristotélous befindet sich der Markt. Wer Zeit hat, sollte unbedingt einmal über den Markt schlendern und das bunte Treiben genießen, das an solchen Plätzen stets herrscht. Verlockend sind die Obst- und Gemüsestände, die mit einem reichen Angebot aufwarten. Allein die Farben und Gerüche sind es wert, den Markt zu besuchen.

Praktische Informationen

Adressen

ADAC: bei Notfällen erreicht man den ADAC unter der Rufnummer 0 31/41 22 90; es gilt allerdings folgende Einschränkung: Der ADAC ist nur zwischen dem 1. Juni und dem 30. September, und dann nur werktags, erreichbar.

Olympic Airways: Odos Kómninon 1, Tel. 0 31/28 18 80, 26 01 21/9

Goethe-Institut: Níkis Boulevard 15

Post: Odos Tsmíski 23

OTE: In der Nähe des Postamtes, in der Odos Irákliou 55

Hafenamt: Das Hafenamt erreicht man unter der Telefonnummer 0 31/53 15 05.

Ärztliche Versorgung

Bei Notfällen sollte man sich an folgende Krankenhäuser wenden:

Allgemeines Zentralkrankenhaus, Odos Ethnikis Amýnis, Tel. 0 31/21 12 21

Allgemeines Krankenhaus Thessaloníki „Aghía Sofía" (Universitätsklinik) und staatliche Frauenklinik (Universitätsklinik), Odos Alex. Papanastasiou 50, Tel. 0 31/83 79 21

Allgemeines Krankenhaus „Ippokráteion“, Odos Konstantinopoléos 49, Tel. 0 31/83 00 34
Klinik „Achepans“ (Universitätsklinik), Odos G. Chohtatsidon 1, Tel. 0 31/21 06 21/9
Klinik Aghíos Dimítrios, Odos E. Sográfou 2, Tel. 0 31/ 21 06 21/9

Auskunft

Ein Büro der Griechischen Zentrale für Fremdenverkehr (G.Z.F.) befindet sich an der Platía Aristotélous 8, Tel. 0 31/27 18 88, 22 29 35. Ein weiteres Büro der G.Z.F. gibt es am Flughafen, Tel. 0 31/42 50 11.
Darüber hinaus hilft auch die Touristenpolizei weiter. Das Büro befindet sich am Neuen Bahnhof, Tel. 0 31/51 70 00.

Botschaften/Konsulate

Das Konsulat der Bundesrepublik Deutschland befindet sich an der Odos Karolou Diehl 4a, Tel. 0 31/23 63 16.
Das österreichische Konsulat befindet sich an der Odos Aghías Sofís 18, Tel. 0 31/23 63 00.
Das Konsulat der Schweiz liegt an der Odos Vas. Konstantínou 55, Tel. 0 31/23 44 22.

Baden

Das Wasser im Hafen von Thessaloníki ist derart verschmutzt, daß das Baden hier unmöglich geworden ist. Wenngleich die Ägäis direkt vor der Haustüre liegt, so müssen auch die Bewohner von Thessaloníki etliche Kilometer zurücklegen, bevor sie halbwegs angenehme Badeorte finden. Die meisten Thessaloníkier verbringen ihre Wochenenden in den kleinen, eigens für Wochenendbesucher ausgerüsteten Orten auf Chalkidikí.

Einkaufen

So modern, wie sich Thessaloníki gibt, so modern sind auch die Einkaufsmöglichkeiten. Die Schaufensterauslagen unterscheiden sich kein bißchen von denen anderer europäischer Großstädte. Elegante Kleider und Röcke, die neueste Schuhmode, auffällige Hosen — all das gehört zur Alltäglichkeit in Thessaloníki. Und der Schaufensterbummel ist mit Abstand eine der beliebtesten Freizeitbeschäftigungen der jungen griechischen Frauen. Geht man am Hafen los und durchquert die Straßen rechts und links der Odos Tsimiski, so stößt man überall auf Geschäfte.

Essen und Trinken

Das Angebot an Restaurants und Cafés ist, wie in jeder Großstadt, unerschöpflich. Nicht nur griechische, sondern auch internationale Küche wird hier geboten. Vom Feinschmeckerlokal bis zur Souvláki-Bude ist alles vorhanden. Viele der kleinen griechischen Restaurants liegen rechts und links der Via Egnatia. Allerdings läßt sich nicht — wie vergleichsweise in Athén — ein kulinarisches Zentrum ausmachen. Vielmehr liegen die Restaurants ein wenig verstreut, so daß man gegebenenfalls ein wenig suchen muß. Recht schöne Lokale gibt es überdies im nördlichen Stadtteil *Panoráma.* Hier, sowie auch in dem angrenzenden Stadtteil *Amópoli* befinden sich recht schöne Bouzoúki-Lokale, in denen abends Live-Musik gespielt wird. Wer nach dem Abendessen noch in aller Gemütlichkeit einen Café trinken möchte, der sollte zur Platía Aristotélos gehen.

Kulturelle Veranstaltungen

Den alljährlichen Höhepunkt bildet stets die internationale Industrie- und Handelsmesse, die zwischen dem 1. und dem 20. September stattfindet. Doch noch andere Messen werden organisiert, so zum Beispiel die Internationale *Tourismus-Messe Philoxénia,* die jedes jahr in der ersten Märzwoche stattfindet, und natürlich die Textilmesse und die Landwirtschaftsmesse.
Im Zusammenhang mit der Industriemesse wird jedes Jahr ein griechisches *Filmfestival* durchgeführt, bei dem Filme von griechischen Regisseuren gezeigt werden. Ebenfalls finden in diesem Zeitraum zahlreiche *Opern-, Theater-, Musik- und Tanzveranstaltungen* statt.
Wer im Mai Thessaloníki besucht, der kann einem der interessantesten Feste, der *Anastenária,* beiwohnen, welches immer vom 21. bis 23. Mai stattfindet. Allerdings wird dieses traditionelle Fest nicht direkt in Thessaloníki, sondern in Langadás, etwas nordwestlich der Stadt, oberhalb des Korónia-Sees, gefeiert. Zurückgehend auf einen alten heidnischen Brauch, tanzen Männer und Frauen zu den Klängen alter Volkslieder mit nackten Füßen auf glühenden Kohlen. Sie halten dabei Ikonen des heiligen Konstantínos oder der heiligen Eléni in Händen. Diese „christianisierte“ Form des Brauchs wurde von Flüchtlingen aus Kósti (Ost-Thrákien) eingeführt. Das Anastenária wird außerdem noch in Aghía Eléni bei Serrés gefeiert.
Jedes Jahr im Oktober finden außerdem die *Dimítria-Festspiele* statt. Diese Festspiele sind dem Schutzheiligen der Stadt, dem Heiligen Dimítrios geweiht. Überdies wird in Thessaloníki im Oktober das *griechische Schlagerfestival* durchgeführt.
Mit Militärparaden begehen die Thessaloníkier den 28. Oktober, den sogenannten *Oxi-Tag.* „Oxi“, also „nein“, war die Antwort des ehemaligen griechischen Diktators Metaxás auf das Ultimatum, das Italien Griechenland 1940 stellte. Demzufolge sollte Griechenland den faschistischen Truppen Mussolinis erlauben, Stützpunkte in Griechenland zu errichten. Die Antwort des Diktators war eindeutig: „Oxi“, und dieser klaren Absage wird heute noch in einem nationalen Feiertag gedacht.
Des weiteren bietet Thessaloníki natürlich ständig kleinere kulturelle Veranstaltungen wie Konzerte und Theateraufführungen an. Nähere Informationen erteilt die Griechische Zentrale für Fremdenverkehr.

Nachtleben

Die Jugend von Thessaloníki trifft sich abends in den unzähligen Diskotheken in Kalamária, etwas außerhalb Thessaloníkis, in Richtung Chalkidikí. Wer jedoch lieber einen Abend bei griechischer Musik zubringen möchte, der sollte

Markttag: Wer etwas anzubieten hat, tut dies oft ohne große Umstände

in die Stadtteile Panoráma und Amópoli fahren und dort eines der Bouzoúki-Lokale aufsuchen.

Pannenhilfe

Der ELPA-Dienst befindet sich in der Odos Vassilíssis Olgas 228 und an der Odos Egéou, Tel. 0 31/42 63 19/ 2 01 04. Den Straßenhilfsdienst OVELPA erreicht man unter der Telefonnummer 1 04.

Der ADAC hat einen Sitz in Thessaloníki. Zwischen dem 1. Juni und dem 30. September erreicht man den ADAC (werktags) unter folgender Nummer 0 31/41 22 90.

Polizei

Die Polizeistation ist zu erreichen unter der Telefonnummer 0 31/52 28 21/5.

Sportmöglichkeiten

Thessaloníki bietet eine Fülle an Sportmöglichkeiten.

Segeln: Der Segelclub befindet sich an der Mégalou-Aléxandrou-Avenue, Tel. 0 31/83 09 39. Die Griechische Zentrale für Fremdenverkehr hat einen Jachtversorgungshafen (Marína) eingerichtet, Tel. 0 31/42 62 61.

Tennis: im Sportzentrum *Posidónio,* möglich, Tel. 0 31/ 42 84 53; ein Tennisclub befindet sich an der Odos Kýprou 16, Tel. 0 31/41 15 69.

Reiten: Den Reitclub von Thessaloníki erreicht man unter der Telefonnummer 0 31/27 06 76; ein weiterer Reitclub ist der Verein „CAVALIER", Tel. 0 31/42 75 37.

Rudern: Marineclub Kalamária, Tel. 0 31/41 20 68; Byzantinischer Sportclub, Odos Platónos 1, Tel. 0 31/27 03 79.

Sprachkurse

Jeden Sommer werden in Thessaloníki Neugriechisch-Kurse für Studenten angeboten. Information und Anmeldung: „International Summer School", Odos Tsimíski 45, 5 46 23 Thessaloníki, Tel. 0 31/22 53 65. Vom 1. bis zum 31. August findet auch ein Neugriechisch-Kurs an der „School of Modern Greek Language" der Aristotélos Universität statt. Information und Anmeldung: Aristotélos University, 5 46 23 Thessaloníki, Tel. 0 31/9 91 23 80.

Unterkünfte

In Thessaloníki gibt es unzählige Unterkünfte. Dennoch kann es zu Engpässen kommen, vor allem während der Messeveranstaltungen. Angesichts der Fülle an Hotels, die von kleinen, recht preiswerten Unterkünften (viele befinden sich in der Umgebung der Platía Aristotélou) bis zu Nobelhotels reicht, kann hier nur eine kleine Auswahl gegeben werden. Die G.Z.F. hilft gerne bei der Wahl der Unterkunft, ebenso die Touristenpolizei. Wer bereits vor Antritt seines Urlaubs ein Hotel reservieren möchte, der wende sich an die Hotelkammer in Athén: Stadiou 24, 10.561 Athén, Tel. 01/3 23 71 93.

Hotels:

„Makedonia Palace": dieses Luxushotel, das zu den teuersten in Thessaloníki gehört, befindet sich direkt am Hafen, östlich des Weißen Turms, in der Mégalou Aléxandrou Avenue; das Hotel verfügt über 287 Zi. und 530 Betten. Während der Messe im September kostet hier eine Suite zwischen 360 und 960 DM, in der übrigen Zeit zwischen 300 und 800 DM; Tel. 0 31/83 75 20/10, 83 76 21/9, 83 77 21/9, 41 21 62, 41 21 64.

„Eléctra Palace": ein riesiger Hotelkomplex, direkt an der Platía Aristotélous 5a; das Hotel verfügt über 131 Zi. und 235 Betten; ein DZ kostet hier etwa 120 DM (zwischen August und Dezember), eine Suite etwa 160 DM; Tel. 0 31/ 23 22 21/30, 3 22 32 23.

„Metropolitan": 118 Zi., 224 Betten; das Hotel liegt an der Odos Vassílissis Olgas 65; von Anfang August bis Mitte Oktober kostet hier ein DZ etwa 110 DM, eine Suite etwa 165 DM, Tel. 0 31/82 42 21/8.

„Queen Olga": Odos Vassílissis Olgas 44; 148 Zi., 261 Betten; man bezahlt im September zwischen 90 und 130 DM für ein DZ, ansonsten zwischen 65 und 90 DM; Tel. 0 31/ 82 46 21/10, 41 22 90.

„Aegéon": 60 Zi., 112 Betten; das Hotel liegt an der Via Egnatia 19; man zahlt im September für ein DZ mit Bad 48 DM, ansonsten etwa 43 DM; Tel. 0 31/52 29 21/3.

„Amália": 66 Zi., 124 Betten; das Hotel liegt in der Odos Ermou 3; ein DZ kostet in der HS etwa 75 DM; Tel. 0 31/ 26 83 21/5.

„Continental": 38 Zi., 64 Betten; das Hotel liegt in der Odos Kómninon 5; in der Hochsaison zahlt man für ein DZ mit Bad etwa 90 DM; Tel. 0 31/27 75 53, 22 89 17.

„Tourist": es befindet sich in der Odos Mitropoléos 21; zwischen August und Dezember zahlt man für ein DZ etwa 42 DM; Tel. 0 31/27 05 01, 27 63 35.

Herbergen:

Der Christliche Verein Junger Frauen hat eine Herberge eingerichtet, die an der Odos Aghías Sofías 11 liegt, Tel. 0 31/27 61 44. Eine weitere Herberge (für Frauen und Männer) befindet sich in der Odos Al. Svólou 44, Tel. 0 31/ 22 59 45/6.

Camping:

Einen Camping-Platz gibt es in Thessaloníki nicht. Die G.Z.F. hat allerdings bei Aghía Triáda (Tel. 03 92/5 13 60), Asprovólta (Tel. 03 97/3 12 49) und Epanomí (Tel. 03 92/ 4 13 78/9) Camping-Plätze eingerichtet.

Verkehrsverbindungen

Mit dem Flugzeug:

16 Kilometer außerhalb der Stadt, in Richting Chalkidikí, liegt der internationale Flughafen von Thessaloníki, der täglich von vielen Fluggesellschaften aus zahlreichen Ländern angeflogen wird. Auch die Olympic Airways fliegt Thessaloníki im Direktflug von folgenden Flughäfen an: Amsterdam, Bremen, Brüssel, Kopenhagen, Düsseldorf, Frankfurt, Hamburg, Hannover, London, Mailand, München, Nürnberg, Paris, Stuttgart, Wien und Zürich. Darüber hinaus unterhält die Olympic Airways im Sommer eine ständige innergriechische Flugverbindung mit Athén, Ioánnina, Iráklion, Límnos, Lésbos, Rhódos und Skíathos. Olympic Airways, Odos Kómninon, Tel. 0 31/28 18 80, 23 02 40.

Die Lufthansa erreicht man unter den Telefonnummern 0 31/23 57 22, 42 28 07, 42 50 16, 23 57 29. Den Flughafen erreicht man unter der Telefonnummer 0 31/47 37 20. Es gibt eine stündliche Busverbindung vom und zum Flughafen.

Mit der Bahn:

Ständige Zugverbindungen bestehen in die Bundesrepublik Deutschland, nach Osteuropa, in die Türkei und den Nahen Osten. Natürlich besteht mehrmals täglich eine Zugverbindung nach Athén sowie zu den wichtigsten Städten Makedóniens und Thrákiens. Auskünfte: O.S.E., Odos Aristotélos 18, Tel. 0 31/27 63 82, oder am neuen Bahnhof, Tel. 0 31/51 75 17. Der Bahnhof befindet sich im westlichen Stadtteil, nahe der Odos Monastíriou.

Mit dem Bus:

Griechenland verfügt ganz allgemein über ein ausgesprochen gutes Busnetz. So gibt es täglich mehrmals Busverbindungen zu allen größeren Städten Griechenlands, etwa nach Athén, Vólos, Lárissa und Pátras. Der Busbahnhof liegt am Bahnhofsvorplatz. Dasselbe gilt für die Busse nach Chalkidikí, die in der Odos Karakási 68 starten, während die Busse, die die im Osten gelegenen Städten wie Kavála und Alexandroúpoli ansteuern, von der Platía Kómninon abfahren. Auskünfte erhält man unter der Telefonnummer 0 31/51 75 19.

Mit dem Schiff:

In der Hochsaison besteht dreimal wöchentlich (montags, mittwochs, freitags) eine Schiffsverbindung nach Páros, Santorín und Kréta (Heráklion) sowie zweimal wöchentlich (montags und freitags) nach Skíathos, Tínos, Mýkonos und Páros. Montags wird außerdem die Insel Skýros angelaufen.

Mit dem Flying Dolphin:

Angesteuert werden folgende Ziele: Moudánia, Skíathos, Skópelos und Alónissos. Informationen erteilt: Egnata Tours, Odos Kamvoúnion 9, Thessaloníki, Tel. 0 31/ 22 38 11, 27 25 04, 23 41 63. Diese Fahrpläne ändern sich von Jahr zu Jahr, so daß es unbedingt erforderlich ist, sich vor der Reise noch einmal genau zu informieren. Die Griechische Zentrale für Fremdenverkehr gibt komplette Schiffspläne heraus.

Zeitungen

Viele Kioske führen internationale Zeitungen, so etwa die Stände rund um die Platía Aristotélos. Auch an der Via Egnatia erhält man internationale Presse.

Pélla

Etwa 40 Kilometer westlich von Thessaloníki, am Ende einer Schwemmlandebene, liegt Pélla, die ehemalige Hauptstadt Makedóniens und Geburtsort Alexander des Großen. Noch heute kann man die Ruinen dieser einst blühenden Stadt besichtigen, die zur Zeit des Königs Archélaos (413-399 v. Chr.) zu einem literarischen und künstlerischen Zentrum geworden war. Zu den Künstlern, die in der zeitweisen Hauptstadt Makedóniens weilten, gehörten zum Beispiel *Eurípides* und *Agathon.* Die meisten der dort befindlichen Schätze wurden 168 v. Chr. von den römern gestohlen, die nach der erfolgreichen Schlacht von Pídna auch Pélla zur römischen Provinz machten. Die Stadt, die nun den Namen *Colonia Iulia Augusta Pella* trug, versank langsam in Bedeutungslosigkeit, bedingt unter anderem auch durch die in dem Sumpfgebiet immer wieder ausbrechende Malaria.

Einen vagen Eindruck von der künstlerischen Größe dieser Zeit vermitteln die freigelegten Mosaikböden. In der Nähe der Ausgrabungsstätte hat man Trümmer der ehemaligen Akrópolis sowie an einer anderen Stelle die Bäder Alexanders des Großen freigelegt. Ausgegraben wurden Teile der alten Stadt, Häuserreihen aus dem 4./3. vorchristlichen Jahrhundert. In einem kleinen Museum sind die Funde zu bewundern, die von den Beutezügen der Römer verschont geblieben waren: zum Beispiel alte Statuen und Amphoren oder ein Mosaik, das eine Löwenjagd, an der auch Alexander der Große beteiligt war, darstellt.

Edessa

Die Hauptattraktion Edessas ist zweifellos der phantastische Wasserfall am nördlichen Stadtende. Überhaupt gehört Edessa, das rund 80 Kilometer westlich von Thessaloníki liegt, zu den ungewöhnlichsten Orten Griechenlands. Umgeben von einer sehr wasserreichen und fruchtbaren Landschaft, ist die Marktstadt mit ihren rund 16 000 Einwohnern eine ausgesprochen grüne und liebenswerte Stadt, die darüber hinaus historisch Interessierten einiges zu bieten hat. Was aber den unverkennbar größten Reiz dieser Stadt ausmacht, ist ihre phantastische Berglage. 320 Meter über dem Meeresspiegel gelegen, schmiegen sich die Häuser eng an die Hänge des Vérmion-Gebirges. Im Gegensatz zu vielen anderen grau und eher trostlos wirkenden griechischen Städten, ist Edessa eine bunte, fröhliche Stadt, nicht zuletzt bedingt durch die großzügige Bepflanzung; so zieren z.B. viele Blumen die Straßen und Häuser und bringen Farbe in die Stadt. Edessa ist nicht nur die Hauptstadt des Verwaltungsgebietes Pélla, sondern zugleich Sitz des Bischofs. Berühmt ist Edessa auch als Zentrum der Teppichherstellung. Wer also ein Liebhaber von schönen Teppichen und Läufern ist, der sollte sich in Edessa einmal in aller Ruhe umschauen. Östlich von Edessa wird übrigens Bimsstein abgebaut, der in der griechischen Exportwirtschaft eine zunehmende Rolle spielt.

Manche Quellen sprechen davon, daß der Name Edessa auf einen Vorort der ehemals hier angesiedelten Stadt Aigai zurückgeht.

Geschichte

Verschiedenen Quellen zufolge wird Edessa im 7. Jahrhundert v. Chr. von der makedonischen Königsdynastie der Argeáden (oder der Temeníden) gegründet. Die Stadt erhält den Namen *Aígai,* der sich von dem griechischen Wort „aiges", was „Ziege" bedeutet, ableitet. Angeblich, so ist überliefert, hätten Ziegen den Weg zur Stadt gewiesen. Bis die Hauptstadt Makedóniens nach Pélla verlegt wurde, bleibt Aígai die makedonische Hauptstadt und danach noch lange Zeit der Begräbnisort für die Könige Makedóniens. Edessa

wird von König Archélaos mit starken Befestigungsmauern versehen. Phillip II. wird 336 v. Chr. in Edessa ermordet.
Nachdem griechische Kleinstaaten verschiedentlich den Versuch unternommen haben, Edessa zu erobern, wird die Stadt 168 v. Chr. von den Römern eingenommen. Die Stadt lag an der Via Egnatia, jener Römerstraße, die die Adria mit Byzanz verband. Edessa entwickelt sich rasch zu einem bedeutenden Wirtschafts- und Handelszentrum. Im Laufe der Jahrhunderte dringen verschiedene Volksstämme in Edessa ein, so etwa die Goten, Serben und Bulgaren, bevor die Stadt um 1001 erneut an das Byzantinische Reich zurückfällt. Im 14. Jahrhundert wird Edessa dem Osmanischen Reich eingegliedert und bleibt bis 1912 unter türkischer Herrschaft. Noch heute ist Edessa nicht nur ein Zentrum der Teppichherstellung, sondern zugleich ein Handelsstädtchen, in dem vor allem Obst verkauft wird.

Sehenswürdigkeiten

Die Wasserfälle

Wer Edessa besucht, der kommt nicht zuletzt wegen der Wasserfälle hierher. Wer wäre nicht beeindruckt von diesem wunderschönen Naturschauspiel, wenn sich aus einer Höhe von rund 25 Metern die gewaltigen Wassermassen in die Tiefe stürzen. Direkt unterhalb der Wasserfälle, die sich am nördlichen Stadtrand von Edessa befinden, liegen interessante Tropfsteinhöhlen

Die byzantinische Bogenbrücke

Erhalten geblieben ist eine byzantinische Bogenbrücke, über die die Via Egnatia, jener oben beschriebene römische Handelsweg, führte.

Die antiken Ausgrabungen

Unweit der Wasserfälle beginnt das Gelände, auf dem Ausgrabungen die Reste der antiken Stadt Edessa hervorgebracht haben.

▲ *Mit einem Fädchen fängt es an ...*

Historischer Boden: Vielleicht zog hier einst Alexander der Große entlang ▶

Praktische Informationen

Pannenhilfe

Den ELPA-Service erreicht man unter den Telefonnummern 03 81/2 30 03, 1 04.

Sportmöglichkeiten

Es gibt recht schöne Wandermöglichkeiten in der Gegend von Edessa. Informationen erteilt der Bergsteigerverein, Odos Elefhterías, Tel. 03 81/2 59 63.

Unterkünfte

Im Zentrum befinden sich einige Hotels und Pensionen. Empfehlen möchten wir das Hotel „Alfa“:
„Alfa“: 36 Zi., 64 Betten; es ist ein sehr gepflegtes Hotel. Man bezahlt für ein DZ mit Bad in der HS etwa 41 DM; Odos Egnátia 36, Tel. 03 81/2 22 21, 2 47 77.
„Katarráktes“: 44 Zi., 83 Betten; man bezahlt in der HS für ein DZ mit Bad rund 60 DM; das Hotel befindet sich in der Odos Karánou 4; Tel. 03 81/2 23 00.

Verkehrsverbindungen

Mit dem Bus: Es bestehen täglich mehrere Busverbindungen von und nach Thessaloníki, Vería, Kozáni, Náoussa, Flórina und Kastoriá.
Mit dem Zug: Es gibt täglich mehrere Zugverbindungen nach Thessaloníki, Kozáni und Flórina.

Flórina

Im Nordwesten Makedóniens, unweit der jugoslawischen Grenze, liegt die Hauptstadt der gleichnamigen Provinz Flórina. Besucher kommen in erster Linie wegen der nicht weit von Flórina entfernt gelegenen Préspa-Seen. Flórina mit seinen rund 14 000 Einwohnern ist ein lebhaftes Handelsstädtchen, das vor allem vom Obstanbau lebt. Während der Apfelernte türmen sich Kisten am Straßenrand, überall sieht man hoch beladene Fahrzeuge. Neben den riesigen Apfelplantagen erstrecken sich vornehmlich Erdbeerfelder. Die Landschaft um Flórina ist geprägt von schönen Laubwäldern und langgezogenen fruchtbaren Tälern.

Das Städtchen selber ist nicht sonderlich verlockend, wenngleich es einige recht schöne Gebäude aufzuweisen hat.

Geschichte

Über die Geschichte Flórinas ist nicht sehr viel bekannt. Archäologen vermuten, daß es bereits zu prähistorischer Zeit Besiedlungen bei Flórina gegeben hat. Verschiedene Funde, so etwa der eines Friedhofs, legen zudem die These nahe, daß sich bereits im 4. Jahrhundert v. Chr. hier eine bedeutende Stadt befunden haben muß. Bekannt ist, daß Flórina mehr als vier Jahrhunderte lang von den Türken besetzt war und erst 1912 wieder an Griechenland zurückfiel. Während des Zweiten Weltkrieges kam es zu starken Bombardierungen der Stadt durch die Italiener. Deutsche Truppen besetzten die Stadt. Nach Beendigung des Zweiten Weltkrieges wurde Flórina dann zu einem Schauplatz innergriechischer Kämpfe. Eine der entscheidendsten Schlachten des griechischen Bürgerkriegs wurde 1949 bei Flórina ausgetragen.

Sehenswürdigkeiten

Das Archäologische Museum

Das Archäologische Museum von Flórina verfügt über einige interessante Ausgrabungsfunde aus der Nähe der heutigen Stadt, die darauf hinweisen, daß sich bereits in der Antike hier eine bedeutende Stadt befunden haben muß. Zu den Fundstücken gehören unter anderem alte Grabstelen.

Das Museum befindet sich in der Nähe des Bahnhofs, Tel. 03 85/2 82 06.

Praktische Informationen

Ausflüge

Es bietet sich an, von Flórina aus die unmittebar an der jugoslawischen und albanischen Grenze gelegenen *Préspa-Seen* zu besuchen. Seit 1977 stehen die Seen unter Naturschutz. Wenn man Glück hat, dann bekommt man Vertreter der rar gewordenen Pelikane zu Gesicht. Die gesamte Region ist ein Reservat für die verschiedensten Tierarten. Zahlreiche Vogelarten haben hier ihre Nistplätze. Die Besucher werden angehalten, das Naturschutzgebiet sauber zu halten und sich möglichst ruhig zu verhalten, um die Tiere nicht zu stören.

Essen und Trinken

Die Restaurants und Tavernen von Flórina liegen ein wenig verstreut. Ein gemütlicher Platz mit mehreren schönen Restaurants ist leider nicht auszumachen. Die meisten Touristen kehren in den Tavernen an der Platía ein.

Pannenhilfe

Den ELPA-Service erreicht man unter der Telefonnummer 03 85/2 86 38.

Polizei

Die Polizei erreicht man unter der Telefonnummer 03 85/2 22 22.

Sportmöglichkeiten

Skilaufen: Rund 18 Kilometer von Flórina entfernt, befindet sich ein beliebtes Wintersportzentrum der Griechen. Vorhanden sind zwei Lifte, zwei Pisten und eine Hütte. Die Abfahrt erfolgt bei einer Höhe von rund 1650 Metern. Es besteht hier auch die Möglichkeit, Skiunterricht zu nehmen.

Bergsteigen/Wandern: Im Sommer eignet sich das Gebiet um Flórina auch vorzüglich als Wander- und Bergsteigergebiet.

Nähere Informationen erteilt der Griechische Bergsteiger- und Skiverein, Odos Pávlou Méla 95, Tel. 03 85/2 99 39 oder direkt das Wintersportzentrum, Tel. 03 85/2 20 82.

Unterkünfte

In Flórina gibt es rund sieben Hotels, Privatzimmer haben wir nicht ausfindig machen können. Zu empfehlen ist das Hotel „King Alexander".

„King Alexander": 59 Zi., 108 Betten; das Hotel befindet sich in der Níkis Avenue 68; man bezahlt für ein DZ mit Bad rund 50 DM, für eine Suite rund 75 DM; Tel. 03 85/2 35 01.

„Lýngos": 40 Zi., 76 Betten; das Hotel ist sehr komfortabel, wenngleich nicht so schön wie das „King Alexander". Es befindet sich in der Odos Tagmatarhou Naoum 3. Man bezahlt für ein DZ mit Bad rund 45 DM; Tel. 03 85/2 83 22.

Verkehrsverbindungen

Mit dem Bus: Es gibt eine tägliche Busverbindung nach Athén. Des weiteren gibt es eine Verbindung nach Thessaloníki und Kastória. Darüber hinaus verkehren täglich Busse nach Edessa. Auskünfte unter der Telefonnummer 03 85/2 24 30.

Mit der Bahn: Es gibt tägliche Zugverbindungen nach Edessa und weiter nach Thessaloníki und Athén. Von Flórina aus gibt es zudem eine Verbindung nach Skopje (Jugoslawien) über Bitola. Informationen erteilt die OSE, Tel. 03 85/2 24 04, 2 24 07.

Kastoriá

Südwestlich von Flórina liegt die ausgesprochen sehenswerte Stadt Kastoriá, erbaut auf einer Halbinsel, die sich in den gleichnamigen See erstreckt. Kastoriá gehört zweifellos zu den schönsten Städten Nordgriechenlands. Was die rund 20 000 Einwohner zählende Stadt so besonders attraktiv macht, das sind die wunderschönen engen Altstadtgassen, die interessanten alten Häuser mit ihren Holzverkleidungen sowie die zahlreichen Herrenhäuser, die vom Glanz und Ruhm der Stadt zeugen.

Indes — so werden Tierschützer zu Recht einräumen — handelt es sich um einen unrühmlichen Glanz, in dem Kastoriá sich sonnt. Denn die schmucke Stadt ist ein Zentrum der Pelzzucht und -verarbeitung, die weltweit ihre Geschäfte tätigt. Und das schlägt sich im Flair der Stadt ganz deutlich nieder. Nicht nur, daß man überall auf Pelzgeschäfte trifft, sondern Kastoriá ist auch eine ausgesprochen wohlhabende Stadt.

Geschichte

Die Geschichte von Kastoriá reicht weit zurück. In dem angrenzenden See entdeckte man eine Pfahlbausiedlung, die auf eine sehr frühe Besiedlung schließen läßt. Die sich später am Ufer des Sees entwickelnde Stadt wurde rund 200 v. Chr. von den Römern besetzt. Zahlreiche Volksstämme, so die Goten und die Slawen, versuchten, Kastoriá zu erobern. Während der byzantinischen Zeit erreichte Kastoriá seinen eigentliche Blütezeit, was bis heute in den wunderschönen Fresken der verschiedenen Kirchen zum Ausdruck kommt. Zwischenzeitlich eroberten die Bulgaren, die Serben und die Albaner die Stadt, bevor die Türken Kastoriá eroberten und für mehrere Jahrhunderte die Führung übernahmen. Erst am 11. November 1912 gelang auch Kastroriá der Anschluß an Griechenland. Im Zweiten Weltkrieg bombardierten die Italiener Kastoriá. 1949 lieferten sich Bürgerkriegsparteien erbitterte Kämpfe bei Grámmos-Vítsi.

Sehenswürdigkeiten

Die Herrenhäuser

Interessant ist ein Bummel durch die Gassen, bei dem man unwillkürlich immer wieder auf die beeindruckenden alten Herrenhäuser stößt, die im 17. und 18. Jahrhundert erbaut wurden und zumeist im Besitz der Kürschner waren.

Die Pelzwerkstätten

In den zahlreichen ansässigen Werkstätten kann man beobachten, wie die Felle der gezüchteten Pelztiere (vor allem Nerze) zu Kleidungsstücken verarbeitet werden *(→ Praktische Informationen/Einkaufen).*

Die Ikonensammlung

Eine sehr interessante Ikonensammlung befindet sich in der Kirche Aghíos Spíridon, Tel. 04 67/2 66 49.

Praktische Informationen

Ausflüge

Der Kastória-See: Der Kastória-See ist arg verschmutzt. Dennoch lohnt es sich wegen der schönen Landschaft, Wanderungen am See zu unternehmen.

Die Préspa-Seen: Von Kastoriá aus sollte man auf jeden Fall einen Ausflug zu den nordwestlich gelegenen Préspa-Seen unternehmen *(→Flórina/Ausflüge).*

Auskünfte

Auskünfte erteilt die Touristenpolizei, Tel. 04 67/2 26 96.

Baden

Zwar gibt es einige Waghalsige, die auf ein Bad im See nicht verzichten wollen, doch ist dies regelrecht gesundheitsgefährdend, da der See durch Chemikalien sehr verunreinigt ist.

Banken

Es gibt mehrere Banken in Kastoriá, die zu den üblichen Zeiten geöffnet haben.

Einkaufen

Kastoriá ist bekannt für die schönen Pelze, die hier angeboten werden. Allerdings vergißt man angesichts der edlen Pelze leicht, welche grauenhafte Tierquälerei mit der Züchtung und meist unsachgemäß betriebenen Massentierhaltung von Pelztieren verbunden ist.

Pannenhilfe

Man erreicht den ELPA-Service unter der Telefonnummer 04 67/2 68 55, 2 67 45.

Polizei

Die Polzei ist zu erreichen unter der Telefonnummer 04 67/ 2 33 33.

Sportmöglichkeiten

Bei Kastória befindet sich ein Winterskigebiet. Vorhanden sind ein Lift und eine kleine Schutzhütte. Auskünfte erteilt der Griechische Ski- und Bergsteigerverband, Tel. 04 67/ 2 48 84.

Unterkünfte

Es gibt zahlreiche Hotels in Kastoriá. Empfehlenswert sind folgende Hotels:

„Xenia Du Lac": 26 Zi., 49 Betten; das Hotels befindet sich an der Platía Dexaménis. Man bezahlt während der HS für ein DZ mit Bad rund 70 DM; Tel. 04 67/2 25 65.

„Tsámis": das Hotel befindet sich etwas außerhalb, in der Odos Ispílio. Man zahlt für ein DZ mit Bad rund 60 DM während der HS; Tel. 04 67/4 33 34.

Verkehrsverbindungen

Mit dem Flugzeug: Zehn Kilometer außerhalb der Stadt befindet sich der Flughafen von Kastoriá. Es bestehen tägliche Flugverbindung mit der Olympic Airways nach Athén. Informationen und Buchungen nimmt das Büro der Olympic Airways in Kastoriá vor, Odos Magálou Aléxandrou 15, Tel. 04 67/2 22 75, 2 31 25. Den Flughafen erreicht man unter der Telefonnummer 04 67/4 29 97.

Mit dem Bus: Es verkehren täglich Busse nach Athén, Thessaloníki, Flórina und Kozáni. Darüber hinaus gibt es Verbindungen zu den umliegenden Städten und Dörfern. Auskünfte erhält man unter 04 67/2 24 55.

Véria

Mit ihren rund 3000 Einwohnern ist Véria heute die zweitgrößte Stadt Makedóniens. Am östlichen Rand des Vermion-Gebirges, am Fluß Tripótamos gelegen, ist Véria eine ausgesprochen schöne und saubere Stadt, die sich von dem meisten griechischen Großstädten durch ihre gepflegten Anlagen, das üppige Grün und die großzügigen Straßen unterscheidet. Man merkt sofort, daß man sich in einer wohlhabenden Stadt befindet, was vor allem darauf zurückzuführen ist, daß Véria schon zur Zeit der türkischen Besatzung eine rege Handels- und Industriestadt war, die vor allem für die Baumwollverarbeitung bekannt war. Die Häuser machen durchweg einen modernen und gepflegten Eindruck, wenngleich auch die alten Häuser sich recht harmonisch in das Stadtbild einfügen. Obwohl Véria kein kleiner Ort ist, strahlt die Stadt etwas Ruhiges und Friedliches aus. Direkt hinter dem Ortseingang (wenn man von Thessaloníki kommt), befindet sich rechter Hand ein Café, von dem aus man einen hervorragenden Blick auf die Ebene hat.

Heute wird Véria vor allem von Besuchern angefahren, die das benachbarte Ausgrabungsgebiet von Vergína besichtigen möchten oder aber Véria als Ausgangspunkt für Wanderungen durch das Vérmion-Gebirge wählen. Im Winter verwandelt sich das Gebiet in ein beliebtes Wintersportzentrum.

Geschichte

Das Gründungsdatum von Véria, das auf eine wechselvolle Geschichte zurückblickt, wird auf das 9. Jahrhundert v. Chr. datiert. 168 v. Chr. durch die Römer erobert, unterlag die Stadt später den Eroberungszügen der Bulgaren, Franken und später der Türken. Im 3. Jahrhundert war Véria die Hauptstadt Makedóniens, in frühchristlicher Zeit wurde sie Bischofssitz. Zahlreiche wertvolle Fresken, die noch heute in den Kirchen zu bewunden sind, machen deutlich, daß die Stadt während der byzantinischen Zeit von außerordentlicher Bedeutung gewesen sein muß. Während der türkischen Besatzungszeit, die rund 400 Jahre währte, entwickelte sich Véria zu einem regen Handels- und Industriestädtchen, wobei die Baumwollproduktion einen dominierenden Faktor darstellte. Véria ist zugleich der Geburtsort der Philosophen Ioánnis Kottoúnios und Mitrofákis Kritopoúlos.

Sehenswürdigkeiten

Das Museum

Kunsthistorisch und archäologisch Interessierten bietet das Museum von Véria eine beeindruckende Fülle von Funden aus der prähistorischen, hellenistischen und römischen Zeit. Auffallend sind die Grabstelen sowie die im 4. Jahrhundert angefertigte Marmorbüste des Kaisers Konstantin, die sich im Hof des Museums befinden.

Die alte Stadtmauer

Noch heute kann man einen Teil der ehemaligen Stadtmauer aus römischer Zeit erkennen. Vorhanden sind neben Mauerresten noch Fragmente der alten Türme, die in die Stadtmauer integriert waren.

Praktische Informationen

Ausflüge

Es bietet sich an, von hier aus das nur einige Kilometer entfernt gelegene *Vergína* zu besuchen (→dort).

Auskunft

Wenn man aus nordwestlicher Richtung nach Véria hereinkommt, so befinden sich am Aussichtspunkt rechter Hand nicht nur ein Café und ein Restaurant, sondern auch eine Tourismus-Information. Es wird ein wenig Deutsch gesprochen.

Essen und Trinken

Empfehlenswert ist das am Hang gelegene namenlose Restaurant, von dem aus man einen grandiosen Blick über die Tiefebene hat. Es liegt unweit der Hauptstraße, die durch Véria führt. Kommt man aus nordwestlicher Richtung, so liegt es ein wenig versteckt an einer scharfen Linkskurve.

Feste

Bekannt ist Véria für seine bunten und lustigen Karnevalsumzüge, die im Februar stattfinden.

Pannenhilfe

Den ELPA-Service erreicht man unter der Telefonnummer 03 31/6 24 55, 1 04.

Post

Die Post befindet sich in der Odos Mitropoléos.

Sportmöglichkeiten

Véria bietet sich an als Ausgangspunkt für Bergtouren im Sommer sowie im Winter für Skiläufer. Informationen erteilt der Griechische Bergsteigerverband, Odos Mitropoléos 20 A, 5 91 00 Véria, Tel. 03 31/2 69 70.

Unterkünfte

Es gibt kaum Privatzimmer in Véria. Folgende Hotels stehen unter anderem zur Verfügung:

„Makedonía": 37 Zi., 70 Betten; für ein DZ mit Bad zahlt man etwa 45 DM; das Hotel befindet sich in der Odos Kontogeoráki 50, Tel. 03 31/6 69 02.

„Polytim": 32 Zi., 57 Betten; ein DZ mit Bad kostet etwa 41 DM; das Hotel befindet sich in der Odos Megálou Aléxandrou 35; Tel. 03 31/6 49 02, 6 49 24, 6 49 46.

„Véria": 62 Zi., 116 Betten; man bezahlt für eine Suite etwa 55 DM; Tel. 03 31/2 14 24, 2 49 00, 2 49 60.

„Villa Elia": 37 Zi., 65 Betten; eine Suite kostet rund 51 DM; das Hotel liegt in der Odos Elías 16; Tel. 03 31/2 68 00, 2 18 80.

Verkehrsverbindungen

Mit dem Bus: Es verkehren täglich mehrere Busse nach Thessaloníki, Edessa, Náoussa, Kozáni und Athén.

Vergína

Über Nacht ist der bis dahin eher unscheinbare Ort Vergína berühmt geworden, als man bei Ausgrabungsarbeiten hier 1977 eine der spektakulärsten archäologischen Entdeckungen machte: Man stieß auf die ungeplünderte Grabkammer von König Phillip II. von Makedónien — zumindest gehen die meisten Wissenschaftler davon aus, daß es sich tatsächlich um die Grabkammer des berühmten makedonischen Königs handelt.

Phillip II., der Vater Alexanders des Großen, wurde 382 v. Chr. geboren und 336 v. Chr., während der Vermählungsfeier seiner Tochter, in Aigai ermordet. Phillip II. hatte entscheidend zum Ausbau der Machtposition Makedóniens beigetragen und eine wichtige Rolle bei dem anschließenden Versuch, die griechischen Staaten nach Beendigung des Peloponnesischen Krieges unter der Führungsmacht von Athén zu vereinen, gespielt. Neben den Gebeinen des Königs kamen Grabbeigaben von unschätzbarem Wert ans Tageslicht, so zum Beispiel ein goldener Schrein, mit dem Emblem der makedonischen Könige versehen — was die These stark untermauert, daß es sich tatsächlich um das Grab Phillip II. handelt —, fünf Köpfe aus Elfenbein, Diademe, eine alte Rüstung sowie zahlreiche weitere goldene und silberne Grabbeigaben, die größtenteils im Archäologischen Museum in Thessaloníki aufbewahrt werden.

Zu verdanken sind die Funde vor allem der Arbeit des griechischen Archäologen Manólis Andrónikos, der nicht davon abließ, für seine These, daß sich die antike Stadt Aígai nicht bei Edessa, sondern bei Vergína befunden haben muß, den Beweis zu liefern. Andere Wissenschaftler haben die These aufgestellt, daß es sich nicht um das Grab Philipps II., sondern um das eines Halbbruders Alexanders des Großen gehandelt habe.

Die Ausgrabungsarbeiten sind noch nicht abgeschlossen. Ganz in der Nähe des Palastes wurden vor kurzem ein altes Theater sowie die Fundamente eines Tempels entdeckt. Die Inschriften scheinen die These des Archäologen Andrónikos zu untermauern.

Die Ausgrabungsstätte befindet sich rund zehn Kilometer südöstlich von Véria. Von weitem sieht man bereits den Hügel, in dem sich der Steinbau mit den königlichen Gräbern befand. Das Grab ähnelt dem des Agamemnon in Mykéne. Betreten kann man das Grab jedoch nicht, es ist durch Gitter abgesperrt.

Es ist ein weiteres Grab entdeckt worden, allerdings hat man es noch nicht exakt bestimmt und wagt folglich keine Vermutungen darüber, um wessen Grab es sich handeln könnte.

Die Enge von Tripótamos

Fährt man die Straße von Véria in Richtung Kozáni, so kommt man durch die Enge von Tripótamos, die einer regelrechten Paßstraße gleicht. Auch im Sommer sieht man überall Stangen am Straßenrand, die bei hohem

König Phillip II.

Schneefall im Winter den Straßenverlauf markieren. Die Paßstraße führt durch das von einem dichten grünen Laubwald überzogene Vermion-Gebirge. Kurz hinter Georgiáni zweigt die Straße zur Stelle des ehemaligen Tempels von Lefkopátra ab.

Kozáni

Mit knapp 50 000 Einwohnern ist Kozáni die größte Stadt West-Makedóniens, ein wichtiges Handelszentrum und zugleich Verkehrsknotenpunkt zwischen Epirus, Thessalien und Makedónien. In dem sogenannten Mesohellenischen Trog oder Becken von Kozáni wird Braunkohle abgebaut, was die unzähligen Stromleitungsmasten und die beiden riesigen Braunkohlekraftwerke in der östlich von Kozáni gelegenen Tiefebene erklärt.

Die Innenstadt von Kozáni besitzt etwas für griechische Städte Seltenes: eine Fußgängerzone mit modernen Geschäfen und Restaurants. Hier ist in den letzten Jahren einiges an der Innenstadtgestaltung geschehen. An der Platía Níkis, dem eigentlichen Zentrumsplatz mit seinem schönen Uhrenturm, beginnt die Fußgängerzone, von der zahlreiche Querstraßen abzweigen, in denen Restaurants, Cafés, Snackbars und Pubs bereits am Morgen geöffnet haben. Außerhalb des Stadtzentrums gibt sich Kozáni eher abweisend. Lärmerfüllte und schmutzige Straßenzüge, viel Verkehr und die ständige militärische Präsenz — das sind die Hauptmerkmale Kozánis. Touristisch gesehen hat Kozáni wenig anzubieten. Allein das gut ausgeschilderte Museum Kozánis ist einen Besuch wert.

Übrigens stammt der Urgroßvater von Herbert von Karajan, des weltberühmten, vor kurzem verstorbenen österreichischen Dirigenten, aus Kozáni. Er trug den Namen Karagiánnis.

Geschichte

Ausgrabungen haben ergeben, daß sich wohl bereits in der Antike hier eine Stadt befunden hat. 168 v. Chr. fiel das gesamte Gebiet um Kozáni unter die Herrschaft der Römer. Eingehend dokumentiert ist die Geschichte der Stadt aber erst seit dem Ende des 14. Jahrhunderts, als sich Bauern und Hirten aus Epirus hier niederließen und Kozáni von den türkischen Eroberern regiert wurde. Besonderen Privilegien, die der Stadt während dieser Zeit zuteil wurden, ist es zu verdanken, daß sich Kozáni zu einem blühenden Städtchen entwickelte, das während des 17. Jahrhunderts rege Handelsbeziehungen zu vielen Städten Europas unterhielt. Dieser wirtschaftliche und gesellschaftliche Aufstieg manifestierte sich nicht nur im Bau zahlreicher Herrenhäuser, sondern auch darin, daß Kozáni zu einem geistigen Zentrum Griechenlands wurde. Es verfügte über eine umfang-

Makedónien: Eine Landschaft, die Ruhe und Erholung verspricht

reiche Bibliothek und wurde 1745 Bischofssitz. Bis zum Jahre 1912, also genau 523 Jahre dauerte die Zeit der türkischen Besatzung in Kozáni.

Sehenswürdigkeiten

Das Volkskunde-Museum

Das Volkskunde-Museum von Kozáni, untergebracht in einem typischen Herrenhaus, das allerdings erst in den 80er Jahren auf Initiative des heimischen Kultur- und Kunstvereins ganz im Stil der alten *archóntika,* neu erbaut wurde, ist der ganze Stolz der Bewohner Kozánis.

Das vierstöckige Gebäude beherbergt eine stattliche Anzahl naturhistorischer und volkskundlicher Gegenstände. Eindrucksvoll wird die Geschichte Kozánis dokumentiert. Neben der Darstellung des traditionellen gesellschaftlichen und familiären Lebens gewinnt man auch einen Eindruck vom typischen Landleben. Besonders schön sind die alten Trachten.

Das Museum informiert über die klassischen Handwerksberufe, die mit der Geschichte Kozánis eng verknüpft sind. Darüber hinaus beinhaltet das Museum eine Gemäldegalerie mit Werken heimischer Künstler sowie eine Bibliothek mit mehr als 2500 Werken.

Das Museum befindet sich in der Odos Dragoúmi 9-11, ist allerdings in der gesamten Stadt ausgeschildert. Öffnungszeiten: täglich 9.30-13.30 Uhr und 17.30-20 Uhr (dienstags geschlossen). Der Eintritt kostet für Erwachsene 1 DM, für Kinder 50 Pfennig.

Der Uhrenturm

An der Platía Níkis, im Zentrum der Stadt, befindet sich der Uhrenturm, gestiftet von Kónstantin Marmáris, einem Sohn der Stadt, der in den USA zu Reichtum gekommen ist und seiner Heimatstadt den Uhrenturm und ein Krankenhaus gestiftet hat.

Praktische Informationen

Ärztliche Versorgung

Am östlichen Ortseingang befindet sich das Krankenhaus von Kozáni, Tel. 04 61/3 37 11. Ein Arzt und ein Zahnarzt haben ihre Praxen in der Odos Hippokrátes, direkt gegenüber der Post. Eine Apotheke befindet sich in der Fußgängerzone.

Banken

In der Fußgängerzone, unterhalb der Platía Níkis, befindet sich eine Bank.

Essen und Trinken

Die Restaurants liegen alle zentral in den Stichstraßen der Fußgängerzone.

Pannenhilfe

Den ELPA-Service erreicht man unter der Telefonnummer 04 61/3 95 94.

Polizei

Die Rufnummer der Polizei ist 04 61/3 60 12.

Post

Die Post befindet sich in der Odos Hippokrátes, einer Straße, die von der Platía Níkis wegführt. Öffnungszeiten: Mo.-Sa. 7.30-14 Uhr, und So. 9-13.30 Uhr.

Taxi

Der Taxistand ist an der Platía Níkis, Tel. 04 61/3 49 05.

Unterkünfte

Es gibt in Kozáni mehr als zehn Hotels. Empfehlen möchten wir das Hotel „Heléna".

„Heléna": 39 Zi., 72 Betten; das Hotel liegt nicht direkt im Stadtzentrum, sondern auf einer Anhöhe in sehr ruhiger Lage. Die Zimmer sind gepflegt und verfügen alle über ein eigenes Bad. In der HS bezahlt man für ein DZ etwa 66 DM; das Hotel befindet sich in der Odos Vass. Geórgiou 27, Tel. 04 61/2 60 56, 3 02 94, 2 61 58.

„Mitrópolis": 60 Zi., 89 Betten; das Hotel liegt nicht so schön wie das „Helena", dafür zentral, in der Fußgängerzone. Nicht alle Zimmer verfügen über ein eigenes Bad. Für ein DZ mit Bad zahlt man rund 30 DM pro Übernachtung; Odos Eirínis 10, Tel. 04 61/2 21 27, 3 02 01.

Verkehrsverbindungen

Mit dem Flugzeug: Fünf Kilometer außerhalb von Kozáni liegt der Flughafen, der täglich von der Olympic Airways angeflogen wird. Es besteht eine tägliche Verbindung nach Athén. Das Büro der Olympic Airways befindet sich in der Odos Dimokratías 1, Tel. 04 61/3 64 62, 3 64 63.

Mit dem Bus: Es besteht eine sehr gute Busverbindung zu den wichtigsten Städten Griechenlands. Täglich fahren Busse nach Athén, Thessaloníki, Lárissa, Meteóra usw. Man sollte allerdings schon einen Tag vorher einen Platz reservieren lassen, da es passieren kann, daß die Busse ausgebucht sind. Der Busbahnhof befindet sich hinter der Platía Níkis.

Mit dem Zug: Es gibt täglich viermal Zugverbindungen nach Athén und Thessaloníki.

Chalkidikí

Die Halbinsel Chalkidikí erstreckt sich südöstlich von Thessaloníki. Ihr Kennzeichen sind die drei langgeformten Halbinseln *Kassándra, Sithónia* und *Athos,* die sich wie drei Finger in das Ägäische Meer erstrecken. Chalkidikí — der Name leitet sich von den Einwanderern aus Chalkís ab, die sich hier niederließen — hat eine Küstenlänge von insgesamt 500 Kilometern. Die höchsten Erhebungen sind der Berg Athos (2033 m), das Gebirgsmassiv Choriátis (1201 m) und der Chólomon (1165 m).

Der griechischen Mythologie zufolge war hier die Heimat der Giganten, jener riesigen Ungeheuer, welche die Götter des Olýmp verjagen wollten.

Während sich Kassándra zu einem Zentrum des Massentourismus entwickelt hat, geht es auf Sithónia noch vergleichsweise ruhiger zu. Völlig unberührt von dem Rummel, der im Hochsommer in den Feriengebieten auf Kassándra und Sithónia herrscht, ist die Mönchsrepublik Athos, auf dem nördlichen der drei „Finger" gelegen. Insgesamt 80 000 Einwohner hat der Landkreis Chalkidikí, der sich auf einer Gesamtfläche von 2886 qkm erstreckt. Die Hauptstadt ist Polýgiros mit ihren etwa 4000 Einwohnern. Die Menschen leben in erster Linie von der Landwirtschaft. Angebaut werden vorwiegend Weizen, Oliven, Obst und Wein. Einen nicht unwesentlichen Bestandteil bilden überdies die Imkerei, der Fischfang, die Vieh- und Geflügelzucht sowie die Holzwirtschaft. Auch wird auf Chalkidikí nach wie vor Erz abgebaut. Wichtige Abbaugebiete befinden sich bei Stratóni, wo

Glasklares, türkisfarbenes Wasser: Vor allem Badeurlauber zieht es auf die Halbinsel Chalkidikí

Die Giganten

Laut der griechischen Mythologie waren die Giganten jene Ungeheuer von schier unermeßlicher Stärke und Kraft, die von der Erde, der Gäa, geboren und von ihr mit dem Auftrage versehen worden waren, Zeus und die anderen Götter des Olýmp zu verjagen. Mit ihren grenzenlosen Kräften waren die Giganten in der Lage, Berge zu versetzen. Also brachen sie den Pílion, den Ossa und den Berg Athos ab und schafften diese zum Olýmp. Hier wurden sie als Stufen benutzt, um den „Heiligen Berg" zu erklimmen. Die Göttern jedoch erinnerten sich an einen Orakelspruch, demzufolge die Schlacht gegen die Giganten nur dann siegreich zu beenden sei, wenn ein Sterblicher ihren Kampf unterstütze. Und so ließen sie Hérakles rufen, der in einer grausamen Schlacht die Giganten niederstreckte.

Gäa hatte dies zu verhindern versucht. Ein bestimmtes Kraut sollte die Giganten davor schützen, durch die Hand eines Sterblichen umzukommen. Doch Zeus überlistete die Erde. Er ließ eine Finsternis hereinbrechen, die es verhinderte, daß Gäa das Kraut sammeln konnte. Und so gingen die Götter siegreich aus der Schlacht hervor, Hérakles durfte sich fortan „Olýmpier" nennen, eine Bezeichnung, für die Edelsten und Tapfersten.

überwiegend Zinkblende, Blei und Schwefelkies abgebaut werden, und bei Gerakíni und Vávdos, wo Magnesitvorkommen existieren. Darüber hinaus gibt es Gold- und Silberminen sowie Kupfer- und Chrom-Bergwerke. Seit der Griechische Fremdenverkehrsverein sich 1960 dazu entschloß, Chalkidikí touristisch zu erschließen, hat sich hier vieles verändert. An den Küsten entstanden zahlreiche Hotels, und viele der kleinen Orte wurden zu Zentren des Tourismus ausgebaut. Mittlerweile ist Chalkidikí eines der begehrtesten Reiseziele in Griechenland für Besucher aus dem In- und Ausland. Was Chalkidikí so ausgesprochen reizvoll macht, ist das harmonische Zusammenspiel der dichten Kiefernwälder, der stellenweise sehr zerklüfteten Felsenküste und der vielen kleinen Sandbuchten und Badestrände. All das hat natürlich auch seine Schattenseiten: Vor allem die Küste Kassándras hat von ihrer ursprünglichen Schönheit einiges einbüßen müssen. Hotelanlagen bestimmen das Bild, und im Sommer ist hier ein Eldorado sonnenhungriger Urlauber aus aller Herren Länder.

Geschichte

Den Funden nach zu urteilen, die man in der Höhle bei *Petrálona* gemacht hat, haben bereits vor 700 000 Jahren Menschen auf der Halbinsel gelebt. Als Indiz für diese Vermutung werden von den Anthropologen vor allem die alten Feuerstellen in den Höhlen herangezogen. Die Schädel der Steinzeitmenschen, die man in einer Höhle fand, werden auf ein Alter von etwa 250 000 Jahren geschätzt. Entdeckt wurden in der Nähe von Nikíta übrigens auch uralte Skelette von Elefanten.

Man nimmt an, daß bereits 4000 v. Chr. zahlreiche Siedlungen auf Chalkidikí existierten. Ein Teil der ersten Siedler stammte aller Wahrscheinlichkeit nach aus Thrákien, weshalb das heutige Chalkidikí auch häufig als Thráke bezeichnet wurde. Im 8. Jahrhundert v. Chr. ließen sich dann erneut zahlreiche Einwanderer, diesmal aus Chálkis und Erétría, hier nieder, woraufhin die Halbinsel den Namen Chalkidikí erhielt. Im Anschluß an die Perserkriege (490-449/448 v. Chr.), bei denen vor Athos die persische Flotte unter Mardónios erfolgreich geschlagen worden war, schlossen sich die meisten Städte Chalkidikís dem Attischen Seebund an. Während des darauffolgenden Peloponnesischen Krieges (432-404 v. Chr.) fielen einige Städte den kriegerischen Auseinandersetzungen zum Opfer. Die Folge: Die Städte und Gemeinden schlossen sich zum *Chalkídischen Bund* zusammen, der nur kurzzeitig von Spárta wieder aufgelöst wurde. Die wichtigste Stadt war damals Olýnthos, die später durch Phillip von Makedónien völlig zerstört wurde. Chalkidikí fiel dem Makedonischen Reich zu. König Kassándros, Gründer von Thessaloníki, ließ im Jahre 316 v. Chr. an der Stelle des ehemaligen *Potidaía* die Stadt Kassandría erbauen, die sich zu einem wichtigen wirtschaftlichen und kulturellen Zentrum entwickelte.

Im Jahre 168 v. Chr. fiel Chalkidikí an die Römer. 269 n. Chr. überfielen und zerstörten die Goten große Teile der Chalkidikí, im 6. Jahrhundert folgten die Hunnen diesem verheerenden Beispiel. Im 9. Jahrhundert siedelten sich die ersten Mönche auf Athos an und gründeten vereinzelte Klöster. Zahlreiche, zum Teil bis heute recht gut erhaltene Burgen und Festungen sind in den nun folgenden Jahrhunderten entstanden. Mit der Niederlassung der Katalánen in Chalkidikí zu Beginn des 14. Jahrhunderts begann eine Zeit der Zerstörung und Plünderung. Viele der Athos-Klöster wurden Opfer der maßlosen Raubzüge dieser ehemaligen Söldnertruppen Konstantinópels. Es folgte im 14. Jahrhundert die Herrschaft der Serben, dann die der Türken, bis 1423 Chalkidikí in den Herrschaftsbereich der Byzantiner geriet. Der Befreiungskampf von 1821, an dem auch die Bewohner der Chalkidikí teilnahmen, ging von Polýgiros aus. Der berühmte Held Pávlos Mélas gehörte zu den Anführern. Doch der Kampf gegen die Türken, bei dem unzählige Menschen ums Leben kamen und viele der Städte und Dörfer zerstört wurden, blieb erfolglos. Die Griechen mußten sich geschlagen geben und ein Waffenstillstandsabkommen unterzeichnen. Viele Bewohner flüchteten auf die Sporáden. Doch immer wieder flammten im Laufe des 19. Jahrhunderts Kämpfe auf, die meist schnell von den türkischen Besatzern erstickt wurden. Erst im Oktober 1912 gelang es, das Joch der türkischen Besatzer abzuschütteln und Chalkidikí zu befreien. In der nun folgenden Phase wurde Chalkidikí zur Anlaufstelle vieler Flüchtlinge aus Bulgarien, Thrákien und Kleinasien. Heute sind es keine feindlichen Heerscharen, sondern sonnenhungrige Urlauber aus vielen Teilen der Welt, die Chalkidikí im Sommer zeitweise „okkupieren“.

Eine Schule auf dem Land

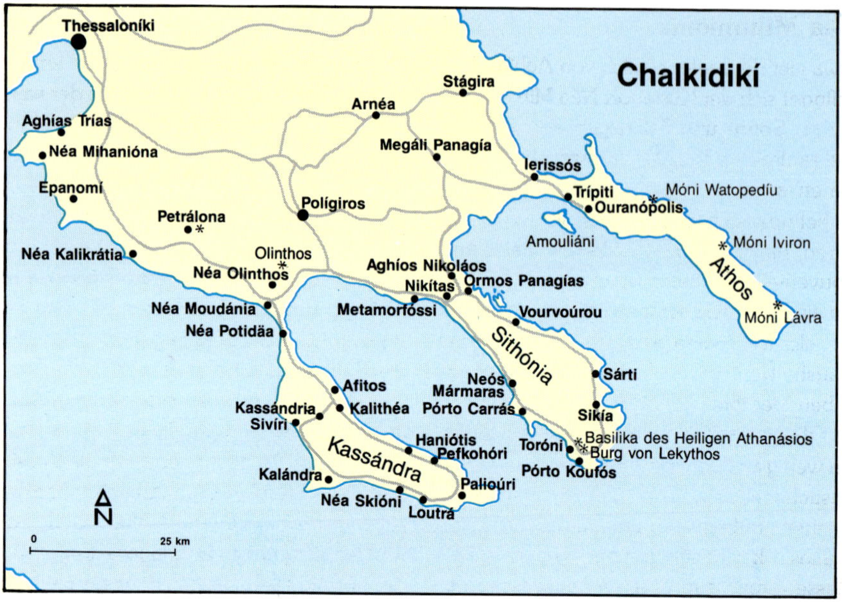

Der Norden Chalkidikís

Aghías Trías

An der Westküste Chalkidikís, etwa 25 Kilometer von Thessaloníki entfernt, liegt der 900 Einwohner zählende Ort Aghías Trías, ein Wochenenddomizil vieler Thessaloníkier. Von typisch griechischer Atmosphäre ist hier rein gar nichts zu spüren — wenngleich der Ort fast ausschließlich von Griechen besucht wird. An Sonn- und Feiertagen herrscht ein Rummel, der eher an Jahrmarktstimmung als an einen griechischen Küstenort erinnert. Der Sandstrand ist dann dicht belegt, und aus den Bars an der Hafenpromenade dröhnt der Disco-Sound.

Die Straße, die direkt am Sandstrand vorbeiführt, ist zum Teil für den Autoverkehr gesperrt. Die erholungsbedürftigen Großstädter verbringen den Tag mit Faulenzen, Tretbootfahren — ab 1991 sollen auch Surfbretter verliehen werden — oder in einem der zahlreichen Cafés. Die Preise sind unvergleichlich hoch. Für einen Toast und einen Kaffee (normales Frühstück gibt es nirgendwo) zahlt man etwa 5 DM.

Praktische Informationen

Unterkünfte

Es gibt nur wenige Übernachtungsmöglichkeiten in Aghías Trías, Privatzimmer haben wir keine entdecken können.

Hotels:

„Sun Beach": 123 Zi., 238 Betten; zwischen Juli und September bezahlt man für ein DZ mit Bad 80 DM, für eine Suite 120 DM; Tel. 03 92/22 13 31.

„Galáxy": 80 Zi., 148 Betten; in der HS zahlt man für ein DZ mit Bad 68 DM; Tel. 03 92/2 22 91/3.

Verkehrsverbindungen

Jede halbe Stunde bestehen Busverbindungen von und nach Thessaloníki.

Néa Mihaniónia

Etwa vier Kilometer südlich von Aghías Trías befindet sich der Küstenort Néa Mihaniónia, der an Sonn- und Feiertagen ebenfalls das Ziel zahlreicher Wochenendbesucher ist. An der etwas erhöht liegenden Hafenpromenade befindet sich eine Taverne neben der anderen, hinzu kommen zahlreiche Cafés und Souvenirläden. Jeden Sonntag wird am Hafen ein Flohmarkt veranstaltet, bei dem so gut wie alles feilgeboten wird, was der griechische Haushalt entbehren kann. Flohmarkt-Fans haben hier ihre wahre Freude. Zudem erinnert die hektische und lärmende Atmosphäre ein wenig an orientalische Basare. Auch viele Besucher der etwas oberhalb des Meeres gelegenen hübschen byzantinischen Kirche Aghíos Nikoláos strömen nach der Sonntags-Messe direkt zum Flohmarkt. Jenseits der Mole, an der mehr als 150 Fischkutter vor Anker liegen, schließt sich der Badestrand an. Geht man in den Ort hinein, so stößt man auf einen Platz, an dem sich eine weitere schöne byzantinische Kirche befindet (direkt neben der Schule). Einen traurigen Anblick bietet übrigens der alte Schiffsfriedhof am Ortsausgang in Richtung Epanomí.

Epanomí

Nur wenige Kilometer vom Meer entfernt liegt an der Westküste Chalkidikís der wenig reizvolle Ort Epanomí mit seinen rund 5000 Einwohnern. Schon zu vorgeschichtlicher Zeit soll sich hier eine Siedlung befunden haben. Aus Richtung Thessaloníki kommend, sieht man kurz vor Epanomí die Reste einer alten Festungsmauer. Diese waren Teil eines um 1530 gegründeten Landgutes, das dem Kloster Aghías Anastásias angehörte. Während des Befreiungskampfes von 1821 wurde der Ort Epanomí größtenteils niedergebrannt und blieb eine ganze Weile unbewohnt. Geprägt ist der Ort heute vor allem durch seine zahlreichen Neubauten, schmutzige Straßenzüge und wenig Gemütlichkeit. Sehr bunt und lebhaft geht es in Epanomí dagegen in der Woche nach Ostern zu, wenn das traditionelle Pferderennen stattfindet, begleitet von interessanten Folkloredarbietungen. Für Urlauber bietet der Ort wenig Sehenswertes, wenngleich er über eine recht gute Infrastruktur verfügt. Ärzte, Apotheken, eine Post, eine Bank, ein OTE sowie Supermärkte sind vorhanden. Mehrere Abzweige führen zur Küste. Vor allem das Fischerdorf Ormos wird

Praktische Informationen / Néa Mihaniónia

Ärztliche Versorgung

Am südlichen Ortsausgang befindet sich ein „Health Center", Tel. 3 25 00, 3 25 02, 3 25 03. Zwei Apotheken befinden sich an der Platía Ethnikis Adistásis.

Baden

Direkt im Ort, etwas nördlich der Kirche „Aghíos Nikoláos", beginnt der Sandstrand. Besonders verlockend ist er allerdings nicht. Chalkidikí hat sicherlich schönere Bademöglichkeiten zu bieten.

Bank

Eine Bank befindet sich in der Odos Politéchniou.

Essen und Trinken

An der etwas erhöht verlaufenden Hafenstraße befinden sich zahlreiche Tavernen, in denen man unter anderem recht gut Fisch essen kann. Täglich fahren die Kutter zum Fischfang hinaus, und so kann man sicher sein, stets ganz frischen Fisch zu bekommen.

Pannenhilfe

Bei einer Autopanne hilft ein Express-Service, den man unter den Telefonnummer 1 54 erreicht.

Polizei

Die Hafenpolizei erreicht man unter der Telefonnummer 3 14 12.

Post

Die Post befindet sich am nördlichen Ortseingang. Der Weg ist von hier aus ausgeschildert.

Taxi

Der Taxiruf lautet 3 14 34.

Unterkünfte

Hotels gibt es in Néa Mihanióna nicht. Es stehen lediglich einige Privatunterkünfte zur Verfügung.

Verkehrsverbindungen

Es besteht eine ständige Busverbindung von und nach Thessaloníki.

im Hochsommer von zahlreichen Badegästen besucht. Das letzte Stück der Straße nach Ormos ist übrigens nicht geteert und folglich recht schlecht befahrbar. Hier unten befindet sich ein Camping-Platz, Tel. 03 92/ 4 13 78, 4 13 79. Recht schöne Badestellen findet man weiter südlich.

Petrálona

Einen Besuch der berühmten Höhle von Petrálona sollte man auf gar keinen Fall versäumen. Wäre nicht 1960 hier der Schädel eines Steinzeitmenschen gefunden worden, dann käme der Tropfsteinhöhle keine wesentlich größere Bedeutung zu als den meisten anderen. Bis heute ist die Höhle allerdings noch nicht bis in die letzten Winkel ergründet. Die Forscher, die sich mit dem sagenhaften Schädelfund beschäftigen, haben die These aufgestellt, daß bereits vor 700 000 Jahren Menschen die Höhle bewohnt haben, Ergebnis der Untersuchungen einer vorgefundenen Feuerstelle. Der Frauenschädel, der sich heute im Paläontologischen Institut der Universität von Thessaloníki befindet, wird auf ein Alter von etwa 250 000 Jahren geschätzt. Wissenschaftler sprechen gar von einem „neuen" Steinzeitmenschen, einer Zwischenstufe zwischen dem Homo erectus und dem Homo sapiens.

Lieber Zwiebeln oder lieber Paprika: Noch ist von allem da

Es besteht die Möglichkeit, an einem Rundgang durch die Tropfsteinhöhle teilzunehmen und so die wunderbare Welt der Stalagmiten und Stalagtiten kennenzulernen. Ein nahegelegenes Museum zeigt unter anderem Knochenfunde aus der Höhle sowie eine Dokumentation der Menschheitsentwicklung.
Man gelangt nach Petrálona, wenn man, von Thessaloníki kommend, bei Eleochóri die Straße verläßt und der Beschilderung folgt. Nach etwa vier Kilometern erreicht man Petrálona.

Néa Kalikrátia

An der Westküste Chalkidikís, rund 44 Kilometer von Thessaloníki entfernt, liegt der Ort Kalikrátia, dessen Bewohner vor allem vom Fischfang leben. Thrakische Flüchtlinge gründeten den Ort 1922 an der Stelle, an der schon zu vorgeschichtlicher Zeit Siedlungen existierten. Heute leben rund 2800 Einwohner hier. Im Sommer lockt der Ort viele, vorwiegend griechische Urlauber an, nicht zuletzt aufgrund des wunderbaren und ausgesprochen sauberen Sandstrandes. Einladend ist auch die Uferpromenade, an der viele alte Olivenbäume kühlenden Schatten spenden. Sonntags herrscht arges Gedränge, wenn die Einwohner auf dem Flohmarkt ihre zum Teil kuriosen Waren feilbieten. Bemerkenswert ist die Kirche *Ieros Náos Ossias Paraskevís,* unmittelber neben der Polizei. Diese Kirche besitzt nicht nur einen rot gestrichenen achteckigen Kirchturm, sondern dementsprechend auch acht Kirchturmuhren.

Praktische Informationen

Ärztliche Versorgung

Eine Erste-Hilfe-Station befindet sich an der Hauptstraße, im Gebäude der Polizei; Tel. 03 92/2 12 32, 3 12 32. An der Hauptstraße, die von der Platía in den Ort hinaufführt, befinden sich mehrere Apotheken.

Baden

Néa Kalikrátia bietet ausgesprochen gute Bademöglichkeiten.

Direkt am Hafen beginnt der etwa 30 Meter breite, saubere Sandstrand, der allerdings keinen Schatten bietet. Im Sommer ist der Strand recht belebt. Am Ende des Sandstrandes befindet sich eine aus Felssteinen aufgeschüttete Mole.

Banken

Eine Bank befindet sich unmittelbar an der Platía Damiánou Dimitriádi. Weitere Banken sind an der Hauptstraße gelegen.

Essen und Trinken

Am Hafen gibt es mehrere Restaurants und Tavernen. Sehr schön sitzt man in der Taverne „Tapéfkon", direkt gegenüber der Anlegestelle. Hier kann man in der Mittagshitze im Schatten hoher Kiefern in aller Ruhe sein Essen genießen.

Recht gut ist auch das Fischrestaurant an der Platía Damiánou Dimitriádi, einige Meter vom Hafenbecken entfernt. An dem Platz gibt es auch mehrere Cafés sowie einige Fast-Food-Läden. Für den schnellen Hunger stehen außerdem zwei Imbißwagen bereit.

Post

Die Post befindet sich an der Hauptstraße, die von der Platía Dimiánou Dimitriádi aus in den Ort hineinführt, direkt neben der Polizei.

Polizei

Das Polizeigebäude liegt ebenfalls an der Hauptstraße, die von der Platía Dimiánou Dimitriádi in den Ort führt, und zwar unterhalb der Kirche, direkt gegenüber der Schule; Tel. 03 92/3 12 02, 2 12 02.

Taxi

Der Taxistand ist an der Platía Dimiánou Dimitriádi; Tel. 03 92/3 10 07, 3 10 42, 3 14 32.

Unterkünfte

Es gibt nur sehr wenige Übernachtungsmöglichkeiten in Néa Kalikrátia, so zum Beispiel das Hotel „Alkyónis", Tel. 03 92/2 35 04, 2 17 43. Es stehen einige Privatzimmer zur Verfügung.

Néa Moudánia

Kurz vor der Landenge, an der die Halbinsel Kassándra beginnt, liegt der kleine Ort und Handelshafen Néa Moudánia. Ähnlich wie Néa Kalikrátia, ist auch dieses Städtchen 1922 von Flüchtlingen gegründet worden. Der Ort selber hat wenig Atmosphäre und lädt nicht zum Verweilen ein. An der breit angelegten Hafenpromenade befinden sich zahlreiche Tavernen und Restaurants, auch bestehen gute Einkaufsmöglichkeiten.

Olinthos

Etwas nördlich der Landenge nach Kassándra liegt die antike Stätte Olinthos sowie unmittelbar daneben das kleine Dorf Néa Olinthos mit seinen etwa 850 Einwohnern. Woher der Name Olinthos stammt, ist nicht eindeutig geklärt. Manche Quellen gehen davon aus, daß der Ort nach dem Sohn des Hérakles benannt worden sei, wieder andere sprechen davon, daß der Name sich von Olinthos, dem Sohn des thrakischen Königs Strímon, ableitet.

Bereits in prähistorischer Zeit soll sich hier eine Siedlung befunden haben. Nach den Perserkriegen, bei denen die Stadt zum größten Teil zerstört und viele der Einwohner getötet wurden, trat Olinthos vorübergehend dem Attischen Seebund bei, bevor es die Hauptstadt des neugegründeten ,,Chalkídischen Bundes" wurde. Olinthos entwickelte sich rasch zu einer recht mächtigen Stadt, der weite Bereiche Makedóniens unterstanden. Phillip II. zerstörte die Stadt 348 v. Chr. restlos, nachdem Olinthos das Bündnis mit Makedónien gelöst hatte. Die meisten der Überlebenden wurden versklavt oder siedelten sich auf Kassándra an.

Man kann das Gelände der ehemals bedeutsamen Stadt besichtigen. Es liegt östlich von Néa Olinthos, auf einem kleinen Hügel. Nach umfangreichen Ausgrabungsarbeiten in den

20er und 30er Jahren dieses Jahrhunderts sind ein Teil der alten Fundamente freigelegt und die Lage und Struktur der Stadt relativ genau bestimmt worden. Ein Teil der Funde sind im Archäologischen Museum von Thessaloníki und Polígiros ausgestellt.

Polígiros

Polígiros, auf einer kleinen Anhöhe im Nordwesten des Holomóntas gelegen, ist die Hauptstadt Chalkidikís und zugleich ihr wirtschaftliches Zentrum. Es handelt sich um eine ausgesprochen saubere und wohlhabende Stadt, in der vor allem Geschäftsleute das Straßenbild bestimmen. Touristen verirren sich nur äußerst selten nach Polígiros. Der Ort mit seinen 4000 Einwohnern wirkt sehr angenehm und ruhig, vor allem durch die kleinen Parks und Grünanlagen. Übrigens ist hier auch der Sitz des Radiosenders Chalkidikí.

Geschichte

An der Stelle des heutigen Polígiros soll es in vorgeschichtlicher Zeit bereits Siedlungen gegeben haben. Vermutungen legen nahe, daß sich hier später, in klassischer Zeit, die Stadt Apollonía befand. Im 18. Jahrhundert, während der türkischen Besatzungszeit, setzte eine rasche wirtschaftliche Entwicklung ein. Von Polígiros aus nahm im Jahre 1821 der Aufstand gegen die türkische Besatzung auf Chalkidikí ihren Anfang. Polígiros wurde dabei ein ähnliches Schicksal zuteil wie vielen anderen Städten auf Chalkidikí. Der Aufstand wurde blutig niedergeschlagen und das Dorf abgebrannt.

Nachdem Polígiros zeitweilig unbewohnt geblieben war, wurde die Stadt aus den Trümmern wieder neu aufgebaut und im Jahre 1869 zur Hauptstadt Chalkidikís auserkoren. Ein Jahr später wurde sie Bischofssitz. Erst 1912 wurde Polígiros von der türkischen Herrschaft befreit.

Sehenswürdigkeiten

Das Archäologische Museum

Das Archäologische Museum beherbergt eine Reihe interessanter Funde, so etwa mehrere Statuen, die man in einem Totenheiligtum bei Stratóni gefunden hat, wertvolle historische Gefäße sowie eine reich verzierte alte Urne und vieles mehr.

Das Museum befindet sich an der Durchgangsstraße in Richtung Thessaloníki (gut ausgeschildert!). Öffnungszeiten: täglich 8.30-15 Uhr (montags geschlossen); Tel. 03 71/2 21 48.

Palaepórta

Etwa sechs Kilometer südwestlich von Polígiros liegt die alte Ausgrabungsstätte von Apollonía. Freigelegt sind in Palaepórta ein Teil der alten Grundmauern und Fundamente sowie ein alter Torbogen. Das Ausgrabungsgebiet ist nicht ganz einfach zu finden.

Praktische Informationen

Ärztliche Versorgung

Das Krankenhaus erreicht man unter der Telefonnummer 03 71/2 22 46.

Eine Zahnarztpraxis befindet sich in der Odos Polytéchniou, Tel. 03 71/2 38 14, 2 36 94.

Einen Arzt erreicht man unter der Telefonnummer 03 71/2 21 19.

Es befinden sich mehrere Apotheken am Ort, eine davon in der Odos Polytéchniou, links vom Busparkplatz, eine andere liegt direkt neben dem OTE.

Banken

Es gibt zahlreiche Banken am Ort. Eine davon befindet sich am Ende der Odos Polytéchniou, an dem kleinen Platz.

Feste

Bekannt ist Polígiros für seinen Karneval, der hier recht ausgiebig gefeiert wird. Eine Woche lang herrscht auf den Straßen der Hauptstadt ein buntes närrisches Treiben, an dem alt wie jung gleichermaßen teilnehmen. Höhepunkt des Festes ist jeweils der Karnevalsonntag, an dem traditionell ein großer Umzug stattfindet.

Pannenhilfe

Eine ELPA-Station gibt es in Polígiros nicht. Es befinden sich jedoch mehrere Autowerkstätten am Ort, so eine Nissan-Werkstatt am südlichen Ortseingang und eine Citroën-Reparatur-Werkstatt am nördlichen Ortsausgang bei der Tankstelle.

Post
Die Post befindet sich in der Odos Polytéchniou 31. Öffnungszeiten: Mo.-Fr. 7.30-14 Uhr.

Taxi
Der Taxistand befindet sich in der Odos Aristotélos. Der Taxi-Ruf lautet 03 71/2 28 64, 2 24 60, 2 25 78, 2 21 17.

Telefonieren
Das OTE-Gebäude liegt in der Odos Polytéchniou 30. Öffnungszeiten: Mo.-Fr. 7-22.30 Uhr, Sa., So. und an Feiertagen 9-14 Uhr und 17-22 Uhr.

Unterkünfte
Da kaum Touristen den Ort besuchen, ist das Angebot an Hotels und Unterkünften recht dürftig.

Hotels:
„Gláva" (Appartements): 16 Zi., 30 Betten; man bezahlt in der HS für ein Appartement etwa 50 DM pro Nacht.
„Akrópolis": 5 Zi., 12 Betten; Tel. 03 71/2 23 42.
„Epikoúros": 12 Zi., 20 Betten; der Preis für eine Übernachtung variiert.

Sonstiges
Sowohl am südlichen als auch am nördlichen Ortseingang gibt es eine Tankstelle, allerdings kein bleifreies Benzin.

Arnéa

Von Polígiros aus erreicht man Arnéa nach etwa 38 Kilometern Fahrt auf einer ungeheuer kurvenreichen Straße, die durch dichten Laubwald führt. Es handelt sich um ein landschaftlich traumhaft schönes Gebiet. Arnéa, übrigens auch Sitz des Bischofs, hat etwa 2500 Einwohner. Sofort fällt auf, daß es in der Stadt ausgesprochen viel Grün gibt. Am Hauptplatz stehen knorrige Bäume, die im Sommer viel Schatten spenden und so die Hitze erträglicher machen. Aus einem Brunnen sprudelt frisches Wasser. Auffällig ist auch die besondere Architektur Arnéas, die alten Herrenhäuser mit ihren Holzverstrebungen. Fast alle Häuser haben übrigens einen Holzbalkon, mit Weintrauben berankt. Überall stehen Kübel mit bunten Blumen. Vom Hauptplatz, an dem schon mittags die Kafenía gefüllt sind, führt eine malerisch gewundene Treppe in den höher gelegenen Ortsteil. In Arnéa wird heute reger Handel getrieben. Vorrangig hergestellt werden Wollstoffe und Honig. In zahlreichen Geschäften werden bunte Teppiche angeboten.

Geschichte

In der Antike befand sich ganz in der Nähe des heutigen Arnéa eine Stadt, deren Festungsmauern man zum Teil noch erkennen kann. Angeblich wurde im 16. Jahrhundert hier ein Landgut erbaut. Besondere Bedeutung erlangte der Ort dann später durch den Abbau von Erz, der für den Norden Chalkidikís bedeutsam wurde. Während des Befreiungskampfes 1821 wurde Arnéa, wie fast alle Städte auf Chalkidikí, niedergebrannt, die Bewohner wurden vertrieben. Nachdem der Ort eine Zeitlang unbewohnt geblieben war, siedelten sich hier wieder Griechen an.

Sehenswürdigkeiten

Sehr sehenswert sind die alten Herrenhäuser, die *archóntika*. Auffällig ist auch der hohe, mehreckige Glockenturm der Kirche.

Feiner Sandstrand: auf Chalkidikí keine Seltenheit

Praktische Informationen / Arnéa

Ärztliche Versorgung

Den Arzt erreicht man unter der Telefonnummer 03 72/ 2 22 86. Am Zentrumsplatz gibt es drei Apotheken. Etwa vier Kilometer östlich von Arnéa, am westlichen Ortseingang von Palehóri, befindet sich überdies ein „Health Center", an das man sich in dringenderen Fällen wenden sollte; Tel. 03 72/4 14 72, 4 14 81.

Banken: Eine Bank befindet sich am Hauptplatz.

Einkaufen

Zahlreiche Geschäfte bieten handgearbeitete Teppiche, zum Teil in auffallend bunten Farben an. Wer also Interesse an Teppichen hat, sollte sich einmal in aller Ruhe umsehen, zumal die Stücke gar nicht besonders teuer sind.

Essen und Trinken

Es gibt nur recht wenige Tavernen im Ort. Am Zentrumsplatz befinden sich allerdings mehrere kleine Kafenía, in denen man Kleinigkeiten zu essen bekommt.

Pannenhilfe

Eine ELPA-Station gibt es hier nicht. Allerdings befinden sich mehrere Autowerkstätten am Ort, so zum Beispiel eine Honda- und Mitsubishi-Reparaturwerkstatt.

Polizei

Die Polizeistation hat ihren Sitz etwas unterhalb des Zentrums, in der Odos Aristotélos, Richtung Paleohóri. Die Telefonnummer lautet 03 72/2 22 05.

Post: Die Post befindet sich in der Odos Aristotélos, in Richtung Paleohóri.

Taxi

Am Zentrumsplatz ist der Taxistand, Tel. 03 72/2 25 08, 2 24 72, 2 22 12.

Telefonieren

In der Odos Aristotélos liegt das OTE. Öffnungszeiten: Mo.-Fr. 7.30-15.10 Uhr. Am Hauptplatz befindet sich außerdem eine Telefonzelle.

Unterkünfte

Es gibt nur recht wenige Unterkünfte in Arnéa. Zur Verfügung stehen zum Beispiel das Hotel „Arní", direkt neben der Polizei, Tel. 03 72/2 12 59, und das Hotel „Akrópolis", Tel. 03 72/2 13 56.

Sonstiges

Eine Tankstelle befindet sich im Ort sowie am östlichen Ortsausgang. Es gibt allerdings kein bleifreies Benzin.

Megáli Panagía

Fährt man von Arnéa weiter in Richtung Stágira so kann man auf der Höhe von Paleohóri einen Abstecher zu dem Wallfahrtsort Megáli Panagía machen. Hier soll gegen Mitte des 19. Jahrhunderts einer gläubigen Christin im Traum die Mutter Gottes erschienen sein. Kurz darauf fand sie eine *Ikone der Panagía,* woraufhin zu Ehren der Heiligen 1863 eine Kirche erbaut wurde. Der Ort, der auch unter dem Namen „Reveníkia" bekannt war, wurde nach der Befreiung von den Türken in „Megáli Panagía" umbenannt. Jedes Jahr zwischen dem 1. und dem 15. August kommen viele Pilger aus allen Teilen Griechenlands zu dieser heiligen Stätte, um gemeinsam das Fest Mariä Himmelfahrt zu begehen. Ein Erdbeben richtete im Jahre 1932 schwere Verwüstungen an, von denen auch die Kirche nicht verschont blieb. Sie mußte zum Teil neu aufgebaut werden. 1979 wurde die Ikone aus der Kirche gestohlen.

Megáli Panagía ist ein ruhiger Ort mit etwa 2300 Einwohnern, völlig unberührt vom Tourismus. Auffallend sind die vielen kleine Plätze mit ihren Kafenía. Besonders schön ist der eigentliche Dorfplatz mit seinem Brunnen und dem wunderbaren alten Baum. Hier kann man in der Mittagshitze ein wenig ausruhen und sich bei einem kühlen Getränk erfrischen. Die Restaurants haben allerdings tagsüber geschlossen und öffnen erst gegen Abend. Am Hauptplatz befinden sich eine Arztpraxis, eine Apotheke sowie der Taxistand (Tel. 03 72/3 11 11). Wenig oberhalb des Dorfplatzes, an der Platía Demokratía, liegt die Post. Öffnungszeiten: Mo.-Fr. 8-13.40 Uhr.

Stágira

Etwa 100 Kilometer von Thessaloníki entfernt, kurz vor der Ostküste Chalikidikís, liegt der Geburtsort eines der bedeutendsten Philosophen der Antike, des *Aristóteles.* Früher trug Stágira die Bezeichnung „Siderokausa", was im übertragenen Sinne „Ort der Erzverarbeitung" bedeutet. Und in der Tat läßt sich die Geschichte des Erzabbaus weit zurückver-

folgen. Neben den Bergwerken, deren Eingänge man zum Teil noch von der Straße aus erkennen kann, wurde auch eine Reihe metallverarbeitender Betriebe gegründet. Noch heute gehört dieses Gebiet im Norden Chalkidikís zu einem der wichtigsten Zentren des Erzabbaus. Nachdem Philipp II. von Makedónien die Stadt aufgrund ihrer strategischen Lage hatte zerstören lassen, bat Aristóteles um den erneuten Aufbau seines Heimatortes. Für viele Jahrhunderte war der Hafen von Stágira ein bedeutender Ausfuhrhafen für Erze. Im 4. Jahrhundert n. Chr. zerstörten die Goten die antike Stadt Stágira, in deren Nähe das heutige gleichnamige Dorf liegt. Im 16. Jahrhundert wurde in Stágira eine Münzanstalt gegründet, in der eigene Silbermünzen geprägt wurden. Im gleichen Jahrhundert wurde eine Festung errichtet, deren Ruinen noch heute zu besichtigen sind. Schon bei der Einfahrt in den Ort sieht man linker Hand Teile der alten Anlage. Erhalten geblieben ist ebenfalls das türkische Bad, das im 15. Jahrhundert erbaut wurde. Es befindet sich am Hügel von Aghíos Dimítrios.
Die Hauptsehenswürdigkeit des Ortes ist jedoch die Statue des Aristóteles, die 1956 zu Ehren des berühmten Sohnes der Stadt in einem kleinen Park errichtet wurde. In Überlebensgröße erhebt sich die Statue auf einem Sockel vor dem Hintergrund der Hügel des ehemaligen Siderokausa. Von dem Park aus hat man zudem einen phantastischen Blick auf das Meer.
Wer in Stágira viel Rummel und zum Beispiel zahlreiche Souvenirläden erwartet, der wird zum Glück eines besseren belehrt. Außer der Statue deutet nichts darauf hin, daß hier der berühmte Aristóteles das Licht der Welt erblickte.
In Stágira selber konnten wir keine Übernachtungsmöglichkeiten endecken. Wer jedoch in der Gegend bleiben möchte, dem sei das Hotel „Park-Tasos" empfohlen. Es liegt an der

Die Statue des Aristoteles in Stágira

Straße zwischen Paleohóri und Stágira. Das sehr komfortable Hotel im rustikalen Stil verfügt über insgesamt elf Zimmer. Alle Räume haben ein Bad, Heizung, Radio und Telefon. Angeschlossen sind ein Restaurant und eine Bar. Man bezahlt in der Hochsaison pro Übernachtung etwa 38 DM; Tel. 03 72/ 4 17 22.

Aristoteles

384 v. Chr. wurde Aristoteles in Stágira als Sohn des Leibarztes des makedonischen Königs Amyntas II. geboren. Aristoteles war noch nicht ganz 18 Jahre alt, als er nach Athén zog und sich dort mit den Lehren Platons auseinandersetzte. Bis zum Tod seines Lehrers bieb er Mitglied der Akademie Platons. 342 v. Chr. wurde Aristoteles an den Hof Phillips II. gerufen und unterrichtete dort dessen Sohn Alexander (Alexander der Große). Nach seiner Rückkehr nach Athén gründete Aristoteles eine eigene Schule, das sogenannte Perípatos, benannt nach jener Halle im Lykeíon, in der Aristoteles seine Vorträge hielt. Kurz vor dem Tod Alexanders im Jahre 322 v. Chr. wurde der Philosoph der Gottlosigkeit angeklagt und verließ Athén.

Im Gegensatz zu Platons Ideenlehre, versuchte Aristoteles, die „Erscheinungen des Alltags" zu erklären und eine sie erklärende Theorie zu entwickeln. Zum Zwecke der Systematisierung des Erfahrungswissens entwickelte Aristoteles die „formale Logik", in dessen Mittelpunkt die „Lehre vom logischen Schlußfolgern" steht. Für Aristoteles wurde allerdings nicht die Systematisierung von Wissen zur Hauptaufgabe, sondern die Erklärung der „Phänomene". So war er bemüht, allgemeine Prinzipien, Axiome, ausfindig zu machen, aus denen sich wiederum Einzelerkenntnisse ableiten ließen. Aristoteles widmete sich den Fragen nach dem Verhältnis des Vielen zum Einen, der Ursache des Werdens, der Bestimmung von Stoff und Form etc. Die theoretische Philosophie, in der der Mensch als ein vernunftbegabtes Wesen definiert wird, bildet einen Grundstein der abendländischen Philosophie. Auch die Ethik und Politik wurde Gegenstand der philosophischen Betrachtungen des Aristoteles. In seiner sogenannten „praktischen Philosophie" entwickelte Aristoteles unter anderem den Gedanken, daß Menschen nur innerhalb einer Gemeinschaft oder eines Staates ihre Fähigkeiten und Tugenden umsetzen könnten und daß folglich dem Staat dieselbe Aufgabe wie den einzelnen in ihm lebenden Menschen zukommen müsse. Für ihn war die Erziehung von maßgeblicher Bedeutung für die Realisierung bestimmter Tugenden wie der Gerechtigkeit.

Ierissós

Der Ort Ierissós, unweit der Landenge nach Athos gelegen, ist kein besonders einladender Ort, für einen Badeurlaub wenig attraktiv. Die meisten Restaurants haben bereits Anfang September geschlossen, was auf eine sehr kurze Saison schließen läßt. Wer Interesse am Bootsbau hat, der kann die Gelegenheit wahrnehmen und zuschauen, wie am Hafen nach alter Tradition Boote gebaut werden.

An der Stelle des heutigen Ortes, der rund 2600 Einwohner hat, gab es bereits zu prähistorischer Zeit eine Siedlung. Im 7. Jahrhundert v. Chr. siedelten sich Bewohner der Insel Andros hier an, die später dem persischen Feldherrn Xerxes bei der Aushebung des Kanals, dessen Verlauf man heute noch erkennt, halfen. Der Zweck dieses Kanals sollte darin bestehen, daß die persischen Flotten das gefürchtete Kap bei Athos, an dem die Flotte des Mardónios Schiffbruch erlitten hatte, umgehen und durch den Kanal direkt die Bucht von Aghíos Orous erreichen konnten. Der Kanal hatte eine Gesamtlänge von etwa drei Kilometern. Nachdem Ierissós, das ehemals den Namen Akanthos trug, kurzzeitig dem Attischen Seebund beigetreten war, eroberten 168 v. Chr. die Römer die Stadt und plünderten sie. Mit der Niederlassung vieler neuer Siedler zur Zeit Jesus Christus,

wurde die Stadt in Ierissós umbenannt. Gegen Ende des 10. Jahrhunderts wurde die Stadt Bischofssitz. In den folgenden Jahrhunderten fiel sie nacheinander in die Hände der Türken und der Venezianer, bevor sie während des Aufstandes 1821 niedergebrannt wurde. Ein schweres Erdbeben, dem weit über hundert Menschen zum Opfer fielen, verwüstete 1932 die Stadt.
Erkennbar sind heute noch die Burgruinen sowie der alte Turm des Kroúnas, Teil der ehemaligen byzantinischen Festung, an der Straße nach Stratóni.
Im Angedenken an die Toten des Aufstandes von 1821 wird traditionell am dritten Ostertag in der Nähe von Ierissós ein Volkstanz, der sogenannte „Kangelevto", aufgeführt.

Trípiti

Von Trípiti aus kann man auf die vorgelagerte Insel Amouliáni übersetzen. Es verkehren täglich etwa acht Schiffe. Der Fahrpreis beträgt 1 DM, nimmt man das Auto mit, 9 DM.

Amouliáni

Die kleine Insel Amouliáni mit ihren rund 450 Einwohnern ist ideal für Urlauber, die sich nach Ruhe und Erholung sehnen. Viel unberührte Natur und saubere Badestrände, vor allem im südwestlichen Küstenabschnitt, ziehen zunehmend Besucher an. Die Bewohner der Insel leben in der Hauptsache vom Fischfang. Recht gemütlich ist der kleine Hafenort, in dem die Fähren vom Festland anlegen. Hier werden mittlerweile einige Privatunterkünfte vermietet.

Ouranópolis

Der Küstenort Ouranópolis, 1922 von Flüchtlingen aus Kleinasien gegründet, ist für die meisten Reisenden die letzte Station vor der Mönchsrepublik Athos. Von hier werden täglich Schiffsfahrten um die Halbinsel Athos angeboten. Vor Jahren noch ein eher unbekannter Ort, hat sich Ouranópolis im Laufe der Zeit touristisch „gemausert". Selbst in der Nachsaison ist der Hafenort noch recht belebt, die Tavernen sind gut besucht. An den zahlreichen Souvenirläden werden die üblichen Andenken verkauft. Bekannt ist Ouranópolis auch für seine handgeknüpften Teppichwaren. Doch trotz dieser Entwicklung strahlt der Ort eine eigentümliche Ruhe und Gelassenheit aus. Vom „Big Business", das mittlerweile viele griechische Ferienorte kennzeichnet, ist hier wenig zu spüren. Recht hübsch ist das Hafenbecken mit den zahlreichen bunten Booten. Kommt man nach Ouranópolis herein, so stößt man unweigerlich auf den auf einem Granitfelsen errichteten hohen Turm.

Sehenswürdigkeiten

Der Turm von Prosphórion

Aller Wahrscheinlichkeit nach ist dieser fünfstöckige Turm 1344 erbaut worden und sollte zum Schutz eines nahegelegenen Gutes dienen. Im 19. Jahrhundert fügte ein Erdbeben dem Turm erhebliche Schäden zu. Nach der Neuerrichtung des Ortes wurde er ebenfalls wieder aufgebaut und war danach eine geraume Zeitlang bewohnt.

Der Turm von Prosphórion

Praktische Informationen / Ouranópolis

Ärztliche Versorgung
Eine Arztpraxis sowie eine Apotheke befinden sich an dem kleinen ungeteerten Weg, der vom Turm wegführt.

Ausflüge
Es werden täglich Bootsausflüge nach Athos unternommen. Dabei handelt es sich natürlich nur um Fahrten entlang der Küste. Die Mönchsrepublik kann ausschließlich von Männern besucht werden, und dies nur mit einer Sondergenehmigung, die man auf Antrag in Thessaloníki erhält (→*Athos/Einreisebestimmungen*). Die Boote starten um 10.30 Uhr und um 12.30 Uhr. Die Rückkehr erfolgt gegen 14.30 Uhr und 16 Uhr. Eine Fahrt kostet etwa 20 DM.

Baden
Ein kleiner, aber nicht sehr schöner Sandstrand befindet sich in südlicher Richtung. Man geht links am Turm vorbei und folgt der Straße, die vom Hafen wegführt. Es folgen mehrere kleine Badebuchten, meist allerdings ohne Schatten.

Essen und Trinken
Am Hafen befinden sich zahlreiche Restaurants, Tavernen und Cafés. Man hat die Qual der Wahl. Die Restaurants unterscheiden sich in Angebot und Qualität allerdings nicht sonderlich. Fast überall bekommt man frischen Fisch. Recht gut hat uns das Restaurant „Karidas" gefallen.

Polizei
Die Polizei erreicht man unter der Telefonnummer 03 77/7 12 03, die Hafenpolizei unter der Nummer 03 77/7 12 48.

Post
In der Hochsaison befindet sich unmittelbar neben dem Turm eine mobile Poststation. Öffnungszeiten: Mo.-Sa. 8-20 Uhr und So. 9-18 Uhr.

Sportmöglichkeiten
Es besteht die Möglichkeit, Motorboote zu leihen und die Küsten Chalkidikís auf eigene Faust zu erkunden. Ein Motorbootverleih hat seinen Standort beim Restaurant Karidas. In der Hauptsaison kostet ein Boot pro Tag 50 DM, in der Nebensaison 40 DM (plus Benzin).

Taxi
Ein Taxi erreicht man unter der Telefonnummer 03 77/7 12 81.

Telefonieren
Das OTE ist in einem Bungalow direkt neben der Poststation untergebracht.

Unterkünfte
Ouranópolis verfügt momentan über elf Hotels, drei weitere sind im Bau befindlich. Hinzu kommen zahlreiche Pensionen und natürlich Privatzimmer. Auch ein Campingplatz ist vorhanden. Die meisten Hotels liegen direkt im Ort und sind folglich etwas lauter. Am besten gefallen hat uns deshalb das etwas außerhalb gelegene Hotel „Filoxénia".

Hotels:
„Filoxénia": Das Hotel liegt ausgsprochen ruhig, ein wenig außerhalb des Ortes. Man hat von hier aus einen wunderbaren Blick aufs Meer. Im Juli und August zahlt man für ein DZ mit Bad etwa 70 DM; Tel. 03 77/7 11 58.
„Xénia": Tel. 03 77/7 12 02.
„Akrogiáli": Tel. 03 77/7 12 01.

Verkehrsverbindungen
Fünfmal täglich verkehrt ein Bus nach Thessaloníki. Die Bushaltestelle befindet sich neben dem Turm.

Zeitungen
Am Hafen gibt es ein ausreichendes Angebot an internationalen Zeitungen.

Sonstiges
Am Ortseingang gibt es eine Tankstelle (kein bleifreies Benzin).
Biegt man mit dem Auto am Turm links ab, so gelangt man zu einem Parkplatz, an dem man den Wagen kostenlos abstellen kann.

Kassándra

Kassándra ist die westlichste der drei Halbinseln Chalkidikís und zugleich die touristisch am weitesten erschlossene. Eine gut ausgebaute Straße führt einmal um die gesamte Halbinsel, wobei lediglich die äußerste Südspitze und der nördliche Teil der Westküste nicht ganz so problemlos erreichbar sind. Kassándra ist charakterisiert durch ein abwechslungsreiches Landschaftsbild. Große Teile der Halbinsel sind dicht bewaldet, wobei sich immer wieder Kiefern- und Pinienwälder mit weitläufigen Olivenhainen und Getreidefeldern abwechseln. Der in den letzten Jahrzehnten stark forcierte Tourismus hat zwar die Landwirtschaft als Haupteinnahmequelle abgelöst, doch bildet diese noch immer einen wesentlichen Erwerbszweig für die Bewohner auf Kassándra. Die wichtigsten Produkte sind Weizen, Wein, Oliven, Öl und Honig.
Ihren heutigen Namen erhielt die Halbinsel nicht, wie wiederholt vermutet wurde, nach der berühmten Seherin Kassándra, jener Gestalt der griechischen Mythologie, die die Fä-

higkeit besaß, die Wahrheit zu prophezeien, sondern vielmehr nach dem König Kassándros von Makedónien, dem Gründer Thessaloníkis, der die zerstörte Stadt Potidäa, an der Landenge Kassándras, wieder aufbaute. Verschiedenen Quellen zufolge war Kassándra davor unter dem Namen Flégra bekannt, was übersetzt „Ort des Feuers" bedeutet.

Die größte Anziehungskraft auf die Besucher üben wohl die zahlreichen weißen Sandstrände an den Küsten Kassándras aus. Während Kassándra vor einigen Jahren noch als Geheimtip gehandelt wurde, ist die Küste heute völlig erschlossen. Hotels und Ferienorte wurden aus dem Boden gestampft, die meisten Küstenabschnitte bebaut, und der Boom hält noch an. Häufig fällt es einem gar schwer, die Grenze zwischen den einzelnen Ortschaften oder Siedlungen zu erkennen, die fließend ineinander übergehen. Im Winter verwandeln sich die Orte dann in regelrechte Geisterstädte.

Wer also einen reinen Badeurlaub verleben und dabei auf gesellschaftliche Kontakte und fröhliches Nachtleben nicht verzichten möchte, für den ist Kassándra sicherlich ein angemessenes Urlaubsziel. Wer hingegen mehr Ruhe und Einsamkeit sucht, dem ist eher Sithónia zu empfehlen.

Néa Potidäa

Der erste Ort, den man durchfährt, wenn man nach Kassándra kommt, ist Néa Potidäa, auf der schmalsten Stelle der Landenge gelegen. Erst seit 1970 verbindet eine Brücke Kassándra mit dem Festland. Vorher mußte man auf einer Fähre den Kanal von Potidäa überqueren.

Es mag auf den ersten Blick gar nicht auffallen, auf welch historisch bedeutsamem Boden man sich hier befindet. Und so fahren die meisten Besucher einfach durch Nea Potidäa hindurch, ohne zumindest einen kurzen Stop einzulegen.

Geschichte

Bereits 600 v. Chr. gründeten Korinther an der strategisch bedeutsamen Landenge die Stadt Potidäa, benannt nach dem Gott Poseidon. Nachdem die Bewohner Potidäas zu Beginn der Perserkriege Truppenkontingente zur Verfügung gestellt hatten, wandten sie sich später von den Persern ab.

Im Anschluß an die Perserkriege wurde Potidäa kurzfristig Mitglied des Attischen Seebundes, nach dem Austritt jedoch im Jahre 431 v. Chr. von Athén besetzt. Der Grund für die Abwendung von Athén lag darin, daß Athén die Potidäer aufgefordert hatte, einen Teil ihrer Stadtmauer abzureißen und die Verbindungen zu Korínth aufzugeben. Als die Bevölkerung diesem Wunsche nicht nachkam und den Bund verließ, wurde die Stadt belagert. Man erzählt sich, daß sogar der Philosoph Sókrates an dieser Belagerung teilgenommen haben soll, was aber nicht eindeutig bewiesen ist. Nachdem die Stadt lange Zeit ein Zankapfel zwischen Athén und den Lakedaimoniern gewesen war, wurde sie schließlich von Phillip II. von Makedónien erobert, der die Bewohner als Sklaven verkaufte.

316 v. Chr. gründete dann Kassándros an der Stelle des alten Potidäa eine neue Stadt, die er Kassándria nannte. Später fiel die Stadt unter römische Herrschaft, bevor sie 269 von den Goten belagert und 540 von den Hunnen zerstört wurde. Zum Schutz vor weiteren Feinden ist hier ein wenig später die Burg errichtet worden. Nachdem die Katalanen 1307 ihren Stützpunkt hier eingerichtet hatten, fielen 1430 die Türken in die Stadt ein. Während des erfolglosen Befreiungskampfes 1821 hielten sich viele der Aufständischen in der Burg verschanzt.

1922 bauten Flüchlinge aus dem Osten Thrákiens an der Stelle des ehemaligen Potidäa

Der Fischfang ist eine der Haupteinnahmequellen der Bewohner von Afitos

oder Kassándria den heute 750 Einwohner zählenden Ort Néa Potidäa auf.

Sehenswürdigkeiten

Die Burgruinen

Man erkennt heute noch Ruinen der ehemaligen Burganlage. An manchen Stellen ragen Teile der alten Befestigungsmauern und vereinzelte Turmfragmente aus dem Meer.

Der Kanal

Vermutungen legen nahe, daß der Kanal zur Zeit des Königs Kassándros gebaut wurde, um die Bucht von Kassándra mit dem Thermaischen Golf zu verbinden und damit den Seeweg zu verkürzen. Der Kanal hat eine Länge von 1250 Metern und eine Breite von etwa 40 Metern. Einige Quellen berichten, daß die Türken den Kanal 1821 mit Schafwollballen auffüllten, um ihn überschreiten zu können.

Afitos

Der erste größere Ort, den man auf Kassándra erreicht, ist Afitos. Mit seinen vielen gewundenen Gäßchen und Straßen ist Afitos ein überaus reizvoller Ort. Etwas erhöht über dem Meer liegend, hat man von hier aus einen wunderbaren Blick über den Golf von Kassándra. Tagsüber, wenn die brütende Hitze über den Straßen liegt und die Besucher sich am Sandstrand tummeln, wirkt Afitos wie ein verschlafenes kleines Nest. Abends wird es hier jedoch unvermutet lebhaft. Auch in der Nachsaison, wenn längst nicht mehr so viele Touristen am Ort weilen, ertönt aus allen Cafés und Pubs lautstark die Musik. Man hat sich auf ein ausgiebiges Nachtleben eingestellt. Wer also in der Mittagszeit ankommt und sich ein vermeintlich ruhiges Quartier sucht, der kann womöglich am Abend eine Überraschung erleben. Auch kommt es vor, daß an einem geselligen Abend ein rheinisches Trinklied angestimmt wird.

Alles in allem eine ausgesprochen fröhliche Atmosphäre!

Geschichte

Bereits im 8. Jahrhundert v. Chr. soll die Gegend bei Afitos von Bewohnern Eritréas besiedelt worden sein. Überliefert ist, daß sich in der Nähe von Afitos ein bekanntes Heiligtum des Weingottes Diónysos sowie eine dem Ammon Zeus geweihte Tempelanlage befunden haben soll.

Wie die meisten chalkídischen Städte trat auch Afitos nach den Perserkriegen dem Attischen Bund bei. Um 348 v. Chr. ist die Stadt, aller Wahrscheinlichkeit nach von Phillip von Makedónien, zerstört worden. Es scheint allerdings nicht lange gedauert zu haben, bis die Stadt wieder aufgebaut worden ist und sich zunehmend wirtschaftlich entwickelte. Sechs Jahre nach ihrer erneuten

Zerstörung durch die Türken begann im Jahre 1827 der Wiederaufbau.
Heute leben die rund 800 Einwohner in erster Linien vom Ackerbau, Fischfang, der Olivenernte sowie der Honiggewinnung. Mittlerweile ist auch der Tourismus zu einem deutlich erkennbaren Wirtschaftsfaktor geworden.

Sehenswürdigkeiten

Das Museum für Volkskunde

In einem kleinen, von außen unscheinbaren Museum sind zahlreiche Gegenstände des täglichen Lebens ausgestellt. Das Museum befindet sich schräg gegenüber dem Büro des Verkehrsvereins. Öffnungszeiten: täglich von 7-22 Uhr.

Praktische Informationen

Ärztliche Versorgung

Im Ort selber ist kein Arzt ansässig. Allerdings kommt jeden Donnerstag ein Arzt aus einem nahegelegenen Ort herauf, um Behandlungen vorzunehmen.
Man erreicht den Arzt unter der Telefonnummer 2 22 22 oder 2 22 64 (am Nachmittag). Im Ort gibt es keine Apotheke.

Auskunft

Auskünfte erteilt der Verkehrsverein an der Platía. Das Personal ist ausgesprochen freundlich und hilfsbereit. Man hat in liebevoller Arbeit und in holprigem Deutsch die Geschichte von Afitos auf zwei Seiten zusammengetragen, die man hier erhält.
Das Büro ist von Mai bis Oktober täglich von 9-13 Uhr und von 17-22 Uhr geöffnet. Es wird Deutsch gesprochen.

Auto-/Motorradvermietung

Es besteht die Möglichkeit, Autos und Motorräder zu mieten. Eine Vermietungsagentur befindet sich an der Straßenecke, die zum Strand abzweigt. Darüber hinaus gibt es die Auto- und Motorradvermietung Stamúlis, Tel. 03 74/ 9 15 83.

Baden

Am Fuße des Ortes liegt der sehr schöne lange Sandstrand von Afitos, der allerdings in der Hochsaison dicht belegt ist.
Der Weg zum Strand ist ausgeschildert und zu Fuß problemlos erreichbar.

Banken

Afitos verfügt bislang über keine Bank. Geld wechseln kann man jedoch in der „Tourist Information" und natürlich in den Hotels.

Essen und Trinken

Es gibt einige Tavernen am Ort, die alle einen recht einladenden und schönen Eindruck machen. Einziger Nachteil: Aus den meisten dringt Musik in Überlautstärke. Recht gut hat uns die kleine namenlose Taverne gefallen, die sich in der Nähe des Museums befindet. Geht man ein kleines Stück die Gasse hinunter, so liegt rechter Hand die mit Weintraubenranken überdachte kleine Taverne. Die Gerichte sucht man sich hier, in traditioneller Manier, selbst in der Küche aus. Allerdings sollte man nicht zu spät kommen, da ansonsten viele der leckeren Gerichte bereits ausgegangen sind.
An der Platía befinden sich zwei Cafés direkt nebeneinander. Im der Straße zugewandten Café serviert man ein vorzügliches Frühstück, das dabei nicht überteuert ist. Des weiteren befinden sich um den Ortskern herum zahlreiche Pubs und Bars, in denen man zum Teil bis in die frühen Morgenstunden zusammensitzt.

Taxi

Ein Taxi erreicht man unter der Telefonnummer 03 74/ 2 22 75.

Telefonieren

Ein OTE befindet sich in einer kleinen Seitengasse, gegenüber dem Auto- und Mopedverleih Stamúlis. Öffnungszeiten: 9-13 Uhr und 17-22 Uhr.
Telefonieren kann man zudem von den Kiosken und den Hotels aus.

Unterkünfte

Wir konnten in Afitos nur ein Hotel ausfindig machen. Es werden indes zahlreiche, zum Teil sehr schöne Privatzimmer angeboten. Die Preise unterliegen dabei, vor allem in der Vor- und Nachsaison, häufig dem Verhandlungsgeschick des einzelnen. Die Preise müssen jedoch im Zimmer angeschlagen sein. Man sollte also darauf achten, daß man nicht mehr bezahlt als vorgegeben.
Hotel „Afitis": 31 Zi., 59 Betten; das Hotel liegt außerhalb des Ortes, direkt am Meer. Es handelt sich um eine ausgesprochen schöne Anlage mit Tennisplätzen, einer Bar und einem Nachtclub. Man bezahlt in der Hochsaison für ein DZ mit Bad, inkl. Frühstück, etwa 90 DM; Tel. 03 74/ 9 12 33, 9 12 73.

Kalithéa

Das etwa 320 Einwohner zählende Örtchen Kalithéa an der Ostküste Kassándras hat sich zu einer Hochburg des Tourismus entwickelt. Jahr für Jahr kommen Schwärme von Urlaubern, angelockt von dem in der Tat traumhaften türkisblauen Wasser und dem feinen Sandstrand. Vielleicht — wer weiß es — mag damit zusammenhängen, daß der Ort Kalithéa, „schöne Aussicht", genannt wurde. Von einem gewachsenen Ortskern ist indes nichts mehr zu erkennen. Unmittelbar am Strand sind zahlreiche Hotelbauten entstanden, das eigentliche Zentrum Kalithéas. Souvenirläden und Shops, in denen man von der Luftmatraze bis zum Ohrring alles kaufen kann, bestimmen das Straßenbild. Für Urlauber, die sich nach viel Strand, sauberem Wasser und Unterhaltung sehnen, ist Kalithéa sicherlich zu empfehlen.

Sehenswürdigkeiten

Die Ruinen des Zeus-Tempels

Im Küstenabschnitt von Kalithéa befand sich der Tempel des Ammon Zeus und des Weingottes Diónysos. Zwar haben die 1969 begonnenen Ausgrabungsarbeiten Teile der alten Tempelanlage freigelegt, doch ist für den Besucher im Grunde kaum noch etwas zu sehen.

Im Komplex des Hotels „Ammon Zeus" befinden sich auf einem völlig zugewucherten und verwilderten Grundstück noch Überreste des alten Zeustempels. Eine Besichtigung ist nicht möglich. Etwas weiter südwestlich kann man indes noch einige spärliche Ausgrabungsfunden entdecken.

Die Höhle

Folgt man dem Strand in südlicher Richtung, so gelangt man zu einer steinernen Treppe, die in eine Tropfsteinhöhle mündet. Hier unten kann man die bizarren Stalaktiten bewundern.

Praktische Informationen

Ärztliche Versorgung

Am südlichen Ortsausgang befinden sich mehrere Apotheken, Tel. 03 74/2 31 03.

Ausflüge

Von Kalithéa aus werden zahlreiche Ausflüge auch ins Landesinnere organisiert, so etwa Tagestouren nach Thessaloníki, Amphípolis — Kavála — Philíppi, Meteóra, Pélla — Véria — Vergína und Dion. Angeboten werden außerdem Ausflüge zur Höhle von Petrálona, eine Kassándra- und Sithónia-Rundfahrt, Einkaufsfahrten nach Polígiros und Arnéa sowie Schiffstouren an die Küste von Athos. Informationen und Buchungen bei: Doúcas Tours, Kalithéa, Tel. 03 74/2 23 41, 2 27 76.

Auto-/Motorradvermietung

Es gibt mehrer Autovermietungen am Ort, so auch interRent und Europcar, Tel. 03 74/2 33 09.

Baden

Direkt am Ort liegt der sehr schmale, fast weiße Sandstrand. Das Wasser, das flach einfällt, ist noch recht sauber, so daß die Bademöglichkeiten ausgesprochen gut sind. Zwar bietet der Strand keinen Schatten, doch besteht die Möglichkeit, sich für 2 DM pro Tag einen Sonnenschirm zu mieten. Duschen sind am Strand vorhanden. Zu mieten sind darüber hinaus Liegestühle (2 DM), Kanus (4 DM pro Stunde), Tretboote (7 DM pro Stunde) sowie Speed Boats (25 DM pro Stunde). Inzwischen gibt es auch einen Self-Service-Laden am Strand.

Banken

Am südlichen Ortsausgang befindet sich eine Bank.

Essen und Trinken

Am Strand befinden sich einige Tavernen, die sich im Standard nicht wesentlich voneinander unterscheiden. Man bekommt vor allem Fischgerichte und Souvláki.

Nachtleben

Nicht selten wird in Kalithéa die Nacht zum Tag gemacht. Fröhlich sitzt man beisammen, trinkt und genießt die Stunden unter dem südlichen Sternenhimmel. Für Freunde griechischer Musik gibt es jeden Abend Live-Musik in einem Bouzoúki-Lokal im Zentrum des Ortes, in der Nähe des Hotels Palíni, Tel. 03 74/2 34 43.

Post

Am südlichen Ortsausgang befindet sich das Postgebäude.

Taxi

Angeblich gibt es 25 Taxis in Kalithéa. Der Taxi-Ruf lautet 03 74/2 24 44.

Telefonieren

Das OTE ist in einem kleinen weißen Bungalow an der Durchfahrtsstraße in Richtung Süden untergebracht. Öffnungszeiten: Mo.-Sa. 8-23 Uhr, So. und an Feiertagen 8-13 Uhr und 18-23 Uhr.

Unterkünfte

Kalithéa verfügt über rund zehn Hotels sowie einige Privatzimmer. Im Hochsommer kann es passieren, daß alles ausgebucht ist.

„Ammon Zeus": 112 Zi., 208 Betten; das Hotel befindet sich direkt am Strand und ist recht komfortabel. Man bezahlt für ein DZ mit Frühstück in der HS etwa 120 DM, für ein DZ mit Halbpension ungefähr 153 DM; Tel. 03 74/ 2 23 56, 2 23 57 oder in Thessaloníki: Tel. 0 31/41 60 09.

„Athos Palace": 599 Zi., 1130 Betten; ein DZ kostet in der HS etwa 104 DM, eine Suite 257 DM; Tel. 03 74/ 2 21 00 oder in Thessaloníki: 0 31/23 55 31.

„Delfíni": 12 Zi., 23 Betten; das Hotel liegt ebenfalls direkt am Meer; für ein DZ mit Bad bezahlt man in der HS etwa 75 DM, in der Vor- und Nachsaison etwa 60 DM; Tel. 03 74/2 25 67, 2 23 55.

„Ellisavet" (Appartements): 24 Zi., 48 Betten; man bezahlt im Juli und August etwa 40 DM für ein Appartement; Tel. 03 74/2 28 01.

„Christína": 22 Zi., 44 Betten; in der HS kostet ein DZ mit Bad etwa 46 DM; Tel. 03 74/2 29 06.

Haniótis

Im südlichen Teil der Ostküste Kassándras liegt der Badeort Haniótis. Auf den Überresten einer alten Besiedlungsstätte wurde der heutige Ort errichtet, der sich zu einem beliebten Feriendomizil für Urlauber aus dem In- und Ausland entwickelt hat. Haniótis verfügt zwar nicht über einen Sand-, sondern nur über einen Kieselstrand, aber wer bekäme nicht Lust, in dem türkisfarbenen Wasser zu baden?!

Auffällig ist die parkähnliche Anlage mit dem englischen Rasen direkt am Meer. Von dieser Stelle aus hat man übrigens einen schönen Blick auf den mittleren „Finger" Chalkidikís, auf Sithónia. Nicht minder auffällig sind die Wandmalereien an der Fassade des Strandhotels, die indes ein wenig fehl am Platze erscheinen. Der Ort ist insgesamt ausgesprochen grün und hat zahlreiche Rasenflächen — für Griechenland ein eher ungewöhnliches Bild. Im Winter fließt hier ein Fluß durch den Ort, der allerdings im Sommer vollkommen ausgetrocknet ist.

Praktische Informationen

Ärztliche Versorgung

Der nächste Arzt befindet sich in Pefkohóri, Tel. 03 74/ 6 12 02. Eine Apotheke gibt es am Hauptplatz, Tel. 03 74/ 5 17 05, 5 16 81.

Auskunft

Ein Informationsbüro gibt es hier nicht. Bei Fragen hilft die Touristen-Polizei in Políchrono weiter.

Baden

Die Bademöglichkeiten in Haniótis sind ausgesprochen schön, trotz des Kieselstrandes. Zwar gibt es kaum Schatten, doch werden am Strand Sonnenschirme verliehen.

Essen und Trinken

Am Strand befinden sich unzählige Tavernen, Cafés und Pizzerien. So richtig gut hat uns allerdings kein Restaurants gefallen, alles wirkt ein wenig ungemütlich und lieblos.

Polizei

Die nächste Polizeistation befindet sich in Políchrono, Tel. 03 74/5 11 11.

Taxi

Ein Taxi erreicht man unter Tel. 03 74/5 16 29.

Telefonieren

Das nächste OTE befindet sich in Políchrono, an der Hauptdurchgangsstraße.

Unterkunft

Haniótis hat etwa acht Hotels und einige Privatunterkünfte.

„Hermis": 26 Zi., 49 Betten; das Hotel liegt im Zentrum, an der Platía. Man bezahlt in der HS für ein DZ mit Bad etwa 35 DM. Ratsam ist es, ein bis zwei Tage vorher anzurufen und ein Zimmer zu reservieren. Ab Oktober hat das Hotel geschlossen; Tel. 03 74/5 12 45.

„Strandhotel": 45 Zi., 85 Betten; das Hotel liegt direkt am Strand, sehr geeignet für Familien mit Kindern; man bezahlt in der HS für ein DZ mit Bad etwa 65 DM; Tel. 03 74/5 12 61, 5 14 17.

„Hanióti": 29 Zi., 58 Betten; in der HS kostet ein DZ mit Bad rund 50 DM; Tel. 03 74/5 13 23, 5 16 23.

„Diónissos" (Appartements): 72 Zi., 131 Betten; für ein DZ mit Bad zahlt man in der HS etwa 90 DM, für eine Suite 110 DM; Tel. 03 74/5 14 02, 5 16 31.

„Pélla": 179 Zi., 342 Betten; ein DZ mit Bad kostet in der HS etwa 90 DM; Tel. 03 74/5 16 79, 5 16 91, 5 17 94.

Pefkohóri

Nur wenige Kilometer südlich von Haniótis liegt der Ferienort Pefkohóri, ein wahres Eldorado des Tourismus. Schon bei der Durchfahrt wird man schier „erschlagen" von dem

Schilderwald der Fast-Food-Läden, der Restaurants, Souvenirläden, Autovermietungen etc. Man hat sich gänzlich auf vergnügungsfreudige Urlauber eingestellt, die viel Trubel und Rummel suchen. Der breite Kiesstrand ist im Hochsommer völlig überfüllt, und auch in der Nachsaison wird es nur unwesentlich ruhiger.

Praktische Informationen / Pefkohóri

Ärztliche Versorgung
Die Arztpraxis befindet sich am nördlichen Ortsausgang; Tel. 03 74/6 12 02.

Auto-/Motorradvermierung
Ein Büro von interRent/Europcar befindet sich am nördlichen Ortsausgang. An der Durchgangsstraße sind außerdem in genügender Anzahl Motorradvermietungen vorhanden, zum Beispiel „Motorent", Tel. 03 74/6 11 91, 6 11 35, 6 12 13. Ein Motorrad kostet je nach Fahrzeugtyp zwischen 30 und 70 DM pro Tag.

Baden
Der breite Kiesstrand, an dem direkt die Straße vorbeiführt, bietet keinen Schatten. Man kann für umgerechnet 3 DM pro Tag einen Liegestuhl mieten. Außerdem befindet sich eine Umkleidekabine am Strand. Wer sich sportlich betätigen möchte, der kann ein Kanu (4 DM) oder ein Tretboot (6 DM) leihen. Für Kinder steht ein Autoscooter am Strand zur Verfügung.

Essen und Trinken
Der ganze Ort scheint nur aus Restaurants, Cafés, Bars, Fast-Food-Läden, Pizzerien und Diskotheken zu bestehen. Das Angebot ist in einer derartigen Fülle vorhanden, daß man keine Schwierigkeiten haben wird, das für einen Passende herauszufinden.

Post
Die Post ist in einer mobilen Poststation an der Durchgangstraße eingerichtet (nicht zu übersehen!).

Telefonieren
An der Durchgangsstraße befindet sich das OTE.

Unterkünfte
Neben Privatzimmern stehen einige Hotels zur Verfügung:
„Alexánder" (Appartements): 12 Zi., 38 Betten; man zahlt von Juli bis Mitte August für ein Appartement zwischen 70 und 100 DM; Tel. 03 74/2 37 54.
„Kópsis": 24 Zi., 48 Betten; etwa 60 DM kostet ein DZ mit Bad in der HS; Tel. 03 74/6 14 68, 6 10 74.
„Monáho": 9 Zi., 18 Betten; zwischen Juli und August zahlt man für ein DZ mit Bad etwa 40 DM; Tel. 03 74/6 14 40.
„Diamantópoulos" (Appartements): 12 Zi., 24 Betten; der Preis variiert; Tel. 03 74/6 15 68.
„Filoxénia" (Appartements): 29 Zi., 87 Betten; der Preis variiert; Tel. 03 74/6 11 34.
„Ióli" (Appartements): 50 Zi., 140 Betten; die Preise schwanken; Tel. 03 74/6 10 43.

Sonstiges
Am nördlichen Ortsausgang gibt es eine Tankstelle mit bleifreiem Benzin.

Palioúri/Hroússou

Im Süden Chalkidikís liegt das kleine Bergdorf Palioúri, drei Kilometer vom Strand Hroússou entfernt. Sehr enge und steile Straßen führen durch den ruhigen Ort, der vom Tourismus völlig unberührt zu sein scheint: eine Erholung angesichts der betriebsamen Ferienorte an der Küste. Hier geht alles noch recht gelassen zu. Viele Griechen sitzen bereits am Morgen in den Kafenía, spielen Karten oder tauschen Neuigkeiten aus. Alles wirkt friedlich und angenehm.

An der Stelle des heutigen Dorfes soll sich ehemals eine römische Siedlung befunden haben. Von hier oben aus hat man einen herrlichen Blick auf die Bucht von Hroússou. Den Strand, der im Sommer allerdings recht belebt ist, erreicht man über eine Straße oder aber zu Fuß über einen kleinen Pfad. Anfang der 60er Jahre hat die E.O.T. hier einen Campingplatz eingerichtet. Noch eine Empfehlung: Ausgesprochen schön sitzt man im Restaurant „Tótos". Das Essen ist hier ausgezeichnet.

Es gibt insgesamt vier Hotels in Palioúri/Hroússou.

„Nostos": Dieses Hotel ist empfehlenswert. Es ist ganz ruhig, am Rande von Palioúri gelegen (ausgeschildert). Von hier aus hat man einen phantastischen Blick auf Hroússou. Die Einrichtung ist ausgesprochen stilvoll, die Eigentümer sind sehr freundlich. Man bezahlt für ein DZ mit Bad, inkl. Frühstück, 55 DM; Tel. 03 74/9 23 88, 9 22 40.

„Xénia“: Das Hotel liegt am Strand und verfügt über 72 Zi. und 144 Betten. In der HS kostet die Übernachtung in einem DZ etwa 80 DM; Tel. 03 74/9 22 77, 9 22 91.
„Giánnikos“ (Bungalows): 28 Zi., 56 Betten; in der HS zahlt man für ein Nacht rund 60 DM; Tel. 03 74/9 22 14.
„Palioúri“: 8 Zi., 14 Betten; für ein DZ mit Bad zahlt man etwa 32 DM; Tel. 03 74/ 9 22 80, 9 22 15.

Loutrá

Ganz im Süden Kassándras liegt an der Westküste der kleine Ort Loútra mit einem sehr schönen Badestrand. Im Vergleich zu den meisten anderen Küstenorten ist hier noch relativ wenig los. Kommt man von der Ostküste, so fällt einem am Ortseingang schon der etwas faulige Geruch auf. Hier befindet sich nämlich, schräg gegenüber dem unübersehbaren Hotel „Aphrodítis“, das Thermalbad Aghías Paraskevís, eine schwefelhaltige Quelle, die vor allen gegen Rheuma und Hautleiden hilft (Öffnungszeiten: 8-13 Uhr und 16.30-19 Uhr). An der Küstenstraße befinden sich mehrere sehr schöne Fischrestaurants, zum Beispiel die Fischtaverne „Aegéo“, von der aus man einen herrlichen Blick übers Meer hat. Zu empfehlen ist auch das Fischlokal „Captain“ an der Straße.

Praktische Informationen

Unterkünfte

Es gibt in Loutrá ein Hotel und mehrere Privatunterkünfte.
Aphrodíte: 24 Zi., 46 Betten; Das Hotel befindet sich am südöstlichen Ortseingang, direkt gegenüber der Thermalquelle. Von hier hat man einen sehr schönen Blick über das Meer; man bezahlt in der HS für ein DZ mit Bad etwa 50 DM; Tel. 03 74/7 11 10, 7 12 28.
Sehr empfehlen möchten wir aber eine andere Unterkunft. Nicht weit vom Hotel „Aphrodíte“ entfernt, in Richtung Ortskern, befindet sich auf der linken Seite, unmittelbar an das Meer angrenzend, die Appartementanlage „Amfítriti“. Die erst jüngst erbaute Anlage mit einem kleinen Garten grenzt unmittelbar an eine zauberhafte kleine Bucht mit eigenem, sehr sauberen Strand. Die Appartements sind ausgespochen idyllisch gelegen und ein idealer Aufenthaltsort für denjenigen, der viel Ruhe und Natur sucht. Insgesamt verfügt die Anlage über zwölf sehr geschmackvoll eingerichtete Appartements, jeweils mit Schlaf- und Wohnzimmer sowie einer kleinen Küchenzeile, in der alle notwendigen Geräte vorhanden sind. Bis auf das Untergeschoß haben alle Appartements einen Balkon. Platz ist mindestens für vier Personen. Man sollte jedoch darauf achten, ein Appartement zur Meerseite zu bekommen. In der Hochsaison bezahlt man für ein Appartement 100 DM, in der Nachsaison rund 60 DM; Tel. 03 74/7 11 68, 4 14 08 oder in Thessaloníki 0 31/ 22 49 56, 22 30 10.

Néa Skióni

Wie der Name schon sagt, ist Néa Skióni ein relativ neuer Ort. Erst in den 30er Jahren dieses Jahrhunderts wurde das Dorf an der Westküste Kassándras, unweit des alten Städtchens Skióni, erbaut. Heute leben hier rund 750 Menschen. Néa Skióni verfügt über einen kleinen Fischerhafen. Besonders bei Sonnenuntergang, wenn die kleinen Fischerboote fast lautlos in den Hafen zurückkehren, bietet sich einem ein grandioser Blick übers Meer und die Küste. Die idyllische Lage und der Sandstrand haben bewirkt, daß sich der Tourismus in den letzten Jahren eifrig entwickelt hat. Selbst in der Nachsaison herrscht hier noch reger Betrieb.

Geschichte

In der Nähe des heutigen Ortes Néa Skióni lag die antike Stadt Skióni, von der keine Überreste mehr zu sehen sind. Vermutungen gehen dahin, daß es sich um eine der ältesten Kolonien Kassándras gehandelt haben soll. Nach den Perserkriegen war die Stadt zeitweilig Mitglied des Attischen Bundes, kämpfte dann auf der Seite der Spartaner und wurde schließlich von Athén erobert. Nachdem die Einwohner entweder getötet oder in die Sklaverei verschleppt worden waren, lag die Stadt eine Zeitlang verlassen dar, bis sich Flüchtlinge aus Plataeä hier ansiedelten. Das Dorf Néa Skióni wurde von Bewohnern des weiter nordöstlich gelegenen Dorfes Tsapráni gegründet.

Sehenswürdigkeiten

Das alte Dorf Tsapráni

Etwa vier Kilometer nordöstlich von Néa Skióni stößt man auf die Ruinen des Dorfes Tsapráni, das von seinen Bewohnern in den 30er Jahren dieses Jahrhunderts verlassen wurde, die sich lieber direkt an der Küste niederlassen wollten. Sehr gut erhalten geblieben ist die Kirche.

Die Kirche Panaghía Faneroméni

Besonders sehenswert sind die zum Teil noch gut erhaltenen Wandmalereien und die wunderbare Ikone der Panaghía Faneroméni.

Praktische Informationen

Ärztliche Versorgung

An der Hautstraße, die in den Ort führt, befinden sich eine Arztpraxis und eine Apotheke.

Auto-/Motorradvermietung

Autos kann man nicht leihen. Es existiert jedoch ein von Deutschen geführter Moped- und Wassersportverleih. Moped: die Leihkosten für einen Tag betragen etwa 33 DM; Wasserski: 18 DM, Tretboote 11 DM und Surfbretter 12 DM. Es besteht die Möglichkeit, Surfunterricht zu nehmen. Rainer Pause, Tel. 03 74/7 14 23.

Übrigens kann man hier auch Geld wechseln.

Bank

Es befindet sich keine Bank am Ort. Geld wechseln kann man beim Moped- und Wassersportverleih *(→Auto-/Motorradvermietung)*.

Essen und Trinken

Im Ort befinden sich mehrere Tavernen, die alle recht gut und preiswert sind. Zu empfehlen ist die Taverne „Leonídas" in der Ortsmitte. Wer gerne Fisch ißt, der sollte die Taverne am Hafen, direkt neben der Musikbar „La scala" aufsuchen.

Taxi

Der Taxiruf lautet: 03 74/7 12 35, 7 11 25, 7 10 92.

Unterkünfte

Es gibt vier Hotels am Ort sowie Privatunterkünfte.

Hotels: „Skióni Beach" (Appartements): 20 Zi., 40 Betten; ein Appartement kostet in der HS etwa 40 DM; Tel. 03 74/ 7 12 70.

„Olýmpia": 7 Zi., 9 Betten; der Preis für ein Zimmer schwankt; Tel. 03 74/7 12 10.

„Skióni": 5 Zi., 9 Betten; Tel. 03 74/7 12 23.

Kalándra

An der Westküste, wenige Kilometer vom Meer entfernt, liegt der Ort Kalándra. Im Zentrum des recht gemütlichen, etwa 700 Einwohner zählenden Ortes befindet sich an der Platía die Kirche Kímissi Theotókou. Davor steht eine schlanke, hochgewachsene Zypresse, die der Kirche etwas ausgesprochen Schmuckes verleiht. In dem Ort, der kaum von Touristen besucht wird, herrscht eine behagliche Atmosphäre. Wenn der Tag sich dem Ende zuneigt, dann füllt sich die Platía. Die Kinder tollen bis spät in die Nacht über den Platz, und die Alten nehmen ihren gewohnten Platz im Kafeníon ein. Über Besucher scheint man sich noch zu freuen.

Geschichte

In unmittelbarer Nähe des heutigen Kalándra befand sich in der Antike die Stadt *Ménde*, gegründet von Siedlern aus Eretrea. Bekannt war Ménde unter anderem für den hervorragenden Wein, der in der Gegend angebaut und exportiert wurde. Wie die meisten chalkidischen Städte, so wurde auch Ménde nach den Perserkriegen Mitglied des Athenischen Seebundes, schlug sich während der Peloponnesischen Kriege jedoch auf die Seite Spártas. Athén eroberte und plünderte die Stadt, bevor sie später unter römische Herrschaft kam. Auf welches Datum die Zerstörung der Stadt zurückzuführen ist, konnte bislang nicht geklärt werden. Von den Ruinen der Stadt ist nichts mehr zu sehen. Bekannt ist, daß sich im 14. Jahrhundert in der Gegend des heutigen Kalándra ein riesiges Gut befunden hat. Später entwickelte sich hier das Dorf Kalándra.

Praktische Informationen

Ärztliche Versorgung

An der Platía befindet sich sowohl eine Arztpraxis als auch eine Apotheke. Neben dem Supermarkt von Kalándra ist überdies eine Zahnarztpraxis.

Baden: Baden kann man am Strand von Possídi (→dort).

Essen und Trinken

An der Platía befinden sich einige Restaurants und Cafés. Man sitzt sehr gemütlich, und das Essen ist überall recht gut.

Feste

Am 15. August wird hier das Fest Mariä Himmelfahrt begangen, am 23. August findet das Fest Panagía statt.

Unterkünfte

Es stehen nur recht wenige Privatunterkünfte zur Verfügung.

Verkehrsverbindung

Mehrmals täglich besteht eine Busverbindung von und nach Thessaloníki von der Platía aus.

Possídi

Unterhalb der Stadt Kalándra liegt der Strand von Possídi. Man erreicht ihn, wenn man von der Hauptstraße abbiegt, nach etwa vier Kilometern. Es handelt sich um einen kieseligen, steinigen, nicht sehr einladenden Strand, an dem unmittelbar die Straße entlangführt. Der nördliche Strandabschnitt ist von herrlichen Kiefern bewachsen. Bei Possídi entstehen zur Zeit zahlreiche Hotelanlagen. Da die Bauarbeiten in vollem Gange sind, wirkt dieser Küstenabschnitt wenig idyllisch. Am Ende der Straße befindet sich ein Campingplatz, in dem auch während der Nachsaison noch heftiger Andrang herrscht. Auffällig ist der 1864 erbaute, schneeweiße Leuchtturm, den man allerdings nicht von der Straße aus sehen kann.

Sivíri

An der Westküste Kassándras liegt der kleine Ort Sivíri, etwa fünf Kilometer von Kassándria entfernt. Der Ort wirkt recht unwirtlich, wenngleich er über einen schönen Badestrand verfügt. Am Wasser befinden sich zwei Fischtavernen, die außer Fisch und Souvláki nichts anzubieten haben. An dem wenige Meter vom Hafen entfernt gelegenen kleinen Platz, Treffpunkt der Jugend, setzt ein Café auf laute Discomusik, die den ganzen Ort erfüllt. Im Inneren des Cafés vergnügt sich die Jugend an Spielautomaten. Unterkünfte gibt es in Sivíri kaum. Zwar ist in den letzten Jahren hier eifrig gebaut worden, doch findet man kaum ein Zimmer für nur eine Nacht. Ganz am Ende des Hafens befindet sich ein sehr heruntergekommenes Privathaus, in dem Zimmer vermietet werden.

Kassándria

Bei einer Fahrt über die Halbinsel kommt man unwillkürlich durch Kassándria, mit seinen etwa 2200 Einwohnern eine der größten Orte auf Kassándra. Ehemals Zentrum des Weizenhandels, ist Kassándria auch heute noch eine Geschäfts- und Handelsstadt. Wenngleich nichts zum Verweilen einlädt, so bekommt man hier doch alles, was man benötigt. Am Ort befinden sich Ärzte (Tel. 03 74/2 22 24), Apotheken, zahlreiche Geschäfte und Reparaturwerkstätten.

Sithónia

Sithónia ist der mittlere der drei „Finger" von Chalkidikí und im Vergleich zu Kassándra wesentlich weniger überlaufen. Vor allem an der Ostküste findet man noch zahlreiche einsame Badebuchten. Die Halbinsel ist ausgesprochen grün und bewaldet und lädt zu ausgiebigen Wanderungen ein. Der höchste Berg ist der Itamos (753 m) im Nordosten Sithónias. Die sehr gut befahrbare Küstenstraße führt einmal ganz um die Halbinsel herum.

Metamorfóssi

Streng genommen dürfte man Metamorfóssi und auch Nikítas noch nicht zur Halbinsel Sithónia zählen, liegen diese beiden Orte doch auf der Landenge, an der Sithónia beginnt. Das kleine Örtchen Metamorfóssi, das 1922 von Flüchtlingen aus Kleinasien gegründet wurde, liegt in einer landschaftlich recht schönen, sehr bewaldeten Gegend. Der

Ort selber ist weniger reizvoll, vor allem durch die zahlreichen Neubauten, die hier in der letzten Zeit entstanden sind. Die Touristen, darunter sehr viele griechische Urlauber, kommen in erster Linie wegen des recht schönen Strandes nach Metamorfóssi.

Praktische Informationen

Essen und Trinken

Es befinden sich einige Tavernen, Pizzerien und Cafés in Metamorfóssi. Sehr zu empfehlen ist die Taverne am Hafen. Das Essen ist einfach, entspricht aber der typisch griechischen Küche. Sehr gut frühstücken kann man in der ersten Etage des Grillrestaurants. Man bekommt zwei Brötchen mit Marmelade, Schafskäse, ein Ei, Orangensaft und einen Kaffee für umgerechnet 3,50 DM.

Unterkünfte

Es stehen nur recht wenige Hotels zur Verfügung. Die Zahl der Privatzimmer hat allerdings in den letzten Jahren erheblich zugenommen. Empfehlen möchten wir das Hotel „Danai“:

„Haus Danai“ (Appartements): 15 Zi., 30 Betten; das erst in jüngster Zeit erbaute Hotel, dem ein Tennisplatz angeschlossen ist, liegt etwas abseits des Ortes in sehr ruhiger Lage, direkt am Meer. Die Zimmer sind geschmackvoll eingerichtet und von hohem Komfort. Ein DZ mit Bad kostet in der HS etwa 130 DM. Die Preise können aber variieren; Tel. 03 75/2 23 10, 2 25 91.

„Olympic Bibis“ (Appartementes): 27 Zi., 54 Betten; für eine Suite zahlt man in der HS etwa 62 DM; Tel. 03 75/2 25 58, 2 24 97.

„Golden Beach“: 41 Zi., 82 Betten; ein DZ mit Bad kostet im Juli und August zwischen 50 und 65 DM; Tel. 03 75/2 20 63.

Nikítas (Nikíti)

Der etwa 2000 Einwohner zählende Ort Nikítas auf der Landenge nach Sithónia besteht im Grunde aus zwei, durch die Hauptstraße getrennten Teilen. Biegt man von der Durchgangsstraße nach links ab, so gelangt man in den etwas höher gelegenen eigentlichen Ortskern. Hier befinden sich neben Geschäften auch noch einige typische griechische Kafenía und Tavernen. Biegt man nach rechts zum Meer ab, so kommt man zum eigentlichen Ferienzentrum. Wenngleich der Strand nicht besonders schön ist (die sich in südlicher Richtung anschließenden Strände sind wesentlich schöner) ist hier im Sommer eine Menge los. Vorwiegend deutsche Urlauber verbringen ihre Ferien in Nikítas. Neben zahlreichen Souvenirläden und Supermärkten befinden sich auch einige Restaurants am Strand.

Geschichte

Im 14. Jahrhundert wurde der heutige Ort Nikítas gegründet und ist somit einer der ältesten Orte Chalkidikís.

Bereits zu vorgeschichtlicher Zeit soll es in der Gegend von Nikítas Siedlungen gegeben haben. Verschiedenen Quellen zufolge lagen in klassischer Zeit hier die Orte Galípsos und Aghíos Geórgios, letzterer wurde im 6. Jahrhundert n. Chr. zerstört. Bekannt ist weiterhin, daß im 13. Jahrhundert im Gebiet um Nikítas verschiedene Athos-Klöster gelegen waren. Nikítas war bis auf einen kurzen Zeitraum (nach der Zerstörung der Stadt durch die Türken 1821) durchgehend bewohnt. Bekannt ist das Dorf für seinen hervorragenden Honig, der in dieser Gegend erzeugt wird.

Sehenswürdigkeiten

Die Siedlung Aghíos Geórgios

Etwa drei Kilometer südlich von Nikítas wurden bei Ausgrabungen bedeutende Funde des ehemaligen Ortes Aghíos Geórgios ans Tageslicht gebracht; so wurden etwa die Fundamente einer Basilika aus dem 5. Jahrhundert und eines alten Bades freigelegt.

Auch auf Chalkidikí sind einsame Buchten seltener geworden — aber es gibt sie noch, z. B. an der Ostküste von Sithónia

Praktische Informationen / Nikítas

Ärztliche Versorgung

Einen Arzt erreicht man unter der Telefonnummer 03 75/2 22 22. In dringenderen Fällen sollte man sich an das „Health Center" in Aghíos Nikoláos wenden, Tel. 3 18 88, 3 12 08. Eine Arztpraxis befindet sich außerdem direkt neben der Taverne „Zum Adler", im alten Ortskern. An der Straße, die in den Ort führt, befinden sich darüber hinaus eine Zahnarztpraxis und zwei Apotheken. Eine weitere Apotheke liegt an der Hauptdurchfahrtsstraße.

Ausflüge

Es werden eintägige Schiffstouren nach Athos angeboten. Bei der Fahrt, die an den Küsten von Athos vorbeiführt, sieht man einige der zahlreichen Athos-Klöster. Abfahrtsort ist Ormos Panagías, an der Ostküste Sithónias. Reservierungen nimmt die Reiseagentur in Ormos Panagías vor, Tel. 03 75/3 15 27.

Auskunft

Informationen erteilt das Gemeindebüro von Nikítas. Es befindet sich an der in den oberen Ortsteil führenden Straße, auf der linken Seite; Tel. 03 75/2 20 05, 2 29 22.

Baden

Bademöglichkeiten bestehen am langen Sandstrand von Nikítas. Das Wasser ist verhältnismäßig sauber; der Strand ist jedoch im Sommer recht gut belegt. Wer einsamere Stellen vorzieht, der sollte die etwas weniger belebten Badebuchten, die sich in südlicher Richtung anschließen, aufsuchen.

Bank

Eine Bank befindet sich an der Straße, die zum Meer hinunterführt.

Essen und Trinken

An der Durchfahrtsstraße gibt es mehrere Restaurants und Pizzerien. Schöner ißt man natürlich im Ort selber. Hier oben findet man noch einige landestypische Tavernen, wenngleich sie nicht mehr alle landestypische Namen tragen, so zum Beispiel das Grillrestaurant „Zum Adler", direkt an der Platía.

Man sitzt hier sehr schön, und das Essen ist recht gut. Darüber hinaus gibt es zahlreiche Kafenía im Ort, in denen sich die alten Männer bereits am Morgen einfinden. Natürlich gibt es auch am Strand einige Tavernen, die sich alle kaum voneinander unterscheiden. Man bekommt in erster Linie Fisch und Souvláki.

Feste

Der Schwimmwettbewerb: Jedes Jahr, am letzten Sonntag im Juli, findet ein Schwimmwettbewerb statt. Die 1971 von Studenten ins Leben gerufene Veranstaltung zählt zu den Hauptattraktionen in Nikítas. Eine Strecke von rund 24 Kilometern muß durchschwommen werden, wofür etwa elf Stunden angesetzt werden. Die Veranstaltung endet mit einem fröhlichen Fest mit Musik und Tanz.

Das Fest des heiligen Panteleimon: Am 27. Juli findet in der Kapelle Aghíos Panteleimon, etwa sechs Kilometer außerhalb von Nikítas, das Kirchenfest zu Ehren des heiligen Panteleimon fest. Alle Besucher werden nach traditioneller Manier bewirtet.

Das Fest des heiligen Nikítas: Drei Tage lang, vom 14. bis 16. September, wird das Fest zu Ehren des heiligen Nikítas gefeiert.

Pannenhilfe

Es gibt mehrere Autowerkstätten in Nikítas, wo man bei Autopannen weiterhilft, Tel. 03 75/2 25 81, 2 22 15, 2 21 78, 2 22 54.

Polizei

Die Polizei erreicht man unter der Telefonnummer 03 75/2 22 00.

Post

An der Hauptstraße, die in den oberen Ortsbereich führt, befindet sich die Post. Öffnungszeiten: Mo.-Sa. 7.30-14 Uhr und So. 9-13.30 Uhr.

Taxi

Der Taxiruf lautet: 03 75/2 20 32, 2 25 09.

Unterkunft

Bislang gibt es zwei Hotels in Nikítas, ein drittes ist im Bau befindlich. In Strandnähe werden darüber hinaus auch Privatzimmer angeboten. Empfehlen möchten wir das Hotel „Sithónia".

„Sithónia": 10 Zi.; das Hotel liegt unmittelbar am Strand. Die Zimmer sind geräumig und sehr sauber, alle mit Bad, Balkon und Telefon. Man hat einen schönen Blick aufs Meer. Angeschlossen sind ein Restaurant, eine Snack-Bar und eine Cafeteria. Zudem sind die Besitzer sehr freundlich und liebenswürdig. Ein DZ, inklusive Frühstück, kostet in der HS etwa 100 DM, in der Nachsaison etwa 80 DM, Tel. 03 75/2 27 88, 2 23 74.

„Kalógria" (Appartements): 14 Zi., 28 Betten; man bezahlt in der HS für ein Appartement etwa 80 DM; Tel. 03 75/2 23 11, 2 21 81.

Sonstiges

Direkt an der Durchfahrtsstraße nach Sithónia befindet sich eine Tankstelle mit bleifreiem Benzin.

Néos Mármaras

An der Westküste Sithónias liegt der sehr belebte Ferienort Néos Mármaras, eine Mischung aus traditionellem Fischerhafen und mondänem Badeort. Die zahlreichen Neubauten, die hier in den letzten Jahren entstanden sind, lassen sich nicht alleine auf den steigenden Tourismus zurückführen, sondern haben ihre Begründung vielmehr darin, daß sich seit den 70er Jahren die meisten der ehemaligen Bewohner des Nachbarortes Partheniónas hier niedergelassen haben. Die Einwohnerzahl ist seitdem auf etwa 2400 Menschen angewachsen. Trotz der von den zahlreichen Neubauten — und natürlich in den Sommermonaten von den vielen Touristen — geprägten Atmosphäre hat der Ort dennoch ein ganz klein wenig seines ursprünglichen Charakters bewahren können. Tagsüber sitzen die Fischer wie eh und je am Kai und flicken ihre Netze, bevor sie bei untergehender Sonne zum Fischen hinausfahren. Dabei ist die Hafenbucht von Néos Mármaras sehr langgezogen und ungemütlich. Eine weitere Hafenmole befindet sich gerade im Bau. Auch der Blick ist nicht gerade das, was man sich von einem griechischen Hafenstädtchen erträumt: vis à vis liegen nämlich die drei gigantischen Hotelkomplexe von Pórto Carrás (→dort). Diese Wolkenkratzer, die wie Fremdkörper in der Landschaft stehen, verschandeln den wunderschönen Küstenstrich auf nachhaltige Weise.

In Néos Mármaras findet man jedoch alles, was man an Infrastruktur benötigt: Geschäfte, Restaurants, Bars, Cafés, Apotheken, Ärzte, Autovermietungen etc.

Geschichte

Flüchtlinge aus Kleinasien gründeten das heutige Néos Mármaras im Jahre 1922. Bis dahin unterhielt eines der Athos-Klöster, das Kloster Grigóriou, hier ein Landgut. Verschiedene Annahmen legen nahe, daß sich an der Stelle des heutigen Néos Mármaras bereits zu klassischer Zeit eine Siedlung befunden haben soll. Die Reste einer alten Befestigungsmauer jedenfalls belegen, daß es hier zu byzantinischer Zeit eine Ortschaft gab. 1970 ließen sich dann viele Bewohner des Nachbarortes Partheniónas in Néos Mármaras nieder. In den letzten Jahren hat sich Néos Mármaras zu einem Zentrum des Tourismus entwickelt.

Praktische Informationen

Ärztliche Versorgung

Bei Krankheitsfällen wendet man sich am besten an die Landarzt-Station; Tel. 03 75/7 12 08. Es befinden sich weitere fünf Ärzte am Ort, davon ein deutschsprechender Arzt. Man stößt auf seine Praxis, wenn man gegenüber der kleinen Kirche am Hafen links in die Straße einbiegt, nach etwa hundert Metern. Auch ein Kinderarzt ist am Ort ansässig, Tel. 03 75/7 10 38. An der Platía Karamalís befinden sich eine Zahnarztpraxis sowie eine Apotheke. Bei dringenderen Fällen sollte man das „Health Center" in Aghíos Nikoláos aufsuchen *(→Aghíos Nikoláos)*.

Auto-/Motorradvermietung

Ein Büro der Autovermietung interRent/Europcar sowie eine Motorradvermietung befinden sich an der Platía Karamalís, direkt am Hafen.

Baden

Es bietet sich nicht an, direkt im Hafenbereich zu baden. Schöner sind die Buchten, die sich in nördlicher Richtung anschließen. Am besten mietet man sich ein Auto oder ein Motorrad und erkundet die Küste auf eigene Faust. Immer wieder bieten sich idyllische kleine Badebuchten. Allerdings findet man kaum noch eine Stelle, an der man ganz alleine ist.

Bank

Eine Bank befindet sich an der Platía Karamanlís.

Essen und Trinken

Im Hafen, an der Platía Karamanlís, liegen zahlreiche Restaurants und Tavernen, Cafés und Bars. Wer gerne Fisch ißt, der sollte die Taverne „O Diamántis" aufsuchen. Diese Fischtaverne liegt direkt am Meer und hat eine überdachte Terrasse. Sehr gut ißt man auch in der Fischtaverne „Paradise George", direkt vor dem Mole. Die Preise für Fisch sind stets Kilopreise, und so kostet hier ein Kilo Lobster etwa 80 DM, ein Kilo Schwertfisch etwa 10 DM. Ein bißchen störend ist allerdings der Lärm, der zeitweise von der Baustelle an der Mole herüberdringt. Wenn diese fertiggestellt ist, kann man bei „Paradise George" wieder gemütlich sitzen.

Pannenhilfe
Am Ortseingang befindet sich eine Autoreparaturwerkstatt, Tel. 03 75/7 19 85.

Polizei
Die Polizei erreicht man unter der Telefonnummer 03 75/ 7 12 30.

Post
Die Post ist in einem recht großen Gebäude, das etwas erhöht auf der rechten Hafenseite liegt, untergebracht. Öffnungszeiten: Mo.-Fr. 7.30-14 Uhr.

Taxi
Ein Taxi erreicht man unter der Telefonnummer 03 75/7 15 00, 7 12 43, 7 12 39.

Telefonieren
Das OTE liegt etwas abseits des Hafens, den Hügel hinauf. Der Weg ist ausgeschildert. Öffnungszeiten: Mo.-Fr. 7.30-23.30 Uhr, Sa., So. und an Feiertagen 8.30-23.30 Uhr.

Unterkünfte
Es gibt in Néos Mármaras zahlreiche Hotels sowie viele Pensionen und Privatzimmer. Wer in einem absoluten Luxushotel unterkommen möchte, der sei auf die Hotelanlagen von Pórto Carrás verwiesen (*→dort).*
Genauere Informationen über Hotels in Néos Mármaras gibt das Büro von „Melikokis Tours", hier werden auch Buchungen vorgenommen; Tel. 03 75/7 17 18.
Hotels:
„Likithos" (Bungalows): 38 Zi., 76 Betten; man bezahlt in der HS für ein DZ mit Bad rund 72 DM, für eine ganze Suite etwa 144 DM; Tel. 03 75/7 14 59.
„Village Inn": 87 Zi., 164 Betten; zwischen Mitte Juni und Mitte September bezahlt man für ein DZ mit Bad rund 83 DM, für eine Suite etwa 325 DM; Tel. 03 75/7 13 81, 7 12 21.
„Hellinikó Spíti": 14 Zi., 28 Betten; zwischen Mitte Juni und Mitte August kostet eine Suite etwa 65 DM pro Nacht; Tel. 03 75/7 10 52.
„Platanós": 24 Zi., 44 Betten; in der HS zahlt man für ein DZ mit Bad rund 52 DM; Tel. 03 75/7 12 34, 7 12 52.
„Gláros" (Pension): 9 Zi., 17 Betten; ein DZ mit Bad kostet in der HS etwa 57 DM; Tel. 03 75/7 12 05.

Verkehrsverbindungen
Mit dem Bus: Fünfmal täglich gibt es eine Busverbindung nach Thessaloníki, zweimal am Morgen und dreimal nachmittags. Die Bushaltestelle liegt am Hafen, neben der Taverne „Paradise George".
Mit dem Flying Dolphin: Neuerdings besteht auch eine Verbindung zu den Sporaden mit den Flying Dolphins. In der Hauptsaison verkehren die Dolphins fünfmal, in der Nebensaison dreimal wöchentlich. Der Preis beträgt etwa 30 DM für eine Fahrt. Informationen und Buchungen erteilt: Moudania Tours, Tel. 03 75/7 10 62.

Sonstiges
Ein Waschsalon befindet sich etwas oberhalb des Hafens. Der Weg dorthin ist ausgeschildert.
Wer gerne einen Ausflug oder eine Tagestour in die Umgebung machen möchte, der kann sich bei „Melikokis Tours" über das aktuelle Angebot informieren. Tel. 03 75/ 7 17 18.

Pórto Carrás

Pórto Carrás — das ist vielerorts in Griechenland nicht nur ein Synonym für Reichtum und Luxus, sondern zugleich eine der größten Hotelanlagen Europas, samt zugehörigem Terrain. Schon von Ferne sieht man die drei riesigen Klötze, in denen die High Society aus dem In- und Ausland ihren Urlaub verbringt, in den Himmel ragen. Pórto Carrás umfaßt ein riesiges Gebiet, ehemals Eigentum der Athos-Klöster, das der schwerreiche Reeder Carrás in den 60er Jahren aufkaufte, um hier eine wohl beispiellose Anlage zu errichten. Neben den drei Hotels sind sowohl ein Jachthafen, ein Freilicht-Theater als auch ein Kongreßsaal vorhanden. Einkaufs- und Vergnügungsmöglichkeiten gibt es in Hülle und Fülle. Auf dem Gelände von Pórto Carrás wird allerdings auch Landwirtschaft betrieben. Bekannt ist vor allem der trockene Pórto-Carrás-Wein, der als einer der besten griechischen Weine gilt; ebenso wachsen auf dem Gelände Oliven, Zitronen, Mandeln und Pistazien.
Schön ist die Anlage indes nicht. Bereits an der Straße verweist ein überdimensional großes Betonschild auf die Ausmaße des Komplexes. Fährt man zu der Hotelanlage, so muß man erst ein Pförtnerhäuschen passieren. In der Nähe des Jachthafens sieht man die mittlerweile zum Teil zugewucherten Beton-Fundamente einer angefangenen, aber nicht zu Ende gebauten Feriensiedlung.
Wer hier Urlaub machen möchte, muß sich auf folgende Preise einstellen: ein DZ ist „schon" für umgerechnet etwa 130 DM zu bekommen, eine Suite kostet zwischen 280 und 540 DM pro Übernachtung; Tel. 03 75/7 15 01/2, 7 13 81, 7 12 21.

Auf Chalkidikí ist die Halbinsel Sithónia wohl noch am ehesten eine Region für Individualisten

Torόni

Am Südwestzipfel von Sithónia, an der Stelle des antiken Toróne, befindet sich Torόni, das kein eigentlicher Ort, sondern eher eine Ansammlung von Häusern ist. Nur knapp 150 Menschen leben hier. Man verläßt die Hauptstraße und erreicht Torόni auf einer sehr holprigen, am Meer entlangführenden Straße. Es gibt keinen eigentlichen Ortskern, vielmehr liegen die Häuser etwas verstreut an der Küste. Der Tourismus hält sich hier noch in Grenzen, wenngleich Torόni über einen sehr schönen langen Sandstrand verfügt, der allerdings kaum Schatten spendet. Die zahlreichen Rohbauten machen indes deutlich, daß auch hier mit steigenden Touristenzahlen gerechnet wird. Bislang gibt es nur recht wenige Unterkunftsmöglichkeiten in Torόni, und das zumeist in Privatzimmern. Lediglich ein Hotel haben wir entdecken können. Es befindet sich hinter dem Restaurant „Stérgios“, ist allerdings nicht sonderlich zu empfehlen. Am Strand befinden sich einige Restaurants, in denen man hervorragenden Fisch essen kann. Auch ein Supermarkt ist vorhanden.

Geschichte

In der Antike befand sich hier die Stadt Toróne, aufgrund der strategisch wichtigen Hafenlage eine der bedeutendsten Städte Chalkidikís. Überliefert ist, daß die Bewohner, die ursprünglich aus Chalkís kamen, Xerxes während der Perserkriege unterstützten. Toróne teilt das Schicksal der meisten Städte Chalkidikís. Nach Beendigung der Kriege wurde Torόni Mitglied des Attischen Bundes, bevor es während des Peloponnesischen Krieges erst von den Spartanern, dann von Athén erobert wurde. 349 v. Chr. fiel die Stadt in die Hände Phillips II. von Makedónien, bevor sie

168 v. Chr. von den Römern erobert wurde. Im 6. Jahrhundert n. Chr. folgte die völlige Zerstörung Torónes. Von den Ruinen ist heute nicht mehr allzu viel zu sehen, wenngleich Ausgrabungen einen Teil der alten Befestigungsanlagen, der Akrópolis und der Agóra ans Tageslicht gebracht haben.

Sehenswürdigkeiten

Die Burg von Lekythos

Auf der kleinen Halbinsel sieht man deutlich die Überreste einer ehemaligen byzantinischen Burg. In der Antike lange Zeit bevor die Burg gebaut wurde, soll sich hier ein Tempel der Athéne befunden haben. Später dann bot die Festung Schutz vor äußeren Feinden. Sie soll über eine starke Befestigungsmauer verfügt haben. Aller Wahrscheinlichkeit nach ist die Burg im 15. oder 16. Jahrhundert zerstört worden.

Die Basilika des Heiligen Athanásios

An der Wegkreuzung in Richtung Sikía befinden sich in einem eingezäunten Gelände die Reste einer frühchristlichen Basilika. Man sieht allerdings nur noch einen Teil der Grundmauern dieser ehemaligen dreischiffigen Basilika, die über wertvolle Mosaikfußböden verfügt haben soll. Der Bau der Kirche wird auf das 5. Jahrhundert datiert.

Pórto Koufós

Einige Kilometer südlich von Toróni liegt der malerische Fischerhafen Pórto Koufós. Der Hafen ist vom offenen Meer durch einen nur sehr schmalen Durchgang getrennt und wird von einigen kleinen Buchten auf hübsche Weise eingerahmt. Eine wirklich phantastische Stelle für einen Fischerort. Tourismus scheint hier noch ein Fremdwort zu sein. Die Bewohner leben in erster Linie vom Fischfang. Und so liegen im Hafen zahlreiche Fischkutter vor Anker, während die riesigen roten Netze geflickt werden. Am Hafen befindet sich eine sehr gute Fischtaverne, „Klimatária", wo man unter alten Feigenbäumen sitzt und einen grandiosen Ausblick über die Bucht auf den gegenüberliegenden Berg hat.

Praktische Informationen

Unterkünfte

Es gibt kaum Übernachtungsmöglichkeiten in Pórto Koufós. Lediglich einige wenige Privatzimmer stehen zur Verfügung. Sehr gut hat uns die Zimmervermietung von Theodóros Zafirákos am südlichen Ortsausgang von Pórto Koufós gefallen. Das Haus verfügt über 20 Zimmer, davon liegen 10 zur Straße (nicht so schön) und zehn zum Meer. Man hat einen traumhaften Blick über die Bucht. Ein kleiner Garten mit schöner Rasenanlage ist vorhanden. Alle Zimmer sind für drei Personen ausgelegt und haben sowohl Küche und Bad als auch einen Balkon. Man bezahlt in der Hauptsaison pro Nacht etwa 50 DM, in der Vor- und Nachsaison 30 DM; Tel. 03 75/5 12 07.

Die Südspitze Sithónias

1985 hat ein Waldbrand schrecklichen Ausmaßes weite Teile der Südspitze von Sithónia zerstört. Auf der Strecke von Pórto Koufós nach Sikía bietet sich daher ein bedrückendes Landschaftsbild, das geradezu eine Endzeitstimmung heraufbeschwört. Landschaftsbestimmend ist der nichtsdestotrotz eindrucksvolle Kontrast zwischen den abgebrannten Flächen und den rundlichen, wie geschliffen wirkenden Granitfelsen. Nimmt man sich Zeit, diese Landschaft auf sich wirken zu lassen, so kann es passieren, daß manche der Steine plötzlich „Gestalt annehmen", daß man meint, Gesichter zu erkennen.

Von dieser Landschaft muß eine ungeheure Faszination und Inspiration auf Künstler ausgehen. An manchen Stellen wagt sich mittlerweile allerdings zwischen den abgebrannten Baumstümpfen zaghaft ein spärliches Grün hervor.

Endzeitstimmung: Weite Teile der Südspitze von Sithónia wurden bei einem Waldbrand verwüstet

Kalamítsi

An der Südspitze Sithónias liegt der Strand von Kalamítsi, ein bogenförmig verlaufender Sandstrand, der an beiden Seiten von bizarr geformten, hellen Granitfelsen eingerahmt ist. Etwa 30 Meter vom Strand entfernt, befindet sich im Wasser ein weiterer, zum Teil bewachsener Felsen, zu dem man problemlos hinschwimmen kann. Für reine Badeurlauber, die sich nach viel Sonne und Strand sehnen, ist Kalamítsi sicherlich genau das richtige. Allerdings gehört Kalamítsi schon lange nicht mehr zu den unberührten Flecken Sithónias. Zwar sind hier keine Hotels entstanden, doch kommen jährlich zahlreiche Besucher nach Kalamítsi, die hier wild campen. Wohnmobile und Zelte säumen den Strand. Ein Ergebnis davon: Der Strand ist mittlerweile sehr schmutzig, überall liegt Müll herum. Infrastruktur ist hier kaum vorhanden. Es gibt ein Restaurant, ,,Georgákis", einen Supermarkt, ganz wenige Privatzimmer sowie einen Kiosk, der in einem völlig baufälligen Gebäude untergebracht ist.

Linaráki Beach

An der Ostküste Sithónias, nicht weit von Sikía entfernt, liegt der Strand von Linaráki. Die weit ausgedehnte Bucht mit ihrem weißen Sandstrand ist ideal für sonnenhungrige Strandurlauber. Es ist überhaupt ein Strand, wie man ihn sich wünscht. Schon von weitem fasziniert der Anblick des glasklaren Wassers mit seinem wechselnden Farbenspiel, von türkis bis tiefblau. In südlicher Richtung schließen sich weitere kleine Badebuchten mit zum Teil glattem Felsstein an den Strand an, in nördlicher Richtung hat man einen phantastischen Blick auf die ineinander verschachtelten Bergzüge, die besonders reizvoll erscheinen, wenn sie ein wenig im Dunst liegen. Gegenüber erkennt man den höchsten Berg der Mönchsrepublik Athos, den gleichnamigen Berg Athos mit einer Höhe von 2033 Metern. Das Baden ist hier auch für diejenigen sehr angenehm, die sich nicht ohne weiteres ins Meer trauen, da der Boden sehr langsam abfällt und man noch recht lange stehen kann.

Zwar ist man in der Nachsaison fast allein am Strand von Linaráki, doch haben die Touristen deutliche Spuren hinterlassen: Kaum ein Fleckchen, wo man nicht auf Müll und Abfälle stößt. In unmittelbarer Strandnähe sieht man noch die Trümmer zweier Windmühlen aus dem 19. Jahrhundert. Direkt am Strand befindet sich die Taverne ,,Níkos", von der aus man auch telefonieren kann. Schöner ist sicherlich das Fischrestaurant an der südlichen Seite der Bucht. Übernachtungsmöglichkeiten gibt es hier, bis auf einen kleinen Zeltplatz, kaum. Vielleicht sollte man sich ein

Privatquartier im nahegelegenen Sikía suchen und sich tagsüber hierher zum Strand begeben.

Sikía

Nur wenige Kilometer von der Ostküste Sithónias entfernt liegt der Ort Sikía. Übersetzt bedeutet der Name „Feigenbaum". Mit seinen rund 2500 Einwohnern ist Sikía einer der größten Ortschaften auf Sithónia. Obwohl der gemütliche Ort mit seinen schmalen gewundenen Gassen zunehmend von Touristen entdeckt wird, geht es hier noch sehr ruhig und beschaulich zu. Keine modernen Pubs und Bars haben hier Einzug gehalten, sondern nach wie vor bilden die typischen Tavernen und Kafenía, die bereits am Morgen gut besucht sind, den Mittelpunkt des Dorfgeschehens. Von touristischem Rummel ist hier nicht viel zu spüren. Die Bewohner freuen sich noch über Besucher und lassen sich gerne in ein Gespräch ein, zumal viele über gute Deutschkenntnisse verfügen.

Einige der recht liebevoll gepflegten und mit Blumen verzierten Häuser haben noch den typischen Holzbalkon. Als Urlauber findet man in Sikía die wichtigsten Versorgungsmöglichkeiten wie Lebensmittelgeschäfte, Apotheken und Restaurants. Auffällig sind die zahlreichen Geschäfte, die Pelze und Lederwaren — angeblich zu Werkstattpreisen — anbieten und sich zum Teil auf Maßanfertigung spezialisiert haben.

Geschichte

Das genaue Gründungsdatum von Sikía ist nicht bekannt. Erwähnt wird der Ort jedoch bereits in Dokumenten des 14. Jahrhunderts. Wie die meisten Dörfer Sithónias unterstand auch das Gebiet um Sikía während der by-

Die Lebensmittelläden in den kleinen Ortschaften haben noch keinen Supermarkt-Charakter

zantinischen Zeit den Athos-Klöstern. Die Bewohner Sikías spielten eine führende Rolle bei der Entfachung des Freiheitskampfes gegen die Türken im Jahre 1821, mußten sich jedoch geschlagen geben. Viele der Einwohner, die die Kämpfe überlebten, ließen sich auf den Sporáden nieder. Erst im Jahre 1854 wurde der Ort auf grauenvolle Weise von den türkischen Besatzern befreit. Man hielt die türkischen Feinde in der Kirche gefangen und steckte diese in Brand. So endete der lange Freiheitskampf der Griechen in Sikía.

Praktische Informationen

Ärztliche Versorgung
Eine Arztpraxis und eine Apotheke befinden sich an der Hauptstraße von Sikía, Tel. 03 75/4 13 12. Bei ernsteren Erkrankungen sollte man das „Health Center" in Aghíos Nikoláos aufsuchen *(→Ashíos Nikoláos)*.

Baden
Bademöglichkeiten bestehen am Strand von Kalamítsi sowie an dem etwa fünf Kilometer entfernt gelegenen Strand Kriarítsi (Richtung Toróni).

Banken
Eine Bank gibt es in Sikía bislang noch nicht. Geld wechseln kann man jedoch in der Post.

Essen und Trinken
An der Hauptstraße, die durch Sikía führt, liegen mehrere Tavernen, in denen man durchweg gut essen kann. Eine Besonderheit, die in einigen der Tavernen angeboten wird, ist Spanferkel vom Grill. Schon am Mittag ist der ganze Ort von dem leckeren Duft durchzogen.

Polizei
Die Polizei erreicht man unter der Telefonnummer 03 75/ 4 13 13.

Post
Die Post befindet sich in der Hauptstraße. Öffnungszeiten: Mo.-Fr. 7.30-14 Uhr. In der Post kann man auch Geld wechseln.

Unterkünfte
Hotels gibt es in Sikía nicht. Es stehen lediglich einige Privatzimmer zur Verfügung.

Taxi
Ein Taxi erreicht man unter der Telefonnummer 03 75/ 4 13 27.

Sárti

An der Ostküste Sithónias, unmittelbar am Meer, liegt der Ort Sárti, der sich in den letzten Jahren relativ rasch von einem verschlafenen Örtchen zu einem beliebten Urlaubsziel entwickelt hat, nicht zuletzt aufgrund seines wunderschönen Sandstrandes. Vor allem von jungen Leuten, die nach einem ausgedehnten Strandtag noch Unterhaltung suchen, wird Sárti sehr favorisiert.
Auffällig an dem Ort, der etwa 1200 Einwohner hat, von denen im Winter jedoch nur rund 800 hier bleiben, sind zwei Dinge: Zum einen ist der Ort in zwei Teile geteilt, einen älteren, gemütlichen Ortsteil, in dem sich nicht nur der Dorfplatz, die Kirche und die hübschen alten Häuser, sondern auch die meisten Tavernen und Cafés befinden, und einen neueren Teil, der charakterisiert ist durch zahlreiche Ferienwohnungen, Souvenirläden und Geschäfte. Auffallend ist weiterhin, daß der Großteil der Straßenführung in Sárti streng geometrisch, nach rechtwinkligem Muster, verläuft. Sárti ist ein Ort mit viel Grün. Nicht nur die zahlreichen Bäume, sondern auch die liebevoll angeordneten Blumen verleihen dem Ort einen liebenswerten Charakter. Skurril wirkt allenfalls der das Straßenbild bestimmende häufige Wechsel zwischen den hastig eingerichteten Souvenirläden mit billigstem Kitsch und den typisch griechischen Wohnhäusern.

Geschichte

1922 gründeten Flüchtlinge aus Kleinasien hier eine Stadt, die sowohl Néa Afísia (abgeleitet von der Stadt Afísia in Kleinasien) betitelt wurde als auch Sárti. Sárti — so hieß jene Stadt, die sich in der Antike in der Nähe des heutigen Ortes befunden haben soll. Nach den Perserkriegen wurde Sárti Mitglied des Attischen Bundes und fiel einige Zeit später der Zerstörung anheim. Im 14. Jahrhundert befand sich hier ein kleines Dorf, das zum Besitz des Klosters Xiropótamou auf Athos zählte. Überreste dieser ehemaligen Besitzgüter sind noch heute zu erkennen. Die rasche Entwicklung des Ortes, der zu den am schlechtesten zugänglichen Dörfern Sithónias gehörte, begann erst in den 60er Jahren mit dem Bau der großen Straße, die einmal um Sithónia herum führt. In der Zwischenzeit hat sich der Ort zu einem kleinen Zentrum des Tourismus entwickelt.

Sehenswürdigkeiten

Die Ruinen des ehemaligen Klosterbesitzes

Etwa einen halben Kilometer westlich des Ortes befinden sich die Überreste des ehemaligen Gutes, Besitztum des Athos-Klosters Xiropótamou.

Der Skulpturengarten

Im Kafeníon des Barba-Safiris (der richtige Name lautet Safíris Moraítis), eines inzwischen verstorbenen Mitbegründers von Sárti, der aus Kleinasien eingewandert war, kann man einen Teil jener Skulpturen bewundern, die dieser Maler und Bildhauer zeitlebens schuf. Barba-Safiris verstand sich als naiver Künstler, der in seinen Werken vorrangig Themen der griechischen Mythologie und Geschichte verarbeitete.

Praktische Informationen

Ärztliche Versorgung

Ein Arzt ist in Sárti nicht ansässig. Allerdings kommt in der Hochsaison fast täglich ein Arzt aus einem benachbarten Ort. Im Zentrum befinden sich zwei Apotheken. Bei dringenderen Fällen sollte man sich an das „Heath Center" in Agíos Nikoláos wenden (→dort).

Ausflüge

Es besteht die Möglichkeit, von Sárti aus verschiedene Ausflüge zu machen, zum Beispiel eine Tagestour entlang der Küste von Athos (Preis: 28 DM für Erwachsene, 15 DM für Kinder), eine Bootstour an der Küste Sithónias vorbei, bei der an den schönsten Stränden ein Stop eingelegt wird (Preis: 28 DM für Erwachsene, 15 DM für Kinder; der Preis schließt ein Sandwich und ein Getränk ein). sowie eine Bootsfahrt bei Sonnenuntergang, mit Grillabend, in einer der Buchten (Kostenpunkt: 27 DM für Erwachsene, 14 DM für Kinder). Angeboten werden des weiteren Mulifritte in die Berge sowie eintägige Busfahrten nach Thessaloníki (40 DM), zu den berühmten Meteóra-Klöstern (57 DM), nach Pélla, Edessa, Naoússa und Vergína (50 DM) oder aber eine Chalkidikí-Rundfahrt (35 DM). Die Touren finden allerdings nur bei einer Mindestteilnehmerzahl von 15 Personen statt. Informationen und Buchungen bei „Koútras Travel", Tel. 03 75/4 15 53. Es wird Deutsch gesprochen. Das Büro liegt gegenüber dem Gemeindehaus in dem alten Ortsteil Sártis. Öffnungszeiten: täglich von 9-14 Uhr und von 17.30-21 Uhr.

Auskunft

Informationen erteilt das das Büro „Koútras Travel", unmittelbar hinter dem Gemeindehaus gelegen, Tel. 03 75/4 15 53. Darüber hinaus vermittelt das Büro Zimmer und Appartements, nimmt Hotelreservierungen in Athén und Thessaloníki vor und organisiert Ausflüge. Bei „Koútras Travel" kann man sowohl Flug-, Bus-, Fähr- und Zugtickets kaufen, Taxireservierungen vornehmen lassen und Geld wechseln. Das Serviceangebot umfaßt auch eine Auto- sowie Motorbootvermietung. Öffnungszeiten: täglich von 9-14 Uhr und von 17.30-21 Uhr.

Auto-/Motorradvermietung

Wer ein Auto oder ein Mofa bzw. Moped mieten möchte, wende sich an das Büro „Koútras Travel" *(→Auskunft).*

Baden

Sárti verfügt über einen sehr langen Sandstrand, der allerdings keinen Schatten spendet. Das Wasser ist noch recht sauber und klar. Zwischen dem Strand und den etwas zurückliegenden Tavernen befinden sich fußballfeldgroße unbebaute Flächen, die wenig einladend aussehen. Schöner sind sicherlich die Badebuchten, die sich sowohl in südlicher als auch in nördlicher Richtung an den Ort anschließen.

Banken

Im Zentrum befindet sich eine Bank, die allerdings nur während der Saison geöffnet hat und Ende September schließt. Geld wechseln kann man aber auch bei „Koútras Travel" *(→Auskunft).*

Essen und Trinken

Am Hafen sowie im alten Ortskern befinden sich mehrere Tavernen und Restaurants. Empfehlen wollen wir das Restaurant „Pergola" in der Nähe des Gemeindehauses. Zwar ist das Ambiente hier nicht unbedingt typisch griechisch, dafür bekommt man stets ein hervorragendes Essen serviert. Wer im Anschluß daran noch einen griechischen Kaffee oder einen Oúzo zu sich nehmen möchte, der sollte die typische Ouzerí „Christo" am Marktplatz aufsuchen oder aber in das oben beschriebene Café „Barba Safiris" gehen.

Post

Noch steht während der Saison ein Postwagen am Zentrumsplatz, gegenüber dem Büro „Koútras Travel", bereit. Geplant ist allerdings, ab 1991 die Post im OTE-Gebäude am Strand unterzubringen.

Taxi
Ein Taxi erreicht man unter der Telefonnummer 03 75/4 15 93. Man muß sich allerdings auf lange Wartezeiten einstellen.
Telefonieren
Das OTE findet sich an der rechten Strandhälfte. Der Weg dorthin ist ausgeschildert. Öffnungszeiten: Mo.-Sa. 8-23 Uhr, an Sonn- und Feiertagen 8-13 Uhr und 18-23 Uhr.
Unterkünfte
Obwohl es inzwischen zahlreiche Unterkünfte in Sárti gibt, kann es im Hochsommer zu Engpässen kommen. Neben zahlreichen Privatzimmern gibt es mittlerweile auch einige Pensionen und Hotels in Sárti. Empfehlen möchten wir die Pension „Galíni".
„Galíni" (Pension): Diese sehr schöne und saubere Pension, direkt am Strand, ist ausgesprochen empfehlenswert. Ein DZ mit Bad, inklusive Frühstück, kostet um 60 DM.
„Sárti Beach": 21 Zi., 41 Betten; das Hotel liegt am Strand. Man muß für eine Übernachtung in einer Suite in der HS mit etwa 100 DM rechnen, Tel. 03 75/4 14 50, 4 15 69.
„Manólis Haus" (Appartements): 12 Zi., 24 Betten; der Preis für ein Appartement variiert; Tel. 03 75/4 15 71.
„Villa Phillis": 20 Zi., 38 Betten; das Hotel liegt direkt an der Hauptstraße; der Preis für ein DZ variiert.
Die Privatzimmer kosten während der Hauptsaison in der Regel zwischen 30 und 40 DM, Appartements für vier Personen zwischen 70 und 80 DM. Bei allen Fragen hilft das Büro „Koútras Travel" weiter *(→Auskunft)*.

Vourvoúrou

Im nördlichen Teil der Ostküste Sithónias, in einem sehr grünen, kiefernbewachsenen Landstrich, liegt Vourvoúrou, das kein Ort im eigentlichen Sinne ist, sondern eine langgestreckte Kette relativ aufwendig gebauter Häuser und Villen. Die Häuser sind entlang einer ausgedehnten Bucht mit schönen Bademöglichkeiten gelegen. Vorgelagert ist die Insel Diásporos mit wiederum zahlreichen winzigen Inselchen. Eine Gruppe von Professoren aus Thessaloníki hat sich in den 60er Jahren dazu entschlossen, in dieser wirklich schönen Landschaft eine Siedlung im landestypischen Stil zu errichten. Zwischen den Gebäuden von Vourvoúrou liegen vereinzelt Lebensmittelläden und Restaurants. Wenn die Hochsaison vorbei ist, wirkt der „Ort" jedoch trostlos und verlassen.

Ormos Panagías

An der Ostküste Sithónias, nur vier Kilometer von Aghíos Nikoláos (→dort) entfernt, befindet sich der kleine Hafenort Ormos Panagías, benannt nach der kleinen Kirche in der Nähe des Meeres. Touristisch interessant ist Ormos Panagías allein deshalb, weil von hier die Ausflugsschiffe nach Athos starten. In der Regel verkehren täglich zwei Schiffe nach Athos. Lediglich an manchen Freitagen ist der Schiffsverkehr eingestellt.
Die eintägige Kreuzfahrt beginnt morgens um 9.30 Uhr und endet gegen 17.30 Uhr. Das Schiff bietet neben einem Restaurant auch einen Swimming-Pool. Eine solche Tour kostet pro Person etwa 30 DM. Informationen und Reservierungen bei: „Daphne Shipping", Ormos Panagías, Tel. 03 75/3 15 27 oder in Thessaloníki, Tel. 0 31/26 15 88.
Übernachtungsmöglichkeiten bestehen im Hotel „Angelo Beach", Tel. 03 73/3 12 24, 3 13 30. Ein DZ inklusive Frühstück kostet etwa 40 DM.

Aghíos Nikoláos

Etwa vier Kilometer vom Hafen Ormos Panagías entfernt, liegt der wenig schöne Ort Aghíos Nikoláos, dessen Ursprünge bereits auf das 14. Jahrhundert zurückgehen. Nur noch wenige Bauten geben ein Bild von der einst typischen Dorf-Architektur. Bekannt ist die Gegend um Aghíos Nikoláos für den Wein, der hier angebaut wird. Ansonsten bietet der Ort für Touristen nichts Nennenswertes.
In Aghíos Nikoláos gibt es ein „Health Center". Es befindet sich kurz hinter dem Ortseingang, neben den beiden Apotheken; Tel. 03 75/3 17 88, 3 17 89.

Sithónia ist ausgesprochen grün und bewaldet — ein ideales Wandergebiet

Athos

Auf der östlichen Halbinsel Chalkidikís liegt Athos, die einzige Mönchsrepublik in Europa. Athos gehört zwar zu Griechenland, verfügt aber über eine unabhängige Selbstverwaltung. Die Halbinsel umfaßt eine Gesamtgröße von 340 qkm und ist im Vergleich zu Sithónia und Kassándra wesentlich gebirgiger. Aufgrund der weitgehend unberührten Natur gilt Athos als eines der schönsten Gebiete Griechenlands. Weite Wälder, schroffe Gebirgszüge, Schluchten und dazwischen immer wieder bezaubernde kleine Sandbuchten — das ist die unwiderstehlich schöne Landschaft von Athos, der durch die einsam gelegenen Klöster etwas Geheimnisvolles anhaftet. Da die Umweltzerstörung sich hier noch in Grenzen hält, gibt es auf Athos noch zahlreiche, darunter auch gefährliche Schlangen, und angeblich wird auch hin und wieder ein Wolf gesichtet.

Im Süden der Halbinsel erhebt sich der 2033 Meter hohe, häufig noch schneebedeckte Heilige Berg Athos, auf dem die noch rund 1700 hier ansässigen Mönche leben. Von den zahlreichen Athos-Klöstern sind allerdings nur noch 20 bewohnt, da die Zahl der Mönche auch in Griechenland rückläufig ist. Ehemals waren es etwa 40 000 Mönche, die ihre Heimstätte auf Athos hatten. Viele der einst in Meteóra ansässigen Geistlichen haben sich, gestört durch die zunehmenden Besucherscharen, auf Athos angesiedelt. Hier, in der völligen Abgeschiedenheit und Einsamkeit der Bergklöster, führen die Geistlichen ein strenges Klosterleben, gemäß ihrer jahrhundertealten Traditionen. Die zahlreichen Fresken, Mosaiken und anderen Kunstwerke, die man als Besucher besichtigen kann, vermitteln ein eindrucksvolles Bild von der hohen Kunst und Kultur, welche das Klosterleben hervorgebracht hat. Die Klöster liegen verstreut in der sehr rauhen und zerklüfteten Berglandschaft, deren größter Teil dicht bewaldet ist. Allerdings hat ein Waldbrand im Sommer 1990 einen Teil des Baumbestandes zerstört.

Übrigens hat auch einer der berühmtesten und zugleich geschmähtesten Söhne Griechenlands, der aus Kréta stammende Schriftsteller Níkos Kazantzákis, Autor des zur Legende gewordenen Romans „Alexis Sorbas", eine Reise nach Athos unternommen und seine persönlichen Eindrücke geschildert. Hier ein Auszug:

> *„Wir wanderten auf dem Heiligen Berg umher,*
> *und je mehr wir von seiner Luft einatmeten, desto mehr entflammte sich unser Herz. Mein Gott, was haben wir für Entscheidungen getroffen,*
> *welche Schwüre ausgetauscht! Wie gingen wir von einem Kloster zum anderen, leichtfüßig über die Felsen, und wie fühlten wir nicht nur in unserer Phantasie, sondern körperlich, daß uns Engelsflügel trugen! So mag die Atmospäre*
> *beschaffen sein, in der sowohl Wahnsinn als auch Heiligkeit und Heldentum entstehen."*

(Das Buch trägt den Titel „Im Zauber der griechischen Landschaft" und ist im Heyne Verlag in München 1980 erschienen).

Ein Besuch der Mönchsrepublik ist nur mit einer Genehmigung möglich, Frauen ist der Zutritt generell untersagt *(→Praktische Informationen/Einreisebestimmungen).*

Geschichte

Die Wurzeln der Mönchsrepublik Athos, die sich im Laufe der Jahrhunderte zu einem religiösen und kulturellen Zentrum entwickelte, liegen im 8./9. Jahrhundert. Erwiesenermaßen hatten sich bereits Mitte des 9. Jahrhunderts Eremiten in der Bergwelt von Athos niedergelassen, um sich in der Einsamkeit und Abgeschiedenheit dieser Halbinsel ganz auf die Zwiesprache mit Gott zu konzentrieren und in frommer Ehrfurcht vor dem Allmächtigen gemäß ihrer religiösen Prinzipien zu leben. Die ständig steigende Zahl der Einsiedler, die sich vorrangig im Norden von Athos ansiedelten, führte erst zur Bildung kleiner Gemeinschaften und schließlich zur Gründung des ersten Klosters im Nordosten von Athos, des Klosters Móni Megístis Lávra. Athanásios, der Gründer dieses Klosters, das noch heute zu den bekanntesten auf Athos zählt, führte auch das Koinobitentum ein, das die ständige räumliche Gemeinschaft der Mönche unter strikter Führung regelte. Gegen Ende des 10. Jahrhunderts wurde eine Art *Verfassung* für die neu entstandene Mönchsrepublik ausgearbeitet, die größtenteils heute noch Gültigkeit besitzt. Danach waren die Mönche verpflichtet, im Zölibat zu leben, jeglichem Besitz zu entsagen und auf den Genuß von Fleisch ganz zu verzichten. Ein halbes Jahrhundert später wurde festgelegt, daß Frauen der Aufenthalt auf Athos verboten sei, eine Regelung, die im übrigen auch für weibliche Haustiere Gültigkeit besaß. Im Laufe der nun folgenden Jahrhunderte wurden weitere Klöster erbaut. Gegen Ende des 14. Jahrhunderts wurde die streng geregelte, durch Besitzlosigkeit charakterisierte Lebensführung zugunsten einer etwas gelockerten, demokratischeren Lebensform, in der auch ein beschränkter Privatbesitz zugelassen war, modifiziert. Die Mönche hegten dabei unterschiedliche Vorstellungen ihrer Lebensführung, was letztendlich dazu führte, daß ein Teil der Klöster nach den traditionellen, strengen Gesetzmäßigkeiten weitergeführt wurde, ein anderer Teil nach den liberaleren Regeln fungierte. Dies bezieht sich zum Beispiel auf den Genuß von Fleisch. Auch lebt man in den streng reglementierten Klöstern nach dem Julianischen Kalender, der von unserem gregorianischen Kalender um 13 Tage abweicht. Dies ist bis heute so geblieben.

Athos wird nicht nur von griechischen Mönchen bewohnt. Im Laufe der Zeit siedelten sich hier ebenfalls Geistliche aus weiten Teilen Europas an.

Wichtig für die Entwicklung der Athos-Klöster war der Umstand, daß auch während der osmanischen Herrschaft die Eigenständigkeit der Klöster nicht beeinträchtigt wurde. So konnte eine relativ ungebrochene kulturelle Entwicklung stattfinden, die sich noch heute unter anderem in den eindrucksvollen Kunstschätzen manifestiert.

Auffallend ist, daß die meisten Klöster an schwer zugänglichen Stellen errichtet und zusätzlich mit dicken Mauern umgeben wurden, was eindeutig darauf hinweist, daß die Klöster feindlichen Angriffen ausgesetzt waren, vor denen es sich zu verteidigen galt.

Seit 1926 gehört Athos zu Griechenland, ist verwaltungsmäßig jedoch eine eigenständige Republik.

Die Klöster

Es ist an dieser Stelle nicht möglich, alle Klöster von Athos zu beschreiben, zumal ein großer Teil der ehemaligen Abteien unbewohnt und dem langsamen Verfall preisgegeben ist. Darum möchten wir uns auf die wichtigsten beschränken. Wer sich näher informieren möchte, kann sich vor Ort einen Führer kaufen, in dem die verschiedenen Athos-Klöster beschrieben werden.

Es sei vorher bemerkt, daß sich die Klosteranlagen in ihrem Aufbau kaum voneinander unterscheiden. Im Zentrum der Anlage befindet sich stets die Kirche mit einer sehr hohen Kuppel. Die Klöster sind von dicken Mauern umgeben.

Kloster Móni Lávra

Das im Jahre 963 gegründete Kloster Móni Lávra an der Südostseite von Athos ist zugleich das älteste Kloster der Mönchsrepublik. In der Hauptkirche, die mit der schönen Fresken, Arbeiten des Malers Theóphanes aus Kreta, geschmückt ist, befindet sich das Grab des Klostergründers, des Athanásios. An das Kloster angeschlossen ist eine riesige Bibliothek mit einem Fundus von über 2000 alten Schriftstücken.

Kloster Móni Watopedíu

Das Kloster Móni Watopedíu liegt an der nordöstlichen Seite von Athos. Es ist um das Jahr 1000 gegründet worden und dem Hauptkloster Móni Lávra im vielem sehr ähnlich. Bemerkenswert ist auch hier die Kirche aus dem 11. Jahrhundert mit ihren phantastischen Mosaiken und Fresken. Auch in Móni Watopedíu befindet sich eine große und interessante Bibliothek.

Das Kloster Móni Iviron

Das Kloster Móni Iviron ist auf einem Fußweg von Kariés aus zu erreichen. Das Kloster, dessen Gründung auf das 11. Jahrhundert zurückgeht, liegt nur wenige Kilometer südöstlich von Kariés. In einer Kapelle wird die aus dem 10. Jahrhundert stammende und damit angeblich älteste Ikone der Mönchsrepublik aufbewahrt.

Praktische Informationen

Ärztliche Versorgung

Im Hauptort Kariés befindet sich eine Arztpraxis. Man sollte sich im Notfall an die Verwaltung von Athos, die ihren Sitz in Kariés hat, wenden.

Einreise

Die Einreise nach Athos ist nur auf dem Seeweg möglich. Täglich verkehren Schiffe zwischen Ouranópolis und Dáfni. Von Dáfni aus gelangt man nach mit dem Bus nach Kariés, der Hauptstadt der Mönchsrepublik Athos. Eine weitere Verbindung nach Athos gibt es von Ierissós aus. Über die aktuellen Abfahrtszeiten sollte man sich vor Ort erkundigen, da sich diese häufig ändern.

Einreisebestimmungen

Da man für die Einreise nach Athos eine Genehmigung benötigt, die nicht ganz einfach zu erhalten ist, muß ein Besuch der Mönchsrepublik längerfristig vorbereitet werden. Um den Heiligen Berg vor Invasionen von Besuchern zu schützen, werden pro Tag nur zehn männliche Besucher zugelassen. Prinzipiell gelten noch immer die Einreisebestimmungen aus dem 10. Jahrhundert, die in der Goldenen Bulle des Kaisers Kónstantin Monomáchos festgelegt sind.

1. Frauen ist der Besuch der Athos-Klöster grundsätzlich untersagt.
2. Männliche Besucher müssen ein Mindestalter von 21 Jahren haben.
3. Man benötigt ein Empfehlungsschreiben, das gegebenenfalls von der Deutschen Botschaft in Athén (Odos Vass. Sofías 10) oder vom Deutschen Konsulat in Thessaloníki (Odos Karolou Diehl 4a) ausgestellt wird. Voraussetzung, um ein solches Empfehlungsschreiben zu erhalten, ist der Nachweis eines besonderen wissenschaftlichen, theologischen oder kunsthistorischen Interesses an der Mönchsrepublik.
4. Hat man ein solches Empfehlungsschreiben, so muß man sich um eine Besuchergenehmigung bemühen, die man an folgenden Stellen bekommt:
— beim Außenministerium in Athén, Abteilung Kirchendirektion, Zalokosta Str. 2, Tel. 01/3 62 68 94 oder
— beim Ministerium von Nordgriechenland, Abteilung Politische Angelegenheiten, Platía Dikitítriou, Tel. 0 31/ 27 00 92.
5. Hat man neben dem Empfehlungsschreiben auch die Besuchergenehmigung erhalten, so geht man zur Fremdenpolizei in Thessaloníki, Tsimíski Str. 25. Hier wird ein Sonderschreiben aufgesetzt, das man zur Vorlage bei der Polizei des Berges Athos benötigt. Eine Einreise nach Athos ist nur möglich, wenn man diese drei Dokumente und einen gültigen Reisepaß besitzt. In Athos erhält man auf Vorlage der Dokumente und gegen eine geringe Gebühr eine Aufenthaltsgenehmigung, die den Besucher berechtigt, vier Tage auf Athos zu verweilen.
6. Die Aufenthaltsdauer ist auf vier Tage begrenzt.
7. Diese Bestimmungen gelten nur für Ausländer, Griechen unterliegen anderen Einreisebedingungen.

Essen und Trinken →*Unterkünfte*

Fortbewegung

Zu Fuß: Das ist die gängigste Art, sich auf Athos fortzubewegen. Die gesamte Halbinsel ist mit schmalen Fußpfaden durchzogen. Man sollte sich allerdings nicht von Entfernungsangaben täuschen lassen. Leicht kann es in dem unwegsamen Gelände passieren, daß man eine Strecke falsch einschätzt.

Nur Männer dürfen die Mönchsrepublik Athos besuchen — selbst weibliche Haustiere sind untersagt

Mit dem Esel:
In Kariés kann man Esel oder Maultiere samt Führer mieten; die Tiere stellen allerdings recht langsame Fortbewegungsmittel dar.
Mit dem Bus:
Eine ständige Busverbindung besteht nur zwischen dem Hafen Dáfni und der Hauptstadt Kariés.
Mit dem Schiff:
Kleine Boote fahren vom Kloster Iviron nach Megístis Lávras (an der Ostküste), von Iviron zum Kloster Pantokratoros sowie nach Vatopedíou und Esfigménou.

Polizei
In Kariés befindet sich eine Polizeistation, ebenso eine Touristenpolizei.

Post
Postämter gibt es in Dáfni und Kariés.

Unterkünfte
Die Besucher übernachten in den speziell dafür ausgewiesenen Fremdenzimmern der Klöster. Wichtig ist jedoch, daß man vor Sonnenuntergang das jeweilige Kloster erreicht hat. Danach werden die Tore geschlossen. Bei der Ankunft sowie beim Verlassen des Klosters muß jeweils der *archontáris,* eine Art Vorsteher, verständigt werden. Zu den festgelegten Essenszeiten werden auch die Besucher verpflegt. Man ißt, was auf dem Speiseplan der Mönche steht.

Verbote
Folgendes ist auf Athos untersagt:
— Das Mitbringen von weiblichen Haustieren
— Filmen
— Tauchen und Unterwasserfischen
— Singen und Tanzen

Verhalten
Die Besucher sollten sich so ruhig und dezent wie möglich verhalten. Auffällige Kleidung, auch Shorts, werden nicht geduldet. Ebenfalls akzeptiert man keine Männer mit langem Haar. Auch wenn die Mönche mitunter nachsichtig reagieren mögen, so sei doch eindringlich darauf hingewiesen, daß das Fotografieren der Mönche ohne ihre Erlaubnis nicht gestattet ist. Es ist kein Zwang, doch wird es gerne gesehen, wenn die Besucher an den Gottesdiensten teilnehmen.
Wenngleich die kleinen Felsbuchten an der Küste von Athos verlockend sind, so wird immer wieder darauf hingewiesen, daß das Baden nicht ganz ungefährlich ist, da in dem Gewässer Haie vorkommen.

Makedónien / Nordosten

Stavrós

Verläßt man Chalkidikí und fährt in Richtung Kavála, so erreicht man in Höhe des Vólvi-Sees den am Golf von Orfánou gelegenen Ort Stavrós. Zuvor fährt man auf einer fast neuen Küstenstraße, direkt am Meer entlang. Alle zwei bis drei Kilometer taucht eine kleine Bucht mit einem Sandstrand auf, meist sehr idyllisch gelegen. Leider liegt oben an der Hauptstraße reichlich Müll herum.

Stavrós ist eine sehr langgezogene Ortschaft in einer kleinen Seitenbucht des Golfes von Orfánou. Auf der einen Seite zieht sich ein langer Sandstrand die gesamte Bucht entlang, auf der anderen Seite steigen die Berge recht steil an. Erreicht man Stavrós von Süden her, so führt die Straße an einem kleinen Ahornwäldchen vorbei. Hier sind kleine Bänke aufgestellt, so daß man im Schatten der Bäume ein Ruhepäuschen einlegen kann. Ein Stück weiter im Ortsinneren folgt, ebenfalls direkt am Meer gelegen, eine große Parkanlage mit liebevoll angelegten Blumenbeeten. Zur Zeit wird hier ein kleines Theater gebaut, in dem dann im Sommer Veranstaltungen stattfinden sollen. Inmitten dieses Gartens befinden sich ein Grillrestaurant und ein Café. Fischer flicken hier ihre Netze.

Stavrós bietet den Feriengästen nicht nur einen langen Sandstrand, sondern auch sehr gute Einkaufsmöglichkeiten. Die meisten Geschäfte liegen an der sehr belebten Hauptstraße. Verläßt man die Durchgangsstraße und biegt in die Seitengassen ein, so wird es auf Anhieb ruhiger.

Praktische Informationen

Ärztliche Versorgung

In Stavrós gibt es zwei praktizierende Ärzte. Im Krankheitsfall sollte man sich an Doktor Dróssos wenden, Tel. 03 97/6 15 67. Eine Zahnarztpraxis befindet sich am Zentrumsplatz. Eine Apotheke gibt es in der Odos Paparoú, die hinter dem Hotel Própou von der Hauptstraße nach links abzweigt.

Baden

Ein langer Sandstrand zieht sich die gesamte Bucht entlang, der leider stellenweise arg verdreckt ist.

Essen und Trinken

Sehr gut ißt man in dem Grillrestaurant, das sich in der oben beschriebenen Parkanlage befindet. Man sitzt dort zudem sehr schön und kann den Blick über den Golf von Orfánou genießen.

Nachtleben

Die Jugend von Stavrós trifft sich in der Disco „Bora Bora" am südlichen Ortsausgang.

Pannenhilfe

Bei einer Autopanne kann man sich an den Autoservice wenden, der seine Werkstatt an der südlichen Einfahrtsstraße hat, Tel. 03 97/6 16 88. Auffällig in Stavrós sind die vielen Autoersatzteilläden.

Post

Am Zentrumsplatz, nahe dem Kreisverkehr, befindet sich die Post. Öffnungszeiten: Mo.-Fr. 7.30-14 Uhr.

Polizei

Die Polizeistation befindet sich am südlichen Ortseingang und ist nicht zu verfehlen.

Telefonieren

An dem kleinen Kreisverkehr am Zentrumsplatz befindet sich das OTE. Öffnungszeiten: Mo.-Sa. 7.30-24 Uhr, So. 8.30-23.30 Uhr.

Unterkünfte

Es gibt mehrere Hotels und einige Privatunterkünfte in Stavrós — alle kaum bemerkenswert.

Hotels:

„Aristotélis": 15 Zi., 30 Betten; für ein DZ mit Bad zahlt man in der HS rund 33 DM; das Hotel befindet sich in der Odos Vass. Geórgiou 3, Tel. 03 97/6 14 74, 6 12 18.

„Athos": 24 Zi., 48 Betten; ein DZ mit Bad kostet in der HS etwa 38 DM; das Hotel liegt in der Odos Paleológou Platanía 8, Tel. 03 97/6 13 53.

„Stavrós Beach": 32 Zi., 64 Betten; ein DZ mit Bad kostet im Hochsommer etwa 31 DM, Tel. 03 97/6 17 71.

Zeitungen

Am Zentrumsplatz gibt es einen Stand mit internationalen Zeitungen. Von der Westdeutschen Zeitung bis zum Spiegel ist hier fast alles zu bekommen.

Sonstiges

Biegt man am Zentrumsplatz in die Nebenstraße ein, so liegt linker Hand eine kleine Werkstatt, in der Boote gebaut werden.

Fernab der Städte zeigt sich Griechenland von seiner schönsten Seite

Asproválta

Am auffälligsten ist die breite Straße, die durch Asproválta führt, ein für Griechenland eher untypisches Bild. Im Winter leben gut 1000 Menschen in Asproválta, im Sommer kommen zahlreiche Touristen hinzu.

Der Ort Asproválta, nur wenige Kilometer nördlich von Stavrós am Golf von Orfánou gelegen, hat sich in den letzten Jahren zu einem beliebten Ferienzentrum entwickelt, nicht zuletzt aufgrund des langen und recht sauberen Sandstrandes. Die Souvenirläden, Restaurants und Cafés zeugen davon, daß im Sommer Besucherscharen nach Asproválta kommen.

Asproválta ist ein reiner Badeort, kulturelle Sehenswürdigkeiten gibt es hier nicht.

Praktische Informationen

Ärztliche Versorgung

Die Erste-Hilfe-Station erreicht man unter der Telefonnummer 03 97/2 25 12. Im Ort befinden sich darüber hinaus ein Kinderarzt, Tel. 03 97/2 25 05, und ein Zahnarzt, Tel. 03 97/2 21 30, 2 21 32. Im Ort gibt es zwei Apotheken.

Auskunft

Das Touristen-Informationsbüro vermittelt unter anderem Zimmer. Es befindet sich in einer Seitenstraße der Hauptdurchgangsstraße, Tel. 03 97/2 22 63.

Banken

Eine Bank befindet sich in der Hauptdurchgangsstraße.

Nachtleben

Für Disco-Freaks gibt es am südlichen Ortseingang eine Freiluftdisco, die im Sommer recht gut besucht ist.

Polizei

Die Polizeistation befindet sich an einer Seitenstraße der Hauptdurchgangsstraße. Kommt man von Süden, so muß man nach links abbiegen; Tel. 03 97/2 20 10.

Post

Die Post liegt an einer Stichstraße der Hauptdurchgangsstraße. Kommt man aus südlicher Richtung, so muß man nach etwa 200 Metern nach links abbiegen. Öffnungszeiten: Mo.-Fr. 7.30-14.00 Uhr.

Taxi: Tel. 03 97/2 20 21, 2 24 15.

Unterkünfte

Es gibt einige Hotels und zahlreiche Privatunterkünfte in Asproválta. Im Hochsommer kann es jedoch zu Engpässen kommen. Die Zimmervermittlung *(→Auskunft)* hilft bei der Zimmersuche. Die Hotels machen alle keinen besonders schönen Eindruck. Am besten gefallen hat uns noch das Hotel „Papadópoulos".

„Papadópoulos" (Appartements): 16 Zi., 32 Betten; das Hotel liegt im Ort. Man zahlt im Hochsommer für ein Appartement rund 70 DM. Tel. 03 97/2 24 78.

„Pétros Beach": Am nördlichen Ortsausgang von Asproválta befindet sich das noch relativ neue Hotel „Pétros Beach", Tel. 03 97/2 20 04, 2 23 70, 2 20 03.

Der Golf von Orfánou

Den gesamten Golf von Orfánou entlang zieht sich ein schmaler Sandstrand, an dem die Straße direkt vorbeiführt. An der Küste sind im Laufe der Jahre zahlreiche Hotels und Pensionen aus dem Boden gestampft worden, so daß diese Küstenlandschaft wenig reizvoll wirkt. Ideal ist das Gebiet für Urlauber, die einen reinen Strand- und Badeurlaub vorziehen und nicht auf Geselligkeit verzichten möchten.

Amfípoli

Archäologisch und kulturhistorisch Interessierten sei ein Besuch der Ausgrabungsstätte von Amfípolis empfohlen, die nur einige Kilometer nördlich des Golfs von Orfánou liegt. Berühmtestes Kennzeichen ist das gewaltige marmorne Löwendenkmal, nahe der Brücke, die über den Strymon führt.

Die antike Stadt Amfípoli lag an einer strategisch wichtigen Stelle zwischen Makedónien und Thrákien. Bereits vor der Stadtgründung hatte es verschiedentlich Versuche gegeben, nahe dem Strymon eine Stadt zu gründen. Doch erst 437 v. Chr. gelang es Athén, hier eine Kolonie zu gründen. Während des Peloponnesischen Krieges ergaben sich die Bewohner von Amfípolis den einfallenden Spartánern, da sie zahlenmäßig nicht in der Lage waren, erfolgreichen Widerstand zu leisten. Nachdem Athén und Spárta 421 v. Chr. Frieden geschlossen hatten, bemühte sich Amfípolis, seine Unabhängigkeit zu bewahren. 362 v. Chr. wurde die Stadt von Philipp II. von Makedónien besetzt. Amfípolis war eine der wichtigsten Handelsstädte Makedóniens, die über das Privileg der eigenen Münzprägung verfügte.

Alexander der Große war zu seinem thrakischen Feldzug von hier aus gestartet. 287 v. Chr. wurden Alexanders Frau und sein Sohn in Amfípolis ermordet.

Erhalten geblieben sind Teile der ehemaligen Akrópolis, des Gymnasiums sowie des erstaunlich gut durchdachten Kanalisationssystems. Entdeckt wurden ebenfalls einige Schacht- und Kammergräber mit wertvollen Grabbeigaben, die noch aus der Blütezeit des Makedonischen Reiches stammen. Die Ruinen der vier frühchristlichen Basiliken stammen noch aus römischer Zeit. Nach der Eroberung weiter Teile des heutigen Griechenland durch die Römer, wurde in Amfípolis über die Aufteilung Makedóniens beratschlagt. Amfípolis wurde zur Hauptstadt der makedonischen Region erklärt.

Kavála

Die schönste Ansicht von Kavála hat man zweifellos vom Schiff aus. Halbkreisförmig ist die Stadt an den Hügeln des Sýmbolo-Berges angelegt. Auf der weit ins Meer ragenden Landzunge liegt die Altstadt Kaválas, und über allem thront majestätisch die byzantinische Festung, das Hauptmerkmal der Hafenstadt. Obwohl Kavála mit seinen rund 50 000 Einwohnern eine der größten Städte Makedóniens ist, hat sie nicht viel von ihrer gemütlichen Atmosphäre eingebüßt. Unterhalb des Altstadtbereichs liegt der malerische kleine Fischerhafen mit den unzähligen kleinen Booten — sicherlich eines der beliebtesten Fotomotive.

Kavála zu charakterisieren, bedeutet, das Wesen zweier höchst unterschiedlicher Städte zu beschreiben, denn Kavála ist beides: romantische Altstadt mit einem Labyrinth verwinkelter kleiner Gassen aus Kopfsteinpflaster einerseits, moderne Großstadt mit eleganten Geschäften, breiten Boulevards und teuren Hotels andererseits. Zugegeben: Man ist verwirrt von dieser Stadt, in der sich das quirlige Leben, der Verkehr und die Hektik einer Großstadt so leicht in Einklang bringen lassen mit friedlichen und idyllischen Plätzen, mit gemütlichen Tavernen und grünen Parkanlagen.

Kavála, größte Hafenstadt Ostmakedóniens, liegt etwa 170 Kilometer östlich von Thessaloníki und ist eine wichtige Handelsstadt. Durch ihre strategisch wichtige Lage an der Straße, die Europa und Asien miteinander verband, kam Kavála stets besondere Bedeutung zu. Auch befand sich hier einst ein bedeutendes Tabakanbaugebiet Griechenlands. In der Umgebung von Kavála gibt es einige Marmorsteinbrüche.

Geschichte

Angeblich gibt es in der Umgebung von Kavála Spuren alter Besiedlungen, die bis ins 3. Jahrtausend v. Chr. zurückreichen. In der Antike gründeten die Bewohner der Insel Thássos an der Stelle des heutigen Kavála eine Kolonie, die sie Neápolis nannten. Angesichts der strategisch so bedeutsamen Lage der Stadt und der in der Nähe befindlichen Goldvorkommen entwickelte sich Neápolis rasch zu einem bedeutenden Wirtschaftszentrum, das nach erbitterten Auseinandersetzungen von Phillip II. von Makedónien erobert wurde. Ein sichtbares Zeichen für die Blüte dieser Zeit war das eigene Münzwesen Kaválas.

Im 8. Jahrhundert n. Chr. wurde die Stadt in Christoúpolis umgetauft. Als relativ wahrscheinlich gilt die Annahme, daß der Name auf die ersten Versuche der Christianisierung zurückzuführen ist. Überliefert ist nämlich, daß der Apostel Paulus in Neápolis mit seiner Missionierung Europas begann.

Im Verlaufe der folgenden Jahrhunderte wurde Christoúpolis von den Lombarden, den Serben und später den Türken erobert. Die Burg stammt aus der byzantinischen Zeit. Den Namen Kavála erhielt die Stadt erst während der türkischen Herrschaft, die von 1391 bis 1913 währte. Kavála wurde zu einem blühenden Wirtschaftszentrum, das allerdings auch ständigen Angriffen von Piraten ausgesetzt war.

Erst im 19. Jahrhundert nahm die Einwohnerzahl rapide zu, so daß die ersten Siedlungen außerhalb der Altstadt gebaut wurden. Maßgeblich für den schnellen Anstieg der Bevölkerungszahl wurde auch die Tatsache, daß sich nach Beendigung der türkischen Vorherrschaft eine große Zahl von griechischen Flüchtlingen aus Kleinasien in Kavála niederließ. Erst seit Mitte des 20. Jahrhunderts hat Kavála, das sich zwischenzeitlich zu einem bedeutenden Zentrum der Tabakindustrie entwickelt hatte, seine Bedeutung verloren.

Sehenswürdigkeiten

Die Altstadt Panagía

Bedenkt man, daß sich die Geschichte Kaválas bis zum 20. Jahrhundert ausschließlich innerhalb der Altstadtmauern abspielte, so wird verständlich, welch historische Bedeutung diesem Stadtteil zukommt. Nicht nur die byzantinische Festung, Wahrzeichen der Stadt, ist einen Besuch wert. Man sollte sich die Zeit nehmen, durch die engen, gewundenen Straßen zu spazieren und sich dabei in das Mittelalter zurückversetzen zu lassen. Auf gar keinen Fall sollte man allerdings den Versuch unternehmen, mit dem Auto in die Altstadt zu fahren. Die Straßen werden teilweise so eng, daß oft kein Vor und Zurück mehr möglich ist.

Das Byzantinische Kastell

Bei einem Spaziergang durch die Altstadt stößt man irgendwann auf das alte Kastell, das einen Teil der ehemaligen Befestigungsanlagen darstellt. Bereits im 5. Jahrhundert v. Chr. befand sich hier eine lange Mauer, die im 10. Jahrhundert n. Chr. verstärkt und ausgebaut wurde. Mit dem Bau der mächtigen Festungsanlage wurde gegen Ende des 14. Jahrhunderts begonnen. Heute sieht man noch die Mauern, einen Teil der Türme, eine Zisterne sowie die ehemalige Waffenkammer, die zeitweilig als Gefängnis fungierte. Im Sommer finden im Inneren der Burg Theater- und Konzertaufführungen statt.

Das Aquädukt

Erstaunlich gut erhalten ist das alte Aquädukt, das unterhalb der Altstadt verläuft und neben der byzantinischen Festung das bedeutendste Bauwerk Kaválas darstellt. Ein verblüffendes Bild ist es schon, wie sich unter diesem einmaligen Bauwerk der Großstadtverkehr durchquält. Mitte des 16. Jahrhun-

KAVALA
Legende:
1. Auskunftsbüro der G.Z.F (EOT)
2. Rathaus
3. Post
4. Telefonamt
5. Krankenhaus
6. Aquädukt
7. Byzantinische Burg
8. Mehmet Ali Haus
9. Archäologisches Museum
10. Volkskunde Museum
11. Imaret
12. Olympic Airways
13. Abfahrtsstelle der Überlandbusse
14. Automobil- und Touringclub
15. Polizei
N
Erithrou Stavrou
Ethnikis Andistassis
Dangli
Mitropoleos
Venizelou
Eleftherio
Filipou
Komninon
Velissariou
Paleologon
Kiprou
Platia 28. Oktovriou
Platia Kapnergati
Makariou
Omonias
Averof
Mela P.
Venizelou El.
Dragoumi
Platia Eleftherias
Idras
Koundourioti
Platia Doxas
Platia Karaoli-Dimitriou
Polidou
Mehmet Ali
Platia Nikotsara
Amer. Er. Stavrou
Katsoni
Ierolohiton
Galikis
Elinikis
Dimokratias
Miaouli
Amerikanikou
Erithrou Stavrou
Sahtouri
Kolokotroni
Agias
Varvaras

Wie ein Besuch im Mittelalter: die Altstadt von Kavála

derts wurde die Wasserleitung mit ihren 22 Bögen unter dem Herrscher Suleiman dem Großen erbaut. Sie sicherte die Trinkwasserversorgung der Bevölkerung Kaválas, indem das Quellwasser, das aus dem gegenüberliegenden Berg austrat, über das Aquädukt in die Stadt geleitet wurde. Das Bauwerk erreicht eine Höhe von 22 Metern. Der osmanische Herrscher Suleiman, auch Suleiman der Prächtige genannt, war nicht nur ein bedeutender Feldherr, der zur Ausbreitung des Osmanischen Reiches wesentlich beitrug, sondern er war auch bekannt als Förderer zahlreicher architektonischer Projekte.

Das Imaret

An der Westseite der Altstadt, unterhalb der byzantinischen Festung, findet man ein eindrucksvolles Exempel islamischer Architektur: das 1817 erbaute Imaret. Leider ist das Bauwerk wegen Einsturzgefahr nicht zu betreten, doch beeindruckt das Gebäude auch von außen. Es diente anfänglich als Koranschule und zugleich als Armenhaus. Später wurde hier eine Armenküche eingerichtet, in der jeden Mittag ein warmes Essen ausgegeben wurde. 1923 wurde die Küche geschlossen. Das Gebäude war ein Geschenk des ägyptischen Paschas Muhammed Ali.

Das Geburtshaus Muhammed Alis

Im südöstlichen Zipfel des Altstadtbereichs befinden sich das Geburtshaus und ein Denkmal des späteren ägyptischen Paschas Muhammed Ali. Dieser war 1769 in Kavála geboren worden und blieb seiner Heimatstadt stets eng verbunden. Nachdem er gegen den Einfall der französischen Truppen unter Bonaparte in Ägypten gekämpft hatte, wurde Muhammed Ali 1805 zum Statthalter von Ägypten und 35 Jahre später sogar zum erblichen Statthalter ernannt. Die Nachfahren Muhammed Alis regierten in Ägypten bis 1953. Ihm zu Ehren wurde 1940 vor seinem Geburtshaus ein Denkmal errichtet, das den Herrscher hoch zu Roß zeigt. In seinem Geburtshaus ist ein kleines Museum untergebracht, in dem unter anderem das Arbeitszimmer Muhammed Alis zu besichtigen ist. Der obere Teil des Hauses beherbergte den Harem sowie die Baderäume.

Das Rathaus

In wohl keiner anderen griechischen Stadt sind die Stadtväter so pompös untergebracht wie in Kavála. Wenn man das schneeweiße Rathaus, das abends angestrahlt wird, zum erstenmal erblickt, möchte man meinen, es handele sich um ein Schloß. Das eindrucksvolle Gebäude an der Odos Kíprou, das man von der Durchgangsstraße aus sieht, ist 1895 erbaut worden. Eigentümer war ein aus Ungarn stammender Tabakhändler. Nachdem das Haus später an die Tabakgesellschaft überging, wurde es 1937 von der Stadt Kavála ersteigert und dient heute als Rathaus.

Davor befindet sich ein 1970 eingeweihtes Kriegerdenkmal. Es beinhaltet eine Darstellung der Krieger aus den Befreiungskämpfen von 1821, Soldaten des Zweiten Weltkrieges sowie die Darstellung eines Verletzten, der von Schicksalsgöttinnen umgeben ist.

Das Archäologische Museum

Das Archäologische Museum von Kavála befindet sich am Hafen. Zu besichtigen sind interessante Grabreliefs und Säulenfragmente. In einem eigenen Saal sind Fundstücke aus Amfípolis untergebracht, so zum Beispiel Säulen, die mit Grabinschriften versehen sind, alte Vasen und Goldmünzen. Auch ist die Totenkammer eines makedonischen Grabes rekonstruiert.
Öffnungszeiten: Mo.-Fr. 8.45-15 Uhr, Sa. und So. 9.30-14.30 Uhr (dienstags geschlossen).

Das Volkskunde-Museum

An der Ecke Odos Filipou/Odos Dangli befindet sich das Volkskunde-Museum, das Gegenstände des täglichen Lebens beinhaltet. Ausgestellt sind klassische Trachten sowie eine stattliche Anzahl alter Haushaltsgegenstände; Tel. 0 51/22 78 20.

Praktische Informationen

Ärztliche Versorgung

Das Allgemeine Krankenhaus von Kavála erreicht man unter der Telefonnummer 0 51/22 85 17.

Auskunft

Die Griechische Zentrale für Fremdenverkehr (EOT) befindet sich an der Odos Filellínon 5, zwischen der Altstadt und der westlichen Hafenseite, Tel. 0 51/22 24 25. Das Büro ist von Mo.-Fr. geöffnet. Auskünfte erteilt auch die Touristenpolizei in der Odos Omónias (westlich des Aquädukts), Tel. 0 51/22 29 05.

Baden

Es ist nicht sehr empfehlenswert, in Kavála zu baden, wenngleich sich im Osten der Stadt ein Badestrand befindet. Man sollte zum Baden lieber ein Stück aus der Stadt hinausfahren. Sowohl in westlicher als auch in östlicher Richtung schließen sich zahlreiche Badestrände und Buchten an. Zwar ist hier im Sommer viel los, doch ist zumindest das Wasser noch recht sauber. Gute Bademöglichkeiten gibt es zum Beispiel bei Aspri Amos, Néa Karváli, Bátis oder Tósca.

Banken

Sämtliche Banken Griechenlands haben einen Sitz in Kavála. Man findet die meisten Banken in den Hauptstraßen im westlichen Stadtbereich Kaválas.

Essen und Trinken

Am Hafen gibt es zahlreiche Restaurants und Pizzerien, die durchweg teuer und auf Durchgangstourismus eingestellt sind. Empfohlen seien die Fischtavernen, die im östlichen Stadtteil Kaválas, unterhalb der Altstadt, direkt am Meer liegen. Hier herrscht eine fast dörfliche Atmosphäre, man sitzt recht schön, direkt am Wasser, und bekommt stets frischen und sehr guten Fisch serviert. Allerdings sind die Restaurants etwas schwierig zu finden. Man fährt durch Kavála hindurch, in Richtung Xanthí/Alexandroúpolis, und biegt hinter der Altstadt rechts in eine schmale Straße ein. Ein weiteres empfehlenswertes Restaurant, das allerdings auch nicht ganz einfach zu finden ist, liegt im westlichen Stadtteil Kaválas, in der Nähe des Hotels „Europa". Man findet es, wenn man von der Hafenstraße in die Odos Andromáhis einbiegt und bis zur Kirche hochfährt. Linker Hand liegt das Restaurant. Es ist für seine sehr gute Küche, die freundliche Bedienung und die recht schöne Atmosphäre bekannt.

Kulturelle Veranstaltungen

Zum Gedenken an die türkische Befreiung finden alljährlich im Juni die zehntägigen Veranstaltungen, die sogenannten *Eleutherien* statt. Im antiken Theater von Philíppi finden zudem im Juli und August Festspiele statt, bei denen unter anderem antike Tragödien aufgeführt werden.

Pannenhilfe

Man erreicht den ELPA-Service unter folgenden Telefonnummern: 0 51/22 97 78, 1 04.

Polizei

Die Polizei erreicht man unter der Telefonnummer 0 51/ 22 29 05.

Post

Die Post befindet sich an der Hauptstraße, in der Odos Stavroú, gegenüber dem Rathaus.

Telefonieren

Das OTE liegt direkt am Hafen. Öffnungszeiten: von Mitte April bis Mitte Oktober 6-24 Uhr und zwischen Oktober und April 6-23 Uhr.

Unterkünfte

Es gibt zahlreiche Hotels in Kavála, von denen die meisten im Innenstadt- und Hafenbereich liegen. Empfehlen möchten wir das Hotel „Europa".
„Europa": 12 Zi., 21 Betten; das Hotel liegt etwas abseits der Innenstadt im westlichen Stadtteil Kaválas und ist im Vergleich zu vielen anderen Hotels sehr ruhig gelegen. Die Zimmer sind recht komfortabel, sehr sauber und verfügen über einen großen Balkon. Die Frau des Besitzers ist eine Deutsche. Der Inhaber gehört dem Vorstand der Vereini-

Obwohl Kavála eine der größten Städte Makedóniens ist, hat sie kaum etwas von ihrer gemütlichen Atmosphäre eingebüßt

gung der Hotelbesitzer Griechenlands an und ist demzufolge um den guten Ruf seines Hotels besonders bemüht. Man bezahlt für ein DZ mit Bad in der Hochsaison rund 50 DM; das Hotel liegt in der Odos Irínis Athinéas 20, Tel. 0 51/24 11 87, 24 12 27.

„Oceanis": Der riesige Hotelkomplex befindet sich an der Hauptstraße, in der Odos Er. Stavrou 32. Folglich sind die Zimmer nach vorne hinaus etwas lauter. Das Hotels gehört zu den luxuriösen Hotels Kaválas und verfügt nicht nur über ein Restaurant und eine Bar, sondern sogar über einen Swimming-Pool im Dachgarten des Hotels; man bezahlt in der Hochsaison für ein DZ mit Bad 65 DM, inklusive Frühstück 77 DM und mit Halbpension 115 DM; Tel. 0 51/22 19 80.

„Galáxy": 149 Zi., 283 Betten; das Hotel befindet sich direkt am Hafen. Es verfügt unter anderem über ein Restaurant und einen Dachgarten. Die Zimmer sind gepflegt und angenehm; in der Hochsaison zahlt man für ein DZ mit Bad rund 81 DM; Tel. 0 51/22 48 11, 22 48 12, 22 45 41.

Verkehrsverbindungen

Mit dem Flugzeug: Es gibt tägliche Verbindungen mit der Olympic Airways nach Athén. Neuerdings gibt es im Sommer auch Charterflüge von Düsseldorf und München nach Kavála. Der Flughafen liegt 27 Kilometer außerhalb der Stadt. Informationen erteilt die Olympic Airways in Kavála, Tel. 0 51/22 36 22, 22 55 77. Das Büro liegt am Hafen.

Mit dem Bus: Es bestehen tägliche Busverbindungen nach Athén und Thessaloníki. Darüber hinaus werden ständig die Städte Dráma, Serrés, Xanthí, Komotiní und Alexandroúpolis angefahren. Der Busbahnhof befindet sich an der westlichen Hafenseite. Auskünfte: Tel. 0 51/22 35 93.

Mit dem Schiff: Folgende Ziele werden von Kavála aus angesteuert: Thássos, Límnos, Chíos, Sámos, Ikaría, Léros, Kálymnos, Kos, Rhódos, Kími, Agíos Konstantínos, Piräus, Lésbos und ganz selten auch Samothráki. Informationen erteilt das Hafenamt, Tel. 0 51/22 37 16, 22 49 67. Eine wesentlich kürzere Schiffsverbindung nach Thássos besteht von Keramotí aus. Der Hafenort Keramotí liegt rund 45 Kilometer westlich von Kavála. Wer mit dem Auto übersetzen will, kann übrigens in Kavála nicht vorbuchen. Man reiht sich einfach in die Schlange ein. Hier geht es nach dem Prinzip „Wer zuerst kommt, der mahlt zuerst".

Philíppi

Etwa 18 Kilometer nördlich von Kavála liegt die Ausgrabungsstätte von Philíppi, eine der eindrucksvollsten Zeugnisse der Antike. Mit den Ausgrabungsarbeiten ist im ersten Drittel des 20. Jahrhunderts begonnen worden. Schon von der Straße aus hat man einen ganz guten Einblick in das riesige Ausgrabungsgelände, das sich in der gleichnamigen Ebene erstreckt.

Geschichte

Das Gründungsdatum von Philíppi wird auf etwa 370 v. Chr geschätzt. Philíppi, einst von den Thássiern als Kolonie erbaut, trug ursprünglich den Namen Krinídes. Es ist relativ wahrscheinlich, daß es sich dabei um eine Ableitung des Begriffes „Krínos" (Lilie) handelt, jener Blumenart, die in dem Tal heimisch war.

Da die Stadt zahlreichen feindlichen Angriffen ausgesetzt war, hatte man König Phillip II. von Makedónien um Hilfe und Unterstützung gebeten, der diese gerne und bereitwillig gewährte. 356 v. Chr. wurde Krinídes dann von Phillip II. seinem eigenen Namen entsprechend in Philíppi umbenannt. Unter makedonischer Herrschaft gelangte die Stadt schnell zu Macht und Reichtum, nicht zuletzt aufgrund ihrer strategisch wichtigen Lage. Ein Zeichen der Macht manifestierte sich auch darin, daß in Philíppi eine eigenständige Münzprägewerkstatt eingerichtet wurde und die neu geprägten „Filippien" die bis dahin geltenden „Dariken", die persischen Münzen, ablösten.

Das antike Theater, in dem heute noch Theateraufführungen stattfinden, wurde um 350 v. Chr. unter Phillip II. erbaut und später von den Römern erweitert. Die dicken Mauern dienten dem Schutz der Zuschauer, da neben Theateraufführungen auch Tierkämpfe ausgetragen wurden.

Im Jahre 42 n. Chr. fand hier eine berühmte Schlacht statt. Die römischen Heerführer Marcus Antonius und Oktavian lieferten Brutus und Cassius, den Mördern des Julius Cäsar, einen erbitterten Kampf und trugen den Sieg in dieser Auseinandersetzung davon.

Im Jahre 50 n. Chr. kam der Apostel Paulus nach Philíppi und soll hier angeblich die erste Christin, die Verkäuferin Lýdia, getauft haben.

Die Lage der Stadt an der Via Egnatia hatte zur Folge, daß sich ein blühendes Handelsstädtchen entwickelte. Philíppi beherbergte nicht selten römische Kaiser in seinen Mauern, die auf der Durchreise waren. Nachdem die Via Egnatia an Bedeutung verloren hatte, sank auch die Bedeutung Philíppis, das in der Folgezeit den Angriffen verschiedener Völker, wie der Bulgaren, Goten, Byzantiner, Normannen und der Franken ausgesetzt war. Mit der im 14. Jahrhundert einsetzenden türkischen Besatzungszeit ging die Geschichte der einst blühenden Stadt ihrem Ende entgegen.

1914 begannen französische und griechische Archäologen mit den Ausgrabungsarbeiten.

Das Ausgrabungsgelände

Das sehr große Ausgrabungsgelände erstreckt sich zu beiden Seiten der Straße nach Dráma. Ursprünglich befand sich neben dem bis heute gut erhaltenen Theater die antike Akrópolis. Zu besichtigen sind weiterhin Reste der alten Agora, des Marktplatzes. Dieser hatte eine Gesamtgröße von 50 x 100 Metern und war vollständig mit Marmorplatten ausgelegt.

Zu sehen sind ebenfalls die Ruinen einer alten Basilika aus dem 6. Jahrhundert sowie das Gefängnis des Apostel Paulus. Die Ruinen der alten Basilika, die schon von weitem zu erkennen sind, dominieren das Gesamtbild des Geländes.

Das Museum

Ein Teil der aus hellenistischer, römischer und frühchristlicher Zeit stammenden Funde aus dem Ausgrabungsgelände sind im Museum von Phili̇́ppi ausgestellt. Das nicht besonders schöne Museumsgebäude neueren Datums liegt ein wenig erhöht auf einem kleinen Hügel. Im Eingangsbereich befinden sich ein sehr schönes Bodenmosaik und ein alter Sarkophag. Öffnungszeiten: täglich (außer Montag) von 8.30-15 Uhr. Der Eintritt kostet 2 DM.

Eindrucksvoll: die Ruinen von Philíppi

Dráma

40 Kilometer nördlich von Kavála liegt das Städtchen Dráma mit seinen rund 45 000 Einwohnern. Prozentual gesehen hat der Kreis Dráma die höchste Auswanderungsrate Griechenlands. Die Gegend um Dráma wird landwirtschaftlich sehr stark genutzt und gehörte bis vor kurzem zu den führenden Tabakanbaugebieten Griechenlands — ein ansässiges Institut widmet sich ganz der Erforschung des Tabaks. Mit der Abwanderung vieler Einheimischer in das europäische Ausland ging der Tabakanbau jedoch rapide zurück. Heute überwiegt hier der Anbau von Kartoffeln und Mais. Sommergästen bietet die Stadt, die übrigens auch Sitz des Erzbischofs ist, bislang noch recht wenig. Viel Lärm und Verkehr — das sind die Hauptcharakteristika von Dráma. Recht angenehm hingegen ist die Parkanlage im Herzen der Stadt. Etwas unterhalb des Zentrumsplatzes, dort wo die Quellen den Ort durchfließen, ist ein kleiner Park angelegt worden. Übrigens stammt der Name Dráma von dem altgriechischen Wort für Wasser „Ydol" ab, was damit zusammenhängt, daß seit je her in Dráma ein enormer Wasserreichtum zu verzeichnen war. Im Schatten der Bäume kann man es durchaus eine Weile aushalten, den Enten und Schwänen zuschauen oder gemütlich durch die Anlage mit ihren kleinen Bogenbrücken schlendern. Der richtige Ort, um sich von dem angrenzenden Verkehrslärm ein wenig zu entspannen und einen griechischen Kaffee zu sich zu nehmen. Im Winter kommen allerdings mittlerweile zahlreiche Touristen nach Dráma, um Ski zu laufen. Auf dem 2232 Meter hohen Berg Falakró, 35 Kilometer nördlich von Dráma, liegt bis April Schnee.

Praktische Informationen

Ärztliche Versorgung

Dráma verfügt über ein großes Krankenhaus, das am nördlichen Ortsausgang liegt. Von der Platía aus sind es knapp drei Kilometer bis dorthin. Am Zentrumsplatz befinden sich mehrere Apotheken.

Banken

Banken befinden sich am Zentrumsplatz.

Essen und Trinken

Zu empfehlen ist die Taverne „Korílovos", die fünf Kilometer außerhalb Drámas auf einem Hügel liegt. Von hier aus hat man einen phantastischen Blick auf die Stadt und bei gutem Wetter bis nach Kavála. An den Wochenenden wird hier zudem Live-Musik gespielt.

Sehr gutes Essen gibt es in der Taverne „Nissáki" im Zentrum von Dráma. Sie befindet sich unweit des Busparkplatzes in den Parkanlagen. Man sitzt direkt neben den Quellen. Auch hier wird am Wochenende Live-Musik gespielt.

Nachtleben

Die Jugend von Dráma vergnügt sich abends in diversen Diskotheken, so auch in der Freiluftdisco „Arena" am südlichen Ortseingang. „In" ist zur Zeit aber die Disco „Aproopto" (griechische Musik). Sie befindet sich am südlichen Ortsausgang, hinter den Eisenbahnschienen. Von dort sind es noch etwa 500 Meter. „In" sind ebenfalls die Disco-Bar „Waikiki" sowie im Zentrum von Dráma der „Cotton Club" und das „Memphis".

Pannenhilfe

Bei Autopannen hilft der ELPA-Service. Man erreicht ihn unter der Telefonnummer 05 21/2 49 36, 1 04.

Sportmöglichkeiten

Dráma ist ein beliebtes Ski- und Bergsteigergebiet. Einen Lift gibt es auf dem 2232 Meter hohen Berg Falakró, dieser ist allerdings nicht immer in Betrieb. „Falakró heißt übersetzt „Glatze", was daraufhin deutet, daß der Berg vollkommen baumlos ist.

Taxi

Ein Taxi erreicht man unter der Telefonnummer 05 21/ 3 28 35.

Unterkünfte

In Dráma gibt es mehrere Hotels. Empfehlenswert sind folgende Hotels.

„Mariánna": 45 Zi., 68 Betten; das relativ neue Hotel befindet sich in der Nähe des Parkes, in der Odos G. Vorazáni 3. Man bezahlt für ein DZ mit Bad rund 46 DM; Tel. 05 21/3 15 20, 3 17 62.

„Apóllon": 40 Zi., 75 Betten; das Hotels befindet sich in der Odos Lambrianídou, 150 Meter von der Platía entfernt. Es gehört sicher zu den komfortabelsten Hotels in Dráma. Man bezahlt für ein DZ mit Bad etwa 35 DM; Tel. 05 21/2 55 51.

„Tásko": 26 Zi., 48 Betten; das Hotel liegt außerhalb von Dráma, etwa 200 Meter hinter dem Eisenbahnübergang am südlichen Ortsausgang. Das Hotel ist noch relativ neu und sehr empfehlenswert; man zahlt für eine Übernachtung rund 46 DM; Tel. 05 21/2 38 85.

„Empóriko": 49 Zi., 87 Betten; das Hotel befindet sich zwischen dem Zentrumsplatz und der Parkanlage. Zwar läßt der Komfort ein wenig zu wünschen übrig, doch hat das recht gut besuchte Hotel eine sehr familiäre und anheimelnde Atmosphäre. Für ein DZ mit Bad bezahlt man etwa 40 DM; Tel. 05 21/3 79 03, 3 79 25.

Verkehrsverbindungen

Es besteht eine ständige Busverbindung nach Thessaloníki, Athén, Serrés und Kavála. Der Busbahnhof befindet sich hinter dem Park. Ebenfalls besteht eine Zugverbindung nach Alexandroúpolis und Thessaloníki. Die Fahrten dauern allerdings doppelt so lange wie die mit dem Bus.

Serrés

Rund 70 Kilometer westlich von Dráma liegt die Handelsstadt Serrés mit ihren rund 45 000 Einwohnern. Im Vergleich zu vielen anderen griechischen Städten wirkt Serrés ruhiger und angenehmer, zumal sich der Verkehr in Grenzen hält.

Man spürt sofort, daß es sich um ein recht wohlhabendes Städtchen handelt. Im Stadtzentrum befindet sich eine Parkanlage mit mehreren kleinen Cafés. Architektonisch auffallend ist der moderne, in drei Schalen angeordnete überdimensionale Springbrunnen. Ebenfalls auffällig ist der am Rande der Parkanlage befindliche ehemalige türkische Basar mit seinem Kuppeldach, in dem heute das Archäologische Museum untergebracht ist (Eintritt frei). Eine ebenfalls im Park untergebrachte Statue erinnert an den Freiheitskämpfer Imanuel Páppas, einen der führenden Köpfe des Aufstandes von 1821. Páppas kämpfte vor allem in der Gegend von Serrés. Außerhalb der Stadt sind die Ruinen einer byzantinischen Festung aus dem 14. Jahrhundert zu besichtigen.

Praktische Informationen

Ärztliche Versorgung

Das Krankenhaus von Serrés befindet sich in der Odos Aghías Sofías. Man erreicht es, wenn man die Stadt in Richtung Dráma verläßt. Das Krankenhaus ist ausgeschildert. Am Zentrumsplatz befinden sich eine Zahnarztpraxis sowie mehrere Apotheken.

Unterkünfte

Es gibt etwa zehn Hotels in Serrés.

„Park Hotel": 59 Zi., 111 Betten; das Hotel liegt am Zentrumsplatz. Die Besitzer sind ausgesprochen freundlich. Für ein DZ mit Bad zahlt man in der HS etwa 30 DM; Tel. 03 21/2 21 33, 2 35 33.

„Elpida": 80 Zi., 152 Betten; eine Suite kostet etwa 54 DM; das Hotel befindet sich an der Merarhias Ave. 66; Tel. 03 21/6 93 11.

„Xénia": 55 Zi., 110 Betten; man zahlt für eine Suite rund 100 DM; das Hotel liegt in der Odos Aghías Sofías; Tel. 03 21/2 95 61.

Thássos

Bereits in der Antike war die Insel Thássos berühmt für ihre ausgedehnten Wälder — um so furchtbarer, daß ein verheerender Waldbrand im Sommer 1985 weite Teile der Insel zerstörte. Während im Norden ein Teil des Baumbestandes verschont blieb, bietet der südliche Inselteil ein eher klägliches Bild — von dem einst dichten Baumbestand sind lediglich verkohlte Stümpfe übriggeblieben. Dessen ungeachtet gehört Thássos nach wie vor zu den schönsten Inseln der Ägäis. Es ist nicht allein die abwechslungsreiche Küstenlandschaft, die die nördlichste der ägäischen Inseln so anziehend macht, sondern vor allem die Verbindung von Natur und den noch erhaltenen Zeugnissen einer einst reichen und blühenden Kultur.

Obwohl auch Thássos steigende Touristenzahlen zu verzeichnen hat, findet man hier noch immer ruhige und fast unberührte Flecken, malerische Bergdörfer und traumhafte kleine Badebuchten. Vor allem die Ostküste mit ihren Schluchten, bizarren Felsen und den zahlreichen idyllischen Buchten und Landzungen ist ausgesprochen reizvoll. Die Westküste hingegen ist flach und weitläufig, bietet aber ebenfalls sehr gute Bademöglichkeiten.

Thássos erstreckt sich auf einer Gesamtfläche von rund 400 qkm. Hauptstadt ist das gleichnamige Thássos bzw. Liménas im Nordosten der Insel. Eine etwa 100 Kilometer lange, recht gut ausgebaute Straße führt einmal um die gesamte Insel. Die höchste Erhebung der sehr gebirgigen Insel ist der im Norden gelegene Ipsári, der eine Höhe von 1127 Metern erreicht. Nachdem die Einwohnerzahlen eine Zeitlang rückläufig waren, bewohnen jetzt wieder etwa 16 000 Menschen die Insel. Vor dem Waldbrand war Thássos eine der fruchtbarsten Inseln der Ägäis und zugleich ein wichtiges Zentrum der Holzwirtschaft. Darüber hinaus wurde hier vornehmlich Bienenzucht, Wein-, Getreide- und Obstanbau betrieben. Trotz der katastrophalen Auswirkungen des Waldbrandes, bei dem unter anderem ein großer Teil der Bienen umkam, gibt es zaghafte Versuche, die Landwirtschaft und die Bienenzucht zu erneuern. Darüber hinaus war Thássos bereits in der Antike berühmt für seine Bodenschätze, allen voran den schneeweißen Marmor.

Vor einigen Jahren ist man an der Westküste von Thássos auf Öl gestoßen. Schon bei der Überfahrt von Kavála nach Thássos sieht man die riesige Ölplattform aus dem Wasser ragen.

Bilck vom Kloster Archagálos: Kein Wunder daß die Nonnen diesen Ort für ihr Kloster wählten

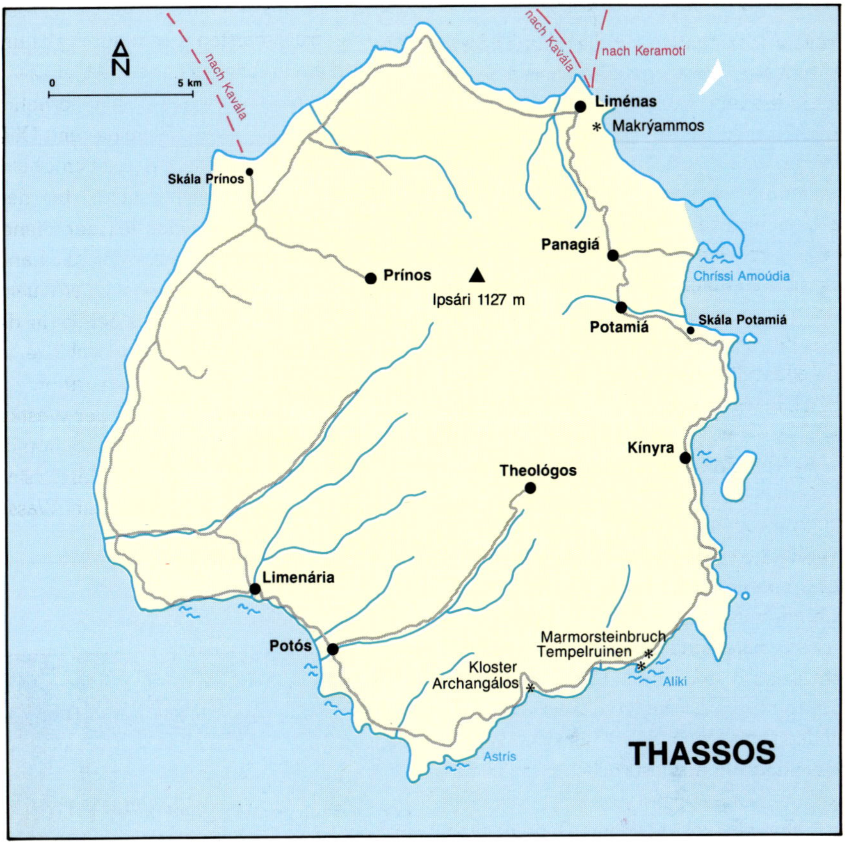

Geschichte
Den Überlieferungen zufolge war die Insel Thássos in der Antike unter verschiedenen Namen bekannt, die alle in direktem Bezug zu den natürlichen Gegebenheiten der Insel standen. Zu diesen Namen gehörten zum Beispiel *Chríssi* (Gold), eine eindeutige Bezugnahme auf die Goldvorkommen auf der Insel, *Aéthria* (klarer Himmel) und *Aéria* (kühler Wind), was auf die kühlen Brisen hindeutet, die auf der Insel zeitweise auftreten.

Der Mythologie zufolge erhielt die Insel ihren heutigen Namen von Thásos, einem Sohn oder Enkel des Phönizierkönigs Agínoras.

Verschiedenen Quellen zufolge waren die aus Kleinasien stammenden Karer die ersten Siedler auf Thássos. Später errichteten die Thrakier im Süden der Insel Siedlungen, die eindringenden Phönizier ließen sich im Norden der Insel nieder. Ein gewichtiger Grund für das Interesse zahlreicher Völker an der

Insel Thássos war sicherlich der Reichtum an Erz- und Goldvorkommen. Im 7. Jahrhundert v. Chr. ließen sich, gemäß eines Spruchs des Orakels von Délphi, Bewohner der Kykladeninsel Páros auf Thássos nieder. Später folgte die Kolonialisierung des Festlandes, wobei unter anderem das antike Philíppi sowie Neápolis (das heutige Kavála) entstanden. Durch die Kolonialisierung und den Ausbau des Handels erlebte die Insel alsbald einen enormen wirtschaftlichen Aufschwung, der auch entscheidend mit den Bodenschätzen auf Thássos zusammenhing. Neben den Erz- und Goldvorkommen war es vor allem der weiße Marmor, der Thássos berühmt machte. Noch heute wird auf Thássos der weiße Dolomit-Marmor abgebaut. Das einzige weitere Vorkommen dieses Marmors liegt auf der Insel Náxos.

Der Reichtum der Insel manifestierte sich unter anderem im Ausbau der antiken Küstenstadt und heutigen Hauptstadt der Insel, Liménas. Eine gewaltige Mauer aus weißem Marmor, Tempelanlagen zu Ehren der Athéna, der Göttin Artemis und des Hérakles sowie ein Theater wurden errichtet. Ein Ergebnis der hohen geistigen und kulturellen Entwicklung von Thássos war, daß die Insel eine Reihe berühmter Persönlichkeiten hervorbrachte.

Die Lage änderte sich drastisch mit Beginn der Perserkriege. Nachdem die Perser Thássos unterworfen hatten und von 492-478 v. Chr. besetzt hielten, erlebte die blühende Insel eine Zeit großer Zerstörungen. Nachdem die Perser dann aus Griechenland vertrieben worden waren, schloß sich Thássos kurzzeitig der Führungsmacht Athén an, verließ das Bündnis jedoch 465 v. Chr. wieder, als der Machtanspruch Athéns für die Bewohner von Thássos unerträglich wurde. Athén verstärkte daraufhin seinen Druck so sehr, daß den Thásern schließlich keine andere Wahl als die der Kapitulation blieb. Sie büßten nicht nur einen großen Teil ihres Vermögens ein, sondern verloren auch die Ansprüche auf die Bergwerke. Teile ihrer Anlagen wurden zerstört. Auch von dem nun folgenden Peloponnesischen Krieg wurde Thássos nicht verschont. Nachdem die Spartaner über Athén gesiegt hatten, zogen sie auch gegen Thássos zu Felde und richteten unter den Einwohnern ein Blutbad an.

Mit der Eroberung von Thássos durch König Phillip II. von Makedónien um 340 v. Chr. brach eine neue, friedlichere Epoche für Thássos an. Es erlangte einen Teil seiner Selbständigkeit wieder und erlebte einen neuen wirtschaftlichen Aufschwung. Im Jahre 196 v. Chr. wurden die Makedónier von den Römern aus Thássos vertrieben, die Insel wurde für frei erklärt. Zwar war Thássos nur pro forma wirklich unabhängig, doch erlangte die Insel zumindest ihren Wohlstand wieder. Zahlreiche archäologische Funde bezeugen, daß die Zeit bis zum 4. Jahrhundert eine erneute Blütezeit war, in der nicht nur zahlreiche Gebäude und Heiligtümer entstanden, sondern auch Wettkämpfe und bedeutende Feierlichkeiten stattfanden.

Im Verlaufe der nun folgenden Jahrhunderte ging die Bedeutung der Insel zurück. Nach der Christianisierung wurden einige der Tempelanlagen zerstört und Teile davon in das damalige Konstantinópel geschafft. Mitte des 15. Jahrhunderts begann, abgesehen von kurzen Unterbrechungen, die türkische Besatzungszeit der Insel. Viele Orte wurden niedergebrannt, die Einwohner ermordet oder versklavt. In der Folgezeit war die Insel zudem zahlreichen Piratenangriffen ausgesetzt. Eine Folge davon war, daß sich die Bewohner ins Innere der Insel zurückzogen und dort neue Dörfer gründeten.

Die Zustände besserten sich ein wenig, als im Jahre 1813 Muhammed Ali die Herrschaft über die Insel übernahm und ihr fast völlige Autonomie bescherte. Die Thásier brauchten

kaum Steuerabgaben zu leisten und genossen weitgehende Freiheit bezüglich der Gerichts- und Verwaltungsbefugnisse. Trotzdem nahmen auch die Thásier an dem Be freiungskrieg von 1821 teil, doch gelang die Befreiung erst im Jahre 1912.
Während des Ersten Weltkrieges war die Insel eine Zeitlang von den Franzosen besetzt, im Zweiten Weltkrieg nahmen zuerst die Deutschen, dann die Bulgaren Thássos ein. Erst im Oktober 1944 wurde die Insel wieder befreit.

Mythologie

Der griechischen Mythologie zufolge, wurde die Jungfrau Europa, die Tochter des Königs Agínoras, von Zeus, der sich in einen Stier verwandelt hatte, entführt und nach Kréta gebracht. Zeus begehrte die Jungfrau und wollte sie zu seiner Gattin machen. König Agínoras sandte indes eine Flotte aus, um seine Tochter suchen zu lassen. Nachdem die Flotte — zu deren Mannschaft auch Thásos, der Sohn oder Enkel des Königs gehörte, jedoch jahrelang vergeblich das Ägäische Meer durchkreuzt hatte, gab man die Suche auf. Thásos ließ sich auf der nördlichsten der Ägäischen Inseln nieder und gab ihr seinen Namen Thássos.

Sehenswürdigkeiten

Die Hauptsehenswürdigkeit der Insel ist das Ausgrabungsgebiet in der Hauptstadt Liménas. Im Laufe der zu Anfang des Jahrhunderts begonnenen Ausgrabungsarbeiten wurde der größte Teil der ehemaligen antiken Hauptstadt von Thássos freigelegt. Zu besichtigen sind unter anderem die *alte Agora,* das *antike Theater,* mehrere *Heiligtümer* sowie der *antike Hafen.* Angrenzend an das Ausgrabungsgebiet befindet sich ein *Museum,* in dem man eine stattliche Anzahl antiker Funde besichtigen kann.

Sehr sehenswert sind auch die Spuren des alten *Marmorsteinbruchs* bei Alíki im Südosten der Insel sowie das Kloster Archangálos an der Südküste.

Liménas

Im Nordosten von Thássos liegt Liménas, die 3000 Einwohner zählende Hauptstadt der Insel, erbaut an der Stelle der antiken Stadt Thássos, deren Ruinen noch sehr gut erhalten sind. Die Schiffe vom Festland laufen Liménas, aber auch den Hafen von Skála Prínou an.
Die Stadt liegt an einer langgezogenen Bucht und ist unter anderem charakterisiert durch die zwei voneinander getrennten Häfen, den alten gemütlichen Seehafen im Osten der Stadt und den neuen Hafen, in dem auch die Fährschiffe anlegen. Obwohl sich in den Sommermonaten ein pulsierendes Leben entfaltet und die zahlreichen Cafés und Souvenirläden deutlich machen, daß der Ort sich zunehmend zu einem touristischen Zentrum entwickelt, hat sich dennoch eine gewisse Gemütlichkeit bewahren können.
Besonders schön ist es, den Sonnenuntergang von dem kleinen Hafen aus zu beobachten. Abenteuerliche Holzkonstruktionen dienen als Stege, über die man die in dem sehr flachen Gewässer liegenden Boote erreichen kann.
Gegen Abend dann füllt sich der kleine Hafen. Nicht nur die Fischtavernen öffnen, sondern auch die Dorfältesten finden sich ein, Straßenverkäufer bieten Nüsse und Pistazien an, und ab und zu schleicht eine Katze vorbei, auf der Suche nach etwas Eßbarem.
Geschichtlich und archäologisch Interessierten hat Liménas ebenfalls eine Menge zu bieten, und ein Aufenthalt ist allemal lohnenswert.

Sehenswürdigkeiten

Im östlichen Stadtteil, hinter dem alten Hafen, beginnt das weitläufige Ausgrabungsfeld von Liménas. Zu Beginn unseres Jahrhunderts ist hier mit den Ausgrabungsarbeiten begonnen worden, die eine Reihe interessanter Funde ans Tageslicht gebracht haben. Zwar ist es nicht ganz einfach, die Lage des ehemaligen Handels- und Kulturzentrums genau zu rekonstruieren, aber man erhält dennoch eine vage Vorstellung vom Wesen der antiken Stadt.

Die Agora

Als erstes stößt man auf die Ruinen der ehemaligen Agora, die das eigentliche Zentrum der antiken Stadt darstellte. Mit dem Bau wurde im 4. Jahrhundert v. Chr. begonnen. Vollendet worden soll die Agora jedoch erst 600 Jahre später sein. Den Rekonstruktionen zufolge bestand die Agora ehemals aus einem fast rechteckigen Gebäude mit Säulengängen, hinter denen sich die Geschäfte und Werkstätten befanden. An nördlicher Seite sollen verschiedene Denkmäler und Heiligtümer gestanden haben. Von besonderer Bedeutung soll die 470 v. Chr. erbaute „Passage" gewesen sein, an der interessante Reliefs angebracht waren. Weiterhin befinden sich mehrere Altarsockel in der Agora, auf denen ehemals die Statue des Glaúkos, des Mitbegründers von Thássos, sowie des Athleten Theógenes, um nur zwei herauszugreifen, angebracht waren. An östlicher Seite der Agora fand man eines der ältesten Bauwerke auf Thássos, das Heiligtum der Artemis aus dem 6. Jahrhundert v. Chr. Wer sich intensiv mit den Ausgrabungsstätten beschäftigen möchte, der kann sich vor Ort einen Führer kaufen.

Das Amphitheater

Wenngleich der Aufstieg zu dem etwas erhöht über dem Hafen liegenden Amphitheater ein wenig beschwerlich ist — vor allem in der Mittagshitze — so lohnt die Mühe dennoch, schon allein wegen des herrlichen Ausblicks übers Meer, den man von hier oben genießt.

Das Theater, in dem noch heute antike Dramen aufgeführt werden, wurde gegen Ende des 5. Jahrhunderts v. Chr. erbaut und hatte für rund 2500 Menschen Platz. Ursprünglich waren nicht nur die Stufen des Theaters, sondern auch die Bühne ganz aus Marmor.

Die alte Akrópolis

In der Nähe des antiken Theaters stößt man auf die Reste der alten Akrópolis. Leider ist von der Anlage, zu der einer der schönsten antiken Tempel, der aus weißem Marmor errichtete Apollon-Tempel, gehörte, nur noch wenig zu sehen. Lediglich die Ruinen der alten Mauer erinnern an die einstige Akrópolis. Zu Beginn des 20. Jahrhunderts fand man bei Ausgrabungen die Statue eines jungen Mannes, der einen Widder trägt. Man schätzt, daß dieses Statue im 7. Jahrhundert v. Chr. angefertigt wurde; heute ist sie im Museum von Liménas zu sehen.

Die alte Stadtmauer

Teile der aus dem 5. Jahrhundert v. Chr. stammenden alten Stadtmauer, die als Schutz vor feindlichen Angriffen diente, sind bis heute erhalten.

Man kann einen Rundgang über die Stadtmauer machen, die im südwestlichen Hafenbereich beginnt.

Das Museum

Das Archäologische Museum befindet sich nahe dem Eingang zur antiken Agora, in einem eingezäunten, recht zugewucherten Garten. Es beinhaltet eine interessante Sammlung von Bildhauerarbeiten. Die ältesten sind auf das 7. Jahrhundert v. Chr. datiert. Besondere Aufmerksamkeit verdienen zum Beispiel der geflügelte Pegasus, das Relief aus dem 5. Jahrhundert v. Chr., auf wel-

chem der Gott Apoll mit einer Hirschkuh dargestellt ist sowie der bereits erwähnte widdertragende Apoll. Hinzu kommen verschiedene Statuen, die Porträts römischer Kaiser, Idole, Münzen und Keramiken.
Öffnungszeiten: täglich (außer Montag) von 8.30-15 Uhr.

Praktische Informationen

Ärztliche Versorgung

Es gibt insgesamt acht praktizierende Ärzte auf Thássos. In Krankheitsfällen sollte man sich an das „Health Center" in Prínos wenden. Man findet es, wenn man am südlichen Ortseingang rechts abbiegt (ausgeschildert), Tel. 05 93/7 11 00, 7 11 01. Eine Zahnarztpraxis befindet sich in Liménas unmittelbar hinter dem Hafen. Apotheken gibt es in Liménas unter anderem in der Odos 18. Octovriou, die parallel zum Hafen verläuft.

Ausflüge

Im Sommer werden Bootsausflüge um die Insel angeboten. Es seien hier nur einige Beispiele genannt. Eine Tagestour, die sowohl Fischen, Baden als auch einen Grillabend beinhaltet, kostet rund 32 DM. Angeboten wird eine Fahrt einmal um die gesamte Insel, inklusive Mittagessen und Wein, für umgerechnet rund 35 DM. Organisiert wird auch eine Nachtfahrt unter dem Motto „Thássos by night" für 35 DM. Erkundigen Sie sich bitte beim „Thassos Tourist Service" nach den aktuellen Angeboten, Tel. 05 93/2 20 41.

Auskünfte

Auskünfte erteilt die Touristenpolizei, direkt am Hafen, Tel. 05 93/2 21 22.

Auto-/Motorradvermietung

Die Autovermietung interRent/Europcar hat einen Sitz in Liménas. Das Büro befindet sich an der Hauptstraße, die durchs Zentrum in Richtung Fährhafen führt. In der Hochsaison zahlt man für einen Wagen zwischen 26 und 55 DM. Hinzu kommt eine Kilometerpauschale; Tel. 05 93/2 25 35, 2 30 81.

Ein Motorradverleih befindet sich ebenfalls in unmittelbarer Hafennähe. Die Maschinen kosten je nach Typ zwischen 8 und 18 DM pro Tag.

Banken

Direkt am Fährhafen befindet sich die National Bank of Greece.

Essen und Trinken

Im Hafenbereich gibt es zahlreiche Restaurants und Cafés. Empfehlen möchten wir aber die Fischrestaurants am alten Hafen. Man bekommt hier durchweg guten und frischen Fisch und sitzt ausgesprochen schön. Sehr gut gefallen hat uns das Restaurant „Platanákia". Wer z.B. einmal wieder ein echtes Warsteiner Pils trinken möchte, dem sei die Café-Bar „Full Moon" in der Odos 18. Octovriou empohlen.

Nachtleben

Wer Unterhaltung sucht oder gerne tanzen gehen möchte, der findet in Liménas ein breites Angebot. „In" war zuletzt die Diskothek „Just in Time", in der man sich bei (sehr teuren) Cocktails nach dem ausgedehnten Sonnenbad amüsiert.

Ein Alternativangebot dazu ist der englische Pub „Kendri" im Ortszentrum.

Polizei

Die Polizeistation befindet sich direkt am Hafen, Tel. 05 93/2 21 22, 2 25 00. Die Hafenpolizei hat ihren Sitz ebenfalls am Hafen, Tel. 05 93/2 21 06.

Post

Im Sommer steht am Hafen ein Postwagen bereit. Öffnungszeiten: Mo.-Fr. 9-20 Uhr, Sa. 8-14 Uhr und So. 9-13 Uhr. Das reguläre Postgebäude befindet sich etwas außerhalb des Zentrums, an der Hauptstraße, die nach Panagía führt.

Taxi

Der Taxiruf lautet 05 93/2 27 92.

Telefonieren

Das OTE befindet sich in der Odos 18. Oktovriou. Öffnungszeiten: täglich 7.30-22 Uhr.

Unterkünfte

Es gibt allein in Liménas rund 40 Hotels und Pensionen. Eines der interessantesten und auch luxuriösesten Hotels ist das Hotel „Amfípolis".

„Amfípolis": 47 Zi., 78 Betten; das Hotel (alle Zimmer leider ohne Balkon) befindet sich direkt am Hafen und ist schon von weitem auffallend. Es handelt sich um ein vierstöckiges Gebäude mit einer Art zinnengekröntem Dach. Es hat eine moderne Ausstattung und verfügt über eine Sauna, ein Schwimmbad, einen Garten sowie eine Bar. Man zahlt für ein DZ (inklusive Frühstück) etwa 65 DM; Tel. 05 93/2 31 01.

Verkehrsverbindungen

Mit dem Schiff: In der Hochsaison verkehren die Schiffe zehnmal täglich von Liménas nach Keramotí und achtmal täglich nach Kavála.

Mit dem Bus: Thássos verfügt über ein recht gut ausgebautes Busnetz, so daß täglich mehrmals Busse die größeren Ortschaften anfahren. Der Busbahnhof ist am neuen Hafen.

Sonstiges

Am südlichen Ortsausgang von Thássos befinden sich eine Tankstelle (kein bleifreies Benzin) und eine Autoschnellwaschanlage.

Makrýammos

Kurz bevor man Makrýammos erreicht, sieht man rechter Hand einen alten Marmorsteinbruch.

Makrýammos ist nicht, wie man fälschlicherweise vermuten könnte, ein kleiner Küstenort, sondern eine interessante Bungalowanlage an der Nordwestküste, nur wenige Kilometer von Liménas entfernt. Inmitten eines Olivenhains wurde die terrassenförmig angelegte Bungalowsiedlung mit insgesamt 200 Ferienhäusern errichtet. Die Anlage ist insofern sehr schön, als die aus Felsbruchsteinen erbauten Häuser verstreut und durch den dichten Baum- und Strauchbewuchs fast versteckt liegen. Liebevoll angelegte Wege führen durch die Siedlung. Unterhalb der Anlage liegt ein zauberhafter Sandstrand. Die Hotelanlage verfügt über einen Tennisplatz, ein Volleyballfeld, einen Swimming-Pool, ein Restaurant, eine Bar und vieles mehr.

Man bezahlt während der Hauptsaison für ein DZ (alle Preise inklusive Halbpension) 163 DM, für ein Appartement 300 DM.

Makrýammos Bungalows, Tel. 05 93/2 21 01, 2 21 02, 2 26 02.

Panagía

Einen Besuch des acht Kilometer südlich von Liménas gelegenen malerischen kleinen Bergdorfes Panagía darf man auf gar keinen Fall versäumen. Kaum jemand, der nicht begeistert wäre von der traumhaften Lage dieses Bergdorfes, hoch oberhalb der Küste und eingebettet in die dicht bewaldete Berglandschaft.

Da der Norden der Insel weitestgehend von dem großen Waldbrand 1985 verschont geblieben ist, kann man hier noch einen Eindruck von der ehemals typischen Insellandschaft gewinnen. Auffallend ist auch, daß auf der ganzen Insel Beobachtungspunkte eingerichtet sind, an denen der jeweilige Umkreis genauestens beobachtet wird und Feuerwehrfahrzeuge für einen eventuellen Löscheinsatz bereitstehen.

Idyllisch schmiegen sich die Häuser von Panagía an den Berghang. Panagía, benannt nach der gleichnamigen Kirche im Ortszentrum, zählt etwa 900 Einwohner. Obwohl der Durchgangsverkehr mitten durch den Ortskern fließt, strahlt das Dorf etwas ausgesprochen Ruhiges und Friedliches aus. An unzähligen Ständen wird neben Feigen, Kürbissen und Walnüssen auch der würzige Honig der Insel angeboten, der vor dem Waldbrand eine der Haupteinnahmequellen der Bewohner war. Ein für diese Gegend typisches Getränk ist auch der doppelt gebrannte Oúzo, der sogenannte *Tsíporo.* Leider ist er im Handel nicht erhältlich, sondern wird nur hin und wieder in bestimmten Kafenía und Tavernen angeboten. Allerdings sollte man beim Genuß dieses Getränks vorsichtig sein, es ist hochprozentig.

Wer einen Stop in Panagía einlegt, der sollte die fünf Quellen, das „Wahrzeichen" des Dorfes, aufsuchen. Man gelangt an diese wohltuende Stelle, wenn man vom Zentrumsplatz aus durch die schmale Straße in Richtung Berghang geht. Sehr schön ist auch der Brunnen an der Platía, bei dem aus mehreren Hähnen frisches kühlendes Wasser sprudelt.

Praktische Informationen

Ärztliche Versorgung

Es gibt einen Arzt am Ort, doch sollte man im Krankheitsfall besser das „Health Center" von Prínos aufsuchen. Eine Apotheke gibt es in Panagía nicht.

Baden

Nur wenige Kilometer unterhalb von Panagía befindet sich der Sandstrand Chríssi Ammoúdia. Noch ist das Wasser sehr sauber und bietet phantastische Bademöglichkeiten, wenngleich der Strand im Sommer recht voll ist. Mehrere Tavernen und Restaurants haben im Sommer geöffnet, so daß für das leibliche Wohl hinreichend gesorgt ist. Übrigens befindet sich in der Nähe des Strandes eine interessante Tropfsteinhöhle.

Einkaufen
An zahlreichen Ständen wird der traditionelle Inselhonig verkauft. Er hat einen sehr würzigen und interessanten Geschmack. Man bekommt ein Kilo schon für rund 4 DM. Verkauft werden außerdem verschiedene Kräuter, zum Beispiel Oregano, aber auch Feigen, Nüsse und Kürbisse.

Essen und Trinken
Am Dorfplatz befinden sich mehrere Restaurants. Recht gut ißt man in der Fischtaverne „Kostas", direkt am Dorfplatz. Ein großer Ahornbaum spendet angenehmen Schatten, so daß man es hier auch in der Mittagshitze eine Weile aushalten kann. Gemütlich ist auch das Kafeníon „Pétro" am Dorfplatz. Eine regelrechte Oase der Männer, die schon am frühen Morgen ihrer Lieblingsbeschäftigung nachgehen — dem Távli-Spielen.

Feste
Die Einwohner des Ortes Panagía haben eine ganz besondere Leidenschaft: den Karneval. Jedes Jahr im Februar findet ein Umzug mit den traditionellen Kostümen statt. Es wird gefeiert, gesungen und getanzt.

Taxis
Es gibt drei Taxis im Ort. Man erreicht sie unter den Telefonnummern 05 93/6 12 23, 6 12 59.

Unterkünfte
Panagía verfügt über mehrere Hotels und Pensionen sowie einige Privatzimmer. Recht angenehm ist das Hotel „Theo".
„Theo": 16 Zi., 35 Betten; das Hotel liegt etwas abseits des Zentrumsplatzes, auf dem Weg zu den drei Quellen; man bezahlt für ein DZ mit Bad in der HS etwa 45 DM; Tel. 05 93/6 12 84.

Verkehrsverbindungen
Es gibt im Sommer täglich zwölf Busverbindungen nach Liménas.

Sonstiges
Ein Parkplatz befindet sich vor dem Schulgebäude (ausgeschildert). Hier kann man unentgeltlich den Wagen abstellen und das Dorf besuchen.

Chrýssi Ammoúdia

Von Panagía aus führt eine etwa fünf Kilometer lange, sehr kurvenreiche Straße zum Strand von Chrýssi Ammoúdia, was übersetzt „Goldener Strand" bedeutet, hinunter. Der Strand macht seinem Namen alle Ehre, denn in der Tat handelt es sich um einen sehr schönen breiten Sandstrand, der allerdings im Sommer recht gut besucht ist. Mittlerweile gibt es hier unten nicht nur einige Tavernen, sondern auch mehrere Hotels.

Praktische Informationen

Unterkünfte
„Hotel Georg": 6 Zi.; das Hotel liegt etwas außerhalb der Bucht. Man bezahlt für ein DZ (mit Beistellbett) in der HS etwa 50 DM; Tel. 05 93/6 13 80.
Die Hotels „Fedra" und „Chrýssi" befinden sich unmittelbar am Meer, machen aber keinen besonders schönen Eindruck.

Potámia

Vielleicht ist Potámia das schönste Dorf der ganzen Insel — sicher ist es aber eines der unberührtesten und ruhigsten. Der kleine friedliche Bergort befindet sich nur wenige Kilometer südlich von Panagía. Wohl kaum jemand, der nicht fasziniert wäre vom Anblick dieses am Berghang gelegenen Dörfchens mit seinen kleinen, liebevoll hergerichteten Häuschen. Ein Spaziergang durch die engen und zum Teil sehr steil ansteigenden Gassen lohnt sich ganz sicher. Auffallend häufig sieht man Ziegenfelle, die zum Trocknen auf ein Rahmengestell genagelt wurden.
Einzige Attraktion des Ortes ist das Museum des griechischen Künstlers Vágis (Öffnungszeiten Mo.-Sa. 8-12 Uhr und So. 8-15.30 Uhr, Dienstag geschlossen).
Am Dorfplatz befinden sich zwei Tavernen, die alle beide sehr zu empfehlen sind. Das Grillrestaurant „Platanós" bietet in erster Linie Grillspezialitäten, aber auch Fisch an. Man sitzt sehr schön unter einer alten Platane. Ein wenig unterhalb befindet sich die ebenfalls empfehlenswerte Taverne „Ta paidiá" (Die Kinder). Man sitzt unter einem dichten Dach aus Weintraubenranken. Unterkunftsmöglichkeiten haben wir nicht entdecken können.

Skála Potámia

Unterhalb von Potámia befindet sich der Strand von Skála Potámia, häufig auch als Chrýssí Aktí (Goldene Küste) bezeichnet. Im Vergleich zu Chrýssi Ammoúdia (→dort) sind die Bademöglichkeiten hier jedoch nicht so schön. Wer die Ruhe und Abgeschiedenheit des Bergdorfes Potámia genossen hat, der wird hier wieder mit der touristischen Realität konfrontiert. An der langgestreckten Bucht reihen sich Souvenirläden, Tavernen, Cafés und Geschäfte aneinander, und im Sommer ist hier der Rummel besonders groß. Zahlreiche Hotels sind in den letzten Jahren aus dem Boden geschossen, man hat sich voll und ganz auf den Tourismus eingestellt. Am Strand ist ein Volleyball-Netz aufgespannt, und schnell findet sich eine Mannschaft zusammen, die des Sonnenbadens überdrüssig ist und sich sportlich betätigen möchte. Die Tavernen zur Meerseite hin sind fast alle mit durchsichtiger Folie bezogen, was darauf hinweist, daß dieser Küstenstrich oft von heftigen Winden heimgesucht wird.

Praktische Informationen

Autovermietung

Es besteht die Möglichkeit, einen Wagen von „Rent a car" zu mieten; Tel. 05 93/6 15 06 (Preise →*Liménas/Autovermietung*). Des weiteren bietet die Agentur „Olympia" Mietautos an. Man zahlt für einen Fiat Panda oder einen Suzuki pro Tag etwa 60 DM, für einen Jeep etwa 70 DM und für den noch größeren Jeep Moke etwa 75 DM.

Essen und Trinken

Am Strand befinden sich einige Tavernen, Pizzerien und Cafés. Im Grunde unterscheiden sich die Tavernen kaum voneinander, alle haben ein reichhaltiges Angebot an Mahlzeiten auf der Speisekarte. Gehen Sie am besten in die Küche und schauen dort in die Töpfe. Das ist nicht nur die traditionelle Art der Bestellung in Griechenland (bevor der Tourismus Einzug hielt, gab es nur in den Edelrestaurants Speisekarten), sondern auch die einfachste.
Für Urlauber, die Geselligkeit lieben, sei noch auf das Restaurant „Póntikos" aufmerksam gemacht. Hier kocht nicht nur montags, mittwochs und samstags der Chef persönlich, sondern es wird dann stets auch Wein verlost. Das Restaurant ist im letzten Haus an der Straße in Richtung Alíki untergebracht.

Vielleicht das schönste Dorf der Insel Thássos, sicher aber eines der ursprünglichsten: der Bergort Potámia

Unterkünfte

Es gibt mittlerweile zahlreiche Hotels und Pensionen in Skála Potámia. Hinzu kommt eine Reihe Privatzimmer. Die Hotels sind durchweg recht einfach, luxuriöse Appartements sollte man hier besser nicht erwarten.

Hotels:

„Atlántis": 8 Zi., 12 Betten; man bezahlt in der HS für ein DZ mit Bad rund 31 DM; Tel. 05 93/6 14 90.

„Mirmare": 28 Zi., 49 Betten; das Hotel befindet sich am rechten Ende der Bucht und liegt ein wenig hinter Bäumen versteckt. Der Preis für ein DZ unterliegt argen Schwankungen; Tel. 05 93/6 10 40.

„Anna": 8 Zi., 15 Betten; das Hotel liegt direkt am Meer; man zahlt für ein DZ mit Bad in der HS rund 32 DM; Tel. 05 93/6 14 62.

Kinýra

Einige Kilometer südlich von Skála Potámia liegt der Küstenort Kinýra. Es handelt sich nicht um einen Ort im eigentlichen Sinne, sondern Kinýara besteht vielmehr nur aus einer Straße, an der rechts und linke Hotéls und Pensionen liegen. Die Urlauber kommen in erster Linie des schönen Strandes wegen nach Kinýra. Empfehlenswert ist der südlich gelegene, ruhigere Strandabschnitt, der zum Teil bewaldet ist. Von hier aus hat man eine schöne Sicht auf die vorgelagerte kleine Insel Kinýra.

Alíki

Eine Badebucht wie im Bilderbuch: Wer die östliche Küstenstraße entlangfährt, drückt automatisch auf die Bremse, wenn er die Bucht von Alíki erreicht. Unterhalb der Straße liegt die pilzförmige Landzunge, die zwei wunderschöne Badebuchten mit schmalem Sandstrand umrahmt. Die beiden Buchten liegen „Rücken an Rücken" und sind nur durch einen kleinen Steg miteinander verbunden. Das Panorama, das sich einem von hier oben bietet, ist ein wahrer Augenschmaus, und es gibt wohl kaum einen Thássos-Besucher, der nicht ein Foto von dieser Bucht mit im Gepäck nach Hause transportiert.

An der Bucht befindet sich ein Restaurant. Hotels gibt es in Alíki nicht, dafür stehen aber einige Privatzimmer zur Verfügung.

In dem Gebiet von Alíki befand sich ehemals einer der wichtigsten Steinbrüche auf Thássos. Auch heute noch stößt man stellenweise auf Marmorblöcke.

Zu sehen sind auch noch die Ruinen eines Tempels, der aller Wahrscheinlichkeit nach aus dem 7. Jahrhundert v. Chr. stammte, sowie die Reste zweier Basiliken aus byzantinischer Zeit.

Das Kloster Archagálos

An der Südküste, hoch über dem Meer, liegt das Nonnenkloster Archagálos. Das an einen Steilhang gebaute Klosteranwesen wird zur Straße hin durch dicke Mauern abgeschirmt, die fast wie Gefängnismauern wirken. Man sollte jedoch einen Besuch des Klosters auf keinen Fall versäumen. Schon am zypressengesäumten Eingang hat man einen phantastischen Blick auf die zauberhafte Bucht und das tiefblaue Wasser. Ein in der Tat wunderschöner Platz für ein Kloster, einen Ort der Kontemplation. Betritt man es, so befindet man sich in einem liebevoll gepflegten, blühenden Garten. Im Zentrum des Klosters liegen die Hauptkirche mit einigen interessanten Ikonen (die Kirche wird allerdings zur Zeit restauriert) und eine kleine Kapelle mit einem Kreuzgang. Hier herrscht eine überaus friedliche Atmosphäre, und die Besucher sind angehalten, den Frieden und die Ruhe dieses Ortes nicht zu stören. Daß man sich aber auch hier schon auf zunehmende Besucherscharen eingestellt hat, beweist der Souvenirladen neben der Kirche, in dem die Nonnen allerhand Andenkenartikel, zum Teil selbst hergestellt, verkaufen.

Für Frauen ist der Eintritt nur in Kleidern oder Röcken erlaubt. Hosen sind nicht gestattet. Männer dürfen keine Shorts tragen. Am Eingang liegen genügend Kleidungsstücke bereit, die man für einen Besuch des Klosters überstreifen kann. Der Eintritt in das Kloster ist frei.

Astris

Fährt man die Küstenstraße weiter in Richtung Pótos, ‚so erreicht man auf halber Strecke den Badestrand von Astris. Vor Jahren noch weitestgehend unberührt, ist der sehr schöne, pinienbewachsene Sandstrand mittlerweile von vielen Besuchern entdeckt worden. Man kann mit dem Auto bis zum Strand hinunter fahren (leider!). Astris ist kein eigentlicher Ort, sondern lediglich eine Durchgangsstraße, an der rechts und links Privatzimmer und Tavernen liegen.

Pótos

Im Vergleich zu den meisten anderen Badeorten auf Thássos wirkt Pótos sehr modern. Die traditionellen alten Holzstühle sind durch ein Meer von farbenfrohen Plastikstühlen ersetzt worden. Statt in Kafenía verbringt man den Abend in modernen Pubs oder Cafés. Im Winter leben in Pótos nur rund 500 Leute, aber im Hochsommer wimmelt es hier von Touristen (vor allem von jungen Leuten), nicht zuletzt wegen der wunderbaren Sandstrände rund um Pótos.

Am Abend, wenn die Badegäste sich nach einem ausgiebigen Sonnenbad wieder in Pótos einfinden, füllen sich die Tavernen und Restaurants am Hafen. Ein wenig störend vielleicht die zum Teil recht laute Musik, die aus einigen Restaurants und Cafés dringt.

Praktische Informationen

Ärztliche Versorgung

Es gibt weder Ärzte noch Apotheken in Pótos. Wer ärztliche Hilfe benötigt, der sollte nach Limenária, oder bei schwerwiegenderen Dingen ins „Health Center" von Prínos fahren.

Auskünfte

Eine direkte Touristeninformation gibt es zwar nicht, doch übernimmt die Agentur „Pótos Tours" am Hafen sowohl die Vermittlung von Zimmern und Villen sowie die Organisation von Ausflügen und Exkursionen.

Auto-/Motorradvermietung

Eine Autovermietung haben wir nicht entdecken können, jedoch eine Motorradvermietung. Sie befindet sich an der Parallelstraße zum Hafen, neben dem Juwelier.

Baden

Zwar verfügt Pótos über einen schmalen Sandstrand, doch ist dieser nicht sonderlich schön und sauber. Empfehlenswerter sind die angrenzenden Strände, vor allem in südöstlicher Richtung. Hier findet man noch wunderschöne Buchten, kristallklares Wasser, und wenn man weit genug abseits vom Schuß ist, auch sehr ruhige und unberührte Badestellen.

Banken

In Pótos gibt es keine Bank. Die nächste Bank befindet sich in Limenária.

Geld wechseln kann man aber bei „Pótos Tours" am Hafen.

Essen und Trinken

Am Hafen befinden sich einige Restaurants, von denen wir vor allen Dingen zwei empfehlen möchte: das Restaurant „Laskarína" und das Restaurant „Moúria". Sie verfügen nicht nur über eine recht gute Küche, sondern man sitzt auch ausgesprochen angenehm. Die Preise sind durchschnittlich.

Nachtleben

Das eigentliche Nachtleben spielt sich am Hafen ab. Wer nach dem Essen noch einen Drink zu sich nehmen möchte, der geht in eine der Bars und Pubs, die zum Teil recht aufwendig und extravagant gestaltet sind. Wer aber auch im Urlaub auf die Disco nicht verzichten möchte, der verbringt den Abend in der Disco „Boléro" am nördlichen Ortsausgang.

Post

Eine Post gibt es in Pótos nicht. Die nächste befindet sich in Limenária.

Sportmöglichkeiten

Man hat sich in den letzten Jahren auf die Bedürfnisse der Touristen eingestellt und folgende Wassersportmöglichkeiten geschaffen: Kanufahren (eine Stunde kostet 4 DM), Surfen (ein Surfbrett kostet pro Stunde 15 DM), Wasserski (15 DM für zehn Minuten), Tretbootfahen (8 DM pro Stunde) sowie das in Mode gekommene Banana-Boot (5 Personen können hier mitfahren: Kostenpunkt 8 DM pro Stunde).

Taxi

Man erreicht ein Taxi unter der Telefonnummer 05 93/ 5 12 44.

Unterkünfte
Es gibt einige Hotels und Privatunterkünfte in Pótos. Sicherlich die schönste Art zu wohnen und damit ausgesprochen empfehlenswert sind die Ferienhäuser „Lysistráta", die sich im östlichen Bereich des Ortes, unmittelbar am Meer befinden. Die sehr schöne Anlage ist in einem parkähnlichen Garten mit vielen Blumen und Schilfgewächsen untergebracht. Jedes der sehr liebevoll eingerichteten Ferienhäuschen verfügt über eine Kochnische, einen Kühlschrank, ein Bad mit fließend warmem Wasser und eine Terrasse. Platz ist für zwei oder drei Personen. In dem Garten ist eine kleine Bar eingerichtet, an der man erfrischende Getränke zu sich nehmen kann. Die Besitzer sind ein deutsch-griechisches Ehepaar. Man bezahlt für ein solches Häuschen in der Hauptsaison, d.h. zwischen dem 25. Juni und dem 31. August, 50 DM (für zwei Personen) und 54 DM (für drei Personen). Vom 1. bis zum 24. Juni und im September liegen die Preise bei 37 DM und 42 DM und in der Vor- und Nachsaison zahlt man 31 DM bzw. 36 DM. Es ist eine Vorauszahlung von 250 DM zu leisten. Buchungen bei Jánnis und Gisela Stamatékos, Pótos, Tel. 05 93/ 5 16 78.

Verkehrsverbindungen
Im Sommer verkehrt alle zwei Stunden ein Bus nach Liménas sowie jede Stunde nach Prínos.

Sonstiges
An der Durchgangsstraße befindet sich eine BP-Tankstelle

Theológos

Möchte man einen lebendigen Eindruck von der typisch griechischen Bau- und Lebensweise erhalten, so sollte man einen Abstecher von Pótos aus zu dem kleinen Dörfchen Theológos im Inselinneren machen. Lohnend ist ein Besuch auf jeden Fall. Und auch die mittlerweile zu registrierenden wenigen Besucher stören noch nicht. Bei einem Spaziergang durch das Dorf, für den man sich ruhig etwas Zeit nehmen sollte, lernt man die typische Inselarchitektur mit ihren aus Felsstein erbauten Häusern und den Schieferdächern kennen.

Übrigens verbrachte der spätere Wesir von Ägypten, der in Kavála geborene Muhammed Ali, einen Teil der Jugendzeit in Theológos *(→Kavála)*. Zu besichtigen ist außerdem das Haus des Freiheitskämpfers Hatzigeórgis, der zu den führenden Köpfen beim Aufstand gegen die Türken im Jahre 1821 zählte.

Limenária

Mit rund 3000 Einwohnern ist Limenária die zweitgrößte Ortschaft auf Thássos, die sich in den letzten Jahren zu einem touristischen Zentrum entwickelt hat. Im Sommer herrscht in den Straßen und Gassen nahe dem Hafen ein quirliges Leben und Treiben. Touristengrüppchen drängeln sich um die Postkartenständer und Souvenirläden, die Tavernen sind gut gefüllt und die nahegelegenen Strände gut besucht. Hinzu kommt der ständige Verkehr, der durch den Ort fließt.

Daß die Gegend um Limenária einst ein Zentrum des Erzbergbaus mit großen Arbeitersiedlungen war, ist bis auf wenige Ausnahmen heute nicht mehr erkenntlich. Was sofort auffällt, ist die alte Eisenbrücke an der linken Hafenseite. Auf dem angrenzenden Hügel befindet sich die renovierungsbedürftige Villa der Familie Krupp, deren Unternehmen am Erzabbau auf Thássos maßgeblich beteiligt war.

Zur Zeit wird im Hafen eine neue Mole gebaut, wofür übrigens der „Abfall" aus den Marmorsteinbrüchen verwendet wird.

Praktische Informationen

Ärztliche Versorgung
Einen praktischen Arzt erreicht man unter der Telefonnummer 05 93/5 12 05, einen Zahnarzt unter der Telefonnummer 05 93/5 15 54. Bei schwierigeren Fällen sollte man sich an das Krankenhaus in Prínos wenden (→dort). Eine Apotheke befindet sich in der Parallelstraße zum Hafen.

Autovermietung
Im Ort befindet sich ein Büro der Autovermietung „Rent a car", Tel. 05 93/5 19 52 (Preise →*Liménas Autovermietung).*

Baden
Es empfiehlt sich nicht, im Hafenbereich zu baden. Schöner sind sicherlich die Strände, die sich sowohl westlich als auch östlich anschließen.

Banken

Eine Bank befindet sich an der linken Hafenseite.

Essen und Trinken

Am Hafen gibt es eine Fülle von Restaurants und Tavernen. Mittlerweile haben auch einige Fast-Food-Läden geöffnet. Am besten gefallen hat uns das Restaurant „Geórgios" am Hafen. Es gibt eine große Auswahl an Gerichten, die durchweg sehr lecker sind.

Polizei

Die Polizei erreicht man unter der Telefonnummer 05 93/5 11 11. Die Hafenpolizei hat ihren Sitz an der linken Hafenseite.

Post

Die Post befindet sich an der linken Seite des Hafens.

Taxi

Der Taxistand ist am Hafen. Man erreicht das Taxi unter der Telefonnummer 05 93/5 13 78.

Telefonieren

Das OTE befindet sich in einer Querstraße der Hauptdurchgangsstraße. Wenn man von Pótos kommt, dann biegt man vor der Shell-Tankstelle nach rechts ein. Das OTE befindet sich nach zehn Metern auf der linken Seite. Öffnungszeiten: Mo.-Sa. 8.30-22 Uhr, So. 8.30-13.30 Uhr und 17-22 Uhr.

Unterkünfte

Es gibt zahlreiche Hotels und Pensionen sowie natürlich Privatzimmer in Limenária. Die Qualitätsunterschiede sind teilweise sehr hoch. Recht gut gefallen hat uns das Hotel „Astérias".

„Astérias": 12 Zi., 28 Betten; das Hotel liegt direkt am Meer. Alle Zimmer verfügen über Bad und Balkon. Man bezahlt in der HS 35 DM für ein DZ; Tel. 05 93/5 14 97.

„Chrístos Appartements": Diese außerhalb und damit sehr ruhig gelegenen neuen Appartements sind ausgesprochen empfehlenswert. Es gibt sowohl Appartements für zwei, drei und vier Personen; man bezahlt etwa 50 DM für ein Appartement in der HS. Die Eigentümer sind dieselben wie die des Hotels „Asterias", darum kann man sich auch dort anmelden; Tel. 05 93/5 14 97.

„Menel": 18 Zi., 41 Betten; das Hotel liegt direkt am Hafen. Im Eingangsbereich ist ein regelrechter Urwald angesiedelt. Man muß sich erst durch diverse Grünpflanzen „kämpfen" (recht schön gemacht!), bevor man das Hotel betritt. Die Zimmer, alle mit Bad und Balkon, sind sauber und angenehm. Man zahlt für ein DZ in der Hochsaison rund 36 DM; Tel. 05 93/5 13 96, 5 14 68.

Sonstiges

An der Hauptdurchgangsstraße befindet sich eine Tankstelle. Außerdem gibt es hier eine chemische Reinigung. Sie befindet sich in der Nähe der Hauptstraße, in Richtung des südlichen Ortsausganges.

Prínos

Auf der Fahrt nach Prínos kommt man an einigen Ortschaften und Stränden vorbei, die allerdings alle wesentlich weniger reizvoll sind als die Buchten an der Ostküste. Sowohl Skála Marión, Skála Kalliárchis als auch Skála Sotíros (hier befindet sich übrigens eine Tankstelle mit bleifreiem Benzin) lohnen den Aufenthalt nicht, es sei denn, man zieht flache Küstenabschnitte vor.

Auch Prínos ist kein sonderlich attraktiver Ort. Erwähnenswert ist allerdings, daß sich hier das Krankenhaus der Insel befindet. Man biegt am südlichen Ortsausgang in eine schmale, eher unscheinbare Straße ein (das „Health Center" ist ausgeschildert); Tel. 05 93/7 11 00, 7 11 01.

Mittlerweile gibt es auch einige Übernachtungsmöglichkeiten in Prínos, es sind sogar Hotels entstanden. Die meisten Touristen ziehen jedoch — aus verständlichen Gründen — die Ostküste der Insel vor.

Skála Prínos

Skála Prínos an der Nordwestküste ist meist der erste Ort, den die Besucher von Thássos kennenlernen. Würden nicht die Fähren von Kavála hier anlegen, wäre Skála Prínos allerdings zur Bedeutungslosigkeit verdammt. Die recht langgezogene Hafenbucht wirkt nicht sehr einladend. Hinzu kommt, daß man ständig den Blick auf den Ölbohrturm hat, der nicht weit von der Küste entfernt im Meer liegt. Das einzig Sehenswerte ist vielleicht die Schiffswerft neben der Anlegestelle.

Praktische Informationen

Ärztliche Versorgung

→*Prínos*

Auto-/Motorradvermietung

Es gibt am Hafen eine Vertretung der „Rent a car Thássos", Tel. 05 93/7 12 02 (Preise →*Autovermietung Liménas).* Zudem hat die Autovermietung „Rent a car Budget" ebenfalls ein Büro am Hafen, Tel. 7 11 50. Auch Motorräder kann man in Skála Prínos mieten. Die Agentur „Tsiágas/Skoupákis" ist nicht zu übersehen, Tel. 05 937 16 09. Man bezahlt für ein Motorrad zwischen 20 und 22 DM pro Tag.

Essen und Trinken

Es gibt einige Tavernen am Hafen. Empfehlenswert ist die Fischtaverne „Delfíni", neben dem Hotel Prínos. Man sitzt direkt am Meer, unter einem Dach aus Weintraubenranken. Der Fisch ist ausgezeichnet.

Unterkünfte

Es gibt einige Hotels in Skála Prínos. Sehr angenehm ist das Hotel „Europa".

„Europa": unterhalb der Kirche; der Preis für ein DZ mit Bad variiert. Man muß mit umgerechnet etwa 40 DM rechnen; Tel. 05 93/7 12 12.

„Prinos": 11 Zi., 19 Betten; das Hotel liegt direkt am Hafen, empfiehlt sich jedoch nicht für einen längeren Aufenthalt. Man bezahlt für ein DZ mit Bad rund 40 DM; Tel. 05 93/7 16 20, 7 13 27.

Verkehrsverbindungen

Mit der Fähre: Im Hochsommer gibt es stündliche Fährverbindungen von Kavála aus nach Skála Prínos. Man zahlt für eine einfache Überfahrt knapp 4 DM. Für einen Kleinwagen werden etwa 19 DM veranschlagt, der Preis für den Fahrer ist dann mit inbegriffen.

Mit dem Bus: Es besteht eine ständige Busverbindung mit dem Hauptort der Insel, Liménas, so daß man nach der Ankunft mit dem Schiff problemlos weiterkommt.

Sonstiges

Es gibt am Ort eine Tankstelle, allerdings kein bleifreies Benzin.

Schon auf den ersten Blick ein Schmuckstück: das Kloster Archagálos

Thrákien

Thrákien ist die nordöstlichste Region Griechenlands. Von Bulgarien im Norden und der Türkei im Osten ist Thrákien nicht nur durch politische, sondern auch durch natürliche Grenzen abgetrennt. Im Norden zieht sich das gewaltige Rhodópe-Gebirge entlang, das an manchen Stellen eine Höhe von 2000 Metern erreicht. Im Osten wird Thrákien durch den Fluß Evros begrenzt, und im Westen bildet der Fluß Néstos die Grenze zu Makedónien.

Seit je her ist Thrákien somit eine Bindeglied zwischen West und Ost. Heute rollt vor allem der Schwerlastverkehr in die Türkei durch das rund 350 000 Einwohner zählende Thrákien.

Angesichts des ausgesprochenen Wasserreichtums dieser Region ist Thrákien eine überaus fruchtbare Gegend, die in erster Linie landwirtschaftlich genutzt wird. In der Ebene, die sich vom Rhodópe bis zum Thrakischen Golf erstreckt, wird vor allem Tabak, Getreide und Baumwolle, aber auch Obst und Gemüse angebaut. Berühmt ist Thrákien darüber hinaus für seine traditionelle Seidenraupenzucht.

Eine Fahrt durch Thrákien ist ausgesprochen interessant, zumal sich die Landschaft wesentlich von der in den übrigen Gebieten Griechenlands unterscheidet. Zwar bietet Thrákien — im Gegensatz zu den anderen Regionen Griechenlands — keine besonders nennenswerten Altertumsschätze, dafür muten weite Teile dieser Provinz fast orientalisch an. Je weiter man nach Osten kommt, desto häufiger bestimmen Moscheen und deren Minarette das Ortsbild. Noch immer leben in dem über 400 Jahre von den Türken besetzten Teil Griechenlands zahlreiche Moslems. Erst seit 1923 gehört Thrákien wieder zu Griechenland. Viele der hier ansässigen Türken haben ihre angestammte Heimat nach dem Wechsel nicht verlassen und leben weiterhin als nationale Minderheit in Griechenland.

Bei der Ernte wird hier noch zu einem großen Teil auf Menschen- und Tierkraft zurückgegriffen. So weit man sehen kann, verrichten Frauen mit Kopftüchern die Feldarbeit. Mit Getreide hochbeladene Esel- und Ochsenkarren sind kein seltenes Bild auf den Straßen Thrákiens. Dazwischen sieht man immer wieder Schafherden auf den abgeernteten Weizenfeldern — ein wahrhaft malerisches Bild.

Wer mit dem Auto durch Thrákien fährt, muß sich auf eine anstrengende Tour einstellen. Nicht nur, daß die Straßenverhältnisse in manchen Abschnitten katastrophal sind und kilometerlange Baustellen die Fahrt erschweren (vor allem im Dunkeln), sondern es donnern auch täglich Tausende von Lkws aus Mittel- und Nordeuropa über diese Piste in Richtung Türkei.

Geschichte

Die erste nachweisbare Besiedlung Thrákiens geht auf die Jungsteinzeit zurück. Um 2000 v. Chr. sollen thrakische Stämme von Norden her in das Gebiet des heutigen Thrákien eingefallen sein. Im 7. Jahrhundert v. Chr. wurden dann breite Küstenstriche kolonisiert,

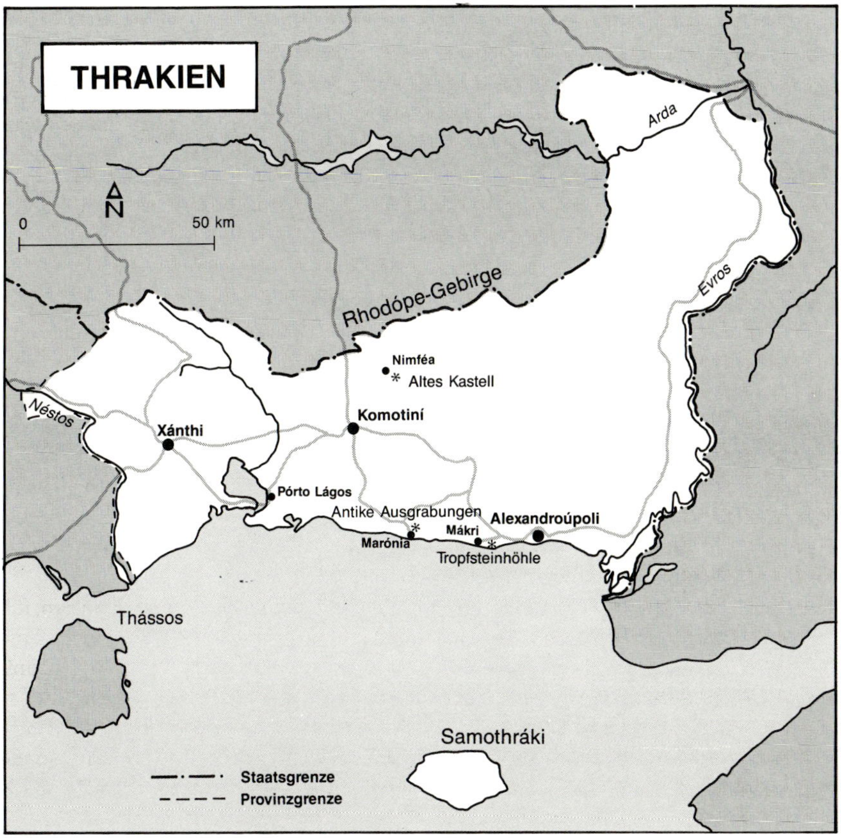
THRAKIEN
N
0
50 km
Rhodópe-Gebirge
Arda
Evros
Néstos
Nimféa
Altes Kastell
Komotiní
Xánthi
Pórto Lágos
Antike Ausgrabungen
Alexandroúpoli
Mákri
Marónia
Tropfsteinhöhle
Thássos
Samothráki
Staatsgrenze
Provinzgrenze

Auf den abgeernteten Weizenfeldern weiden die Schafe

Sehenswert ist die Altstadt von Xánthi mit ihren kopfsteingepflasterten schmalen Gassen und den restaurierungsbedürftigen, aber sehr schönen Herrenhäusern. Auffallend sind auch die Balkone mit ihren schmiedeeisernen Gittern. Die Altstadt zieht sich halbkreisförmig an den Hängen des Rhodópe-Gebirges entlang. Im Altstadtviertel befindet sich zudem ein Volkskundemuseum (ausgeschildert), in dem typische Gegenstände des täglichen Lebens zu besichtigen sind.
Unterhalb der Altstadt liegt der eigentliche Mittelpunkt von Xánthi, die Platía. Auffallend sind der weiße Uhrenturm (die Normaluhr) sowie die beiden hübschen Brunnen, die den Platz schmücken. Mehrere Cafés laden zum Verweilen ein. Um aber keinen falschen Eindruck zu erwecken: Der Platz strahlt keineswegs Ruhe und Friedlichkeit aus. Vielmehr tost hier der Verkehr, der nur mittels eines Verkehrspolizisten zu regeln ist. Von der Platía zweigen die eigentlichen Einkaufsstraßen ab, in denen zum Teil orientalische Marktatmosphäre herrscht. Reste der ehemaligen byzantinischen Festung sind bis heute erhalten geblieben.
Die Umgebung von Xánthi ist ausgesprochen fruchtbar und wird landwirtschaftlich intensiv genutzt. Dominierendes Anbauprodukt ist zweifellos der Tabak, der dann in Xánthi veredelt und weiterverarbeitet wird.

Weiterfahrt nach Pórto Lágos / Komotiní

Die Fahrt von Xánthi nach Komotiní führt durch eine bemerkenswerte Landschaft. Etwa 20 Kilometer südlich von Xánthi befinden sich riesige Salinen und Produktionsstätten zur Meersalzgewinnung.
Das Meerwasser wird in flachen Becken eingedampft, die man zum Teil von der Straße aus erkennen kann, und so wird das Salz gewonnen.
Die Fahrt geht an zahlreichen Tabak- und Baumwollfeldern entlang. Auf der Hälfte der Strecke erreicht man Pórto Lágos.

Praktische Informationen

Ärztliche Versorgung

Ein Arzt- sowie eine Zahnarztpraxis befinden sich an der Straße, die hinter dem Uhrenturm hinaufführt. An der Platía befinden sich einige Apotheken.

Auskunft

Eine Touristenauskunft haben wir nicht entdecken können. Es befindet sich aber ein Büro der E.O.S., des Griechischen Bergsteiger- und Skiverbandes in der Odos Hassirjoglou 7, Tel. 05 41/2 48 18.

Banken

Um die Platía herum liegen einige Banken.

Pannenhilfe

Bei einer Autopanne hilft der ELPA-Service von Xánthi. Man erreicht ihn unter der Telefonnummer 05 41/2 93 24, 1 04. Der ELPA-Service befindet sich in der Odos Athanassíou Diákou 1.

Taxi

Ein Taxi erreicht man unter der Telefonnummer 05 41/33 31.

Unterkünfte

Es stehen einige Hotels zur Verfügung.

„Néstos": 74 Zi., 142 Betten; das Hotel befindet sich in der Kaválas Avenue 1; man bezahlt für ein DZ mit Bad rund 70 DM; Tel. 05 41/2 75 31.

„Demócritus": 24 Zi., 48 Betten; das Hotel liegt in der Odos 28. Oktovriou 41; man zahlt für ein DZ mit Bad um die 40 DM pro Übernachtung; Tel. 05 41/2 51 11, 2 26 27.

„Sissy": 17 Zi., 31 Betten; das Hotel befindet sich in der Odos Lefpikou 14; eine Übernachtung kostet etwa 40 DM; Tel. 05 41/2 29 96, 2 32 42.

Verkehrsverbindungen

Mit dem Bus: Xánthi liegt auf der Strecke Athén — Xánthi — Komotiní — Alexandroúpolis. Es bestehen tägliche Verbindungen. Zudem bestehen tägliche Busverbindungen zu den kleineren Städten im Umkreis. Der Busbahnhof befindet sich etwa 200 Meter von der Platía entfernt. Man findet ihn, wenn man der Beschilderung in Richtung Kavála folgt.

Mit dem Zug: Xánthi liegt an der Zugstrecke Athén — Xánthi — Komotiní — Alexandroúpolis sowie an der Strecke Thessaloníki — Xánthi — Komotiní — Alexandroúpolis. Die Züge verkehren täglich.

Sonstiges

Unweit von Xánthi, bei Genisséa, befindet sich ein Heilbad, das vor allem von Patienten mit Nierenleiden und Arthritis aufgesucht wird. 17 Kilometer südlich von Xánthi liegen die Heil- und Thermalquellen von Potámias.

Das Büro der Olympic Airways befindet sich in der Odos Michail Vogdou 6A, Tel. 05 41/2 64 97, 2 37 84.

Pórto Lágos

Der Hafen von Pórto Lágos liegt am Vistonída-See, welcher nur durch eine schmale Landzunge vom Meer getrennt ist. Dieses Sumpf- und Schilfgebiet ist zugleich ein wichtiges Wasservogelreservat Griechenlands. Wenn Sie langsam fahren, so werden Sie sicherlich Fischreiher und andere Wasservögel in dem stehenden Gewässer erblicken. Ein wunderbares Bild entsteht, wenn sich mehrere Vögel an einer Stelle versammeln und der See glatt wie ein Spiegel wirkt.

Nur über eine schmale Holzbrücke erreicht man die Kirche Aghíos Nikoláos von Pórto Lágos

Auffallend ist die Kirche Aghíos Nikoláos, die in der Mitte des Sees liegt und nur über eine schmale Holzbrücke zu erreichen ist.
Der griechischen Mythologie zufolge war in der Gegend von Pórto Lágos die Heimat des gefürchteten thrakischen Königs Diomedes, der seinen Pferden Menschenfleisch zum Fraße vorwarf. Schließlich gelang es Herakles, den blutrünstigen König Diomedes zu bezwingen und ihn gemäß seiner eigenen grausamen Art zu ermorden: Er warf ihn den Rossen vor.

Komotiní

Auf halber Strecke zwischen Xánthi und Alexandroúpolis liegt Komotiní, die Hauptstadt der Präfektur Rhodópi. Von den insgesamt fast 35 000 Einwohnern Komotinís sind gut die Hälfte türkischer Abstammung. Trotz der jahrhundertelangen Feindschaft zwischen Griechen und Türken scheint das Zusammenleben der beiden Bevölkerungsteile in Komotiní reibungslos zu verlaufen. Von Gettoisierung, Vorurteilen oder gegenseitigen Verachtungsbekundungen ist jedenfalls nichts zu spüren. Wie in den meisten Städten Thrákiens ist der orientalische Einfluß auch in Komotiní deutlich spürbar, wenngleich der Stadtkern befremdlich modern wirkt. Aber nicht nur die immer wieder auftauchenden Moscheen machen deutlich, daß hier ein großer Anteil an Moslems lebt, das Straßenbild Komotinís wird außerdem von einer großen Zahl verschleierter Frauen geprägt.
Einen weiteren großen Bevölkerungsanteil bilden die Studenten. Rund 5000 Studenten sind an der Universität, die sowohl Juristen als auch Sportlehrer ausbildet, eingeschrieben. Vielleicht mag das der Grund sein, warum man in Komotiní auffallend viele Fahrradfahrer sieht — ein für Griechenland eher ungewohntes Bild.
Komotiní ist aber vor allem eine Handelsstadt, die — ähnlich wie Xánthi — in erster Linie vom Tabakanbau lebt.

Sehenswürdigkeiten

Der Markt

Am sehenswertesten ist vielleicht der Markttag in Komotiní, der traditionsgemäß jeden Dienstag stattfindet. Neben überquellenden Obst- und Gemüseständen werden auch Handwerksprodukte wie Kupferkessel und ähnliches feilgehalten. Meist herrscht ein derart arges Gedränge an den Ständen, daß kaum ein Durchkommen ist.

Das Archäologische Museum

Wer sich für Altertümer interessiert, der sollte einen Besuch des Archäologischen Museums nicht versäumen. Ausgestellt sind vor allem die Funde aus der Umgebung, aus Maróni, Abdéra, Mesémbria und Dikéa. Unter den Gegenständen befinden sich zum Beispiel eine Grabstele aus dem 6. Jahrhundert v. Chr., Fragmente alter Statuen, Keramiken und wertvolle Schmuckstücke. Eines der schönsten Stücke ist sicherlich die goldene Büste des Markus Aurelius. Das Museum befindet sich in der Odos Simeonídi, unmittelbar am Stadtpark.

Das Völkerkundemuseum

Wer sich für die Alltagsgeschichte Griechenlands und speziell Thrákiens interessiert, der wird im Völkerkundemuseum interessantes Anschauungsmaterial finden. Neben den typischen Trachten und wunderbaren Schmuckstücken sind einige Gegenstände des täglichen Lebens zu bewundern.

Das Byzantinische Museum

Im Byzantinischen Museum sind vor allem sakrale Gegenstände ausgestellt, so zum Beispiel alte Gewänder und Opfergefäße.

Die Kirche der Heiligen Mutter Gottes

Am Stadtpark befindet sich die um 1800 erbaute Kirche der Heiligen Mutter Gottes. Errichtet wurde sie auf den Ruinen einer ehemaligen byzantinischen Kirche. Besonders sehenswert sind die holzgeschnitzte Altarwand, die wunderbare Ikone der Mutter Gottes sowie die bemerkenswerten Wandmalereien.

Die Via Egnatia

Die römische Handelsstraße Via Egnatia, die quer durch das heutige Griechenland führte und die Adria mit Byzanz verband, führte auch durch Komotiní. Reste einer an dieser Straße befindlichen Station kann man noch heute im Stadtpark besichtigen.

Weitere Sehenswürdigkeiten →*Sehenswertes in der Umgebung*

Sehenswertes in der Umgebung

Nimféa

Einige Kilomter nördlich von Komotiní, hoch oben im Rhodope-Gebirge, befindet sich das Dorf Nimféa. Bei Nimféa liegt ein altes byzantinisches Kastell. Von hier aus hat man einen grandiosen Blick auf die Ebene und die Stadt Komotiní. Bei klarer Sicht erkennt man sogar das Meer.

Marónia

Ganz in Küstennähe, auf einem Hügel, liegt das Dorf Marónia. Zwischen Marónia und dem Meer befindet sich ein weitläufiges Ausgrabungsgelände. Man stößt auf die Ruinen eines antiken Theaters sowie eines Heiligtums des Dionysos. Auch lassen sich noch Reste der ehemaligen Festungsmauern ausmachen. Der griechischen Mythologie zufolge soll aus der Gegend von Marónia der Wein stammen, mit dem Odysseus den Zyklopen Polyphem betrunken machte.

Die Sage von Odysseus und Polyphem

Erzählt wird, daß Odysseus bei seiner Rückkehr von Troja an die Gestade kam, an denen der einäugige menschenfressende Zyklop Polyphem lebte. Neugierig darauf, den Riesen kennenzulernen, wagte sich Odysseus mit seinen Männern in der Höhle des Zyklopen. Als dieser aus den Bergen zurückkehrte und die Fremden entdeckte, schob er einen mächtigen Felsblock vor die Höhle und nahm somit die Männer gefangen. Er verspeiste nacheinander vier der Begleiter des Odysseus und schwor, sie bis auf den letzten Mann zu verzehren. Da bediente sich Odysseus einer List. Er flößte dem Zyklopen riesige Mengen des guten Weines, der — so erzählt man sich — aus Marónia stammte, ein, bis sich dieser betrunken niederlegte. Odysseus nahm dann die Gelegenheit wahr und stach dem schlafenden Polyphem mit einem glühenden Pfahl das Auge aus.

Die Schreie des verletzten Polyphem lockten die Zyklopen herbei, doch halfen diese dem erblindeten Polyphem nicht, Odysseus und seine Genossen einzufangen, da sich in dieser Situation erneut eine List des Odysseus als wirksam zeigte: Nach seinem Namen gefragt, hatte Odysseus dem Polyphem zu Beginn seiner Gefangenschaft geantwortet, er heiße „Niemand". Als die Zyklopen nun Polyphem schreien hörten, Niemand habe ihn niedergestochen, witterten sie keinerlei Verdacht, sondern wandten sich in dem Glauben ab, der einäugige Zyklop sei erkrankt. Odysseus und seine Begleiter banden sich nun unter den Bäuchen von Widdern fest und ließen sich von diesen am nächsten Morgen unbemerkt aus der Höhle tragen. Zwar hatte Polyphem den Rücken der Tiere abgetastet, um sicher zu gehen, daß die Fremden sich nicht von den Widdern heraustragen ließen, doch auf den Gedanken, daß diese unter dem Bauch der Widder festgebunden sein könnten, war er nicht gekommen.

Es gibt mehrere Theorien darüber, wo sich die Höhle des Polyphem befunden haben soll. Einige Quellen sprechen davon, daß sie westlich von Alexandroúpoli gelegen war, andere gehen davon aus, daß der Zyklop auf der Insel Alónissos zu Hause war.

Praktische Informationen

Ärztliche Versorgung

Das Krankenhaus von Komotiní befindet sich am Ortsausgang in Richtung Alexandroúpolis. Man erreicht es unter den Telefonnummern 03 51/2 46 91, 2 46 01. Eine Zahnarztpraxis und mehrere Apotheken befinden sich am Zentrumsplatz.

Autovermietung

Am Zentrumsplatz, der Platía Irínis, befindet sich eine Vertretung der Autovermietung „Budget rent a car". Die Tagespreise liegen, je nach Wagentyp, zwischen 30 DM und 225 DM; Tel. 05 31/2 86 86.

Banken

An der Platía Irínis liegen mehrere Banken.

Botschaften/Konsulate

In der Odos Aghíou Geórgiou 1, in der Nähe der Platía Irínis und schräg gegenüber dem Kriegerdenkmal, ist ein Sitz des Honorarkonsuls der Bundesrepublik Deutschland. Das Wappen der Bundesrepublik ist nicht zu übersehen; Tel. 05 31/2 93 25, 2 60 39.

Essen und Trinken

Die meisten Restaurants und Cafés befinden sich am Zentrumsplatz.

Pannenhilfe

Den ELPA-Service erreicht man unter den Telefonnummern 05 31/2 60 82, 1 04.

Polizei

Man erreicht die Polizei unter Tel. 05 31/2 23 00.

Post

Direkt am Zentrumsplatz befindet sich das Gebäude der Post. Öffnungszeiten: Mo.-Fr. 7.30-19.30 Uhr.

Taxi

An der Platía Irínis sind mehrere Taxistände. Telefonisch erreicht man ein Taxi unter der Telefonnummer 05 31/2 40 40 oder 2 83 83.

Telefonieren

Direkt im Zentrum befindet sich ein OTE. Öffnungszeiten: Mo.-Sa. 6-24 Uhr.

Unterkünfte

Es gibt einige Hotels in Komotiní. Die meisten sind nicht ganz einfach zu finden — vor allem wenn man im Dunkeln ankommt. Wer deshalb lieber im Zentrum wohnen möchte, der sollte im Hotel „Orpheus" absteigen.

„Orpheus": 79 Zi., 150 Betten; das Hotel befindet sich im Zentrum in der Odos Parassiou 1; alle Zimmer verfügen über Bad und Telefon. Man bezahlt während der HS für ein DZ etwa 43 DM; Tel. 05 31/2 67 01.

„Olympos" (Pension): 30 Zi., 50 Betten; die Pension befindet sich in der Odos Orfeos 37; man zahlt in der HS für ein DZ mit Bad etwa 44 DM; Tel. 05 31/2 28 95, 2 35 38, 2 99 65.

„Rodopi": 18 Zi., 34 Betten; das Hotel befindet sich in der Odos Ethnarhou Makariou 3; eine Suite kostet rund 72 DM; Tel. 05 31/2 78 87.

Verkehrsverbindungen

Mit dem Bus:

Es gibt täglich acht Busverbindungen nach Thessaloníki und nach Alexandroúpolis.

Mit dem Zug:

Es gibt täglich mehrmals eine Zugverbindung nach Alexandroúpolis sowie nach Thessaloníki.

Alexandroúpoli

Für Reisende gibt es eigentlich nur zwei Gründe, nach Alexandroúpoli zu fahren: Der erste besteht darin, daß man auf die Insel Samothráki übersetzen möchte, der zweite, daß man sich auf der Durchreise in die Türkei befindet und einen Stop in Alexandroúpolis einlegt. Ein weiterer Grund ist nur schwerlich vorstellbar, denn die Hafenstadt hat außer Autoverkehr und Straßenlärm recht wenig zu bieten.

Alexandroúpolis, die Hauptstadt des Kreises Evros mit ihren rund 30 000 Einwohnern, ist nur knapp 40 Kilometer von der türkischen Grenze entfernt und somit in erster Linie geprägt vom Durchgangsverkehr. Nicht nur reiselustige Touristen, sondern vor allem der Schwerlastverkehr wälzt sich Tag für Tag durch die Großstadt.

Zudem ist Alexandroúpoli ein wichtiger Handelshafen, von dem aus vor allem Tabak exportiert wird.

In Alexandroúpoli ist die Verbindung von Orient und Okzident besonders deutlich spürbar. Überall auf den Straßen sieht man verschleierte Frauen neben ausgesprochen modern gekleideten, recht wohlhabend wirkenden jungen Griechinnen. Wer einige Stunden Aufenthalt in Alexandroúpoli hat, der kann die Zeit nutzen, um über den Wochenmarkt zu schlendern, der jeden Vormittag (außer am Wochenende) am Hafen abgehalten wird. Die aneinandergereihten Stände, an denen tonnenweise Knoblauch, Obst und

Gemüse, aber auch Textilien vielfältigster Art angeboten werden, scheinen gar kein Ende zu nehmen. Ein farbenfrohes Bild — vor allem früh am Morgen, wenn die Marktstände noch gut gefüllt sind.
Sehr sehenswert sind auch die zahlreichen kleinen Handwerksbetriebe in Hafennähe. In kleinen und dunklen, für mitteleuropäische Verhältnisse oft verkommen anmutenden Läden sind Schreinereien, Schusterwerkstätten, Metzgereien und andere Betriebe untergebracht. Ein Bummel durch diese recht betriebsamen Straßen hat in der Tat seinen Reiz.
Die meisten Urlauber halten sich in Hafennähe auf. Auf einer sehr groß angelegten Hafenpromenade mit dem auffälligen weißen Leuchtturm, Wahrzeichen von Alexandroúpoli, befinden sich zahlreiche Cafés und Tavernen, die allerdings häufig etwas verlassen wirken. Unterhalb der Hafenpromenade ist eine Kirmes installiert, die Abend für Abend mit ihren funkelnden Lichterketten lockt.

Geschichte

Da Alexandroúpoli erst vor wenigen Jahren ihr 100jähriges Bestehen feiern konnte, ist die Geschichte der Stadt recht schnell geschrieben. Im Jahre 1877 von Händlern gegründet, trug Alexandroúpoli zuerst den türkischen Namen Dedeagatsch. Daß die Stadt erst neueren Datums ist, erkennt man übrigens auch leicht an der geradlinigen Straßenführung. Mit der Befreiung Alexandroúpolis' von der türkischen Besatzung wurde die Stadt nach dem damaligen König Aléxandros, der die Stadt besuchte, umbenannt.

Sehenswürdigkeiten

Wie bereits erwähnt, bietet Alexandroúpolis dem Besucher wenig Sehenswertes.

Der Leuchtturm

Der weiße Leuchtturm, um 1880 erbaut, gilt als Wahrzeichen von Alexandroúpoli und erfüllt die meisten Bewohner mit großem Stolz. Übrigens sieht man unweit des Leuchtturms ein Denkmal. Die hier errichteten Statuen sollen den Freiheitskampf der Griechen gegen die Türken dokumentieren.

Die archäologische Sammlung

Im alten Rathaus ist eine Sammlung archäologischer Funde ausgestellt. Wenn man die Straße, die am Bahnhof vorbei in Richtung Stadtzentrum führt, entlanggeht, dann stößt man nach einiger Zeit auf das Rathaus.

Das Umweltschutzzentrum

Im Umweltschutzzentrum wird die Tier- und Pflanzenwelt des Flußdeltas in Evros dokumentiert. Es befindet sich in der Odos 14. May.

Sehenswertes in der Umgebung

Mákri

Einige Kilometer westlich von Alexandroúpoli liegt der Küstenort Mákri. Der griechischen Mythologie zufolge war dies der Ort, an dem Odysseus den einäugigen Zyklopen

Ein Vergnügen ist es, über den farbenfrohen Wochenmarkt von Alexandroúpoli zu schlendern

Polyphem bezwang. Eine interessante Tropfsteinhöhle mit schönen Stalaktiten und Stalagmiten wird als die berühmte Höhle des Polyphem betrachtet *(→Kómotiní/Die Sage von Odysseus und Polyphem).*

Das Wasserbiotop von Evros

An der am weitesten südöstlich gelegenen Region Griechenlands, nahe der türkischen Grenze, befindet sich ein riesiges Feuchtbiotop. Manche Quellen sprechen davon, daß hier mehr als 263 verschiedene Vogelarten brüten und überwintern. Z.B. kann man bei einer Fahrt durch das Delta (mit dem Auto möglich) manchmal noch die bei uns inzwischen selten gewordenen Störche sehen.

Auch in Alexandroúpoli gedenkt man des Befreiungskampfes mit monumentaler Kunst

Praktische Informationen

Ärztliche Versorgung

Das Krankenhaus von Alexandroúpoli liegt etwas außerhalb der Stadt, in nordwestlicher Richtung. Man erreicht es unter der Telefonnummer 05 51/2 57 72.

Auskunft

Eine Touristeninformation befindet sich neben dem Rathaus (Dimarchío) an der Hauptstraße, die durch Alexandroúpoli verläuft.

Baden

Auf die Idee, im Hafen von Alexandroúpoli zu baden, kommt wohl niemand. Das Wasser ist arg verschmutzt, und einen Strand gibt es hier sowieso nicht. Am westlichen Ortsausgang, in Richtung Komotiní, ist jedoch ein Camping-Strand (Ditea) eingerichtet.

Essen und Trinken

Am Hafen befinden sich zahlreiche Kafenía, in denen allerdings zumeist nur Getränke angeboten werden. Zum Oúzo bekommt man jedoch nach alter Tradition die *mezés,* es sei denn, man bestellt ausdrücklich den Oúzo *skéto,* ohne Mezé. An der kleinen Platía in Hafennähe, auf die man unweigerlich stößt, wenn man in der Hafengegend umherschlendert, befinden sich drei Restaurants. Das eine ist eine ausgesprochen gute Fischtaverne, in der übrigens viele Griechen speisen — stets ein gutes Zeichen. Unmittelbar daneben befindet sich eine Taverne mit einem ausgesprochen riesigen Angebot an Speisen. Falls Sie hier essen wollen, so gehen Sie unbedingt vorher hinein und schauen sich die Auslagen an. Es werden viele unterschiedliche Gemüsegerichte angeboten. Allerdings haben wir die Erfahrung gemacht, daß das Essen mittags wesentlich besser war als am Abend, was sicherlich darauf zurückzuführen ist, daß das Essen am Mittag frisch zubereitet wird und dann unter Umständen bis zum Abend warm gehalten wird. Von einem Besuch des dritten Restaurants an der Platía möchten wir abraten. Das Essen ist lieblos gekocht, und das Lokal ist recht schmuddelig. Hier noch ein besonderer Tip: Wer der stinkenden und lauten Großstadt für eine kurze Weile entfliehen und zum Beispiel gut frühstücken möchte, der sollte das Café „Espressimo" aufsuchen. Es befindet sich in der Odos Moúlprou, einer unscheinbaren Seitengasse in Hafennähe. Am besten geht man vom Bahnhof aus in Richtung Hauptstraße und biegt nach links in eine Seitenstraße ein. Rechter Hand liegt das Café. Zugegeben — hier herrscht weniger griechische als vielmehr westliche Atmosphäre. Dafür ist es hier sehr ruhig, man bekommt köstliche frische Croissants mit diversen Füllungen — und das ganze ist nicht einmal teurer als woanders. Übrigens hat das Café die saubersten Toiletten, die wir je in Griechenland gesehen haben.

Feste

Alljährlich finden folgende Veranstaltungen in Alexandroúpoli statt:

Das Fest zum Gedenken des Befreiungskampfes gegen die Türken: Es wird jedes Jahr Anfang Mai gefeiert.

Das Weinfest: Alljährlich im Juli und August wird auf der Anlage des Campingplatzes Alexandroúpoli (von der E.O.T. ausgebaut) das Weinfest begangen.

Pannenhilfe

Der ELPA-Service hat seinen Sitz in der Odos Venizélou 100 — 102, Tel. 05 51/2 31 04, 1 04.

Polizei

Die Polizeistation befindet sich nördlich des Leuchtturms in einer Parallelstraße zum Hafen. Man erreicht die Polizei unter der Telefonnummer 05 51/2 64 65.

Post

Die Post befindet sich weit abseits des Hafens, in einer Querstraße der Odos 14. May.

Unterkünfte

In Alexandroúpoli gibt es zahlreiche Hotels, die jedoch — und nicht etwa nur während der Hochsaison — oft ausgebucht sind. Reservierungen sind daher von Vorteil. Ausgesprochen empfehlenswert sind folgende Hotels:

„Mitrópolis": 33 Zi., 49 Betten; das Hotel befindet sich in der Odos Ath. Diakou, unweit der kleinen Platía *(→Essen und Trinken)*. Alle Zimmer verfügen über Bad und Telefon und sind ausgesprochen sauber und ansprechend eingerichtet. Der Besitzer spricht Deutsch. Man zahlt in der Hauptsaison etwa 35 DM pro Übernachtung, in der Vor- und Nachsaison etwa 30 DM. Vorreservierung ist allerdings zu empfehlen, da das Hotels häufig ausgebucht ist; Tel. 05 51/2 64 43.

„Erika": 23 Zi., 50 Betten; das Hotel liegt an der Hafenstraße, schräg gegenüber dem Denkmal. Alle Zimmer verfügen über Dusche, Balkon, Telefon und TV. Sie sind sehr sauber und hübsch eingerichtet. Der Eigentümer spricht ebenfalls Deutsch. Das Hotel ist durchaus zu empfehlen. Man bezahlt für ein DZ in der HS 40 DM, für ein Drei-Bett-Zimmer 48 DM und für ein Vier-Bett-Zimmer rund 60 DM; Tel. 05 51/2 63 54, 3 16 91.

Verkehrsverbindungen

Mit dem Flugzeug: Es gibt tägliche Flugverbindungen mit der Olympic Airways von und nach Athén. Der Flughafen von Alexandroúpoli befindet sich etwa zehn Kilometer östlich der Stadt. Ein Büro der Fluggesellschaft Olympic Airways befindet sich in der Odos Koleti u. Ellis, Tel. 05 51/ 2 62 07, 2 86 53. Den Flughafen erreicht man unter der Telefonnummer 05 51/2 85 98.

Mit dem Bus: Es bestehen täglich Busverbindungen nach Athén, Thessaloníki, Kavála, Vería, Lárissa, Edéssa sowie in die anderen Städte Thrákiens. Der Busbahnhof befindet sich in einer Querstraße der Hauptstraße.

Mit dem Zug: Es besteht mehrmals täglich eine Zugverbindung nach Thessaloníki. Auch gibt es von hier einen Anschluß nach Istanbul. Der Bahnhof befindet sich am Hafen und ist nicht zu verfehlen.

Mit dem Schiff: Es gibt im Sommer täglich eine, an manchen Tagen sogar zwei Schiffsverbindungen zur Insel Samothráki. Die Fahrtzeit beträgt etwa 2 Stunden und 15 Minuten. Die Abfahrtszeiten ändern sich allerdings häufig. Auskünfte erteilt unter anderem die Griechische Zentrale für Fremdenverkehr.

Es gibt darüber hinaus jeden Dienstag um 8 Uhr eine Fährverbindung nach Límnos. Auskünfte erhält man unter den Telefonnummern 05 51/2 67 21, 2 35 12, 2 22 15.

Sonstiges

Etwa acht Kilometer östlich von Alexandroúpoli, am Evros-Delta, befindet sich die Heilquelle Traianoúpoli, die vor allem bei Nieren- und Gallenleiden aufgesucht wird.

Samothráki

Samothráki ist die am weitesten nordöstlich gelegene Insel Griechenlands und gehört vergleichsweise zu den touristisch am wenigsten erschlossenen Inseln. Die Gründe dafür sind ganz einfach: Zum einen ist die Insel so abgelegen, daß eine Anreise recht mühsam ist (Schiffe nach Samothráki fahren lediglich ab Alexandroúpoli und hin und wieder ab Kavála), zum anderen hat die Insel recht wenig von dem zu bieten, was üblicherweise zum Klischee eines Griechenlandurlaubs gehört, nämlich lange Sandstrände und idyllische Badebuchten. Zwar gibt es diese auch auf Samothráki, doch sind sie eher spärlich gesät. Was die 178 qkm große Insel viel mehr prägt, das sind mächtige Gebirgszüge, schroffe Felswände, ausgedehnte Kiefernwälder, schmale Kieselstrände und ein großer Reichtum an Wasser. Die höchste Erhebung ist der Fengári, was übersetzt „Mond" bedeutet, mit einer Höhe von 1611 Metern.

Auch verfügt die Insel bislang nur über ein schlecht ausgebautes Straßennetz, so daß der gesamte Ostteil Samothrákis nur zu Fuß ergründet werden kann. Zwar kommt Jahr für Jahr ein winziges Teilstück hinzu, doch ist angesichts der gebirgigen Insellandschaft ein vollständiger Ausbau des Straßennetzes kaum denkbar. Und auch wenn sich allmählich in einigen Küstenstädten ein zaghafter Tourismus breitmacht, ist mit einer umfassenden touristischen Erschließung der Insel auch in Zukunft nicht zu rechnen. Die wirtschaftliche Misere findet ihren Ausdruck ebenfalls in der abnehmenden Einwohnerzahl, die Samothráki zu verzeichnen hat. Von den ehemals fast 5000 Einwohnern leben mittlerweile nur noch rund 2500 Menschen auf der Insel. Viele Häuser stehen leer und sind dem zunehmenden Verfall anheimgegeben. Doch gibt es auch Fälle, in denen die ausgewanderten ,,Söhne" sich bemühen, ihre Heimatinsel zu unterstützen. So ist etwa die große Fähre, die seit 1986 zwischen Alexandroúpoli und Samothráki verkehrt, eine Stiftung zweier ehemaliger Samothrákier, die nach Deutschland ausgewandert sind. Vorher verkehrte hier nur ein kleines Boot.

Samothráki zu beschreiben bedeutet vor allem, auf zwei Dinge aufmerksam machen, die mit der weitgehenden Ursprünglichkeit der Insel in direktem Zusammenhang stehen: Das eine ist die Tatsache, daß auf der Insel die meisten Tiere in freier Wildbahn leben. Ganz Samothráki gleicht einem Wildpark. Egal, wo man langfährt, überall muß man damit rechnen, daß unvermittelt Ziegen über die Fahrbahn springen, daß Schafe am Wegesrand stehen — sogar Pferde und Esel kreuzen in aller Seelenruhe die Straße. Nicht selten kommt es vor, daß Ferkel oder Schweine im sprichwörtlichen ,,Schweinsgalopp" vor dem Auto herrennen, daß Hühner einem signalisieren, daß sie ,,Vorfahrt" genießen. Und sicher ist es kein Zufall, daß man hier häufiger als anderswo Schlangen zu Gesicht bekommt. Das zweite, was sofort ins Auge fällt, wenn man nach Samothráki kommt, das sind die zahlreichen Hippies und Aussteiger, die in den Hafentavernen oder aber an einsamen Inselstellen ihr Domizil haben.

Es gibt zwei Versionen, woher der Name Samothráki stammt. Die eine besagt, daß einst Bewohner der Insel Sámos die thrakische Insel besiedelten und aus der Zusammensetzung von ,,Sámos" und ,,Thrákien" der Name Samothráki entstand. Der anderen Version zufolge war einer der ersten Siedler Samon, Sohn des Zeus, woraus sich der Name Samothráki, also ,,Thrákien des Samon" entwickelte.

Geschichte

Bereits 2000 v. Chr. sollen Menschen auf Samothráki gelebt haben. 1000 v. Chr. ließen sich dann Bewohner des thrakischen Festlandes auf der Insel nieder, und zwei Jahrhunderte später kamen Siedler aus Lésbos (vielleicht aber auch aus Sámos) hinzu. Auf der Insel entwickelte sich alsbald eine Kultstätte, in der verschiedenen griechischen Göttern, allen voran den Fruchtbarkeitsgöttern, gehuldigt wurde. Im Laufe der Jahrhunderte wandelte sich die Stätte in ein wichtiges griechisches Heiligtum, in dem die Göttin des Ackerbaus, Demeter, sowie Hermes verehrt wurden. Heute geht man davon aus, daß es sich hier um einen Ort der berühmten Mysterien, jener Geheimkulte handelte, deren Mitglieder versuchten, sich mittels ritueller Handlungen eine angenehme und bevorzugte Stellung im Leben nach dem Tode zu sichern. Diese Mysterien sind angesichts des Schweigegebots ihrer Mitglieder, das eine historisch verwertbare Überlieferung verhinderte, noch immer nicht letztendlich erforscht. Tatsache ist jedoch, daß Jahr für Jahr zu den großen Feierlichkeiten, die hier stattfanden, zahlreiche Pilger aus weiten Teilen Griechenlands anreisten, so daß Samothráki zu einer der wichtigsten Kultstätten Griechenlands avancierte.

Nach den Perserkriegen wurde auch Samothráki Mitglied des Attisch-Delischen Seebundes, büßte seine Eigenständigkeit allerdings damit ein. Berichtet wird auch, daß der Apostel Paulus während seiner Missionsreise auf Samothráki gewesen sei, bevor er ans makedonische Festland übersetzte. In den folgenden Jahrhunderten wurde die Insel wiederholt belagert und erobert, zuerst von den Makedóniern, später dann von den Römern und schließlich von den Türken, die bis zu Beginn unseres Jahrhunderts die Insel beherrschten.

Sehenswürdigkeiten

Das Ausgrabungsgelände bei Paleópolis

Im Nordwesten der Insel befindet sich das riesige und ausgesprochen sehenswerte Ausgrabungsgelände von Paleópolis, jener oben beschriebenen ehemaligen Kultstätte. Zahlreiche Wissenschaftler aus dem In- und Ausland waren an den Arbeiten maßgeblich beteiligt. Heute ist eine Rekonstruktion des Geländes wohl mühelos möglich. Das bewaldete Ausgrabungsgelände wird auf der einen Seite begrenzt durch die hohen Berge, auf der anderen Seite genießt man immer wieder den Blick aufs Meer. Ein in der Tat traumhafter Platz für eine Kultstätte!

Bei einem Rundgang, für den man sich ein wenig Zeit nehmen sollte, stößt man direkt zu Anfang auf mehrere Weiheplätze sowie das Arsiníon, die Reste einer ehemals kreisrunden Opferstätte. Am auffallendsten sind die Ruinen des einstigen Tempels, in dem ebenfalls Weihen vorgenommen wurden. Heute ragen noch fünf Säulen in den Himmel. Sehr gut erhalten ist auch noch das antike Theater. Beeindruckend ist zweifellos die Nekrópolis, d.h. die Totenstadt. Man erkennt die relativ großen Grabkammern, in welche die Verstorbenen gebettet wurden. Der berühmteste Fund ist jedoch zweifellos die 190 v. Chr. entstandene Statue der Nike von Samothráke, der geflügelten Siegesgöttin, die 1863 von dem Franzosen Champoiseau in der Nähe der dorischen Tempelanlage entdeckt wurde. Das Original (leider fehlt der Nike der Kopf) ist heute im Louvre in Paris zu

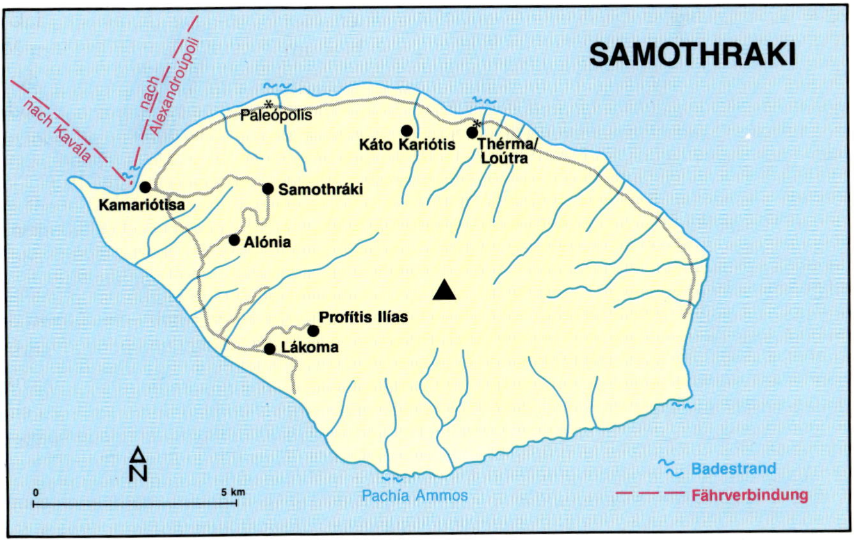

bewundern, ein Abguß der Statue befindet sich im Archäologischen Museum vor Ort.
Weiterhin sind auf dem Gelände Teile der alten Mauern, Relikte einer ehemaligen Wandelhalle sowie weitere, für die jährlich stattfindenden Festlichkeiten vorgesehenen Bauten zu bewundern. Der Eintritt kostet 2 DM.

Das Archäologische Museum

Vor dem Eingang des Ausgrabungsgeländes befindet sich das Archäologische Museum. Auf einer sehr kleinen Ausstellungsfläche — das Museum hat nur drei kleine Räume — sind zahlreiche bedeutende Funde ausgestellt, die bei den Ausgrabungsarbeiten in Paleópolis ans Tageslicht gefördert wurden. Darunter auch ein Abguß der berühmten Nike von Samothrake, das Original befindet sich im Louvre. Des weiteren sind ein alter Sarkophag aus dem 5. Jahrhundert v. Chr. sowie interessante Funde der alten Nekrópolis zu sehen. Das Museum enthält darüber hinaus ein um 340 v. Chr. entstandenes, sehr interessantes Relief der Propyläen der ehemaligen Opferstätte Temenos mit einer Darstellung tanzender Mädchen. Zu bewundern ist ebenfalls der restaurierte Sockel einer zwischen 285 und 281 v. Chr. entstandenen korinthischen Säule.

Neben zahlreichen Keramiken, Amphoren, Terracotta-Figuren und einem alten Spiegel fällt noch die um 460 v. Chr. entstandene Statue der Persephone, der Göttin der Unterwelt, auf. Die Persephone galt als Tochter des Zeus und der Demeter. Später, so heißt es, sei sie die Gemahlin des Hades geworden, der sie in der Unterwelt gefangen hielt und nur hin und wieder an die Oberwelt kommen ließ.

Am Eingang zum Museum ist eine dem Professor Karl Lehmann gewidmete Plakette an-

Nike von Samothráki

gebracht, die an seine wertvolle Arbeit im Bereich der Ausgrabungen erinnert.
Öffnungszeiten: Di.-So. 8.30-15 Uhr (montags geschlossen). Der Eintritt kostet 2 DM.

Kamariótisa

Wer nach Samothráki fährt, lernt zuerst den an der Westküste gelegenen Hafenort Kamariótisa kennen. Schon vom Schiff aus bietet sich ein herrlicher Blick. Der Ort liegt in einer flach auslaufenden Bucht, im Hintergrund erhebt sich das mächtige Gebirge. Kamariótisa ist ein recht sympathischer, allerdings nicht übermäßig reizvoller Ort mit rund 800 Einwohnern. Der Hafenbereich ist im Vergleich zu manch anderen griechischen Fischerhäfen eher langweilig. Allerdings bestimmen in Kamariótisa noch immer die Einheimischen das Bild, es herrscht eine gemütliche Atmosphäre! Lediglich in den wenigen Wochen der Hochsaison geht es auch in Kamariótisa mitunter ein wenig lauter zu.

Praktische Informationen

Ärztliche Versorgung

Den Arzt erreicht man unter der Telefonnummer 4 15 5 oder 4 18 55. Bei ernsteren Erkrankungen sollte man die Klinik in der Hauptstadt Chóra aufsuchen, Tel. 4 16 36, 4 12 68. Eine Apotheke findet man, wenn man neben der Bank in die Straße abbiegt und diese ein Stück hochgeht. Öffnungszeiten: Mo.-Fr. 9-14 Uhr und von 18.30-21 Uhr. An den Wochenenden hat die Apotheke von 10.30-13 Uhr geöffnet.

Auskunft

Eine direkte Touristeninformation gibt es auf Samothráki nicht. Was aber Auskünfte über Schiffsverbindungen, Buchung von Olympic-Airways-Flügen und Zimmervermittlung angeht, da berät die Agentur „Nikis Tours" am Hafen, Tel. 4 14 65.

Auto-/Motorradvermietung

Eine Autovermietung haben wir nicht entdecken können. Es besteht aber die Möglichkeit, ein Moped zu mieten. Der Tagesmietpreis liegt bei etwa 20 DM. Der Mopedverleih befindet sich kurz vor der Kirche auf der linken Seite (an der Ecke).

Baden

Die Bademöglichkeiten um Kamariótisa sind nicht sonderlich schön. In nördlicher Richtung schließt sich ein schmaler Kieselstrand an.

Banken

Direkt am Hafen befindet sich eine Bank. Öffnungszeiten: Mo.-Fr. 8-14 Uhr.

Einkaufen

Der Supermarkt liegt gegenüber der Apotheke. Hier erhält man alles Notwendige.

Essen und Trinken

Am Hafen gibt es einige Tavernen, in denen man nicht nur gut ißt, sondern auch sehr schön sitzt. Etwas nervend kann es allerdings schon einmal sein, wenn versucht wird, einen mit aller Gewalt in eine Taverne zu locken. Empfehlen möchten wir ein etwas abseits gelegenes namenloses Restaurant, das an der rechten Hafenseite, in Richtung Hotel „Níki", liegt. Es ist das vorletzte Restaurant. Die Küche ist reichhaltig und gut. Man sitzt recht schön, nicht weit vom Meer entfernt. Die sehr freundliche Inhaberin spricht Deutsch. Wer öfter kommt, kann auch schon einmal Wunschgerichte für den nächsten Tag äußern. Wenn es möglich ist, bemüht man sich, das gewünschte Gericht am nächsten Tag auf den Tisch zu zaubern.

Polizei

Eine Polizeistation gibt es hier nicht, sondern in Chóra. In Kamariótisa befindet sich lediglich die Hafenpolizei; Tel. 4 13 05.

Taxi

Der Taxi-Ruf lautet: 4 13 41.

Telefonieren

Es gibt ein, wenn auch ungewöhnliches OTE in Kamariótisa. Es befindet sich gegenüber der Kirche in einem hoffnungslos zugestellten Geschenkartikel- und Kramladen. Im hinteren Ladenbereich stehen vier Telefonapparate herum. Aber Vorsicht: die Inhaberin irrt sich schon einmal gerne im Preis! Öffnungszeiten: täglich von 8.30-13 Uhr und von 16.30-22.30 Uhr.

Unterkünfte

Neben ganz wenigen Hotels steht eine Reihe von Privatzimmern zur Verfügung. Empfehlen wollen wird indes folgende Hotels:

„Aeolos": 56 Zi., 100 Betten; das sehr schöne Hotel mit Swimming-Pool liegt an der rechten Hafenseite, außerhalb des Ortes. Von hier aus hat man einen sehr schönen Blick übers Meer. Schon vom Schiff aus sieht man das zweistöckige Gebäude. Es verfügt über ein Restaurant und eine Bar. Auch werden des öfteren Folkloreabende abgehalten. Ein DZ mit Bad und Balkon kostet in der HS rund 70 DM; Tel. 05 51/4 15 95, 4 18 95.

„Níki": 38 Zi., 72 Betten; das Hotel Níki liegt unterhalb des Hotels „Aeolos", direkt am Meer, ebenfalls in ausgesprochen ruhiger Lage und ist ebenfalls sehr empfehlenswert. Alle Zimmer verfügen über Bad, Telefon und Balkon. Man zahlt in der HS für ein DZ rund 52 DM, für ein EZ 37 DM und für eine Suite (für vier Personen) etwa 80 DM; die Eigentümer sind sehr freundlich; Tel. 05 51/4 15 61.

Verkehrsverbindungen

Mit dem Bus: Es besteht täglich siebenmal eine Busverbindung nach Chóra, sechsmal nach Loútra und dreimal nach Profítis Ilías.

Mit dem Schiff: Es besteht tägliche eine Schiffsverbindung nach Alexandroúpoli. Wenn man Glück hat, begleiten Delphine und fliegende Fische das Schiff. Im Hochsommer besteht darüber hinaus ein- bis zweimal wöchentlich eine Verbindung nach Kavála. Informationen erhält man in den Ticket-Büros am Hafen oder unter der Telefonnummer 4 14 65, 4 13 05.

Sonstiges

Es gibt im Ort eine Tankstelle, allerdings kein bleifreies Benzin.

Einst Kultstätte, heute ein sehenswertes Ruinengelände: Paléopolis

Káto Kariótis

Wie schon erwähnt, kann man nicht einmal um die gesamte Insel herum fahren. Darum hat man von Kamariótisa aus drei Möglichkeiten: Entweder man fährt die Nordküste entlang (ein Stück hinter Loútra endet jedoch die Asphaltstraße) oder man fährt die Straße an der Südküste entlang oder aber man besucht den Hauptort Chóra. Beginnt man mit der Nordküste, so erreicht man als erstes Paleópolis und kommt dann nach Káto Kariótis.

Káto Kariótis ist ein kleines Dorf an der Nordküste der Insel. Man erreicht es, wenn man der Beschilderung folgt und von der Hauptstraße auf einen Schotterweg abbiegt. Nach etwa 500 Metern Fahrt auf einer holprigen Piste erreicht man Káto Kariótisa, das gar kein Dorf im eigentlichen Sinne darstellt, sondern vielmehr eine Ansammlung von Häusern ist, von denen einige sehr verlassen wirken. Vor der Dorfschule grasen friedlich Schafe, und auch ansonsten geht hier alles sehr geruhsam zu. Wir haben lediglich eine Taverne entdecken können, und die hat in der Nachsaison geschlossen.

Thérma/Loútra

An der Nordküste der Insel liegt der Ort Thérma, manchmal auch Loútra genannt. Wie der Name bereits sagt, befinden sich hier Thermalquellen. Viele Griechen pilgern im September und Oktober — wenn es sich etwas abgekühlt hat — hierher, um sich an den heißen Quellen gütlich zu tun. Das Wasser hat eine Temperatur von 62 Grad Celsius. In einer Badeanlage, die über ein kleines Becken (etwa 2 x 5 Meter) verfügt, besteht die Möglichkeit zum Wassertreten oder zum Baden. Hier erreicht das Wasser eine Temperatur von 39 Grad Celsius. Die Badeanlage (untergebracht in einem scheußlichen neuen Gebäude) ist täglich von 6-11 Uhr und von 16-18 Uhr geöffnet.

Der Ort liegt etwas erhöht in einem kühlen und schattenspendenden Laubwald. Im Ortskern sieht man riesige alte Platanen stehen. Ein wirklich erfrischender Ort, in dem man es ruhig mal eine Weile aushalten kann.

Kurz hinter Loútra endet die Asphaltstraße. Ein Schotterweg führt jedoch weiter bis an die äußerste Ostspitze der Insel. Dort, in Kípos, bestehen noch einmal recht schöne Bademöglichkeiten. Überhaupt ist die Strecke an der Küste entlang recht reizvoll. Zur Linken liegt das Meer, zur rechten befindet sich ein schöner Kiefernwald. Insgesamt hat uns allerdings die Südküste besser gefallen.

Praktische Informationen

Essen und Trinken

Es gibt einige Restaurants und Cafés im Ort, die schon am Vormittag gut besucht sind. Der Dorfpope gesellt sich gerne dazu und spielt Karten. Am besten hat uns das etwas höher, unter einer 1000 Jahre alten Platane — so heißt es zumindest — gelegene namenlose Restaurant gefallen.

Hier sitzt man ausgesprochen gemütlich, hat einen schönen Blick in den angrenzenden Laubwald und kann in aller Ruhe sein Essen genießen.

Unterkünfte

Es befindet sich nur ein Hotel im Ort. Darüber hinaus werden aber auch Privatzimmer vermietet. Man sieht überall Schilder mit der Aufschrift „Rooms to let".

Das Hotel „Kaviros" ist sehr empfehlenswert. Es verfügt über 28 Zimmer, ein Restaurant, eine Bar und eine Cafeteria.

Geplant ist der Bau eines Swimming-Pools und einer Tennisanlage, und das bereits für das Jahr 1991. Man zahlt pro Übernachtung für ein DZ (alle recht liebevoll eingerichtet und sehr sauber) in der HS rund 73 DM, für ein EZ etwa 50 DM; Tel. 05 51/4 15 77, 4 14 97.

Kein Autolärm, keine Souvenirshops ... nichts stört die geruhsame Idylle von Samothráki (Chora)

Samothráki/Ort (Chóra)

Wer in der Chóra, dem Hauptort Samothrákis, der nur wenige Kilometer von Kamariótisa entfernt landeinwärts liegt, Rummel erwartet, der hat sich gründlich getäuscht. Chóra ist ein verträumter, nahezu völlig unberührter Ort in einer noch dazu phantastischen Lage. Gewaltige Felsformationen, die etwas nahezu Unheimliches an sich haben, ragen aus dem Boden empor. Die kleinen Häuser, regelrecht in den Berg hineingebaut, sind an den Felswänden angelegt. Man sollte gar nicht erst versuchen, mit dem Auto in den Ort hineinzufahren. Die Gassen werden so eng, daß ein Wendemanöver auf den zum Teil sehr steilen Straßen ein gewagtes Unternehmen ist. Schöner, wenngleich anstrengender, ist sicherlich ein Spaziergang durch die kleinen Gassen. Bunte Blumen schmücken die Vorgärten und Balkone. Kaum eine Gasse, in der nicht unvorstellbar große und wohlgenährte Hennen den Weg kreuzen. Ansonsten strahlt der ganze Ort eine ungewohnte Ruhe und Friedlichkeit aus — keine Geschäfte, kein Autolärm — nichts stört die geruhsame Idylle der Inselhauptstadt.

Will man von Chóra aus an die Südküste fahren, so braucht man nicht in Richtung Kamariótisa zurückzufahren, sondern kann durch den Ort hindurchfahren. Der Weg führt allerdings durch ganz enge Straßen, und die hin und wieder auftauchenden Straßenschilder stiften eher Verwirrung. Wer also seine Nerven schonen möchte, der sollte vielleicht besser den längeren Weg in Kauf nehmen.

Praktische Informationen

Ärztliche Versorgung

Am Ortseingang von Chóra (von Kamariótisa aus kommend) befindet sich das „Health Center", Tel. 05 51/4 16 36, 4 12 68.

Essen und Trinken

An der Straße, die durch Chóra hindurchführt, befinden sich mehrere kleine Tavernen und eine Ouzerí.

Polizei

Wer die Polizeistation aufsuchen muß, hat ein schweres Stück Arbeit vor sich. Denn das Büro der Polizei thront hoch über dem Ort, beim alten Kastell; Tel. 05 51/4 12 02, 4 12 03.

Unterkünfte

Es gibt so gut wie keine Übernachtungsmöglichkeiten in Chóra. Obwohl uns Einheimische von einem Hotel berichteten, konnten wir trotz intensiver Suche keins ausfindig machen. Lediglich einige wenige Privatzimmer stehen zur Verfügung.

Verkehrsverbindungen

Es gibt täglich mehrmals eine Busverbindung von und nach Kamariótisa.

Sonstiges

Das Rathaus von Samothráki hat seinen Sitz in Chóra. Man erreicht es unter der Telefonnummer 05 51/4 12 18. Am Ortseingang ist linker Hand ein kleiner Parkplatz, auf dem man seinen Wagen abstellen kann, um das Dorf zu besichtigen (kein Schatten).

Alónia

Auf der Fahrt zur Südküste kommt man durch den Ort Alónia, der lediglich aus ein paar Häusern rechts und links der Straße besteht. Am Ortsausgang befindet sich eine Militärkaserne. Ansonsten ist hier nichts Erwähnenswertes.

Lakóma

Lakóma ist der letzte Ort, den man auf der Fahrt zu dem einzigen Sandstrand der Insel durchquert. Lakóma liegt nicht weit vom Meer entfernt. Sehr steile Gassen und kleine verwinkelte Straßen führen durch den Ort. Vor den Häusern hängen enthäutete Ziegen, daneben trocknen die Felle. Fremde, die sich hierhin „verirren", werden neugierig beäugt. Als wir durch den Ort fuhren, umringte sofort eine ganze Schar von Kindern unseren Wagen. Autofahrer werden hier wieder auf eine harte Bewährungsprobe gestellt. Der Ort bietet übrigens keine Unterkünfte und verfügt über so gut wie keine Infrastruktur.

Profítis Ilías

Kurz vor Lakóma befindet sich der Abzweig zum Bergdorf Profítis Ilías. Man sollte einen Ausflug dorthin unbedingt machen, allein des sagenhaften Blickes wegen, den man von hier oben genießt. Besonders empfehlenswert ist es, den Sonnenuntergang von Profítis Ilías aus zu beobachten. Profítis Ilías, bekannt vor allem wegen seiner gleichnamigen Kirche, ist zwar ein kleiner, im Gegensatz etwa zu Lakóma jedoch ein recht lebendig wirkender Ort. An der Durchgangsstraße befinden sich mehrere Tavernen und eine Ouzerí. Hier gibt es eine seltene Spezialität — Ziege vom Grill. Der Duft nach Gebratenem und Gegrilltem durchzieht den ganzen Ort.

Wer im Juli auf Samothráki weilt, der kann eines der schönsten Inselfeste miterleben. Jedes Jahr am 20. Juli findet nämlich zu Ehren des Profítis Ilías ein Kirchenfest statt, zu dem nahezu die gesamte Inselbevölkerung kommt. Allein die Lage der Kirche, hoch oben in den Bergen, verleiht dem Fest einen besonderen Glanz. Nach der feierlichen Messe wird gemeinsam getrunken und gegessen. Wenn die Musiker eintreffen, wird zum Tanz aufgespielt, und wer ein solches Fest zum erstenmal miterlebt, wird tief beeindruckt sein.

Pachía Ammos

Einige Kilometer südwestlich von Lakóma befindet sich der einzige Sandstrand der gesamten Insel (in Wirklichkeit handelt es sich allerdings um ganz feinen Kies). Man erreicht den Strand über eine holprige Straße voller Schlaglöcher. Da man kaum schneller als 20 Stundenkilometer fahren kann, braucht man für die Strecke eine gute halbe Stunde. Doch die Fahrt lohnt sich! Der Strand von Pachía Ammos hält, was in den Prospekten versprochen wird. Die Bucht mit ihrem sehr breiten und langen Strand ist eingerahmt von zwei Felsen. In der Nachsaison ist es hier fast menschenleer. Wer keinen Wagen hat, kann den Strand nur zu Fuß oder aber mit einem Moped (nicht sehr empfehlenswert) erreichen. Der einzige Nachteil: Es gibt so gut wie keinen Schatten hier. Auch sollte man sich ausreichend Wasser und Proviant mitnehmen, denn es ist keine Taverne vorhanden. Allerdings zeugen die gerade errichteten Rohbauten etwas abseits des Strandes davon, daß die Bucht in den nächsten Jahren vielleicht doch touristisch erschlossen werden wird. Mit der Ruhe wird es dann im Hochsommer hier wohl vorbei sein.

Límnos

Die nicht weit von der türkischen Küste entfernt gelegene, sehr zergliederte und buchtenreiche Insel Límnos gehört zu den touristisch noch wenig entwickelten Eilanden der Ägäis. Und das aus verständlichem Grund: Angesichts der strategisch wichtigen Lage der Insel, nicht weit vom türkischen Festland entfernt, ist Límnos ein wichtiger Militärstützpunkt Griechenlands. Wer hier Urlaub macht, wird sich an den Anblick von Militärfahrzeugen und Soldaten gewöhnen müssen. Vor allem der östliche Inselteil ist fast ausschließlich militärisches Gebiet. Neben dem Abschreckungseffekt, den die militärische Präsens auf viele Urlauber ausübt, gibt es einen weiteren Grund, warum Límnos touristisch noch in den Kinderschuhen steckt: Die Insel liegt etwas abseits der Schiffsrouten und wird darum nur selten angesteuert. Nichtsdestotrotz ist die Insel sicherlich einen Besuch wert. Hier findet man noch ruhige und vergleichsweise einsame Badebuchten und schöne Strände. Lange weitgehend unentdeckt, macht sich in den letzten Jahren auf Límnos ein zaghafter Tourismus bemerkbar, der sich vornehmlich auf den Hauptort Mírina und die umliegenden Badestrände konzentriert.

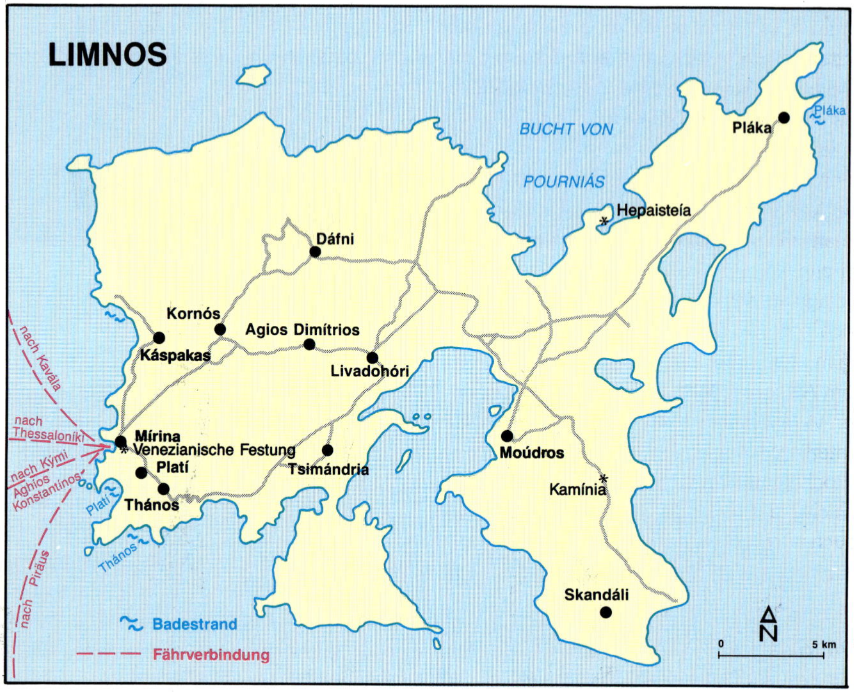

Auf Límnos leben knapp 16 000 Menschen. Die Insel hat eine Gesamtgröße von 476 qkm und ist im Vergleich zur benachbarten Insel Samothráki ausgesprochen flach. Die höchste Erhebung beträgt 430 Meter. Im Vergleich zu den meisten anderen Inseln der Nordägäis ist Límnos ausgesprochen karg. Wer ausgedehnte Waldgebiete erwartet, wird enttäuscht sein. Dennoch ist Límnos keineswegs unfruchtbar, was man spätestens dann merkt, wenn man an den großen Weinfeldern vorbeikommt. Im September, während der Weinernte, stapeln sich die Körbe und Kisten am Straßenrand, auf den Feldern ist man eifrig bei der Arbeit.

Wer sich dazu entschließt, auf Límnos seinen Urlaub zu verbringen, der muß vor allem mit der Süd- und Westküste vorlieb nehmen. Hier kann man problemlos baden, was an der Ostküste nahezu unmöglich ist. Es sind dort nicht nur einige Strände völlig gesperrt, sondern zum Teil auch vermint. Man sollte also konsequent von einem Badeausflug an die Ostküste absehen. Wer die ganze Insel Límnos kennenlernen möchte, der muß sich auf folgendes einstellen: winzige kleine Dörfer, Militäranlagen, Stacheldrahtzäune, abgesperrte Badebuchten und zum Teil sehr holprige Straßen.

Geschichte

Italienischen Archäologen zufolge, die auf Límnos umfassende Ausgrabungsarbeiten vorgenommen haben, war die Insel bereits im Neolithikum (Jungsteinzeit) bewohnt. Während der Bronzezeit soll sich hier eine bedeutende Kultur entwickelt haben.

Folgt man den Aufzeichnungen Homérs, dann stammen die ersten Einwohner von Límnos aus Thrákien. In der Antike trug die Insel den Namen Efália. Nachdem die Perser im 6. Jahrhundert v. Chr. die Insel erobert hatten, konnte ein Jahrhundert später der griechische Staatsmann und Feldherr Miltiádes die Insel einnehmen, die dann bis zum 3. Jahrhundert v. Chr. im Besitz Athéns blieb, dann allerdings in eine gewisse Bedeutungslosigkeit versank. Límnos spielte eine wirtschaftlich wichtige Rolle für Athén, da die Insel zugleich eine „Kornkammer" und Umschlagplatz der Kornversorgung aus dem Bereich der nördlichen Ägäis war.

Nach den Perserkriegen gehörte die Insel dem Attischen Seebund an. In dieser Zeit zogen viele Athener nach Límnos. Von kurzen Unterbrechungen abgesehen, blieb Límnos jedoch lange Zeit im Besitz Athéns. Die Geschichte der folgenden Jahrhunderte ist nur bruchstückhaft überliefert. Límnos wurde zeitweilig dem Römischen Reich eingegliedert und mußte sich gegen die Angriffe der Germanen und Araber zur Wehr setzen. 1479 traten die Byzantiner die Insel an die Osmanen ab. Die Zeit der türkischen Besatzung währte genau 433 Jahre. 1912 endlich gelang es den Insulanern, sich von der türkischen Besatzung zu befreien. Im Ersten Weltkrieg diente Límnos den Alliierten als Stützpunkt für ihre militärischen Operationen in den Dardanellen.

Mythologie

Während Límnos geschichtlich betrachtet keine herausragende Bedeutung zukommt, so spielte die Insel in der griechischen Mythologie eine wichtige Rolle. Mehrmals wird Límnos zum Schauplatz der Sagenwelt.

Die Sage von Philoktetes auf Límnos

Zur Zeit des Trojanischen Krieges soll es sich zugetragen haben, daß Philoktetes, ein Freund des Herakles, der zur griechischen Flotte gehörte, die nach Troja segelte, an der Küste der unbewohnten Insel Límnos ausgesetzt wurde. Philoktetes hatte wenig zuvor bei einem Aufenthalt auf der Insel Chryse das Unheil ereilt, von einer Schlange gebissen zu werden. Die Wunde verursachte nicht nur rasende Schmerzen, sondern auch einen unerträglichen Geruch, dessen sich die restliche Besatzung nicht erwehren konnte. Also entschloß sich Odysseus, der nicht gewillt war, den Feldzug gegen Troja aufs Spiel zu setzen, den erkrankten Freund Philoktetes auf der unbewohnten Insel Límnos abzusetzen. In einer Höhle bettete er den schlafenden Philoktetes nieder und hinterließ ihm Speisen und Getränke. Doch eines blieb von Odysseus unbeachtet: Philoktetes hatte einst von Herakles die heiligen Pfeile geerbt, die alleine einen Sieg über Troja bringen sollten. Nach neun Jahren erbitterten und erfolglosen Kampfes entsannen sich die Griechen des kranken Freundes, der über die Wunderpfeile verfügte. Also segelte Odysseus zusammen mit Neoptolemos, Sohn des Achill, zurück zu dem einsamen Gestade. Philoktetes aber, wütend und verletzt, weil man ihn all die Jahre im Stich gelassen hatte, weigerte sich, die Pfeile herzugeben. Zuerst bemüht sich Neoptolemos, gemäß der Anweisung des Odysseus, mittels einer List an die Pfeile zu gelangen. Doch Philoktetes durchschaute die Absicht und erkannte auch Odysseus unter den Besuchern. Da sprach im letzten Augenblick Herakles aus den Wolken zu seinem Freund und riet ihm, mit Odysseus und seiner Mannschaft nach Troja zu segeln und die Feinde zu besiegen. Er, so Herakles, werde dort von seiner Krankheit befreit und kehre als reicher Mann nach Griechenland zurück. Da willigte Philoktetes ein und machte sich gemeinsam mit den Griechen auf den Weg in Richtung Troja.

Sehenswürdigkeiten

Bedeutende Sehenswürdigkeiten kann die Insel nicht aufweisen. Wie berichtet wurde, beginnt man jedoch langsam, auch hier archäologische Forschungen anzustellen. Vor allem die Universität von Thessaloníki, berühmt für ihre archäologische Abteilung, betreibt seit einiger Zeit Ausgrabungsarbeiten auf der Insel.

Die venezianische Festung

Erhöht auf den kargen Felsen erbaut, thront die vermutlich aus dem 13. Jahrhundert stammende alte Festungsanlage von Mírina. Schon vom Schiff aus erblickt man die Ruinen dieser einst mächtigen venezianischen Burg. Eine Besichtigung der Burgruinen lohnt sich auf jeden Fall, zumal sich von hier aus ein schöner Blick über die zauberhafte Hafenbucht ergibt.

Die Ruinen von Hephaisteía

Im Nordosten der Insel, nahe der Bucht von Pourniás, befinden sich die Ruinen der ehemaligen Stadt Hephaisteía. Laut der griechischen Mythologie soll sich hier der Gott Hephaistos aufgehalten haben, den Zeus vom Olýmp gestürzt hatte und der auf Límnos niederfiel. Etwas nördlich von Hephaisteía soll er seine Schmiede betrieben haben. Bei den Ausgrabungsarbeiten sind unter anderem Reste eines antiken Theaters und alte Grabkammern entdeckt worden. Auch nimmt man an, daß sich an der Nordspitze der Insel ein Tempel der Aphrodite befand.

Im 5. Jahrhundert v. Chr. war Hephaisteía die bedeutendste Stadt auf Límnos, die von Miltiádes erobert und später dem Attischen Seebund eingegliedert wurde. Bei Ausgrabungsarbeiten ist ein Altar entdeckt worden, der vermutlich zu einem Heiligtum der Göttin Athéna gehörte. Die Archäologen stießen außerdem auf eine Totenstadt (einen Friedhof) aus der Zeit zwischen dem 8. und 6. Jahrhundert v. Chr. Interessante Keramiken und Idole sowie zahlreiche Waffenfunde geben Aufschluß über die hohe kulturelle Entwicklung der Stadt. Man nimmt an, daß die Stadt in engem Kontakt mit Korínth stand. Bei Ausgrabungsarbeiten, die nordöstlich von Hephaisteía vorgenommen wurden, stieß man 1937 auf Ruinen einer alten Tempelan-

Die Sage von den Argonauten auf Límnos

Während der Fahrt der Argonauten, die ausgezogen waren, das Goldene Vlies zu erobern (→ Vólos / Die Argonautensage) landete das Schiff an der Küste von Límnos, wo die Mannschaft von einer Schar bewaffneter Frauen empfangen wurde. Ein Jahr zuvor hatten die Frauen aus Wut und Rache ihre Ehemänner erschlagen, die sich auf dem Festland Nebenfrauen genommen hatten. Regiert wurde die Insel von da an von der Königin Hypsipyle. Als nun die Argonauten um Aufenthalt und Verpflegung ersuchten, wurde diese Bitte zwar gewährt, doch hielt man den Massenmord geheim. Als Begründung für die ausschließliche Besiedlung der Insel durch Frauen teileten diese den Argonauten mit, ihre treulosen Männer seien sämtlich ans Festland zu ihren Nebenweibern gezogen. Die Argonauten aber waren den Frauen durchaus willkommen. Man berief einen Rat ein und erhörte den Spruch einer alten Amme, die den Vorschlag unterbreitete, die Männer auf Límnos zu behalten und ihnen die Regierung zu übertragen — schon allein, damit in den kommenden Jahren die schwere Feldarbeit, die von den Frauen alleine nicht verrichtet werden konnte, erledigt werden würde. Die Argonauten indes, zwar erfreut über diesen Vorschlag, erhörten die Worte des Herakles, der die Mannschaft an ihren Auftrag erinnerte, das Goldene Vlies zu erobern, und so segelten die Argonauten von dannen.

lage. Das Heiligtum von Kabírio ist aller Wahrscheinlichkeit nach noch älteren Datums als die antike Stadt auf der Nachbarinsel Samothráki. Das ergibt sich aus Schriften, die in der Nähe der antiken Stätte gefunden wurden.

Die Amazonen
Gemäß der griechischen Mythologie lebte einst in Kleinasien ein Volk kriegerischer Frauen, die sogenannten Amazonen. Lediglich im Frühjahr suchten sie Männer auf; wurde dann eine Amazone schwanger, so tötete man das Kind nach der Geburt, wenn es ein Junge war. Nur die weiblichen Nachkommen wurden von den Amazonen großgezogen und für den kriegerischen Kampf ausgebildet. Angeblich nahmen die Amazonen am Trojanischen Krieg teil, in dem sie die Griechen heftig bekämpften.

Mírina

Der an der Westküste gelegene Hafenort Mírina ist sicherlich der attraktivste und schönste Ort der Insel. Was Mírina so anziehend macht, sind in erster Linie die schöne Lage in der kleinen Bucht und der hübsche Fischerhafen, in dem zahlreiche bunte Boote vor Anker liegen. Er erinnert ein wenig an den Hafen Naoússa auf der Insel Páros. Wer sich nach gemütlicher Hafenatmosphäre und Ruhe sehnt, der sollte in der Tat einige Tage in Mírina verbringen.
Ihren Namen erhielt die Hauptstadt übrigens nach der Amazone Mírina, einer Führerin jenes kriegerischen Frauenvolkes der Amazonen, von dem ein Teil einst angeblich nach Límnos übersiedelte.

Sehenswürdigkeiten

Die venezianische Festung

→Límnos/Sehenswürdigkeiten

Das Archäologische Museum

Im Gebäude des ehemaligen türkischen Palastes ist ein Archäologisches Museum untergebracht (Tel. 02 54/2 29 90). Zu sehen sind vorwiegend Fundstücke aus vorhistorischer Zeit, die bei Ausgrabungsarbeiten ans Tageslicht kamen. Zu sehen sind außerdem zahlreiche Keramiken, Idole und alte Schriften, von denen einige aller Wahrscheinlichkeit nach aus dem Tempel der Artemis stammen, der sich einst bei Mírina befunden haben soll.

Praktische Informationen

Ärztliche Versorgung
In Mírina befindet sich das Allgemeine Krankenhaus der Insel. Man erreicht es unter der Telefonnummer 02 54/ 2 22 03, 2 23 45.

Ausflüge
Im Hochsommer werden Bootstouren um die Insel und zu bestimmten Buchten angeboten.

Auskünfte
Am Hafen befindet sich seit kurzem eine Touristeninformation, in der man bereitwillig alle Fragen zu beantworten sucht.

Auto-/Motorradvermietung
In der Nähe des Hafens befindet sich eine Autovermietung, Tel. 02 54/2 20 39. Es besteht darüber hinaus die Möglichkeit, sich ein Moped zu mieten.

Baden
Mírina verfügt über zwei Strände, einen schmalen Sandstrand im Norden und einen im südlichen Bereich der Stadt. Beide sind recht sauber und angenehm. Natürlich ist im Hochsommer hier eine Menge los, aber dennoch kann man das Baden hier empfehlen. Wer lieber alleine sein möchte, der sollte die Badebuchten südlich und nördlich des Ortes aufsuchen. Allerdings kann man nicht alle betreten, da, wie bereits erwähnt, einige Buchten vermint sind. Man sollte sich auch unbedingt nach den Verbotsschildern richten, die den Zutritt zu den Stränden untersagen; hier besteht in der Tat Lebensgefahr.

Banken
Banken befinden sich in der Hauptstraße von Mírina, die am Hafen beginnt. Es gelten die üblichen Öffnungszeiten. Wie fast überall in Griechenland, wechselt man aber auch in der Post Geld. Wenn selbst das nicht klappen sollte, stehen noch immer die Hotels zur Verfügung.

Einkaufen
Im Ort gibt es ausreichende Einkaufsmöglichkeiten. Probieren sollte man auf alle Fälle den Inselhonig, der überall auf Límnos angeboten wird. Er hat einen interessanten Geschmack und ist sicherlich auch ein geeignetes Mitbringsel für die Daheimgebliebenen. Wer etwas für süßen Wein übrig hat, der sollte den Inselwein probieren. Man

bekommt ihn auf Anfrage mitunter auch in den Tavernen (wo ja meistens Flaschenweine angeboten werden).

Essen und Trinken

Im Hafenbereich gibt es einige Tavernen und Kafenía, die eigentlich alle recht gutes Essen anbieten. Übrigens läßt sich für ganz Griechenland feststellen, daß mit steigendem Tourismus die Qualität des Essens rapide abnimmt. In Mírina ist davon bislang noch nicht allzu viel zu spüren.

Polizei

Die Polizeistation erreicht man unter der Telefonnummer 02 54/2 22 00. Hier erteilt man auch bereitwillig Auskünfte.

Post

Die Post befindet sich in der Haupteinkaufsstraße von Mírina. Sie ist werktags zu den üblichen Geschäftszeiten geöffnet.

Telefonieren

Auch das OTE liegt an der Hauptstraße, die durch Mírina hindurchführt.

Unterkünfte

In Mírina gibt es mittlerweile mehr als zehn Hotels und natürlich Privatzimmer, die sich in Komfort und Preis zum Teil stark voneinander unterscheiden. Der absolute Spitzenreiter ist das Luxushotel „Akti Mírina".

„Akti Mírina" (Bungalows): 125 Zi., 250 Betten; die sehr schöne Anlage befindet sich in der nördlichen Hafenhälfte. Hier fehlt es an nichts. Natürlich stehen zahlreiche Sportmöglichkeiten zur Verfügung: eine Tennisanlage, ein Volleyball-Feld, Tischtennisplatten, Surfbretter etc. In einem gediegenen Restaurant gibt es nur vom Feinsten. Das Ganze hat natürlich seinen Preis. Die Übernachtung kostet zwischen 226 und 460 DM, je nach Größe des Appartements und Anzahl der Betten; telefonische Buchungen unter Telefonnummer 02 54/2 26 81, 2 36 81, 2 23 10 oder in Athén unter 01/3 23 09 62.

Wer etwas bescheidener, aber dennoch schön unterkommen möchte, dem seien folgende Hotels empfohlen:

„Afrodíti" (Appartements): 12 Zi., 25 Betten; das Hotel liegt an der nördlichen Hafenbucht. Man bezahlt während der HS für ein Appartement zwischen 72 und 155 DM; Tel. 02 54/2 34 89, 2 31 41.

„Aktaeon": 14 Zi., 28 Betten; das Hotel befindet sich in der Odos Arvanitáki 2, am Hafen. Für ein DZ mit Bad zahlt man in der HS etwa 42 DM; Tel. 02 54/2 22 58, 2 24 30.

„Nefeli" (Appartements): 12 Zi., 24 Betten; in der HS zahlt man für ein Appartement zwischen 140 DM und 235 DM; Tel. 02 54/2 34 15, 2 35 51.

Verkehrsverbindungen

Mit dem Flugzeug:

Da Límnos über einen Flughafen verfügt (laut Auskunft eines Mitarbeiters der Griechischen Zentrale für Fremdenverkehr einer der besten und sichersten Griechenlands), gibt es regelmäßige Verbindungen der Olympic Airways von und nach Athén, Thessaloníki und auf die Insel Lésbos. Auskünfte und Buchungen nimmt das Büro der Olympic Airways, in der Odos Garofalídi vor, Tel. 02 54/2 20 78.

Mit dem Schiff:

Die Schiffsverbindungen von und nach Límnos sind nicht sonderlich gut. Dreimal wöchentlich verkehrt eine Fähre von Piräus aus (1990 war dies jeweils dienstags, donnerstags und freitags). Die Fahrt dauert allerdings 19 Stunden. Darüber hinaus gibt es mehrmals wöchentlich Verbindungen von Thessaloníki sowie einmal wöchentlich von Kavála aus. Viele Touristen nehmen die Gelegenheit wahr und setzen von Kími (Euböa) oder von Aghíos Konstantínos aus auf die Insel über. Allerdings bestehen auch hier nur wenige Verbindungen. Límnos ist mittlerweile auch mit einigen anderen Inseln verbunden. Regelmäßige Verbindungen bestehen zu den Inseln Chíos, Ikaría, Ios, Kálymnos, Kos, Lésbos, Rhódos und Sámos. Allerdings ändern sich die Verbindungen von Jahr zu Jahr. Man sollte sich deshalb vorher mit der Griechischen Fremdenverkehrszentrale in Verbindung setzen und die aktuellen Fahrpläne erfragen.

Mit dem Bus:

Mehrmals täglich verkehren Busse in den Ostteil der Insel. In der Nachsaison fahren die Busse allerdings weniger häufig.

Abseits vom „Schuß" — aber einen Besuch wert: Límnos

Káspakas

Nur wenige Kilometer nördlich von Mírina liegt der kleine Ort Káspakas. Es lohnt sich allemal, von Mírina aus einen Tagesausflug hierher zu unternehmen, schon allein wegen der phantastischen Landschaft. Kurz hinter Káspakas endet auch die Teerstraße, und man kommt nur über einen holprigen Weg weiter. Der Ort selber ist klein und gemütlich. Die Bewohner, die am späten Nachmittag vor ihren Haustüren sitzen, freuen sich, wenn Fremde kommen, und sind stets zu einer Unterhaltung aufgelegt. Hier und da rekelt sich genüßlich eine Katze im Schatten.
Im Ort gibt es einige wenige Tavernen, so daß man nicht unbedingt ein Lunchpaket bei sich haben muß, wenn man nach Káspakas fährt. Unterhalb des Ortes befindet sich ein Sandstrand, der im Hochsommer ganz gut frequentiert wird. Aber Trubel herrscht hier dennoch nicht. Es stehen einige wenige Unterkünfte zur Verfügung.

Platí

Wem selbst der geringe Tourismus, der im Sommer in Mírina herrscht, noch zu viel ist, der wandert schon einmal ab nach Platí, einem kleinen Bergdorf südlich der Inselhauptstadt.
Außer einer wunderbaren Aussicht über die Ägäis hat der Ort zwar nicht viel zu bieten, aber immerhin geht es hier noch urtümlich und typisch griechisch zu. Am Abend treffen sich die Bewohner auf einen Oúzo an der Platía. Wenn man sich dazu gesellt, wird man sicherlich schnell Kontakt bekommen. Im Ort befinden sich einige Privatunterkünfte.
Was Platí für viele Besucher so anziehend macht, das ist der nahegelegene, wunderbare Sandstrand. Ein Badevergnügen, wie man es sich wünscht! Leider gibt es hier unten kaum Schatten. In Strandnähe befinden sich einige Unterkünfte sowie eine Taverne.

Thános

Etwas weiter südlich von Platí befindet sich der Ort Thános, dessen Strand eine echte Alternative zu dem von Platí darstellt. Zwar muß man auch hier einen längeren Fußweg auf sich nehmen, bevor man das kühle Naß erreicht hat, doch lohnt sich der Weg allemal. In der Regel ist es in Thános noch ein wenig ruhiger als in Platí. Der Hauptort ähnelt dem von Platí in gewisser Weise. Am Zentrumsplatz befindet sich ein Kafeníon.

Moúdros

Der Ort Moúdros liegt geschützt in der gleichnamigen Bucht im östlichen Inselteil, nicht weit vom Flughafen entfernt. Moúdros ist touristisch wenig attraktiv. Zwar verfügt der Ort über einen Sandstrand, aber es gibt schönere Badeplätze auf der Insel. Da der Ort als strategisch bedeutsam gilt, ist die militärische Präsenz hier besonders stark. Man hat den Eindruck, mitten in einem Truppenübungsplatz gelandet zu sein. Da helfen auch die wenigen Fischerboote nicht, die hier vor Anker liegen — von gemütlicher griechischer Hafenatmosphäre ist hier nichts zu spüren. Wer aber dennoch nach Moúdros kommt, kann in einer der relativ wenigen Tavernen des Ortes ein erfrischendes Getränk oder eine warme Mahlzeit zu sich nehmen, bevor er sich wieder auf den Weg macht. Wir würden nicht empfehlen, hier zu übernachten.

Kamínia

Östlich von Moúdros, bei Kamínia, befand sich zu prähistorischer Zeit eine Stadt, die bis 1600 v. Chr. bewohnt war. Bei Ausgrabungsarbeiten sind Keramiken und Schmuckstücke ans Tageslicht gekommen, die eine enge Beziehung zu Troja aufweisen. Einige der Funde sind im Museum von Mírina ausgestellt; einige befinden sich auch im Nationalmuseum in Athén.

Límnos ist eine zwar eher karge, aber alles andere als reizlose Insel

Tsimándria

Vis-a-vis zum Ort Moúdros, an der Südküste der Insel, befindet sich der kleine Ort Tsimándria, der ein beliebtes Ausflugsziel zahlreicher Touristen darstellt. In der Nähe von Tsimándria ereignete sich 1912 eine wichtige Seeschlacht.

Pláka

Wer die beschwerliche Fahrt an den nordöstlichsten Zipfel der Insel auf sich nimmt, wird reichlich belohnt. Hier, bei Pláka, befindet sich einer der schönsten Strände der Insel. Ein schöner, und noch relativ sauberer Sandstrand sowie klares Wasser erwarten den Besucher. Hier soll sich angeblich eine versunkene Stadt befinden, so wurde uns erzählt.

Die Bucht von Pourniás

Wer mit dem Auto unterwegs ist, der sollte einen Abstecher zur Bucht von Pourniás, im Norden der Insel machen. Landschaftlich ist die Gegend ausgesprochen reizvoll und bietet zudem gute Bademöglichkeiten. Einige wenige Tavernen sind vorhanden. Zu den Ausgrabungen von Hephaisteia →*Límnos/Sehenswürdigkeiten*.

Livadohóri

Im Inselinneren, nicht weit vom Flughafen entfernt, befindet sich das kleine Dorf Livadohóri. Die Besucher fahren meist nur hindurch, doch lohnt es sich, einmal kurz auszusteigen und durch die wenigen Gassen zu schlendern. Wie nahezu überall, so hat auch Livadohóri eine Platía, an der man sehr gemütlich sitzen und das Leben und Treiben beobachten kann. Das wesentliche Dorfgeschehen spielt sich auch hier an der — übrigens sehr grünen — Platía ab, und so erlebt man doch immerhin ein Stück griechischen Alltags mit.

Aghíos Dimítrios

Auf der Fahrt in Richtung Mírina kommt man durch den winzigen Ort Aghíos Dimítrios, an dem einzig der Blick hinunter aufs Meer gefällt. Ansonsten strahlt der Ort wenig Atmosphäre aus.

Epirus

Epirus im Nordwesten des Landes ist zweifellos eine der landschaftlich beeindruckendsten Regionen Griechenlands. Die gewaltige Gebirgslandschaft mit ihren dichten Wäldern, tiefen Schluchten und langen Flüssen entspricht so gar nicht dem Bild, das sich die meisten Urlauber vom sonnigen Griechenland machen. Wer den lieblichen Küstenorten und den reizvollen Inseln des griechischen Archipels eine zum Teil schroffe, unberührte Gebirgslandschaft vorzieht, wen phantastische Flußlandschaften und abgelegene Bergdörfer mehr reizen als lange Sandstrände (auch die hat Epirus allerdings im Süden zu bieten), der sollte diesen Teil Griechenlands bereisen.

Epirus grenzt im Norden an Albanien, im Westen an das Ionische Meer, im Süden an den Ambrakischen Golf und wird im Osten durch das riesige Píndosgebirge begrenzt, das sich auf einer Gesamtlänge von rund 250 Kilometern erstreckt. Der höchste Gipfel des Píndosgebirges, der nördlich gelegene Smólikas erreicht eine Höhe von 2637 Metern. Eine gut ausgebaute, allerdings sehr serpentinenreiche Straße, die teilweise an die Paßstraßen der Alpen erinnert, führt durch das wunderschöne „Naturreservat" von Epirus. Zu bieten hat Epirus jedoch nicht nur wilde Naturlandschaft, sondern auch interessante Dörfer (die Zagória-Dörfer), antike Stätten, kulturelle Sehenswürdigkeiten und im Südwesten schöne Küstenstriche.

Hauptstadt der Region ist Ioánnina im Herzen von Epirus.

Epirus war jahrhundertelang Objekt feindlicher Eroberungszüge und gehört erst seit 1912 zu Griechenland. Das ehemalige Königreich wurde 148 v. Chr. von den Römern erobert. Später (im 7. Jahrhundert n. Chr.) fiel es an die Slawen, dann an die Serben und wurde schließlich Teil des Osmanischen Reiches. Erst 1912 kam der größte Teil von Epirus wieder an Griechenland zurück, wobei ein Teil des Nordens von Albanien einverleibt wurde.

Ioánnina

Im Herzen von Epirus liegt Ioánnina, die rund 45 000 Einwohner zählende Hauptstadt der Region, die zugleich ihr wirtschaftliches Zentrum ist. Was Ioánnina — übrigens auch Sitz des Bischofs — so reizvoll macht, ist nicht zuletzt die Lage am gleichnamigen See, der in der Antike den Namen Pamvótis trug. Obwohl Ioánnina eine Großstadt mit dem üblichen Verkehrstrubel und Lärm ist, wirkt sie zugleich provinziell und wohltuend. Dies, so scheint es, hängt wesentlich mit der bevorzugten Lage am See zusammen, der der Stadt einen gewissen Ferienort-Charakter verleiht. In Ioánnina — das läßt sich zweifellos behaupten — kann man es durchaus eine Weile aushalten. Die sehr grüne und einladende Universitätsstadt bietet zum einen viel Ruhe und Gemütlichkeit, zum anderen gibt es einige Sehenswürdigkeiten, die durchaus einen Besuch lohnen.

Moderne Einkaufspassagen wechseln sich mit gemütlichen Altstadtgassen ab. Auffällig sind

EPIRUS
ALBANIEN
Víkoa-Aouu-Nationalpark
Zagoria-Dörfer
Kalpáki
Métsovo
Pérama
Ioánnina
Dodóna
Kórfu
Kórfu
Igoumenítsa
Párga
Ephíra
Páxi
Kassópe
Arta
Nikópoli
Ionisches Meer
Prevéza
Léfkas
Léfkas
Agrínio
Kephallonía
Itháki
Messolóngi
Argostóli
0
N
50 km
Zákinthos
Zákinthos
Staatsgrenze
Provinzgrenze

die zahlreichen Gold- und Silbergeschäfte, in denen man zum Teil sehr schönen Schmuck kaufen kann. Von der Platía aus hat man einen Blick bis zum Píndos-Gebirge.

Geschichte

Das Gründungsdatum der Stadt geht auf das 6. Jahrhundert v. Chr. zurück. Bedeutung erlangte Ioánnina aber erst im 13. Jahrhundert, als es zur Hauptstadt von Epirus avancierte. In der Mitte des 14. Jahrhunderts fiel die Stadt an die Serben, wenig später, im Jahre 1430, an die Türken. Seit je her galten die Bewohner von Ioánnina als besonders gebildet und geschäftstüchtig. Und so entwickelte sich Ioánnina alsbald zu einem kulturellen und wirtschaftlichen Zentrum, das eine große Anziehungskraft auf betuchte Kaufleute ausübte. Die Handelsbeziehungen reichten bald bis nach Venedig und Triest.

Mehr als drei Jahrhunderte nach der Eroberung durch die Türken wurde Ioánnina der Sitz eines Paschas. Pascha — so hießen im Osmanischen Reich hohe militärische und zivile Würdenträger. Dieses Amt wurde dem berühmten und zugleich berüchtigten Ali Pascha übertragen, der unter der Bezeichnung *Löwe von Ioánnina* in die Geschichtsbücher einging. Ali Paschas Ziel bestand in einer Ausdehnung seines Herrschaftsbereiches unter Gewährung weitgehender Freiheiten für die griechischen Bewohner. Ioánnina war zugleich zu einem Zentrum griechischer Befreiungskämpfer geworden.

Ali Paschas von den osmanischen Machthabern mißbilligtes eigenmächtiges Handeln kostete ihm schließlich das Leben. 1821 wurden Truppen nach Ioánnina entsandt, die die Stadt belagerten und teilweise zerstörten. Ali Pascha flüchtete auf die Insel inmitten des Sees und wurde hier von den Türken ermordet.

Von Ali Pascha wird noch eine andere Geschichte erzählt, die bis heute lebendig geblieben ist. Es heißt, daß er das als besonders hübsch geltende Mädchen Kyría Frossíni zusammen mit einigen Freundinnen in einen Sack einnähen und im See ertränken ließ, nachdem diese sich geweigert hatten, seinem Harem beizutreten. Volkslieder erzählen diese Geschichte.

Noch heute erinnern zahlreiche Gebäude an die Zeit der türkischen Besatzung, so zum Beispiel die nahe dem See gelegene Moschee, in der heute ein Museum untergebracht ist, sowie zahlreiche Häuser, die ganz deutlich den türkischen Einfluß erkennen lassen. Seit 1913 gehört die Stadt nun wieder zu Griechenland.

Sehenswürdigkeiten

Die Festungsanlage

Am See erhebt sich die mächtige Festungsanlage Ioánninas, ehemals der Sitz Ali Paschas. Innerhalb der Festung liegt der einstige Herrscher heute begraben. Die Fundamente des Kastells sind auf einer ehemaligen byzantinischen Festungsanlage errichtet. Hinter den dicken Mauern dieser Anlage befindet sich die Arslan-Tzami-Moschee. Das Minarett ist von der Uferpromenade aus schon fast nicht mehr zu sehen, so dicht bewachsen ist die Mauer. In der Moschee ist heute ein Volkskundemuseum untergebracht. Öffnungszeiten: täglich 8-15.15 Uhr.

Das Archäologische Museum

Ein Besuch des Archäologischen Museums ist auf jeden Fall empfehlenswert. Ausgestellt sind interessante Funde aus weiten Teilen von Epirus, so etwa alte Werkzeuge und Bruchstücke alter Keramiken, interessant gestaltete Sarkophage und vieles mehr. Besondere Aufmerksamkeit verdienen die Fundstücke, auf die man bei Ausgrabungsarbeiten beim Orakel von Dodóna *(→Dodóna)* stieß. Darunter sind zum Beispiel Fragmente von Bittschriften, die einst an das Orakel gerichtet worden waren.

Das Volkskundemuseum

In der Innenstadt von Ioánnina befindet sich ein Volkskundemuseum, das Aufschluß über das traditionelle Leben in Epirus gibt.
Das Museum befindet sich an der Odos Nik. Dossiou. Öffnungszeiten: Mo. 17-20 Uhr und Do. 10-13 Uhr.

Ali Pascha

Die Insel

Wer in Ioánnina weilt, der sollte es auf keinen Fall versäumen, die inmitten des Sees gelegene Insel zu besuchen. Hier befinden sich einige sehr interessante Klöster, die man teilweise besichtigen kann. Wer kunsthistorisches Interesse hat, sollte auf die recht gut erhaltenen Fresken achten, die das Innere mancher Klöster schmücken. Auf dieser Insel wurde der oben erwähnte Ali Pascha ermordet. Wer möchte, kann das Haus besichtigen, in dem die Tat geschah.
Wer der kulturellen Dinge überdrüssig ist, kann den Ausflug auch einfach dafür nutzen, um einen ausgiebigen Spaziergang über die Insel zu machen. Jede halbe Stunde setzt ein Boot auf die Insel über.

Sehenswertes in der Umgebung

Die Tropfsteinhöhle von Pérama

Gut fünf Kilometer außerhalb von Ioánnina befindet sich die Tropfsteinhöhle von Pérama. Die Höhle ist aus zweierlei Gründen sehr interessant. Zum einen verfügt sie über phantastisch geformte Stalagtiten und Stalagmiten, zum anderen diente die Höhle während des Zweiten Weltkrieges vielen Menschen als Unterschlupf und Schutz vor Bombenangriffen. Die Gesamtlänge der Höhle beträgt knapp zwei Kilometer. Es besteht die Möglichkeit, sich einer Führung anzuschließen, die eine knappe Stunde dauert (bislang nur auf Griechisch).

Das Vréllis-Museum

Etwa acht Kilometer außerhalb von Ioánnina (von der Platía ausgeschildet), bei Mouzakäi, befindet sich das Wachsfigurenkabinett des griechischen Bildhauers Pávlos Vréllis. Natürlich kann man es nicht mit dem berühmten Londoner Wachsfigurenkabinett vergleichen, aber nichtsdestotrotz ist es höchst interessant und sicherlich einen Besuch wert. Der zeitgenössische Bildhauer und Kunsthistoriker Pávlos Vréllis hat es sich zur Aufgabe gemacht, bedeutende Persönlichkeiten sowie wichtige Szenenmotive der griechischen Geschichte aus Wachs nachzubilden. Dabei hat er den aus Epirus stammenden Personen selbstverständlich den Vorzug gegeben.

Die antike Stätte von Dodóna

→Dodóna

Das Orakel

Im antiken Griechenland war es Sitte, bei allen schwierigen Fragen und Entscheidungen, so zum Beispiel, wenn es um Kriegspläne ging, ein Orakel aufzusuchen und sich dort weissagen zu lassen. Vermittelt wurden die Sprüche meist durch einen Priester oder eine mit der Fähigkeit zur Weissagung bestimmte Person. Als Dank brachten die Griechen wertvolle Geschenke und Opfergaben mit, die dann die Stätte des Orakels schmückten. Eines der berühmtesten Orakel war das von Délphi.

Praktische Informationen / Ioánnina

Ärztliche Versorgung

Das Städtische Krankenhaus erreicht man unter der Telefonnummer 06 51/2 56 52, 2 62 92. Eine Zahnarztpraxis befindet sich neben der Post, in der Nähe des Hauptplatzes, sowie eine weitere neben dem Polizeigebäude. An der Platía gibt es mehrere Apotheken.

Auskünfte

In Ioánnina gibt es ein Büro der Griechischen Zentrale für Fremdenverkehr. Es befindet sich in der Odos Nap. Zervas 2, Tel. 06 51/2 50 86. Auskünfte erteilt im Einzelfall auch die Polizei.

Autovermietung

Die Autovermietung „Budget / rent a car" hat ein Büro in Ioánnina. Es befindet sich in der Odos Nap. Zerva 24, Tel. 06 51/2 51 02. Eine weitere Filiale existiert am Flughafen, Tel. 06 51/3 33 82.

Die Preise für einen Wagen schwanken je nach Fahrzeugtyp zwischen 30 DM und 250 DM.

Baden

Der See ist ziemlich verdreckt, so daß das Baden nicht unbedingt zu empfehlen ist.

Banken

An der Platía befinden sich mehrere Banken, die während der Woche zu den regulären Öffnungszeiten geöffnet haben.

Einkaufen

Wer gerne ein Schmuckstück aus dem Urlaub als Souvenir mitbringt, der sollte sich in Ioánnina intensiv umschauen. Das Goldschmiedehandwerk gehört hier zu den traditionellen Berufen, und so gibt es zahlreiche Geschäfte, die wunderbare Gold- und Silberarbeiten anbieten.

Essen und Trinken

Empfehlen möchten wir die Restaurants am See, nicht nur wegen der bevorzugten Aussicht. Recht gut ist das Fischrestaurant „Mavíli". Man sitzt im kühlen Schatten unter alten Bäumen. Hier kellnert man nicht nur über eine, sondern sogar über zwei Straßen hinweg. Ebenfalls zu empfehlen ist das in der Nähe gelegene Restaurant „O Fáros".

Pannenhilfe

Wenn man eine Panne hat, wende man sich an den ELPA-Service, Telefonnummer 06 51/2 06 95, 1 04. Der Sitz des Büros befindet sich an der Platía Omírou 2, Tel. 06 51/ 4 53 32.

Polizei

Die Polizeistation befindet sich in der Odos 28. Októvriou, einer Stichstraße von der Platía aus; Tel. 06 51/2 63 26, 2 64 31.

Post

Die Post befindet sich unweit des Polizeigebäudes, in der Odos 28. Októvriou. Von der Platía aus erreicht man die Post nach etwa 50 Metern auf der rechten Seite. Öffnungszeiten: täglich von 8-19.30 Uhr.

Sportmöglichkeiten

Die Berge um Ioánnina sind ein beliebtes Gebiet für Wanderer und Bergsteiger.

Auskünfte erteilt der Griechische Bergsteigerclub in Ioánnina. Das Büro befindet sich in der Odos Moulaimídou 454, Tel. 06 51/2 21 38.

Taxi

Ein Taxi erreicht man unter der Telefonnummer 06 51/ 2 30 00, 3 88 00.

Telefonieren

Das OTE befindet sich in der Odos 28. Októvriou. Angeblich ist das OTE rund um die Uhr geöffnet. Zugegeben: Wir haben das nicht eigens überprüft.

Unterkünfte

Es gibt zahlreiche Hotels in Ioánnina, die große Unterschiede in Komfort und Preisen aufweisen. Ein besonders herausragendes Hotel, das man unbedingt empfehlen müßte, haben wir zwar nicht entdecken können, doch sind die folgenden Hotels recht angenehm:

„Olympic": 44 Zi., 84 Betten; das Hotel befindet sich nicht weit von der Platía entfernt, in einer ruhigeren Seitenstraße, der Odos Melanídis 2; alle Zimmer verfügen über ein eigenes Bad, manche haben einen Balkon. Man bezahlt in der Hochsaison für die Übernachtung rund 67 DM; Tel. 06 51/2 22 33, 2 58 88.

„Paládion": 135 Zi., 242 Betten; man zahlt für ein Appartement zwischen 64 DM und 73 DM; das Hotel befindet sich in der Odos N. Botsári 1, Tel. 06 51/2 58 56, 3 46 02.

„Acropole": 34 Zi., 58 Betten; das Hotel liegt an der Platía und ist deshalb etwas lauter (zumindest wenn man ein Zimmer zur Straße erhält). Man zahlt in der Hochsaison für ein DZ mit Bad etwa 48 DM; Tel. 06 51/2 55 35, 2 65 60.

Verkehrsverbindungen

Mit dem Flugzeug:

Es bestehen täglich Flugverbindungen mit der Olympic Airways nach Athén. Zweimal wöchentlich gibt es auch eine Verbindung nach Thessaloníki und ebenfalls zweimal wöchentlich nach Tirana (Albanien). Auskünfte und Buchungen im Büro der Olympic Airways in der Ano Kéntriki Platía, Mégarou Koúrtiou, Tel. 06 51/2 65 18. Den Flughafen, der fünf Kilometer außerhalb von Ioánnina liegt, erreicht man unter der Telefonnummer 06 51/2 62 18.

Mit dem Bus:

Es besteht eine ständige Verbindung von Ioánnina nach Athén, Thessaloníki sowie zu den Städten und kleineren Orten von Epirus. Auskünfte erteilt die KTEL, Tel. 06 51/ 2 74 42, 2 62 86.

Ioánnina: Eine Moschee erinnert noch an die Zeit der türkischen Besatzung

Der nördliche Teil von Epirus

Métsovo

Etwa 58 Kilometer nordwestlich von Ioánnina liegt in einer Höhe von ca. 1116 Metern ü. d. M. das kleine Dorf Métsovo.

Es ist eingebettet in die grandiose Berglandschaft des Píndos-gebirges und zieht im Sommer viele Bergwanderer und im Winter Skiläufer an. Hier oben herrscht eine klare Bergluft, die von den Einheimischen stets aufs neue gepriesen wird.

Hier oben bei Métsovo entspringen mehrere Flüsse, so daß die Gegend sehr wasserreich ist. Das besondere Kennzeichen von Métsovo ist die tiefe Schlucht, die durch den Ort führt und die Stadt in zwei Teile teilt. Sinnigerweise hat man den einen Ortsteil Proílio genannt, was soviel bedeutet wie „der Sonne zugewandt" bedeutet, den anderen, der schon früh am Nachmittag im Schatten liegt, Anílio (etwa: „von der Sonne abgewandt"). Eine Brücke verbindet die beiden Ortsteile miteinander.

Ein weiteres hervorstechendes Merkmal des Ortes ist die Bauweise. Die Häuser sind aus grobem Felsstein erbaut und haben zumeist Holzdächer.

Geschichte

Bekannt ist nur, daß die Bewohner von Métsovo Nachfahren der Klepthen, jener Freischärler, waren, die sich aus halbnomadischen Hirtenstämmen rekrutierten und seit dem 12. Jahrhundert im Píndosgebirge siedelten.

Durch die Lage des Ortes an der nach Thessálien führenden Paßstraße erhielten die Bewohner von Métsovo während der türkischen Besatzungszeit besondere Steuervorteile und Privilegien. Bis ins 19. Jahrhundert war hier ein bedeutender Umschlagplatz für Waren und zugleich eine Station für Pferdewechsel. Die Familie des berüchtigten ehemaligen griechischen Außenministers Averoff, der während der Militärdiktatur amtierte, stammt aus Métsosvo.

Sehenswürdigkeiten

Das Volkskundemuseum

Das Sehenswerteste von Métsovo ist sicherlich der Ort selber, der eine eigene Faszination ausstrahlt.

Wer aber nicht gerne auf Kulturelles verzichtet, der hat die Möglichkeit, das Volkskundemuseum zu besuchen, das in einem der Musterhäuser des Dorfes, dem sogenannten Tosítsa-Haus, untergebracht ist. Zu besichtigen sind neben Gegenständen des täglichen Lebens vor allen schöne Trachten und wunderbar gearbeitete Möbelstücke.

Praktische Informationen

Einkaufen

Ähnlich wie in Ioánnina, wird auch in Métsovo Schmuck verkauft. Bei einem gemütlichen Bummel findet man sicherlich das eine oder andere Stück, das man gerne mit nach Hause nehmen möchte.

Essen und Trinken

Man hat sich auch in Métsovo mittlerweile auf den Tourismus eingestellt. In den letzten Jahren sind deshalb einige neue Tavernen und Cafés hinzugekommen. Wer erschöpft und müde von einer Wanderung zurückkommt, der kann sich hier in aller Ruhe und Gemütlichkeit in einer der Tavernen erfrischen und eine leckere Mahlzeit zu sich nehmen. Wie fast überall in Griechenland, so steht auch hier Souvláki an oberster Stelle auf der Speisekarte.

Sportmöglichkeiten

Wer sich näher über die Wander- und Skilaufmöglichkeiten informieren möchte, der wende sich an den Griechischen Bergsteiger- und Skiclub in Métsovo. Er befindet sich in der Odos N. Gotsou 2, Tel. 06 56/4 12 49.

Unterkünfte

Auch wenn man es kaum vermuten würde, es gibt recht viele Unterkünfte in Métsovo. Das Angebot ist reichlich, und die Hotels machten durchweg einen sauberen und guten Eindruck.

Folgende Hotels möchten wir empfehlen:

„Diasselo": 23 Zi., 43 Betten; das Hotel befindet sich in der Kéntriki Platía und ist im typischen Dorfstil erbaut. Für ein DZ mit Bad muß man rund 80 DM einkalkulieren; Tel. 06 56/4 17 19, 4 18 95.

„Flócas" (Pension): 6 Zi., 10 Betten; das Hotel befindet sich in der Odos Tsoumáka 12. Man zahlt für ein DZ mit Bad etwa 42 DM; Tel. 06 56/4 13 09.

„Egnátia": 36 Zi., 64 Betten; das Hotel liegt in der Odos Tossítsa. Ein DZ mit Bad kostet etwa 45 DM; Tel. 06 56/4 12 63, 4 14 85, 4 12 60.

„Kássaros": 24 Zi., 47 Betten; das Hotel liegt in der Odos Tsoumáka. Man zahlt für ein DZ mit Bad rund 43 DM; Tel. 06 56/4 16 62, 4 13 46, 4 18 00.

Verkehrsverbindungen

Es besteht eine ständige Busverbindung nach Ioánnina.

Kalpáki

Fährt man von Ioánnina aus in nordwestliche Richtung, so gelangt man nach etwa 30 Kilometern zu dem kleinen Dorf Kalpáki. Noch vor dem Ortseingang stößt man auf eine Gedenkstätte, die an den 28. Oktober des Jahres 1940 erinnert, an dem der damalige griechische Diktator Metaxás mit einem klaren und deutlichen „Oxi" (Nein) die Forderung des italienischen Faschistenführers Mussolini, Stellungen in Griechenland zu errichten, beantwortete. Seitdem wird jedes Jahr am 28. Oktober von den Griechen der „Oxi"-Tag als nationaler Feiertag begangen.

Auf der linken Straßenseite sieht man die Büsten des griechischen Diktators Metaxás sowie die Büsten des griechischen Generals und späteren Ministers Aléxandros Pápagos und des Georgios B. Zur rechten befindet sich ein Kriegsmuseum. Vor dem Gelände stehen alte Kanonengeschütze. Bei der Weiterfahrt fällt die überlebensgroße Soldatenstatue, die rechter Hand auf einem Berg steht, auf. Warum befindet sich die Gedenkstätte ausgerechnet hier? Die Antwort ist ganz einfach: Die Italiener sind, von Albanien kommend, nach Griechenland eingefallen und bis Kalpáka vorgedrungen. Hier stießen sie auf den erbitterten Widerstand der Bevölkerung, und in einer beispiellosen Aktion, an der sich angeblich sogar Frauen und Kinder beteiligten, wurden die Italiener zurückgeschlagen.

Die Zagória-Dörfer

Unverzichtbar für jeden Reisenden, der durch Epirus kommt, ist ein Besuch der Zagória-Dörfer, rund 40 Kilometer nordöstlich von Ioánnina. In dem wald- und wasserreichen Gebiet liegen versteckt rund 46, mittlerweile unter Denkmalschutz stehende Dörfer, die ein lebendiges Zeugnis der Kultur und Tradition dieses Teiles Griechenlands darstellen. Die Häuser sind nahezu alle aus Felsstein erbaut und tragen Schieferdächer. Die ursprünglichen Bewohner der Zagória-Dörfer waren die Wlachen.

Die Dörfer bestehen meist nur aus wenigen Häusern, umgeben von einer sagenhaft schö-

Epirús: Genau das Richtige für den, der Natur, Ruhe und Erholung sucht

nen Landschaft. Genau das richtige für denjenigen, der nichts anderes sucht als unverfälschte Natur, Ruhe und Erholung.
Zu den bedeutendsten Dörfern gehören Monodéndri, Negádes und Papíngo. Letzteres ist besonders deshalb zu empfehlen, weil in der Nähe des Dorfes die grandiose Víkos-Schlucht *(→ Víkou-Aoon-Nationalpark)* liegt. Bis zu 600 Metern Tiefe fällt der Canyon ab. Nahezu alle Dörfer verfügen über interessante Kirchenbauten, an denen man die typische Architektur studieren kann, die zur Zeit der türkischen Herrschaft dominierte. Achten Sie auf die wunderbaren und zum Teil gut erhaltenen Fresken und Wandmalereien, so etwa in der Aghíos-Panteleimon-Kirche in Monodéndri.
Einige der alten Herrenhäuser sind von der Griechischen Zentrale für Fremdenverkehr ausgebaut und hergerichtet worden. Sie stehen dem Besucher zur Verfügung. Es ist sicherlich eine der schönsten Unterbringungsmöglichkeiten, die man sich denken kann. Wer nähere Informationen möchte, der wende sich an die Griechische Zentrale für Fremdenverkehr. Man kann im Sommer nicht unbedingt damit rechnen, problemlos eine Unterkunft zu bekommen. Manchmal sind Vorreservierungen notwendig.

Der Víkou-Aoou-Nationalpark

Nördlich der Zagória-Dörfer erstreckt sich der Víkou-Nationalpark auf einer Gesamtlänge von rund zehn Kilometern. Dieser Nationalpark, der einen Besuch unbedingt lohnt, wurde zum Schutz der heimischen Flora und Fauna eingerichtet. Wer also den Nationalpark besucht, der sollte das Anliegen der Griechen, jeglichen Eingriff in die bislang noch unverfälschte Natur zu unterlassen, beherzigen.
Eindrucksvoll windet sich der Fluß Aoou zwischen den schroffen Felswänden hindurch. Anziehungspunkt für die meisten Besucher ist zweifellos die gewaltige Víkos-Schlucht, die bis zu 600 Meter Tiefe abfällt. Ein Wanderweg führt durch dieses Gebiet. Einen ganz besonderen Reiz erfährt der Park im Herbst, wenn das Laub sich verfärbt und wunderbare Farbkontraste entstehen. Wer sich näher erkundigen möchte, der sei an den Bergsteiger- und Skiverband in Ioánnina verwiesen (Adresse *→Ioánnina)*.

Der südliche Teil von Epirus

Dodóna (Dodóni)

Rund 20 Kilometer südlich von Ioánnina, in einem wunderbaren Tal gelegen, befindet sich Dodóna, die vermutlich älteste Orakelstätte Griechenlands und zugleich eine der interessantesten antiken Plätze des Landes. Hier wurde der Gottvater Zeus verehrt. Im Mittelpunkt der Kultstätte befand sich eine heilige Eiche, aus deren Rauschen man die Anwesenheit des Zeus ableitete und mittels einiger Priester das Orakel verkündete. Der Orakelspruch wurde sodann auf Bleiplatten verewigt.

In der griechischen Mythologie findet das Orakel von Dodóni mehrmals Erwähnung. So schickte etwa Kréon, der König von Theben, seinen Sohn Menökeus, allerdings erfolglos, nach Dodóna, um beim Orakel Schutz vor den Angriffen der „Sieben gegen Theben" zu suchen. An anderer Stelle heißt es, daß Athéna ein Stück Holz der heiligen Eiche in die „Argo", das Schiff der Argonauten, einbauen ließ und ihm somit prophetische Kräfte beschied *(→ Vólos/Die Argonautensage).*

Bereits im 5. vorchristlichen Jahrhundert wurde zu Ehren des Zeus ein Heiligtum errichtet, dessen Ruinen heute noch zu besichtigen sind. Im Laufe der Jahrhunderte entstanden weitere Tempelanlagen sowie das riesige antike Theater (3. Jahrhundert v. Chr.), das rund 20 000 Menschen Platz bot und in dem noch heute antike Dramen und Tragödien aufgeführt werden. Mit der Herrschaftsausweitung der Römer 168 v. Chr. wurde auch das Heiligtum von Dodóna zerstört, ansatzweise später jedoch wieder aufgebaut. 391 n. Chr. fällte man die heilige Eiche. Wenig später (5./6. Jahrhundert) entstand im Bereich des Tempels eine dreischiffige Basilika. Im Laufe der Jahrhunderte verfiel das Heiligtum langsam, bedingt vor allem durch ständige Angriffe feindlicher Völker. Erst 1873 stieß man bei Ausgrabungsarbeiten auf die Überreste der antiken Stätte.

Igoumenítsa

Im Nordwesten von Epirus liegt die Hafenstadt Igoumenítsa, Anlaufstelle für Touristen, die auf die Insel Kórfu oder aber ans jugoslawische oder italienische Festland übersetzen wollen. Die im Krieg von deutschen Truppen zerstörte und erst später wieder aufgebaute Küstenstadt, die etwa 8000 Einwohner zählt, hat — abgesehen von dem Fährhafen — nichts zu bieten, was einen zu einem längeren Aufenthalt bewegen könnte. Im Sommer ist es hier oft sehr überlaufen, wenn Hunderte von Urlaubern an der Hafenpromenade auf ihren Koffern und Rucksäcken sitzen und der Ankunft ihres Schiffes entgegensehen.

Das Leben spielt sich in erster Linie am Hafen ab, während die Straßen, die sich durch den rückwärtigen Ortsteil ziehen, ruhiger, aber nicht sonderlich sehenswert sind. Es herrscht ein wenig Baustellenatmosphäre.

Praktische Informationen

Ärztliche Versorgung

In Igoumenítsa befindet sich eine Erste-Hilfe-Station, die man unter der Telefonnummer 06 65/2 44 20 erreicht.

Auskünfte

Auskünfte erteilt die Griechische Zentrale für Fremdenverkehr (G.Z.F.). Sie befindet sich am Hafen, Tel. 06 65/2 22 27. Für Fragen steht auch die Touristenpolizei zur Verfügung. Das Büro befindet sich im Gebäude der regulären Polizei am Hafen; Tel. 06 65/2 22 22. Informationen über Schiffsverbindungen erteilen die unzähligen Ticket-Offices am Hafen.

Banken

Geld tauschen kann man ebenfalls am Hafen. Hier befinden sich mehrere Banken.

Párga: ein Ort mit traditioneller Atmosphäre

Essen und Trinken

Wie in den meisten Hafenstädten, so befinden sich auch in Igoumenítsa zahlreiche Tavernen und Restaurants am Hafen. Die meisten wirken jedoch nicht sehr gemütlich. Empfehlen möchten wir das Restaurant „Akti" an der linken Hafenhälfte. Es liegt nicht unmittelbar am Wasser, sondern etwas zurückversetzt. Hier sitzt man sehr gemütlich, und auch das Essen ist recht gut.

Pannenhilfe

Bei einer Autopanne hilft der Express-Service, Tel. 06 65/2 21 54, oder der ELPA-Servive, Tel. 06 65/2 39 11, 2 51 04.

Polizei

Die Polizei befindet sich am Hafen. Man erreicht sie unter der Telefonnummer 06 65/2 22 22.

Unterkünfte

Es gibt eine ganze Reihe von Hotels und Pensionen in Igoumenítsa, die meisten davon haben sich auf den Durchgangstourismus und weniger auf Feriengäste eingestellt. Empfehlenswert ist das Hotel „Aktaion".

„Aktaion": 20 Zi.; alle Zimmer verfügen über ein separates Bad. Das Hotel befindet sich an der linken Hafenseite. Es ist sehr sauber und angenehm, der Inhaber ausgesprochen freundlich. Man zahlt für die Übernachtung rund 70 DM; Tel. 06 65/2 23 30, 2 27 07.

Verkehrsverbindungen

Mit dem Schiff: Verschiedene Schiffslinien verkehren pausenlos mit Italien (Otranto, Bari, Brindisi und Ancona). Bitte erkundigen Sie sich vor Ort nach genauen Abfahrtszeiten und Preisen; hier seien nur einige Beispiele gegeben: Für eine Überfahrt nach Brindisi zahlt man pro Person etwa 70 DM, für ein Auto zwischen 100 DM und 180 DM. Eine weitere Fähre verkehrt nach Ancona. Man zahlt pro Person etwa 102 DM, für ein Auto etwa 180 DM.

Es gehen auch mehrmals wöchentlich Schiffe nach Jugoslawien (Dubrovnik, Korcula, Split und Rijeka).

Von Igoumenítsa verkehren fast stündlich Fähren nach Kórfu. Die Überfahrt kostet pro Person etwa 5 DM, der Preis für ein Auto beträgt mindestens 30 DM.

Mit dem Bus: Von Igoumenítsa aus bestehen täglich Busverbindungen nach Athén, Thessaloníki, Párga, Arta, Prevéza sowie zahlreichen kleineren Orten in Epirus.

Zeitungen

In mehreren Geschäften am Hafen werden internationale Zeitungen verkauft.

Párga

Párga ist zweifellos einer der liebenswertesten Hafenorte Griechenlands. Das idyllische Örtchen mit seinen reizvollen Häuschen und Gassen liegt ziemlich genau zwischen Igoumenítsa und Préveza, in einer reizvollen Bucht. Genau genommen handelt es sich sogar um zwei kleine Buchten. Die Häuser sind im Halbkreis an einem kleinen Hang angelegt, an dessen Fuß der gemütliche Hafen liegt. Der Küstenabschnitt bei Párga ist stark zerklüftet. Vorgelagert sind winzige, zum Teil bewachsene Inselchen und Felsen. Unvergessen bleibt der Anblick der kleinen Insel Panaghía, auf der die gleichnamige schneeweiße Kirche steht. Abends wird sie durch eine sehr geschickte indirekte Beleuchtung angestrahlt.

Párga ist schon lange kein Geheimtip mehr. Im Hochsommer ist der Ort restlos überlaufen. Der Idylle und Schönheit hat das allerdings bislang noch keinen Abbruch getan. Neben den traditionellen Tavernen und Ouzerí haben auch einige Pubs ihre Tore geöffnet. Auffällig ist allerdings, daß es im Vergleich zu vielen anderen touristisch gut erschlossenen Orten noch immer recht ruhig zugeht. Die Musik wird nicht bis zum Anschlag aufgedreht, und wer sich nach Ruhe und Erholung sehnt, der kommt — bisher jedenfalls — durchaus auf seine Kosten.

Auf der rechten Seite der Bucht thront hoch oben eine alte venezianische Festung. Besonders lohnenswert ist ein abendlicher Spaziergang hier hinauf. Man hat einen wunderbaren Blick auf die Hafenbucht und die Insel Panaghía mit der beleuchteten Kirche. Wenn man Glück hat, ist man ganz alleine hier oben (abgesehen von einigen Fledermäusen, die hier nächlich ihre Runden drehen).

Über die Herleitung des Namens „Párga" gibt es mehrere Theorien. Eine besagt, daß es von dem slawischen Wort „Prag", das soviel wie „Hafen" bedeutet, abgeleitet sei, eine andere besagt, daß es von dem griechischen Verb „pérgo", was übersetzt „befestigen" bedeutet, abstammt.

Geschichte

Verschiedenen Vermutungen zufolge befand sich an der Stelle des heutigen Párga das antike Tyréne.

Schriftlich erwähnt wird Párga zum ersten Mal im 14. Jahrhundert. Die ersten Häuser wurden auf dem angrenzenden Hügel errichtet, bevor die Bewohner, aus Angst vor feindlichen Angriffen, hinunter ans Meer zogen. Die Venezianer, die die Stadt beherrschten, errichteten die mächtige Burganlage, die sich heute noch oberhalb des Ortes erhebt. Die Bewohner genossen in dieser Zeit weitgehende Freiheit und Selbstverwaltung. Sie trieben regen Handel und waren alsbald bekannt für den Schiffsbau und den Olivenanbau. Während des 15. und 16. Jahrhunderts eroberten die die Türken mehrmals für kurze Zeit den Ort, konnten ihre Macht hier jedoch nicht festigen. Während des 17. Jahrhunderts fiel Párga kurzzeitig an Frankreich und wurde als Folge des Wiener Kongresses 1815, der die

Ein unvergeßlicher Anblick: die kleine Insel Panaghía

Neuordnung Europas nach den Napoleonischen Kriegen regelte, den Engländern unterstellt. Nur zwei Jahre später traten die Briten den Ort gegen eine Summe von 150 000 Pfund an die Türken ab, die — vor allem Ali Pascha aus Ioánnina — schon seit langem versuchten, die Stadt — nicht zuletzt aufgrund der wichtigen Hafenlage — in ihre Gewalt zu bringen.

Nachdem die Türken sich die Stadt nun „erkauft" hatten, setzte eine große Auswanderungswelle ein. Beladen mit Hab und Gut schifften sich die Bewohner in englische Schiffe ein und verließen ihre Heimatstadt. Überliefert ist, daß viele zuvor ihre verstorbenen Verwandten ausgruben, die Gebeine verbrannten und diese in Urnen mitnahmen. Auch ließ man so gut wie keine sakralen Gegenstände in den Kirchen und Kapellen zu-

rück. Zwar kehrten 15 Jahre später einige Familien nach Párga zurück, doch blieb die Stadt bis 1913 türkisch besetzt. Diese historische Begebenheit ist in einem Volkslied lebendig geblieben. Ein Bewohner des Ortes komponierte und textete das Lied „Ode an Párga".
In einer stattlichen Abordnung wurden die „entführten" Gegenstände samt der Fahne von Párga durch die Griechische Flotte 1931 in ihren Heimatort zurückgebracht.
Die tiefe Verwurzelung ausgewanderter Bewohner mit ihrem Heimatort drückt sich bei vielen Griechen durch Stiftungen und Spenden aus. So ließ z.B. ein aus Párga stammender Grieche, der in den Vereinigten Staaten sein Glück gemacht hatte, das Hotel „Xénia" und das Gymnasium erbauen.

Sehenswürdigkeiten

Die größte Sehenswürdigkeit von Párga ist der Ort selber. Deshalb sei empfohlen, in aller Ruhe durch die zum Teil sehr steilen Gassen zu spazieren. Immer wieder wird der Blick freigegeben auf die Hafenbucht und das tintenblaue Meer.

Die venezianische Festung

An der rechten Seite des Hafens sieht man die venezianische Festung. Leider ist sie heute nicht mehr von innen zu besichtigen.

Das Museum

In der Kirche Aghíos Apóstolis ist ein winziges Museum untergebracht, in dem wunderschöne alte Ikonen und wertvolle Fundstücke untergebracht sind. Leider ist das Museum — aus unerfindlichen Gründen — immer geschlossen.

Sehenswertes in der Umgebung

Das Toten-Orakel von Ephíra

Einige Kilometer südöstlich von Párga, in der Nähe des Ortes Mesopótamos, soll sich das berühmte Toten-Orakel von Ephíra befunden haben.
Der Legende nach war es an diesem Ort möglich, Kontakt mit den Verstorbenen aufzunehmen und sich von ihnen die Zukunft weissagen zu lassen. Das Orakel, am Ufer des Acheronischen Sees gelegen, galt zugleich als Pforte zur Unterwelt. Zu den prominentesten Besuchern gehörten — zumindest wird das erzählt — Odysseus und der ägyptische Pharao Ramses.
Dem Orakelspruch ging eine lange Prozedur voraus, dem sich der einzelne zu unterziehen hatte. Als erstes mußte der Pilger den Göttern kleine Opfergaben bringen, sei es in Form von Speisen oder Kunstgegenständen. Danach wurde er drei Tage lang auf den Kontakt mit den Verstorbenen vorbereitet, bevor er von einem Priester in den dunklen unterirdischen Raum geführt wurde, der als Tor zur Unterwelt galt. Hier mußte er bestimmte Pflanzen zerkauen, die Halluzinationen und tranceartige Zustände hervorriefen. Nachdem der Pilger daraufhin einen Stein geworfen und ein Gefäß zerbrochen hatte, war der Kontakt zu den Toten hergestellt und das Orakel konnte verkündet werden.
War dieser Vorgang beendet, mußte sich der Pilger einer dreitägigen Waschungszeremonie unterziehen. Der Raum, in dem der Pilger den Orakelspruch empfangen hatte, wurde anschließend ausgeräuchert und umfassend gesäubert.
Das Orakel ist 168 n. Chr. von den Römern zerstört worden.

Praktische Informationen

Ärztliche Versorgung

Párga verfügt über eine Erste-Hilfe-Station, in der ein Allgemeiner Arzt, eine Krankenschwester und ein Gynäkologe ihren Dienst versehen. Man erreicht die Station unter der Telefonnummer 06 84/3 12 33; des weiteren befindet sich eine Zahnarztpraxis im Ort, die man unter der Telefonnummer 06 84/3 16 16 erreicht. Außerdem gibt es zwei Apotheken am Hafen. Die Apotheke „Lénaz" hat geöffnet: Mo.-Sa. 8-14 Uhr.

Ausflüge

Angeboten werden Bootstouren auf die Inseln Páxi (8 DM) und Kórfu sowie Busfahrten nach Meteóra, Ioánnina und zu den Meteóraklöstern. Es werden außerdem Touren zum Totenorakel von Ephíra unternommen.

Autovermietung

Es besteht die Möglichkeit, bei „Budget / rent a car" ein Auto zu mieten. Das Büro befindet sich neben der Bank. (Man stößt darauf, wenn man dem Schild in Richtung Post folgt.)

Banken

Am Ende der Hafenstraße, wenn man in den eigentlichen Ortskern hineingeht, stößt man auf eine Bank.

Baden

Ein kleiner Sandstrand befindet sich direkt an der ersten Hafenbucht, wenn man nach Párga hineinkommt. Es befinden sich sogar Duschen am Strand. Auch besteht die Möglichkeit, ein Tretboot zu leihen. Schöner sind die Strände, die sich in westlicher, aber auch die Buchten, die sich in östlicher Richtung anschließen. Wenn man weit genug geht, findet man selbst im Hochsommer noch ruhige und einsame Badeplätze.

Buchhandlungen

Am Hafen befindet sich eine Buchhandlung. Allerdings ist im Angebot keine Belletristik in deutscher Sprache, sondern lediglich Bücher zum Thema Griechenland.

Einkaufen

In Párga kann man recht gut und zum Teil auch relativ preiswert Gold- und Silberschmuck kaufen.

Sehr sehenswert ist die Destillerie Párga, die sich etwas weiter oberhalb in der Gasse befindet, die zur Festung hinaufführt. Der Laden ist bis unter die Decke angefüllt mit seltenen und auch weniger seltenen edlen Tropfen.

Essen und Trinken

Párga bietet sowohl ausgesprochen gute und schöne Restaurants als auch Fast-Food-Läden und Pizzerien. Die meisten Restaurants befinden sich am Hafen, doch wenn man durch die Gassen der Altstadt läuft, so trifft man auch hier auf versteckt gelegene schöne Restaurants. Folgende möchten wir empfehlen:

Die Fischtaverne „I Psarátes": Sie befindet unweit des Hafens in der Altstadt. Hier sitzt man traumhaft schön, und es gibt ausgezeichnetes Essen. Leider hat allerdings vor kurzem eine Bar in unmittelbarer Nähe eröffnet, so daß manchmal die Musik ziemlich laut herüber dröhnt.

Die Taverne „To Kantoúni": Sie befindet sich ebenfalls in einem Seitengäßchen. Man sitzt sehr gemütlich, und das Essen ist ebenfalls sehr gut.

Restaurant „Panoráma": Es befindet sich im oberen Ortsteil. Von hier aus hat man einen ungemein schönen Blick über die westlich an Párga angrenzende Bucht mit ihrem schönen Sandstrand. Man sitzt auf einer Terrasse. Auch hier kann man sehr gut essen.

Restaurant „Charcoal Grill": eine Taverne, wie sie sein sollte. Unweit des Restaurants „Panorama", unter einem stämmigen alten Baum, sitzt man ausgesprochen gemütlich und ißt sehr gut. Hier oben ist es ruhig, von dem Trubel, der am Hafen herrscht, ist nichts zu spüren.

Feste

Am 15. August findet ein Fest zu Ehren der Heiligen Mutter Gottes auf der Insel Panaghía statt.

Kino

Am Ortseingang befindet sich ein Freiluftkino, das im Sommer recht gut besucht ist. Wer sich einen Film ansehen möchte, um einmal die Atmosphäre eines Freiluftkinos zu genießen, der muß allerdings damit rechnen, daß der jeweilige Film in griechischer Sprache gezeigt wird.

Nachtleben

Das Nachtleben in Párga spielt sich — wie könnte es anders sein — in erster Linie in den Tavernen und Restaurants am Hafen ab. Wer gerne junge Leute bei ein bißchen fetzigerer Musik um sich haben möchte, der kann in eine der Pubs gehen. „In" ist zur Zeit zweifellos das Café/Pub „Entásis", wenig unterhalb des Kastells. Hier wird mitunter bis in die frühen Morgenstunden gezecht, und dabei kann es auch schon einmal ein wenig lauter werden.

Wer griechische Atmosphäre vorzieht, der sollte die Ouzerí am Hafen aufsuchen und dort in aller Genüßlichkeit einen Oúzo schlürfen. Aber Vorsicht: Man bekommt kein kleines Gläschen wie bei uns, sondern gut gefüllte Wassergläser serviert.

Polizei

Die Polizeistation befindet sich in der Nähe der Kirche, im oberen Teil der Stadt. Man erreicht sie unter der Telefonnummen 06 84/3 12 22. Die Hafenpolizei erreicht man unter der Telefonnummer 06 84/3 12 27.

Post

Die Post befindet sich neben der Kirche im oberen Stadtteil. Öffnungszeiten: Mo.-Fr. 7.30-14 Uhr.

Taxi

Ein Taxi erreicht man unter der Telefonnummer 06 84/3 12 65.

Telefonieren

Das OTE befindet sich in der Nähe der Kirche, ein wenig unterhalb der Post.

Unterkünfte

In Párga gibt es ein reichhaltiges Angebot an sehr schönen Unterkünften. Folgende möchten wir empfehlen:

Hotel „Achilléas": 23 Zi.; das Hotel grenzt unmittelbar ans Meer. Es befindet sich an der südlichen Ortsseite, ein wenig vom Zentrum entfernt. Es handelt sich um ein relativ neues, sehr schönes, sauberes und freundliches Hotel. Alle Zimmer verfügen über ein eigenes Bad, Telefon und einen Balkon. Achten Sie darauf, ein Zimmer mit Meerblick zu bekommen; man bezahlt für ein DZ in der HS etwa 65 DM; Tel. 06 84/3 16 00, 3 12 26.

„Líakos" (Pension): Am Ortseingang von Párga liegt auf der linken Seite eine erst im Juli 1990 fertiggestellte Pension. Die Zimmer sind sehr sauber und schön. Alle verfügen über ein eigenes Bad und einen riesigen halbkreisförmig gebauten Balkon, der teilweise überdacht ist. Der Besitzer ist ausgesprochen freundlich und um seine Gäste bemüht. Man zahlt für ein DZ mit Bad in der HS etwa 50 DM; Tel. 06 84/3 15 31, 3 12 75.

„Vávlos Vérdos" (Pension): Diese sehr liebevoll eingerichtet Pension mit hübschen kleinen Innenhöfen liegt ebenfalls an der südlichen Küstenseite, etwas außerhalb der Stadt. Leider ist die Pension fast ausschließlich Pauschalurlaubern vorbehalten. Wenn aber, zumeist in der Nachsaison, etwas frei ist, so wird durchaus auch an Einzeltouristen vermietet.

Verkehrsverbindungen

Es gibt täglich drei Busverbindungen nach Igoumenítsa, drei nach Prevéza und eine Verbindung nach Athén. Die Bushaltestelle befindet sich oben bei der Kirche.

Kassópe

Fährt man weiter nach Prevéza, so kann man einen Abstecher zu den Ruinen der antiken Stadt Kassópe machen, die in der Nähe der winzigen Ortschaft Zálongo liegt.

Von der aller Wahrscheinlichkeit nach im 4. Jahrhundert v. Chr. erbauten Stadt Kassópe sind noch ein Teil der alten Straßenzüge und der ehemaligen Agora, des Marktplatzes, erkennbar. Verschiedenen Vermutungen zufolge wurde Kassópe bei der Besetzung von Epirus durch die Römer 168 v. Chr. zerstört. Anschließend wieder aufgebaut, verließen jedoch die meisten Bewohner Kassópe um 31 v. Chr, als die benachbarte Stadt Nikópolis erbaut wurde.

Erhalten geblieben sind neben Teilen der Agora und der hellenistischen Stadtmauer ein kleines und ein größeres Theater, Fundamente ehemaliger Wohnhäuser sowie Kammergräber.

Nikópolis

Auf der Fahrt nach Prevéza kommt man automatisch durch das zehn Kilometer nördlich der Stadt gelegene Ausgrabungsgebiet der antiken Stadt Nikópolis. Es handelt sich um ein riesiges und sehr weitläufiges Gelände, was verständlich wird, wenn man bedenkt, daß hier angeblich ehemals 300 000 Menschen gelebt haben sollen.

Im Jahre 30 v. Chr. wurde die „Siegesstadt" von dem ehemaligen römischen Kaiser Oktavian (Augustus) gegründet. „Siegesstadt" deshalb, weil Oktavian 31 v. Chr. in einer Seeschlacht bei Actium (an der Landzunge zwischen Ambrakischem Golf und Ionischem Meer gelegen) erfolgreich den römischen Feldherrn Antonius besiegt hatte.

Die Bewohner der neuen Stadt wurden größtenteils von Oktavian „zwangsangesiedelt". Rasch entwickelte sich die wiederholt Bedrohungen ausgesetzte Stadt zu einem wirtschaftlichen und kulturellen Zentrum. Die Einwohnerzahl wuchs schnell an, und es entstanden zahlreiche Bauwerke, deren Ruinen noch heute Zeugnis von der einstigen Blüte und Bedeutung der Stadt ablegen. Das antike Nikópolis besaß zwei Häfen, den von Komrós und den von Vathí.

Der Verfall der Stadt setzte im 8. Jahrhundert ein. Bereits im 13. Jahrhundert war der größte Teil der Bevölkerung nach Prevéza abgewandert. In den nun folgenden Jahrhunderten ging die Bedeutung von Nikópolis zurück. Erwähnung fand die Stadt alleine noch im 14. Jahrhundert, als türkische Truppen sich mit deutschen, französischen und ungarischen Streitkräften eine Schlacht bei Nikópolis lieferten. Weiterhin ist bekannt, daß die Griechen 1912 die Türken bei Nikópolis erfolgreich geschlagen haben, was zur Vereinigung von Epirus mit Griechenland führte.

Bei Archäologen und anderen Altertumsforschern gewinnt Nikópolis zunehmend an Interesse. 1984 wurde ein Symposium in Prevéza abgehalten und die Schaffung eines *Nikópolis Institutes* in Aussicht gestellt.

Die Ausgrabungsstätte von Nikópolis ist ein riesiges Gelände. In der ehemaligen „Siegesstadt" lebten angeblich einst 300 000 Menschen

Um das gesamte Ausgrabungsfeld zu besichtigen, bräuchte man Tage. Deshalb sei hier nur auf die wesentlichsten Punkte hingewiesen:
Erkennbar sind noch Teile der riesigen *Stadtmauer,* die einst das gesamte Nikópolis umgab, sowie zwei der ehemaligen Hauptstraßen, die durch die Stadt führten. Inmitten der weiten Ebene befindet sich das *antike Theater* von Nikópolis, das einigen Tausend Menschen Platz bot. Wenig oberhalb stößt man auf die Ruinen des ältesten Bauwerks, des ehemaligen *Apollon-Tempels.* Unterhalb des Theaters befanden sich ehemals das *Gymnasium,* die *Bäderanlagen* sowie das *Sportstadion.* Ein weiteres kleines Theater, das *Odeion,* wurde vor einigen Jahren restauriert und wird heute während des jährlich stattfindenden Kulturfestes „Nikopoleía" wieder genutzt.
Sehr beeindruckend sind auch die Ruinen des alten *Nympheons* am ehemaligen Eingang der Stadt. Mittels eines Kanals wurde die Stadt mit dem Wasser aus dem nahegelegenen Fluß Loúros versorgt. In dem Gelände, auf dem das Museum errichtet ist, befanden sich einige frühchristliche Basiliken, die zum Teil mit recht wertvollen Mosaiken versehen waren. Das riesige Gelände ist allerdings recht ungepflegt und mit dichten Bodengräsern zugewuchert.
Der Besuch des Ausgrabungsgeländes kostet keinen Eintritt.

Das Museum

Im Museum von Nikópolis sind zahlreiche Funde der Ausgrabungsstätte ausgestellt, so zum Beispiel alte *Grabsteine* und *Sarkophage*, die bei Ausgrabungsarbeiten auf dem Gelände des ehemaligen Friedhofes ans Tageslicht kamen, aber auch interessante Statuen. Öffnungszeiten: täglich (außer Montag) von 8.30-15 Uhr. Der Eintritt kostet 2 DM.

Prevéza

Auf den ersten Blick wirkt die Hafenstadt Prevéza, an der Meerenge zwischen dem Ambrakischen Golf und dem Ionischen Meer gelegen, eher kühl und abweisend. Und es ist in der Tat kein Ort, um hier seinen Urlaub zu verbringen. Aber beim genauen Hinsehen hat die Stadt auch gewisse Reize. Sicherlich, mit einem so lieblichen Küstenort wie etwa Párga nicht im entferntesten zu vergleichen, ist diese moderne und lebendige Einkaufsstadt aber nicht ohne Charme. Falls Sie auf der Durchreise nach Léfkas sind, so können Sie die Gelegenheit zu einem Besuch des Fischmarktes benutzen oder einen ausgiebigen Einkaufsbummel unternehmen.

Die meisten Touristen benutzen Prevéza in der Tat nur als Durchgangsstation, um von hier aus mit dem Schiff über die Enge von Prevézis überzusetzen und von dort weiter in Richtung Léfkas zu fahren. Der Hafenbereich ist nicht sehr einladend. Zwar sind einige Tavernen und Cafés vorhanden, doch sitzt man an einer relativ belebten Straße. Von hier kann man die auf dem nahegelegenen Flughafen startenden und landenden Flugzeuge beobachten. Auffällig viele Militärangehörige, vor allem Marineeinheiten, bevölkern die Straßen von Prevéza.

Die Einheimischen scheinen übrigens die Liebe zum Fahrrad entdeckt zu haben, eine Möglichkeit der Fortbewegung, über die die meisten Griechen nur die Nase rümpfen oder die sie mit dem berühmten verneinenden Augenaufschlag bedenken. Nun, in Prevéza ist man jedenfalls eifrig mit dem Fahrrad unterwegs.

Geschichte

Erwähnt wird Prevéza zum ersten Mal im Jahre 1292. Archäologen vermuten, daß sich an der Stelle der heutigen Stadt das antike Bereníke befand. Bereits sehr früh soll die Hafenstadt, die regen Schiffshandel betrieb, über eine Akrópolis und eine Tempelanlage verfügt haben. Daß man kaum Ruinen dieser Anlage findet, hängt damit zusammen, daß die Anlagen zum Bau der benachbarten Stadt Nikópolis verwendet wurden. Im Laufe ihrer Geschichte war Prevéza wiederholt den Angriffen feindlicher Staaten, so etwa der Venezianer, Albaner, Franzosen und natürlich der Türken ausgesetzt. Nachhaltigsten Einfluß auf die Entwicklung der Stadt übten die Venezianer und die Türken, was sich noch heute in einigen Baulichkeiten niederschlägt. So findet man hier noch eine Moschee sowie einen türkischen Palast. Ali Pascha ließ ein Bad erbauen, das noch heute benutzt wird.

Praktische Informationen

Ärztliche Versorgung

Das Krankenhaus von Prevéza befindet sich am nördlichen Ortsausgang (ausgeschildert). Man erreicht es unter der Telefonnummer 06 82/2 28 71. Eine Zahnarztpraxis befindet sich in der Straße, die vom Hafen in Richtung Hotel „Dióni" abzweigt, auf der rechten Seite.

Auskünfte

Eine Touristeninformation befindet sich am Hafen. Öffnungszeiten: Mo.-Fr. 7.30-14.30 Uhr und 18-20 Uhr, Sa. von 9-13 Uhr. Auch die Touristenpolizei erteilt Auskünfte, Tel. 06 82/2 22 25.

Baden

Die Bademöglichkeiten in Prevéza sind ausgesprochen schlecht. Man muß schon ein ganz schönes Stück aus dem Ort herausfahren, um eine einigermaßen saubere Badestelle zu finden. Besonders reizvoll ist die sehr flache Küste hier ohnehin nicht.

Banken

Am Hafen befindet sich die „National Bank of Greece". Öffnungszeiten: Mo.-Do. 8-14 Uhr, Fr. 8-13.30 Uhr.

Einkaufen

Prevéza ist eine ausgesprochene Einkaufsstadt, in der man im Grunde alles bekommt, was man braucht. Besuchen Sie z.B. den Fischmarkt, der jeden Morgen in den Markthallen stattfindet.

Der Anblick des riesigen Angebots an Meerestieren läßt das Herz von Fischliebhabern sicherlich ein paar Takte schneller schlagen.

Essen und Trinken

Am Hafen befinden sich einige Restaurants und Cafés, die allerdings alle keinen sehr einladenden Eindruck machen.

Pannenhilfe

Bei einer Autopanne hilft der ELPA-Service, den man unter der Telefonnummer 06 82/2 26 33 erreicht. Des weiteren steht auch der Express-Service in Notfällen zur Verfügung, Tel. 06 82/2 48 80.

Polizei

Die Polizei ereicht man unter der Telefonnummer 06 82/ 2 22 25, die Hafenpolizei unter der Telefonnummer 2 22 26.

Post

Das Postgebäude befindet sich am Hafen. Öffnungszeiten: Mo.-Sa. 7.30-14 Uhr, So. 9-13.30 Uhr.

Taxi

Der Taxistand ist am Hafen. Telefonisch erreicht man ein Taxi unter der Nummer 06 82/2 37 50.

Unterkünfte

An Hotels besteht in Prevéza kein Mangel. Allerdings haben wir ein besonders empfehlenswertes Hotel nicht entdecken können. Recht angenehm sind folgende Hotels in Hafennähe:

„Dioni": 32 Zi., 61 Betten; alle Zimmer verfügen über ein separates Bad und ein Radio. Man zahlt während der HS für ein DZ etwa 51 DM; Tel. 06 82/2 82 87, 2 73 81.

„Minos": 19 Zi., 36 Betten; alle Zimmer verfügen über ein separates Bad, einen Balkon und ein Telefon. Man bezahlt während der HS etwa 55 DM; Tel. 06 82/2 84 24, 2 74 24.

Verkehrsverbindungen

Mit dem Flugzeug:

Es bestehen täglich mehrere Flugverbindungen mit der Olympic Airways nach Athén und zweimal wöchentlich nach Kórfu. Das Büro der Olympic Airways befindet sich in der Odos Spiliádou & Bálkou, Tel. 06 82/2 86 74. Den Flughafen erreicht man unter der Telefonnummer 06 82/ 2 23 55.

Mit dem Bus:

Es gibt täglich Busverbindungen nach Athén, Arta, Ioánnina, Párga und Pátras.

Mit dem Schiff:

Es besteht ein ständiger Pendelverkehr über die Enge von Prevézis. Das Ticket kostet pro Person etwa 50 Pfennig, für einen Wagen etwa 3 DM.

Arta

Arta ist die zweitgrößte Stadt in Epirus und zweifellos eine der bekanntesten. Das „Wahrzeichen" von Arta ist die berühmte und sagenumwobene Brücke, die die beiden Ufer des Arachthos miteinander verbindet und die als größte und älteste Brücke Griechenlands gilt.

Nördlich des Ambrakischen Golfes in einer landwirtschaftlich sehr reizvollen Gegend gelegen, ist Arta zugleich eine geschäftige Großstadt mit viel Verkehr und Hektik. Die rund 20 000 Einwohner von Arta leben in erster Linie vom Obstanbau, vor allem von der Apfelsinen-Produktion. Man achte auf die ausgedehnten Orangen-Plantagen in der Umgebung von Arta.

Da Arta einiges zu bieten hat, lohnt sich ein Besuch der Stadt vor allem für kulturell Interessierte.

Geschichte

An der Stelle der heutigen Stadt Arta soll sich in der Antike die Stadt Ambrákia befunden haben. Zu sehen sind die Ruinen einer alten Tempelanlage sowie eines alten Theaters. Nach der Gründung der Stadt Nikópolis verließen viele Bewohner Ambrákia und siedelten sich dort an. Erst rund 1000 Jahre später kam es hier zu einer erneuten Stadtentwicklung, diesmal jedoch unter dem Namen Arta. In der Folgezeit entwickelte sich Arta zu einer blühenden Stadt, bedingt vor allem dadurch, daß sie während der byzantinischen Zeit zur Hauptstadt des Despotates von Epirus avancierte. Seinen Ausdruck fand die kulturelle und geistige Blütezeit unter anderem in der Errichtung wichtiger und interessanter Bauwerke, so einiger Kirchen, die man heute noch besichtigen kann.

Sehenswürdigkeiten

Die Brücke von Arta

Anziehungspunkt für viele Touristen ist zweifellos die byzantinische Brücke, die über den

Arachthos führt. Erbaut wurde sie im 17. Jahrhundert. Eine alte Legende, die bis heute in einem Volkslied lebendig geblieben ist, erzählt folgende Geschichte: Um die Brücke erbauen zu können, mußte die Ehefrau des Baumeisters geopfert werden. Denn: alle Teile, die der Baumeister am Tage fertiggestellt hatte, stürzten in der Nacht wieder ein. So sei dem Baumeister nichts anderes übrig geblieben, als seine eigene Frau in der Brücke einzumauern, um diesen Fluch bannen zu können.

Die Marienkirche Parigorítissa

Die architektonisch eindrucksvolle Hauptkirche der Stadt stammt aus der Zeit gegen Ende des 13. Jahrhundert. Besonders sehenswert sind die Fresken und Mosaike, die das Innere der Kirche schmücken. Funde aus Arta sind hier ausgestellt.

Das Archäologische Museum

Denjenigen sei ein Besuch des Archäologischen Museums empfohlen, die sich für alte Münzen interessieren. Neben wertvollen alten Münzen sind Urnen und alte Vasen zu besichtigen.

Nicht nur ein Erlebnis fürs Auge, sondern auch für die Nase: der Fischmarkt von Prevéza

Praktische Informationen

Ärztliche Versorgung

Das Krankenhaus von Arta erreicht man unter der Telefonnummer 06 81/2 72 22.

Auskünfte

Auskünfte erteilen das städtische Informationsbüro, Tel. 06 81/2 74 54, 2 44 44, 3 23 62, oder die Touristenpolizei von Arta.

Man erreicht sie unter der Telefonnummer 06 81/2 75 80.

Essen und Trinken

In der Innenstadt liegen verstreut einige Tavernen. Allerdings ist es nicht ganz einfach, ein gemütliches Restaurant an einer ruhig gelegenen Stelle zu finden.

Pannenhilfe

Den ELPA-Service erreicht man unter der Telefonnummer 06 81/2 96 23, 1 04.

Polizei

Die Polizei erreicht man unter Tel. 06 81/2 75 80.

Unterkünfte

Es gibt einige, allerdings nicht viele Hotels in Arta.

„Xénia": 22 Zi., 44 Betten; das Hotel befindet sich in der Odos Froúrion; man bezahlt für ein DZ mit Bad während der HS rund 45 DM; Tel. 06 81/2 74 13, 2 83 64, 2 03 15.

„Ambrákia": 60 Zi., 110 Betten; das Hotel liegt in der Odos N. Priovólou 13. Man zahlt für ein DZ mit Bad rund 40 DM; Tel. 06 81/2 83 11.

„Crónos": 55 Zi., 102 Betten; das Hotel befindet sich in der Platía Kílkis. Man zahlt für ein DZ mit Bad rund 42 DM; Tel. 06 81/2 22 11.

Verkehrsverbindungen

Es besteht eine regelmäßige Busverbindung von Arta nach Athén, Thessaloníki sowie zu mehreren kleinen Orten in Epirus. Nach den genauen Abfahrtszeiten muß man sich vor Ort erkundigen, da sich diese häufig ändern.

Die Ionischen Inseln

Unter den Ionischen Inseln versteht man jene Inselgruppe an der Westküste Griechenlands, die nördlich von Albanien begrenzt wird und sich bis zur Nordwestseite des Peloponnes zieht. Zu den Inseln des Ionischen Meeres gehören Kórfu, Páxi, Léfkas, Kephalonía, Ithaka und Zákynthos — um nur die wichtigsten zu nennen.

Beschrieben werden im folgenden jedoch nur die drei nördlich gelegenen Inseln Kórfu, Páxi und Léfkas, da wir diese noch zu Nordgriechenland zählen möchten, die weiter südlich gelegenen Inseln jedoch Mittel- bzw. Südgriechenland zurechnen.

Die Ionischen Inseln unterscheiden sich nicht nur untereinander erheblich, sie bilden auch in vieler Hinsicht einen Gegensatz zu den meisten anderen griechischen Inseln. Da es hier relativ häufig regnet, sind die Inseln ausgesprochen grün und fruchtbar. Auch ist es hier im Sommer nicht ganz so heiß wie auf den meisten anderen griechischen Inseln.

Wer die Ionischen Inseln bereist, muß sich auf Gegensätzliches gefaßt machen. Während sich die Insel Kórfu zu einem Eldorado des Massentourismus entwickelt hat, der auch in die letzten Winkel der Insel eingedrungen ist, geht es auf Lékas vergleichsweise ruhig zu. Hier findet man noch einsame Strände und unberührte Bergdörfer. Dafür muß man eine schlechtere Infrastruktur in Kauf nehmen.

Geschichte

Bereits zu vorgeschichtlicher Zeit soll es auf den Ionischen Inseln Besiedlungen gegeben haben. Im 8. Jahrhundert v. Chr. ließen sich dann Bewohner aus Korínth an verschiedenen Stellen nieder und gründeten Kolonien. Den Inseln kam fortan insofern eine große Bedeutung zu, als sie an der Nahtstelle zwischen Griechenland und Italien lagen. Bis zum Peloponnesischen Krieg unterlagen die Ionischen Inseln der Kontrolle Korínths.

Im 8. Jahrhundert n. Chr. gerieten die Inseln unter byzantinische, Anfang des 11. Jahrhunderts dann unter venezianische Herrschaft. Diese Zeit prägt die Inseln bis heute, was nicht nur in den zum Teil noch erhaltenen Festungsanlagen zum Ausdruck kommt, sondern sich verschiedenenorts auch im Stadtbild niederschlägt (besonders deutlich in Kórfu/Stadt). Neben wiederholten Angriffen seitens der Normannen, waren es auch die Osmanen, die kurzzeitig hier ihre Fahne hißten. Im Vergleich zu den meisten anderen Städten und Inseln Griechenlands, waren die Ionischen Inseln jedoch nicht lange türkisch besetzt. Gegen Ende des 18. Jahrhunderts bemühte sich Rußland, gemeinsam mit dem Osmanischen Reich, die inzwischen in die Hände Napoleons gefallenen Inseln an sich zu reißen. Auf diese Zeit geht die Gründung der „Republik der Sieben vereinigten Inseln" zurück, die für kurze Zeit eine gewisse Autonomie mit sich brachte, wenige Jahre später aber zerbrach.

Einen nicht unwesentlichen Einfluß auf die Geschichte der Ionischen Inseln übte auch Großbritannien aus, das die Inseln im Jahre 1809 besetzte und sich nur sechs Jahre später zur Protektoratsmacht erhob. 1864, also fast 50 Jahre später, traten die Briten die Inseln endlich an Griechenland ab.

Während des Zweiten Weltkrieges wurden die Ionischen Inseln sowohl von italienischen als auch von deutschen Truppen besetzt. Ein weiteres Datum, an das man sich mit Schrecken erinnert, ist das Jahr 1953, als weite Teile der Inseln durch ein schweres Erdbeben verwüstet wurden. Der moderne Charakter vieler Städte, die aus Schutt und Asche wieder aufgebaut wurden, ist unübersehbar.

Kórfu (Kérkira)

Kórfu — Traum oder Alptraum?

Kórfu umfassend zu charakterisieren, ist keine ganz leichte Aufgabe, und nicht ohne Grund ist der Insel häufig ein eigener Reiseführer gewidmet. Denn wie kaum eine zweite Insel hat Kórfu zahlreiche — und dazu noch höchst unterschiedliche — Gesichter, die übrigens beim Besucher sehr zwiespältige Gefühle erwecken können.

Was erwartet denjenigen, der sich für Kórfu als Urlaubsziel entscheidet? Zuerst einmal viel Rummel. Scharen von Urlaubern aus aller Herren Länder bevölkern die Straßen und Gassen der Hauptstadt. Bevorzugt Engländer haben die Insel für sich entdeckt, so daß Kórfu im Sommer fast wie eine englische Kolonie wirkt. Vor allem junge Leute verbringen auf Kórfu ihren Urlaub, und eines scheint sicher: Wer nicht möchte, der bleibt hier nicht lange allein. Kontakte sind schnell geknüpft, nicht zuletzt durch das riesige Angebot an Freizeit- und Sportmöglichkeiten.

Kórfu — das ist auch eine Konkurrenz der Hotelbesitzer. Denn man bemüht sich redlich, es den Sommergästen so angenehm wie möglich zu machen. Und da gehören nicht selten der Swimming-Pool und die Tennisanlage unweigerlich zum Konzept. Kórfu — das ist aber auch, und für viele in erster Linie, Strandurlaub. Bis auf wenige kleine Strände, die schlecht erreichbar sind, hat man kaum die Chance, im Hochsommer ein Plätzchen für sich alleine zu ergattern.

Das ist aber noch lange nicht alles. Kórfu ist auch, und nicht zuletzt, ein fast lebendiges Museum; wie kaum eine andere griechische Insel besitzt Kórfu Kulturdenkmäler, deren Besichtigung ein urlaubsfüllendes Programm darstellen kann. Mit anderen Worten: Wer nicht den ganzen Tag am Strand zubringen möchte, der hat auf Kórfu ausreichend Möglichkeiten, seine Kunst-, Geschichts- und Kulturkenntnisse aufzubessern.

Allgemeines zu Kórfu

Kórfu ist die nördlichste der Ionischen Inseln und liegt nur wenige Kilometer von der albanischen Küste entfernt. Gerne berichten die Einwohner, daß man an windstillen Morgen das Krähen der Hähne von Albanien bis hierher hört.

Die langgestreckte Insel hat eine Gesamtgröße von 592 qkm und gehört zu den dicht besiedeltsten Inseln Griechenlands. Kórfu verfügt über ein sehr abwechslungsreiches Landschaftsbild. Während der nördliche Teil der Insel ausgesprochen bergig ist (der höchste Berg ist der Pantokrátor mit 906 Metern), ist der südliche Teil flach, mit gelegentlichen sanften Hügeln und Tälern. Die Insel ist größtenteils dicht bewaldet. Allerdings hat auch hier ein kleinerer Waldbrand dafür gesorgt, daß ein, wenn auch sehr geringfügiger Teil des Baumbestandes vernichtet worden ist. Kórfu ist seit je her bekannt für seinen Olivenanbau, und noch heute bestimmen unzählige Olivenhaine das Landschaftsbild. Ein Bild, an dem man sich nicht sattsehen kann, das sind die stämmigen Olivenbäume, deren Blätter in der Sonne silbern glänzen. Dazwischen erheben sich immer wieder vereinzelt schlanke Zypressen, die der Insellandschaft ihren eigentümlichen Charakter verleihen. Bei einer Fahrt über die Insel stößt man auch immer wieder auf kleine

Bergdörfer, die wie Farbtupfer das Grün der geschlossenen Baumlandschaft durchbrechen.
Auch die Küstenlandschaft Kórfus ist höchst unterschiedlich gestaltet. Lange Sandstrände und flache Küstenstriche wechseln mit steilen Berghängen, winzigsten Badebuchten und schroffen Felslandschaften ab. Es dürfte wohl kein großes Problem sein, die für einen jeweils geeignetste Badestelle herauszufinden.
Kórfu ist bekannt für sein mildes Klima. Es regnet verhältnismäßig häufig, und die durchschnittliche Tagestemperatur im Juli liegt bei 27 °C. Bedingt durch dieses Klima, gedeihen auf Kórfu nicht nur Olivenbäume, Zypressen und Kiefern, sondern auch Palmen und viele verschiedene Blumen. Es ist sicherlich die üppige Vegetation, die die Insel so anziehend für viele Besucher macht.
Kórfu zählt rund 90 000 Einwohner, wovon ein Drittel in der Inselhauptstadt lebt, der Rest verteilt sich auf weitere 105 Gemeinden. Haupteinnahmequelle der Korfioten ist neben dem Tourismus nach wie vor die Landwirtschaft. Gut 60 % der landwirtschaftlich nutzbaren Fläche weist einen dichten Baumbestand aus, allen voran Olivenbäume (Achten Sie auf die wie geflochten aussehenden Wurzeln!). Einen weiteren wichtigen Faktor bilden neben Zitrusfrüchten die Mandelbäume. Auch wird Wein angebaut, wenngleich dieser keine dominierende Rolle im Wirtschaftsleben Kórfus spielt.
Das Straßennetz auf Kórfu ist ausgesprochen gut ausgebaut, so daß man mühelos überall hinkommt. Zwar herrschen ausgezeichnete Busverbindungen zwischen allen Orten der Insel, doch ist es sicherlich von Vorteil, wenn man ein Auto zur Verfügung hat, um die Insel kennenzulernen.
Die typischen Inselprodukte
Abgesehen von den Oliven, die auf Kórfu geerntet werden, gibt es einige typische Produkte, die man unbedingt einmal probieren sollte. Das ist zum einen der „Kumquat“, ein besonderer Likör, das „Madolato“, ein Honiggebäck mit Mandeln (sehr süß) sowie der typische Käse der Insel, der „Graviera“.

Geschichte
Archäologischen Funden zufolge, war die Insel bereits während der Altsteinzeit bewohnt. Im 8. Jahrhundert v. Chr. ließen sich Siedler aus Eretría (Euböa) und Korínth hier nieder. Bedingt durch die strategisch wichtige Lage, entwickelte sich alsbald ein reger Handel mit den Städten der Adriaküste, so daß Kórfu in dieser Phase eine wirtschaftliche Blütezeit erlebte.
Das Resultat zahlreicher interner Konflikte zwischen Kórfu und Korínth war, daß sich Kórfu während der Peloponnésischen Kriege auf die Seite Athéns schlug. In den nun folgenden Jahrhunderten wurde die Insel von verschiedenen Mächten erobert und war zudem ständigen Angriffen von Piraten ausgesetzt.
In der Auseinandersetzung zwischen dem römischen Kaiser Octavian und seinem Widersacher Antonius unterstützten die Korfioten Antonius, was sich nach seiner Niederlage bitter rächen sollte *(→Nikópolis)*. Octavian ließ aus Rache alle Knaben der Insel töten und erklärte Kórfu zu einer römischen Provinz.
Kórfu, Teil des Oströmischen Reiches, fiel nach den Kreuzzügen an die Venezianer und wurde 1214 dem Despotat von Epirus eingegliedert. Während der venezianischen Herrschaft, die von 1386 bis 1797 dauerte, wurde nicht nur der Handel mit den Städten des Orients ausgebaut, sondern es wurden auch viele Befestigungsanlagen zum Schutz vor feindlichen Angriffen, vor allem der Türken, errichtet.
Seit Mitte des 15. Jahrhunderts hatte es mehrere Versuche seitens der Türken gegeben,

die Insel einzunehmen. Überliefert ist, daß im Jahre 1537 die Insel von dem gefürchteten Barbarossa belagert wurde, zahlreiche Einwohner getötet oder aber als Sklaven nach Konstantinopel verschleppt wurden. Ein weiterer türkischer Angriff erfolgte im Jahre 1716. Doch gelang es den Korfioten, nach mehr als einem Monat der Belagerung die Truppen zum Abzug zu bewegen, indem das Gerücht verbreitet wurde, die Feinde würden von den brennenden Fackeln des heiligen Spyridon bedroht, was offensichtlich die Moral der türkischen Truppen erheblich schwächte. Noch heute wird dieser Tag jedes Jahr am 11. August in Form einer Prozession feierlich begangen.

Das 17. Jahrhundert war ganz allgemein gekennzeichnet von schweren inneren Unruhen und von Pestepidemien, die einen langsamen Verfall des einst blühenden Kórfu zur Folge hatte.

Acht Jahre nach der Französischen Revolution (1789) landeten im Jahre 1797 Truppen Frankreichs auf Kórfu, um die Insel von der venezianischen Herrschaft zu befreien. Die Flotte wurde von den Einwohnern, die mit den Ideen der Französischen Revolution sympathisierten, freudig begrüßt. Die Begeisterung währte indes nicht lange. Bald schon machte sich eine große Unzufriedenheit breit, als man merkte, daß die Unterdrücker lediglich den Namen gewechselt hatten. Diesen Zustand machte sich die russisch-türkische Allianz zunutze und nahm 1799 die Insel ein. Es erfolgte die Vereinbarung, daß sich die sieben Ionischen Inseln zu einem eigenen Staat zusammenschließen sollten, dem „Heptánisos-Staat", der zwar der Türkei Tribut zahlen mußte, ansonsten aber einen autonomen Staat bildete.

Dieser Zustand währte allerdings nur knapp acht Jahre lang. Mit der Autonomie waren auch die alten feudalen Strukturen wieder etabliert worden, was zu inneren Spannungen führte. Hinzu kam der Unmut über die Präsens fremder Truppen.

Angesichts des nun folgenden russisch-türkischen Krieges und des im Jahre 1807 verfaßten Vertrages von Tilsit, wurde Kórfu wieder Frankreich zugesprochen. In diese Zeit fiel unter anderem die Entwicklung des Bildungswesens, es kam zur Gründung der Ionischen Akademie. Doch auch diese Phase war nicht von Dauer. Hatten doch die Engländer seit Beginn des 19. Jahrhunderts versucht, die Ionischen Inseln einzunehmen und erreichten es, im Jahre 1814 Kórfu zu okkupieren.

Beim Wiener Kongreß (1815), der einer Neuregelung Europas nach den Napoleonischen Kriegen diente, wurde seitens Rußland der Vorschlag unterbreitet, die Ionischen Inseln in die Unabhängigkeit zu entlassen. Dieser Vorschlag schien jedoch unannehmbar, und so beschloß man, die „Vereinigten Staaten der Ionischen Inseln" zwar als Staat anzuerkennen, sie jedoch unter das Protektorat Großbritanniens zu stellen. Verwaltungssitz wurde Kórfu. Während der Zeit des britischen Protektorats wurde das Bildungswesen ausgebaut, eine Universität gegründet und das Straßennetz verbessert.

Eines der wichtigsten Daten der Geschichte der Ionischen Inseln ist das Jahr 1864. In diesem Jahr nämlich wurden die Ionischen Inseln von Großbritannien an Griechenland abgetreten.

Während des Ersten Weltkrieges errichteten englische, französische und italienische Truppen hier ihre Basis. Auch im Zweiten Weltkrieg wurden die Ionischen Inseln nicht verschont. Italien bombardierte die Inseln und besetzte Kórfu. Auch deutsche Truppen wüteten auf der Insel und zerstörten zahlreiche Gebäude. Im Dezember 1944 deportierten die Deutschen die auf Kórfu lebenden Juden.

Auch auf einer Insel wie Kórfu gibt es Orte, an denen man sich in die Welt der Mythen und Legenden zurückversetzt glaubt

Mythologie

Der griechischen Mythologie zufolge soll Odysseus während seiner Irrfahrten auch auf der Insel Scheria (man vermutet, daß es sich dabei um die heutige Insel Kórfu handelt) gestrandet sein. Vor Erschöpfung fiel er in einem Wald in tiefen Schlaf. Nausikaa, die Tochter des zu der Zeit auf Kórfu herrschenden Königs Alkinoos, war von ausgesprochener Schönheit und Anmut. Und so suchte die Göttin Athéne die schlafende Jungfrau auf und gab ihr durch einen Traum zu verstehen, daß sie sich auf ihre bevorstehende Vermählung vorzubereiten habe und ihre Gewänder dafür reinigen und herrichten sollte. Nausikaa folgte den Anweisungen des Traums und zog mit Erlaubnis ihres Vaters und begleitet von Gespielinnen hinaus zum Fluß, um dort ihre Wäsche zu waschen. Von den Stimmen der spielenden Jungfrauen erwachte Odysseus, der unweit des Flusses geruht hatte. Von Schlamm bedeckt und so einen wenig vertrauenerweckenden Eindruck bietend, bat er die Königstochter um Hilfe. Diese, überzeugt von Odysseus' Ehrlichkeit, versprach, dem Verirrten zu helfen, gab ihm bereitwillig Kleidungsstücke und geleitete Odysseus zum Palast ihres Vaters, der Odysseus gerne aufnahm und ihm freies Geleit zusagte.

An einer anderen Stelle wird berichtet, daß die Argonauten, nachdem sie das Goldene Vlies erobert hatten, auf der Insel der Phäaken landeten (von der man annimmt, daß es sich um die Insel Kórfu handelt). Hier, so heißt es, habe die Hochzeit zwischen Jason und Medea stattgefunden (zur Argonautensage *→auch Vólos**).*

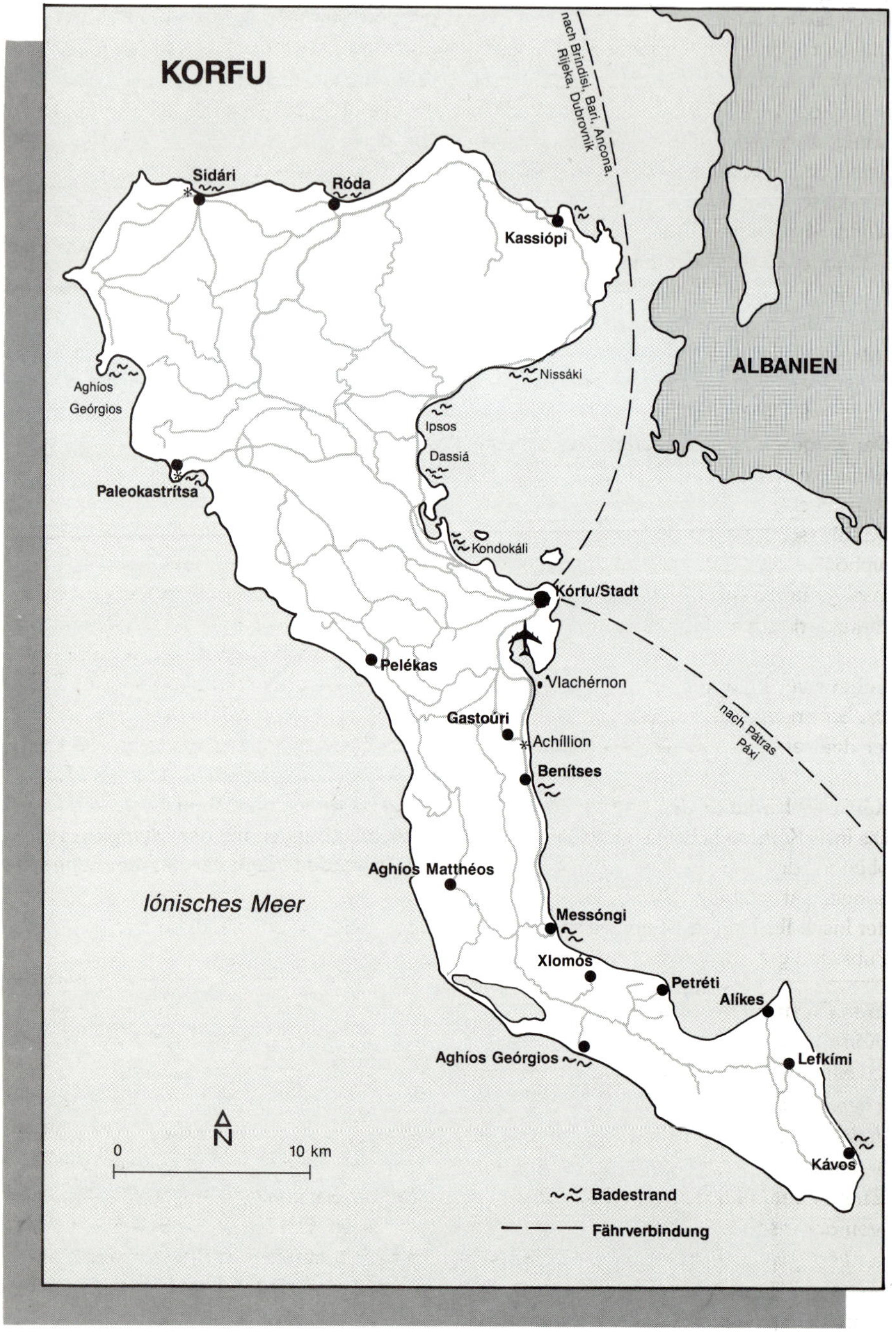

KORFU
nach Brindisi, Bari, Ancona, Rijeka, Dubrovnik
Sidári
Róda
Kassiópi
ALBANIEN
Aghíos Geórgios
Nissáki
Ipsos
Dassiá
Paleokastrítsa
Kondokáli
Kórfu/Stadt
Pelékas
Vlachérnon
Gastoúri
Achíllion
nach Pátras Páxi
Benítses
Aghíos Matthéos
Iónisches Meer
Messóngi
Xlomós
Petréti
Alíkes
Aghíos Geórgios
Lefkími
Kávos
N
0
10 km
Badestrand
Fährverbindung

Der Inselname

Die nördlichste der Ionischen Inseln taucht bis heute unter zwei verschiedenen Namen auf. In der Regel spricht man von der Insel Kórfu, wenngleich die griechische Schreibweise noch immer an dem älteren Namen Kérkira festhält. Kérkira, so hieß der griechischen Mythologie zufolge die Tochter des Flußgottes Asopos. Von dem Gott Poseidon, der sich in die Nymphe Kérkira verliebt hatte, soll diese auf die Insel gebracht worden sein. Sie gebar einen Sohn und nannte ihn Phäax, woraus sich später der Name des Volkes der Phäaken ableitete.
Der jüngere, bei uns gebräuchliche Begriff Kórfu stellt nun wiederum eine Ableitung vom griechischen Begriff „tón koryphón" dar, was übersetzt „der Gipfel" bedeutet. „Tón koryphón" — so wurde einst die Hauptstadt der Insel genannt, in Anlehnung an die beiden charakteristischen Burgfelsen.

Sehenswürdigkeiten

Die Sehenswürdigkeiten der Insel werden unter den jeweiligen Orten beschrieben.

Kórfu — Domäne der Engländer

Die Insel Kórfu steht bei den Engländern ganz oben auf der Reise-Hitliste. Jahr für Jahr verbringen zahlreiche Engländer ihre Ferien auf der Insel. Ihr Einfluß ist überall spürbar. Die Pubs sind ganz im englischen Stil eingerichtet, überall erhält man englische Zeitungen, und die Briten betreiben überdies zahlreiche Restaurants, Pubs und Boutiquen. Englisch, so scheint es, ist hier zur zweiten Landessprache geworden.
Woran es liegen mag, daß speziell die Briten Kórfu für sich vereinnahmen, bleibt Spekulation. Tatsache ist, daß die Engländer insofern eine enge Beziehung zu der Insel entwickelt haben, als sie lange Jahre die Protektoratsmacht auf Kórfu waren.
Hinzu kommt, daß zahlreiche Reiseveranstalter Billigreisen nach Kórfu anbieten, wodurch der Boom verstärkt wurde.

Die Anreise nach Kórfu

Mit dem Flugzeug

Zahlreiche *Linienmaschinen* aus vielen Ländern Europas fliegen die Insel Kórfu im Sommer täglich an. Auch mit der Olympic Airways bestehen Direktverbindungen mit vielen europäischen Flughäfen, so etwa mit Amsterdam, Genf, London, Mailand und Rom. Kórfu wird von folgenden deutschen Flughäfen mit der Olympic Airways im Direktflug angeflogen: Düsseldorf, Stuttgart und Frankfurt. Des weiteren bestehen innergriechische Flugverbindungen mit der Olympic Airways von folgenden Flughäfen: Athén, Kephallonía, Prevéza und Zákynthos.
Informationen erteilen die Büros der Olympic Airways.

Der Dichter Dionysios Solomos

Kórfu entwickelte sich im 19. Jahrhundert zu einem wichtigen geistigen Zentrum Griechenlands. Bereits zwei Jahrhunderte zuvor hatten sich zahlreiche Künstler und Gelehrte auf den Ionischen Inseln niedergelassen. Zu den berühmtesten Gelehrten zählte der von der Insel Zákynthos stammende Dichter Dionysios Solomos, der von 1828 bis zu seinem Tod im Jahre 1857 hier weilte. Solomos, der entscheidend zur Ausbreitung und Verwendung der Dimotikí, der Volkssprache, beitrug und diese auch in sein eigenes literarisches Werk integrierte, ist der Verfasser des berühmten Gedichtes „Hymne an die Freiheit", das zum Bestandteil der heutigen Nationalhymne Griechenlands geworden ist. Während seiner Schaffenszeit auf Kórfu scharten sich zahlreiche Dichter und Intellektuelle um Solomos und bildeten einen literarischen Kreis.

Vertretungen in der Bundesrepublik Deutschland:
- Düsseldorf: Graf Adolf Straße 12
4000 Düsseldorf, Tel. 02 11/8 49 41
- Köln: Minoritenstraße 7
5000 Köln, Tel. 02 21/23 61 38
- Frankfurt: Hamburger Allee 2-10
6000 Frankfurt/M. 90, Tel. 0 69/7 95 09 40
- Stuttgart: Olgastraße 83
7000 Stuttgart, Tel. 07 11/24 74 89
- München: Maximilianplatz 12 A
8000 München, Tel. 0 89/22 41 48
- Hamburg: Mönckebergstraße 31
2000 Hamburg 1, Tel. 0 40/33 88 13
- Hannover: Luisenstraße 10
3000 Hannover, Tel. 05 11/1 73 57

Die Vertretungen in Griechenland:
- Athén: Syngrou Avenue 96
1 17 41 Athén, Tel. 01/9 29 21 11
- Kórfu: Odos Kapodístriou 20
Kórfu/Stadt, Tel. 06 61/3 86 94

Weitere Adressen →unter den jeweiligen Städten.

Die meisten Urlauber buchen *Pauschalreisen* nach Kórfu. Zahlreiche Reiseveranstalter haben Kórfu in ihrem Programm.

Informationen erteilen die jeweiligen Reisebüros.

Noch ein Hinweis zum Flughafen auf Kórfu: Der Flughafen liegt drei Kilometer außerhalb von Kórfu/Stadt, bei Kanóni, Tel. 06 61/3 01 80, 3 73 98.

Beim Landeanflug sinken die Maschinen bereits vor Erreichen des Flughafens so tief, daß auf der Straße, die hinter dem Flughafen herführt, eine Schranke heruntergelassen und der Autoverkehr solange gestoppt wird, bis das Flugzeug gelandet ist.

Mit dem Schiff

Von Italien:

Im Sommer wird die Insel Kórfu täglich von Fähren aus Otranto, Brindisi und Bari angelaufen. Eine einfache Überfahrt von Otranto kostet zwischen 30 DM und 40 DM. Nimmt man einen Wagen mit, so zahlt man zwischen 27 DM und 160 DM (in der Vorsaison) und zwischen 90 DM und 180 DM in der Hauptsaison.

▲ *Stündlich bestehen Fährverbindungen nach Kórfu*

Käse, insbesondere der „Graviera" ist ein typisches Inselprodukt ▶

Für die Fähren von Brindisi nach Kórfu zahlt man pro Person rund 69 DM, für einen Wagen zwischen 85 DM und 100 DM, und von Bari gelten folgende Tarife: Eine einfache Fahrt kostet 55 DM, ein Auto zwischen 105 DM und 130 DM (in der Hochsaison).

Teurer wird es natürlich, wenn man sich eine Kabine mietet. Je nach Bettenzahl zahlt man in der Hochsaison zwischen 170 DM und 220 DM für eine Überfahrt von Brindisi nach Kórfu.

Bei den meisten Schiffahrtsgesellschaften gilt zudem folgende Regelung: Bucht man so-

γκούντα ολλανδίας πΛ' -789-
ΕΜΕΝΤΑΛ ΑΥΣΤΡΙΑΣ
805-
κεφαλοτύρι Αγγλίας πΛ' -670-
κεφαλοτύρι Γερμανίας πΛ' -660-
ΡΕΓΚΑΤΟ Ιρλανδίας 780-
ΕΝΤΑΜ ΟΛΛΑΝΔΙΑΣ 685-
ΠΡΟΒΙΑ
ΟΛΟΠΑΧΗ
ΑΝΘΟΤΥΡΟ Τ. ΚΡΗΤΗΣ ΠΑ

gleich ein Rückfahrtsticket mit, dann erhält man bei einem Personenticket 10 % Ermäßigung auf das Rückfahrtsticket, bei einen Auto 50 %. Allerdings nur in der Vorsaison. Des weiteren gibt es verbilligte Tarife für Gruppenreisen und Studenten. Kinder bis zu zwei Jahren zahlen gar nichts, Kinder vom zweiten bis zum zwölften Lebensjahr nur die Hälfte. Genauere Auskünfte erteilen die Reisebüros. Am besten erkundigt man sich bei solchen Agenturen, die auf Italienreisen spezialisiert sind.

Von Jugoslawien:

Zweimal wöchentlich gibt es eine Fährverbindungen zwischen Kórfu und Dubrovnik. Tickets erhält man in Dubrovnik im Büro der Strintzis Lines in der Grusca Obala 34, Tel. 0 50/2 85 34. Tickets nach Jugoslawien erhält man in Kórfu/Stadt im Büro der Strintzis Lines in der Odos Ethnicis Antistassis 6, Tel. 06 61/4 69 44, 4 63 00.

Innergriechische Verbindungen:

Es gibt Schiffsverbindungen von Igoumenítsa und Pátras aus nach Kórfu. Die Schiffe von Igoumenítsa verkehren in den Sommermonaten stündlich. Für eine einfache Fahrt bezahlt man in der Hochsaison rund 6 DM, für einen Kleinwagen etwa 35 DM.

Die Fähren von Pátras aus verkehren mehrmals wöchentlich.

Darüber hinaus gibt es noch Verbindungen von und zu den Inseln Páxi und Antípaxi.

Mit dem Auto

Wer mit dem Auto nach Kórfu übersetzen möchte, der kann dies sowohl von Italien, Jugoslawien als auch von den griechischen Häfen Igoumenítsa und Pátras aus. Von Igoumenítsa aus verkehren bis zu zwölf Fähren am Tag nach Kórfu. Reservierungen werden nicht vorgenommen. Man stellt sich einfach in die Schlange. Bei Fähren von Italien und Jugoslawien aus empfiehlt es sich jedoch, vorher zu reservieren, da es in den Sommermonaten zu Engpässen kommen kann.

Praktische Informationen

Feste und Feiertage

Der Enosis-Tag: Jedes Jahr am 21. Mai feiern die Insulaner den Tag der Beendigung des britischen Protektorats und der Angliederung Kórfus an das griechische Mutterland. Anläßlich dieses wichtigen Ereignisses vom 21. Mai 1864 wird alljährlich eine Prozession durch die Inselhauptstadt veranstaltet.

Mariä Himmelfahrt: Am 15. August wird auf Kórfu das Fest Mariä Himmelfahrt begangen.

Das Osterfest: Natürlich ist Ostern kein spezielles Kórfu-Fest. Dennoch soll es hier erwähnt werden, weil es auf der Insel mit ganz besonderen Sitten und Gebräuchen begangen wird. Am Karfreitag findet eine Prozession statt. Einwohner, die alle brennende Kerzen in der Hand halten, ziehen durch die Straßen von Kórfu/Stadt. Es ist ein in der Tat eindrucksvolles Bild. Am darauffolgenden Samstag versammeln sich die Bürger, um gemeinsam ihre Ostertöpfe zu zerbrechen. Der Höhepunkt des Festes findet dann in der Nacht zum Ostersonntag statt, wenn sich die Einwohner, wiederum mit brennenden Kerzen, am Spianada-Platz einfinden und dort gemeinsam die Auferstehung Christi feiern.

Darüber hinaus finden zahlreiche kleinere *Kirchenfeste* statt, von denen das bekannteste das Fest zu Ehren des heiligen Spíridon ist, das jedes Jahr am 12. Dezember begangen wird. Dazu findet eine große Prozession statt. Im Sommer werden zahlreiche Veranstaltungen in Kórfu/Stadt organisiert.

Verkehrsverbindungen auf der Insel

Mit dem Auto: Das Straßennetz auf Kórfu ist sehr gut ausgebaut. Man kommt mit dem Auto nahezu überall hin. Da die Insel sehr groß ist, erscheint es auf jeden Fall von Vorteil, wenn man einen Wagen zur Verfügung hat. Sofern man jedoch nicht mit dem eigenen Auto unterwegs ist, kann man sich auf Kórfu einen Wagen mieten.

Mit dem Mietwagen: Das Leihen eines Mietwagens ist selbst während der Hochsaison kein Problem sein. Vertreten sind nicht nur die Firmen von internationalem Renommee wie „AVIS", „Budget / rent a car" und „interRent", sondern auch viele private Anbieter. Die meisten Büros befinden sich in Kórfu/Stadt, es gibt aber ebenfalls Vertretungen in den meisten größeren Orten und am Flughafen. Die Preise variieren natürlich sehr stark, je nach Wagentyp und nach Saison.

Bei der Firma „AVIS" zahlt man für einen Kleinwagen, zum Beispiel einen Subaru, während der Hochsaison pro Tag (24 Stunden) 31 DM, für einen Mercedes 280 S 250 DM. Hinzu kommt eine Kilometerpauschale von 42 Pfennigen (Subaru) bzw. 2,20 DM (Mercedes). Das Mindestalter für den Mieter beträgt 21 Jahre, sofern man einen Kleinwagen leiht, ansonsten muß man 25 Jahre alt sein.

Die Tarife der anderen Firmen sind ähnlich. Billiger wird ein Mietwagen jeweils dann, wenn man ihn beispielsweise für eine Woche mietet. Allerdings lohnen in jedem Falle Preisvergleiche. Denn es kann durchaus sein, daß lokale Anbieter preiswerter sind.

Es seien hier nur einige Adressen von Autovermietungen in Kórfu/Stadt genannt:

AVIS: Alexandras Avenue 31, Tel. 06 61/3 88 20, 3 07 87
Odos X. Stratigou 46 (am neuen Hafen), Tel. 06 61/3 80 89
InterRent/Europcar: Odos X. Stratigou 32 (am neuen Hafen), Tel. 06 61/4 69 31, 4 69 32
Budget / rent a car: Odos Don Zelot 5, Tel. 06 61/2 20 62, 3 45 75
Hertz: Odos E. Venizelou 38, Tel. 06 61/3 83 88
Hellas Cars: Odos Kapodístriou 18, Tel. 06 61/3 84 97
Suncars: Alexandras Avenue 40, Tel. 06 61/3 15 65

Mit dem Bus:

Im Vergleich zu zahlreichen anderen griechischen Inseln ist das Busnetz auf Kórfu ausgesprochen gut. Es bestehen täglich mehrere Busverbindungen zu den meisten Orten der Insel. Genaue Fahrpläne erhält man bei der Griechischen Zentrale für Fremdenverkehr in Kórfu/Stadt.

Mit dem Moped:

Das Angebot an Agenturen, die Mopeds und Motorräder verleihen, ist groß. Man kann in nahzu jedem größeren Ort Zweiräder leihen. Die Preise sind davon abhängig, um welche Maschine es sich handelt. Entscheidend ist auch die Leihdauer. Billiger wird es, wenn man ein Moped für mehrere Tage ausleiht.

Mit dem Boot:

Angeboten werden Ausflugsfahrten an der Küste entlang und zu den drei nördlich von Kórfu gelegenen Inseln Eríkoussa, Othoni und Mathráki. Es bestehen außerdem Verbindungen zur Insel Páxi.

Mit dem Taxi:

Wer kürzere Strecken zurücklegen möchte, der sollte sich ruhig ein Taxi nehmen. Die Taxistände in Kórfu/Stadt befinden sich am alten Hafen, am Spianada-Platz, am San Rocco Square und in der Odos Theotóki. Es empfiehlt sich, vor der Fahrt den Fahrpreis auszuhandeln.

Zum Thema Hotels und Pauschalurlauber

Kórfu ist eine Insel, die in erster Linie von Pauschalurlaubern bereist wird. Zwar besuchen auch Individualtouristen die Insel, doch in wesentlich geringerer Zahl. Eine Folge davon ist, daß man trotz der immensen Bettenkapazität im Hochsommer Schwierigkeiten bei der Suche eines Hotelzimmers oder einer Pension bekommen kann. Denn die meisten Hotels arbeiten mit internationalen Reiseveranstaltern zusammen und stehen deshalb nur Pauschalurlaubern zur Verfügung.

Ein Wort zur Kórfu-Landkarte

Wer sich auf Kórfu die übliche Inselkarte kauft und danach seine Touren zusammenstellt, der wird nicht selten der Verzweiflung nahe sein. Denn dort, wo z.B. auf der Karte ein Ort eingezeichnet ist, stößt man auf kilometerlange Olivenhaine, dort wo man die Ruhe und Einsamkeit einer Berglandschaft erwartet, stößt man alsbald auf die Mauern eines Ortes. Kurz und gut: Auf der Karte stimmen weder die Entfernungen noch die genaue Lage der Orte zueinander. Zumindest denjenigen, die gerne Wandertouren auf Kórfu unternehmen möchten, sei angeraten, sich bereits in Deutschland mit Kartenmaterial zu versorgen, um dann nicht unter Umständen in Kórfu — im wahrsten Sinne des Wortes — im Wald zu stehen.

Sportliche Aktivitäten

Wassersport: In den meisten Badeorten besteht die Möglichkeit, diverse Wassersportarten zu betreiben, so etwa Windsurfing, Wasserski, Tretbootfahren etc. An manchen Stellen, so bei Pírgi, wird außerdem Paraglyding angeboten.

Tennis: In Kórfu/Stadt gibt es einen Tennisclub. Die Anlagen befinden sich in der Nähe des Archäologischen Museums. Wer auf das Tennisspielen nicht verzichten möchte, der sollte bereits bei der Auswahl bzw. Buchung des Hotels darauf achten, ob eine Tennisanlage vorhanden ist.

Golf: Kórfu verfügt über einen Golfplatz, der sich bei Ermónes, an der Westküste der Insel befindet. Bei der Einrichtung des Golfplatzes war zweifellos die Vorliebe der Briten für diese Sportart maßgebend.

Cricket: Es gibt zwei Vereine, in denen Cricket gespielt wird, auch dieser Sport ist natürlich ein Importprodukt der Engländer. Im Hochsommer werden regelmäßig mittwochs und sonntags Cricketturniere auf dem Spianada-Platz in Kórfu/Stadt veranstaltet.

Reiten: Die Insel hoch zu Roß erkunden, das ist sicherlich eine der schönsten Erfahrungen, die man machen kann — zumindest sehen die eingefleischten Reiter das so. Pferde mieten kann man in Afra, einem kleinen Ort westlich von Kórfu/Stadt. Es werden aber nicht nur Ausritte organisiert, sondern man kann überdies Reitunterricht nehmen. Informationen geben Kim und Spiros, Tel. 06 61/5 21 43.

Wanderungen: Eine der erholsamsten Betätigungen im Urlaub ist angeblich das Wandern. Und Kórfu bietet zahlreiche Möglichkeiten für ausgedehnte Wanderungen, die hier angesichts des angenehmen Klimas auch leichter zu bewerkstelligen sind als auf vielen anderen griechischen Inseln. In den Buchhandlungen wird ein (englischsprachiger) Wanderführer angeboten.

Kórfu/Stadt

An der Ostseite Kórfus, auf einer weit ins Meer hinausragenden Landzunge, liegt die Hauptstadt der Insel, Kórfu/Stadt, die in zwei Hälften unterteilt ist, einen Nord- und einen Südteil. Hier, in dieser rund 36 000 Einwohner zählenden Metropole, schlägt das Herz der Insel. Angelockt durch die unzähligen Sehenswürdigkeiten, strömen Jahr für Jahr Scharen von Besuchern nach Kórfu/Stadt, das darüber hinaus Sitz der Verwaltung, der Universität sowie ein Zentrum der Wirtschaft und Finanzwelt ist.

Man braucht Tage, wenn nicht Wochen, um diese für Griechenland ganz und gar ungewöhnliche Stadt kennenzulernen. Bau- und kunstgeschichtlich betrachtet, ist die Stadt ein riesiges Freilichtmuseum. Das kaum zu entwirrende Geflecht unterschiedlicher Bauweisen aus den verschiedensten Epochen lassen das Herz des historisch Interessierten höher schlagen. Bestimmt wird das Stadtbild durch ein Labyrinth von engen Gassen, großen Plätzen und zahlreichen interessanten Bauwerken.

Zugleich ist Kórfu eine moderne Einkaufsstadt mit unzähligen Modegeschäften westlichen Stils, Boutiquen sowie mondänen Restaurants von internationaler Küche. Und nicht zuletzt ist es natürlich eine Hafenstadt, geprägt von Verkehr und Lärm, vor allen an den Hauptplätzen Kórfus.

Die beste Art, sich einen ersten Überblick über die quirlige Metropole zu schaffen, ist sicherlich, vom Hafen aus in aller Ruhe die Gassen zu durchstreifen. Man sollte sich Zeit nehmen und sich treiben lassen.

Sehenswürdigkeiten

Eine detaillierte Beschreibung aller Sehenswürdigkeiten der Stadt würde ein eigenes Buch füllen. Aus diesem Grund seien hier nur die wichtigsten Sehenswürdigkeiten kurz vorgestellt.

Der Spianada-Platz

Jeder Besucher stößt über kurz oder lang auf den Spianada-Platz, im Nordosten der Stadt, unweit des alten Forts gelegen. Der Platz, ehemals ein Exerziergelände, wird nicht selten als der schönste Platz Griechenlands bezeichnet. Nun, darüber kann man sicherlich geteilter Meinung sein. Tatsache ist aber, daß er eine für Griechenland eher ungewöhnliche Anlage darstellt. Das Gelände ist in einen großflächigen Park umgewandelt worden, in dem im Sommer eifrig Cricket gespielt wird.

Die Altstadt beginnt unmittelbar an der westlichen Seite des Parks. Davor befinden sich Arkadenhäuser, deren Architektur ganz deutlich den französischen Einfluß widerspiegelt. Unterhalb des Arkadenganges laden zahlreiche Cafés und Restaurants zum Verweilen ein.

Das Alte Fort

Eines der bedeutendsten Bauwerke Kórfus ist das alte Fort im Osten der Stadt, das im 16. Jahrhundert von den Venezianern errichtet wurde.

Es gilt als relativ wahrscheinlich, daß die Burg an der Stelle der ehemaligen Akrópolis erbaut wurde. Zu Verteidigungszwecken wurde ein 15 Meter tiefer und 23 bis 40 Meter breiter Graben (Kontrafossa) gezogen, so daß die Burg seit je her nur über eine Brücke zu erreichen ist. Des weiteren wurden die Mauern der Befestigungsanlage kontinuierlich verstärkt, ein Resultat der ständigen Bedrohung Kórfus durch feindliche Mächte.

Ein Besuch des alten Forts ist ein unbedingtes Muß für jeden Kórfu-Besucher. In den Sommermonaten finden hier übrigens kulturelle Veranstaltungen statt, so etwa Konzerte, Theateraufführungen, Folkloretänze und vieles mehr. Über das genaue Programm informiert die Griechische Fremdenverkehrszentrale.

KORFU
Hafen
Xen. Stratigou
Zavitsiano
Arseniou
9
Altstadt
Hafen
Neo Frourio
4
Solomou
11
N. Theotoki
12
6
Kapodistriou
Georgioua
1
Paleo Frourio
2
E. Voulgareos
8
5
Dousmani
3
Avramiou
G. Markora
Kapodistriou
13
P.Konstanta
Pl. Theotoki
Theotoki
Nap. Zambeli
14
16
15
10
Akadimias
Dimoulitsa
Doukissis Marias
I. Romanou
7
Marasli
Alexandras
Vas. Konstantinou
Park
Kolokotroni
Ouardou
Alkinoou
Chr. Smirnis
Vas. Konstantinou
N
0
250 m
Legende:
1. Spianada-Platz
2. Altes Fort
3. Standbild des Marschalls von der Schulenburg
4. Neues Fort
5. Rathaus
6. Königspalast
Asiatisches Museum
Sammlung christlicher Kunst
Griechische Zentrale für Fremdenverkehr
Touristenpolizei
7. Archäologisches Museum
8. Banknoten Museum
9. Byzantinisches Museum
10. Pinakothek
11. Synagoge
12. Aghíos Spiridon
13. Krankenhaus
14. Deutsches Konsulat
15. Post
16. OTE

Das Standbild des Marschalls von der Schulenburg

Am Eingang zum Alten Fort stößt man auf das Standbild des Marschalls von der Schulenburg. Es handelt sich um ein aus Carrara-Marmor gearbeitetes Denkmal, das zu Ehren des Mannes errichtet wurde, der maßgeblich an der Abwendung einer Eroberung Kórfus durch die Türken im Jahre 1716 beteiligt war. Schulenburg, ein gebürtiger Deutscher, kämpfte auf der Seite Venedigs gegen die Türken.

Ursprünglich befand sich die von einem italienischen Bildhauer gearbeitete Statue, die noch zu Lebzeiten Schulenburgs vollendet wurde, im Inneren des Forts. Seit dem 19. Jahrhundert ziert es nun den Eingangsbereich des Forts.

Das Neue Fort

„Neues Fort" ist eigentlich eine irreführende Bezeichnung für das Kastell, das schon im 16. Jahrhundert entstanden ist. Der Bau resultierte aus der Notwendigkeit, die Insel weiter zu befestigen. Zur Errichtung dieses Bauwerks war es nötig, zuvor 2000 Häuser des Vorortes Sarocco abzureißen, um aus den Steinen die Festung aufzubauen. Der Bau selber wurde 1576 abgeschlossen, die Mauern waren zwölf Jahre später fertiggestellt. Leider kann man das Fort, das im Nordwesten der Stadt liegt, nur noch von außen besichtigen.

Das Rathaus

Unweit des Spianada-Platzes, in der Odos Voulgáreos, befindet sich das heutige Rathaus der Stadt. Der aus venezianischer Zeit stammende Bau wurde zuerst als Versammlungsraum, später als Theater benutzt. Seine heutige Funktion hat das Gebäude erst seit Beginn unseres Jahrhunderts.

Der Königspalast

Nördlich des Spianada-Platzes befindet sich der ehemalige Königspalast. Es handelt sich um einen klassizistischen Bau aus der Zeit Anfang des 19. Jahrhunderts. Das Baumaterial wurde eigens aus Malta herbeigeschafft. Der Palast ist aus mehreren Gründen sehenswert. Zum einen ist er mit einer im dorischen Stil gehaltenen Säulenhalle versehen, zum anderen schmücken interessante Reliefs das Gebäude.

Ehemals war das Gebäude der Sitz der englischen Lord-Kommissare, bevor es als Tagungsstätte des Ionischen Senates eingerichtet wurde. Zugleich fand hier der Orden der Heiligen Michael und Georg eine neue Unterkunft. Zwischen den Jahren 1864 und 1913 diente der Palast dem griechischen König als Sommerpalais. Heute beherbergt das Gebäude die Bibliothek mit der stattlichen Anzahl von 60 000 Büchern sowie das Asiatische Museum.

Die wichtigsten Museen

Das Asiatische Museum

Das Asiatische Museum ist im ehemaligen Königspalast untergebracht. Ein Besuch lohnt allein schon wegen der beeindruckenden Innengestaltung des Gebäudes. In dem prachtvollen Palast mit seinen zahlreichen kostbar ausstaffierten Sälen und Hallen sind interessante Gegenstände asiatischer Kunst untergebracht. Ausgestellt sind unter anderem Tongefäße, Bronzevasen, Statuen, Porzellane, Edelsteine und Möbel aus verschiedenen Epochen.

Es stellt sich natürlich die Frage, wie die Insel Kórfu in den Besitz dieser Kunstgegenstände gekommen ist. Die Antwort ist ganz einfach: Es sind Stiftungen ehemaliger griechischer Diplomaten, die in asiatischen Ländern ihren Dienst versahen. Wer sich für diese Kunstrichtung interessiert, sollte auf einen Besuch des Museums nicht verzichten.

Öffnungszeiten: Di.-So. 8.30-15 Uhr. Der Eintritt kostet 4 DM, für Studenten 2 DM.

Die Sammlung christlicher Kunst

Die Sammlung christlicher Kunst ist ebenfalls im Gebäude des Asiatischen Museums untergebracht. Zu besichtigen sind Mosaike, Fragmente alter Wandmalereien, Ikonen aus der Zeit des 16.-18. Jahrhunderts und vieles mehr.

Das Archäologische Museum

Das Archäologische Museum von Kórfu gibt einen interessanten Überblick über Kunst und Leben der Antike. Denn hier sind sämtliche archäologischen Funde der Insel zusammengetragen. Das wohl berühmteste Ausstellungsstück ist die aus dem 6. Jahrhundert v. Chr. stammende *Gorgo* vom Artemis-Tempel des antiken Kérkira.

Die Gorgo ist insofern interessant, als sie Aufschluß über die wichtigen künstlerischen Gestaltungsprinzipien dieser Epoche liefert. Das zentrale Gestaltungsprinzip der früharchaischen Kunst lag in einer schematisierten Darstellung der Figuren, die sich auf die Hervorhebung einiger zentraler Merkmale beschränkte. Angestrebt war nicht, eine Figur

Die Gorgo

in allen Konturen zu schaffen, sondern vielmehr eine Reduzierung auf die wesentlichen und typischen Elemente zu erreichen. Dieses Charakteristikum der früharchaischen Epoche wird auch an dem dreieckigen Tempelgiebel deutlich. Die Gorgo, zur Rechten und Linken durch zwei Panther und weitere kleine Figuren begrenzt, steht in keiner direkten Beziehung zu den anderen Figuren. Trotz der stark schematisierten Formen handelt es sich um ein ausdrucksstarkes Kunstwerk.

Ein weiteres berühmtes Ausstellungsobjekt ist der um 600 v. Chr. entstandene *Löwe des Menócrates.*

Des weiteren befinden sich hier bedeutende Sarkophage und Urnen, eine interessante Sammlung von Münzen und vieles mehr.

Das Museum befindet sich im südlichen Hafenbereich in der Odos Vraila. Öffnungszeiten: Di.-So. 8.30-15 Uhr. Der Eintritt kostet etwa 2 DM, für Studenten 1 DM.

Das Banknoten-Museum

Im Gebäude der Ionischen Bank, die zu den ältesten Geldinstituten Griechenlands gehört, ist ein Banknoten-Museum untergebracht, wohl das einzige seiner Art. Ausgestellt sind nicht nur die unzähligen Geldscheine, die im Laufe der Jahrhunderte auf dem Markt waren, sondern es wird darüber hinaus der Prozeß der Geldentstehung dokumentiert.

Das Museum befindet sich in der Odos N. Theotoki. Öffnungszeiten: Mo.-Fr. 9-13 Uhr, So. 10-12 Uhr. Der Eintritt ist frei.

Das Byzantinische Museum

Wer sich für byzantinische Kunst interessiert, der sollte das Byzantinische Museum besuchen. Es befindet sich im nördlichen Teil der Stadt in der Odos Arseniou. Öffnungszeiten: Di.-So. 8.45-15 Uhr. Der Eintritt beträgt etwa 2 DM, für Studenten 1 DM.

Die Pinakothek

In der städtischen Pinakothek ist eine stattliche Anzahl interessanter Gemälde untergebracht. Ein Saal beinhaltet eine Sammlung von Porträts der griechischen Könige. In einem anderen Saal ist die Sammlung Baxter untergebracht. Es handelt sich hierbei um die Werke einer englischen Malerin und Botanikerin, die ihr künstlerisches Schaffen ganz der Darstellung der korfiotischen Vegetation und Fauna widmete.

In der Pinakothek ist weiterhin das berühmte Gemälde mit der Darstellung der Ermordung des Gouverneurs Kapodístrias bei Nauplia (Peloponnes) untergebracht.

Im Eingangsbereich kann man eine alte Landkarte der Insel bewundern.

Die Pinakothek befindet sich in der Odos Akadimias, südlich des Spianada-Platzes.

Die wichtigsten Gotteshäuser

Aghíos Jáson und Aghíos Sossipatros

Im südlichen Bereich der Hauptstadt, bei Anemómylos, befindet sich die Kirche der Heiligen Jáson und Sossipatros, eine byzantinische Kirche, deren Entstehungsdatum zwischen 1000 und 1200 n. Chr. liegt. Es handelt sich um eine Kreuzkuppelkirche, die ehemals über wunderbare Wandmalereien verfügte, von denen jedoch kaum noch etwas erhalten geblieben ist. Die Kirche ist zu Ehren der Heiligen Jáson und Sossipatros erbaut worden, auf die angeblich die Christianisierung der Insel zurückzuführen ist.

Aghíos Spiridon

Die Aghíos Spiridon gilt als die berühmteste Kirche der Insel. Sie wurde 1590 erbaut, und zwar als Ersatz für die Kirche von Sarocco, deren Steine ehemals beim Bau der Befestigungsanlage Verwendung fanden. Interessant ist der Glockenturm. Das Innere der Kirche ist 1727 von dem Maler Panagiótis Doxáras ausgemalt worden. Es handelt sich dabei vorwiegend um Darstellungen der Werke und Wunder der Heiligen.

Die Kirche befindet sich westlich des Spianada-Platzes.

Die Synagoge

Im südöstlichen Bereich des Neuen Forts, in der Nähe der Odos Velissáriou, befindet sich die Synagoge. Ehemals hatten sich zahlreiche Juden auf Kórfu niedergelassen und hier eine Gemeinde gegründet. Während des Zweiten Weltkrieges wurden jedoch die meisten Juden von den Nationalsozialisten in die Vernichtungslager abtransportiert.

Pharmawerbung und Wetterdienst ... und das alles auf heiligen Mauern: Thermometer im Kloster Paleokastrítsa ▼

Für Wassersportler ist Kórfu ein Paradies ▶

Praktische Informationen / Kórfu (Stadt)

Ärztliche Versorgung

In Krankheitsfällen wende man sich an das Krankenhaus von Kórfu, Tel. 06 61/3 00 33, 4 58 11.

Ausflüge

Während der gesamten Saison werden Ausflugsfahrten, etwa ans Festland nach Párga, aber auch auf die Inseln Páxi und Antípaxi organisiert. Des weiteren stehen natürlich Bootstouren entlang der Küste Kórfus auf dem Programm. Ein Veranstalter solcher Ausflüge ist das „Charitos Travel Büro", Tel. 06 61/4 46 11. Ausflüge werden ebenfalls von der Agentur „Vassilakis Travel" organisiert. Das Büro befindet sich in der Odos X. Stratigou 13, Tel. 06 61/ 2 53 17, 4 06 38.

Über die aktuellen Angebote informiert aber auch das Büro der Griechischen Fremdenverkehrszentrale.

Auskünfte

Das Büro der Griechischen Zentrale für Fremdenverkehr befindet sich im Westflügel des ehemaligen Königspalastes, nördlich des Spianada-Platzes. Hier kann man sich umfassend informieren. Die G.Z.F. hat stets die aktuellen Veranstaltungskalender. Zudem werden kostenlos Fahrpläne ausgehändigt. Auch hilft man gerne bei der Zimmersuche.

Öffnungszeiten: täglich von 7.30-14.30 Uhr; Tel. 06 61/ 3 97 30.

Die Touristenpolizei befindet sich im selben Gebäude wie die G.Z.E. Sie ist täglich zwischen 7 Uhr und 22 Uhr zu erreichen; Tel. 06 61/3 02 65.

Auto-/Motorradvermietungen

Sämtliche internationalen und nationalen Autovermietungen sind in der Stadt vertreten. Das Büro der Firma inter-Rent/Europcar befindet sich in der Odos Strátigou 32, Tel. 06 61/4 69 32. Die Firma AVIS hat ihren Sitz in der Aléxandras Avenue 31, Tel. 06 61/3 88 20, die Firma Hertz in der Odos E. Venizélou 38, Tel. 06 61/3 83 88. Des weiteren gibt es zahlreiche Moped- und Motorradvermietungen.

Baden

Kórfu/Stadt ist nicht gerade der geeignetste Platz zum Baden, den man sich auf Kórfu erträumen kann. Das Wasser im Hafenbecken macht keinen sehr sauberen Eindruck, und zudem sind keine Badeplätze im eigentlichen Sinne vorhanden. Es gibt aber auf der Insel genügend andere Stellen, die sich besser zum Baden eignen.

Banken

Fast alle griechischen Banken haben einen Sitz in Kórfu. Gleich mehrere Institute befinden sich in der Nähe der Odos Geórgiou Theotóki. In der Regel gelten überall dieselben Öffnungszeiten: Mo.-Do. 8-14 Uhr, Fr. 8-13.30 Uhr. Darüber hinaus wechseln auch die Post, die meisten Travel Agencies sowie die Hotels problemlos Geld sowie Travellerschecks.

Botschaften/Konsulate

Das Konsulat der Bundesrepublik Deutschland befindet sich in der Odos Aléxandras 11, im südlichen Stadtteil; Tel. 06 61/3 14 53.

Einkaufen

Kórfu lädt geradezu ein zu einem ausgedehnten Einkaufsbummel. Das Angebot ist derart reichhaltig, daß es wohl nichts gibt, was es nicht gibt. Wer schönen Schmuck mit nach Hause bringen möchte, der sollte sich in den zahlreichen Gold- und Silbergeschäften der Innenstadt umsehen. Des weiteren findet man ein ungeheuer großes Angebot an Keramiken, wobei die Palette von kitschigen Souvenirs bis zu hochwertigen Gebrauchsgegenständen reicht. Und natürlich kann man in Kórfu auch schöne Textilien, so etwa Ledermäntel, Sommerhosen und vieles mehr einkaufen.

Essen und Trinken

Das Angebot an Restaurants, Cafés und Bars ist riesig, wobei alle Preisklassen vertreten sind. In den Gassen der Altstadt hat man die Qual der Wahl. Unzählige Restaurants, darunter auch solche mit internationaler Küche, stehen zur Verfügung. Am besten sucht man sich ein Plätzchen in den ruhigeren Gassen, wo man relativ ungestört seine Mahlzeit zu sich nehmen kann. Die Restaurants und Cafés am Hafen sind meist sehr überlaufen, so daß man während der Hochsaison bisweilen Schwierigkeiten hat, einen Tisch zubekommen.

Fundbüro

Die Telefonnummer des Fundbüros lautet: 06 61/3 35 76.

Kulturelle Veranstaltungen

Im Sommer ist das Angebot an kulturellen Veranstaltungen groß. Es finden sowohl Konzerte, Theatervorführungen als auch Folkloredarbietungen statt. Bitte erkundigen Sie sich vor Ort (am besten bei der Griechischen Fremdenverkehrszentrale) nach dem aktuellen Veranstaltungskalender. Hier nur einige Beispiele:

Folkloretänze: Zwischen Anfang Juni und Anfang Oktober werden jeden Abend in den Mauern des Alten Forts Folkloretänze aufgeführt. Beginn: 21 Uhr, Ende 21.45 Uhr.

Sound and Light Show: Meist im Anschluß an die Folkloredarbietungen findet zwischen Mitte Mai und Ende September täglich von 21.45-22.30 Uhr eine „Sound and Light Show" im alten Fort statt.

Das Korfu Festival: Während des jährlich stattfindenden Kórfu-Festivals werden Balletvorführungen, griechische sowie klassische Konzerte, Theateraufführungen und moderne griechische Tänze vorgeführt. Das Festival findet in der Regel im August/September statt.

Pannenhilfe

Den ELPA-Service erreicht man unter den Telefonnummern 06 61/3 95 04, 1 04.

Polizei
Bei Notfällen wende man sich an die Polizei unter der Rufnummer 1 00. Die reguläre Polizeistation erreicht man unter der Telefonnummer 06 61/1 09, die Straßenpolizei unter 06 61/3 06 69 und die Touristenpolzei unter der Nummer 06 61/3 02 65.
Post
Die Post befindet sich in der Aléxandras Avenue im südwestlichen Stadtteil. Öffnungszeiten: Mo.-Fr. 7.30-21 Uhr.
Taxi
In Kórfu/Stadt wimmelt es von Taxis. Telefonisch kann man ein Taxi unter der Nummer 06 61/3 38 11 oder 06 61/3 38 12 bestellen.
Telefonieren
Es gibt zwei OTE-Zentralen in Kórfu/Stadt. Die eine befindet sich in der Odos Kapodistriou, die parallel zum Spianada-Platz verläuft; Öffnungszeiten: Mo.-Fr. 7.30-22.30 Uhr. Die andere befindet sich in der Odos Mantzarou 3; Öffnungszeiten: täglich 6-24 Uhr.
Unterkünfte
In Kórfu/Stadt stehen unzählige Unterkünfte zur Verfügung. Allerdings sind viele davon, wie bereits erwähnt, Pauschalurlaubern vorbehalten, so daß man unter Umständen ein wenig suchen muß, bevor man ein Quartier findet. Dabei gibt es Angebote quer durch alle Qualitäts- und Preiskategorien, vom Luxushotel bis zur Kaschemme. Die Touristenpolizei hilft übrigens bei der Zimmersuche.
„Korfu Palace"; Es handelt sich um ein Hotel der Luxusklasse, das hält, was es verspricht; zweifellos die nobelste Art der Unterbringung. Das Hotel liegt in der Odos Leofóros Demokratías, unmittelbar am Meer. Es hat 106 Zi. und 195 Betten; man zahlt in der Hochsaison für ein DZ zwischen 162 DM und 226 DM, für ein Appartement zwischen 400 DM und 700 DM; Tel. 06 61/3 94 85, 33 21 26.
„Calypso": 19 Zi., 34 Betten; das Hotel liegt in der Odos Vraila 4, nahe am Meer. Es ist recht komfortabel und durchaus zu empfehlen. Man bezahlt in der Hochsaison für ein DZ mit Bad rund 55 DM; Tel. 06 61/3 07 23.
Verkehrsverbindungen
Mit dem Flugzeug: →*Anreise*
Mit dem Schiff: →*Anreise*
Mit dem Bus: Es bestehen ausgesprochen gute Busverbindungen auf Kórfu. Die Griechische Zentrale für Fremdenverkehr gibt kostenlos Fahrpläne mit den aktuellen Abfahrtszeiten heraus. In Kórfu/Stadt gibt es drei Busbahnhöfe. Vom Bahnhof am *San Rocco Square* fahren die Busse nach Pérama, Benítses, Kondokáli, Goúvia, Dassiá, Achíllion, Ahíos Ioánnis, Pelékas, Kouramádes und nach Pótamos. Vom Busbahnhof unterhalb des *Neuen Forts* starten die Busse in Richtung Ipsos, Kassiópi, Messóngi, Kávos, Paleokastrítsa, Sidári, Róda, Glyfáda, Aghíos Górdis und Aghíos Geórgios.
Vom Spianada-Platz fahren die Busse nach Kanóni ab.
Mit dem Auto: Die Straßenverhältnisse auf Kórfu sind sehr gut. Deshalb ist es auf jeden Fall empfehlenswert, die Insel per Auto zu erkunden. Es besteht die Möglichkeit, sich einen Leihwagen zu mieten *(→Autovermietung).*
Um kürzere Strecken zurückzulegen, kann man ein Taxi benutzen. Auch stehen an Spianada-Platz Fiaker bereit, mit denen man die Innenstadt erkunden kann. Allerdings sind die eingespannten Pferde nicht immer in bestem Zustand.
Zeitungen
Internationale Presse findet man in den unzähligen Kiosken und Geschäften in der Hafenstraße und den Gassen der Altstadt. Darüber hinaus gibt es eine Zeitung namens „Korfu News", die speziell für Touristen erstellt wird und viele Informationen über die Insel sowie über Veranstaltungen und touristische Angebote enthält. Die Zeitung ist in englischer Sprache verfaßt, hat jedoch auch eine deutsche Seite. Man erhält sie kostenlos, unter anderem bei der Griechischen Zentrale für Fremdenverkehr.

Kanóni

Die Halbinsel Kanóni schließt sich im Süden an Kórfu/Stadt an. Hier befand sich ehemals die antike Stadt Paläópolis, von deren Vergangenheit noch einige wenige Ruinen zeugen. Das eigentliche Wahrzeichen von Kanóni sind jedoch die beiden winzigen und malerischen Inseln, die Klosterinsel Vlachérnon und die Mäuseinsel. Erstere ist durch einen schmalen Steg mit dem Festland verbunden und kann so problemlos besichtigt werden. Das schneeweiße Kloster mit der einzelnen Zypresse gehört in der Tat zum Reizvollsten und Schönsten, was Griechenland zu bieten hat. Die etwas weiter im Meer gelegene Insel Pondikónissi (Mäuseinsel) beherbergt eine aus dem 12. Jahrhundert stammende Kirche, die dem Pantokrátor geweiht ist. Einer griechischen Legende zufolge, handelt es sich bei der Mäuseinsel um das versteinerte Schiff der Phäaken, welches Odýsseus zuvor zu seinem Heimathafen gebracht hatte *(→Léfkas/Die Höhle des Odysseus).*

Einen besonders schönen Blick auf die beiden Insel genießt man von dem oberhalb gelegenen Aussichtspunkt. Allerdings bekommt die Situation etwa Surreales durch die schier pausenlos auf dem nahegelegenen Flughafen startenden Flugzeuge, die nur knapp über die Inseln hinwegfliegen und zudem einen ohrenbetäubenden Lärm verursachen.

Kanóni war ehemals ein beliebtes Ausflugsziel der Insulaner, wo man sich am Wochenende der herrlichen Naturlandschaft erfreute. Zwar ist die Halbinsel immer noch ausgesprochen grün und bewachsen, doch ist von der ehemals vorhandenen Ruhe nichts mehr übrig geblieben. Ein Hotel reiht sich an das andere, am Aussichtspunkt befinden sich Souvenirläden und Cafés. Man muß hier vieles übersehen, um das Sehenswerte genießen zu können.

Gastoúri

Etwa zehn Kilometer südlich von Kórfu/Stadt, an der Ostküste gelegen, befindet sich der kleine Ort Gastoúri, der eine der Hauptattraktionen der Insel beherbergt: das *Achíllion,* das ehemalige Sommerschloß der Kaiserin Elisabeth von Österreich (deren Lebensgeschichte den Stoff für den bekannten Sissy-Film mit Romy Schneider lieferte). Die Kaiserin, durch mehrere Aufenthalte auf Kórfu von der Insel völlig fasziniert, ließ sich im Jahre 1890 hier ein Sommerschloß errichten. Das von zwei italienischen Architekten errichtete Gebäude ist ein imposantes Bauwerk im halb klassizistischen, halb Renaissancestil. Benannt ist es nach dem von Elisabeth II. verehrten griechischen Helden Achill. Das Sommerschloß ist umgeben von einer großen parkähnlichen Anlage, von der

Eine einzelne Zypresse unterstreicht den malerischen Charakter der Klosterinsel Vlachérnon (Kanóni)

Seit je her ist Kórfu bekannt für seine Oliven

aus man einen herrlichen Blick übers Meer hat. Auch befinden sich in der Parkanlage zahlreiche Statuen und Büsten berühmter Persönlichkeiten, wie antiker und neuzeitlicher Philosophen und Dichter. Auch Heinrich Heine und Shakespeare sind darunter. Nach dem Tode der Kaiserin kaufte Kaiser Wilhelm II. das Anwesen und verbrachte bis zum Ausbruch des Ersten Weltkrieges im Jahre 1914 seinen Urlaub hier.

Das Achíllion, dessen Fassade momentan renoviert wird, steht zur Besichtigung frei. Heute sind hier ein Museum und ein Spielkasino untergebracht. Zu besichtigen sind noch einige Gegenstände der Kaiserin Elisabeth II. sowie das Arbeitszimmer Kaiser Wilhelms II. Wer sich gerne am Spieltisch vergnügen möchte, der kann die Gelegenheit wahrnehmen und eine Runde Roulette spielen.

Öffnungszeiten des Museums: täglich 8-19 Uhr. Der Eintritt kostet 2,50 DM.

Wer sich nach der Besichtigung des Schlosses ein wenig erfrischen möchte, hat dazu in dem etwas tiefer gelegenen Café/Restaurant „Bellavista" Gelegenheit. Von hier aus hat man einen grandiosen Blick übers Meer.

Direkt gegenüber dem Achíllion befindet sich übrigens ein Weinkeller, in dem schon tagsüber Weinproben gemacht werden. Wer also den heimischen Inselwein kosten möchte, der sollte die Gelegenheit nicht nutzlos verstreichen lassen.

Vor dem Achíllion befindet sich überdies nicht nur ein Souvenirladen, sondern auch die Haltestelle. Fünfmal täglich verkehrt von hier aus ein Bus in alle Richtungen.

Benítses

Etwas unterhalb von Gastoúri und nur 13 Kilometer von Kórfu/Stadt entfernt, liegt der Küstenort Benítses. Ursprünglich ein verschlafenes Fischerdorf, hat sich der Ort zu einem der beliebtesten Touristenzentren entwickelt. An dem etwa 20 Meter breiten Sandstrand tummeln sich im Sommer Touristenmassen. Im Meer sind mehrere Plattformen verankert, zu den man hinschwimmen kann. Die Autostraße, gesäumt von Restaurants und Cafés, führt direkt an dem Strand vorbei. Wer eine gewisse Faszination für startende und landende Flugzeuge verspürt, der hat hier ständig die Gelegenheit dazu, diese zu beobachten.

Benítses ist eine Domäne der Engländer. Fast hat man das Gefühl, als sei Englisch hier die Amtssprache. Die Pubs und Diskotheken (allein sechs an der Zahl) sind alle im englischen Stil aufgemacht.

Sehenswürdigkeiten

Das Kórfu-Shell-Museum

In diesem Museum erhält man einen Eindruck von der phantastischen Welt der Tief-

see. Zu besichtigen sind die vielfältigen und unterschiedlichsten Bewohner des Meeres wie zum Beispiel Korallen, Krabben und viele seltene Fische.
Das Museum befindet sich an der Hauptstraße, die durch Benítses führt; Tel. 06 61/ 9 25 23. Öffnungszeiten: Das Museum ist täglich geöffnet von 10-19 Uhr. Der Eintritt beträgt 3 DM, für Kinder 2 DM.

Messóngi

Messóngi, an der Ostküste Kórfus gelegen, hat sich in den letzten Jahren zu einem Touristenzentrum entwickelt. In dem kleinen Ort herrscht während der Hochsaison enormer Rummel, und auch der Strand ist dicht belegt. Das Angebot an Geschäften, Souvenirläden, Restaurants und Sportmöglichkeiten ist riesig. Vor allem junge Leute schätzen den Badeort sehr, zumal man schnell Kontakte findet. Wer lieber alleine bleibt und sich nach Ruhe sehnt, der sollte Messóngi nicht unbedingt aufsuchen.

Praktische Informationen

Unterkünfte

Das Angebot an Übernachtungsmöglichkeiten ist groß. Zahlreiche Hotels (allerdings oft für Pauschalurlauber) sowie Pensionen und Zimmer stehen zur Verfügung. In der Hochsaison kann es aber schon einmal zu Engpässen kommen. Darum ist es immer von Vorteil, wenn man vorher bucht. Von den zahlreichen Hotels möchten wir das „Apollo Palace" empfehlen.
„Apollo Palace": Dieses stilvolle und höchst komfortable Hotel verfügt über einen Swimming-Pool, Tennisanlagen und eine sehr schöne Gartenanlage, die sich bis zum Meer hinunterzieht. Die sehr schönen Zimmer verfügen alle über ein eigenes Bad, eine Terrasse bzw. einen Balkon, ein Radio und ein Telefon. Da in diesem Hotel ebenfalls sehr viele Pauschaltouristen Urlaub machen, ist eine Reservierung unbedingt notwendig. Während der Hochsaison zahlt man für ein DZ rund 117 DM; Tel. 06 61/5 54 33; 5 56 01, Fax 06 61/5 56 02.

Xlómos

Auf der Fahrt zur Südspitze der Insel kann man drei Kilometer vor Argirádes einen Abstecher zu dem Bergdorf Xlómos machen. Eine Teerstraße windet sich durch einen wunderbaren Olivenhain. Hier oben ist von dem Touristentrubel, der an den Küstenorten herrscht, nichts zu spüren. An Xlómos ist gewissermaßen die Zeit vorbeigegangen. Pubs, Bars, Souvenirläden und Diskotheken — all das scheint hier noch ein Fremdwort zu sein. Und nur selten verirren sich einmal Urlauber in diesen kleinen Ort mit seinen ruhigen, verwinkelten Gassen.
In der Mittagshitze wirkt der Ort wie ausgestorben. Gegen Abend kommen die Bewohner von den Feldern der Umgebung. Hoch beladene Esel tragen die Ernte nach Hause — ein Griechenland, wie es ursprünglich war! Von hier oben hat man einen phantastischen Blick über die Südküste Kórfus. Am Ortseingang befinden sich eine *Taverne* und ein Café; *Übernachtungsmöglichkeiten* scheint es hier nicht zu geben. Ein Besuch des Ortes lohnt sich allenfalls als kurzer Abstecher.

Petréti

Von Argirádes sind es nur wenige Kilometer bis zu dem kleinen Fischerhafen Petréti an der Ostküste Kórfus. Hier geht es bislang noch sehr ruhig und behaglich zu. Von den großen Touristenströmen ist Petréti verschont geblieben. Allerdings ist hier der Bauboom ausgebrochen, so daß man davon ausgehen kann, daß es mit der Ruhe bald vorbei sein wird.
Etwas abseits des Hafens befindet sich ein kleines, Schatten spendendes Waldstück, in dem die Fischer ihre Netze flicken. Wer sich für Schiffsbau interessiert, der hat die Möglichkeit, der Entstehung eines Bootes beizuwohnen, da sich in der Nähe des Hafens eine kleine Schiffswerft befindet.

Praktische Informationen

Essen und Trinken

Direkt am Meer befindet sich die Taverne „Dímitris", in der man ausgezeichnet Fisch essen kann.

Einkaufen

Es gibt einen Supermarkt sowie mehrere Souvenirläden in Petréti.

Unterkünfte

Es stehen einige Pensionen und Privatzimmer zur Verfügung. Von Hotelpalästen ist Petréti bislang verschont geblieben. Sehr empfehlenswert ist die Pension „Amalia".

„Amalia": 8 Zi.; die Pension befindet sich etwas oberhalb des Ortes, wenn man nach Petréti hineinfährt. Die Pension, gerade erst errichtet, ist umgeben von dichtem Grün. Es handelt sich um eine ganz ruhige und ausgesprochen schöne Lage. Die Zimmer, die zum Teil über eine eigene Küche verfügen, sind mit sehr schönen hellen Kiefernmöbeln eingerichtet und verfügen alle über ein blitzsauberes Bad und einen Balkon. Zur Verfügung stehen darüber hinaus der Garten und eine Bar. Der Besitzer spricht perfekt Deutsch. Die Zimmer, die allerdings erst ab einer Aufenthaltsdauer von mindestens drei Tagen vermietet werden, sind überraschenderweise sehr preisgünstig. In der Hochsaison zahlt man für ein DZ mit Küche umgerechnet 35 DM, für ein Zimmer ohne Küche 22 DM; Tel. 06 62/5 19 73.

Lefkími

Im Süden der Insel, genau 39 Kilometer von Kórfu/Stadt entfernt, befindet sich die Stadt Lefkími. Auffallend sind die vielen verlassenen Häuser des Ortes, der in der Mittagshitze wie ausgestorben wirkt. Manche Straßen und Häuserzeilen wirken geradezu abweisend und ungastlich.

Da Lefkími nur indirekt vom Massentourismus berührt worden ist (viele der jungen Männer sind in die Zentren des Tourismus ausgewandert, um dort ihr Geld zu machen), kann man hier noch etwas von der Herzlichkeit und Gastfreundschaft spüren, die für Griechenland so typisch ist.

Auffallend in Lefkími ist die Hauptkirche mit den beiden Türmen und dem beigefarbenen Anstrich. Bei der Durchfahrt durch den Ort überquert man einen Kanal. Es lohnt sich, hier einen kurzen Stop einzulegen. Die vielen Boote, die in dem engen Kanal liegen, geben ein schönes Fotomotiv ab.

Alíkes

Wenn man bei Lefkími nach Norden abbiegt, so erreicht man nach drei Kilometern den Küstenort Alíkes. Die Fahrt geht durch wunderbare Olivenhaine. Der Ort mit seinem kleinen Hafen ist nicht sonderlich sehenswert; er zieht sich relativ lang hin und wirkt eher abweisend. Daß der Tourismus hier nicht in größerem Umfang Einzug gehalten hat, mag auch damit zu tun haben, daß an dieser Küste nicht selten ein heftiger Wind weht, so daß die ohnehin nicht sonderlich guten Bademöglichkeiten eine weitere Einschränkung erfahren.

Kávos

Der Sandstrand von Kávos gilt als einer der schönsten der ganzen Insel. Und so ist verständlicherweise aus der kleinen Ansiedlung eines der Hauptzentren des Massentourismus erwachsen. Sonnenanbeter und solche, die viel Unterhaltung lieben und sich gerne in fröhlicher Umgebung wissen, fühlen sich in Kávos pudelwohl. An einem schwarzen Brett hängen Fotos, die einen eindeutigen Eindruck von den Zechgelagen der vergangenen Nacht vermitteln. Etwas verkatert, aber gut gelaunt, trifft man sich dann am nächsten Tag am Strand wieder.

An der langen Straße, die durch Kávos hindurchführt, gibt es schier alles, was das Touristenherz erfreut: Cafés, Bistros, Auto- und Mopedverleih, Diskotheken (darunter eine Open-air-Disco), Schmuck- und Souvenirläden, einen Videoclub und sogar eine Basketball-Werfmaschine, an der man sein sportliches Können überprüfen kann. An Wassersportmöglichkeiten ist hier alles vertreten, was im Trend liegt, und vielleicht sogar noch ein bißchen mehr.

Der Kanal von Lefkími: eine Wasserstraße, die nicht nur wichtig, sondern auch schön ist

Natürlich machen sich auch die zahlreichen Restaurants und Tavernen gegenseitig Konkurrenz.
Übernachtungsmöglichkeiten gibt es in Hülle und Fülle, allerdings kann es auch hier passieren, daß diese im Hochsommer alle ausgebucht sind.

Aghíos Geórgios

Aghíos Geórgios, diese vor nur wenigen Jahren noch nahezu unberührte Badestelle ganz im Süden Kórfus, hat in nur relativ kurzer Zeit ihr Gesicht nachhaltig geändert. Viele Neubauten sind hier entstanden und weitere im Bau befindlich. Kein Wunder: Der lange Sandstrand hat zunehmend Besucher angelockt. Mittlerweile ist der Ort auch an das Busnetz angeschlossen. Aghíos Geórgios ist ein weitläufiger Ort, dem es an einem geschlossenen Ortsbild und folglich an Gemütlichkeit ein wenig fehlt. Wer aber vor allem Badeurlaub machen möchte, der hat dazu sicherlich gute Möglichkeiten.
Seit einiger Zeit werden von hier aus auch Ausflugsfahrten auf die Nachbarinsel Páxi organisiert.
Es stehen mehrere Restaurants zur Verfügung, so etwa „Mákes", „Spíro on the Beach" und „Stamátis". Auch mehrere Bars haben mittlerweile ihre Pforten geöffnet und bieten dem Besucher ausgewählte Cocktails und internationale Getränke.
Unterkunftsmöglichkeiten bieten zwei Hotels und zahlreiche Privatunterkünfte.

Aghíos Matthéos

Am Fuße des gleichnamigen Berges an der Westküste Kórfus liegt das kleine Dörfchen Aghíos Matthéos. Es ist ein winziger, weitgehend unberührter Bergort inmitten einer wunderbaren Landschaft. Ganz oben im Ort befindet sich ein Uhrenturm, der dadurch auffällt, daß er von der dazugehörigen Kirche getrennt ist und sich auf der anderen Seite des Platzes befindet. Daneben steht ein schöner Marmorbrunnen. Von hier oben hat man einen grandiosen Blick auf die angrenzende Berglandschaft.
Im Zentrum des Ortes befinden sich mehrere Cafés, das Fischrestaurant „I Mouría", eine Apotheke und ein Supermarkt. Es gibt keine Übernachtungsmöglichkeiten.

Pelékas

Bei der Weiterfahrt von Aghíos Matthéos nach Norden in Richtung Pelékas kommt man durch eine landschaftlich ausgesprochen schöne Region. Die sehr kurvenreiche Straße ist gesäumt von Zypressen, die zum Teil auch verstreut in den Olivenhainen stehen. Zur Linken hat man bisweilen einen phantastischen Blick auf die Westküste mit ihren vielen kleinen Buchten, die man meist nur zu Fuß erreichen kann. Besonders schön ist es, wenn man diese Strecke gegen Abend befährt, wenn die Sonne langsam im Meer versinkt.

Schon von weitem sieht man den malerischen Ort Pelékas, der sich an einen Berg schmiegt. Pelékas ist ein kleiner Ort mit vielen verwinkelten Gassen und Sträßchen, die sehr ruhig und gemütlich wirken. Anders ist die Atmosphäre an der Hauptdurchfahrtsstraße. Hier befinden sich mehrere Cafés und Restaurants, die allerdings das typisch Griechische vermissen lassen. Aus jeder Gaststätte dröhnt eine andere Musik, zum Leidwesen der Anwohner, die das den ganzen Sommer über zu ertragen haben. Nach Auskunft einiger der ansässigen Griechen sind sie meisten Cafés und Restaurants in Händen von Ausländern, vornehmlich von Engländern

Immer wieder eröffnet sich an der Nordküste der Blick auf kleine verträumte Buchten

und Deutschen, die sich an den Gepflogenheiten des Bergdorfes nicht weiter stören. Pelékas ist berühmt für den wunderbaren Sonnenuntergang, den man von hier aus beobachten kann. Da der Ort so hoch liegt, kann man den Blick über die Insel bis nach Kórfu/Stadt schweifen lassen und zum anderen den Sonnenuntergang über dem Meer beobachten, ein Genuß, den schon Kaiser Wilhelm II. zu schätzen wußte. Seit einiger Zeit steht deshalb im Ort ein Schild mit der Aufschrift ,,Zum Sonnenuntergang", der einen zum sogenannten ,,Thron des Kaisers" führt, der Stelle, von der aus schon der ehemalige deutsche Kaiser das immer wieder faszinierende Naturschauspiel zu beobachten pflegte.

Praktische Informationen / Pelékas

Bank

Eine Bank gibt es nicht. Am Ortseingang an der linken Straßenseite gibt es jedoch ein Büro, in dem man Geld wechseln kann.

Einkaufen

Pelékas verfügt über zwei Supermärkte, in denen man so gut wie alles bekommt. Beide liegen an der Hauptstraße.

Essen und Trinken

Es gibt mehrere Restaurants und Tavernen hier. Empfehlen möchten wir das Restaurant „Panorama". Zwar ist es nicht unbedingt gemütlich — man sitzt auf der Terrasse eines neu erbauten Hauses -, dafür ist das Essen ausgezeichnet, gekocht wird im landestypischen Stil. Die Auswahl ist recht groß, wechselt jedoch von Tag zu Tag. Am besten geht man in die Küche, in der meist die gesamte Familie versammelt ist, und sucht sich sein Menü aus. Von der Terrasse aus hat man einen schönen Blick nach beiden Seiten, zum einen über die Küste, zum anderen über die Insel.

Wer danach noch in aller Genüßlichkeit einen griechischen Kaffee zu sich nehmen möchte, der wird vergeblich nach einem Kafeníon suchen. Dieses Wesensmerkmal der griechischen Dörfer fehlt in Pelékas.

Unterkünfte

Hotels gibt es in Pelékas nicht. Bislang stehen nur Privatunterkünfte zur Verfügung. Empfehlen möchten wir die Zimmervermietung, die sich direkt am Ortseingang im „Exchange Office" befindet. Die Zimmer sind nett eingerichtet, mit Bad und Balkon und zudem sehr sauber. Ein weiterer Vorteil ist die ruhige Lage. Von der Musik und dem

Lärm der Pubs im Inneren des Ortes bekommt man hier nichts mit. In der Hauptsaison muß man etwa 45 DM für ein DZ rechnen, in der Nebensaison ist es bereits für 30 DM zu bekommen.

Sonstiges

An der Hauptstraße befindet sich ein Reisebüro, in dem man Fährtickets kaufen kann.

Paleokastrítsa

Ein Besuch der Bucht von Paleokastrítsa mit seinem berühmten *Kloster* ist fast schon ein Muß für jeden Kórfu-Besucher. Paleokastrítsa — das umfaßt insgesamt sechs Buchten, eine malerischer als die andere. Die Küste ist an dieser Stelle ausgesprochen zerklüftet, Felszungen ragen ins Meer hinaus, in dem sich vorgelagert einige bizarre Felsen befinden. Einige Wissenschaftler vertreten die Annahme, daß sich hier der Palast des Königs Alkinoos befunden haben soll. Auch wird von dem vorgelagerten Felsen Kolóvri erzählt, bei diesem handele es sich um das versteinerte Schiff des Odysseus *(→Léfkas/Die Höhle des Odysseus).*

Die Hauptattraktion von Paleokastrítsa ist aber zweifellos das Kloster, das oberhalb der Bucht thront und Jahr für Jahr von Scharen von Urlaubern besucht wird.

Das Schicksal dieser wunderbaren Bucht ist recht einfach zu ermessen: Jedes Jahr strömen Tausende von Besuchern nach Paleokastrítsa, um hier ihren Urlaub zu verbringen. Und so sind in den vergangenen Jahren und Jahrzehnten zahlreiche Hotels und Restaurants entstanden, kurz: Man hat sich voll auf den Massentourismus eingestellt. Im Hochsommer sind die Strände überlaufen, Besucherscharen drängen sich durch das Kloster, und in den Tavernen und Restaurants ist kaum ein Platz zu bekommen.

Sehenswürdigkeiten

Das Kloster Paleokastrítsa

Die Gründung des Klosters von Paleokastrítsa geht auf das 13. Jahrhundert zurück. Die heutige Klosteranlage stammt jedoch erst aus dem 18./19. Jahrhundert. Das an einem Hang erbaute Kloster ist ein wahrer Juwel. Im Inneren zeugen wunderbare Arkadengänge von einer höchst interessanten Klosterarchitektur, die kaum ihresgleichen wiederfindet. Jede Ecke dieser liebevoll gepflegten Anlage ist ausgesprochen reizvoll und sehenswert. In einem kleinen Museum werden zahlreiche wunderschöne Ikonen, zum Teil noch aus byzantinischer Zeit, ausgestellt.

Praktische Informationen

Ausflüge

Es werden ständig Ausflugsfahrten, so zum Beispiel Bootstouren entlang der Küste, angeboten. Der Renner ist natürlich eine Fahrt mit der *Kalypso Star,* einem Boot, das so konzipiert ist, daß man vom Rumpf des Schiffes aus durch Glasscheiben die Unterwasserwelt beobachten kann. Die Fahrten werden sowohl tagsüber als auch nachts (mit Beleuchtung, versteht sich!) angeboten. Eine Fahrt am Tage kostet 15 DM, eine Nachtfahrt 20 DM. Informationen und Buchungen nimmt auch das Büro in Kórfu/Stadt entgegen, Tel. 06 61/3 65 82.

Baden

Paleokastrítsa ist ein wahres Paradies zum Baden, zumal das Wasser noch immer ausgesprochen sauber ist. Allerdings wird man Probleme haben, eine ruhige Stelle zu finden, da im Sommer alles dicht belegt ist.

Essen und Trinken

Es gibt Tavernen und Restaurants in ausreichender Zahl, so daß es nicht schwer fällt, etwas Geeignetes zu finden. Allerdings kann es auch hier zu Stoßzeiten passieren, daß die Tische alle besetzt sind.

Polizei

Die Polizei erreicht man unter der Telefonnummer 06 63/ 4 12 03.

Unterkünfte

Der Bauboom der vergangenen Jahre hat das Landschaftsbild nachhaltig verändert. Zahlreiche Hotels und Pensionen sind entstanden, die während der Saison nicht selten ausgebucht sind.

„Akrotíri Beach": 126 Zi., 238 Betten; dieser Hotelkomplex bietet einigen Komfort, ist aber während der Hochsaison meist bis auf das letzte Bett belegt. Man zahlt für ein DZ mit Bad rund 112 DM, für ein Appartement etwa 120 DM; Tel. 06 63/4 12 75, 4 12 37, 2 22 27.

„Oceanis": 71 Zi., 123 Betten; man zahlt rund 76 DM für ein DZ und etwa 90 DM für ein Appartement; Tel. 06 63/ 4 12 29, 2 23 68.

„Paleokastrítsa": 163 Zi., 293 Betten; ein DZ ist hier schon für umgerechnet etwa 50 DM zu bekommen; Tel. 06 63/ 4 12 07, 4 12 17.
„Apollon": 23 Zi., 46 Betten; die Übernachtung im DZ mit Bad kostet etwa 34 DM; Tel. 06 63/4 12 11.

Verkehrsverbindungen

Es gibt fast stündlich eine Busverbindung mit Kórfu/Stadt.

Aghíos Geórgios

An der Nordwestküste Kórfus liegt die langgezogene Bucht Aghíos Geórgios mit einem ausgesprochen schönen Sandstrand. Auch hier ist mittlerweile alles auf die Bedürfnisse der Touristen zugeschnitten. Es bestehen zahlreiche Wassersportmöglichkeiten, Sonnenstühle werden vermietet, und einige Souvenirläden verkaufen Andenken. Aber dennoch: Der ganz große Ansturm ist hier ausgeblieben. Aghíos Geórgios ist immer noch zu empfehlen. Zwar fehlt es dem Ort an Gemütlichkeit, doch ist Aghíos Geórgios ein Paradies für Sonnenanbeter und „Wasserratten".

Am besten ißt man in der Taverne „Marina", etwas oberhalb des Strandes gelegen.

Direkt am Strand befindet sich das Hotel „Alkyon", das allerdings nur Pauschaltouristen vorbehalten ist. Ansonsten stehen ausschließlich Privatunterkünfte zur Verfügung.

Sidári

Im Nordwesten der Insel befindet sich der Ort Sidári, bekannt vor allem wegen seiner eigenartigen Lehmklippen. An einer Stelle hat sich ein schmaler Kanal geformt, der von den Einheimischen als „Kanal des Eros" bezeichnet wird. Alte Legenden sind unzerstörbar, und so erzählt man sich noch heute die Geschichte, daß die Wünsche jedes Mädchens, das den Kanal durchschwimmt oder durchschreitet, in Erfüllung gehen.

In Sidári herrscht im Hochsommer gewaltiger Rummel. Der touristische Bedarf wird in allen Belangen gedeckt. Es mangelt an nichts: Geschäfte, Souvenirläden, Mopedvermietungen, Bars, Cafés, Restaurants — es ist alles in ausreichender Zahl vorhanden.

Eine Herausforderung für Verliebte: der Eros-Kanal bei Sidári

Praktische Informationen

Ausflüge

Von Sidári aus werden Tagestouren zu den nordwestlich von Kórfu gelegenen winzigen Inseln Eríkoussa, Othóni und Mathráki organisiert.

Baden

Sidári verfügt zwar auch über einen Strand, doch die meisten Urlauber suchen sich ein Plätzchen an oder auf den Lehmklippen. Zwischen den interessant geformten Klippen tun sich immer wieder kleine Sandbuchten auf, in denen das Wasser bisweilen sehr niedrig ist, so daß man problemlos ins Meer kommt. Im Hochsommer hat man jedoch auch hier — wie fast überall auf Kórfu — Schwierigkeiten, eine einsame Badestelle zu finden.

Essen und Trinken

Restaurants und Cafés stehen in nahezu unübersehbarer Zahl zur Verfügung. Man hat die Qual der Wahl. Ob man nun typisch griechisch oder lieber eine italienische Pizza essen möchte, für alle Bedürfnisse ist gesorgt.

Unterkünfte

Es stehen in Sidári einige Hotels sowie zahlreiche Pensionen und Privatunterkünfte zur Verfügung. Allerdings gilt hier dasselbe wie für die meisten Orte auf Kórfu. In der Hochsaison ist alles nahezu ausgebucht.

Hotels:

„Astória": 19 Zi., 36 Betten; man zahlt für ein DZ mit Bad rund 36 DM; Tel. 06 63/3 13 15.

„Sélas": 21 Zi., 41 Betten; das DZ mit Bad kostet während der HS etwa 40 DM; Tel. 06 63/9 52 85.

„Three Brothers": 36 Zi., 70 Betten; man bezahlt für ein DZ mit Bad rund 55 DM, für ein Appartement etwa 70 DM; Tel. 06 63/3 12 42, 3 13 75, 9 53 42.

Verkehrsverbindungen

Es besteht täglich mehrmals eine Busverbindung von und nach Kórfu/Stadt.

Hinter dieser Fassade verbirgt sich eines der schönsten Klöster von Nordgriechenland: das Kloster Paleokastrítsa

Róda

Auf einer landschaftlich sehr schönen Strecke erreicht man von Sidári aus nach einigen Kilometern den Ort Róda. Der an der Nordküste Kórfus gelegene Ort stellt inzwischen auch eine Hochburg des Tourismus dar. Daß hier einst ein prächtiger Tempel aus dem 5. Jahrhundert v. Chr. gestanden haben soll, ein Zentrum religiösen Lebens, davon ist nichts mehr zu spüren. Róda ist ein modernes Ferienzentrum geworden, das sich in nichts von den anderen Hochburgen des Tourismus unterscheidet. Angelockt durch den recht schönen Strand, der sich um die ganze Bucht zieht, verbringen hier Jahr für Jahr zahlreiche Urlauber ihre Ferien. Im Hochsommer sind die Straßen völlig verstopft, es gibt kaum ein Durchkommen durch die Menschenmassen, die sich um die Postkartenständer drängeln oder auf dem Weg zum Badestrand sind.

Auch hier besteht an Tavernen, Cafés und Unterhaltungsmöglichkeiten kein Mangel.

Praktische Informationen

Auskünfte

An der Hauptdurchgangsstraße befindet sich eine Touristeninformation.

Baden

Róda hat einen schönen Sandstrand, der immer mehr Touristen anzieht. Allerdings muß man früh aufstehen, um noch ein freies Plätzchen zu ergattern. Und das fällt angesichts der langen Nächte von Róda nicht immer ganz leicht. Wer es lieber etwas ruhiger möchte, der sollte sich ein wenig abseits des Strandes, in westlicher oder östlicher Richtung, einen kleinen Flecken suchen.

Es stehen auch in Róda zahlreiche Wassersportmöglichkeiten zur Verfügung, so daß man durchaus zu seinem Vergnügen kommt.

Banken

Geld tauschen ist kein Problem in Róda. Es gibt mehrere Banken, die meisten liegen an der Hauptstraße.

Essen und Trinken

Eine Fülle von unterschiedlichen Cafés und Restaurants hat Tag für Tag seine Tore geöffnet. Und angesichts der Hitze im Sommer sind die Cafés meist am Morgen schon gut besucht. Bei einem kühlen Getränk kann man es aushalten und das Programm für den bevorstehenden Tag ausarbeiten.

Unterkünfte

In den letzten Jahren sind zahlreiche neue Unterkünfte geschaffen worden. Zwar hat man keine Hotelklötze hierhin gesetzt, doch ist das Angebot an Hotels und Pensionen recht groß.

Das größte Hotel am Ort ist das Róda Beach".

„Róda Beach": 360 Zi., 685 Betten; man zahlt für ein DZ mit Bad rund 60 DM, für ein Appartement etwa 93 DM; Tel. 06 63/9 32 02, 9 32 46, 9 32 44.

„Aphroditi": 24 Zi., 40 Betten; ein DZ mit Bad kostet in der HS etwa 45 DM; Tel. 06 63/9 31 47, 3 14 09.

„Village Roda Inn": 16 Zi., 32 Betten; im HS kostet ein DZ mit Bad etwa 35 DM; Tel. 06 63/9 33 58.

Verkehrsverbindungen

Mehrmals täglich bestehen Busverbindungen von und nach Kórfu/Stadt.

Kassiópi

Der Ferienort Kassiópi im Nordosten der Insel Kórfu bietet das gewohnte Bild: Ein Souvenirladen reiht sich an den anderen, eine Snackbar wechselt sich mit der nächsten ab, überquellende Geschäfte bieten ihre Waren an, und die zahlreichen Cafés sind rund um die Uhr gut besucht.

Ein Ort, der sich — wie die meisten Orte auf Kórfu — innerhalb der letzten Jahre und Jahrzehnte zu einem Ferienzentrum entwickelt hat. Ausschlaggebend waren — wie meistens — die guten Bademöglichkeiten. Die vielleicht schönste Besonderheit Kassiópis ist ihre Nähe zur Küste Albaniens. Von hier erkennt man das gegenüberliegende Festland ganz deutlich.

Es gibt zahlreiche Hotels und Pensionen in Kassiópi, die größtenteils mit Pauschalurlaubern belegt sind, und es bestehen ständige Busverbindungen mit der Inselhauptstadt.

Nissáki

Am Fuße des mächtigen Pantokrátor, des höchsten Berges auf Kórfu, liegt die kleine Bucht von Nissáki. Nissáki ist eine geschützt liegende kleine Ortschaft am Meer, die vom

Trubel, wie er in den meisten anderen Ferienorten herrscht, noch verschont geblieben ist. Das mag sicherlich daran liegen, daß Nissáki nur über einen kleinen Sandstrand verfügt. Dafür ist die Bucht jedoch sehr idyllisch und die Atmosphäre erholsam.

Praktische Informationen

Unterkünfte

Die Unterbringungsmöglichkeiten in Nissáki sind im Vergleich zu den meisten anderen Küstenorten auf Kórfu eher spärlich gesät. Neben einigen Hotels stehen Privatunterkünfte zur Verfügung.

Die größte Hotelanlage am Ort ist:

„Nissáki Beach": 239 Zi., 443 Betten; man zahlt während der HS für ein DZ zwischen 71 DM und 122 DM, für ein Appartement zwischen 140 DM und 177 DM; Tel. 06 63/ 9 12 32.

Verkehrsverbindungen:

Es bestehen mehrmals täglich Busverbindungen nach Kórfu/Stadt.

Die Bucht von Ipsos (Pírgi)

Die Strecke zwischen Nissáki und der Ipsos Bay ist ausgesprochen schön. Zur Linken blickt man immer wieder auf kleine Badebuchten, die zum Teil nur zu Fuß erreichbar sind. An der Straße befinden sich zahlreiche, zum Teil ausgesprochen schöne Villen und Appartements, die allerdings größtenteils an Pauschalurlauber vermietet werden. Lediglich in der Nebensaison kann man eventuell einmal Glück haben.

Die Bucht von Ipsos ist eine langgezogene Bucht, die hauptsächlich über Kieselstrand verfügt. Am nördlichen Ende liegt der Ort Pírgi. Auch hier hat man sich voll und ganz auf den Tourismus eingestellt. Die Straße führt direkt am Strand entlang. Rechts und links davon parken Autos — kein sehr schöner Anblick! Auf der anderen Straßenseite herrscht das übliche Bild: Hier reihen sich Restaurants, Bars, Cafés, Tavernen, Pubs etc. aneinander.

Das Angebot an Sport- und Vergnügungsmöglichkeiten ist groß. Neben den üblichen Betätigungsmöglichkeiten kann man hier auch erste Erfahrungen im Paraglyding sammeln. Und für die, die sich das selbst nicht zutrauen, besteht immerhin die Möglichkeit, aus einer sehr guten Perspektive zuzuschauen. Ein solcher Flug geht einmal um die gesamte Bucht und kostet pro Person etwa 30 DM, für zwei Personen zusammen 50 DM.

Praktische Informationen

Unterkünfte

Auch in Pírgi ist das Angebot an Unterkünften riesig, doch gerade hier kann man wiederum enorme Probleme haben, ein Zimmer zu finden.

Hotels:

„Anna-Liza" (Appartements): 36 Zi., 72 Betten; in der HS zahlt man für ein Appartement rund 100 DM; Tel. 06 61/ 9 34 38, 9 35 50.

„Mína" (Appartements): 22 Zi., 34 Betten; man zahlt in der HS zwischen 30 DM und 70 DM für ein Appartement; Tel. 06 61/9 34 04.

Verkehrsverbindungen

Mehrmals täglich bestehen Busverbindungen von und nach Kórfu/Stadt.

Dassiá

Der an der Ostküste gelegene Ferienort Dassiá quillt in den Sommermonaten vor Menschen über. Sonnenhungrige Urlauber tummeln sich an dem langen Strand bis zum Sonnenuntergang. Danach — wie könnte es anders sein — trifft man sich gut gelaunt in einer der unzähligen Pubs oder in einem der Cafés bei einem kühlen Bier und bereitet sich auf eine lange Nacht vor.

Auch in Dassiá besteht an touristischer Infrastruktur kein Mangel. In den Souvenirläden werden Luftmatratzen in den poppigsten Farben sowie allerhand Tingeltangel angeboten. Wer alleine reist, wird hier schnell Anschluß finden, denn die meisten Urlauber, die in Dassiá weilen, haben ein gemeinsames Hobby: das lange und ausgiebige Faulenzen am Strand.

Praktische Informationen

Unterkünfte

In Dassiá sind zahlreiche Hotels und Pensionen errichtet worden, die aber noch immer nicht ausreichen für die Massen, die Sommer für Sommer den Ort aufsuchen, um hier ihren Badeurlaub zu verbringen. Individualtouristen werden in der Hochsaison Schwierigkeiten haben, ein Hotelzimmer zu bekommen und müssen mit Privatunterkünften vorlieb nehmen, die allerdings auch zeitweilig ausgebucht sein können.

Verkehrsverbindungen

Der Bus von und nach Kórfu/Stadt verkehrt täglich mehrmals.

Kondokáli

Wer sich Kondokáli als einen kleinen Ort vorstellt, der wird sicherlich enttäuscht sein. Kondokáli ist im Grunde nichts anderes als eine Ansammlung von Häusern rechts und links der Straße, gesäumt von Bars, Restaurants, Pizzerien, Cafés und Souvenirläden. Zwar kommen die meisten Besucher wegen der Bademöglichkeiten nach Kondokáli, doch gibt es sicherlich schönere Stellen auf der Insel. Aber dennoch — der Ort ist im Hochsommer völlig überlaufen, auch wenn man nichts Einladendes entdecken kann.

Praktische Informationen

Unterkünfte

In Kondokáli stehen zahlreiche Hotels, Pensionen und Privatzimmer zur Verfügung. Das beste Hotel am Ort ist das Luxushotel „Kondokáli Palace".

„Kondokáli Palace" (Bungalows): 238 Zi., 467 Betten; man zahlt in der HS für einen Bungalow zwischen 100 DM und 180 DM; Tel. 06 61/3 87 36.

„Intermezzo" (Appartements): 9 Zi., 18 Betten; ein Appartement kostet zwischen 100 DM und 180 DM; Tel. 06 61/ 9 13 38, 3 95 42.

Verkehrsverbindungen

Es bestehen pausenlose Busverbindungen von und nach Kórfu/Stadt.

Übersetzen mit der Fähre: da wird die Anreise schon zum Erlebnis

Páxi

Südlich von Kórfu liegt die Insel Páxi, trotz der steigenden Touristenzahlen noch immer eine ausgesprochen liebenswerte und ruhige Insel. Von einem Massentourismus à la Kórfu ist Páxi bislang noch verschont geblieben, wenngleich immer mehr Urlauber das kleine Eiland für sich entdecken. Dennoch — hier bestimmen noch immer die Insulaner das Straßenbild, auch in den Sommermonaten. Der Aufnahmekapazität der Insel sind allerdings auch natürliche Grenzen gesetzt. Páxi ist eine ausgesprochen kleine Insel, an der längsten Stelle zehn Kilometer lang und nur vier Kilometer breit.

Die Haupteinnahmequelle der Bewohner von Páxi stellt seit altersher der Olivenanbau dar, und das ist bis heute so geblieben, wenngleich der steigende Tourismus neue Perspektiven eröffnet hat.

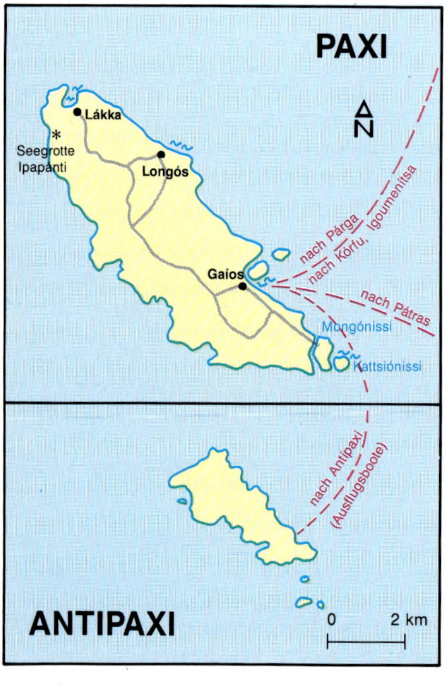

Den Reiz der Insel Páxi machen zweifellos die unzähligen Olivenhaine aus, die nahezu die gesamte, recht hügelige Insel bedecken.

Der Olivenbaum ist seit je her Gegenstand dichterischer Umsetzung gewesen, und auch der Griechenland-Kenner und -Liebhaber Erhard Kästner widmet dem Olivenbaum in seinem Griechenland-Buch „Ölberge, Weinberge" ein eigenes Kapitel. Dort liest man unter anderem die schönen Sätze:

> *Nur drei Dinge könnte ich nennen, die ich an diesem Lande in gleichem Maße liebe: den Ölbaum, die Granatapfelblüte und die Zikaden.*
> *Es hat sich in mir die Überzeugung gefestigt, daß man nur dort wirklich lebt, wo Zikadengeschrill*
> *die Mittage füllt und wo Ölbäume stehn. Der Ölbaum*
> *ist der Baum aller Bäume, ich liebe ihn. Er hat den*
> *Segen, die Stille.*
>
> (Kästner Erhard: Ölberge, Weinberge. Ein Griechenland-Buch, Frankfurt/M., Insel-Verlag, 1974, S. 222)

Doch Páxi hat selbstverständlich mehr zu bieten als nur Olivenhaine. Die Besucher kommen vor allem wegen der schönen Bademöglichkeiten und der hübschen Dörfer, in denen es noch sehr vertraulich zugeht. Die Insel hat insgesamt 2250 Einwohner, die sich auf die Hauptorte Gaíos, Longós und Lákka verteilen. Wer die Möglichkeit nutzt, mit einem Boot an der zum Teil stark zerklüfteten Küste entlangzufahren, der wird auf die interessanten Seegrotten an der Westküste stoßen, die sich in Jahrtausenden in die Felsküste gegraben haben.

Geschichte

Die Geschichte der Insel Páxi steht in engem Zusammenhang mit der Geschichte aller

Ionischen Inseln und insbesondere der von Kórfu. Man nimmt an, daß vor der großen Seeschlacht 31 v. Chr. Antonius und Kleopatra auf Páxi weilten.

Die bedeutendste Blüte erlebte die Insel während der venezianischen Herrschaft. Heute zeugen nur noch die Ruinen eines alten Kastells, das sich auf der vorgelagerten Insel *(→Gaíos)* befindet, von dieser Zeit. Auch der Reichtum an Olivenbäumen, von denen die Bevölkerung seit Jahrhunderten lebt, geht auf die Zeit der venezianischen Herrschaft zurück. 1537 eroberten die Türken Páxi, später diente die Insel als Schlupfwinkel für Piraten.

Ähnlich wie auf Kórfu, gelang es den Franzosen gegen Ende des 18. Jahrhunderts, auch Páxi kurzzeitig zu okkupieren, bevor es dann von der türkisch-russischen Allianz erobert wurde. Nachdem zu Beginn des 19. Jahrhunderts erneut die Franzosen für kurze Zeit die Herrschaft auf Páxi ausübten, avancierten 1815 die Engländer zur Protektoratsmacht über die gesamten Ionischen Inseln und damit auch über Páxi. Die Insel gehörte nun zu den neugegründeten „Vereinigten Staaten der Ionischen Inseln". 1864 traten die Briten die Insel freiwillig an Griechenland ab, zu dem Páxi seitdem gehört.

Sehenswürdigkeiten

Die Seegrotte Ipapánti

An der Westküste von Páxi befindet sich eine sehr große Grotte namens Ipapánti. Dort soll sich angeblich während des Zweiten Weltkrieges ein Versteck der griechischen U-Boot-Marine befunden haben. Ausflugsboote laufen die Höhle an.

Gaíos

Gaíos ist der Hauptort der Insel. Ein Hafenstädtchen, wie man es sich wünscht: Malerisch schmiegen sich die im typischen Inselstil erbauten Häuser in die halbkreisförmige Bucht. Vorgelagert ist die Insel Panaghía, die noch die Ruinen der einstigen venezianischen Festung beherbergt. Auch die alte Windmühle, die schon lange nicht mehr in Betrieb war, ist dem langsamen Verfall anheimgegeben. Leider legen die großen Fährschiffe in dem etwas abseits gelegenen neuen Hafen an, so daß man das wunderbare Panorama dieses Hafenortes, der von dichtem Grün eingerahmt ist, nur von den kleinen Ausflugsbooten aus genießen kann.

Gaíos selber ist ein stiller Ort mit vielen verwinkelten Gassen, einer hübschen Uferpromenade und zahlreichen Tavernen und Kafenía. Sicherlich — im Hochsommer geht es hier auch schon ein wenig lauter zu, doch hält sich der Rummel insgesamt noch in Grenzen.

Praktische Informationen

Ärztliche Versorgung

Im Hafenort befindet sich eine Erste-Hilfe-Station; Tel. 06 62/3 14 66.

Ausflüge

Das Angebot an Ausflugsfahrten hat in den letzten Jahren gewaltig zugenommen. Organisiert werden verschiedene Touren entlang der Küste von Páxi, Inselrundfahrten, aber auch Touren zu der nahegelegenen Insel Antípaxi. Weiterhin besteht die Möglichkeit, sich zu einer Badebucht an der Küste Páxis schippern zu lassen und dort abends wieder abgeholt zu werden. Die Preise sind je nach Tour unterschiedlich.

Auskünfte

Eine Touristeninformation gibt es auf Páxi bislang noch nicht. Wer Fragen hat, der kann sich jedoch an die Touristenpolizei wenden; Tel. 06 62/3 12 22.

Auto-/Motorradvermietung

Bislang gibt es hier noch keine Autovermietung. Es werden allerdings Mopeds und Motorräder vermietet. Es empfiehlt sich durchaus, die Insel mit dem Moped zu erkunden. Dabei entdeckt jeder für sich die schönsten Stellen und kann dann entscheiden, wo er die meiste Zeit seines Aufenthalts verbringen möchte.

Baden

Zwar kann man auch in Gaíos baden, doch ziehen viele Urlauber es vor, sich mit dem Boot zu den beiden Inseln Mongónissi und Katsiónissi übersetzen zu lassen, um dort den Tag am Sandstrand zu verbringen.

Essen und Trinken
Die meisten Tavernen, Restaurants und Cafés befinden sich an der Platía und sind im Grunde alle zu empfehlen. Hier wird noch Wert gelegt auf traditionelle Küche und Qualität. Am besten gehen Sie direkt in die Küche und schauen in die Töpfe, zumal das Tagesangebot wechselt.

Feste
Am 15. August feiern die Insulaner *Mariä Himmelfahrt.* Ob jung, ob alt, die Inselbewohner kommen aus allen Dörfern zusammen, um dem Fest, das im Kloster auf der vorgelagerten Insel Panaghía gefeiert wird, beizuwohnen. Dort findet eine feierliche Messe statt, die — anders als bei uns — vom Lärm der spielenden Kinder begleitet wird, woran sich die ausgesprochen kinderlieben Griechen nicht im entferntesten stören. Im Anschluß daran wird auf der Platía getanzt und gesungen, nicht selten bis zum nächsten Morgen.
An dieser Stelle noch einmal der Hinweis: In Griechenland wird zwar gerne ausgelassen gefeiert, doch sieht man selten jemanden, der betrunken ist. Die Griechen trinken zwar auch, und zwar bevorzugt ihren eigenen Wein zu solchen Anlässen, aber — alles mit Maß. Grölende Massen und Betrunkene sind verpönt und werden auch unter den Touristen nicht gerne gesehen.

Polizei
Die Polizei erreicht man unter der Telefonnummer 06 62/ 3 12 22.

Post
Die Post befindet sich im südlichen Ortsteil.

Unterkünfte
Das Angebot an Hotels ist noch recht spärlich. Man ist in erster Linie auf Privatzimmer angewiesen. Recht angenehm ist das Hotel „Paxos Beach".
„Paxos Beach" (Bungalows): 42 Zi., 84 Betten; man zahlt in der HS etwa 62 DM für einen Bungalow; Tel. 06 62/ 3 12 11, 3 13 33.
Des weiteren besteht die Möglichkeit, sich ein privates Appartement zu mieten. Entsprechende Angebote liegen den Reisebüros vor.

Verkehrsverbindungen
Mit dem Schiff: Die Schiffsverbindungen nach Páxi sind unregelmäßig. Im Hochsommer verkehren mehrmals wöchentlich Schiffe von Párga, Igoumenítsa, Moúrtos, Kórfu und Pátras nach Páxi. Darüber hinaus fahren von Párga und Kórfu Ausflugsboote nach Páxi. Die Abfahrtszeiten ändern sich ständig, darum muß man sich vor Ort noch einmal genau erkundigen.
Mit dem Bus: Von Gaíos aus besteht im Hochsommer etwa zehnmal täglich eine Busverbindung zu den Orten Longós und Lákka.

Zeitungen
An der Platía bekommt man internationale Zeitungen.

Longós

An der Nordostküste von Páxi liegt das kleine Fischerdorf Longós. Hier hat sich bislang wenig verändert. Der weniger als 100 Einwohner zählende Ort gleicht einer Stätte des Friedens; hier geht alles einen Takt langsamer als anderswo. Die Bewohner sitzen am Abend vor ihren Häusern, die Männer treffen sich im Kafeníon, spielen Távli oder diskutieren die Neuigkeiten des Tages. Fremde, so scheint es, sind noch gerne gesehen in Longós. Von Rummel und Hektik ist nichts zu spüren — noch nicht! Der Zahn der Zeit nagt manchmal schnell.

Praktische Informationen

Ausflüge
Man kann sich von hier aus mit einer kleinen Boot zu einer der schönen Badebuchten bringen lassen, die sich vor allem in nördlicher Richtung anschließen. Seit kurzem werden auch Tagestouren einmal um die gesamte Insel angeboten. Die Küstenlänge beträgt übrigens 46 Kilometer.

Baden
Die Bademöglichkeiten in Longós sind ausgesprochen gut, wenngleich es keinen Sandstrand, sondern nur einen Kieselstrand gibt. Das Wasser ist glasklar und sehr sauber.

Essen und Trinken
Es gibt nur ganz wenige Tavernen am Hafen, die sich gegenseitig Konkurrenz machen. Ähnlich wie in Gaíos, so gilt auch hier: alle sind durchaus empfehlenswert. Die Gerichte sind durchweg lecker, und man bemüht sich, die Gäste zufriedenzustellen.

Unterkünfte
Auch hier sind in den letzten Jahren noch keine Hotels entstanden. Übernachtungsmöglichkeiten gibt es nur in einfachen Privatquartieren. Wenngleich die Preise hier noch sehr niedrig sind (in der Regel zwischen 20 DM und 30 DM in der Hochsaison), lohnt es sich dennoch, einen Preis- und Zimmervergleich anzustellen.

Verkehrsverbindungen
Mehrmals täglich bestehen Busverbindungen nach Gaíos.

Lákka

Im Vergleich zu Gaíos und Longós geht es in dem an der Nordspitze von Páxi gelegenen Ort Lákka recht lebhaft zu, was mehrere Gründe hat. Zum einen liegen die schönsten Strände der Insel in dem Küstenabschnitt bei Lákka, zum anderen hat sich der Ort in den letzten Jahren zu einem Zentrum des Wassersports entwickelt.

Praktische Informationen

Ausflüge
Von Lákka aus verkehren Ausflugsboote zu der Insel Antípaxi sowie zu der Höhle Ipapántis *(→Páxi/Sehenswürdigkeiten).*

Baden
Westlich und östlich von Lákka schließen sich die Badestrände an, die im Hochsommer allerdings recht gut belegt sind. Dennoch fällt es nicht schwer, hier noch ein relativ ruhiges Plätzchen zu ergattern, man muß nur weit genug gehen. Das Wasser ist hier überall sehr klar und sauber.

Banken
Eine Bank haben wir nicht entdecken können. Geld wechseln aber die ansässigen Travel Agencies und die Hotels.

Essen und Trinken
Am Hafen befinden sich zahlreiche Tavernen und Cafés, die am Abend meist reichlich voll sind. Das Anbgebot an Speisen ist reichhaltig, und es ist sicherlich für jeden etwas dabei. In der Regel dauern die Nächte hier länger als in den anderen Orten der Insel. Lustig sitzt man beisammen, und erst wenn die Lichter gelöscht werden, begeben sich die letzten Gäste in ihre Unterkünfte.

Sportmöglichkeiten
Das Angebot an Wassersportmöglichkeiten ist groß. Wer den Urlaub dazu benutzen möchte, in die Grundkenntnisse des Segelns oder Tauchens eingeführt zu werden, wer gerne Wasserski läuft oder den Tag auf dem Surfbrett zubringt, der hat in Lákka die besten Möglichkeiten dazu. Informationen erteilen die im Ort befindlichen Büros „Routsis Holidays" und „Planos Holidays".

Unterkünfte
Auch hier sind bislang noch keine Hotelbauten entstanden. Es stehen überwiegend Privatzimmer und Pensionen zur Verfügung. Im Ort befindet sich das Hotel „Lefkothéa", das allerdings keinen hohen Komfort aufweist.
„Lefkothéa": 9 Zi., 18 Betten; man zahlt während der HS rund 30 DM pro Übernachtung.
Schöner ist sicher, ein Appartement zu mieten. Die Reisebüros halten entsprechende Angebote bereit.

Verkehrsverbindungen
Mit dem Bus: Im Hochsommer verkehrt der Bus etwa zehnmal täglich zwischen Lákka und dem Hauptort Gaíos.
Mit dem Boot: Von Lákka aus kann man mit dem Boot nach Kórfu übersetzen. Die Schiffe laufen allerdings nicht Kórfu/Stadt, sondern Kávos an.

Antípaxi

Südlich von Páxi liegt die kleine Insel Antípaxi. Auf ihr leben nicht mehr als 120 Menschen. Antípaxi wird von den meisten Touristen nur als Tagesausflugsziel angesteuert. Denn obwohl die Insel so klein ist, hat sie eines im Überfluß: schöne Strände. Rund um die Küste findet man kleine versteckte Badebuchten, und es ist in der Tat ein Vergnügen, den Tag in einer solchen Bucht zu verbringen. Das Wasser ist glasklar und ein Bad eine wahre Wonne.
Es besteht auch die Möglichkeit, von Antípaxi aus auf die kleinen unbewohnten Inseln Exolíthero und Daskálio überzusetzen.

Praktische Informationen

Essen und Trinken
Bislang gibt es nur drei Tavernen auf der Insel, und ob sich das in Zukunft ändern wird, ist fraglich. Wer also den Tag in einer Bucht verbringen möchte, der sollte Proviant, vor allem Wasser, dabei haben.

Unterkünfte
Es gibt nur ganz wenig Privatzimmer auf Antípaxi. Die meisten Badegäste verweilen nur tagsüber auf der Insel und fahren am Abend zurück nach Páxi. Wer aber die Einsamkeit und Ruhe dieser vom Tourismus noch unberührten Insellandschaft schätzt und auf geselliges Leben verzichten möchte, der kann sich in einem der Privathäuser einquartieren. Die Unterkünfte sind sehr einfach.

Verkehrsverbindungen
Von Páxi aus wird die Insel im Sommer täglich von kleinen Booten angelaufen. Man zahlt für die Überfahrt rund 10 DM. Abends bringen die Boote einen wieder nach Páxi zurück. Erkundigen Sie sich aber genau nach der Rückfahrtszeit.

Léfkas

Léfkas ist eine Insel mit ganz besonderem Charakter. Obwohl die Insel durch eine Brücke mit dem Festland verbunden und folglich sehr gut erreichbar ist, steckt der Tourismus hier noch in den Kinderschuhen. Schwer zu sagen, woran das liegt, zumal Léfkas landschaftlich gesehen eine ausgesprochen schöne und interessante Insel ist.

Páxi (oben) oder Léfkas (unten): Wer die Inselidylle sucht, hat bei diesen beiden Inseln die Qual der Wahl

Die nördlich von Itháki und Kephallonía gelegene Insel hat eine Gesamtgröße von etwa 300 Quadratkilometern. Die längste Ausdehnung beträgt 34 Kilometer, die breiteste 14,5 Kilometer. Die Landschaft von Léfkas ist geprägt von mächtigen Bergen, fruchtbaren Ebenen, rauhen Schluchten, schroffen Felslandschaften, Sandstränden und üppiger Vegetation. Die höchsten Berge der Insel sind die Stavróta-Berge im Süden, die eine Höhe von etwa 1140 Metern erreichen. Dazwischen befinden sich immer wieder fruchtbare Ebenen, in denen vornehmlich Wein, Zitrusfrüchte, Getreide und Kartoffeln angebaut werden. Nicht zu vergessen sind die zahlreichen Olivenhaine, die die Grundlage für den wichtigsten Wirtschaftszweig der Insel darstellen.

Wie bereits erwähnt, ist die Insel über eine Brücke mit dem Festland verbunden. Dies war nicht immer so. Léfkas war ein Teil des Festlandes, bevor im 7. Jahrhundert v. Chr. die Korinther die Verbindung durchbrachen und einen Kanal erbauten. Dieser Kanal wurde im Mittelalter wieder geschlossen und erst im Jahre 1903 erneut geöffnet.

Der Name der Insel leitet sich von dem Wort „léfkos" ab, das übersetzt „weiß" bedeutet. Diesen Namen erhielt die Insel deshalb, weil ihr charakteristischstes Merkmal der berühmte weiße Felsen bzw. das weiße Kap war, von dem sich angeblich die berühmteste Dichterin Griechenlands, die aus Lésbos stammende Sappho, in den Tod gestürzt haben soll.

Auf Léfkas leben heute rund 21 000 Menschen, weit weniger als noch zu Beginn unseres Jahrhunderts. Viele junge Leute sind in die Großstädte Griechenlands oder aber ins Ausland ausgewandert.

Die Insel Léfkas hat eine ganze Reihe von bedeutenden Persönlichkeiten hervorgebracht, die einen wesentlichen Einfluß auf das Geistes- und Kulturleben sowie die politische Gestaltung Griechenlands ausübten. Die kulturelle Bedeutung der Insel manifestiert sich noch heute in zahlreichen, jährlich stattfindenden Festlichkeiten und ist in den vielen Museen lebendig geblieben.

Zu den herausragendsten Personen, die auf Léfkas lebten, gehören die Dichter Sólomos, Kálvos und Valaorítis. Zu erwähnen sind auch der Lyriker Angelos Sikiliános, der sich mit philosophischen Fragestellungen beschäftigte, sowie Jánnis Sambélios, der zu einem Dichter der Freiheitsbewegung des 19. Jahrhunderts wurde. Auf Léfkas lebten und arbeiteten auch eine Reihe von Malern und Schauspielern.

Wer sich näher informieren möchte, der kann sich einen Inselführer kaufen, in dem Auskünfte zu den einzelnen Personen erteilt werden.

Geschichte

Bereits in der Steinzeit soll es menschliches Leben auf Léfkas gegeben haben. Einzelheiten der Geschichte von Léfkas sind aber erst seit dem 7. Jahrhundert v. Chr. bekannt. Die Insel wurde damals von den Korinthern kolonialisiert, die auch den Kanal erbauten und somit aus der Halbinsel eine Insel machten. Die Einwohner von Léfkas nahmen an den Perserkriegen teil und sandten drei Flotten aus, um die Perser zu bekämpfen. Während der Peloponnesischen Kriege kämpfte Léfkas auf Seiten Korínths und Spártas.

Im Jahre 338 v. Chr. eroberte Phillip II. von Makedónien die Insel, die später von seinem Sohn, Alexander dem Großen, beherrscht wurde. Nachdem dann für kurze Zeit der König von Epirus sich der Insel bemächtigt hatte, gelang es den Bürgern 272 v. Chr., die Freiheit und Unabhängigkeit für sich zu erkämpfen. Diese Zeit währte indes nicht lange. 197 v. Chr. waren es die Römer, die in Léfkas einfielen und nach anhaltenden

Kämpfen die Oberhoheit über die Insel erlangten. Nach der berühmten Seeschlacht zwischen Oktavian und Antonius im Jahre 31 v. Chr., die Oktavian siegreich beendete, wurden viele Bürger der Insel zwangsweise in der von Oktavian neugegründeten Stadt Nikópols *(→Nikópols)* angesiedelt.
In den nun folgenden Jahrhunderten war die Insel zahlreichen Plünderungen und Überfällen ausgesetzt. Es galt in der Folgezeit, die Herrschaft ständig wechselnder Machthaber zu ertragen. Die Venezianer, die Türken und später die Franzosen hißten hier ihre Flagge. Nach der Eroberung der Insel durch die russisch-türkische Allianz wurde Léfkas 1802 dem Staat der „Heptánissa", der „sieben Inseln" angegliedert. Doch auch diese Phase war nicht von Dauer. Bereits fünf Jahre später, im Jahre 1807, wurde die Insel erneut von den Franzosen erobert, bevor sie dann 1810 unter britisches Protektorat kam. Das wichtigste Datum in der Folgezeit war sicherlich das Jahr 1864, als die Briten die Insel an Griechenland abtraten.

Mythologie

Der deutsche Archäologe Wilhelm Dörpfeld (1853-1940) stellte die sehr gewagte These auf, daß es sich bei der Insel Léfkas um das antike Ithaka, die Heimatinsel des Odysseus gehandelt habe. Die Theorie Dörpfelds, der zeitweise Leiter des Archäologischen Instituts in Athén war und der sich vor allem als Mitbegründer moderner Methoden der Ausgrabung einen Namen machte, basiert zum einen auf der genauen Analyse der Verse Homers und zum anderen auf zahlreichen Ausgrabungen auf Léfkas, bei denen er detaillierte Rekonstruktionen der bei Homer erwähnten Gebäude des ehemaligen Königreiches vornahm. Dörpfeld ging davon aus, daß sich in der Nähe des heutigen Dorfes Nídri der Königspalast des Odysseus befand. Bewiesen sind diese Hypothesen bis heute allerdings nicht.

Odysseus

Odysseus, König von Ithaka, ist zweifellos die berühmteste Gestalt der griechischen Mythologie. Erzählt wird, daß Odysseus, der Gatte der Penélope, mit einer Flotte von zwölf Schiffen in den Trojanischen Krieg zog und Troja eroberte. Während seiner Rückkehr, die mehr als zehn Jahre dauerte, erlebt der Held zahlreiche Abenteuer. Zu den bekanntesten gehören die Blendung des Zyklopen Polyphem (→Komotiní/Die Sage von Odysseus und Polyphem) *und die Fahrt vorbei an der Insel der Sirenen. Schließlich erleidet Odysseus Schiffbruch und wird an die Gestade der Insel Schéria* (→Kórfu/Mythologie) *verschlagen. Von dort tritt er die Heimreise an. Seine Frau Penélope, die die ganzen zehn Jahre treu auf ihren totgesagten Gemahl gewartet hatte und desweilen von zahlreichen Verehrern bestürmt worden war, faßte schließlich den Entschluß, dem Manne ihre Hand zu geben, dem es gelingen würde, den Bogen des Odysseus zu spannen. Odysseus, als Bettler verkleidet, war inzwischen wieder auf seiner Heimatinsel angekommen, gab sich indes nicht zu erkennen. Als nun der Tag gekommen war, an dem die Verehrer unter sich entscheiden sollten, wer die Königin zu seiner Gemahlin nehmen sollte, trat Odysseus in das Geschehen ein. Während sich die Bewerber erfolglos bemühten, den Bogen zu spannen, gelang Odysseus dies auf Anhieb, woraufhin Penélope ihren Gatten sofort wiedererkannte.*

Sehenswürdigkeiten

Der Lefkádische Felsen

Im Südwesten der Insel Léfkas befindet sich der berühmte Lefkádische Felsen. Es handelt sich dabei um eine steil ins Meer abfallende Felswand aus weißem Gestein, die der Insel ihren Namen gab. Einer alten Legende zufolge, sollen hier einst Menschenopfer dargebracht worden sein. Berühmt ist der Felsen weniger dafür, daß hier ehemals ein Apollon-Tempel stand, sondern vor allem dafür, daß sich angeblich die griechische Dichterin Sappho von dem Lefkádischen Felsen herabgestürzt haben soll.

Die Sappho, eine der berühmtesten Lyrikerinnen Griechenlands, wurde um das 6./7. Jahrhundert v. Chr. auf der Insel Lésbos geboren. Berühmt wurde die Dichterin vor allem für ihre Liebeslyrik. Sie umgab sich mit einem Kreis junger Mädchen, die sie in die Kunst der Liebeslyrik einweihte. Die Liebe wurde auch ihr persönliches Schicksal. Denn die Dichterin stürzte sich aus Liebeskummer angeblich vom Lefkádischen Felsen in den Tod.

Die venezianische Festung Aghía Mávra

Die außerhalb der Hauptstadt Léfkas befindliche Burg Aghía Mávra stammt aus dem 13. Jahrhundert n. Chr. Von hier aus gelang es den Einwohnern von Léfkas, ihre Insel gegen die Eroberungszüge des Türken Ali Paschas erfolgreich zu verteidigen. Leider ist die mächtige Befestigungsanlage nicht zu besichtigen.

Léfkas/Ort

Léfkas, die Hauptstadt der gleichnamigen Insel, ist der erste Ort, den man erreicht, wenn man vom Festland auf die Insel gelangt. Léfkas mit seinen rund 8000 Einwohnern hat einen sehr ambivalenten Charakter. Der nördliche Innenstadtbereich ist geprägt durch unzählige kleine Gäßchen und Straßen, durch die Platía mit ihren Kafenía und Ouzerí und durch viel Ruhe und Gemütlichkeit (zumindest tagsüber). Der südwestliche Stadtteil hingegen weist die Atmosphäre typischer griechischer Städte auf. Hier herrscht viel Verkehr und Trubel, die Straßen sind ungepflegt und schmutzig. Zahlreiche Geschäfte und Handwerksbetriebe sind hier ansässig.

Während die Stadt mittags in einen Art Dämmerschlaf verfällt, füllen sich am Abend die Straßen und Gassen rund um die Platía. Die Jugend flaniert die Hauptstraße entlang, ganz nach dem Motto „Gesehen und gesehen werden", in den Kafenía herrscht buntes Leben und Treiben, die Kinder tollen bis Mitternacht über die Platía, und hin wieder gesellt sich auch einmal ein Pope unter das Volk. Übrigens ist die Innenstadt am Abend für den Autoverkehr gesperrt.

Im Vergleich zu den meisten anderen griechischen Inselhäfen fehlt es dem Hafen von Léfkas an Gemütlichkeit. Statt eines kleinen Hafenbeckens findet man eine weitläufige Uferpromenade vor.

Sehenswürdigkeiten

Das Archäologische Museum

Wie bereits erwähnt, hat der deutsche Archäologe Wilhelm Dörpfeld umfangreiche Ausgrabungen auf der Insel Léfkas getätigt, die dem Ziel dienten, seine These zu stützen, daß es sich bei der Insel Léfkas um Ithaka, die berühmte Insel der Antike, Heimat des Odysseus, handelt *(→Léfkas/Mythologie)*. Im dem Archäologischen Museum befindet sich eine ganze Reihe bedeutender Ausgrabungsfunde.

Das Archäologische Museum befindet sich in der Odos Faneroménis.

Das Heimatmuseum

Sehr interessant ist ein Besuch des erst 1978 vom Musikverein *Orpheus* gegründeten Heimatmuseums von Léfkas. Die Ausstellungsgegenstände geben einen guten Eindruck vom typischen Alltagsleben der Inselbewohner. Zu sehen sind unter anderem zahlreiche Einrichtungsstücke, alte Trachten, Schmucksteine, Haushaltsgegenstände sowie wertvolle Stickereien.

Das Museum befindet sich in der Odos I. Marínou. Öffnungszeiten: täglich von 11-13 Uhr und von 18-21 Uhr.

Das Phonographische Museum

Das Phonographische Museum birgt nicht nur seltene Funde, sondern ist selbst eine Rarität. Es beherbergt zahlreiche verschiedene alte Grammophone und Drehorgeln, aber auch Gewehre und andere Waffen, die während des Befreiungskampfes gegen die türkische Besatzung Verwendung fanden, alte Taschenuhren und Schmuckstücke. Es ist kein Zufall, daß gerade auf Léfkas ein Phonographisches Museum existiert, da die Insel bedeutende Musiker hervorgebracht hat und folglich eine enge Beziehung zur Musik besitzt.

Das Museum befindet sich in der Odos Kagáni 30. Öffnungszeiten: täglich 10-12 Uhr und 18-22 Uhr.

Die Kunstgalerie

Die Kunstgalerie verfügt über zahlreiche, zum Teil sehr berühmte Gemälde aus byzantinischer Zeit. Untergebracht ist die Galerie im Gebäude der Bibliothek. Aufgrund von Renovierungsarbeiten ist die Galerie vorübergehend geschlossen. Es ist aber davon auszugehen, daß sie 1991 wieder zu besichtigen ist.

Die Kunstgalerie befindet sich in der Odos Portoiánni.

Die Bibliothek

Die Stadtbibliothek verfügt über einen großen Bestand an alten und wertvollen Büchern. Man findet hier auch die Biographien der berühmten Personen von Léfkas.

Die Bibliothek befindet sich in der Odos Portoiánni.

Die Kirche Aghíos Spíridon

Diese Kirche im byzantinischen Stil ist schon aufgrund ihrer architektonischen Schönheit sehr sehenswert. Darüber hinaus befinden sich in der Kirche interessante und sehr schöne Ikonen.

Praktische Informationen

Ärztliche Versorgung

Das Krankenhaus von Léfkas, das über Spezialisten im Bereich der Herz- und Augenkrankenheiten verfügt, erreicht man unter der Telefonnummer 06 45/2 23 36, 2 24 65, 2 33 74.

Des weiteren gibt es in Léfkas fünf Kinderärzte, einen Frauenarzt und sieben Zahnärzte.

Zahnarzt: Jánnis Perdikáris, Odos Theod. Mavromáti 4, Tel. 06 45/2 47 35; Sprechstundenzeiten: 9-13 Uhr und 17-21 Uhr.

Praktischer Arzt: Anastásios Perdikáris, Odos Theod. Marvromáti 4, Tel. 06 45/2 47 35, 2 22 79.

An der Haupteinkaufsstraße befinden sich mehrere Apotheken.

Auskünfte
Auskünfte erteilen die verschiedenen Touristen-Büros, so zum Beispiel das Büro der „Douvítsas Travel" an der Hauptgasse.

Auto-/Motorradvermietung
Es bietet sich an, die Insel Léfkas mit dem Auto zu ergründen. Mietwagen bekommt man im Büro „Aravánis", Tel. 06 45/2 34 36, 2 28 58. Man zahlt für einen Fiat Ritmo pro Tag etwa 50 DM. Es werden hier übrigens auch Motorräder und Mopeds vermietet. Man zahlt pro Tag für ein Moped etwa 13 DM.

Baden
Das Baden bietet sich hier nicht an. Die Insel verfügt über wesentlich schönere Badebuchten und Strände.

Banken
Im Zentrum befinden sich mehrere Banken, eine davon an der Platía.

Essen und Trinken
Die meisten Tavernen und Restaurants liegen in der Hauptgasse, die vom Hafen zur Platía führt. Wer Appetit hat auf Sardinen, die in Tomaten und Knoblauch gedünstet sind, auf Gigántes, grüne Bohnen, Zuchini-Kartoffel-Gemüse, Fischsuppe oder zahlreiche weitere Speisen, die die typische griechische Küche zu bieten hat, der sollte nach der kleinen Taverne „To káto Vríssi" (übersetzt heißt das „die untere Quelle") fragen. Sie befindet sich in der kleinen Einkaufsstraße, etwa 100 Meter vom Meer entfernt. So unscheinbar die Taverne auch von außen wirkt, so groß ist die Überraschung, die einen erwartet, wenn man einen Blick in die Küche wirft.
Wer sein Abendessen gerne bei griechischer Live-Musik zu sich nehmen möchte, der sollte das Restaurant „Fagotto" oder aber das Restaurant „Agía Marína" aufsuchen. Allerdings wird nicht an jedem Abend Live-Musik geboten. Die Gerichte sind ausnahmslos lecker und zudem nicht einmal teuer. Rund um die Platía liegen einige Kafenía und Ouzerí, in denen man auf jeden Fall nach dem Essen einkehren und von dort das allabendliche Spektakel beobachten sollte.

Feste
Am 3. Mai findet ein großes Fest zu Ehren des *heiligen Maurus* in Léfkas/Ort statt. Für Touristen sehr interessant ist das jährlich stattfindende *Literatur- und Kunstfestival,* das stets am ersten Sonntag im August beginnt. An diesem Fest nehmen bekannte griechische Literaten und Künstler teil. Eine Woche nach diesem Fest folgen dann

Im Norden von Léfkas eröffnet sich der Blick auf zahlreiche kleine vorgelagerte Inseln. Hier fühlt man sich an die Südsee erinnert

die **Folkloretage.** Hier treten bekannte Folkloregruppen auf. Wer Gelegenheit hat, an diesen Festlichkeiten teilzunehmen, der bekommt einen recht guten Einblick in die griechische Volksmusik und die bekanntesten Tänze.

Kinos

Direkt am Hafen befindet sich ein Freiluftkino, in dem sich abends vornehmlich die Jugend von Léfkas vergnügt.

Nachtleben

In den letzten Jahren standen vor allem die Diskotheken „Pink Panther" und „Lagune" hoch im Kurs.

Pannenhilfe

Den ELPA-Service erreicht man unter der Telefonnummer 06 45/2 35 66.

Polizei

Die Polizeistation erreicht man unter der Telefonnummer 06 45/2 23 46 oder unter dem Notruf 2 21 00. Die Hafenpolizei hat die Telefonnummer 06 45/2 32 22.

Post

Die Post befindet sich in der Odos Méla. Öffnungszeiten: Mo.-Fr. 7-15 Uhr.

Taxi

Die Taxihaltestelle befindet sich am Hafen und an der Platía. Man erreicht ein Taxi unter der Telefonnummer 06 45/ 2 46 00.

Telefonieren

Das OTE befindet sich in der Odos Pefaneroménis. Es ist schon von weitem an der riesigen Antennenkonstruktion auf dem Dach erkennbar.

Telefonieren kann man aber auch von den Kiosken an der Platía aus.

Unterkünfte

Es gibt in Léfkas einige recht schöne Hotels, dafür ist es ausgesprochen schwierig, eine Privatunterkunft zu finden. Die meisten Besucher benutzen die Stadt ohnehin nur als Durchgangsstation. Folgende Hotels kann man empfehlen:

„Niricos": 36 Zi., 69 Betten; das Hotel befindet sich am Hafen. Die Zimmer sind ausgesprochen sauber und ordentlich. Während der HS kostet die Übernachtung etwa 55 DM (inkl. Frühstück) und etwa 85 DM (mit Halbpension). Tel. 06 45/2 41 32, 2 41 33.

„Léfkas": 93 Zi., 186 Betten, dieses sehr luxuriöse Hotel befindet sich am Hafen, direkt hinter der parkähnlichen Grünanlage. Man bezahlt in der HS für ein DZ (nur mit Halbpension möglich) etwa 106 DM; Tel. 06 45/2 39 16.

„Maura": 19 Zi., 38 Betten; man zahlt für ein DZ mit Bad während der HS rund 55 DM (sofern man mindestens zwei Nächte bleibt), 50 DM (wenn man drei Nächte bleibt); Tel. 06 45/2 23 42.

Es besteht überdies die Möglichkeit, eine Villa oder ein Ferienhaus zu mieten. Wenden Sie sich bei Interesse am besten an das Büro „Melas travel tourism", Odos Panagoú 6, Tel. 06 45/2 29 05, 2 25 38, 7 13 78.

Verkehrsverbindungen

Mit dem Flugzeug: Léfkas verfügt zwar nicht über einen Flughafen, doch besteht die Möglichkeit, mit der Olympic Airways nach Aktio (Prevéza) zu fliegen und von dort mit dem Bus weiterzufahren. Das Büro der Olympic Airways auf Léfkas befindet sich in der Odos Dörpfeld 1, Tel. 06 45/2 28 81.

Mit dem Auto: Es empfiehlt sich, Léfkas mit dem Auto zu erkunden, da die Busverbindungen auf der Insel noch immer nicht besonders gut sind. Reist man mit dem eigenen Auto an, so fährt man entweder über Prevéza oder, von Athén kommend, am günstigsten über den Peloponnes und setzt dort mit der Fähre von Río (nördlich von Pátras) nach Andírio über. Wer keinen eigenen Wagen dabei hat, kann sich einen Wagen auf Léfkas mieten.

Mit dem Bus: Es bestehen täglich vier Busverbindungen von und nach Athén sowie vier Verbindungen von und nach Aktio. Der Busbahnhof befindet sich im südlichen Hafenbereich.

Auf der Insel selber gilt bislang folgender Fahrplan: zehnmal täglich Busverbindungen nach Nikiána, Nídri und Vlícho, siebenmal täglich nach Kariá, fünfmal täglich nach Aghíos Nikítas und Tsoukaládes, viermal täglich nach Vassíliki und Aghíos Pétros sowie zweimal nach Atháni und Sívros.

Zeitungen

In der Hauptgasse, die abends zur Fußgängerzone wird, findet man in verschiedenen Geschäften internationale Zeitungen. Es gibt übrigens kostenlos ein Magazin, das über die Insel informiert und das aktuelle Veranstaltungsprogramm sowie Fahrpläne, Adressen und vieles mehr enthält.

Nikiána

Einige Kilometer südlich von Léfkas/Ort befindet sich der kleine Fischerort Nikiána. Der Ort selber besteht im Grunde nur aus einer Straße, an der rechts und links einige Häuser stehen. Es gibt in der Tat schönere Orte auf Léfkas. Doch obwohl die Straße direkt am Meer entlangführt, sind die Bademöglichkeiten in Nikiána ausgesprochen gut. Das klare Wasser schimmert hier türkisblau, und für Wassersportler besteht die Möglichkeit, Surfbretter zu leihen.

Unterkünfte: Es stehen einige Privatzimmer zur Verfügung.

Nídri

An der Ostküste von Léfkas liegt der Ort Nídri, der sich in den letzten Jahren von einem verschlafenen Fischernest zu einem der meistbesuchten Orte der Insel entwickelt hat. Und das nicht ohne Grund. Das Panorama, das sich einem hier bietet, ist phantastisch. Vorgelagert sind die kleinen bewaldeten Inseln Madoúri, Spárti, Skorpídi sowie die berühmte Insel des griechischen Reeders Onássis, die Insel Skórpios. Besonders malerisch sieht die vis à vis auf der Halbinsel Aghíos Kiriakí gelegene kleine schneeweiße Kapelle aus. Reizvoll ist auch der Anblick der weißen Segelboote, die zwischen den kleinen Inseln kreuzen. Der schmale Kiesstrand von Nídri ist im Hochsommer dicht belegt. Doch trotz der vielen Touristen herrscht hier noch immer eine recht angenehme Atmosphäre. An der Hauptstraße, die durch den Ort führt, befinden sich die meisten Touristenagenturen, Geschäfte und Unterkünfte.

Der Archäologe Wilhelm Dörpfeld ging davon aus, daß sich bei Nídri der Palast des Odysseus befand. Seine These beruhte auf den Ergebnissen jahrelanger Ausgrabungsarbeiten in der Gegend von Nídri, bei denen unter anderem Gräber, Wasserleitungen und zahlreiche Gefäße ans Tageslicht gebracht wurden. Dörpfeld verbrachte einige Jahre in Níjer; er liegt bei Aghíos Kiriakí, auf der äußersten Spitze der Halbinsel, begraben.

Praktische Informationen

Ärztliche Versorgung

In Nídri selber gibt es keinen allgemeinen Arzt. In Notfällen sollte man sich an das Krankenhaus in Léfkas/Ort wenden. Eine Zahnarztpraxis befindet sich in der Hauptstraße, über der Touristen-Agentur „Georgios". In der Hauptstraße befindet sich auch eine Apotheke.

Ausflüge

Von Nídri aus werden zahlreiche Ausflugsfahrten organisiert. Die Agenturen an der Hauptstraße bieten eine Fülle verschiedener Möglichkeiten an, z. B.:

— eine Tagestour, die ein Mittagessen im Fischerort Sívota, die Besichtigung der Höhle des Odysseus und einen Badeaufenthalt in der Nähe der Onassis-Insel Skórpios beinhaltet. Die Abfahrt erfolgt gegen 9.15 Uhr, die Rückkehr gegen 18 Uhr. Der Preis beträgt etwa 18 DM pro Person.

— eine Nachtfahrt zu der vorgelagerten Insel Megánissi unter dem Motto „Fantastic Greek Night".

Baden

In Nídri befindet sich ein schmaler, aber recht schöner Kieselstrand. Das Wasser ist sehr sauber und klar.

Bank

Eine Bank gibt es in Nídri nicht. Geld wechseln aber die Touristen-Büros an der Hauptstraße. Es werden auch alle Arten von Kreditkarten und Travellerschecks akzeptiert.

Essen und Trinken

Am Strand befinden sich zahlreiche Restaurants, Cafés und Bars, in denen man zum Teil vorzüglichen Fisch bekommt.

Motorradverleih

An der Hauptstraße gibt es mehrere Agenturen, die Mopeds und Motorräder verleihen. Man muß für ein kleines Moped rund 20 DM pro Tag einkalkulieren.

Polizei

Die Hafenpolizei erreicht man unter der Telefonnummer 06 45/9 25 09.

Post

Eine mobile Poststation befindet sich in einem fahrbaren Bungalow am nördlichen Ortsausgang.

Sportmöglichkeiten

Das Angebot an Sportmöglichkeiten in Nídri ist riesig. Es besteht zum Beispiel die Möglichkeit, Surfbretter, Segel- und Motorboote zu leihen, sich im Paraglyding zu üben oder mit einer „Banane" über das Meer zu sausen.

Unterkünfte

In Nídri gibt es einige Hotels und zahlreiche Privatzimmer. Folgende Hotels möchten wir empfehlen:

„Nidrion Beach Hotel": Das Hotel liegt unmittelbar am Meer, verfügt über einen kleinen, schattigen Garten, in dem man sehr gemütlich sitzt. Die Zimmer sind sehr sauber und angenehm, alle mit eigenem Bad. Man zahlt während der HS rund 61 DM für ein DZ; Tel. 06 45/9 24 00, 9 24 01.

„Eva Beach": Das Hotel liegt ebenfalls direkt am Meer, ist recht komfortabel eingerichtet, die Zimmer verfügen über einen schönen Balkon. In der HS zahlt man für ein DZ mit Bad rund 42 DM; Tel. 06 45/9 25 45, 9 24 42.

Verkehrsverbindungen

Busverbindungen: siebenmal täglich nach Léfkas/Ort.

Waschsalon

An der Hauptstraße befindet sich der Waschsalon „Edelweiß", so daß man auch im Urlaub auf blütenweiße Wäsche nicht verzichten muß.

Aristóteles Onássis oder die Legende vom Tellerwäscher, der Millionär wurde

Am 20. Januar 1906 wird Aristóteles Sókrates Onássis in Smyrna (heute Izmir / Türkei) als Sohn eines Bankiers geboren. Angesichts der dort zu dem Zeitpunkt herrschenden Besatzungswirren bleiben genaue biographische Details über seine Kinder- und Jugendjahre im dunklen. Wahrscheinlich ist aber, daß Onássis nicht, wie vielfach von ihm behauptet, als bettelarmer Junge aufwuchs, vielmehr muß sein Vater ein recht vermögender Geschäftsmann gewesen sein.

Im Alter von 17 Jahren reist Onássis nach Argentinien, wo er sich zuerst mit allerhand Gelegenheitsjobs, so auch als Tellerwäscher, durchschlägt, bald jedoch in den Tabakhandel einsteigt. Mit dem Gewinn, den er aus diesem Geschäft macht, kauft er alte Frachtschiffe auf und legt damit den Grundstück für sein mächtiges Imperium. Onássis entwickelt sich zu einem der reichsten Männer der Welt, wobei seine Geschäftspraktiken nicht immer ganz „sauber" gewesen sein sollen.

1956 übernimmt Onássis die marode griechische Fluggesellschaft TAE und baut diese in kurzer Zeit aus. Er tauft sie in „Olympic Airways" um. Die griechische Regierung sieht sich angesichts seiner Leistungen gezwungen, ihm weitgehende Befugnisse einzuräumen, was ihm eine bedeutende Machtposition in Griechenland verschafft. 1968 heiratet Onássis die Witwe des ermordeten amerikanischen Präsidenten Kennedy, Jacky. Das Ehepaar verbringt mit dem fast erwachsenen Onássis-Sohn Alexánder, der 1973 bei einem Flugzeugabsturz ums Leben kommt, und der gemeinsamen Tochter Christina die folgenden Jahre auf der Onássis-Insel Skórpios. Am 15. März 1975 stirbt Onássis in Paris. Er liegt auf Skórpios begraben.

Vlihó

Auf der Weiterfahrt nach Süden kommt man durch den kleinen Fischerort Vlihó, der am südlichen Rand der Bucht von Vlihó liegt. Die von zahlreichen Bäumen gesäumte Straße führt unmittelbar am Meer entlang. Unzählige Segelboote liegen in der Hafenbucht vor Anker. Auffallend ist die kleine Schiffswerft am Hafen. Der Ort lädt allerdings nicht zum Verweilen ein, zumal ihm etwas Baustellenartiges anhaftet.

Póros

Im Südosten der Insel, oberhalb des Strandes Mikró Gialós, liegt der kleine, romantische Bergort Póros. Am Ortseingang befindet sich zur Rechten die Hauptkirche des Dorfes. Von hier aus hat man einen phantastischen Blick auf die umliegenden Berge. Die Häuser von Póros sind mit roten Ziegeldächern bestückt, was dem Ort eine besondere Liebenswürdigkeit verleiht. Tourismus ist hier ein Fremdwort, und nur ganz selten verirrt sich mal ein Besucher hierhin. Dabei ist ein Spaziergang durch die engen Gassen des Dorfes ausgesprochen schön. Tagsüber wirkt Póros wie ausgestorben, lediglich eine Katze rekelt sich schon mal im Schatten eines Baumes. Erst am Abend, wenn die Bewohner von der Feldarbeit nach Hause zurückgekehrt sind, kommt Leben in den Ort.

Mikró Gialós

Unterhalb des Bergdorfes Póros liegt Mikró Gialós, was übersetzt so viel wie „kleiner Strand" bedeutet. Bereits bei der Fahrt hinunter hat man stellenweise eine phantastische Aussicht auf die kleine, anheimelnde Bucht. Die Bademöglichkeiten sind ausgesprochen

Wohl das Schönste an Evgiros ist das Panorama

gut, wenngleich man mit einem Kieselstrand vorlieb nehmen muß. An der kleinen Anlegestelle schaukeln bunte Fischerboote im Wasser. Bislang gab es hier nur sehr spärliche Übernachtungsmöglichkeiten, doch die Rohbauten, die in jüngster Zeit hier entstanden sind, machen deutlich, daß die Bucht zunehmend für den Tourismus erschlossen werden soll.

Praktische Informationen

Essen und Trinken

Es gibt bislang nur drei Tavernen (und einen Kantinenwagen) in Mikró Gialós. Man kann allerdings davon ausgehen, daß die Zahl der Tavernen in den nächsten Jahren ansteigen wird. Recht gut ißt man in der Fischtaverne „Zolithros", unmittelbar an der Bootsanlegestelle.

Unterkünfte

Es stehen einige Privatzimmer zur Verfügung, die alle ausgesprochen einfach und für denjenigen, der ein wenig Komfort sucht, sicherlich nicht zu empfehlen sind.

Mikró Gialós wurde bisher vor allem von Camping-Freunden aufgesucht, da hier mehrere Campingplätze zur Verfügung stehen.

Sívota

Es ist sicherlich lohnenswert, eine Tagestour zur Bucht von Sívota an der Südküste zu unternehmen. Der winzige Hafenort, der aus nur wenigen Häusern besteht, liegt ausgesprochen idyllisch und fast versteckt in der bewaldeten Bucht von Roúda. Man erreicht Sívota über eine ausgesprochen holprige und kurvenreiche Straße.

Der Tourismus hat in diesen ruhigen und gemütlichen Ort noch keinen Einzug gehalten. Lediglich einige Segler laufen den Hafen an, um hier in aller Ruhe frischen Fisch zu essen und die landschaftliche Schönheit dieser Bucht zu genießen.

Am Hafen befinden sich mehrere Fischtavernen, in denen man sehr gut Fisch essen kann. Das Angebot ist indes meist nicht sehr reichhaltig, so daß man schon mit Meeresfrüchten oder Souvláki vorlieb nehmen muß.

Es gibt in Sívota weder Hotels noch Pensionen. Einige wenige Familien vermieten Privatzimmer. Der Preis ist Verhandlungssache.

Evgiros

Im Süden der Insel liegt der Bergort Evgiros. Von hier oben hat man einen grandiosen Blick hinunter auf die fruchtbare Tiefebene mit ihren Getreidefeldern. Dazwischen stehen immer wieder vereinzelt Bäume, darunter viele Zypressen. Evgiros selber ist ein vom Tourismus völlig unberührter Ort. Fremde kommen allenfalls, um die *Höhle des Odýsseus* zu besuchen.

Im Ort selber gibt es nur ein Restaurant. Die Inhaber freuen sich — verständlicherweise —, wenn Gäste bei ihnen einkehren.

Wir haben keine Übernachtungsmöglichkeiten entdecken können.

Marantohóri

Auf der Weiterfahrt von Evgiros nach Vassíliki kommt man durch den kleinen Ort Marantohóri. Der Ort hat wenig Einladendes. An der Durchfahrtsstraße befinden sich zwei Restaurants, eine Tankstelle und ein Supermarkt. Auffallend ist allein die Kirchturmuhr, die zwar vier Ziffernblätter, aber keinen Zeiger besitzt.

Vassíliki

Im Süden von Léfkas liegt der malerische kleine Hafen von Vassíliki. Daß man im Hochsommer hier kein Zimmer mehr bekommt, ist nicht allzu verwunderlich, bietet Vassíliki doch neben ausgezeichneten Bademöglichkeiten eine sehr gemütliche Hafenatmosphäre, und die gehört zu einem Griechenland-Urlaub einfach dazu. Der kleine Ort liegt an der nordöstlichen Seite der langgestreckten Bucht von Vassíliki. Unmittelbar hinter den letzten Häusern des Dorfes erheben sich die Berge. Ein friedliches Bild

Die Höhle des Odysseus

Wie bereits erwähnt (→Léfkas/Mythologie), stellte der Archäologe Wilhelm Dörpfeld die Theorie auf, daß es sich bei der Insel Léfkas um das antike Ithaka, die Heimat des Odysseus, gehandelt hat. Folgt man dieser Vorstellung, dann ist es möglich, daß bei Evgiros die berühmte Höhle des Odýsseus gelegen war.

In der griechischen Mythologie ist folgendes überliefert: Als Odysseus sich mitsamt der ihn begleitenden Phäaken auf der Heimreise nach Ithaka befand, erreichte das Schiff eines frühen Morgens die Insel. Man trug den noch schlafenden Odysseus an Land und bettete ihn in eine Höhle.

Als Odysseus am Morgen erwachte, schien ihm die Bucht nach so langer Abwesenheit fremd, was auch dadurch zustande kam, daß die Göttin Athéne seinen Blick vernebelt hatte. Die Göttin gab sich kurz darauf zu erkennen und teilte Odysseus mit, daß er sich auf seiner Heimatinsel Ithaka befände und welch schwere Prüfungen ihn an seinem Hofe erwarteten.

Der Meeresgott Poseidon indes war erzürnt über die Phäaken, die sich inzwischen auf der Heimreise nach Scheria (aller Wahrscheinlichkeit handelt es sich dabei um die Insel Kórfu) befanden. Er beschloß, Rache zu nehmen dafür, daß die Phäaken ihm seine Beute entrissen hatten. Die Insel Scheria war schon in greifbarer Nähe, als Poseidon aus dem Meer auftauchte und das Schiff in einen Stein verwandelte.

vermitteln die zahlreichen bunten Fischerboote, die im Hafenbecken vor Anker liegen und sich leise im Wind wiegen. Stundenlang kann man in einem der vielen kleinen Kafenía und Tavernen am Hafenbecken sitzen und den Blick über die Bucht schweifen lassen. Einige knorrige alte Bäume spenden wohltuenden Schatten.

Vassíliki ist vor allem ein Eldorado für Wassersportler. Vor allem Surfer haben die Bucht für sich entdeckt.

Praktische Informationen

Ärztliche Versorgung

In Vassíliki gibt es ein „Health Center". Es liegt ein wenig abseits des Ortes, an der Straße in Richtung Aghíos Pétros. Man erreicht die Klinik unter der Telefonnummern 06 45/3 10 65, 3 10 66, 3 12 16. Direkt neben der Post befindet sich eine Apotheke.

Ausflüge

Von Vassíliki aus werden täglich Ausflugsfahrten organisiert, so etwa zum Strand Aghíos Fílio (Abfahrt um 11 Uhr und um 12 Uhr, Rückkehr um 15 Uhr und um 17 Uhr. Man zahlt etwa 4 DM. Täglich fährt ein Boot an die Westküste, zum Lefkádischen Felsen, nach Pórto Katsíki. Abfahrt ist gegen 11 Uhr, Rückkehr gegen 16.30 Uhr. Der Preis beträgt etwa 5 DM. Darüber hinaus kann man von Vassíliki auf die Insel Kephallonía übersetzen. Der Fahrpreis beträgt etwa 15 DM. Die Boote verkehren im Sommer täglich zweimal.

Auto-/Motorradvermietung

Wer ein Auto mieten möchte, der wende sich an die Agentur „Vassiliki Travel" am Ende des Hafenbeckens; Tel. 06 45/3 10 81, 3 10 82, 3 14 32. Es gibt darüber hinaus mehrere Agenturen, die Mopeds und Motorräder verleihen. Man muß mit einem Tagespreis von etwa 8 DM für ein Moped rechnen.

Baden

Vassíliki verfügt über einen sehr langen Kieselstrand, der allerdings keinen Schatten bietet. In der Nähe des Hafens ist das Wasser relativ schmutzig, weiter nördlich wird es jedoch zunehmend sauberer.

Banken

Eine Bank konnten wir in Vassíliki nicht finden. Man kann aber bei der Post, den Travel Agencies und zum Teil auch in den Hotels Geld tauschen.

Essen und Trinken

Die Tavernen und Restaurants gruppieren sich um das Hafenbecken herum. Im Hochsommer sollte man sich bereits zeitig ein schönes Plätzchen suchen, da die Tavernen meist schon am frühen Abend voll sind. Wie in fast allen griechischen Tavernen wechselt auch hier die Speisekarte fast täglich. Deshalb sollte man als erstes in die Küche gehen und sich das Angebot des Tages zeigen lassen. Die meisten Tavernen bieten Fisch an, der in der Regel ganz frisch gefangen und ausgesprochen lecker ist.

Polizei
Die Polizei erreicht man unter der Telefonnummer 06 45/3 12 18.

Post
Die Post befindet sich am Ortsausgang. Öffnungszeiten: Mo.-Fr. 7.30-14 Uhr.

Sportmöglichkeiten
Vassíliki ist ein Paradies für Wassersportler, allen voran für Surfer. Hier weht nicht selten ein heftiger Wind, der Surferherzen höher schlagen läßt. Weniger angenehm sind allerdings die spitzen Felsen, die an manchen Stellen aus dem Wasser herausragen. Betrachtet man jedoch das bunte Treiben auf dem Wasser, so gewinnt man den Eindruck, daß die Surfer derartige Klippen locker umschiffen. Man kann sowohl Surfbretter als auch Tret- und sogar Motorboote ausleihen.

Taxi
Telefonnummer: 06 45/3 13 00, 3 12 08.

Telefonieren
Während der Sommermonate ist am Hafen ein Container installiert, von dem aus man Telefonate führen kann. Öffnungszeiten: Mo-Sa. 9.30-13.10 Uhr und 18-22 Uhr, an Sonn- und Feiertagen von 9-14 Uhr.

Unterkünfte
In Vassíliki gibt es drei Hotels, mehrere Pensionen und einige Privatzimmer. Empfehlen wollen wir folgende Hotels: „Ponti Beach": 34 Zi., 66 Betten; das Hotel liegt etwas abseits des Ortes, an der anderen Seite der Bucht. Man genießt von hier aus einen phantastischen Blick über die Bucht von Vassíliki. Einziger Nachteil: Im Moment entstehen in der Nachbarschaft einige Neubauten, so daß die an sich sehr ruhige Atmosphäre ein wenig beeinträchtigt ist. Das Hotel verfügt über ein Restaurant, eine Bar, eine Cafeteria und einen Fernsehraum. Man zahlt während der HS für ein DZ etwa 75 DM (inkl. Frühstück); Tel. 06 45/3 15 72.
„Apollo": 35 Zi; 65 Betten; das relativ ruhig gelegene Hotel im südlichen Bereich der Stadt verfügt über ein Restaurant, einen Dachgarten und einen Aufenthaltsraum mit Fernseher. Man zahlt während der HS für ein DZ mit Bad rund 75 DM; Tel. 06 45/3 11 22.
Wer gerne ein Appartement mieten möchte, der kann sich bei der Agentur „Vassiliki Travel" *(→Auskunft)* über die aktuellen Angebote informieren.
Übrigens haben die Hotels und Pensionen zum Teil bereits Mitte September geschlossen.

Verkehrsverbindungen
Mit dem Schiff: Von Vassíliki aus bestehen Fährverbindungen nach Kephallonía.
Mit dem Bus: Viermal täglich besteht eine Busverbindung in den Hauptort Léfkas.

Zeitungen
Man erhält in manchen Kiosken am Hafen internationale Zeitungen.

Aghíos Pétros

Auf der Weiterfahrt von Vassíliki an die Westküste von Léfkas kommt man durch das kleine Bergdorf Aghíos Pétros. Von hier oben genießt man einen phantastischen Blick auf die Berglandschaft von Léfkas. Aghíos Pétros verfügt über einen schönen Dorfplatz, in dessen Mitte sich ein kleiner Springbrunnen befindet, aus dem kühles und erfrischendes Wasser sprudelt. An der sehr engen Durchfahrtsstraße befinden sich einige Kafenía und ein Grillrestaurant. Von Tourismus ist hier keine Spur. Es stehen nur wenige Übernachtungsmöglichkeiten zur Verfügung.

Der Lefkádische Felsen

Um zum Lefkádischen Felsen zu gelangen, biegt man bei Komilió ab und fährt in Richtung Atháni. Von dort geht es auf einer sehr holprigen Straße weiter bis zu den berühmten schneeweißen Felsklippen. Zur Bedeutung des Lefkádischen Felsens *→Léfkas/Sehenswürdigkeiten/Der Lefkádische Felsen*

Kalamítsi

An der Westküste von Léfkas, hoch über dem Meer, liegt der Bergort Kalamítsi. Er ist touristisch nicht erschlossen. Die alten Frauen sitzen wie eh und je viele Stunden am Tag vor ihren Haustüren und häkeln. Aus unerfindlichen Gründen scheinen Besucher in Kalamítsi nicht gerne gesehen zu sein. Statt der sonst üblichen Gastfreundschaft, trifft man auf abweisende und unfreundliche Gesichter, der selbstverständliche Gruß bleibt unbeantwortet.
Der Ort hat eine einzige Taverne und sehr wenige Übernachtungsmöglichkeiten.

Man sollte jedoch auf keinen Fall versäumen, den Strand von Kalamítsi zu besuchen. Eine stark gewundene, teils asphaltierte, teils unasphaltierte Straße führt hinunter zum Strand. Ein ganz besonderes Erlebnis ist es, wenn man von halber Höhe aus den Sonnenuntergang beobachtet, der die gesamte Küste in einen roten Schein taucht.

Der Strand von Káthisma

Kurz vor Aghíos Nikítas zweigt eine asphaltierte Straße ab, die hinunter zum Strand von Káthisma führt. Es handelt sich ohne Übertreibung um einen der schönsten Strände Griechenlands.

Der wunderbare lange und breite Sandstrand ist an der rechten Seite eingerahmt von einer bizarren Felsklippe. Besondere Schönheit erlangt die Badebucht auch dadurch, daß das Wasser im vorderen Küstenbereich hellblau schimmert und dann abrupt tiefblau wird. Bei aufkommendem Wind entstehen hier Wellen, die einen eher an den Atlantik als an eine Mittelmeerküste denken lassen. Es ist ein phantastisches Naturschauspiel, wie die Wellen über den Klippen hereinbrechen und die weiße Gischt nach allen Seiten spritzt. Vollkommen überwältigend wird der Anblick dann, wenn gleichzeitig die Sonne als glutroter Ball im Meer versinkt.

Am Strand stehen vereinzelt Zelte, andere Übernachtungsmöglichkeiten gibt es bislang noch nicht. Ein Rohbau zeugt allerdings davon, daß vielleicht auch hier in den nächsten Jahren einige Veränderungen eintreten werden. Unter einem Zeltdach ist eine etwas improvisierte Taverne eingerichtet.

Vassíliki ist vor allem ein Eldorado für Wassersportler; aber auch, wer gemütliche Hafenatmosphäre sucht, ist hier richtig

Aghíos Nikítas

An der Nordwestküste von Léfkas liegt der ausgesprochen hübsche und idyllische Ort Aghíos Nikítas. Die Häuschen mit ihrem weißen Anstrich erinnern an die typische Kykladenarchitektur. Ein Ort, den man nur ungern wieder verläßt. An der Hauptgasse, die hinunter zum Meer führt, liegen zahlreiche Tavernen, eine gemütlicher als die andere.

Die schöne Badebucht von Aghíos Nikítas erfährt ihren besonderen Reiz durch die bizarren Felsen, die aus dem Wasser ragen. Bei stürmischem Wetter klatschen die Wellen an die Häuserfassaden, der Meeresspiegel steigt bedrohlich an. Dann werden in Windeseile die Boote an Land gezogen, die solange in den Gassen liegenbleiben, bis sich das Wetter wieder beruhigt hat.

Obwohl der Tourismus in den letzten Jahren enorm angestiegen ist und der Ort im Hochsommer vor Besuchern überquillt, hat sich Aghíos Nikítas seine traditionelle Atmosphäre bewahren können. Die Discomusik hat es nicht vermocht, die griechischen Klänge, die aus nahzu allen Tavernen zu vernehmen sind, zu verdrängen. Es gibt lediglich einen Souvenirladen, und die Qualität der Restaurants hat nicht gelitten.

Praktische Informationen

Auto-/Motorradvermietung

Es befindet sich sowohl eine Auto- als auch eine Motorradvermietung am Ort.

Baden

Der Strand von Aghíos Nikítas gehört zu den schönsten Stränden der Insel, wenngleich es sich nicht um einen Sand-, sondern um einen Kieselstrand handelt. Schön schmiegt er sich in die langgezogene Bucht von Aghíos Nikítas. Im Hintergrund steigen die schroffen Berge steil an. Das Wasser ist ausgesprochen sauber und klar, so daß es sich hier zweifellos um ideale Badebedingungen handelt.

Essen und Trinken

Die Tavernen und Restaurants sind ausnahmslos alle zu empfehlen. Hier wird noch mit sehr viel Lust und Liebe gekocht. Die Tavernen sind alle im typisch griechischen Stil eingerichtet, man spielt griechische Musik.

Besonders empfehlen wollen wir folgende Restaurants:

„Poseidon“: Das Restaurant befindet sich am Ortseingang und liegt etwas erhöht. Man sitzt nicht nur sehr gemütlich, die Gerichte sind auch alle sehr zu empfehlen.

Sehr schön ist die unmittelbar davor befindliche namenlose Taverne, die in eine Autoauffahrt hineingebaut ist. Man sitzt unter Weintraubenranken. Das Angebot ist reichlich und gut.

Sportmöglichkeiten

Am Strand stehen einige Tretboote zur Verfügung, die man stundenweise mieten kann.

Unterkünfte

Die Zahl der Privatunterkünfte ist in den letzten Jahren sprunghaft angestiegen. Bislang befindet sich hier ein Hotel, das wir sehr empfehlen können:

„Odysseus“: 31 Zi; das neu erbaute, sehr schöne und komfortable Hotel liegt am Ortseingang von Aghíos Nikítas. Die Zimmer sind sehr hübsch eingerichtet, verfügen alle über ein eigenes Bad und einen Balkon. Man bezahlt für ein DZ (inkl. Frühstück) in der HS 80 DM; Tel. 06 45/9 93 66.

Verkehrsverbindungen

Fünfmal täglich bestehen Busverbindungen nach Léfkas/Ort.

Ein Querschnitt durch die griechische Speisekarte

Typische Gerichte

Vorspeisen

Eine auch bei uns sehr bekannte Vorspeise ist der ***Tsazíki,*** der aus Joghurt, Knoblauch und Gurken gemacht wird. Zu den üblichen Vorspeisen gehören darüber hinaus ***Dolmádes*** (gefüllte Weinblätter), ***Taramosaláta*** (Pastete aus Fischrogen), ***Tirópita*** (mit Käse gefüllter Teig) und natürlich die ***Mezédes*** (Kleinigkeiten, die man übrigens auch häufig zum Oúzo serviert bekommt, zum Beispiel Sardinen, Schafskäse mit Gurken und Tomaten, Oliven ...).

Salate

Die Griechen bestellen in der Regel zum Hauptgericht ***Saláta Choriátiki,*** den griechischen Bauernsalat, bestehend aus Tomaten, Gurken, Paprika, Schafskäse, Oliven und Zwiebeln. Auf der Speisekarte stehen meist auch der ***Domatosaláta*** (Tomatensalat) und der ***Fassolákia fréska saláta*** (Bohnensalat).

Suppen

Zu den beliebtesten Suppen zählen die ***Súpa avgolemóno*** (Zitronensuppe), die ***Revíthia súpa*** (Kichererbsensuppe) und vor allem in den größeren Häfen die diversen ***Psárosupa*** (Fischsuppen).

Hauptgerichte

Großer Beliebtheit auch hierzulande erfreuen sich die griechischen Auflaufgerichte wie ***Pastítio*** (Nudelauflauf mit Hackfleisch) und ***Moussaká*** (Auberginen-Auflauf mit Hackfleisch). Wer gerne Spinat ißt, sollte nach der ***Spanakópitta*** (Spinat-Pastete) fragen. Auch wenn alle anderen Gerichte ausverkauft sind, eines gibt es meist immer noch: ***Makarónia mé kimá*** (Spaghetti mit Fleischsoße).

Zu den gängigsten ***Fleischgerichten*** gehören: ***Souvláki*** (Fleischspieße aus Lamm-, Hammel- oder Schweinefleisch), ***Brisóla*** (Schweineschnitzel), ***Stifádo*** (Gulasch mit Zwiebeln), ***Kefthédes*** (Frikadellen), ***Arní stó Fúrno*** (Lammkeule aus dem Backofen), ***Arní mé Bámies*** (Lammeintopf mit Okra), ***Kotópoulo*** (Hühnchen), ***Sikotákia (Lammleber) und Gýros*** (Schweinefleisch vom Grillspieß). Obwohl Gyros bei uns als griechisches Nationalgericht gilt, findet man es in Griechenland sehr selten auf der Speisekarte).

Traditionell wird in Griechenland sehr viel ***Fisch*** gegessen, wenngleich die Fischbestände ständig zurückgehen. Hier die üblichen Fischgerichte: ***Kalamáres*** (Tintenfisch), ***Ochtapódi*** (Oktapus), ***Astakós*** (Hummer), ***Xifiás*** (Schwertfisch), ***Sardélla*** (Sardine), und ***Garídes*** (Garnelen).

Wer lieber auf Fisch und Fleisch verzichten möchte, der wird keine allzu großen Schwierigkeiten haben, sich in Griechenland vegetarisch zu ernähren. Viele Tavernen bieten folgende Gemüsegerichte an: ***Briámi*** oder ***Túrlu*** (Bunter Gemüseteller, meist bestehend aus Auberginen und Zucchini, Kartoffeln, Tomaten und Paprika), ***Bámies*** (Okragemüse), ***Gigántes (häufig in einer köstlichen Soße angemachte weiße Bohnen), Melitzánes*** (geschmorte Auberginen, meist sehr fettig), ***Domátes jemistés*** (gefüllte Tomaten, meist mit

Reis und frischen Kräutern) oder ***Piperijés jemistés*** (gefüllte Paprikaschoten, meist mit Reis, hin und wieder mit Hackfleisch). Manche dieser Gemüsegerichte, etwa ***Melitzánes*** oder ***Bámies*** kann man auch als Beilage bestellen. Auch bestellen sich die Griechen manchmal ***Féta,*** den Schafskäse, zum Essen.

Nachtisch

Das Angebot an Nachspeisen ist groß. Doch nicht in allen Tavernen werden Desserts angeboten; häufig wechselt man deshalb nach dem Essen in eine *Zacharoplasteío,* wo speziell Süßwaren und Backwaren angeboten werden.

Hier die wichtigsten Nachspeisen: ***Froúta*** (Obst, meist werden in den Tavernen Weintrauben oder Melonen angeboten), ***Jaúrti me méli*** (Joghurt mit Honig, eine beliebte Nachspeise, zumal der griechische Joghurt wesentlich cremiger und leckerer ist als bei uns), ***Chalvá*** (süßes Gebäck aus Honig, Pistazien und Zimt), ***Baklavá*** (Blätterteig mit Nüssen, Mandeln, Pistazien und Honig), ***Loukoumádes*** (fritierte Honigkugeln) und ***Risógalo*** (Milchreis mit Zimt).

Typische Getränke

Wein (Krassí): Die Griechen sind traditionell ein Volk der Weintrinker, wobei der geharzte Retsína bevorzugt wird. Gerade Retsína bekommt man häufig direkt vom Faß, außerdem ist es das preiswerteste alkoholische Getränk. Die Palette der griechische Weine ist groß und reicht von ganz trockenen bis zu süßlichen Weinen.

Bier (Mpíra): Immer beliebter wird jedoch das Bier. Man bekommt in Griechenland sowohl Exportbier (Henninger, Löwenbräu ...) als auch griechisches Bier (Amstel).

Oúzo (Anisschnaps): Der Oúzo ist zweifellos das Nationalgetränk der Griechen. Es ist ein mit verschiedenen Kräutern versehener Anisschnaps, der je nach Marke mehr oder weniger hochprozentig ist. Der bekannteste und sicherlich auch einer der besten Oúzo-Sorten ist der „Oúzo 12".

Metáxa (Weinbrand): Den Metáxa gibt es ebenfalls in verschiedenen Qualitätsstufen. Man achte auf die Sterne am Etikett. Die beste Marke soll angeblich der relativ süße Metáxa mit den sieben Sternen sein, der mit nur drei Sternen wird nicht so geschätzt.

Kaffee: Man bekommt in Griechenland nur ganz selten Bohnenkaffee, üblich ist vielmehr der Nescafé. Meist wird man bei der Bestellung gefragt: „mé yála ..." (mit Milch ...) „... kaí záchari?" (... und Zucker?). Sehr erfrischend ist der ***Frapé,*** ein kalter Nescafé mit Eis. Wer einen griechischen Kaffee trinken möchte, der fragt nach einem ***Kafé ellinikó,*** den es sowohl stark gesüßt (glikó), mittelsüß (métrio) und schwarz (skéto) gibt.

Tee (Tsái): Es ist sehr unüblich, in Griechenland Tee zu trinken. Wenn er überhaupt angeboten wird, dann handelt es sich überwiegend um Aufgußbeutel-Tee.

Wasser (Neró): Wenn man *Neró* bestellt, bekommt man meist eine 1,5-Liter-Plastikflasche Wasser oder aber Leitungswasser. Wer Mineralwasser bestellen möchte, der muß nach ***sóda*** fragen.

Limonaden: Die Limonaden schmecken meist sehr süß und künstlich. Zitronenlimonade heißt ***Limonáda,*** Orangenlimonade ***Portkaláda.*** Vielerorts werden jedoch mittlerweile frische Säfte angeboten. Man bestellt dann ***Frésko Portokaláda.***

Kleiner Sprachführer

Das Neugriechische ist gekennzeichnet durch zwei Sprachvarianten, die sich deutlich voneinander unterscheiden: die *Katharévusa* (die „Reinsprache") und die *Dhimotikí* (die „Volkssprache"). Während die Dhimotikí die eigentliche Umgangssprache ist, die gesprochen und in der unterrichtet und geschrieben wird, ist die Katharévusa eine etwas künstlich erhaltene Sprache, die vor allem bei Behörden, im Rechtswesen und in der Kirche Anwendung findet. Schwierig an der neugriechischen Sprache ist nicht, wie man vielleicht vermuten könnte, die Schrift, sondern vielmehr die Aussprache, die Betonung und die Grammatik, die zahlreiche Ausnahmen von den allgemeinen Regeln aufweist. Die Betonung eines Wortes wird durch den jeweiligen Akzent verdeutlicht. Doch keine Sorge: Auch wer des Neugriechischen nicht mächtig ist, wird keine großen Verständigungsschwierigkeiten haben, da viele Griechen über englische Sprachkenntnisse verfügen. Zudem sind die wichtigsten Schilder (Orts- und Hinweisschilder) und Aufschriften (z.B. an Apotheken) sowohl in kyrillischen als auch in lateinischen Buchstaben verfaßt. Die Speisekarten sind meistens in neugriechischer und englischer, hin und wieder auch in deutscher Sprache abgefaßt.

Einige Vokabeln und Redewendungen

Es seien in folgenden einige gebräuchliche Begriffe und Redewendungen aufgeführt.

Begrüßungsformeln

Guten Tag/Guten Morgen	kaliméra
Guten Abend	kalispéra
Gute Nacht	kaliníchta
Hallo/Sei gegrüßt	ghiá su
Seien Sie gegrüßt	ghiá sas
Auf Wiedersehen	ghiá su/ ghiá sas/ chaírete
Alles Gute	stó kaló
Wie geht es Dir	tí kánis?
Wie geht es Ihnen?	tí kánete?

Allgemeines

danke	efcharistó
bitte	parakaló
ja	nä
nein	óchi
Entschuldigung	signómi

links	aristerá
rechts	dexiá
geradeaus	evdía
gut	kaló
schlecht	kakó
schön	oräa
sehr	polí
hier	edó
offen	aniktó
geschlossen	klistó
ich	eghó
du	Esí
er, sie, es	avtós, avtí, avtó
wir	emís
ihr	esís
Mann	antras
Frau	kiría
Ehefrau	jinéka
sie	avtí
wo?	pú?
wer?	piós?
wann?	póte?
wie?	pós/tí?
warum?	ghiatí?

Zahlen

1	éna
2	dío
3	tría
4	téssera
5	pénte
6	éksi
7	eptá
8	ochtó
9	enneá
10	déka
11	éndeka
12	dódeka
13	dekatría
14	dekatéssera
15	dekapénte...
20	íkossi
21	ikossiéna...
30	triánta

40	saránda
50	penínda
60	eksínda
70	efdomínda
80	okdónda
90	eneninda
100	ekatón
1000	chília

Tages-, Wochen- und Jahreszeiten

Der Morgen	tó proí
Der Tag	i méra
Der Nachmittag	tó messiméri
Der Abend	to vrádi
Die Nacht	i níchta
gestern	chtés
morgen	awrió
Die Woche	i ewdomáda
Sonntag	kiriakí
Montag	deftéra
Dienstag	tríti
Mittwoch	tetárti
Donnerstag	pémpti
Freitag	paraskeví
Samstag	saváto
Wochenende	savatokiriakí
Das Jahr	ó chrónos
Letztes Jahr	périsi
Nächstes Jahr	tó chrónu
Frühling	ániksi
Sommer	kalokéri
Herbst	ftinóporos
Winter	chimónas

Übliche Fragen

Wo ist?	pú íne?
Wieviel kostet das?	pósso kostísi avtó?
Wann fährt der nächste Bus?	póte févghi to epómeno leoforío?
Wie weit ist es...?	pósso makriá íne...?
Wo finde ich...?	pú vrísko...?
Was ist das?	tí íne avtó?
Haben Sie?	echete?
Wissen Sie, wo das Hotel Akrópolis liegt?	xérete, pú íne tó xenodochío Akrópolis?

Im Hotel

Hotel	xenodochío
Zimmer	domátio
Doppelzimmer	díklino
Einzelzimmer	monóklino
Haben Sie ein Zimmer?	echete éna domátio?
Hat das Zimmer ein Bad?	tó domátio échi bánjo?
Kann ich mir das Zimmer anschauen?	boró ná tó dó tó domátio?
Was kostet das Zimmer?	pósso kostísi tó domátio?
Mit Frühstück	mé proinó

Im Restaurant

Restaurant	estiatório
Taverne	tavérna
Das Essen	tá faitá
Tisch	trapédi
Guten Appetit	káli órexi
Kellner	garsón
Teller	pjáto
Glas	potíri
Eine Flasche Wein, bitte!	éna bukáli krassí, parakaló!
Ein Bier, bitte!	mía bíra, parakaló!
Messer	machéri
Gabel	pirúni
Löffel	kutáli
Salz	aláti
Pfeffer	pipéri
Speisekarte	katálogos
Küche	kusína
Die Rechnung bitte!	tó logahriasmó parakaló!

Speisen und Getränke

Hackfleisch	kimás
Hackfleischbällchen	Keftédes
Kotelett	brisóla
Fleischspieß	souvláki
Lamm	arní
Hähnchen	kotópoulo
Gemüse	lachaniká
Gefüllte Weinblätter	dolmádes
Weiße Bohnen	fassoláda
Grüne Bohnen	fassolákia
Weiße Riesenbohnen	gigántes
Auberginen	melitsánes

Kartoffeln	patátes
Griechischer Bauernsalat	saláta choriátiki
Schaftskäse	féta
Oliven	eliés
Fisch	psári
Kleine Tintenfische	kalamarákia
Brot	psomí
Eier	avghá
Reis	rísi
Öl	ládi
Kuchen aus Mandeln und Honig	baklavá
Zucker	sáchari
Obst	frúta
Wein	krassí
Bier	bíra
Mineralwasser	sóda
Orangenlimonade	portokaláda
Zitronenlimonade	limonáda
Tee	tsái
Kaffee	kafé
Kalter Nescafé	frapé
Milch	ghála
Wasser	neró

Beim Arzt

Krankenhaus	nossokomío
Arzt	jatrós
Zahnarzt	odóntojatros
Ich bin krank	íme árostos (árosti)
Es tut weh	ponái
Ich habe Kopfschmerzen	echo ponokéfalo
Ich habe Halsschmerzen	echo ponólemo
Ich habe Mangenschmerzen	echo stomachóponos
Ich habe Durchfall	echo dhiária
Ich habe Erbrechen	echo emetó
Ich habe Zahnschmerzen	echo ponódontos
Ich bin erkältet	echo kríossi
Ich habe Fieber	echo piretó
Ich bin verletzt	íme travmatisméni
Ich habe Sonnenbrand	echo käi apó tón ílio
Tabletten	diskíon
Apotheke	farmakíon
Blut	aíma
Abführmittel	kathársion

Kopf	kefáli
Herz	kardhiá
Arm	chéri
Fuß	podhí
Magen	stimáchi
Auge	máti

Auf der Bank, Post und dem OTE

Bank	trápesa
Wo ist die Bank?	pú íne í trápesa?
Geld	chrímata
Kleingeld	psilá
Ich möchte Geld wechseln	thélo na alláxo chrímata
Wo ist die Post?	pú íne tó tachidhromío?
Brief	grámma
Briefmarke	grammatóssimo
Postkarte	kárta
Briefkasten	grammatokiwótio
Telegramm	telegráfima
Paket	pakéto, dhéma
Adresse	dhiéfsinssi
Inland	esoterikó
Ausland	exoterikó
Wo ist das OTE?	pú íne tó OTE?
Ich möchte ins Ausland telefonieren	thélo ná telefónisso stó exoterikó

Bei einer Autopanne

Auto	avtokínito
Mein Auto ist kaputt	tó avtokínito mu íne chalasméno
Wo ist die nächste Werkstatt?	pú íne tó epómeno michanúrgio avtokíniton?
Werkzeug	ergalía
Ersatzteil	antalaktikón
Motor	kinitír
Bremse	fréno
Auspuff	exálmissi
Reifen	lásticho
Tank	depósito
Vergaser	karbiratér
Zündung	anáflexi
Kupplung	simpléktis
Batterie	bataría
Tankstelle	vensinádiko

Besichtigungen

Antikes Theater	archäo théatro
Kastell, Burg	kástro
Museum	mussío
Tempel	naós
Kirche	ekklessía
Kloster	monastírion
Eintrittskarte	isitírio

Gebräuchliche Ausdrücke

Ich habe nicht verstanden	dén katálava
Ich spreche nicht Griechisch	dén miló elliniká
Es ist wunderschön hier	íne polí oräa edó
Ich bin Deutscher	íme germanós
Ich bin Deutsche	íme germanída
Es gefällt mir sehr gut	mú aréssi pára polí
Ich bin zum ersten Mal in Griechenland	íme stín Elláda próti forá
Ich heiße...	onomásomai...
Das ist meine Freundin	avtí íne í fininάda mú

Register

Achill 126, 261
Äetes von Kólchis 76
Äskulap 134
Afétes 85
Afitos 192
Agathon 167
Agía Kyriakí 87
Aghías Trías 180
Aghíos Dimítrios 91
Aghíos Dimítrios 266
Aghíos Fílio 331
Aghíos Geórgios 122, 200, 308, 311
Aghíos Ioánnis 91
Aghíos Lavréntios 83
Aghíos Kiriakí 327
Aghíos Matthéos 308
Aghíos Nikítas 334
Aghíos Nikoláos 211
Aghíos Pétros 122, 331, 332
Agínoras 228, 231
Agnóntas 114
Agnóntas/Limonári 110
Agriá 82, 82
Aids 52
Aigínion 134
Alatás 86
Alexander der Große 18 f, 29, 98, 118, 47, 49, 54, 118, 155, 157, 167, 173, 188, 219, 321
Alexandroúpoli 248
Ali Pascha 269
Alíkes 307
Alíki 237
Alkibiádes 18
Alkohol 52
Alónia 258
Alonissos 116
Amaliápolis 72
Ambelaki 144
Amfípoli 219
Amazonen 263
Amouliáni 189
Andros 188
Angeln 66
Ano Lehónia 83
Anreise 43
Antipáxi 285, 319 f
Antonius 287, 322
Aphrodite 150
Apollo 150
Apotheken 52
Archagálos 237
Archeláos 154, 168
Architektur 30
Argalastí 85
Argonauten 262 275
Argonautensage 75, 76
Aristóteles 35, 53, 188
Arnéa 185
Arta 283
Artemis 150
Ärztliche Versorgung 52
Aselinós 103
Asopos 291
Aspri Amos 223
Asproválta 218
Astris 238
Atatürk 158, 162
Athamas 76
Athanásios 214, 215
Athanásos Kinovítis 138, 139
Athéna 150, 230, 275
Athos 213
Auskünfte 54
Ausrüstung 47
Autovermietungen 54
Averoff 272

Babynahrung 55
Baden 55
Baláxa 128
Banken 55
Bátis 223
Benítses 305
Benzin 55
Bergsteigen 66
Bevölkerung 38
Botschaften 56
Boúrtzi 103
Brásidas 154
Brooke, Rupert Chawner 126
Brutus 225

Caesar 147
Cassius 225
Chalkidikí 177
Chawner Brooke, Rupert 126
Chório 125, 127
Chrýssi Ammoúdia 234, 235
Chrísi Mília 120
Chryse 261
Cicero 157

Daphne 146
Darius 16
Daskálio 319
Dassiá 314
Delphi, Orakel von 15, 126, 230, 270
Demeter 150, 252
Devisen 56
Diebstahl 39, 58
Diomedes 246
Díon 162
Diónysos 192
Ditea 250

Dodóna 270, 275
Dodóni 275
Dokumente 46
Dörpfeld, Wilhelm 322, 327, 331
Dousan, Stephen 134
Doxáras, Panagiótis 300
Drachenfliegen 66
Drákia 83
Drákon 15
Dráma 226

Evgiros 330
Edessa 167
Egéo 85
Elios/Loutráki 111
Elisabeth von Österreich 304, 305
Epanomí 181
Ephíra 278
Epidaúrus 134
Epikureer 35
Essen und Trinken 58
Estiatório 59
Eurípides 18, 154, 167
Europa 231
Evros 250
Exolíthero 319

Fallaci, Oriana 24
Fauna 13
Feiertage 40
Ferienhäuser 62
Feste 40
Filmen 60
FKK 59
Flora 13
Flórina 169
Fotografieren 60
Frossíni, Kyría 269

Gäa 177
Gaíos 317
Galerius 159
Gast 39
Gastoúri 304
Gávras, Cóstas 24
Geldwechsel 65
Geographie 13
Georg II. 22, 23
Geschäftszeiten 61
Getränke, typische 336
Giganten 177
Gioúra 119
Glóssa 108, lóssa 114
Goldenes Vlies 75, 76, 262
Golf 66
Gorgo 299

Hadrian 19, 34, 147
Haireddin 109
Handeln 61
Hánia 95
Haniótis 195
Hatzigeórgis 239
Haustiere 46
Heine, Heinrich 304
Hephaisteía 262, 266
Hephästus 150
Hera 150
Hérakles 177, 230, 246, 261, 262
Hermes 150, 252
Herodot 18
Hesiod 150
Hestia 150
Hippokrátes 129, 130
Homér 15, 75, 150, 260
Horeftó 92, 94 f
Hórton 86
Hotels 62
Hóvolo 110
Hroússou 196
Hupen 62
Hygiene 63
Hypsipyle 262

Ierissós 188
Igoumenítsa 275
Ilias 15, 150
Impfungen 47, 63
Information 54
Innozenz III. 19
Ioánnina 267
Iólkos 77
Ionnaídis 25
Ipsos 314
Ithaka 285, 322, 323, 331

Jáson 75, 76, 289
Justian 129

Kýrillos 157
Kafénion 59, 63
Kalá Nerá 83
Kalamákia 122
Kalambáka 134
Kalamítsi 207, 332
Kalándra 198
Kalithéa 194
Kalpáki 273
Kálvos 321
Kamariótisa 254
Kamínia 265
Kanóni 303
Kapodístrias, Ioánnes Antonios 22
Karamanlís, Konstantínos 24, 25, 26
Karítsa 147
Káspakas 265

Kassándra 190, 199
Kassándros 157, 191
Kassiópi 313
Kassópe 280
Kästner, Erhard 316
Kastoriá 171
Kastro 102
Katelános, Fránko 142
Kateríni 154
Káthisma 333
Kato Gatzéa 83
Káto Kariótis 256
Káto Lehónia 83
Katsiónissi 317
Kavála 219
Kávos 307
Kazantzákis, Níkos 213
Kemal Atatürk 158, 162
Kephallonía 285, 331
Kérkira 291
Kímon 124
Kinýra 237
Kiosk 63, 68
Kípos 257
Kissós 91
Kleidung 47
Klima 14
Knóssos 14
Kókkino Neró 148
Kokkinókastro 118, 120
Kólchis 76
Kolokotrónis 103
Komilió 332
Komotiní 244, 245
Kondokáli 315
König Georg 22
König Kónstantin 22
Konsulate 56
Kórfu 285, 286 f
Kórfu/Stadt 296 f
Koskótas, Geórgos 26
Kottoúnios, Ioánnis 173
Koukounariés 88, 104
Kozáni 174
Krankenschein 52
Kréon 275
Kreuzzüge 19
Kriarítsi 209
Kriegsdienstverweigerung 39
Kritopoúlos, Mitrofákis 173
Kunst 30

Lákka 318
Lakóma 258
Lalária 104
Lambinoú 90
Lambrákis 24
Lárissa 129 f
Léfkas 285, 319
Léfkas/Ort 323
Lefkími 307
Limenária 239
Liménas 231
Límnos 259
Limonári 110
Linaráki Beach 207
Linariá 128
Literatur 63
Lithohóro 151
Livadohóri 266
Livaneli 27
Longós 318
Loutrá 197
Loútra 256
Loutráki 111, 115
Lykomédes 126
Lysánder 18

Madoúri 327
Makários 28, 29
Makários Choúmnos 163
Makrýammos 234
Mákri 249
Makrinítsa 95
Mákris, Kítsos 78
Maláki 83
Mandráki 104
Marantohóri 330
Márathon 16
Marcus Antonius 225
Mardónios 188
Marónia 247
Mars 150
Mávros, Kírios 146
Medéa 76, 289
Medikamente 52
Mégali Idéa 22
Megáli Panagía 186
Mélas, Pávlos 179
Menökeus 275
Messóngi 306
Metamorfóssi 199
Metaxá 273
Metaxá, Ioánnis 23
Meteóra-Klöster 138 f
Methódios 157
Methóni 156
Métsovo 272
Míkro 122
Mikró Gialós 328
Milet 16
Mília Gialós 120
Miliés 83
Milína 86
Militiádes 16, 261
Milopótamos 90, 94

Mínos 14
Minotaurus 126
Mírina 163, 263
Mohammed 158
Mólos 127
Mongónissi 317
Monodéndri 274
Morosini, Franceso 20
Moúdros 265
Muhammed Ali 222, 231, 239, 269
Museen 53
Musik 36
Mussolini 23, 273
Mykéne 14

Nationalpark Víkou-Aoou
Nauplia 22
Nausikaa 289
Navarino 20
Néa Aghíalos 74
Néa Kalikrátia 182
Néa Karváli 223
Néa Mihaniónia 181
Néa Moudánia 183
Néa Potidäa 191
Néa Skióni 197
Negádes 274
Nektários 142
Neoptolemos 261
Néos Mármaras 203
Nídri 327
Nikiána 326
Nikítas 200
Nikópolis 280
Nikotsarás 109
Nimféa 247
Nissáki 313
Notruf 64

Odyssee 15
Odysseus 126, 247, 250, 278, 289, 303, 322, 323, 330, 331
Öffnungszeiten 61
Oktavian 225, 289, 322
Olýmp 13, 72, 150 f, 177
Olinthos 183
Olympia 15
Olympiáda 155
Olympische Spiele 15, 19, 154
Onássis, Aristóteles 327, 328
Onássis, Jacky 328
Orakel von Delphi 15, 126, 230, 270, 269, 270
Orfánou 218
Ormos Giália 122
Ormos Kalamítsa 127
Ormos Kalógrias 127
Ormos Léptos Gíalos 122
Ormos Mégali Ammos 122
Ormos Moúrtia 122
Ormos Panagías 202, 211
Ormos Péfkos 127
Ormos Rénes 127
Ormos Tsoukália 122
Ormos Tzótzi 122
Ormos Vythisma 122
Otto, Prinz von Bayern 22
Ouranópolis 189
Oxi-Tag 23

Pýdna 134
Pýrassos 74
Pachía Ammos 259
Pagónis, Jánnis 91
Palaeológos, Andrónikos 143
Palaepórta 184
Paleókasto 102
Paleokastrítsa 310
Paleópolis 253
Palioúri/Hroússou 196
Panagía 234
Pannenhilfe 64
Panórmos 110
Papadiamántis, Aléxandros 102
Papadópulos, Geórgos 24
Papágos, Aléxandros 24, 273
Papandréou, Andréas 24, 25
Papandréou, Geórgios 24
Papathanasíou, Vangélis 82
Papíngo 274
Páppas, Imanuel 227
Paraglyding 66
Párga 276
Parken 64
Patitíri 118, 120
Paulus, Apostel 157, 220, 225
Páxi 285, 316 f
Pefkohóri 195
Peisístratos 15
Pelékas 308
Pélias 76
Pélla 167
Penélope 322
Pensionen 62
Pepárethos 108
Pérama 270
Périkles 16 f
Peristéra 119
Persepolis 18
Pérseus 134
Petrálona 178, 182
Petréti 306
Phäaken 303, 331
Phäax 291
Phídias 18, 32
Philíppi 225

Phillip II. 18, 98, 108, 118, 149, 155, 173, 174, 179, 184, 192, 219, 220, 225, 159, 191, 206, 230, 321
Philoktetes 261
Phríxos 76
Pídna 155
Pipéri 119
Pírgi 314
Pláka 266
Platamónas 152
Plataniá 87
Platí 127, 265
Pláton 18, 35, 53, 188
Platsoúka 120
Polýgiros 179, 184
Polizei 64
Polygnót 34
Polyklét 32, 34
Polyphém 119, 247, 250, 322
Poros 18, 328
Pórto Carrás 204
Pórto Katsíki 331
Pórto Koufós 206
Pórto Lágos 244, 245
Poseidon 146, 150, 291, 331
Possídi 199
Post 65
Potámia 235
Pótos 238
Pourniás 266
Preise 65
Prevéza 282
Prínos 240
Privatzimmer 65
Profítis Ilías 259
Prónia 151
Protágoras 35
Psistária 59
Pythagoräer 34
Pythágoras 34, 53

Ramses 278
Reginus 109
Reisezeit 14
Reiten 66
Religion 38
Rhodópen 13
Róda 313
Roússos, Démis 82

Samothráki 251
Samothráki/Ort (Chóra) 258
Sampson, Níkos 29
Sappho 321, 323
Sarakinó 127
Sárti 209
Scheria 331
Schliemann, Heinrich 14
Schneider, Romy 304
Segeln 67
Serrés 227
Shakespeare 305
Sidári 311
Sidéris, Aléxandros 114
Sikía 208
Sikiliános, Angelos 321
Sithónia 199
Sivíri 199
Sívota 330
Skýros 123
Skýros/Ort (Chório) 127
Skála Kalliárchis 240
Skála Marión 240
Skála Potámia 235
Skála Prínos 240
Skála Sotíros 240
Skeptizismus 35
Skíathos 98
Skíathos/Ort (Chóra) 103
Skilaufen 66
Skópelos 107
Skópelos/Ort 110
Skorpídi 327
Skórpios 327
Sókrates 18, 35, 191
Sólomos 321
Solomos, Dionyisios 291
Sólon 15
Sophisten 35
Sóphokles 18
Spárta 15, 18
Spárti 327
Speisen, typische 335
Spílio Agapínos 151
Sport 66
Sprache 67
Sprachführer 337
Sprachkurse 68
Stáfilos/Velánio 110
Stáfylos 108
Stágira 186
Stavrós 217
Sténi Vála 120, 122
Stoiker 35
Stómio 147
Strímon 184
Stromspannung 68
Surfen 67
Susa 18

Taýgetos 13
Tankstellen 55
tanz, Volks- 36
Tauchen 67
Taverne 59
Telefonate 63
Telefonieren 68

Témbi-Tal 72, 146 f
Tennis 66
Tháles von Milet 34
Thános 265
Thásos 228, 231
Thássos 228
Theben 74
Themístokles 16, 155
Theodorákis, Míkis 27, 36
Theológos 239
Theóphanes 215
Theophánis 142, 143
Theóphilos 78, 95
Theóphilos Kaíris 103
Thérma/Loútra 256
Thermopýlen 16
Théseus 126
Thessaloníki 156, 157
Thétis 126
Tiryns 14
Toiletten 69
Toróni 205
Tósca 223
Tourismus 30
Tragflügelboote 49
Tríkala 131
Trikéri 87
Trikoúpis, Chariláos 22
Trinkgeld 69
Trinkwasser 70
Trípiti 189
Tripótamos 174
Trís Boúkes 127
Troja 15
Troúlos 103, 104
Tsangaráda 90
Tsapráni 198
Tsimándria 266

Uhrzeit 69
Unterkunft 62, 65

Vágis 235
Valaorítis 321
Valtoúdi 86
Vamvákies 122
Vassíliki 330
Velánio 110
Venizélos, Eleftheríos 22
Vergína 173
Verhalten 69
Verhütungsmittel 70
Véria 172
Verkehr 70
Víkou-Aoou-Nationalpark 274
Vlachérnon 303
Vlihó 328
Volkstanz 36
Vólos 75 ff
Vourvoúrou 211
Vréllis, Pávlos 270

Währung 70
Wandern 66
Wasser 70
Wasserski 67
Wassersport 67
Wein 71
Wilhelm Georg von Dänemark 22
Wilhelm II. 305
Wirtschaft 29

Xánthi 243
Xénophon 35
Xerxes 16, 99, 146, 188, 205
Xlómos 306

Zacharoplasteío 59
Zagorá 92
Zagória-Dörfer 273
Zákynthos 285, 291
Zeitungen 71
Zentauren 82
Zeus 150, 177, 275
Zollbestimmungen 46, 71
Zyklopen 14, 247, 322
Zypern-Konflikt 28
Zypern-Krise 25